低丘缓坡山地开发土地规划与监管技术研究

张 洪 李连举 雷朋才 袁 磊等 著

科技部国土资源公益性行业科研专项项目（项目编号：201311001）资助

科学出版社

北 京

内 容 简 介

本书针对我国西南山地区域地质环境多样、生态敏感度高、景观完整性较好的特点，面向我国山区社会经济发展和城镇化建设对低丘缓坡山地开发利用的现实需求，从国土规划角度，着力解决西南山地生态脆弱地区国土开发面临的哪些山地可以适度开发、如何在生态安全约束下适度开发等科学问题，为有效降低山地开发的潜在地质灾害与生态风险，构建了一整套"数据获取—综合评价—立体规划—产业（工业）布局—监测监管—配套政策—应用示范"的理论与方法体系，深化与完善了土地利用规划理论方法和技术体系，研究成果可以为山区城镇化、工业化建设，改善人居环境质量，实现山区跨越式发展提供理论与技术支撑。

本书适合高等院校师生，科研机构和设计单位人员，自然资源、住房与城乡建设、生态环境等相关政府部门工作人员阅读和作为参考书。

图书在版编目（CIP）数据

低丘缓坡山地开发土地规划与监管技术研究/张洪等著. —北京：科学出版社，2018.11
ISBN 978-7-03-059520-1

Ⅰ.①低… Ⅱ.①张… Ⅲ.① 丘陵地–开发规划–研究–中国 Ⅳ.①F323.212

中国版本图书馆 CIP 数据核字(2018)第 258343 号

责任编辑：朱海燕　丁传标 / 责任校对：何艳萍
责任印制：肖　兴 / 封面设计：图阅社

科学出版社 出版
北京东黄城根北街 16 号
邮政编码：100717
http://www.sciencep.com

中国科学院印刷厂 印刷
科学出版社发行　　各地新华书店经销

*

2018 年 11 月第 一 版　　开本：787×1092　1/16
2018 年 11 月第一次印刷　　印张：39
字数：925 000

定价：**399.00 元**
（如有印装质量问题，我社负责调换）

前　言

我国西南山地区域，地质环境多样、生态敏感度高、景观完整性较好、区域小气候特征突出。国土空间开发格局变动必然引起生态过程的变化，扰动景观功能、物质流和能量流的稳定。脆弱山地生态系统的组成、结构与过程受人类扰动的敏感性高，对这类地区来说，生态保护是国土空间开发的首要任务。随着西南地区社会经济与城市化的快速发展，对土地的需求不断增加，土地资源的稀缺性日益突出。在相对狭小的平原和山间盆地，粮食生产与住房需求矛盾日益突出，对山地资源的适度、有限开发已提上议事日程。如何合理、适度地进行国土空间开发，实现国土功能优化布局，提高土地资源利用效率与集约利用水平，避免山地开发的生态环境灾害，是西南山地生态脆弱地区国土空间开发亟待解决的科学实践问题。本书是对 2013 年科技部国土资源公益性行业科研专项项目"低丘缓坡山地开发土地规划与监管技术和示范"成果的总结。该项目针对我国国土空间开发上述现实需求，从国土规划角度，深化与完善土地利用规划理论方法和技术体系，着力解决西南山地生态脆弱地区国土开发面临的哪些山地可以适度开发、如何在生态安全约束下适度开发等科学问题，构建"数据获取—综合评价—立体规划—产业（工业）布局—监测监管—配套政策—应用示范"研究体系，研制了技术装备一套，申请发明专利 6 项，获得软件著作权 6 项，研制了技术导则 5 项、政策建议 3 项，发表学术论文 19 篇（其中 4 篇被 SCI、EI 检索），出版专著 3 部，培养青年技术骨干 21人、研究生 25 人、地方业务部门技术骨干 30 人，取得了丰硕成果，圆满完成了项目任务书的研究任务，为我国西南山地生态脆弱地区国土空间生态保护与适度开发提供了技术保障。

该项目在以下两个方面有创新。

第一，提出了多维度生态适宜性评价理论与方法，更加科学合理地应对西南山地生态脆弱地区国土空间生态保护的需求，实现了山地开发生态适宜性评价理论的创新。针对山地开发面临的复杂地质与生态环境风险问题，甄别山地地质及生态风险发生的主导因素和关键环节，分析各项地质环境与生态过程的耦合关系，构建基于 GRNN 和邻域算法等多宜性评价模型体系，综合山地开发建设的生态结构、功能及适应阻力，从生态风险越小、生态干扰越弱、生态成本越低、生态适宜性越高角度，分析评价西南地区哪些山地或山体部位适宜开发，必须对哪些山地或山体部位进行生态保护。同时，基于景观生态学"结构—功能—动态"基本结构和生态系统健康思路，从自然生态系统的结构稳定性、功能重要性、动态适应性与人类干扰方面，建立了生态系统健康评价理论与模型，从区域生态健康角度识别脆弱山地生态系统的可开发空间，综合评估山地开发生态适宜性。该技术可为西南山地生态脆弱地区国土空间开发的生态保护工作提供有针对性的理论和技术支撑，保护该区域的绿水青山是对现行土地利用规划评价理论的重要补充。

第二，提出了基于生态安全的山地开发土地利用优化配置模拟与土地规划理论与方法，更加科学、合理地反映了西南山地开发土地规划的现实需求，实现了山地开发土地规划技术方法的创新。该技术针对山地地形地貌的特殊性和山地开发生态约束条件的差异性，耦合改进土地利用格局优化模型与生态过程模型，理清立地条件、地质环境、生态要素与土地利用规划的相互作用和耦合关系，构建了基于生态优先、融合城乡建设规划和生态环境规划部分规划理念与技术的山地开发土地规划理论与技术方法。依据山体不同位置和坡度，构建了多维、竖向的土地规划模式，并从土地使用、土地开发强度、建筑建造、用地竖向、生态环保基础设施用地等多个方面设置规划控制指标与参数，确保山地国土空间开发生态可持续性和地质与生态安全。在规划实现技术上，采用三维GIS为基础分析的多项信息技术融合，耦合生境分析、场地选优、三维建模、要素综合和虚拟仿真等功能。该理论与方法更加符合山地立体特征，是对现行土地利用规划理论的重要补充。

该项目是由云南财经大学、云南省国土资源厅国土规划整理中心、中国科学院地理科学与资源研究所、北京大学、东南大学、中国测绘科学研究院、中国土地矿产法律事务中心7个单位的科学家共同研究完成，于2017年7月通过评审验收，获得了优秀评价。该项目成果在我国山地区域国土空间生态保护与适度开发工作中具有广阔的应用前景。

第一，可以服务于我国西南山地生态脆弱地区基层国土开发利用规划，为科学合理选择确定拟建设开发项目区和开发地块，依山就势进行用地规划布局，降低国土开发的生态风险，确保生态可持续的适度开发提供技术支撑。为这些地区构建生态屏障，协调生态保护与城镇化发展矛盾提供技术保障。

第二，该项目形成的技术体系对我国西南山地区域及全国类似的山地区域转变城乡建设用地使用方式、保护优质耕地、优化山区城乡用地布局、建设山地生态城镇、提高山地城镇开发建设规划管理水平、缓解该类地区国土开发与生态保护矛盾、促进新型城镇化发展，起到了十分有力的支撑作用。该项目技术体系可以推广应用于全国山地区域国土空间开发，促进生态文明建设。

第三，该项目形成的技术装备、发明专利、软件著作权可以提升国土资源科技创新水平，丰富和完善国土资源信息化建设内容，为实现山地区域国土资源监管、调控和服务提供技术支撑。

第四，该项目技术的实施应用可以使建设选址尽可能避开生态脆弱和地质灾害易发区，减少开发建设可能因地质与生态灾害承受的经济损失；可以有效提高土地节约集约利用水平，推动地区单位建设用地经济产出效益的提高。经济效益显著。

参加本书编撰人员包括云南财经大学、云南省国土资源厅国土规划整理中心、中国科学院地理科学与资源研究所、北京大学、东南大学、中国测绘科学研究院、中国土地矿产法律事务中心等7个单位参加本项目研究人员，主要有张洪、李连举、雷朋才、袁磊、邓祥征、彭建、张小国、孙杰、邹谢华、金贵、李彦、包广静、金杰、李智国、朱繁、杜悦悦等，由张洪、李连举、雷朋才、袁磊进行书稿整合，形成最终书稿。所以，本书是所有参与"低丘缓坡山地开发土地规划与监管技术和示范"项目研究人员共同劳动的结晶，在此对所有参与编撰的人员表示衷心感谢。

　　本书得以出版，首先感谢科技部国土资源公益性行业科研专项项目（项目编号：201311001）的资助。其次感谢自然资源部科技司的大力支持。还要感谢参加该项目研究的各位研究生，没有他们的辛勤劳动，不可能取得本书研究的成果。

　　如何科学合理地进行山地城镇工业建设开发与土地可持续利用，是一项复杂的系统工程。本书只是一个初步探索，还需要通过长期监测和大量实践示范，使该类研究进一步深化、技术方法更加科学实用。所以，本书难免存在疏漏和不足之处，需要在未来的研究工作中予以解决和完善，也欢迎读者给予斧正。

张　洪

2018 年 6 月于昆明云南财经大学康园

目　　录

前言

第1章　绪论 ………………………………………………………………………… 1

1.1　研究目的与意义 …………………………………………………………… 1

1.2　研究的总体目标 …………………………………………………………… 1

1.3　研究总体思路 ……………………………………………………………… 2

1.4　主要研究内容概述 ………………………………………………………… 3

1.4.1　基于土地调查的低丘缓坡山地开发三维调查技术开发与集成 …… 5

1.4.2　低丘缓坡山地开发地质环境与生态适宜性评价 …………………… 6

1.4.3　低丘缓坡山地开发土地立体规划技术研究 ………………………… 6

1.4.4　低丘缓坡山地产业选择与用地标准制定技术研究 ………………… 7

1.4.5　低丘缓坡山地开发土地规划实施监管技术研究 …………………… 7

1.4.6　新技术条件下的低丘缓坡山地开发政策机制研究 ………………… 8

1.4.7　低丘缓坡山地开发技术集成综合示范 ……………………………… 8

第2章　基于土地调查的低丘缓坡山地开发三维调查技术开发集成 …………… 9

2.1　低丘缓坡山地开发三维调查技术模式研究 ……………………………… 9

2.1.1　提出了面向低丘缓坡山地开发的三维土地利用现状的概念模型、
　　　　数据模型和存储模型 ………………………………………………… 9

2.1.2　确立了基于土地调查的低丘缓坡山地开发三维调查技术模式和
　　　　精度指标 ………………………………………………………………10

2.1.3　研究的三维调查技术与以往的土地利用现状调查和三维地形测量
　　　　的差别 …………………………………………………………………11

2.2　低丘缓坡山地高精度无人低空航测遥感数据快速获取技术研究 ………13

2.3　低丘缓坡山地开发移动综合三维调查装备硬件集成 ……………………17

2.3.1　低丘缓坡山地开发三维调查系统的总体方案设计与系统组成 ……18

2.3.2　改装出低丘缓坡山地开发车载三维调查装备 ………………………19

2.4　低丘缓坡山地开发移动综合三维调查装备数据集成与软件开发 ………21

2.4.1　改进出支持三维定位和三维成果输出的 GPS/PDA 软件 …………21

2.4.2　研发出支持自动生成三维土地利用现状数据的软件算法及软件 ……22

2.4.3　开发出车载土地业务多源异构数据管理软件 ………………………30

第3章 低丘缓坡山地开发地质环境与生态适宜性评价 ·········· 33
  3.1 低丘缓坡山地开发的地质环境评价 ·················· 33
    3.1.1 低丘缓坡山地、滑坡、泥石流灾害生态风险评价 ·········· 33
    3.1.2 山地地质灾害生态风险评价与防范 ················ 39
  3.2 低丘缓坡山地开发的生态环境要素响应与风险分析 ········· 44
    3.2.1 基于"基底要素-干扰结构-主导服务"的山地生态功能分区 ······ 44
    3.2.2 低丘缓坡山地建设开发综合生态风险评价 ············ 50
  3.3 低丘缓坡山地城镇景观生态系统健康评价 ·············· 56
    3.3.1 低丘缓坡山地人地耦合系统生态承载力评价 ··········· 56
    3.3.2 低丘缓坡山地城镇社会-生态系统生态文化健康评价 ······· 63
  3.4 低丘缓坡山地开发生态适宜性评价 ·················· 67
    3.4.1 基于GRNN和邻域算法的土地开发多宜性权衡 ·········· 67
    3.4.2 基于有序加权平均的低丘缓坡山地建设开发适宜性评价 ····· 74
    3.4.3 基于综合阻力模型的山地开发生态适宜性评价 ·········· 77

第4章 低丘缓坡山地开发土地立体规划技术研究 ············· 84
  4.1 县域存量城乡建设用地挖潜与规模控制技术研究 ·········· 84
    4.1.1 山坝统筹存量城乡建设用地挖潜研究 ·············· 84
    4.1.2 坝区农村居民点土地节约集约利用潜力评价——以大理海东区为例 ··· 99
    4.1.3 山坝统筹城乡建设用地规模控制技术 ············· 108
  4.2 基于生态安全的县级区域低丘缓坡山地开发建设用地布局调整优化技术
      研究 ······································· 123
    4.2.1 概述 ······························· 123
    4.2.2 低丘缓坡山地开发社会经济发展趋势与用地需求预测 ······ 124
    4.2.3 低丘缓坡山地开发情景设计与用地布局优化 ·········· 132
    4.2.4 模型参数与数据制备 ····················· 136
    4.2.5 空间布局优化 ························· 142
    4.2.6 建设用地布局情景模式评价与优选 ·············· 153
    4.2.7 县域尺度低丘缓坡山地开发土地优化布局系统研发 ······ 154
  4.3 低丘缓坡项目区山地城镇土地利用立体规划理论与技术研究 ···· 161
    4.3.1 概述 ······························· 161
    4.3.2 低丘缓坡建设开发土地利用特点与平原平坝地区的差异性分析 ····· 171
    4.3.3 山地城镇土地立体规划的用地布局与规划指标 ········· 196
    4.3.4 三维数值模拟技术研究 ·················· 233

第5章 低丘缓坡山地产业（工业）选择与用地标准制定技术研究 ························· 240

5.1 低丘缓坡山地工业建设开发生态关联研究 ····························· 240

    5.1.1 山地工业开发中基本生态问题分析 ····························· 240

    5.1.2 生态系统对山地工业园区的作用 ······························· 241

    5.1.3 山地工业园区对生态系统的作用——山地工业园区生态功能论 ······· 243

    5.1.4 山地工业园区与生态系统关联的时空分异 ······················ 246

    5.1.5 低丘缓坡山地工业开发生态适宜评价模型和技术方法 ············· 253

5.2 低丘缓坡山地工业选择与用地布局研究 ····························· 257

    5.2.1 低丘缓坡山地产业选择 ····································· 257

    5.2.2 低丘缓坡山地工业开发负面清单 ······························· 272

    5.2.3 低丘缓坡山地工业布局与用地模式研究 ······················· 279

5.3 低丘缓坡山地工业用地标准制定技术研究 ··························· 303

    5.3.1 现有相关标准分析 ··· 303

    5.3.2 区域等别划分及重点工业行业甄别 ····························· 308

    5.3.3 数据来源 ·· 318

    5.3.4 低丘缓坡山地区域工业用地开发影响因素分析 ·················· 323

    5.3.5 坝区工业园区和典型企业用地情况分析 ······················· 335

    5.3.6 低丘缓坡工业园区用地控制指导指标 ························· 346

    5.3.7 低丘缓坡山地工业项目建设用地控制指标 ······················ 355

第6章 低丘缓坡山地开发土地规划实施监管技术研究 ···················· 384

6.1 指标体系构建和关键监测指标遴选及其监测方案设计 ················· 384

    6.1.1 生态风险表征指标体系 ····································· 384

    6.1.2 地质灾害指标体系 ··· 384

    6.1.3 关键监测指标遴选及监测方案设计 ····························· 386

6.2 数据收集、整理及数据库建设 ····································· 392

    6.2.1 基础地理数据 ·· 392

    6.2.2 野外监测数据 ·· 398

    6.2.3 数据库建设 ·· 405

6.3 低丘缓坡山地开发生态风险与地质灾害预警模型 ····················· 407

    6.3.1 低丘缓坡山地开发生态风险过程模拟 ························· 408

    6.3.2 低丘缓坡山地开发地质灾害预警 ······························· 445

6.4 低丘缓坡山地开发生态风险与地质灾害监管和预警平台建设 ··········· 471

    6.4.1 系统工作流程 ·· 471

    6.4.2 主要功能模块 ·· 471

第7章　新技术条件下的低丘缓坡山地开发政策问题机制研究·········479

　　7.1　低丘缓坡山地开发的需求与困境——以云南省为例·········479

　　　　7.1.1　低丘缓坡山地开发利用的潜力与方向·········479

　　　　7.1.2　低丘缓坡山地开发利用政策实施的迫切性及成效·········479

　　　　7.1.3　低丘缓坡山地开发过程中反映出的问题及原因分析·········482

　　7.2　低丘缓坡山地开发利用的制度路径·········484

　　　　7.2.1　低丘缓坡山地开发利用的制度原则·········484

　　　　7.2.2　探索构建低丘缓坡山地开发利用管理新机制·········486

　　7.3　关于促进低丘缓坡山地开发利用的指导意见·········488

　　　　7.3.1　总体要求·········489

　　　　7.3.2　工作程序及要求·········489

　　　　7.3.3　开发建设保障措施·········491

　　　　7.3.4　对试点工作的要求·········492

　　7.4　低丘缓坡山地开发利用管理制度体系设计·········492

　　　　7.4.1　规划·········492

　　　　7.4.2　用地审核·········494

　　　　7.4.3　土地确权·········495

　　　　7.4.4　土地征收和转用·········495

　　　　7.4.5　地质与环境保护·········496

　　7.5　低丘缓坡山地开发政策评价技术导则研究·········497

　　　　7.5.1　评价原则·········497

　　　　7.5.2　评价指标体系·········498

　　　　7.5.3　指标量化方法·········500

第8章　低丘缓坡山地开发技术集成综合示范·········502

　　8.1　基于土地调查的低丘缓坡山地开发三维调查集成技术示范·········502

　　　　8.1.1　示范地点与范围·········502

　　　　8.1.2　示范内容·········503

　　　　8.1.3　示范过程分析·········504

　　　　8.1.4　示范成果总结·········522

　　8.2　低丘缓坡项目区建设开发生态适宜性评价技术示范·········529

　　　　8.2.1　示范过程分析·········529

　　　　8.2.2　示范目标实现状况和取得成果的分析·········531

　　　　8.2.3　示范成果总结·········536

　　8.3　低丘缓坡山地项目区土地立体规划技术示范·········537

8.3.1　示范过程分析 537
8.3.2　示范目标实现状况和取得成果的分析 538
8.3.3　示范过程中遇到的问题和解决情况分析 539
8.3.4　示范成果简介 539
8.3.5　示范成果总结 541
8.4　低丘缓坡山地项目区工业类型选择技术示范 543
8.4.1　示范目标实现状况和取得成果的分析 543
8.4.2　示范过程中遇到的问题和解决情况分析 544
8.4.3　这次示范尚没有解决的问题和下一步研究方向 544
8.4.4　其他需要分析说明的问题 544
8.5　低丘缓坡山地项目区建设开发生态风险和地质灾害监测技术示范 545
8.5.1　示范过程分析 545
8.5.2　示范目标实现状况和取得成果的分析 545
8.5.3　示范成果简介 553
8.5.4　示范效果分析 559
8.6　集成示范总结 562
8.6.1　集成示范形成的最终成果 562
8.6.2　集成示范解决的关键问题 566
8.6.3　集成示范成果的应用前景 568
8.6.4　集成示范的创新性分析 568
参考文献 570
附表 581
附图 603
附件 606

第1章 绪 论

1.1 研究目的与意义

随着我国人口增长、社会经济与城市化的快速发展，我国对土地的需求不断增加，土地资源的稀缺性日益突出。我国陆域国土空间中，山地高原丘陵约占 69%，盆地约占 19%，平原约占 12%。推进低丘缓坡山地开发利用，是实现耕地占补平衡、统筹经济发展与耕地保护、破解土地供需两难，深入落实最严格的土地管理制度、最严格的耕地保护制度与最严格的节约集约用地制度的必然选择，是优化土地利用结构和布局、推进城镇化健康发展和城乡统筹的重要平台，是促进我国国土均衡开发、推进区域协调发展的有效途径，是促进人地关系和谐发展的重要保障。云南省作为国土部门确定的唯一一个全省试进行低丘缓坡山地开发的地区，其土地资源禀赋特点、开发模式类型、近期发展战略需求等决定了其低丘缓坡山地的开发典型性、代表性较强，开发内外部条件较为成熟，其技术研究普适性、可推广性较强。

针对我国山区社会经济发展和城镇化建设对低丘缓坡山地开发利用的现实需求，本项目从国土规划角度，深化与完善土地利用规划理论方法与技术体系，着力解决低丘缓坡山地开发面临的三大问题：一是能不能开发——如何评价、监测与预防低丘缓坡山地开发的生态、地质环境安全性问题；二是怎么开发——如何系统构建低丘缓坡山地开发土地规划技术体系问题；三是怎么管——如何有效实施低丘缓坡山地开发的土地规划动态监管，确保低丘缓坡山地开发土地利用的科学性、合理性。然后结合典型区域进行综合技术集成示范。

1.2 研究的总体目标

面向我国山区社会经济发展和城镇化建设对低丘缓坡山地开发利用的现实需求，为有效降低山地开发的潜在地质灾害与生态风险，深入分析低丘缓坡山地开发土地规划的现实数据需求、理论方法与技术体系的现状，突破低丘缓坡山地开发调查数据获取技术瓶颈，构建低丘缓坡山地开发生态适宜性的科学评价方法体系，探索低丘缓坡山地开发土地利用规划的理论与技术方法，厘定不同类型低丘缓坡山地工业类型选择、用地模式与标准，监测与模拟其潜在地质灾害和生态环境效应，进而实现低丘缓坡山地开发的地质灾害与生态环境效应的评价与预警，提出低丘缓坡山地开发土地利用规划实施的监管理论方法，研究形成差别化低丘缓坡山地管理政策体系。在云南省选取低丘缓坡山地类型丰富的区域开展相关理论、方法与技术的应用示范，形成一套行之有效并可在全国推广应用的低丘缓坡山地开发土地规划与监管的科学方法、技术体系及装备，为我国土地资源可持续利用开发提供科技支撑。

1.3 研究总体思路

首先,要解决低丘缓坡山地能不能开发,即如何评价、监测与预防低丘缓坡山地开发的生态、地质环境安全性问题,就要充分了解低丘缓坡山地开发土地利用规划、监管任务对基础地理信息和土地利用现状信息的需求。因此,本书在现有土地调查成果和技术研究的基础上,整合土地调查巡查车、无人机低空航测遥感、GPS/PDA、近景摄影测量等技术,多元异构数据整合形成低丘缓坡山地开发所需地形地貌信息快速获取能力及其装备,以及解决土地利用现状和基础地理信息数据调查等技术。这是本书研究任务一的主要内容,并取得了相应的技术成果。其次,根据山地特点,需要研究辨识用地的生态脆弱性制约因素,分析低丘缓坡山地开发对地质稳定性、水文等生态环境过程和要素可能产生的影响,评估受到开发建设影响后的生态环境过程和要素的生态风险,以及其对低丘缓坡山地城镇和工业区持续发展的支撑能力等问题。需要在大量调查数据的基础上,进一步整合地质部门已有数据资料,开展山地城镇景观生态系统健康评价,研究适合低丘缓坡山地开发的生态适宜性评价技术。这是本书研究任务二的主要内容,并取得相应的理论模式和技术成果。

面对怎么进行低丘缓坡山地开发,即如何系统构建低丘缓坡山地开发土地规划技术体系问题。首先,要在土地利用总体规划约束下,即从宏观到微观尺度(县域、项目区)研究山地开发的建设用地数量、结构、布局等优化问题;研究低丘缓坡山地开发存量城乡建设用地挖潜和山坝统筹的建设用地规模控制;采用土地动态系统(DLS)、三维 GIS 和虚拟现实技术,定量模拟低丘缓坡山地土地利用结构、规模、布局等,探讨低丘缓坡山地开发土地立体规划理论模式与技术方法,建立低丘缓坡山地立体土地规划技术体系和应用平台,解决低丘缓坡山地开发土地利用规模、布局和三维立体规划等的技术问题。这是本书研究任务三的主要内容,并取得了相应的理论模式与技术成果。其次,山地城镇建设必须有产业支撑,产城融合,这就需要根据山地特点和产业发展要求,对于能否在低丘缓坡山地进行布局的工业项目进行选择和优化,构建低丘缓坡工业项目选择目录(鼓励、允许、限制、禁止)与用地模式、用地标准,解决工业项目与低丘缓坡山地的匹配性和用地标准等技术问题,尽量减少工业项目"上山"对山地自然生态系统的破坏。这是本书研究任务四的主要内容,并取得了相应的技术成果。

低丘缓坡山地开发后怎么管理,即如何有效实施低丘缓坡山地开发的土地规划动态监管,确保低丘缓坡山地开发土地利用的科学性、合理性。首先,低丘缓坡山地开发实施监管中山地与平原地区最大的差异是对山地开发的地质灾害与生态风险进行有效监测预警,及早发现灾害隐情,并采取措施消除灾害隐患,确保低丘缓坡山地开发的安全。所以,本书在已有土地监管信息平台基础上,通过构建山地开发地质灾害、生态风险监测预警体系和预警技术平台,并与现有监管平台对接,探讨研究低丘缓坡山地开发土地利用的管理与决策技术方法,为山地开发土地规划监管和地质灾害、生态环境风险监测预警提供技术支撑。这是本书研究任务五的主要内容，并取得了相应的技术成果。其次，"怎么管"的问题还涉及土地管理制度构建和政策措施调整。需要结合本书形成的技术成果和大理市及全国已有低丘缓坡山地政策法规数据库，研究差别化低丘缓坡山地管理政策体系和制度构建。这是本书研究任务六的主要内容，并取得了相应的技术成果。

针对以上科学问题，该项目通过"数据获取—综合评价—立体规划—产业（工业）布局—监测监管—配套政策—应用示范"系统研究，解决低丘缓坡山地开发土地规划与监管过程中的主要技术问题，着力解决低丘缓坡山地开发面临的上述三大难题，进一步深化与完善我国当前土地利用规划理论方法与技术体系。研究实施的具体思路是：面向低丘缓坡山地开发对土地调查数据质量的需求，集成遥感调查的软硬件，形成具备 1：2000 三维土地调查能力的移动综合调查平台装备，满足对土地利用信息及基础地理信息快速、准确获取的需求；对多源、多尺度、异质数据进行整合，研究低丘缓坡山地开发的地质灾害风险评价、开发的生态环境响应与风险分析、山地景观生态系统健康评价，构建低丘缓坡山地开发地质环境、生态环境适宜性综合评价模型，为解决由低丘缓坡山地开发可能引发的生态失衡问题提供支持；以低丘缓坡山地数据采集与适宜性评价为基础，针对山地地形地貌特征及其生态约束的差异性，从宏观到微观尺度（县域、项目区）对山地开发数量、用地结构、用地布局、用地立体设计等土地利用规划核心技术问题进行系统性研究，满足低丘缓坡山地开发的立体设计需求；集成遥感、调查、监测等多源、多尺度数据，耦合地质灾害、生态监测、异构过程模型模拟、生态效应评价与预警，探讨低丘缓坡山地土地利用监管的时序控制理论方法，研究以监测—模拟—评价—预警—调控为系统工程的低丘缓坡山地开发土地利用的管理与决策技术方法，构建低丘缓坡山地开发地质灾害与生态风险监测预警信息平台；针对低丘缓坡山地开发的特殊性，研究差别化低丘缓坡山地管理政策体系和制度构建；基于上述研究成果进行单项成果示范、综合集成示范，改进理论、方法、技术系统及装备，形成一套行之有效，并可在全国推广应用的低丘缓坡山地开发土地规划与监管的科学方法、技术体系及装备（图 1.1）。

1.4 主要研究内容概述

本书针对我国耕地保护与城镇化用地需求矛盾，集成创新低丘缓坡山地开发土地规划与监管技术体系，满足山区城镇化、工业化建设，改善人居环境质量，实现山区跨越式发展。本书围绕研究任务共设置了紧密联系的 7 个研究任务，具体详见图 1.2。

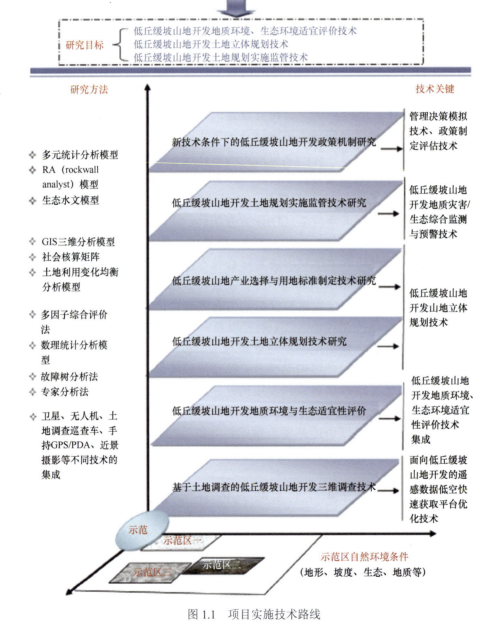

图 1.1　项目实施技术路线

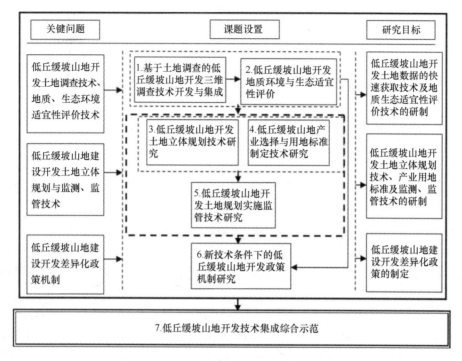

图 1.2　项目任务设置及其相互关系图

1.4.1　基于土地调查的低丘缓坡山地开发三维调查技术开发与集成

　　首先,低丘缓坡山地开发三维土地调查质量指标与技术模式研究,针对低丘缓坡山地开发面临的现实情况,构建与自然和经济发展水平相适应的土地信息数据获取周期与数据质量指标体系;构建适应低丘缓坡规划决策、监管、监测的土地利用数据及基础地理信息数据获取的技术模式。

　　其次,低丘缓坡山地高精度无人低空航测遥感数据快速获取技术研究,根据低丘缓坡山地地理环境特点和三维调查装备集成要求,开发适用型无人低空航测遥感飞行平台,提高飞行平台的安全可靠性,满足三维调查装备集成技术要求;研究机载轻小型遥感传感器改制和高精度检测方法,提升无人低空航测遥感数据采集精度;开展无人低空航测遥感数据获取系统优化集成与测试,提高无人低空航测遥感技术系统作业效率。

　　再次,低丘缓坡山地开发移动综合三维调查装备硬件集成技术研究,低丘缓坡山地开发移动综合三维调查装备硬件集成技术:整合与集成土地调查巡查车、无人低空航测遥感、GPS/PDA、近景摄影测量等技术设备,实现统一操控平台下的三维调查装备的有效集成。

　　最后,低丘缓坡山地开发移动综合三维调查装备数据集成与软件开发,研究卫片、无人低空航测遥感、地面近景摄影测量、车辆位置信息、GPS/PDA 等数据交换接口技术及导入、存储、检索、导出方法,开发相关软件。针对系统三维调查成果与土地调查数据库在数据内容、概念模型、表达尺度、坐标系统等方面的差别，研究其入库和反向生成方法，并开发相应软件。

1.4.2 低丘缓坡山地开发地质环境与生态适宜性评价

山地开发的地质环境评价：基于相关地质调查及研究资料，通过文献资料调研及历史数据分析等途径，考察拟开发山地的地形地貌、地质构造、水文地质、片区及邻近地段的自然资源情况，根据国内外相关研究结果，结合本地区山地特点，以及滑坡、泥石流、崩塌等地质灾害对山地开发的影响程度，提出相关地质环境指标的风险等级及其取值范围，综合评价片区地质灾害风险。

山地开发的生态环境要素响应与风险分析：基于相关研究资料及统计数据，结合遥感数据，考察拟开发山地的地形地貌、水文地质、局地气候等自然地理条件，针对环境要素辨识用地的生态脆弱性特征；分析山地开发对水源涵养、土壤保持、植被覆盖等生态环境过程和要素可能产生的影响，并综合评估其生态风险等级。

山地城镇景观生态系统健康评价：以生态系统健康理论为基础，设定山地开发的可能情景，基于生态系统健康途径评估不同开发情景下的山地发展可持续性。综合各种生态环境过程、要素对山地开发的响应情况，系统地预测和评判山地开发可能导致的生态后果和面临的生态风险，评估山地城镇景观的生态系统健康水平。

山地开发生态适宜性评价模型构建：在上述山地开发的生态环境响应分析和生态系统健康评价的基础上，辨明影响山地开发建设的地质环境与生态环境适宜性的主要因素和过程，厘清不同生态过程和要素的相互作用关系，参考国内外相关研究结果，确定山地开发的适宜性评价指标体系及指标值域范围，构建低丘缓坡山地开发生态适宜性评价模型。

1.4.3 低丘缓坡山地开发土地立体规划技术研究

平坝存量城乡建设用地挖潜技术：分析节地影响因素，对坝区存量建设用地利用情况进行潜力评价，研究提升坝区存量建设用地集约利用水平和挖潜规模测算技术方法。

山坝统筹城乡建设用地规模控制技术：在土地利用现状和土地利用总体规划约束下，研究山地和坝区城-镇-村链动、"城增村减"项目挂钩等存量建设用地布局优化调整技术。

基于生态安全的低丘缓坡山地开发建设用地布局调整优化技术：研究开发山地城镇、产业、基础设施等建设用地布局与空间配置的多情景方案比较优选技术，为制定县域低丘缓坡山地综合开发土地利用规划提供技术支持。

基于三维 GIS 的山地城镇土地立体规划理论模式和数值模拟技术：研究低丘缓坡山地生境环境中数据集成、三维地形分析等建模方法与实现技术，进行山地城镇开发的土地利用规划生境分析和规划要素综合评价，建立低丘缓坡山地城镇土地立体规划数值模拟。

1.4.4　低丘缓坡山地产业选择与用地标准制定技术研究

低丘缓坡山地开发工业类型选择技术：结合研究区山地特点，根据工业发展与布局规律，以发展山地循环经济为理念，进行山地不同类型工业开发的适宜性分析，研究工业开发与山地类型的匹配性，制定形成低丘缓坡山地禁止、限制、允许和鼓励工业用地目录。

低丘缓坡山地开发工业用地布局模式：对工业用地布局模式进行整理与分析，并结合山地环境特点，研究山地工业开发的用地布局模式，为低丘缓坡山地工业用地标准的制定提供理论依据。

低丘缓坡山地工业用地标准制定技术：研究调查和测算低丘缓坡山地鼓励类、允许类和限制类工业用地适宜建设规模、用地结构、用地强度等适合低丘缓坡山地不同工业类型、不同用地布局模式下指标标准的技术方法。

1.4.5　低丘缓坡山地开发土地规划实施监管技术研究

低丘缓坡山地开发项目区地质灾害综合监测技术：研究基于 GPS 技术与自动传感技术的低丘缓坡项目开发区地质灾害案例监测技术；利用高分辨率遥感影像在空间大尺度上对开发区地质灾害实施监测与反演，研究地质灾害敏感区快速识别与脆弱性评价技术；遴选出项目开发区有重大潜在安全威胁或由山地开发引起的具有重大隐患的灾种，明确其监测内容与监测指标，形成低丘缓坡山地开发的地质灾害监测技术导则。

低丘缓坡山地开发区生态风险监测指标遴选与监测技术：基于景观生态安全格局理论研究适用于低丘缓坡山地开发区的生态风险监测与评价技术，确定要监测的关键要素、指标；以低丘缓坡山地开发土地利用规划前的生态适宜性评价为基础，对比分析土地利用规划中、后期生态风险关键表征指标（水土流失、地表径流）变化；基于多源遥感数据的定量反演及提取技术，采用宏观与微观相结合的方式，集成创新低丘缓坡山地开发区生态风险监测技术与评价方法。

低丘缓坡山地开发区地质灾害与生态风险评价与预警：在项目开发示范区，构建低丘缓坡山地开发区地质灾害与生态风险监测数据库；针对研究区潜在的地质灾害及生态风险，基于地质灾害过程模型与生态水文过程模型，耦合监测参数，开展低丘缓坡山地开发的地质灾害和生态风险阈值研究；基于模型模拟的结果，确定评价的关键指标，研究低丘缓坡山地开发的地质灾害与生态风险预警模型方法。

低丘缓坡山地开发区土地利用规划实施监管与调控：研发遥感影像分析的土地利用规划实施监管技术方法与低丘缓坡山地开发土地利用规划实施的评价模型方法，耦合低丘缓坡山地开发的地质灾害与生态风险预警模型，构建低丘缓坡山地开发地质灾害与生态风险预警监管系统，对选定的研究区进行实施效果综合评价，为土地利用的优化调控提供技术支撑。

1.4.6　新技术条件下的低丘缓坡山地开发政策机制研究

低丘缓坡山地开发利用政策实施评价。通过开展法律评价基础研究,构建低丘缓坡山地开发利用政策实施评价模型,结合原国土资源部有关部门规章及规范性文件实施后评估的要求,通过实地调研、专家咨询、文献研究,确定低丘缓坡山地开发利用政策实施评估原则、评估方法、评估内容、评估标准等,对低丘缓坡山地开发利用政策实施效果进行科学评估,以指导低丘缓坡山地开发利用示范区的创建。通过云南低丘缓坡山地开发利用政策实施评价的开展,提炼成为全国提供参考的低丘缓坡山地开发利用政策实施评价技术导则。

研究制定低丘缓坡山地开发利用管理制度体系设计导则(建议稿)。对云南开展低丘缓坡山地开发利用的市(县)开展深入调研,了解低丘缓坡山地开发利用的实施情况,针对低丘缓坡山地开发利用所制定的制度规范,全面集成该项目其他研究任务对低丘缓坡山地开发利用开展现状调查、地形地貌数据采集、适应性评价、三维立体规划、产业布局适应性分析及示范区建设监管等研究所形成的相关技术导则,贯彻党的十八大提出建设生态文明、美丽中国的精神,按照低丘缓坡山地开发利用规范实施、结果可控的原则,研究低丘缓坡山地开发利用管理必须建立的各项制度,以及各项制度的主要内容,构建低丘缓坡山地开发利用管理制度体系,明确低丘缓坡山地开发利用过程中,省、市、县,尤其是县级管理部门应制定的相关制度。通过低丘缓坡山地开发利用管理制度体系构建的分析、演示,提升形成低丘缓坡山地开发管理制度设计导则,以指导新的低丘缓坡山地开发利用项目的规范实施。

根据该项目的实施,结合该项目其他研究任务的研究结论,分析低丘缓坡山地开发利用政策与现行土地管理制度的有效衔接,从低丘缓坡山地开发利用适用范围、低丘缓坡山地产权设置、低丘缓坡山地产业布局、低丘缓坡山地开发强度,以及低丘缓坡山地开发利用与其他法律关系的处理等方面,深入分析低丘缓坡山地开发利用政策推广的合法性、合理性、适宜性等,提炼集成促进低丘缓坡山地开发利用的有关指导意见,促进云南低丘缓坡山地开发利用实践的总结、提升及成果推广、转化。

1.4.7　低丘缓坡山地开发技术集成综合示范

低丘缓坡山地开发技术集成综合示范是项目的重要组成部分,主要是对项目各研究任务研发的相关技术装备、评价方法与标准规范、软件和信息系统进行有机集成与整合,并将其应用于县域、项目区两个不同尺度地域空间实体上,开展针对城镇上山、工业上山两种主要山地建设开发类型的综合示范,通过示范检验相关技术的合理性与完善性,提出技术装备、标准草案、设计规范、评价体系、管理平台等的改进与完善建议,并在各研究成果的示范过程中探索低丘缓坡山地开发土地利用监管的政策保障机制,为项目成果的推广应用提供依据。

第 2 章 基于土地调查的低丘缓坡山地开发三维调查技术开发集成

2.1 低丘缓坡山地开发三维调查技术模式研究

针对低丘缓坡山地开发面临的现实需求，通过收集技术资料，并对云南低丘缓坡进行实地调研，选取具有代表性的地方进行深入调研，从数据质量、更新周期、数据采集及更新代价等角度获取内容指标体系和数据精度，从而提供实际低丘缓坡山地开发土地调查的信息需求指导方案。提出了一种三维土地利用现状的概念模型、数据模型和存储模型及生成方法，确立了基于土地调查的低丘缓坡山地开发三维调查技术模式和精度指标。

2.1.1 提出了面向低丘缓坡山地开发的三维土地利用现状的概念模型、数据模型和存储模型

针对常规土地利用现状只有平面信息，缺乏高程信息的现实情况，提出了适用于低丘缓坡山地开发的三维土地利用现状的概念模型、数据模型和存储模型（图 2.1）。其特点如下。

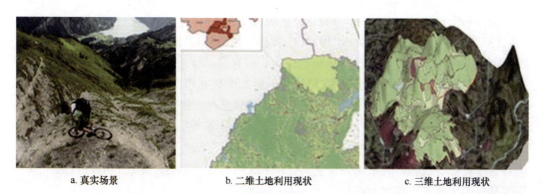

a. 真实场景　　　　　　　b. 二维土地利用现状　　　　　　　c. 三维土地利用现状

图 2.1　三维土地利用现状概念/数据模型

（1）是二维土地利用现状数据的超集，保留了二维土地利用现状数据，实现对以往业务的平滑支持；

（2）用三维 Delaunay 三角面片代替平面多边形描述地块，直接支持三维渲染，支持融合 DOM 的真实感地表渲染；

（3）可以更准确地描述山地地物的空间特性，支持平面面积、空间曲面面积的查询；

（4）在存储模型上兼容 shape 格式，在内存和文件中都可以用如下语言描述的 shape MultiPatch 格式存储：

```
struct MultiPatch
{
Double[4] Box               // Bounding Box
Integer NumParts            // Number of Parts
Integer NumPoints           // Total Number of Points
Integer[NumParts] Parts     // Index to First Point in Part
Integer[NumParts] PartTypes // Part Type
Point[NumPoints] Points      // Points for All Parts
Double[2] Z Range           // Bounding Z Range
Double[NumPoints] Z Array   // Z Values for All Points
Double[2] M Range           // Bounding Measure Range
Double[NumPoints] M Array    // Measures
};
```

2.1.2 确立了基于土地调查的低丘缓坡山地开发三维调查技术模式和精度指标

低丘缓坡山地开发三维调查的技术模式可表述如下。

1. 模式一：面向区域开发的较高精度土地利用数据初次调查

原有的土地利用现状数据精度不符合区域开发的需求时。

（1）基于无人低空航测遥感技术快速获取目标区域的 1∶2000 航空遥感影像数据。

（2）基于步骤（1）处理并得到目标区域的 DOM 数据。

（3）基于步骤（2）的 DOM 和 DLG 数据室内解译勾绘，配合 GPS/PDA 修补测与现场调绘得到不带高程、不具备精确地块面积信息的二维土地利用现状数据。

（4）开发了专门软件基于步骤（1）的遥感影像数据和步骤（3）的二维土地利用现状数据自动生成附带高程的土地利用现状数据，并且在三维空间准确计算相应地块的准确占地面积，为低丘缓坡山地开发征地补偿、政府决策等提供可靠的基础数据。

（5）基于步骤（4）提供的附带高程及精确占地面积的土地利用现状数据，依据二调数据库标准等规范，清除冗余信息，自动生成附带地块准确占地面积的可直接入库二调数据库的土地利用现状数据。

2. 模式二：在已有二维土地利用现状信息前提下获取三维信息

（1）利用无人机航测遥感设备获得本低丘缓坡区域的 DOM 图，由 DOM 生成等高线。

（2）开发了专门软件基于步骤（1）的遥感影像数据和步骤（3）的二维土地利用现状数据自动生成附带高程的土地利用现状数据，并且在三维空间准确计算相应地块的准确占地面积，为低丘缓坡山地开发征地补偿、政府决策等提供可靠的基础数据。

（3）将"十一五"支撑课题"精准土地调查技术系统研究"（NO. 2006BAB15B01）科研成果"开挖场与滑坡体近景摄影测量技术"应用于低丘缓坡山地开发土地利用规划监测技术中，为项目研究任务五提供小范围滑坡体区域的滑坡体高精度三维地形数据。

3. 模式三：基于地面近景和 GPS/PDA 实现局部三维土地利用现状数据

针对无人机航测遥感存在空管及人员培训要求较高的问题，在对低丘缓坡小区域土地利用变化的调查上，可以采用如下模式。

（1）采用地面近景摄影测量技术对变更区域进行三维建模。

（2）采用 GPS/PDA 对变更区域进行变更调查。

（3）将近景三维调查成果更新原数字高程模型（digital elevation model，DEM）等三维成果。

（4）融合二维调查成果和三维调查成果得到三维土地利用现状成果，实现小区域的修补测。

4. 模式四：基于近景摄影测量技术获取低丘缓坡山地开发土地利用规划监测所需 DEM 数据

（1）采用地面摄影获取滑坡体的多个视角的序列图像。

（2）通过序列图像三维重建得到滑坡体三维数据。

（3）生成 DEM 数据，服务于低丘缓坡山地开发土地利用规划监测技术中，为项目研究任务五提供小范围滑坡体区域的滑坡体高精度三维地形数据。

2.1.3　研究的三维调查技术与以往的土地利用现状调查和三维地形测量的差别

（1）以往的土地调查多基于遥感 DOM 数据生成二维土地利用现状数据，生成的土地利用现状数据缺乏高程信息，适用于平原地区的土地利用现状的表达，但该方法在表达低丘缓坡区域或者山地区域时，其计算出的面积只是立体面的平面投影面积值，限制其使用。

（2）以往的三维地形测量主要用于获取 DLG 等基础地理信息，但其高程信息未和土地利用现状信息融合。

（3）提出的三维调查技术针对低丘缓坡山地开发的对基础地理信息与土地利用现状数据的信息需求（图 2.2），基于无人机航测遥感得到 DLG/DOM 等基础地理信息，基于以往土地调查的技术流程，利用 DOM 数据和 GPS/PDA 修补测得到不带高程面积、信息不精确的二维土地利用现状数据，通过融合基础地理信息与二维土地利用现状信息，得到具有精确面积信息且附带高程的三维土地利用现状信息（或附带精确面积信息可以直接第二次全国土地调查（简称二调）入库的二维土地利用现状数据）。

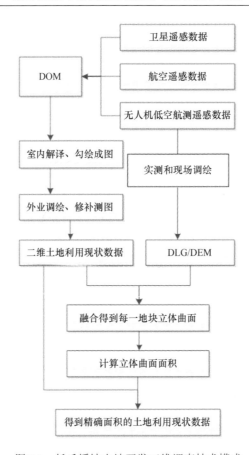

图 2.2　低丘缓坡山地开发三维调查技术模式

低丘缓坡山地开发土地调查精度指标要求分析如下。

我国第二次全国土地调查于 2007 年 7 月 1 日全面启动，距今已约 10 年，现行土地利用调查方法本质是以二调为数据基地进行年度变更，一般并不涉及大范围的全面调查。我国的土地利用现状数据以 1∶10000 比例尺为主，部分地区采用 1∶5000 比例尺，而东南部发达地区有采用 1∶2000 甚至 1∶1000 比例尺的。在第三次全国土地调查正式启动之前，我国不会进行大面积的全面调查。但在城镇化和经济快速发展的今天，对更高比例的土地利用数据的需求越来越迫切，举例如下。

（1）我国东部发达地区很多区（县）开始利用更高精度的土地利用现状数据进行国土资源精细化管理，如江苏昆山、江苏江阴等地采用 1∶1000 的土地利用现状数据对全县或部分重点乡镇进行土地利用管理。

（2）低丘缓坡山地开发、我国的美丽乡村和绿色宜居村镇建设相关规划工作离不开土地利用基础数据的支持，如控制性详细规划需要 1∶2000 的土地利用数据，而现实的土地利用数库多为 1∶10000，如何快速获取某个特定区域的高比例土地利用现状和规划数据是我国社会和经济发展中必须面对的问题。

我国的土地利用现状调查以区（县）为调查单位。地级市、省级乃至国家一般不直接参与土地调查实测工作，相关数据由下属单位汇集得到。本书只讨论数据采集的源头：

区（县）的土地利用现状调查精度。目前，以 1∶10000 比例尺为主的县（市）级土地利用数据库建设是国家空间数据基础设施建设的重要环节，因此，我国绝大部分地区土地利用现状数据的获取精度要求为 1∶10000，但依据实际情况会有差异。

（1）对一类地区（一般认为人口超过 50 万的市区），多采用 1∶5000 比例尺的土地利用现状数据。

（2）对二类地区（人口少于 50 万的市区或者中东部地区），一般采用 1∶10000 比例尺的土地利用现状数据。

（3）对欠发达、人口稀少的地区（如西部沙漠、戈壁和藏北无人区、高寒区），可采用 1∶50000 比例尺的土地利用现状数据。

（4）特别地，局部东南部发达县（市、区）或者大中城市城乡接合部，已开始采用 1∶2000 甚至 1∶1000 比例尺的土地利用现状数据，如江苏省昆山市、江阴市，广东省佛山市南海区等地采用 1∶1000 的土地利用现状数据对全县或部分重点乡镇进行土地利用管理。

在使用前文所述技术模式的前提下，从土地利用现状调查精度和低丘缓坡山地开发三维调查装备的应用角度讨论，总结的成果如表 2.1 所示。

表 2.1　低丘缓坡山地开发三维调查技术系统使用建议及精度要求

区域	土地利用现状精度	系统配置	设备使用建议
东南部部分发达地区及大中城市城郊接合部；山地开发控制性详细规划基础数据获取	1∶1000～1∶2000	高配：一车 一轻小型无人机 一双频厘米级 GPS/PDA	无人机遥感布控 GPS/PDA 在 CORS 下使用
一类地区 （人口超过 50 万的市区）	1∶5000	高配：一车 一轻小型无人机 一双频厘米级 GPS/PDA	无人机遥感可不布控 GPS/PDA 在 CORS 下使用
二类地区	1∶10000	一土地巡查车 一轻小型无人机 一单频亚米级 GPS/PDA	无人机遥感可不布控 GPS/PDA 在 CORS 下使用
三类地区	1∶10000	一土地巡查车 一轻小型无人机 一单频亚米级 GPS/PDA	无人机遥感可不布控 GPS/PDA 在 CORS 下使用
四类地区 （沙漠、戈壁、高寒区、无人区）	1∶50000	一土地巡查车 一单频米级 GPS/PDA	单频米级 GPS/PDA+移动差分基站

注：调查比例用地类型差别不大，所以不对用地类型做专门研究。

鉴于上述分析，要有效支撑低丘缓坡山地开发，三维调查技术系统必须具备优于 1∶2000 精度的调查能力。

2.2　低丘缓坡山地高精度无人低空航测遥感数据快速获取技术研究

根据低丘缓坡山地存在的海拔高、地理环境复杂、气象条件复杂等现实问题，首先，改进与完善低丘缓坡山地适用型无人低空航测遥感飞行平台系统，从系统配置、飞行性能、发射回收方式、快速出动和启用方式等方面进行改进、完善和优化，提高飞行平台的稳定性、可靠性，使其适用于低丘缓坡山地的复杂环境，能够用于低丘缓坡山地土地利用现状信息和基础地理信息数据的快速获取。其次，研究低丘缓坡山地无人低空航测遥感大比例尺测图技术，研究机载轻小型遥感传感器的改制技术和高精度检校技术，实现其自动控制，增强其抗冲击、抗震动能力及对高低温的适应性；减小镜头畸变及 CCD 传感器误差对测图精度的影响；研究低空航测遥感大比例尺测图关键技术，解决自动连接点提取、空三加密、高精度 DEM 提取等关键技术环节；研究野外像控点优化布设，在满足精度控制的前提下，实现像控点快速、合理布设，提高野外控制测量效率，满足低丘缓坡山地土地调查对快速获得大比例尺 1∶2000 测图数据的需求。最后，选择示范区域开展低丘缓坡山地高精度无人低空航测遥感数据快速获取技术实地验证与示范，同时对作业效率、成果精度、实用成本等数据进行采集和分析，为无人低空航测遥感技术系统的进一步改进和完善提供依据。

（1）改进了低丘缓坡山地适用型无人低空航测遥感飞行平台，提高了航测遥感飞行作业的安全性和工作效率。综合分析现有的无人机航测遥感装备技术性能和低丘缓坡山地地理环境、气象条件等因素，制定了设备开发详细设计方案，对无人机的气动布局进行优化，改进无人机的飞行控制系统、动力系统，提高了无人机飞行平台的高海拔低丘缓坡山地地区的飞行爬升性能、飞行稳定控制精度和抗风能力；同时，对发射回收装置各部件的材料、部件、结构等方面进行了改进，增强了发射回收系统在低丘缓坡山地地区的实用性和可靠性，为无人机飞行平台快捷应用、安全飞行提供可靠设备。结合工程项目，先后在青海地区（2014 年 6 月）及示范区进行实地验证（图 2.3），在 3000 多米高海拔、5 级风速情况下，结果表明无人机的机动响应速度、安全性、稳定性、工作效率等各项性能指标和技术参数可以很好地适应低丘缓坡山地区域的航测遥感，具体参数见表 2.2。

图 2.3　野外飞行测试

（2）提出了一种机载轻小型遥感传感器改制和高精度检校方法。通过研究实验，确定了最佳遥感传感器改制方法，有效地减少了影像获取时传感器镜头组的微动，保证了传感器检校参数的稳定性，大幅提升了影像数据精度。

表 2.2　无人机航测遥感设备技术参数

项目	技术指标	备注
翼展	1.35m	
机长	0.97m	
飞行平台质量	≤5kg	
任务载荷	950g	
续航时间	1h	
拆装后体积	≤0.8×0.6×0.4m³	中国航空工业集团公司北京长城计量测试技术研究所（国防科技工业第一计量测试研究中心）检测报告：GFJGJL1001151206732 GFJGJL1001151206719 GFJGJL1001160504581
测控半径	≥15km	
巡航速度	70～80km/h	
最大爬升率	12m/s	
动力装置	电动发动机	
抗风能力	5 级风力下可靠遥感	
起降方式	弹射起飞，伞降回收	
工作温度	−20～50℃	

　　通过分析灭点与灭线的约束特性，研究出利用两个正交方向的灭点对传感器进行标定的方法。对一个或（多个平行）平面格网或人工建筑物某一立面进行多位移、多角度拍摄，利用多像灭点约束建立标定模型，最后通过矩阵分解得到传感器参数矩阵。通过实验对比，利用该方法获取的传感器参数对影像数据进行处理，数据精度得到明显提升。检校精度优于 0.3 个像元（图 2.4、表 2.3、表 2.4）。

图 2.4　相机选择及改造检校

表2.3　相机参数指标

参数	指标	参数	指标
相机画幅	全画幅相机	存储介质	SD 卡，SDHC 卡，SDXC 卡
有效像素	3640 万像素	照片格式	JPEG，RAW
传感器类型	CMOS 传感器	电池	专用可充电锂电池，NP-FW50
传感器尺寸	35.9mm×24mm	电池续航时间	可拍摄约 340 张（LCD）
镜头类型	可更换镜头	尺寸	126.9mm×94.4mm×48.2mm
快门速度	30～1/8000 秒	质量	407g（机身）

表2.4　相机检校数据

序号	检校内容	检校值
1	主点 x_0	−0.16231
2	主点 y_0	−0.00365
3	焦距 f	36.17380
4	径向畸变系数 k_1	−0.000044809855046
5	径向畸变系数 k_2	0.000000137535660
6	偏心畸变系数 p_1	0.000005001127061
7	偏心畸变系数 p_2	−0.000000705477293
8	CCD 非正方形比例系数 α	0.000086218370000
9	CCD 非正交性畸变系数 β	−0.000054945664000

注：坐标原点在影像中心点。

（3）优化了无人机航测遥感像控点布控方案，改进了基于 GPU 并行分布式计算、支持大旋偏无人机航测遥感影像快速处理软件。针对无人机航测遥感影像数据像幅小、数量多、旋偏大等问题，进一步完善了现有无人机航测遥感影像数据处理系统，并优化像控点布设方案，有效减少了野外像控点的布设。在连接点自动提取方面，在原有基于尺度/旋转不变特征的连接点自动提取算法基础上追加了最小二乘法高精度匹配，为后续区域网平差提供具有更高精度及可靠性的像点观测；在地形信息（DSM/DTM）自动提取方面追加地貌细节精化匹配（GRM）技术，使生成的数字地面模型对微细地貌表达得更好，同时，引入低分辨率 DEM 作为初值，不仅加快了匹配的速度，而且提高了匹配的成功率与可靠性；采用基于 GPU 并行分布式计算的准实时正射影像纠正及镶嵌技术，大大缩短了正射产品的生产周期。

（4）进行了低丘缓坡山地高精度无人低空航测遥感数据快速获取技术实地验证与示范。针对低丘缓坡山地土地调查指标体系与技术模式要求，在云南省大理市选择 1 个低丘缓坡山地典型区域对其进行了实地验证和测图精度测试。获取了示范区 20km^2 约 837 张高分辨率无人机航测遥感影像。实地验证结果表明，采集无人低空航测遥感作业效率、成果精度均能达到指标要求如图 2.5 和图 2.6 所示。

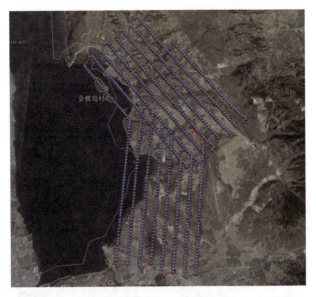

图 2.5　无人机飞行航线图

图 2.6　示范区正射影像图

2.3　低丘缓坡山地开发移动综合三维调查装备硬件集成

　　针对目前无人低空航测遥感、GPS/PDA、摄影测量等技术设备单独设计、单独应用的现实情况，以及各种技术本身的优势和局限性，分析低丘缓坡山地开发土地调查的业务流程，并基于低丘缓坡山地开发三维调查需要的技术设备特点，列出车辆必须集成的设备，并依据工作业务流程确定各设备占有的空间及相互配合关系；依据上述调查设备配置、前述低丘缓坡土地调查技术模式，确定用集成低空遥感无人机、GPS/PDA 等设施的合适车型；确定总体机械设计方案；基于低丘缓坡山地开发技术模式及机械设计方案，确定短时供电与持续供电方法；确定基于土地调查巡查车协同工作的通信方法；设计车内各设施的供电线路，确定数据通信的弱电设计方案；选择合适的改装厂进行车辆改装，选择有资质的单位进行测试并改进。

2.3.1　低丘缓坡山地开发三维调查系统的总体方案设计与系统组成

依据低丘缓坡山地开发规划与监管对土地基础数据的需求,以土地调查巡查车位为载体,集成多种调查设备、多个处理软件、多源异构数据,实现硬件集成、软件协同、数据共享三维调查技术系统。系统总体架构如图 2.7 所示。

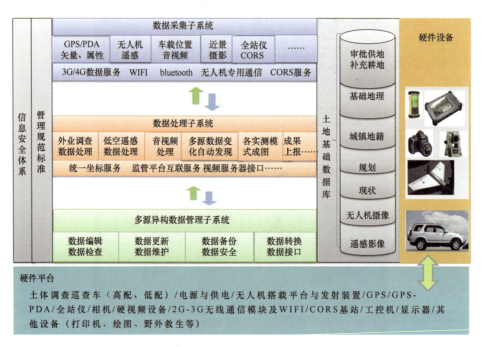

图 2.7　三维调查技术系统总体设计图

图 2.7 中,低丘缓坡山地开发三维调查技术系统利用土地调查巡查车集成 GPS/PDA、低空遥感无人机等多种设备,构建低丘缓坡山地开发业务所需的三维调查集成技术系统。该系统由支撑硬件平台、土地信息三维采集系统、土地信息处理系统三部分组成。

（1）支撑硬件平台。车载移动平台以土地调查巡查车为移动保障平台,还有车载电源供电系统、办公装备、监管平台互联互通接口系统—数据通信、音视频远程传输子系统、远程任务下发子系统、成果上报子系统、无线通信装备、野外安全救援装备等。

（2）土地信息三维采集系统。包括无人机航测遥感设备、地面近景摄影测量设备、单双频 GPS/PDA 数据采集终端、CORS 基站、车载音视频采集、常规测量设备等。

（3）土地信息处理系统。包括工控机及其显示器等设备、基础地理信息数据库、外业调查成果数据库、地面 GPS/PDA 控制数据库,以及低空遥感数据处理软件系统、GPS/PDA 矢量/遥感地图预处理、近景摄影测量数据处理、多时相遥感/矢量对比、导航定位等软件模块。

2.3.2　改装出低丘缓坡山地开发车载三维调查装备

基于上述研究，2015 年集成出了低丘缓坡山地开发车载三维调查装备。图 2.8 为三维调查装备设计图纸，图 2.9 为三维调查装备实物图。

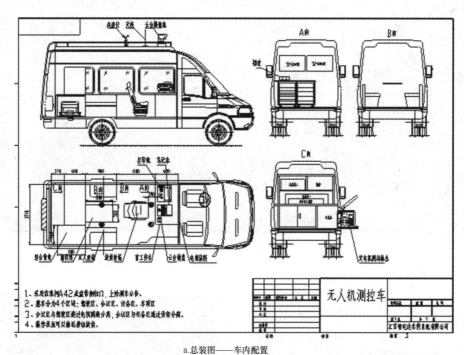

a.总装图——车内配置

b.总装图——无人机便捷发射架

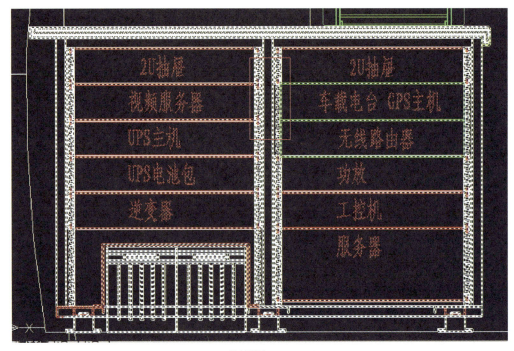

c.机柜设计

图 2.8　三维调查装备设计图纸

图 2.9　三维调查装备实物图

系统集成无人机航测遥感、GPS/PDA、近景摄影测量、常规测绘、视频采集等多种设备。支持低丘缓坡山地土地利用信息的全覆盖、快速、高精度获取，便捷运输、快速测量、现场办公，调查精度优于 1∶2000。

2.4　低丘缓坡山地开发移动综合三维调查装备数据集成与软件开发

分析低丘缓坡山地开发三维调查涉及卫片、低空遥感影像、地面摄影测量数据、车辆位置信息、GPS/PDA 或以其他方式采集的野外调查数据等多源异构数据的特点；研究 GIS 中间件技术，构建 GIS 中间件框架，根据驱动化的设计思想，将通用 GIS 中间件设计为两层模式：数据源驱动管理器和数据源驱动，客户软件通过 GIS 中间件实现对不同数据源数据的访问。

依据低丘缓坡山地开发三维调查的技术模式，确定各采集设备的各种协同集成工作模式，以工作流程集成上述无人低空航测遥感成图软件、协同调查软件、GPS/PDA 底图与处理软件，多源异构数据库管理软件等；依据集成后的 GPS/PDA 之间的协同调查、GPS/PDA 与车的系统调查、基于车—GPS/PDA 控制点布设等工作模式。

针对系统三维调查成果和二调数据库在尺度、数据内容、坐标系统之间的差别，探索不同尺度地理数据的融合方法；基于以往土地调查业务流程，研究面向低丘缓坡山地开发规划监管的三维土地利用现状数据生成方法，确定其技术流程，研究三维地物投影到二维后形状退化的冗余点自动清洗算法，解决三维调查成果对二调数据库的入库问题，并开发相应软件。

2.4.1　改进出支持三维定位和三维成果输出的 GPS/PDA 软件

针对原来 GPS/PDA 主要用于平地的土地利用现状更新和现场调绘工作，以及原有数据结构不支持高程信息及三维调查成果输出的现实情况，做了如下改动。

（1）扩展了定位结果数据结构，增加了高程信息，用类 C/C++语言可表述为

```
struct CPosition
{
    double x;
    double y;
    double z;  // new added
}。
```

（2）在定位时，解析高程信息，并记录。

（3）修改了调查成果输出的代码，采用多维 ESRI PointZ 文件格式取代二维 Point 点数据格式。

系统部分界面如图 2.10 所示。

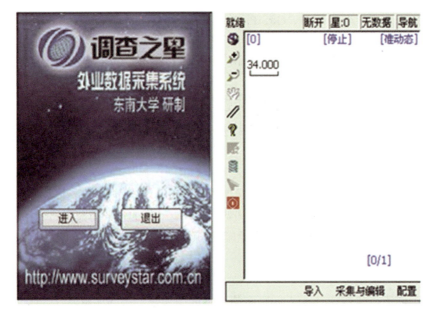

a.初始界面

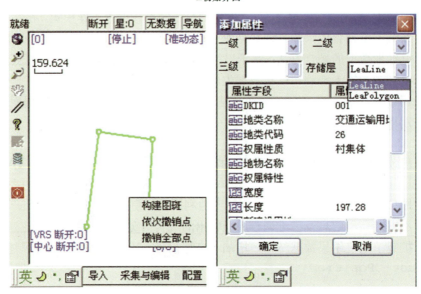

b.空间数据采集与属性数据采集

图 2.10　支持三维调查信息输出的 GPS/PDA 程序

2.4.2　研发出支持自动生成三维土地利用现状数据的 软件算法及软件

1. 软件算法总体流程

获取二维土地利用现状数据，以及与土地利用现状相匹配的高程数据，提取地类图斑内部的高程信息数据，提取维持地类图斑轮廓的数据点，并求取数据点的高程，依据提取到的信息进行地类图斑三维建模，如图 2.11 所示。

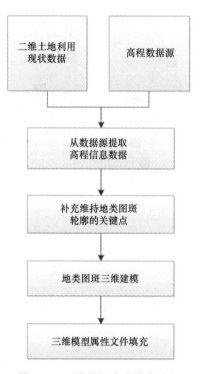

图 2.11　三维数据生成技术流程

将等高线数据作为高程数据源，另外一种常见的高程数据 DEM 也可作为高程数据源，而且 DEM 数据和等高线数据可以相互转化。

为了保持三维数据和原有二维数据的一致性，要对生成的三维土地利用现状数据提出以下要求：①三维土地利用现状数据包含原有二维数据的所有信息；②三维土地利用现状数据单独建模，保持地理图斑的独立性；③三维土地利用现状数据边界不失真，图斑间无缝隙。

2. 等高线的切割及地类图斑特征点高程提取

二维土地利用现状数据是以地类为单位进行组织管理的，为维持每个地类数据的独立性，本书以每个地类图斑为约束分别建立三维模型，因此，相应的建模数据要单独提取。

等高线提取就是以单个地类图斑为基板切割等高线数据，如图 2.12 所示，来获取图斑内部的等高线数据（图中标记为圆形的点）和地类图斑与等高线的交点数据（图中标记为方形的点）。

等高线剪切流程图如图 2.13 所示，依次提取单个土地利用现状的地类图斑，分别用图斑的边（线段）与等高线数据（polyline 折线）求交，同一条等高线上的点（包括交点和等高线节点）以 polyline 格式存入新建 shapefile 文件中。

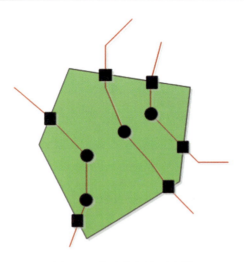

图 2.12　等高线提取示意图

绿色图斑是地类图斑，红色线条是等高线

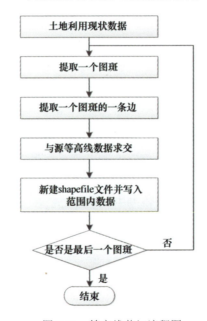

图 2.13　等高线剪切流程图

3. 三维地类图斑模型的构建

三维地类图斑模型的构建可以采用边界元模型,这里可以用三维表面模型来表示,即以不规则三角网连接相邻截面来构建三维面。目前构建不规则三角网的方法有许多种,如角度判别法、PLC 法、Bowyer 法、Delaunay 三角剖分法等。其中 Delaunay 三角剖分法在地形拟合方面表现最好,是目前最主要的构建不规则三角网 DEM 模型的方法。目前应用比较成熟的 Delaunay 三角部分法主要有生长算法、逐点插入法、分治算法（表 2.5）。

表 2.5　三种 Delaunay 三角剖分法比较

算法名称	算法提出者	最好的情况	最坏的情况
生长算法	Green 和 Sibson（1978）	$O(N^{3/2})$	$O(N^2)$
	Brassel 和 Reif（1979）	$O(N^{3/2})$	$O(N^2)$
	Macullagh 和 Rose（1980）	$O(N^{3/2})$	$O(N^2)$
	Mirante & Weigarten（1982）	$O(N^{3/2})$	$O(N^2)$
逐点插入法	Lawson（1977）	$O(N^{4/3})$	$O(N^2)$
	Bowyer（1981）	$O(N^{3/2})$	$O(N^2)$
	Watson（1981）	$O(N^{3/2})$	$O(N^2)$
	Sloan（1987）	$O(N^{5/4})$	$O(N^2)$
	Guibas（1992）	$O(N\log N)$	$O(N^2)$
分治算法	Lewis 和 Robinson（1978）	$O(N\log N)$	$O(N^2)$
	Lee 和 Schachlter（1980）	$O(N\log N)$	$O(N\log N)$
	Guibas（1985）	$O(N\log N)$	$O(N\log N)$
	Dwyer（1987）	$O(N\log\log N)$	$O(N\log N)$
	Chew（1989）	$O(N\log N)$	$O(N\log N)$

　　逐点插入法能够通过搜寻新入网的数据点，对已构成的 Delaunay 三角网实施影响，因此，逐点插入法能动态更新已构成的 Delaunay 三角网，能将每个数据点的影响实时作用给已经构建成的 Delaunay 三角网，同时它对海量数据点的处理能力较强，构网速度较快。

　　逐点插入法的算法流程如图 2.14 所示，先在包含所用域内点的凸包中建立初始三角形，然后将剩下的所有点逐个插入三角形中，使其成为 Delaunay 三角网。

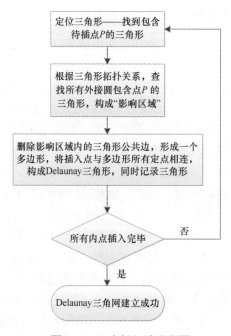

图 2.14　逐点插入法流程图

对于地类图斑内等高线数据，使用逐点插入法建立三维地类图斑模型，生成结果如图 2.15 和图 2.16 所示，三维地类图斑顶点处模型缺失，图斑间有间隙存在。

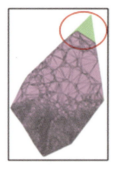

图 2.15　三维地类图斑与原图斑的压盖关系

图 2.16　多图斑联合显示效果图

4. 基于等间隔取点技术数据提取的改进算法

三维地类图斑顶点和边缘失真是由顶点数据缺失和边界采样点过少造成的，从而导致三维建模数据量不足，构建的三维模型边缘缺失而导致失真。

为了解决上述问题，必须增加地类图斑顶点和边缘的三维特征点参与建模。图斑取点最常用的方法是扫描法（图 2.17a），如果采用单方向扫描（单 X 方向或单 Y 方向扫描）的方式，则与扫描线近平行的边特征点选取不够；如果采用双线扫描的方式，则特征点量冗余大。这两种最重要的扫描策略都很难捕捉到图斑的拐点。

等间隔取点法即在地类图斑每条边上以一定间隔提取点，如图 2.17b 所示。这样既能保证采样点采集到地类图斑的各个顶点，同时可以确保在不同斜率的边上有均等的采样密度。

等间隔取点实现流程图如图 2.18 所示，依次取出图斑的每条边，并求取边的线段方程，根据给定的采样密度，确定边上的采样点数，依次求取采样点坐标。

特征点的三维化流程如图 2.19 所示。首先将等高线数据进行 Delaunay 三角剖分，构建整体三维表面模型，然后依次取二维特征点（特征点即等间隔采样到的点，包括图斑顶点和边上采样点，它们可以维持边界形状，下文统称为特征点），在模型表面进行插值运算求取点的高程。

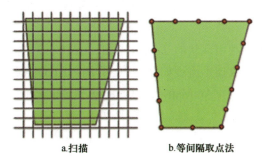

a.扫描　　　　　b.等间隔取点法

图 2.17　两种特征点选取方法

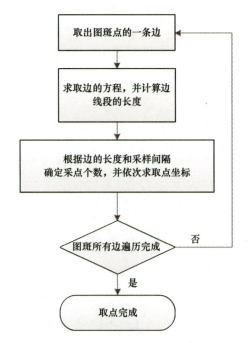

图 2.18　特征点等间隔取点实现流程图

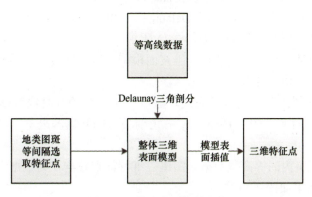

图 2.19　特征点二维转三维

综上所述，改进后三维建模数据源为：①图斑内的等高线数据；②三维地类图斑特征点数据（包括图斑拐点及等间隔的边上采样点）。

5. 实验验证

本书对生成三维土地利用现状的 Java 语言和 ArcObjects 组件集进行了开发测试。三维土地利用现状数据生成技术流程如图 2.20 所示。ArcObjects（简称 AO）是 ESRI 公司 ArcGIS 家族中应用程序 ArcMap、ArcCatalog 和 ArcScene 的开发平台，它是基于 Microsoft COM 技术所构建的一系列 COM 组件集。

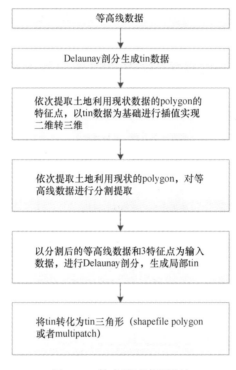

图 2.20 技术测试流程设计

（1）使用 ArcObject 的开发组件读取 shapefile 格式文件的土地利用现状图斑和等高线文件，将全范围的等高点文件使用 Delaunay 三角剖分法，以等高线为约束（提高建模精度）构建整体三维表面模型，如图 2.21 所示。

（2）提取图斑特征点，并在整体三维表面模型上进行插值运算求取特征点高程，将地类图斑特征点由二维转化为三维。

（3）使用地类图斑各边切割等高线，截取图斑内部的等高线数据，并将其保存在新建的 shapefile 文件里，作为 Delaunay 三角剖分法的数据源之一，切割效果如图 2.22 所示。

（4）将地类图斑内的等高线数据和图斑三维特征点数据作为数据源，进行 Delaunay 三角剖分，剖分效果如图 2.23 所示。

（5）依次重复以上步骤，直至所有地类图斑建模完成，图 2.24 是测试数据的建模整体效果图。

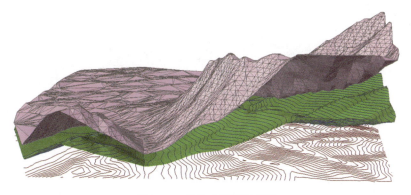

图 2.21 整体三维表面模型

图 2.22 等高线切割效果图

图 2.23 Delaunay 剖分效果

图 2.24　三维地类图斑多图斑展示效果

2.4.3　开发出车载土地业务多源异构数据管理软件

低丘缓坡山地开发三维调查需要处理土地利用现状、规划、批供用补查业务数据，卫星遥感、低空无人机遥感等多种数据，采用 ArcSDE 为数据库引擎，并基于 B/S 架构实现了多源异构数据的有效管理。

1. 系统架构

车载土地业务多源异构数据管理软件系统（图 2.25）包括巡查导航定位系统、实地核查取证系统、执法业务信息管理系统、数据通信传输系统 4 个主要系统，以及移动办公、供电、安防报警等辅助系统。

图 2.25　车载土地业务多源异构数据管理软件系统架构与界面

1) 巡查导航定位系统

巡查导航定位系统包括车载 GPS 接收机天线和主机、卫星信号接收专用馈线、扬声器等硬件，以及导航电子数据库、车载 GPS 导航软件、底图导航软件。车载 GPS 接收机用于巡查车行驶过程中的 GPS 定位，为巡查车提供地理坐标；依据地理坐标、GPS 导航软件和导航电子数据库实现道路交通导航，引导巡查车到达待核查区域，导航图内容、比例尺随着与目标接近程度而变化；在导航电子数据库不能使用的地方，依据底图导航软件，利用现状图、影像图导航，并与 GPS 导航定位技术相结合，引导核查人员快速到达所需核查的地块现场，进行实地核查与现场取证。

2) 实地核查取证系统

实地核查取证系统由实地核查系统、音视频采集系统两个子系统构成。实地核查系统包括 GPS/PDA、GPS/PAD 和土地实地核查数据采集软件。GPS/PDA、GPS/PAD 对新增建设用地、疑似违法用地进行实地测量，获得被核查地块的长度、面积、形状、位置等几何信息，这些几何信息利用土地实地核查软件构图，通过坐标转换与土地利用现状图进行匹配；利用数据导入导出模块将几何信息与用地的项目性质、地类、建设情况等详细信息实时传输回巡查车，供车载业务系统分析处理。

音视频采集系统由车载摄像机、云台、室外护罩、视频压缩卡和解码器等设备组成。巡查车沿公路行驶，到达需要核查的目的地后，利用车载摄像机对周围环境进行拍摄，对疑似违法用地现场进行视频、影像取证，形象、直观地反映土地利用状况，该视频录像可实时回传至室内监控中心。

3) 执法业务信息管理系统

执法业务信息管理系统包括车载工业平板电脑、液晶显示器等硬件，以及信息查询模块、图形显示模块、数据处理模块等软件模块。车载工业平板电脑用于处理信息，液晶显示器用于显示信息。信息查询模块能够实现在巡查车上浏览和查询土地利用现状信息、土地利用总体规划信息、最新的遥感影像信息、地方数据库平台中的相关用地审批信息；图形显示模块用于土地利用现状图、土地利用总体规划图、遥感影像图的显示、缩放、漫游，通过多期、多类底图叠加显示，发现可疑地块；数据处理模块定量和定性分析核查结果，对土地合法性和违法事实进行判断，形成核查报告，以及对土地利用现状信息、土地利用总体规划信息、最新的遥感影像信息、地方数据库平台中的相关用地审批文件等多种信息进行综合分析，发现疑似违法用地，提出核查方案。

4) 数据通信传输系统

通过拨号连接到 3G/4G 无线网络，建立巡查车和室内数据中心的连接，实现数据中心与巡查车之间的通信，将巡查结果快速传回室内数据中心，将新的待核查任务快速分派到巡查车；建立移动基站和实地核查设备之间的通信连接，将移动基站生成的差分信息传输到实地核查设备，实现快速精确定位；建立实地核查设备和巡查车之间的通信连接，实现将核查信息实时传输到巡查车车载业务系统中。

此外，数据通信传输系统还包括必要的辅助系统，满足移动办公、设备供电、车辆安全防盗和攻击报警等需要。

2. 功能设计

1）巡查区域选取与巡查路径规划

车载土地巡查系统通过叠加各类空间图层（如近期遥感影像、卫片监测图斑、土地利用现状、土地规划、建设用地审批、供地、基本农田等数据），分析遥感监测影像及变化图斑，结合所掌握的各县（区、市）新增建设用地报批、新开工专项自查清理情况等相关信息，从而判断建设热点和违法用地集中区域，确定具体巡查区片，并进行巡查路径规划。

2）巡查目标导航定位

巡查区域和路线确定后，利用基于土地利用基础数据的车载导航系统，可实现详细地块的导航定位，快速到达巡查地区，并按照规划好的路径，逐一核查预定巡查的核查目标。

3）巡查过程中任务目标核查

根据事先计划巡查的核查目标，如卫片监测图斑、新开工项目、信访举报等，利用车载导航系统快速、逐次到达目的地，开展核查工作。车载土地巡查系统利用高精度GPS模块实时采集地块的位置信息，并与建设用地审批、供地、土地利用现状、规划、基本农田、年度卫片执法检查、不同时期遥感影像等进行叠加查看，以达到快速判断该用地是否是违法用地的目的。

4）巡查过程中临时发现目标核查

对于巡查过程中临时发现的疑似违法项目，利用车载土地巡查系统，根据巡查车实时位置，自动调出相关用地数据，并叠加相关业务图层进行初判。对于经过初判，确定是已获取合法用地手续的项目，则不需要进行登记；对于未获取用地手续而动工的项目，则需进行用地情况登记、坐标采集、拍照取证工作，并通过车载土地巡查系统初步判断用地的合法性。

5）视频监控与远程会商

可通过车载摄像机对土地巡查过程中车辆周边一定范围内的用地情况进行实时采集，并通过3G无线网络传回监控指挥中心，监控指挥中心可远程查看巡查核查现场情况及操控车载视频设备。车载工作人员可通过车载会商系统向监控中心汇报请求，实时会商。同时监控中心可以实时跟踪车辆，保障野外巡查工作的安全。

6）巡查核查成果管理

土地巡查工作过程中的工作成果可以通过车载系统实现成果的管理，并可导出成果包，导入局内系统，实现数据的更新。同时车载土地巡查系统能够自动统计汇总巡查核查地块个数、巡查公里数等，并提供车辆行驶历史轨迹回放等功能。

第3章 低丘缓坡山地开发地质环境与生态适宜性评价

3.1 低丘缓坡山地开发的地质环境评价

3.1.1 低丘缓坡山地、滑坡、泥石流灾害生态风险评价

滑坡、泥石流是我国多山地区所受威胁最大、影响范围最广的地质灾害，其具有突发性强、发生频率高、破坏性大的特征，会对我国社会经济活动与自然生态系统造成极大危害，并导致较为严重的人员伤亡及财产损失（崔鹏，2014）。因此，如何准确评价滑坡、泥石流灾害的危险性及其产生的生态风险，对于区域可持续生态系统管理具有重要意义。其中，灾害危险性评价是自然灾害生态风险评价的核心，但已有研究大多基于主观性较强的专家打分法或多因子统计回归分析法（宁娜等，2013；苏鹏程和韦方强，2014；王晓朋等，2007），使得真实的多因子灾害响应机理被简化，进而削弱了评价结果的说服力。近年来，以 BP 网络、模糊神经网络和多分类支持向量机（SVM）为代表的人工智能方法能够弥补传统方法的不足（赵源和刘希林，2005），因而被逐步用于灾害危险性评价研究（曹禄来等，2014；李秀珍等，2010；原立峰等，2007）。其中，SVM 以其优秀的学习效率在灾害评价研究中被广泛应用。同时，滑坡、泥石流所产生的生态风险主要体现为灾害对于潜在生态资产的威胁与相应的损失，以此明确刻画区域内滑坡、泥石流灾害威胁下的生态资产风险。

云南省大理市作为我国滑坡、泥石流灾害的高发地之一，其生态系统与人员安全受到极大威胁。本节基于国际通行的风险评价框架，构建大理市滑坡、泥石流灾害生态风险评估模型，即考虑灾害自身危险性，以及承灾体应对灾害威胁的易损性（刘希林和莫多闻，2002），具体表征为式（3.1）。同时，选取地形、地质及降水诱灾因子等定量指标表征灾害危险性，以植被为主体表征研究区生态资产储备与损失状况，具体指标构建如图 3.1 所示。其中坡度与地形起伏度基于 DEM 数据计算，灾害指标特征分别借助研究区断裂带与地震点分布特征进行线密度与插值计算，并以降水量均值与变差系数 C_v 表征诱发因素［式（3.2）］，其中 σ 为年内降水标准差，μ 为降水量平均值。数据来自地理空间数据云、中国地震台网及实际调研资料，如表 3.1 所示。

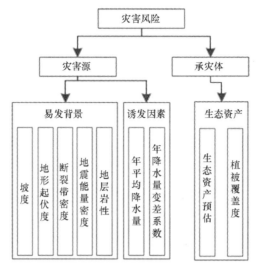

图 3.1 大理市滑坡、泥石流灾害生态风险评价框架

$$生态风险 = 灾害危险性 \times 生态资产损失 \qquad (3.1)$$

$$C_v = \frac{\sigma}{\mu} \qquad (3.2)$$

表 3.1 主要数据源表

评价因子	数据名称	数据来源
坡度、地形起伏度	ASTER GDEM（30m）	地理空间数据云
断裂带密度	大理市地质灾害防治规划相关图件	调研资料
地震能量密度	2012～2015 年地震数据	中国地震台网
地层岩性	云南省 1∶250 万地质图	调研资料
年平均降水量、年降水量变差系数	1980～2014 年云南省降水站点数据测量	中国气象科学数据共享服务网
生态资产预估	大理市森林资源二类调查矢量数据	调研资料
植被覆盖度	MODIS 13 Q1 NDVI 产品	美国国家航空航天局（National Aeronautics and Space Administration，NASA）

支持向量机源于运用模式识别方法研究，最初的 SVM 旨在解决基本的二分类问题。而在具体分类预测中，该模型依据待预测样本的多维度特征进行打分，该分值与样本和最优超平面的距离有一定的关联，最终将评分制分作训练样本的两类，实现预测工作。其中基于输入样本的多维信息特征进行打分与再分类思路，也可以很好地应用于基于现状灾害点的危险性评价分析中。本节应用 R 语言构建 SVM 模型，选取等量的已发灾害点和未发灾害点进行模型训练与模型精度评价，最终推广应用于全域所有栅格点的灾害危险性预测上，实现泥石流危险性评价。在具体分析时基于大理市实际发生灾害点进行模型训练，考虑到大理市内部样本点较少，为保证数据的准确性，将大理白族自治州（简称大理州）723 个滑坡和泥石流灾害点带入训练，并在训练后期提取大理市区域进一步分析。在模型运行中，需使实际发生灾害点标记值为 1，并自动生成互相距离 2km 以上、距离已知灾害点 2km 以上的 723 个随机点作为未发生灾害点，标记值为–1，共计 1446

个空间点作为训练样本。同时结合留一检验与十折交叉检验进行 SVM 训练结果评价。

在进行生态风险评价时，自然植被因滑坡、泥石流所造成的损失为研究区最为直接的生态损耗，因此，本节以大理市林业二调数据为基础，具体根据不同的植被类型，结合已有研究进行多植被类型的分类赋值（朱文泉等，2007）。同时，已有研究结果表明归一化植被指数（NDVI）与生态系统服务价值之间存在很好的相关性，因此，在具体计算时，本节选取 NDVI 作为基础数据，采用该栅格当前值 $NDVI_j$ 与该栅格所属植被类型所有 NDVI 栅格平均值 NDI 相比，对基于植被类型直接赋值结果 Ep_i 进行修正，得到最终相应栅格 j 的生态资产估算修正值 Ep_j，并用自然断点法进行重分类得到生态资产评价结果 [式（3.3）]。本节基于 2014 年 250m 分辨率 NDVI 产品（MOD13Q1）对 NDVI 全年最大值合成进行修正。

$$Ep_j = \frac{NDVI_j}{NDVI_{avg-i}} Ep_i \qquad (3.3)$$

基于以上多因子评价模型，对各孕灾因子、诱灾因子进行归一化处理并进行空间制图，得到大理市滑坡、泥石流灾害危险性因子空间格局。由图 3.2 可看出，大理市坡度变化剧烈，洱海西侧为海拔高值区，相应的地形起伏度也呈现出西高东低的特征，地形复杂多变。由断裂带密度分布可以看出，活动断裂带主要集中于大理市北部地区与东部地区，研究区大部分地区承受着较大程度的地震发生风险；而地震能量密度呈现东南部地区地震能量明显高于其他地区的特征，主要由凤仪镇的多个五级以上地震点分布导致。地层岩性图层表征了研究区的地质基础，基于中国 1∶250 万矢量地质图，以云南

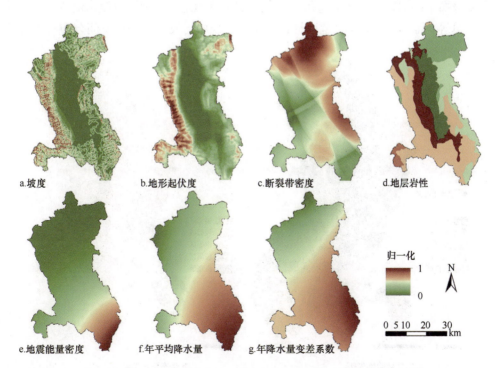

图 3.2　大理市滑坡、泥石流灾害危险性因子空间格局

省1:250万地质图为辅助,参照Wei等(2008)研究中的分类依据,将地层岩性分为五类予以考虑,其中危险性等级较高的地质类型在洱海西南侧大部分地区呈条带状分布。从降水诱发因子来看,年平均降水量与年降水量变差系数呈现出相似的格局,危险性均由研究区东南部向西北部降低,且其中年平均降水量呈现出东高西低的特征,而年降水量变差系数的整体危险性则略高于年平均降水量。

依据SVM计算所得大理市滑坡、泥石流灾害危险性呈现出明显的空间不均衡性(图3.3a),灾害危险性高值区呈现出连续的面状或带状密集分布特征,集中分布于沟谷分布较密、面积较小的盆地地区,总体呈现出南高北低的分布特征。其中最高级别的滑坡泥石流灾害危险性地区(占研究区面积的5.83%)连片分布于大理市东南部凤仪镇的富成村,以及下迎凤村、西南部下关镇的己旱村和周边地区,此外,洱海西部沿线也有部分区域有着极高的灾害危险性等级。对比影响因子发现,东南部高值区主要受到地震因素的影响,而西南及洱海西岸高值区地形以小面积盆地为主,同时分布着大量的沟谷。而灾害危险性较高区(占研究区面积的11.81%)则对灾害危险性极高区形成包围的特征,同样较为集中分布的地区为凤仪镇与下关镇的大部分地区,同时,大理市北部的喜洲镇及双廊镇也有部分地区呈现较高的灾害危险性等级,其主要受断裂带密度要素的影响。灾害危险性中等区(占研究区面积的16.39%)则呈现出较为零散地分布形态,其形成了灾害危险性较高区与灾害危险性较低区之间的缓冲地区,总体在洱海西部分布较为广泛。虽然灾害危险性较低区(占研究区面积20.40%)及灾害危险性极低区(占研究区面积的45.57%)占大理市大部分地区,洱海为灾害危险性极低区,而灾害危险性较低区主要分布于面积较大、地形起伏度并不强烈的盆地地区,如挖色镇、银桥镇、大理镇及海东镇等。而通过比对灾害危险性评价结果与现状已发生灾害点空间分布特征可以看

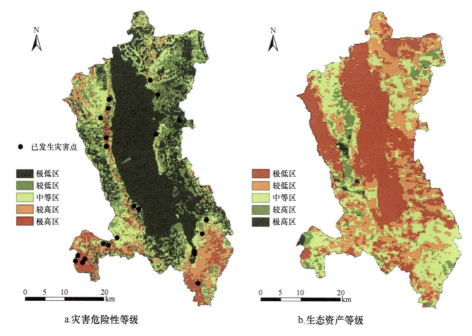

a.灾害危险性等级　　　　　　　　　　b.生态资产等级

图3.3　大理市滑坡、泥石流灾害危险性等级及生态资产等级

出，基本上所有的现状泥石流灾害点位于灾害危险性极高区（图 3.3a），尤其体现在滑坡、泥石流灾害点聚集的区域，其均是评价结果中连续分布的高危险性滑坡、泥石流灾害区域。因此，基于 SVM 的滑坡、泥石流灾害危险性分区能够较好地反映出滑坡、泥石流灾害危险性现状空间分布特征。

由大理市生态资产等级的空间分布可知（图 3.3b），大理市位于面积较大的大理盆地中，并且由于无植被覆盖，水体呈现出最低的生态资源保有量，而研究区总体的生态资产等级中等偏低，极高值（占研究区面积的0.84%）与较高值（占研究区面积的5.68%）主要集中于洱海西部的湾桥镇、银桥镇，以及大理市东北部双廊镇的少部分地区。该类地区呈现出较高的生态资源富集主要因为区域内海拔较高且地形较复杂，由此带来相对较少的人类活动影响，进而地区内常绿阔叶林、针叶林分布较广，而这两类林地的生态资产量是所有地表覆被中生态资产量最高的。而大理市生态资产等级低区（占研究区面积的 36.85%）主要集中于西北部，当地降水量相对其他区域较少，因此，对植被生长产生了一定的抑制作用；同时，生态资产相对较低的地表覆被类型也主要分布于这些地区，因而在生态资产等级评价中较低（占研究区面积的29.74%）。

基于以上滑坡、泥石流灾害危险性评价与生态资产修正结果，将五级生态资产量与滑坡、泥石流灾害危险性进行空间叠置统计（图 3.4），总体来看，各个生态资产等级所占的面积随着灾害危险性的提高而降低，且各组分之间呈现明显的梯度变化特征。其中灾害危险性极低区包含了生态资产量极低的洱海地区，因而具有最高的面积占比（46%）；生态资产量中等区在各个灾害危险性等级中的分布比例较为相近，而生态资产量较高区和生态资产量极高区在各灾害危险性等级中占比最小，并主要分布于灾害危险性中等区和灾害危险性较低区。灾害危险性较高区与灾害危险性极高区且植被覆盖度较低的地区受到相对较大的生态风险，应在具体的建设开发时受到特别关注。由此，本章将灾害危险性等级与生态资产等级指标相乘，并采用自然断点法分出五级生态资产风险（图 3.5）。

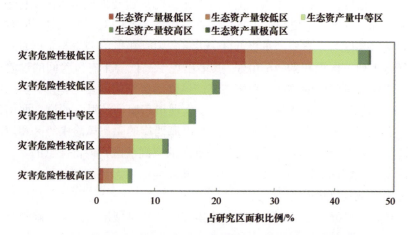

图 3.4 大理市滑坡、泥石流灾害危险性与生态资产等级组合

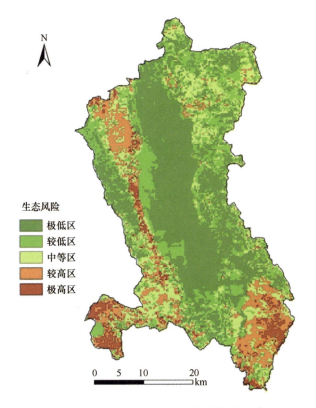

图 3.5　大理市滑坡、泥石流灾害生态风险

　　大理市生态风险空间分布总体呈现南部、西部高，东部、北部低的特征。其中生态风险极低区占比最大（41.24%），其中洱海将洱海西岸带状分布的主要高生态风险等级区与大理市西南部的生态风险较高区相隔离；同时，大理市西部的湾桥镇与银桥镇连片分布着生态风险极低区，该地地质灾害发生可能性相对较小且生态资源保有量较低。大理市生态风险较低区占比接近 25%，主要分布于洱海周边及大理市东部挖色镇、海东镇和双廊镇的大部分地区，主要包括灾害危险性与生态资产的双低值地区，同时包括少量的灾害危险性极高区与生态资产量极低区、灾害危险性极低区与生态资产量极高区。生态风险中等区占研究区面积的 16.70%，其多出现于高低等生态风险间的过渡地带，呈现出对高生态风险等级区的环绕，是生态资产风险等级空间渐变的体现。生态风险极高区（4.43%）与较高区（13.25%）主要分布于大理市东南部及洱海西岸，西南部同样由于山地的分布呈现出较高生态风险等级，且与洱海西岸的生态风险中等区和较高区相连接。这些地区大多对应着灾害危险性与生态资产的双高值区，值得注意的是，虽然生态资产高值区受到灾害的威胁相对较小，但由于其较高的生态资产储备量，在分类时主要将其判定为中等或较高风险等级。

　　综上所述，大理市生态风险高低分布总体空间格局呈现出与灾害危险性分区大致相似的特征，生态风险较高区与极高区处在高灾害危险性的子区域，且部分地区的风险区域格局特征在灾害危险性分布的基本特征上，受到生态资产分布局部特征的影响，形成了环状或孤岛状分布特征；而生态风险中等区和较低区则占大理市大部分地区，隔离开了大理市内主要高生态风险等级区，除了大面积盆地分布较多之外，其他地区则呈现出以较低或极低风险区为背景、离散出现中等风险地区板块的分布特征。本节在基本的滑坡、泥石流灾害风险评价的理论框架下，应用 SVM 模型进行大理市范围内滑坡、泥石流危险性评价，并通过交叉验证方法及比对现状滑坡、泥石流灾害点与滑坡、泥石流危险性评价结果两种途径证明了该方法不仅能够反映现实灾害分布特征，并能够较可靠地实现区域滑坡、泥石流灾害危险性评价，并最终识别大理市滑坡、泥石流灾害危险性空间特征，结合基于 NDVI 数据修正后的州内生态资产，实现了大理市滑坡、泥石流灾害生态资产风险评价，从灾害威胁的角度为州内生态风险管理提供有力的数据支撑，以期完善地质灾害多发地区生态风险评价与管理。

3.1.2　山地地质灾害生态风险评价与防范

面对当前"城镇上山"的国土开发策略、低丘缓坡山地巨大的开发潜力，以及西南地区地质灾害频发、生态环境脆弱的客观背景，地质灾害生态风险评价对于区域社会经济与生态环境可持续发展决策尤为重要。但既有地质灾害风险评价对生态风险关注较少，风险受体对于风险源暴露响应过程的定量表征也显不足。因此，本节基于"危险性—脆弱性—潜在损失"三维框架度量流域尺度的滑坡灾害生态风险，试图通过强调暴露响应过程将区域生态系统结构与功能、格局与过程的关联信息融入风险评价流程中，从而增强对区域生态风险机理的认知，为低丘缓坡山地建设开发过程中地质灾害生态风险防范及宏观生态管理提供决策指引。

以地质灾害频繁的典型西南山地——云南省大理州为例，本节综合考量生态风险源、受体、暴露响应过程及生态终点，采用信息量模型评估滑坡、泥石流灾害危险性，基于景观格局指数表征生态脆弱性，并将生态系统服务纳入风险损失的定量表征，定量评估流域滑坡灾害生态风险。

具体而言，"滑坡灾害危险性"评价中，首先筛选出高程、坡度、岩性、NDVI、多年平均降水量、与河流距离、地震密度、断裂带距离、与城镇距离、与道路距离 10 个危险性影响指标，进而基于信息量模型探讨对滑坡灾害发生贡献率最大的"最佳要素组合"（宁娜等，2013；吴柏清等，2008），并将 10 个分图层的信息量做极差标准化后加权叠加，得到研究区滑坡灾害的综合信息量，用归一化的综合信息量表征灾害危险性。

"生态系统脆弱性"评价中，甄选景观水平的香农多样性（Shannon's diversity index，SHDI）、斑块密度（patch density，PD）、周长面积比分维数（PAFRAC）、景观分离度（landscape division index，DIVISION）4 个指数（这些景观格局指数的计算以大理州 367 个流域为统计单元，基于 Fragstats 4.2 平台完成，并进行极差标准化），构建脆弱性综合指数（VI）以衡量区域生态系统面临地质灾害干扰时的脆弱性［式（3.4）］；VI 越大，区域生态系统稳定性越弱和对外界的抗干扰能力越小，暴露在灾害胁迫下时越敏感，越容易引起结构、功能的改变，并越可能导致生态损失。

$$VI = \frac{1}{4}\left(\frac{1}{SHDI} + PD + DIVISION + \frac{1}{PAFRAC}\right) \quad\quad (3.4)$$

"潜在生态损失"评价中，选取支持服务中的净初级生产、调节服务中的土壤保持和水源涵养，以及供给服务中的粮食生产，基于相关数理模型和统计数据分别量化上述4种服务（刘金龙，2013），并对结果的栅格图层经极差标准化后进行空间叠置，得到区域生态系统遭受滑坡灾害发生崩溃时的综合潜在最大损失。

研究结果表明，大理州滑坡灾害危险性普遍处于中高水平，如图3.6所示，以4级最多，占大理州土地总面积的28.65%，1级危险性仅占8.21%；从空间格局看，危险性整体呈现出西北低、东南高的分布特征。具体而言，大理州滑坡灾害4、5级较高危险性区域在东南部的巍山彝族回族自治县（简称巍山县）、南涧彝族自治县（简称南涧县）、祥云县等地分布最为广泛；同时，1、2级较低危险性区域则集中在西北部的云龙县、洱源县和剑川县，这3个县较低危险区占该类型总面积的比例高达54.61%。

以367个三级流域为基本评价单元，计算其综合脆弱性指数，并依据自然断点法分为5级，级别越高，脆弱性越严重，进而借助局部空间自相关Moran I指数（显著性水平为0.05）分析风险受体生态脆弱性高值与低值的空间聚集程度。研究结果表明，承灾体脆弱性4、5级高值区在大理州4个一级流域内均有分布，主要集中在红河流域南部、金沙江流域东南部等人为活动剧烈的流域。脆弱性最低等级（1级）主要分布在大理州受人为干扰较少的北部、东部及大理州环外围区域，且脆弱性低值区也更倾向于表现出低聚集状态，如泚江流域、倒流河流域，以及清水河流域东部。同时，脆弱性高低聚集和低高聚集的流域在大理州分布极少，在生态脆弱性空间自相关显著的61个三级流域中仅有5.58%的面积占比。

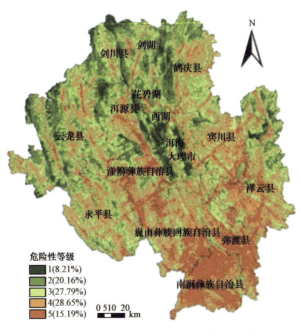

图3.6　大理州滑坡灾害危险性空间分异

生态系统服务栅格图层经极差标准化后进行空间叠置和统计计算，得到栅格尺度和流域尺度的潜在生态损失，并采用自然断点法划分为 5 个等级，等级越高，损失越严重，如图 3.7 所示。研究结果表明，大理州潜在生态损失以高中等级为主，如图 3.7a 所示。第 5 等级主要集中在宾川县和鹤庆县，第 1 等级主要集中在洱海、剑湖、西湖、茈碧湖，这主要因为净初级生产、水源涵养、土壤保持服务主要由森林提供，粮食生产主要由耕地提供，水体生态系统服务未重点关注；除此之外，潜在生态损失较低等级在祥云县东北部和云龙县西南部相对分布较多。就流域尺度而言，潜在生态损失较低等级（1～2级）流域主要分布在大理州西南部，如永平县境内的银江流域、巍山县境内的西河流域等，如图 3.7b 所示。这些流域受地形限制，耕地分布零散，阔叶林相对较多，水源涵养服务和粮食生产服务相对较差。潜在生态损失为 3 级的流域面集中在大理州西北部，如云龙县境内的澜沧江流域、漾濞彝族自治县（简称漾濞县）境内的顺濞河流域等，具有较好的净初级生产和土壤保持服务。潜在生态损失等级较高（4～5 级）的流域集中分布于大理州东北部，如宾川县桑园河流域、鹤庆县中河及落漏河流域等，具有较强的粮食生产服务和水源涵养服务。潜在生态损失各个等级的流域面积占大理州流域总面积的百分比见图 3.7 中的环形图。

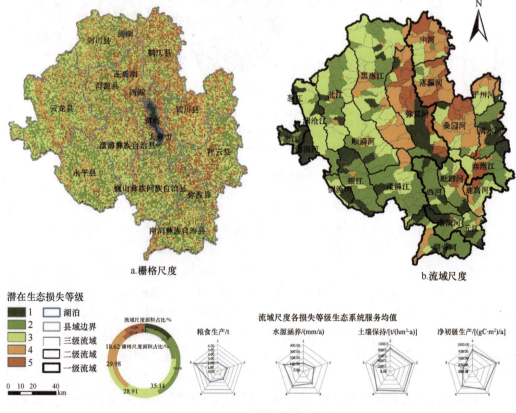

图 3.7　大理州潜在生态损失

　　基于滑坡灾害危险性、生态脆弱性和潜在生态损失，等权重相乘得到流域尺度大理州滑坡灾害生态风险，并按自然断点法分为高、中、低 3 个等级。同时，对于危险性、脆弱性及潜在生态损失图层，分别将 1~3 级合并为低值区，4、5 级合并为高值区，从而得到 8 种生态风险组成类型，如图 3.8 所示，如"高危险-低脆弱-高损失"表示某流域属于危险性高值区、脆弱性低值区、潜在生态损失高值区。

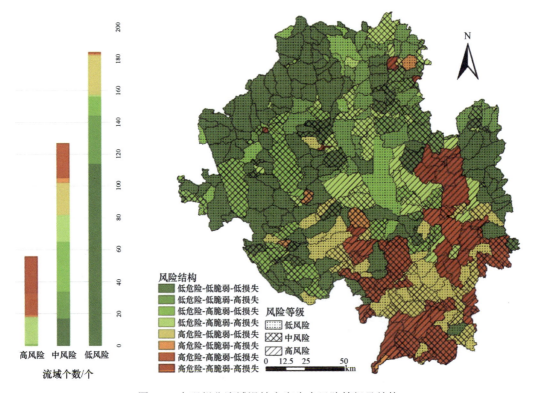

图 3.8　大理州分流域滑坡灾害生态风险等级及结构

　　从大理州范围看，滑坡灾害生态风险低-中-高空间分布从外到内具有一定的圈层结构，且各风险等级的流域面积与流域数量依次减少，如图 3.8 所示。低风险区分布以环大理州外围居多，中风险区在空间分布上逐渐向大理州中心聚拢，高风险区主要集中于宾川县桑园河流域、祥云县渔泡江流域等。对比各等级风险的结构组成及相应流域数量（图 3.8）可知，高风险区域包括 5 种风险组成，以三高型"高危险-高脆弱-高损失"和两高型"低危险-高脆弱-高损失""高危险-高脆弱-低损失"为主。低风险区包括 7 种风险组成，以三低型"低危险-低脆弱-低损失"和两低型"低危险-低脆弱-高损失""高危险-低脆弱-低损失""低危险-高脆弱-低损失"为主。中风险区则包括除"高危险-高脆弱-高损失"之外的全部 7 种类型，且各类型数量分布相对较均衡。

　　风险防范是指进行风险防范的空间策略，即在风险评价的基础上，针对风险等级及其主导因子的差异，划分风险因子主导区，以期为针对性的风险防范提供指导（常青等，2013）。本节基于大理州流域尺度 3 种风险等级、8 种风险结构类型，从单要素和多要素组合等多视角切入，开展地质灾害生态风险防范分区研究。重点关注危险性、脆弱性因素对生态风险的主导作用，对大理州进行生态风险防范分区，最终把 367 个流域 19 种生态风险组合类型划分为 4 种风险防范类型，如图 3.9 所示：对于中、高风险区，高危险性、低脆弱性流域中的风险防范以危险性为主导，为避让监测预警区；低危险性、高脆弱性流域为生态保护恢复区，风险防范以脆弱性消减为主导；高危险性、高脆弱性流域为避让保护兼顾区，强调危险性-脆弱性的综合防范；具有低危险性、低脆弱性的中、高风险流域，以及全部 184 个低风险流域，因主导因子不明显或生态风险较低，可视为风险防范冷点，主要依靠生态系统的自身恢复力来抵御灾害、调控风险，为自然适应调控区。

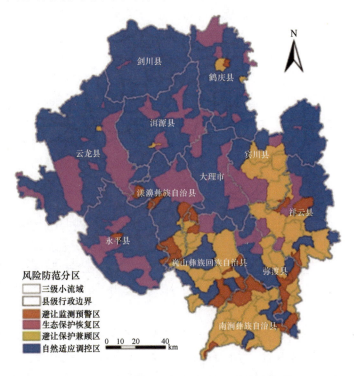

图 3.9　大理州分流域滑坡灾害生态风险防范分区

统计表明，避让监测预警区、生态保护恢复区、避让保护兼顾区、自然适应调控区的流域个数比例分别为 6.54%、17.98%、16.08%、59.40%，流域面积比例则分别为 5.66%、17.50%、16.71%、60.13%。相对而言，避让保护兼顾区分布相对集中，主要位于宾川县桑园河流域、祥云县渔泡江流域、南涧县洞寺河南涧河流域；避让监测预警区较为分散，主要位于清水河、窝鹿河、元江、漾濞江等流域内的小部分区域；生态保护恢复区位于澜沧江、顺濞河等流域；自然适应调控区则集中连片分布于大理州西北部云龙县、剑川县、鹤庆县、洱源县，以及大理州中部的永平县、漾濞、大理市境内。

基于主导因子的防范分区有利于明确地质灾害生态风险的内在作用机制,有针对性地提出防范策略。针对危险性主导的流域，需了解区内的致灾因子和孕灾环境，基于遥感数据、专家实测、群众监控开展地质灾害隐患点的巡查排查工作，加强监测预警能力建设，重点关注汛期等非常时间，以及沟谷溯源侵蚀强烈地段或地质构造活跃区等非常地点，适当采取工程治理或避让搬迁等措施，尽量减少人为建设开挖对原本脆弱地质环境的影响。

针对脆弱性主导的流域，需关注流域内的生态保护与恢复，增强生态系统多样性与生态弹性；对于必须建设开发的区域，需顺应原本的地势地貌、降水条件，以及森林、河流分布，合理设计建设的规模、布局与立体结构，尽量保持大面积生态系统斑块边缘的自然度，减少破碎化，降低风险暴露。对于风险由危险性和脆弱性综合主导的流域，则应兼顾上述两方面风险防范策略。对于自然适应调控区，目前暂不需要设计过多的人为防范措施，重点借助生态系统自身的抵抗力稳定性与恢复力稳定性实现风险自然调控。

综上所述，本节基于"风险（risk）=危险性（hazard）×脆弱性（vulnerability）×损失（damage）"的风险评价三维框架，综合度量研究区分流域地质灾害生态风险，并基于风险主导因子完成生态风险防范分区及风险防范策略探讨，可在一定程度上为低丘缓坡山地开发规避滑坡灾害风险、提升生态安全水平提供科学支撑。本节研究仍然存在一定不足，尤其是风险评价的不确定性分析。进一步研究有必要统筹滑坡地质灾害生态风险评价中不可避免存在的，如信息和数据不完整、损失类型多样性、风险源和损失涉及广泛及一些随机出现的干扰等不确定性因素，针对不确定性来源，采用贝叶斯网络模拟（Borsuk et al.，2004）、蒙特卡罗模拟（Landis and Wiegers，2007）等方法进行不确定性分析及敏感性分析，以利于决策者根据评价结果的不确定性程度提出更科学有效的风险管理对策。

3.2　低丘缓坡山地开发的生态环境要素响应与风险分析

3.2.1　基于"基底要素-干扰结构-主导服务"的 山地生态功能分区

生态功能分区能够明确各个区域生态系统特征和生态功能重要性，辨析不同区域的主要生态环境问题及其差异性，从而有助于有效实现区域可持续发展的分区管治，对区域生态文明建设和国土空间优化开发具有重要指导意义。然而，已有研究存在分区框架及定量指标多样、分区指标权重人为主观等问题。"要素-结构-功能"作为一种系统分析框架，有助于市域生态环境特征及其空间差异的系统刻画。而 SOFM 网络能够在无监督情况下，通过网络初始化、训练和检验等步骤自动形成、调节各要素间的权重，达到映射真实系统的结构和状态，从而有效规避权重设置的主观性问题（黄姣等，2011）。基于此，本节以大理州为例，基于"要素-结构-功能"系统分析框架，从"基底要素-干扰结构-主导服务"3 个方面构建指标体系，综合考虑区域生态系统自然基底要素、人类-自然干扰过程及主导生态系统服务，应用 SOFM 网络方法进行市域尺度生态功能分区，以期为国土空间精细化管制提供决策指引。

基于"要素-结构-功能"系统分析框架进行生态功能分区，实质是在明确生态敏感性干扰结构的约束下，生态系统类型等基底要素的相互作用致使生态系统的主导服务呈现空间分异规律。因此，生态功能分区指标体系可归为基底要素、干扰结构、主导服务 3 个方面，最终所涉及指标共计 15 项，如表 3.2 所示。其中，为了避免基底要素由于因子数量过多而在综合分区中被 SOFM 网络作为主导因素，利用 SPSS19.0 进行主成分分析，提取出前 4 个主成分进行表征（方差累积贡献率达 75.914%）。

表 3.2　大理州生态功能分区指标体系

目标层	指标层
主导服务	粮食供给、土壤保持、固碳释氧、居住空间
基底要素	高程、坡度、NDVI、耕地面积比例、林地面积比例、水体面积比例、河网密度
干扰结构	与断裂带距离、与地质灾害点距离、与河流距离、与城镇距离

SOFM 网络又称自组织特征映射网络，是芬兰学者 Kohonen 于 1982 年根据人脑中的神经元具有后天学习过程这一特性提出的。SOFM 网络通过网络初始化、训练和检验等步骤自动形成、调节各要素间的权重，最终以系统终态的连接权重对客体进行识别或分类，可以直接对未知的输入数据进行学习或模拟，而并不需要进行先验学习（Stankiewicz and Kosiba，2009）。使用 SOFM 网络模型进行自下而上的分区，能够避免传统自上而下的生态地理分区存在的分区过程复杂、耗时、主观性强等缺点，分区界线更加精确，可靠性高。

SOFM 编程及数据处理在专业数学软件 MATLAB R2014a 中完成。以流域为基本评价单元，在 ArcGIS10.0 中统计流域内各项指标的平均值，初始权值为[0, 1]的随机数，基本学习速率为 0.1，最大循环次数为 100 次，其他参数采用默认值。依次将主导服务、基底要素和干扰结构作为输入层数据进行 SOFM 网络分析，得到主导服务分区、基底要素分区、干扰结构分区。进一步将基底要素-干扰结构-主导服务的 12 个指标作为输入层数据，利用 SOFM 网络进行多次聚类（竞争层神经元个数从 3 开始，逐次增加 1 直至 9）。区域共轭性原则是生态功能区划的重要原则，要求分区结果具有一定的空间连续性（贾良清等，2005）。因此，面对多方案的空间聚类结果，可根据分区单元的聚集度来判定最优分区方案（Peng et al.，2015）。本节具体选用景观水平下的聚集度指数（aggregation index，AI），综合度量不同分区方案所划定的各类型区域的空间聚集水平：

$$\mathrm{AI} = \left| \sum_i^m \left(\frac{g_{ii}}{\max g_{ii}} \right) p_i \right| (100) \quad 0 \leqslant \mathrm{AI} \leqslant 100 \tag{3.5}$$

式中：g_{ii} 为斑块类型 i 像元之间的节点数；$\max g_{ii}$ 为斑块类型 i 像元之间的最大节点数；p_i 为斑块类型 i 所占的面积比例。依据景观聚集度指数随分区数目的变化，筛选聚集度指数最大的聚类结果作为生态功能分区的最佳方案。同时，聚集度指数较小的分区方案呈现出更为丰富的区域差异，是进行亚分区的重要依据，因此以聚集度指数最小的聚类结果为基础划分生态功能亚区，并按照区域共轭性原则修正后得到大理州生态功能服务分区方案。

从生态系统服务分区结果来看，大理州的生态系统服务存在明显的南北、东西空间分异，如图 3.10 所示。其中第一分区面积最大，主要集中在大理州西部。该区位于藏滇地槽褶皱区，地势较为起伏，土地类型以林地为主，不适宜大面积农业耕作及高密度人类居住，因此，体现出较强的固碳释氧和土壤保持服务功能，而居住空间、粮食供给能力相对较弱；第四分区位于大理州中东部，地势平坦，且水资源和耕地资源丰富，具有较强的居住空间功能和粮食供给功能；第二分区位于大理州南部，区域内地形较为缓和，但由于开发程度较小，尽管该分区以居住空间、粮食供给服务为主，但其服务能力相对于其他分区较低，且固碳释氧能力为大理州最小；第三分区位于大理州北部山区，林地覆盖度高，固碳释氧功能较强。然而，由于海拔较高、坡度较大，区域内土壤保持功能相对较差，粮食供给和居住空间功能也比其他 3 个区差。

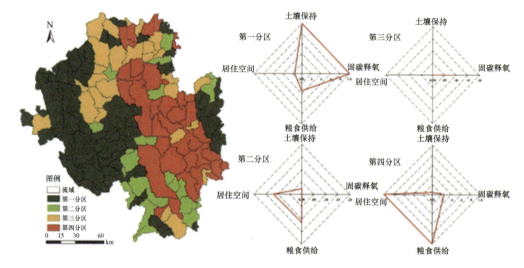

图 3.10　大理州主导生态系统服务分区

由大理州生态基底要素分区结果可见（图 3.11a 和表 3.3），除了第一分区分布较为零散外，其余分区均呈现较为连片的集聚格局。具体而言，大理州西北部区域（第三分区）平均海拔较高且地势较为起伏，土地覆被以林地为主，植被覆盖率高；大理州中部（第四分区）地势平缓，耕地和水体面积较大，生态系统受人为影响较大；大理州南部和东部部分区域（第二分区）海拔较低，植被覆盖率也较低，林地和耕地面积比例相对

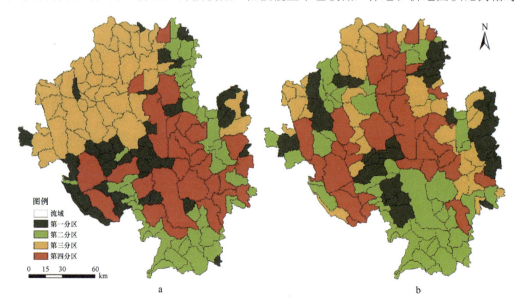

图 3.11　大理州生态基底要素分区及生态干扰结构分区

表 3.3　大理州不同分区生态基底要素特征

分区	高程/m	坡度/(°)	NDVI	耕地面积比例/%	林地面积比例/%	水体面积比例/%	河网密度/(m/km²)
一	2232.94	21.63	0.64	0.000011	1.918077	0.900894	411.77
二	1940.75	18.58	0.49	0.000016	4.183715	1.234945	591.53
三	2599.15	20.66	0.69	4.459924	24.810942	0.175417	167.18
四	2131.72	15.87	0.53	7.252246	18.874954	1.169252	377.75

较低，生态基底较差；而第一分区的空间分布较为零散，主要分布于一些海拔高、坡度大的区域。大理州生态干扰结构分区结果表明（图 3.11b），自然、人为干扰的空间分布相较于生态基底要素而言略为破碎。其中第一分区分布最为零散，总体呈大分散、小集中的分布格局，第二分区和第四分区空间集聚度相对较高，而第三分区受其他 3 个分区分割作用的影响而大致呈东、中、西的南北向条块分布形式。

在人类活动高度影响生物圈的今天，纯粹的自然生态系统几乎不存在，自然生态系统与人类社会系统高度耦合、互相影响；而生态系统服务作为连接自然生态系统与人类社会系统的桥梁，是自然生态系统对人类效用的最终表现形式，可以综合表征人类-自然耦合系统视角下区域的自然生态特征，被视为生态文明建设目标框架下区域生态功能分区的重要载体。但是，生态系统服务还受生态系统本身的基底要素和干扰结构的影响，如果单从生态系统服务角度进行分区，会忽略基底要素与干扰结构的特质。因此，可以基于"基底要素-干扰结构-主导服务"框架对大理州进行生态功能综合分区，即从生态系统整体出发，综合考虑生态系统的基底要素、干扰结构和主导服务。

对比生态功能综合分区从三分区到九分区共 7 个分区方案的景观聚集度指数，如图 3.12 所示，当生态功能区划分为四类时，分区单元的空间聚集度达到最高，分区结果最理想。因此，将大理州划分为 4 个生态功能区，并依据区域共轭性原则对分区结果进行修正，得到大理州生态功能一级区划，如图 3.13 所示。同时，将该分区方案与生态系统主导服务、基底要素和干扰结构等分区结果进行对比，可以发现，生态功能综合分区与主导服务分区最为接近，分区结果的重叠率达到 78.98%。这一方面说明生态功能综合分区主要受主导服务分区的制约，另一方面也表明基底要素、干扰结构对生态功能综合分区结果具有显著影响。此外，为了更深入地反映大理州不同生态功能综合分区内部主要生态环境问题的差异性，在空间集聚度最小的九分区方案基础上依据区域共轭性原则进行修正，进一步将大理州划分为 10 个生态功能亚区，如图 3.13 所示。各生态功能亚区的主要特征如下。

（1）生态盈余区。该区主要包括云龙县、永平县和漾濞县，占大理州土地总面积的13.84%。该区主要位于澜沧江和怒江中山河谷区，海拔 668～4108m，地势起伏较大，植被覆盖度较高，土壤保持功能和固碳释氧功能较好。该区共包括 2 个生态功能亚区，南部区域（Ⅰ-1）拥有金光寺等著名风景名胜区和自然保护区，整体生态环境较好，但旅游业的发展给当地带来了较为严重的生态破坏，该区应在合理挖掘当地生态资源、发展特色生态旅游的同时，加大环境保护力度；北部区域（Ⅰ-2）森林覆盖率较高，但存在沿沟谷地带垦殖现象，土壤侵蚀隐患大，且森林质量差，水源涵养能力有限，该区应发展以生态公益林为主的生态林业，并制订适宜的生态补偿措施，提高当地居民参与保护生态环境的积极性。

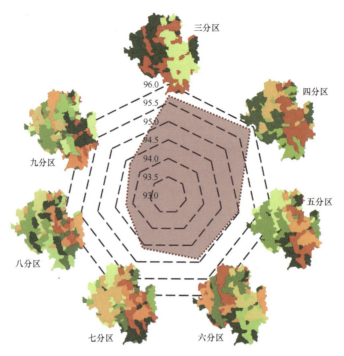

图 3.12 不同生态功能综合分区方案景观聚集度指数对比

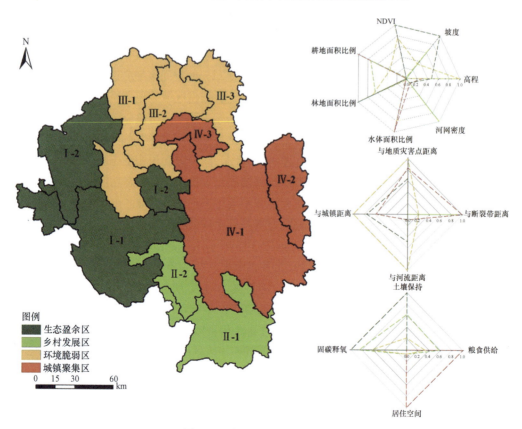

图 3.13 大理州生态功能区划

（2）乡村发展区。该区主要包括南涧县和巍山县西部，占大理州土地总面积的24.13%。该区内居民点分布较为密集，与滑坡、泥石流等灾害点和河流的距离均较近。该区包括 2 个生态功能亚区，该区南部（II-1）是无量山国家级自然保护区等多个自然保护区所在地，拥有丰富的生物资源，但是存在森林覆盖率低、环境敏感度高等问题。该区应封山育林，提高森林数量和质量，同时加强区域内自然保护区管理，保护珍稀濒危物种；该区北部（II-2）有较为丰富的铅锌矿、硫铁矿和铂钯等矿产资源，矿产资源开采和加工带动当地经济发展的同时，也造成了较为严重的环境污染和生态破坏，因此，该区应积极采取生物工程措施，开展矿区生态修复；强化采矿技术和管理政策，推行循环经济，防治环境污染。

（3）环境脆弱区。该区主要包括剑川县、鹤庆县、洱源县，以及云龙县和漾濞彝族自治县的部分区域，占大理州土地总面积的28.84%。该区以山地地貌为主，海拔较高，生态系统服务整体较差。该区共包括 3 个生态功能亚区，西部区域（III-1）以中山河谷地貌为主，经济较为落后，森林受人类干扰频繁，土壤侵蚀隐患严重，应封山育林，有效提高森林数量和质量，同时提高当地居民的生态保护意识；中部地区（III-2）围湖造田现象明显，应兴修水利，扩大农业灌溉面积，严禁沿湖沿河垦殖，并在保护当地生态环境的同时，着力打造"高原水乡"特色旅游，促进地区经济发展；东部地区（III-3）铝土矿、铝锌矿和金矿的开采力度较大，需严格控制矿山开采对流域大气、土壤、水体及植被的扰动强度，积极推进矿山生态修复。

（4）城镇聚集区。该区位于祥云县、宾川县、大理市，以及洱源县、弥渡县、巍山县的东部区域，占大理州土地总面积的 33.19%。该区内地貌以低山河谷和盆地为主，海拔 1113～4051m，地势较为平坦，耕地、水体面积比例为 4 个区中最大的，林地面积比例最小。该区共包括 3 个生态功能亚区，其主体区域（IV-1）集大流域分水岭、湖滨水陆交错带、城乡交错带于一体，农业较为发达，且城市化程度高，是大理州的政治、经济、文化中心。然而，该区也面临着土地开发强度过大、土地生产力低、农业面源污染严重等问题。因此，该区应严格控制建设用地扩张，逐步调整农业结构，推行清洁生产，发展绿色农业，促进社会经济可持续发展；东部区域（IV-2）地势相对较高，陡坡垦殖和沟谷垦殖造成了极大的水土流失隐患，应严格推行退耕还林政策，防控水土流失，增强森林水源涵养能力；北部区域（IV-3）位于洱海上游地区，同样存在垦殖不当问题，且土壤开垦面积大，农业面源污染严重，对洱海水环境造成了极大影响。该区应严禁陡坡垦殖，推行清洁生产，利用区位优势调整农业结构，发展农、林、副、渔相结合的生态大农业。

本节引入"要素-结构-功能"系统分析框架，并构建了"基底要素-干扰结构-主导服务"指标体系。该方法从区域生态系统本质出发，探究在生态干扰结构的约束下，生态系统类型等基底要素的相互作用致使生态系统的主导服务呈现的空间分异规律，有助于更加清晰和全面地刻画市域尺度下生态系统功能的特征及其空间差异。同时，本节利用 SOFM 网络实现自下而上分区，有效规避了传统分区中权重设置的主观性问题，并且克服由市域尺度较小、宏观自然地理特征差异有限而造成的自上而下分区的不确定性。此外，针对 SOFM 网络分区存在的分区数目不确定性，本节引入景观聚集度指数，为不同分区方案的优选提供了重要的定量依据。总体而言,本节基于"要素-结构-功能"的整体性分区方法,将大理州划分为 4 个生态功能区和 10 个生态功能亚区,为市域尺度生态功能分区提供了一个有效的系统分析框架。

3.2.2 低丘缓坡山地建设开发综合生态风险评价

中国作为一个多山国家,山地、高原、丘陵等土地资源丰富,但缺乏合理开发利用(Bai et al.,2014;Long,2014),且随着城市化进程的加快,城市空间扩张带来了耕地占用等尖锐的人地矛盾。因此,对山地、高原、丘陵等土地资源的合理开发建设,逐渐受到了学术界及决策者的广泛关注。同时,生态风险是指一定区域内由外界自然变化或人类活动引起的生态系统结构、功能与生态过程,甚至生态系统稳定性和可持续性的可能伤害(张小飞等,2011),区域综合生态风险评价有利于明晰造成生态压力的风险源、风险受体与生态终点。然而目前关于区域综合生态风险评价的研究大多集中于静态自然灾害风险(尚志海和刘希林,2010)及景观格局指数(彭建等,2015;王常颖等,2008)表征的景观生态风险方面,对区域动态开发过程造成的生态风险考虑不足(任景明等,2013)。我国滇西北山区生物多样性丰富,但地质灾害频发、水土流失严重,该区既是快速城市化背景与稀缺土地资源现状下重要的潜在开发地带,又是综合生态风险评估与防范的焦点区域。近年来,云南省大理市等地的快速城镇化和旅游开发活动对山地生态系统的人为扰动尤为显著。因此,本节意在构建低丘缓坡山地建设开发生态风险传递因果链模型,并结合区域建设开发现状制订流域开发与保护权衡方案,以期为低丘缓坡山地建设开发生态风险防范提供科学指引。

本节基于拟开发山地的自然地理条件及环境要素辨识土地生态脆弱性特征,分析山地开发对关键生态过程可能产生的影响,并以低丘缓坡山地开发过程为纽带建立风险传递模型,对风险源、暴露过程、风险胁迫、生态系统过程、风险受体和生态终点以因果链条的形式加以表征,如图 3.14 所示。其中低丘缓坡山地建设开发过程中涉及土地平整、植被破坏等人类活动,形成生态风险传递模型的风险源。这些人类活动通过干扰、次生演替等作用对区域生态系统产生三种形式的胁迫,即污染累积胁迫、资源耗竭胁迫和空间占用胁迫。在低丘缓坡具体山地开发过程中,首先表征为建设开发对土地产生直接的破坏;再次,开发过程中的城镇建设等会造成重要生境和生态功能区的占用,同时改变土地利用类型。这三种形式的胁迫会通过物质迁移、能量循环和景观演变等生态过程作用于自然系统和生态系统功能及景观结构,最终出现植被覆盖度变化、水环境质量下降和景观破碎度增大等生态终点。

在明确低丘缓坡山地开发建设过程中生态风险传递的基础上,本节构建了开发建设综合生态风险评价框架,如图 3.15 所示。按照生态损失度指数法,综合生态风险定量表征为风险概率与风险损失的乘积(付在毅和许学工,2001;张思锋和刘晗梦,2010)。因此,低丘缓坡建设开发综合生态风险(comprehensive ecological risk,CER)可以通过自然生态风险概率(natural ecological risk possibility,NERP)、开发生态风险概率(development ecological risk possibility,DERP)和生态重要性(ecological importance,EI)

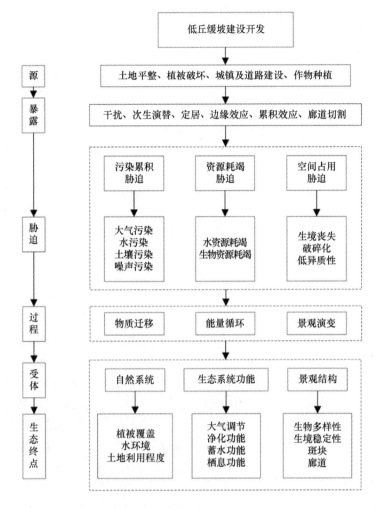

图 3.14　低丘缓坡山地开发建设生态风险传递过程

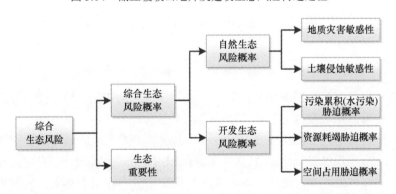

图 3.15　低丘缓坡山地开发建设综合生态风险评价框架

共同表征 [式 (3.6)]。其中，NERP 指自然干扰带来的生态风险，在大理市主要考虑地质灾害和土壤侵蚀；DERP 概率偏重于人为开发过程带来的生态风险；EI 代表了生态风险一旦发生可能的生态损失；此外，本节按照谢高地等（2008）核算出的生态系统服务价值当量从小到大对其进行排序来表征不同类型生态系统的生态重要性差异，将生态重要性划分为 5 个等级，即水体，林地，草地，园地，耕地，建设用地、交通用地、未利用地，分别赋值 5，4，3，2，1。

$$CER = NERP \times EI + DERP \times EI \qquad (3.6)$$

在综合生态风险概率评价中，需分别明确自然生态风险概率与开发生态风险概率。大理市自然生态风险概率主要考虑地质灾害和土壤侵蚀两个方面的敏感性，敏感性越高，发生地质灾害或土壤侵蚀的可能性越大，自然生态风险概率相应越高。其中地质灾害敏感性基于 6 种不同种类地质灾害隐患点分布及灾害点的植被郁闭度、坡度、地层岩性等指标得到，在考虑地质灾害易发性的基础上识别潜在地质灾害影响 5 级范围，计算公式如式（3.7）所示。式中，DE 为地质灾害敏感性；P 为地质灾害易发性；T 为地质灾害影响程度；β 为衰减系数。土壤侵蚀敏感性采用修正土壤流失方程得到土壤可蚀性因子 K、降雨侵蚀力因子 R、地形因子 LS、植被覆盖因子 C，计算实际土壤侵蚀量 A。

$$DE = P \times T + (1 - \beta) \qquad (3.7)$$

$$A = R \times K + LS \times C \qquad (3.8)$$

在对开发生态风险概率进行核算时，重点关注污染累积胁迫、资源耗竭胁迫和空间占用胁迫 3 个方面的人类活动影响，具体取三者胁迫概率的平均值来定量表征。其中，污染累积胁迫重点关注水污染胁迫，分别选取建设用地密度 DOC、耕地密度 DOA、水体密度 DOW、水污染胁迫下的土地利用脆弱程度 VD_{wp} 定量表征研究区水污染胁迫概率 $RISKP_{wp}$ 的空间差异［式（3.9）］。资源耗竭胁迫概率主要表征为各类生态系统服务的降低，用资源耗竭生态风险概率 $RISKP_{rd}$、与建设用地或交通用地的距离 DIS、土地利用类型生态系统服务降低的脆弱性 VD_{rd} 来表征［式（3.10）］。空间占用胁迫概率则可采用景观破碎度来定量表征，PD 为景观破碎度；N 与 A 分别为景观斑块数和总面积［式（3.11）］。

$$RISKP_{wp} = VD_{wp} \times DOW \times (DOC + DOA) \qquad (3.9)$$

$$RISKP_{rd} = VD_{rd} \times \frac{1}{DIS} \qquad (3.10)$$

$$PD = \frac{N}{A} \qquad (3.11)$$

大理市自然生态风险概率由地质灾害与土壤侵蚀共同决定，风险概率等级较高的区域主要集中在洱海周边及西部苍山和西南部的太邑彝族乡地区，而洱海及大理市周边地区生态风险等级普遍较低，如图 3.16c 所示。由地质灾害态风险概率来看（图 3.16a），地质灾害风险概率最低等级（第 1 级）土地面积占全市土地总面积的 76.57%，这些区域地质灾害易发性低；灾害发生概率较高的地区集中分布在洱海西侧，呈现集中连片的趋势，该地区海拔较高、地形起伏度大，增加了滑坡、泥石流等自然灾害发生的可能性。相对而言，不同概率等级土壤侵蚀风险空间分布更为零散，但风险概率等级最低的土地利用类型依然为全市主导（面积占比为 84.41%），第 2 等级占全市面积 7.30%，并主要分布于洱海东岸的多个地区，第 3 等级在第 2 等级附近集中分布（面积占比为 6.85%）；土壤侵蚀风险等级较高的第 4 等级、第 5 等级所占面积最小（1.44%），区内土壤类型主要为黄壤、黄棕壤和紫色土,主要分布在大理市西南部的太邑彝族乡的大部分地区,以及北部双廊镇的少部分地区。总体而言,大理市地质灾害风险概率和土壤侵蚀风险概率大部分处于最低等级,地质环境安全性较好。综合考虑地质灾害、土壤侵蚀两个方面因素,得到大理市自然生态风险概率评价结果,如图 3.16c 所示。基于空间统计分析,自然生态风险概率各等级从高到低所占全市面积百分比分别为 0.22%、1.02%、8.34%、23.54%、66.88%。由此可见,大理市自然生态风险以低等级为主,生态基底相对良好。

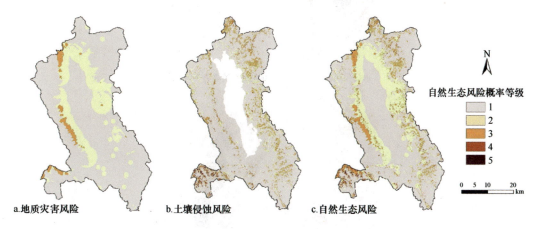

图 3.16　大理市自然生态风险概率等级

　　基于水污染、生态系统服务下降、景观破碎化定量表征研究区污染累积胁迫、资源耗竭胁迫和空间占用胁迫,并将其标准化数值空间化,评价结果如图 3.17 所示。其中水污染风险概率等级,如图 3.17a 所示整体较高,突出分布在建设用地密度大、水体分布较多的地区,如洱海、上关镇、银桥镇与大理镇;其中洱海由于水域面积大,周围开发强度大,水污染风险概率最高。生态系统服务下降风险概率(图 3.17b)较高的区域大多集中在距离建设用地较近的区域,在大理市即体现在洱海周围的人类活动聚集地,也对应着海拔较低的地区。景观破碎化风险概率(图 3.17c)较高等级地区大多分布在坝区和山区交错较多的地区,其中凤仪镇、海东镇与下关镇整体偏高。进一步整合水污染风险概率、生态系统服务下降风险概率和景观破碎化风险概率,得到研究区开发生态风险概率等级,并按自然断点法将其划分为 5 个等级,如图 3.17d 所示。其中第 5 等级(面积占比为 15.96%)主要分布在洱海及银桥镇西部;第 4 等级(11.75%)主要分布在大理市北部的上关镇及西部的大理镇与银桥镇;第 3 等级(31.67%)主要分布在第 4 等级外围,大范围分布在太邑彝族乡及双廊镇、喜洲镇;第 2 等级(33.89%)在大理市各乡镇均有分布;而第 1 等级(6.73%)占地面积最小,仅分布于洱海西部沿岸的少部分地区。总体来看,除洱海以外,对开发生态风险比较敏感的区域主要集中在建设用地周边,并以建设用地为中心向外扩展。同时,与自然生态风险概率不同,研究区开发生态风险概率整体相对较高,只有位于大理市东南部的较少区域处于较小开发生态风险概率地域;而在开发生态风险较高的区域,其未来开发必须高度关注生态风险。

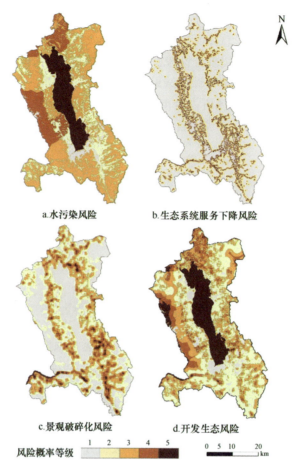

a.水污染风险　　　　　　b.生态系统服务下降风险

c.景观破碎化风险　　　　　　d.开发生态风险

风险概率等级　　1　2　3　4　5　　　　0　5　10　　　20 km

图 3.17　大理市开发生态风险概率等级

　　基于生态系统服务价值当量度量大理市生态重要性等级差异,并结合自然生态风险概率、开发生态风险概率的空间分异,计算得到研究区综合生态风险,并采用自然断点法将其划分为 5 个等级,如图 3.18 所示,第 1~5 级面积比例分别为 9.93%、35.65%、23.16%、16.10%、15.16%,研究区综合生态风险以中低等级为主,且空间分布表现出明显的圈层结构。从区域分布上看,第 5 等级主要集中分布于洱海所在区域,此外有少量零散分布于大理市西南部太邑彝族乡北部;第 4 等级分布连片,主要位于大理市西部与东部,该区域主要用地类型为林地,为综合生态风险高值区;第 3 等级围绕在第 4 等级周围,与第 4 级之间呈现明显的圈层结构,尤其在洱海西侧将等级 4 一部分区域进行了分隔;第 2 等级面积占比最大,在各县域均有较大比例分布,尤以大理市南部各乡镇为主;此外,与洱海相邻的海西区域为大理市主要村镇建设用地集中点,因而为明显的综合生态风险低值区域(1 级),该风险等级类型的空间分布与开发建设风险的相应等级相似。从乡镇角度看,东部海东区域受经济开发区建设的影响,以散乱的点状、片状开发为主,综合生态风险等级分布较为散乱;与之相对,西部苍山山脉为生态保护区域,其综合生态风险等级随着与居民点距离的增大而降低。从用地类型上来说,水域综合生态风险等级最高,而建设用地最低,林地综合生态风险等级也较高,但随着与建设用地距离的增大而降低。

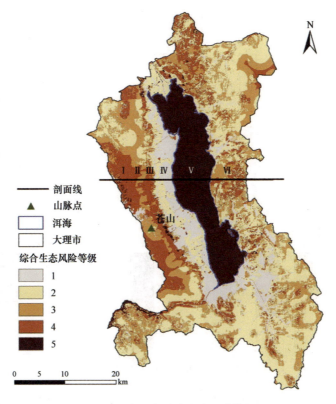

图 3.18　大理市综合生态风险等级

　　进一步采用剖面线分析方法,沿洱海中心点做一条水平线,该线依次经过 6 个区域,如图 3.18 和图 3.19 所示,图 3.19 中分别绘制了各区域综合生态风险等级的变化曲线,以及各类型面积占比统计,通过对比剖面线所经地区的海拔与风险等级波动情况,可进一步明确研究区地形与用地类型对综合生态风险的影响作用。具体而言,Ⅰ、Ⅱ、Ⅲ区为苍山区域,海拔较高,其中Ⅰ区和Ⅲ区分别为苍山西麓和苍山东麓,靠近居民点,受人类活动影响,其综合生态风险等级较高,Ⅰ区和Ⅲ区综合生态风险等级主要为第 4 等级,分别占 80.39%和 60%,且Ⅲ区较Ⅰ区所包含的风险等级更为多样化。Ⅱ区远离居民点,相对于Ⅰ区和Ⅲ区形成了比较明显的综合生态风险低值区,主要为综合生态风险等级第 3 等级。Ⅳ区为居民点聚集区,海拔较低,综合生态风险值最低,主要集中在综合生态风险等级第 1 等级,占 94.67%,其余为少量第 4 等级区域。Ⅴ区为洱海区域,海拔最低且平坦,但综合生态风险值最高,且分布较为均一,均为综合生态风险第 5 等级。Ⅵ区类型复杂多样,海拔变化较之洱海西侧更为平缓,但综合生态风险值波动较大,综合生态风险第 1~5 等级均有分布,其中第 4 等级占一半左右。总体来说,大理市综合生态风险空间变异受土地利用结构的海拔分异及其与人类活动作用距离等的显著影响,并且由于山脉阻隔,大理市综合生态风险表现出比较明显的区域封闭性。

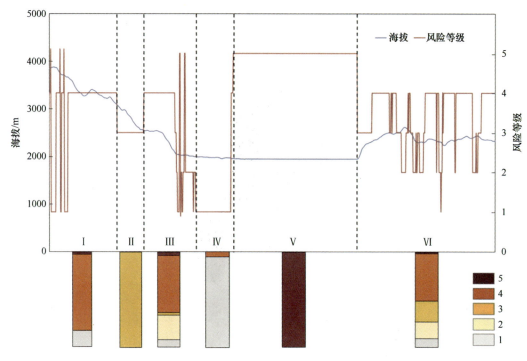

图 3.19　大理市综合生态风险剖面线

综合以上分析可知，在中国山地多、平原少的土地资源背景下，低丘缓坡山地建设开发潜力巨大；但在低丘缓坡山地开发过程中会引发生物多样性下降、植被覆盖度降低、水文条件改变、局地小气候与地形地貌改变等一系列生态环境效应，从而使生态风险增大；同时，区域生态风险也会进一步制约山地建设开发过程。基于该背景，本节构建了山地开发建设生态风险综合评价框架，明晰了开发过程中的生态风险传递过程；并以云南省大理市为例，基于自然生态风险概率、开发生态风险概率和生态重要性定量评价低丘缓坡开发建设综合生态风险。本节还结合当地土地利用类型进行相应的生态风险特异性分析，并通过剖面线分析进一步刻画地形要素与综合生态风险等级间的联系，对明确大理市综合开发现状与其所产生的生态压力有重要意义。

3.3　低丘缓坡山地城镇景观生态系统健康评价

3.3.1　低丘缓坡山地人地耦合系统生态承载力评价

生态承载力（ecological carrying capacity，ECC）是衡量区域经济、社会和生态可持续发展的重要标志，面向当前中国"城镇上山"的国土开发策略及低丘缓坡山地相对敏感的生态环境，甄别山区发展的关键影响因素及过程、定量评价山地生态承载能力尤为重要。但是，已有生态承载力评价指标体系侧重自然生态系统承载能力的定量表征，缺乏人类系统对自然系统的相互关联影响的深刻刻画；强调单一区域的承载阈限识别，忽视不同区域的承载潜力对比。因此，本节基于人类与自然耦合系统（CHANS）视角开展县域生态承载力及山地开发潜力研究，并探讨山地开发与生态保护权衡的相关内容，以期为低丘缓坡山地城镇建设未来人口集聚及城市化、工业化布局提供科学建议。

以低丘缓坡山地开发重点区域之一——云南省大理州为例，以大理州 12 个市（县、自治县）为评价单元，围绕生态系统活力、资源环境承载力、人类社会发展能力 3 个维度开展评价，三者等权加和得到人地耦合系统生态承载力，具体评价指标体系见表 3.4。

表 3.4　低丘缓坡人地耦合系统生态承载力评价指标体系

目标层	准则层	指标层	分指标层	指标功能
低丘缓坡人地耦合系统生态承载力	生态系统活力	生态重要性（0.250）	生物资源保护重要性 水资源安全重要性 营养物质保持重要性	评价生态本底的质量及生态系统结构、功能的有效性
		生态敏感性（0.083）	石漠化敏感性 地质灾害敏感性 土壤侵蚀敏感性	评价生态系统自身的易损性、生态失衡的可能性
	资源环境承载力	潜在资源供给（0.222）	可利用土地资源 可利用水资源	评价耕地保护前提下县域剩余或潜在土地资源、水资源对未来人口聚集、工业化和城镇化发展的承载力
		剩余环境容量（0.111）	剩余大气环境容量 剩余水环境容量	评价生态环境和人类健康在不受危害的前提下大气和水体的纳污能力
	人类社会发展能力	人类活动影响（0.067）	生产生活方式 科技进步	评价人类社会子系统对生态子系统形成的负向干扰或正向驱动
		社会发展程度（0.267）	经济水平 文化水平	评价人类社会子系统在生态子系统支持下的发展状况

1. 生态系统活力（ecosystem vigor，EV）

EV 包括生态重要性和生态敏感性两个方面。其中，生态重要性可分解为生物资源保护重要性（w=0.5）、水资源安全重要性（w=0.3）及营养物质保持重要性（w=0.2）（Xie et al.，2014），最终结果基于加权求和结果并结合自然断点法确定，评价所得极重要区、重要区、较重要区、一般重要区分别赋值为 4、3、2、1，行政区的生态重要性指数为该市（县、自治县）全部栅格值的算术平均值，具体指标如表 3.5 所示。

生态敏感性选择土壤侵蚀敏感性、地质灾害敏感性、石漠化敏感性等进行评价。其中土壤侵蚀敏感性采用修正土壤流失方程（revised universal soil loss equation，RUSLE）（Renard et al.，1991；Toumi et al.，2013），基于土壤数据、降水分布、地形数据和植被覆盖等指标计算实际土壤侵蚀量，并参考水利部《土壤侵蚀分类分级标准》（SL190—2007）基于 10、25、80、150 等阈值划定土壤侵蚀敏感性 5 个等级；数值越大表示土壤侵蚀量越大，敏感性等级越高。地质灾害敏感性是基于滑坡、崩塌、泥石流等 6 种不同种类灾害点分布及灾害点的土壤侵蚀模数、植被郁闭度、坡度、地层岩性等指标，在考虑地质灾害易发性的基础上划出潜在地质灾害影响范围，并根据影响强度的不同进行分级，主要数据是大理州地质灾害隐患点数据。石漠化敏感性则是对地形（≤15°、16°～25°、25°～34°、≥35° 4 个坡度等级）、地貌（是否是喀斯特地貌）、植被覆盖（<20%、20%～50%、50%～70%、>70% 4 个等级）等因子分级赋值，并将敏感性等级最高的因子值作为该项最终得分。基于土壤侵蚀敏感性、地质灾害敏感性、石漠化敏感性，生态敏感性指数由短板效应法得到，3 种影响因素敏感性等级的最高值为生态敏感性综合评价结果。极敏感、高度敏感、中度敏感、轻度敏感和不敏感分别赋值 5、4、3、2、1，行政区生态敏感性指数为该市（县、自治县）全部栅格值的算术平均。

表 3.5 生态重要性评价指标体系

因素层	指标层	赋值规则			
		极重要（4）	重要（3）	较重要（2）	一般重要（1）
生物资源保护	土地利用类型	有林地、湖泊、湿地	灌木林、水库	耕地、草地、园地	其他土地
	生境重要性	5.95～7.89	3.67～5.95	1.85～3.67	0～1.85
水资源安全	与河流水系距离	一级河流两侧 1km；二级河流两侧 400m	一级河流两侧 2km；二级河流两侧 600m	一级河流两侧 3km；二级河流两侧 800m	其他
	洪水调蓄区	湿地蓄滞洪区			其他
	林地类型	水源涵养林	水土保持林	自然保护林	其他
	水源保护区	湖泊、水库水源保护地			其他
营养物质保持	湖泊湿地汇水区重要性、位置及其所在河流级别	1、2、3 级河流上游重要湖泊湿地	1、2、3 级河流上游一般湖泊湿地；1、2、3 级河流中游重要湖泊湿地；4、5 级河流上游重要湖泊湿地	1、2、3 级河流中游一般湖泊湿地；1、2、3 级河流下游重要湖泊湿地；4、5 级河流上游一般湖泊湿地；4、5 级河流中游重要湖泊湿地	1、2、3 级河流下游一般湖泊湿地；4、5 级河流中游一般湖泊湿地；4、5 级河流下游重要湖泊湿地；4、5 级河流下游一般湖泊湿地；其他

2. 资源环境承载力（resources and environmental carrying capacity，RECC）

RECC 可分解为潜在资源供给和剩余环境容量两个方面（Wei et al.，2015；Liu and Borthwick，2011）。参考《省级主体功能区划分技术规程》（2008）中的指标体系，以及马仁锋等（2011）针对云南省的实践性研究，最终确定如表 3.6 所示的评价体系。

表 3.6 资源环境承载力评价指标体系及计算方法

因素层	指标层	计算方法及数据
潜在资源供给	可利用土地资源	可利用土地资源面积=适宜建设用地土地面积－已有建设用地面积；适宜建设用地土地面积=坡度≤25°土地面积－水域面积－坝区耕地面积
	可利用水资源	可开发利用的水资源量=本地可开发利用的水资源量－已开发的水资源量；本地可开发利用的水资源量=区域多年平均水资源总量×α（α=0.4，国际公认用水警戒值）；已开发水资源量=人均综合用水定额×区域总人口
剩余环境容量	相对剩余大气环境容量	相对剩余大气环境容量 $AC_1=1-SO_2$ 排放量/大气环境容量
	相对剩余水环境容量	相对剩余水环境容量 $AC_2=1-COD$ 排放量/水环境容量；COD 环境容量=区域水环境功能区 COD 目标浓度×区域 COD 排放量×多年平均水资源量×水资源利用系数×污染物综合降解系数

3. 人类社会发展能力（social development ability，SDA）

人类社会发展能力关注人类主导的社会经济子系统在人地耦合系统中的状态和作

用,既考虑人类活动对生态子系统的负向干扰正向驱动,又考虑社会经济子系统自身的发展水平。人类社会发展指数(social development ability,SDA)由人类活动影响指数(human activity effects,HAE)和社会发展程度指数(social development degree,SDD)综合加权得到,权重依据 AHP 法确定,指标体系和计算方法见表 3.7。

表 3.7 人类社会发展能力评价体系及计算方法

目标层	因素层	指标层	计算方法
人类社会发展能力	人类活动影响	生态足迹、万元 GDP 水耗、废气污染物、GDP 排放强度	$HAE = \sqrt{\frac{1}{3}\left[\left(\frac{1}{a}\right)^2 + \left(\frac{1}{b}\right)^2 + \left(\frac{1}{c}\right)^2\right]}$ HAE 为人类活动影响指数,a、b、c 分别表示归一化后的生态足迹、万元 GDP 水耗、废气污染物 GDP 排放强度;生态足迹计算参见 Wackernagel 和 Rees(1996)的相关研究
	社会发展程度	城市化率、建成区经济密度、人均 GDP、文盲率	$SDD = \sqrt{\frac{1}{4}\left[A^2 + B^2 + C^2 + (1-D)^2\right]}$ SDD 为社会发展程度指数,A、B、C、D 为归一化城市化率、建成区经济密度、人均 GDP、文盲率

分别计算大理州 12 个市(县、自治县)的生态系统活力(EV)、资源环境承载力(RECC)、人类社会发展能力(SDA)和生态承载力(ECC),如图 3.20 和表 3.8 所示,并按自然断点法将结果分成 4 个等级,数值越大等级越高,如图 3.21 所示。全部指标均与最终的人地耦合系统生态承载力化为同向,且为归一化处理结果。

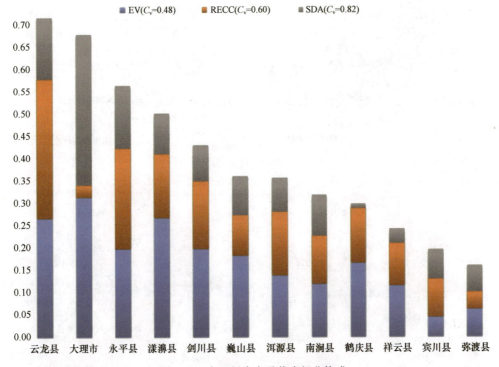

图 3.20 大理州生态承载力组分构成

表 3.8　生态承载力评价结果及县域比较

市（县、自治县）	生态系统活力				资源环境承载力				人类社会发展能力			
	生态重要性		生态敏感性		潜在资源供给		剩余环境容量		人类活动影响		社会发展程度	
	数值	排序	数值	排序	数值	排序	数值	排序	数值	排序	数值	排序
云龙县	0.93	3	0.38	8	1.00	1	0.77	4	0.73	5	0.33	2
大理市	1.00	1	0.71	3	0.13	10	0.00	12	1.00	1	1.00	1
永平县	0.49	7	0.89	2	0.50	2	1.00	1	0.90	2	0.29	4
漾濞县	0.93	2	0.38	7	0.22	8	0.83	2	0.84	4	0.13	9
剑川县	0.57	5	0.64	4	0.39	4	0.58	5	0.32	6	0.22	6
巍山县	0.58	4	0.43	6	0.25	7	0.33	10	0.00	12	0.32	3
洱源县	0.47	8	0.23	10	0.45	3	0.37	6	0.84	3	0.07	10
南涧县	0.43	9	0.12	11	0.08	11	0.80	3	0.32	7	0.26	5
鹤庆县	0.57	6	0.27	9	0.37	5	0.35	8	0.17	10	0.00	12
祥云县	0.12	11	1.00	1	0.36	6	0.13	11	0.26	8	0.06	11
宾川县	0.00	12	0.54	5	0.22	9	0.33	9	0.18	9	0.20	8
弥渡县	0.24	10	0.00	12	0.00	12	0.36	7	0.00	11	0.22	7

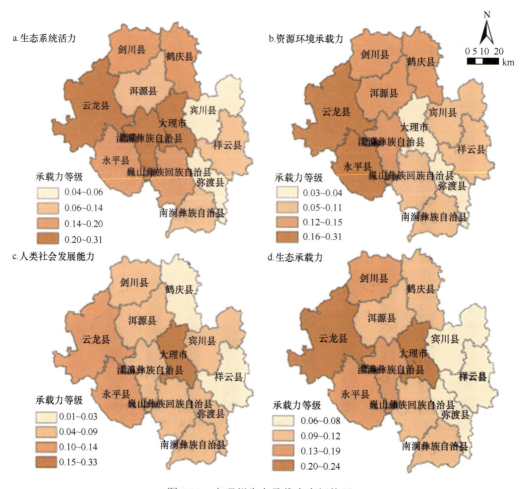

图 3.21　大理州生态承载力空间格局

研究结果表明，从低丘缓坡山地人地耦合系统单一维度生态承载力来看，生态系统活力、资源环境承载力、人类社会发展能力得分最高/最低的分别为大理市/宾川县、云龙县/大理市、大理市/鹤庆县；从综合结果来看，云龙县生态承载力水平为大理州最高，弥渡县为大理州最低。综合生态承载力空间分异呈现出大理州生态承载力西部大于东部、北部大于南部的整体特征，大理市及苍山以西的云龙县、永平县、漾濞县、剑川县生态承载力较高，而大理州东部的宾川县、祥云县、弥渡县生态承载力较低，这与各分项维度的生态承载力空间分异格局基本一致。

此外，通过比较 CHANS 系统生态承载力 3 个分维度指数值的变异系数（C_v）可以发现，各维度区域差异性从大到小依次为：人类社会发展能力 SDA（$C_v=0.82$）＞资源环境承载力 RECC（$C_v=0.60$）＞生态系统活力 EV（$C_v=0.48$），如图 3.21 所示，说明人类社会发展能力的区域差异最为显著。

本节基于关注生态过程的生态承载力模型，通过不同维度承载力组合格局的特征对比，甄别各市（县、自治县）近期、远期发展核心制约因素，进而明晰其发展与保护的优先顺序。具体操作中，将生态系统活力（EV）、资源环境承载力（RECC）和人类社会发展能力（SDA）3 个单项得分按照自然断点的高低分为高、低两大类，对其进行空间叠置可形成 4 种空间组合类型，即三低型、一高型、二高型和三高型，如表 3.9 所示，并进一步分析得到大理州县域发展空间战略，如图 3.22 所示。研究结果表明，宾川县、祥云县、弥渡县、南涧县属于保护优先型，云龙县和永平县属于开发优先型，洱源县属于近期保护、远期开发型，大理市和巍山县属于近期开发、远期保护型，漾濞县、鹤庆县和剑川县属于适当开发、后备资源型，如图 3.22 所示。

例如，生态承载力热点区域（即三高型）包括云龙县和永平县，其生态系统结构功能相对稳定、可用于支持城市发展的潜在资源和剩余环境容量相对充沛、经济与人口规模相对集聚，能更快地在原有基础上继续发展壮大，因而成为优先开发的对象。生态承载力冷点区（即三低型）包括南涧县、祥云县、宾川县、弥渡县，属于水土流失、地质灾害等自然风险高、生态环境脆弱、生态系统结构简单、生态服务功能不易维持的区域，应优先考虑生态保护。

混合型区域（一高型和二高型）中的大理市属于 EV-SDA 两高型，单核模式的增长极优势决定了其在近期扩大开发中能继续收益，然而在长期领先式的开发背景下，其资源环境承载力现今已居大理州之末，剩余环境容量和水土资源势必成为进一步开发的潜在制约，考虑到环境保护的客观需求，"近期开发、远期保护"的节制发展策略更有针对性。而 RECC 一高型的洱源县，其生态敏感性高（位序 10）、生态重要性弱（位序 8），为维持生态系统要素本底和结构功能的基础，理应以生态保护、风险避让为主；但鉴于其低丘缓坡区域潜在可开发土地资源相对丰沛（位序 3）、剩余环境容量尚可挖掘（位序 6）、资源环境承载力尚存利用空间（位序 4），在周边市（县、自治县）开发饱和中远期不得不开发时也可考虑进入开发情景，因而属于"近期保护、远期开发"类型。

表 3.9　大理州山地开发策略关键因子

市（县、自治县）	EV	RECC	SDA	核心制约因素
云龙县	高	高	高	生态敏感性
大理市	高	低	高	剩余环境容量
永平县	高	高	高	生态重要性
漾濞县	高	高	低	社会发展程度
剑川县	高	高	低	人类活动影响/社会发展程度
巍山县	高	低	低	剩余环境容量
洱源县	低	高	低	生态敏感性/社会发展程度
南涧县	低	低	低	生态敏感性
鹤庆县	高	高	低	社会发展程度
祥云县	低	低	低	社会发展程度
宾川县	低	低	低	生态重要性
弥渡县	低	低	低	生态重要性/潜在资源供给/剩余环境容量

注：核心制约因素根据各市（县、自治县）分维度生态承载力位序滞后于综合生态承载力位序的程度，以及分维度生态承载力各在大理州的相对强弱确定。

图 3.22　大理州建设开发与生态保护权衡

综上所述，山地生态承载力研究对于评价开发潜力、指导区域发展和权衡具有重要意义。本节以可持续发展框架下的人地耦合系统生态承载力为依据，以低丘缓坡山地强烈发展愿景、敏感生态环境及人类社会良性发展的客观要求为背景，围绕生态系统活力、资源环境承载力、人类社会发展能力等 3 个维度，开展了大理州 12 个市（县、自治县）

生态承载力评价，并从各市（县、自治县）单一维度生态承载力及复合生态承载力的差异性特征出发，探讨低丘缓坡山地建设开发与生态保护的权衡策略。研究结果从生态承载力视角良好地识别出大理州未来人口集聚、工业化和城镇化的发展短板及后续潜力，以及该人地耦合系统"经济-社会-生态"、可持续发展的可能性，有利于山地开发短期及中长期弹性发展重点空间的定量界定。

3.3.2　低丘缓坡山地城镇社会-生态系统生态文化健康评价

由于低丘缓坡山地多平坝少，可利用的平地资源有限，按照"守住红线、统筹城乡、城镇上山、农民进城"的总体要求，努力实现土地高效利用和城镇化科学发展，云南省于2011 年提出"城镇上山"的重大发展政策。大理州特有的自然生态本底、社会现状及区域经济发展、文化的传承保护等成为城镇上山过程中的焦点问题。生态文化健康是对生态系统健康概念和内涵的进一步扩充，它更加注重生态过程与社会经济组分的统一，体现了自然科学与社会科学的相互融合，可以更好地为人类与自然协调发展提供指导。各国当前逐渐凸显的资源环境问题的出现，融合了复杂的自然与社会作用机制，因而，对"生态文化健康"的研究无疑是对解决资源环境问题、实现可持续发展目标的有益探索（刘焱序等，2015）。生态文化健康作为一个解决资源环境问题的重要途径，目前还没有出现成熟的评价体系框架，也暂时没有学者对这一理论方法进行应用型研究。也就是说，虽然生态文化健康是一个融合了自然生态过程与社会经济组分的概念，可以更科学地对发展进行指导，但由于其提出时间较短，暂未将其应用到解决实际问题中。因此，本节旨在构建一个普适性较强的山地生态文化健康评价体系，并将其应用于云南省大理州，以定量评价山地生态文化健康，甄别山区发展的生态文化健康状况，从而为大理市因地制宜地制定发展策略。

以实施城镇上山政策前一年（2010 年）的大理州 12 个市（县、自治县）为评价单元，从自然健康因子和文化健康因子两个方面，秉承针对低丘缓坡山地新型城镇化主要影响、同时注重生态和社会健康的原则，关注生态保护必要、生态环境脆弱、适当发展社会经济、传统文化保护传承等要点，构建生态文化健康评估指标体系，如表 3.10 所示。

表 3.10　生态文化健康评价指标体系

目标层	准则层	要素层	指标层	权重
	活力	植物生产	NPP	0.0019
		物种组成	生物多样性	0.1185
自然健康因子	组织力	景观结构	景观多样性	0.0087
		水系结构	河网密度	0.1314
	恢复力	植被波动	NDVI 偏移率	0.0523
生态文		干旱程度	干旱指数	0.0346
化健康	活力	人口迁移	人口迁入比	0.1844
		民族发展	少数民族人口数占比	0.1501
文化健康因子	组织力	产业结构	第三产业比重	0.0106
		教育水平	万人普通中学在校生数	0.0057
	恢复力	环保投入	环保投入占 GDP 比重	0.1380
		水耗	万元 GDP 水耗	0.1639

活力即系统的活性、新陈代谢能力和初级生产力，既体现在自然系统的生产能力方面，通过植物生产和物种组成表现，又表现在社会文化的活跃程度方面，用人口迁移和民族发展予以衡量。组织力指生物组分与文化体制之间支持、交互与综合的统筹能力，包括各组分的多样性、连通性等状态，景观结构和水系结构注重系统结构的自然表征，产业结构和教育水平侧重反映社会文化、经济的组织情况。恢复力定义为自然和社会文化在受到由生态或社会因素（如旱灾、洪涝灾害、疫情、冲突等）造成的扰动时，系统自身的应对机制和恢复能力（Rapport and Maffi，2011）。当自然灾害或人类社会文化活动对系统产生影响和干扰时，系统自身有一定的恢复力来应对所遭遇的扰动，用植被波动和干旱程度来测度这种自然属性能力的大小，同时，人类活动可以主动减少对系统产生的扰动，用环保投入占 GDP 比重、万元 GDP 水耗可以衡量人类活动对系统恢复力间接的促进作用。

为了保证评价结果的综合性和全面性，本节采用集对分析的思路比较分析。集对分析是将具有某种联系的两个集合看成一个集对，在某一具体问题背景下，按照集对的某一特性展开分析，建立这两个集合的同一度、差异度、对立度的联系度表达式[式(3.12)]，并据此展开分析（赵克勤和宣爱理，1996）。

$$\mu = \alpha + b_i + c_j \tag{3.12}$$

式中：μ 为集对的联系度；i 为差异度系数，取值范围为[-1，1]；j 为对立度系数，取恒值为-1；α、b、c 分别为两个集合的同一度、差异度及对立度，其中 α、c 为相对确定的，而 b 为相对不确定的。利用集对分析法开展基于生态文化相对健康状况评价的步骤包括：①确定被评价行政区域（城市）集 $S=\{s_k\}(k=1, 2, \cdots, p)$，$s_k$ 为第 k 个城市，明确由评价指标组成的指标集 $M=\{m_r\}(r=1, 2, \cdots, n)$，$m_r$ 为第 r 个指标；②构造最优评价集 $U=\{u_1, u_2, \cdots, u_n\}$，$u_r$ 为指标 m_r 的最优值；③针对每一个被评价城市 s_k，计算指标 m_r 与 u_r 的同一隶属度 a_{kr} 和对立隶属度 c_{kr}，结合每一个指标的权重加权求和得到 s_k 与 U 的平均同一隶属度 a_k 和平均对立隶属度 c_k；④根据 a_k 和 c_k，计算 s_k 与 U 的相对贴近度 r_k，r_k 值越大，表示生态文化健康状况越好。

通过集对分析法，可以针对生态文化健康水平这一具体问题，把多个集合（不同城市）组合到一起，按照其相对健康状况这一特性展开具体分析，明确集合（城市）之间的联系（相对状况）。利用集对分析法可以将评价生态文化健康状况的多个指标系统合成一个与最优评价集的相对贴近度，以反映城市生态系统健康状况。这个最优评价集产生于各市（县、自治县）本身，减小了人为确定评价标准时的主观性和静态性（苏美蓉等，2009）。

将集对分析用于多属性评价时，主要进行各评价对象在各个指标上相对情况的比较，因此，不同评价对象之间差异较大的指标，其所包含的信息量较多，相对性比较的意义较大，其权重系数也应较大，这符合信息量权重的特点，即根据各准则值所包含的信息量不同而对被评价方案的分辨作用大小有区别赋予的量化值。信息熵是信息量的一种常见表达方式，因此，采用信息熵法来确定各指标的权重系数。当某些准则值在各被评价方案之间差异较大时，其分辨能力较强，包含的信息量多，信息量权重系数也较大。通过文献查阅、资料统计、部门调研、遥感数据测算等方式，收集评价生态文化健康的各指标值，利用信息熵模型计算得到各指标的信息熵权重，如表 3.10 所示。

利用集对分析的方法计算出 12 个市（县、自治县）2010 年的生态文化健康水平与最优生态文化健康评价集的相对贴近度 r_k 值，从而得出各个市（县、自治县）的相对健康状况，如图 3.23 所示。结果显示，大理市、云龙县和剑川县处于较高水平，生态文化健康水平与最优集的相对贴近度 r_k 都大于 0.5，而弥渡县、祥云县和永平县处于较低水平，r_k 都小于 0.4，其他市（县、自治县）处于中等水平，r_k 在 0.4～0.5。就空间分布来看，如图 3.24 所示，大理州的生态文化健康空间分布呈现出西部高于东部，北部优于南部的整体特征。通过集对分析和信息熵的思路分别针对自然健康因子和文化健康因子的活力、组织力和恢复力进行计算，原理及步骤与上述方法一致，只是对分指标集赋予了新的权重，重新计算了各指标与最优评价集的相对贴近度 r_k 值，图 3.25 描述了各个市（县、自治县）的分指数的相对健康状况。

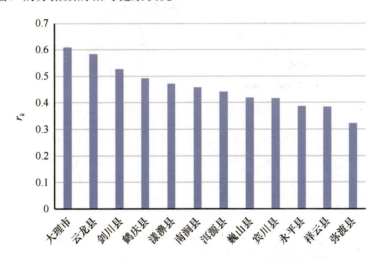

图 3.23 大理州各市（县、自治县）生态文化健康相对情况

基于生态文化健康指数及其构成，结合自然健康因子和文化健康因子的耦合度，可以将大理州生态-文化耦合系统发展战略划分为四大类型区，如图 3.26 所示：①无束缚开发区，包括云龙县、剑川县、洱源县和漾濞县，生态文化健康水平较高，且自然-文化健康耦合度高；②自然-文化均衡开发区，包括永平县、宾川县、南涧县、巍山县和祥云县，生态文化健康水平较低，自然-文化健康耦合度较差；③自然优先保护区，包括鹤庆县和大理市，自然健康因子状况较差，发展过程需要重点关注生态环境保护和自然条件恢复；④文化优先开发区，主要为弥渡县，生态文化健康水平较低，文化健康因子状况是其发展短板，需要给予更多政策扶持促进社会经济文化的繁荣发展。

图 3.24 2010 年大理州生态文化健康水平空间分布

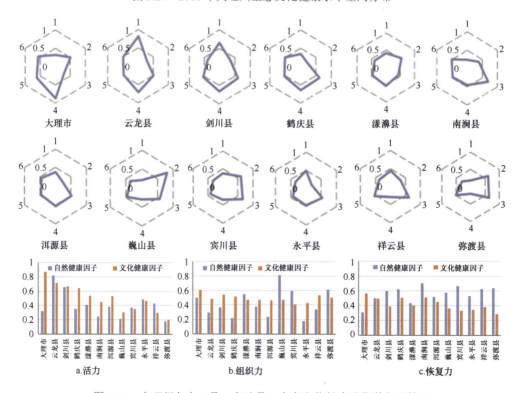

图 3.25 大理州各市（县、自治县）生态文化健康分指数相对情况

1、2、3分别代表自然健康因子的活力、组织力、恢复力；4、5、6分别代表文化健康因子的活力、组织力、恢复力

图 3.26　大理州各市（县、自治县）生态-文化耦合系统发展战略分区

生态文化健康充分体现了自然科学与社会科学的相互融合，可以更好地为人类与自然协调发展提供指导，是对解决资源环境问题、实现可持续发展目标的有益探索，面向当前中国"城镇上山"的国土开发策略，定量评价山地生态文化健康，甄别山区发展的生态文化健康状况，从而因地制宜地制定发展策略尤为重要。本节以典型山地城镇建设区——云南大理州为例，基于生态-文化耦合系统可持续视角构建生态文化健康评价体系，应用集对分析和信息熵的思路进行县域尺度分析。研究结果有助于识别整个系统生态-经济-社会可持续发展的可能性及山地城镇建设发展空间。

3.4　低丘缓坡山地开发生态适宜性评价

3.4.1　基于 GRNN 和邻域算法的土地开发多宜性权衡

"十二五"规划末我国城镇化率为 55%，"十三五"规划纲要中提出"城镇化率达到 60%，居民收入比 2010 年翻一番"。未来 5 年我国仍将延续城市化进程，拓展建设用地及基础设施的空间。然而，城市化发展对耕地资源占用严重，耕地面积逐年减少，威胁国家粮食安全。为优化国土资源配置，缓解供需矛盾，从我国山地多、平原少的国情出发，在广阔山地丘陵区探寻耕地和建设用地的土地开发后备资源成为必然选择。云南省地处云贵高原，省内山地丘陵连绵不断，经济发展水平低于全国平均水平。大理市作为云南省山区城市之一，基础设施薄弱及人地矛盾突出仍然是当前要解决的问题。本章在大理市市域尺度上进行低丘缓坡山地开发适宜性综合评价，从而为当地农业、畜牧业的发展空间延拓及粮食安全保障提供科学支撑。

　　研究选取土地利用、DEM、NDVI、土壤、地质灾害、河流、公路、居民点等数据集（图 3.27）。其中土地利用现状矢量数据解译自 2010 年春季 ETM＋影像，经 Google Earth 进行人工修正，并将其转换成 500m 分辨率的栅格数据，以便与其他数据相匹配。DEM 数据（图 3.27a）来源于地理空间数据云网站 90m 分辨率的 SRTM 数据，本章将其重采样成 500m 分辨率并生成坡度（图 3.27b）、坡向（图 3.27c）。NDVI 数据下载自美国国家航空航天网站的 MOD13Q1 数据，经 MRT 处理后对 2010 全年的 NDVI 产品求年平均值（图 3.27d）。土壤数据包括土壤侵蚀强度（图 3.27e）和土壤类型（图 3.27f），均来自中国生态系统与生态功能区划数据库的矢量数据，在预处理中转换成栅格数据，并重采样成 500m 分辨率；地质灾害类型包括与泥石流距离（图 3.27h）、与断裂带距离（图 3.27i），矢量化自大理州地质灾害防治相关图件，预处理后得到分辨率为 500m 的最短距离栅格文件。与河流距离（图 3.27g）、与公路距离（图 3.27j）来自土地利用现状，与居民点距离（图 3.27k）解译自 Google Earth，三者均通过求最短距离得到分辨率为 500m 的栅格文件。

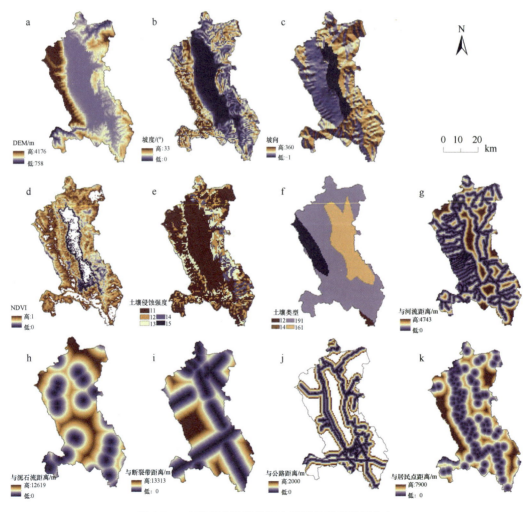

图 3.27　大理市土地开发适宜性评价指标空间分布

　　基于大理州土地利用现状的形成规律、动态演变过程及其空间分布特征，构建了大理市土地开发适宜性评价体系。其中海拔、坡度、坡向、植被覆盖度、土壤侵蚀强度、土壤类型、与河流距离、与断裂带距离 8 个指标用于耕地开发适宜性评价，海拔、坡度、植被覆盖度、土壤侵蚀强度、与河流距离、与泥石流距离、与断裂带距离、与居民点距离 8 个指标用于建设用地开发适宜性评价。各指标与土地开发利用的具体关系为：①海拔。海拔升高会使气温、降水、日照条件发生改变，影响到耕种作物的生长、分布和形态，同时也会增加土地开发利用的难度。②坡度。在一定的坡度范围内，坡度越大，越容易发生土壤侵蚀和水土流失，不利于土地开发利用，而起伏平缓的地形则有利于土地开发。③坡向。坡向决定了作物的日照时间和采光。其中阳坡最适宜农业开发，半阴半阳次之，阴坡最不适宜。④植被覆盖度。其在一定程度上可以表征土地利用的程度及土地开发的难易程度，通常植被覆盖度越低，越容易开发。由年均 NDVI 通过像元二分法模型估算得到。⑤土壤类型。作物生长的土壤环境优劣对农作物的收成有直接影响，依据南方作物对土壤的喜好对土壤划分等级。⑥土壤侵蚀强度。土壤侵蚀可加速土壤贫瘠化，降低土地生产力，对农业生产有不良影响。从物理学角度看，土壤侵蚀强度影响着地基的牢固程度，也是建设用地开发考虑的重要因子。⑦与泥石流、断裂带距离。建设用地选址应高度重视地质灾害发生区，避免在灾害易发区进行开发建设。⑧与居民点、公路距离。一般建设用地的选址均位于公路边缘或已建居民点周围或在一定范围之内，距离公路或居民点太远等人烟稀少之地一般不适宜开发为建设用地。各指标等级划分见表 3.11。

表 3.11　土地开发适宜性评价指标体系表

指标类型	指标	评价标准				适用评价体系
		非常适宜（1）	比较适宜（2）	基本不适宜（3）	不适宜（4）	
地形地貌	海拔/m	758~1194	1194~1629	1629~2065	2065~2500	耕地、建设用地
	坡度/（°）	0~3	3~6	6~15	15~25	耕地、建设用地
	坡向	157.7~247.5 −1	112.5~157.5 247.5~292.5	67.5~112.5 292.5~337.5	337.5~360 0~67.5	耕地
生态因子	植被覆盖度	0~0.25	0.25~0.50	0.50~0.75	0.75~0.99	耕地、建设用地
	土壤侵蚀强度	微度水力侵蚀	轻度水力侵蚀	中度、强度水力侵蚀	极强度、剧烈水力侵蚀	耕地、建设用地
	土壤类型	南方水稻、紫色土	棕壤、黄棕壤	红壤、黄壤	石灰土、黑毡土	耕地
水文条件	与河流距离/m	0~1000	1000~2000	2000~3000	>3000	耕地、建设用地
地质灾害	与泥石流距离/m	0~1000	1000~2000	2000~3000	>3000	耕地、建设用地
	与断裂带距离/m	0~1000	1000~2000	2000~3000	>3000	建设用地
社会经济	与居民点距离/m	0~1000	1000~2000	2000~3000	>3000	建设用地
	与公路距离/m	0~500	500~1000	1000~1500	1500~2000	建设用地

　　广义回归神经网络模型（GRNN）因其能够强有力地解决地学非线性问题而在地学研究中广泛应用（李双成和郑度，2003），其优点在于学习快速，当样本数量非常大的时候能够快速逼近，与 AHP 层次分析、模糊评价等多因素综合指数评价模型相比，无

须人为确定模型参数或者权重,提高了结果的客观科学性(张娅莉和喇果彦,2009)。GRNN 的创建需要将所有数据划分为输入向量、输出向量、训练数据和测试数据,所有数据需要进行归一化处理。其神经元数目等于训练样本容量 n,神经元 i 的传递函数为

$$P_i = \mathrm{e}^{-d(x_0 - x_i)} \tag{3.13}$$

式中:x_i 为各单元核函数的中心向量,$i=1, 2, \cdots, n$;求和层用于计算模式层各单元输出之和与模式层各单元输出的加权和,其传递函数分别为

$$S_{\mathrm{D}} = \sum_{i=1}^{n} p_i \tag{3.14}$$

$$S = \sum_{i=1}^{n} y_i p_i \tag{3.15}$$

式中:y_i 为各训练样本加权和的权重值;最后的输出向量由下式计算:

$$\hat{y}(x_0) = S / S_{\mathrm{D}} \tag{3.16}$$

本章在 MATLAB 软件环境中基于设定的低丘缓坡开发适宜性评价指标构建 GRNN,分别对耕地、建设用地开发适宜性进行评价。

邻域计算是一种基于局部运算的空间分析方法,在图像处理中被广泛应用,也是元胞自动机模型(cell automata)中邻域转换规则的算法基础(Chen et al.,2005),其核心为由临近中心像元的栅格像元值生成邻域统计量(Civicioglu,2007)。为避免某个用地类型的孤立存在造成土地开发过于破碎的现象,本章采用 Moore 型邻域计算中心像元的土地开发适宜类。图 3.28 中 O 为中心像元,假设周围 8 个像元与中心像元有相同的土地利用类型,且与像元 O 的最短距离分别为 OA、OB,定义中心像元 O 的统计量为 α_k:

$$\alpha_k = \frac{1}{D_{AO}} \sum A' + \frac{1}{D_{BO}} \sum B' \tag{3.17}$$

式中:以像元的分辨率为 1,$D_{AO} = \sqrt{2}$,$D_{BO} = 1$;k 为中心像元 O 的用地开发类型,在本章中为耕地或者建设用地两种类型;A'、B' 分别为 3×3 邻域内土地利用现状或者土地开发适宜类型与中心像元 O 相同的 A、B 型像元数。若 α_k 为 0,则中心像元作为孤立像元被舍弃。当 K 既为耕地又为建设用地时,中心像元综合开发适宜性 λ 取 α_k 统计量的最大值对应的开发类型 K,则

$$\lambda = k|\{\alpha_k\}_{\max} \tag{3.18}$$

当耕地和建设用地的统计量 α_k 相同时,则以像元 O 为中心外扩至 5×5 邻域,计算新的统计量 β_k:

$$\beta_k = \frac{1}{D_{CO}} \sum C' + \frac{1}{D_{DO}} \sum D' + \frac{1}{D_{EO}} \sum E' \tag{3.19}$$

式中:C'、D'、E' 分别为 5×5 邻域内土地利用现状或土地开发适宜类型与中心像元 O 相同,且具有最短邻接关系的 O、D、E 型像元。中心像元综合开发适宜性 λ 取 β_k 统计量最大值对应的开发类型,则

$$\lambda = k|\{\beta_k\}_{\max} \tag{3.20}$$

若两者的统计量 β_k 依然相等,则可进一步定义 7×7 邻域的像元统计量 λ_k。考虑 λ_k

计算的复杂性，且认为开发为建设用地后单位面积产值高于耕地，确定中心像元 O 的土地开发类型为建设用地。

C	D	E	D	C
D	A	B	A	D
E	B	O	B	E
D	A	B	A	D
C	D	E	D	C

图 3.28　邻域计算示意图

本章基于邻域算法，在 IDL 平台下权衡土地开发多宜区的具体土地利用类型，最终对大理市土地开发进行综合评价。

基于 GRNN 的耕地开发适宜性评价结果见图 3.29。非常适宜开发为耕地的土地总面积为 0.47 万 hm², 主要分布在洱海东部地势和缓、水网密布、土壤环境良好的地区，如上关镇、双廊镇、挖色镇、凤仪镇等。比较适宜开发为耕地的区域，随着限制条件的放宽，其面积较前者有所增加，总面积为 0.76 万 hm², 与非常适宜开发区相接壤，集中分布于上关镇、双廊镇、挖色镇、凤仪镇，在喜洲镇、银桥镇也有少量分布；基本不适宜和不适宜开发为耕地的总面积分别为 1.02 万 hm²、2.94 万 hm², 两者面积之和为 3.96 万 hm², 占低丘缓坡山地面积的 76% 左右，因地势落差大、土壤侵蚀严重等众多限制开发因素的存在而被划分为土地开发限制区的土地在大理市有大量分布。

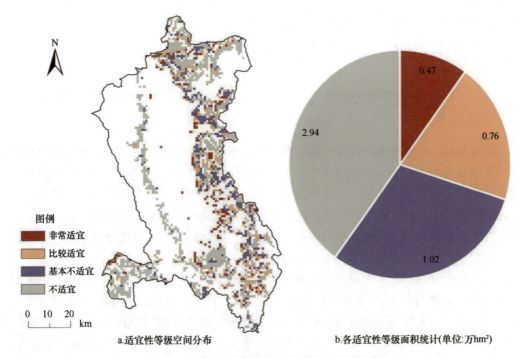

图例
■ 非常适宜
■ 比较适宜
■ 基本不适宜
■ 不适宜

0　10　20
＿＿＿＿＿＿
　　　　km

a.适宜性等级空间分布　　　　　b.各适宜性等级面积统计(单位:万hm²)

图 3.29　大理市低丘缓坡山地耕地开发适宜性

　　基于 GRNN 的建设用地开发适宜性评价结果如图 3.30 所示，建设用地开发评价区被限制在距离公路、高速公路及建设用地 2000m 范围之内。其中非常适宜开发为建设用地的总面积为 0.14 万 hm^2，与耕地分布规律一致，主要分布在上关镇、双廊镇、挖色镇、凤仪镇等坡度小、地质灾害影响弱、离居民区较近区域；比较适宜开发为建设用地的总面积为 0.36 万 hm^2，分布在非常适宜开发区周围，且与之范围一致。基本不适宜和不适宜开发为建设用地的总面积分别为 0.37 万 hm^2 和 3.16 万 hm^2，两者面积之和为 3.53 万 hm^2，总面积占建设用地评价区总面积的 80% 以上，由于区位条件极差，存在众多限制开发因素被划分为建设用地限制开发区的土地在大理市有大量分布。

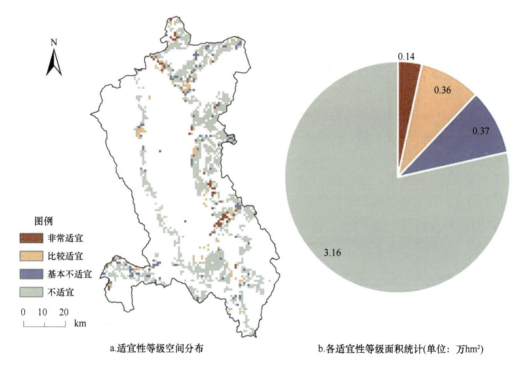

a.适宜性等级空间分布　　　　b.各适宜性等级面积统计(单位：万hm^2)

图 3.30　大理市低丘缓坡建设用地开发适宜性

　　在对耕地、建设用地进行开发适宜性评价的基础上，发现一些区位条件优越的评价单元既适宜开发为耕地，又适宜开发为建设用地，即土地开发具有多宜性。本节将非常适宜、比较适宜两个等级视为土地开发适宜区，通过叠置分析识别出土地开发多宜区、建设用地开发单宜区、耕地开发单宜区、土地开发限制区，如图 3.31 所示。其中土地开发多宜区面积为 0.19 万 hm^2，被限制在建设用地适宜区范围内。耕地开发单宜区和建设用地开发单宜区的面积分别为 1.04 万 hm^2 和 0.30 万 hm^2。

　　本章基于邻域算法对大理市土地开发进行综合评价，如图 3.32 所示，结果表明大理市低丘缓坡山地共有 1.13 万 hm^2 的土地适宜开发为耕地，有 0.32 万 hm^2 土地适宜开发为建设用地，而大理市现有耕地面积为 3.41 万 hm^2，现有建设用地面积为 1.14 万 hm^2，分别占现状耕地、现状建设用地面积的 33%、28%，说明大理市有较大的土地开发潜力。同时有 4.73 万 hm^2 低丘缓坡山地资源因区位条件差、开发难度大、成本高而被限制开发。

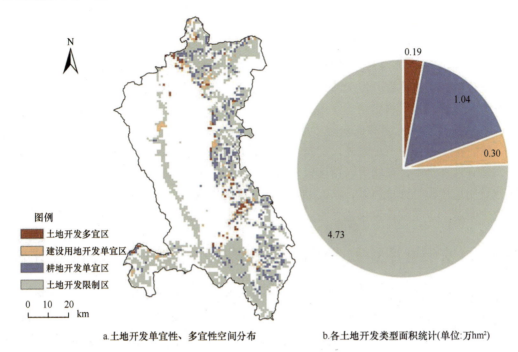

a.土地开发单宜性、多宜性空间分布　　　　b.各土地开发类型面积统计(单位:万hm²)

图 3.31　大理市低丘缓坡山地开发多宜性

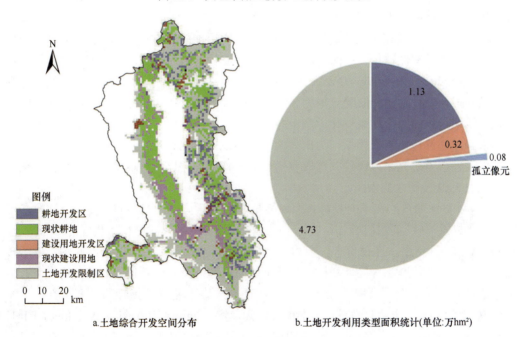

a.土地综合开发空间分布　　　　b.土地开发利用类型面积统计(单位:万hm²)

图 3.32　大理市低丘缓坡山地综合开发

　　基于 GRNN 评价得到的部分山地也被划分在适宜开发范围之内,然而从经济效益和生态效益出发,这部分土地可能由于分布过于零星而使产业不能实现集聚化发展,同时增大了景观破碎度,因此,在设计邻域算法中引入了剔除孤立像元的功能,本研究结果显示大理市低丘缓坡区有约 800hm² 的土地因孤立而被剔除,从而提高了土地开发的规模化程度。

本章在基于 GIS、RS 确定大理市低丘缓坡山地范围的前提下,应用 GRNN 对土地开发适宜性进行评价,确定了地形起伏和缓、供水交通条件便捷、受地质灾害影响较弱的山地丘陵区比较适宜开发为耕地或建设用地。在此基础上,应用邻域算法对土地开发进行综合评价,相对科学地确定了大理市适宜进行耕地或者建设用地开发的空间分布,同时,剔除孤立像元能够在一定程度上避免土地零星分布而降低土地开发的规模化效益。然而本章也存在不足之处,受制于空间数据的可获得性,在大理市耕地、建设用地开发适宜性评价中,未能引入精度较高的土壤类型、土壤养分状况、耕作灌溉能力和现有建设用地规模等评价体系,以上限制因素都可能导致适宜性结果存在误差,在后期的研究中会进一步完善评价指标体系。

3.4.2 基于有序加权平均的低丘缓坡山地建设开发适宜性评价

对于丘陵地区或山区而言,城市往往分布在地势相对较低的河谷地带,在建设用地空间布局上受到较多的地理本底条件限制。由于山区本身耕地面积较小,耕地保护压力大,而为数不多的优质耕地又距离城市近,容易被开发为建设用地。为了保障优质耕地,维护粮食安全,国家和地方对此类耕地的开发有严格的指标约束,大幅提升了在平整河谷布局建用地的难度。因此,为了优化土地资源配置、缓解供需矛盾,有必要探索山区城市将基本农田以外的低丘缓坡山地开发为建设用地的生态可行性和限制性,即山地建设开发生态适宜性评价,从而确定区域建设用地开发的适宜范围。基于有序加权平均(ordered weighted averaging,OWA)算法可以对多种不同偏好下的建设用地开发可行性做情景模拟,显然能够降低某一种单一结果受决策者的主观认知的影响,良好地反映区域政策微调导致的评价结果变化。基于此,本章拟应用 OWA 算法对低丘缓坡山地的建设用地开发适宜性做情景模拟,为山区城市的城镇化布局提供决策支持。

以大理市为研究区,评价共选取包括景观风险和灾害风险在内的共 12 个空间化指标,如表 3.12 及图 3.33 所示。

OWA 算法的核心在于对指标按照属性重要性重新排序,对不同的排序位次赋予不同的次序权重。传统的图层叠加法实际上是 OWA 算法中默认次序权重相等的特殊情况。在 OWA 算法评价中,在评价者较为乐观的情况下,会给重要性较高的次序图层赋予较高的权重,评价结果能直接显示指标中最重要的属性;在评价者较为悲观的情况下,会给重要性较低的次序图层赋予较高的权重,评价结果不能反映指标的重要属性。关于 OWA 权重的确定有十余种算法,其中单调规则递增(regular increasing monotone,RIM)的定量方式出现较早,且易于理解。按照 Yager 和 Filev(1999)的定义,位序权重可表述为

$$w_j = Q_{\text{RIM}}\left(\frac{j}{n}\right) - Q_{\text{RIM}}\left(\frac{j-1}{n}\right) \quad j = 1, 2, \cdots, n, \quad Q_{\text{RIM}}\left(r\right) = r^{\partial} \tag{3.21}$$

式中:j 为位序;w_j 为位序权重;n 为指标数量;r 为自变量;∂ 为表征乐观程度的幂指数。

表 3.12　指标归一化方法表

类型	指标	归一化方法	权重
景观风险	农地类型	赋值水田为 1，水浇地为 0.9，旱地为 0.75，园地为 0.5，茶园为 0.4，属于基本农田则直接赋值为 1	0.164
	林地类型	特殊保护为 1，重点保护为 0.75，一般保护为 0.5	0.073
	公路通达性	10km 以外直接赋值为 1，0～10km 按欧氏距离归一化	0.083
	城镇距离	赋值方法同上	0.120
	植被覆盖度	按结果分布对 NDVI 均值在 0.45 以下赋值为 0，在 0.8 以上为 1，0.45～0.8 归一化	0.029
	地下水保护	不宜开发区和脆弱区为 1，集中供水区为 0.9，分散供水区为 0.8，应急供水区为 0.7，储备区为 0.5	0.032
灾害风险	地质灾害密度	观察结果分布，将核密度值大于 8 的赋值为 1，0～8 归一化	0.058
	地震密度	按结果分布，将核密度值大于 0.8 的赋值为 1 后，0～0.8 归一化	0.018
	坡度	坡度 25°以上赋值为 1，8°以下为 0，8°～25°归一化	0.080
	降雨侵蚀力	按结果分布，对 3000～4500MJ·mm/（hm²·h·a）进行正向归一化，该区间以上为 1，该区间以下为 0	0.068
	断裂带距离	距离断裂带 1km 以内为 1，其他全赋值为 0	0.130
	河流距离	距离河流 500m 以内为 1，其他全赋值为 0	0.146

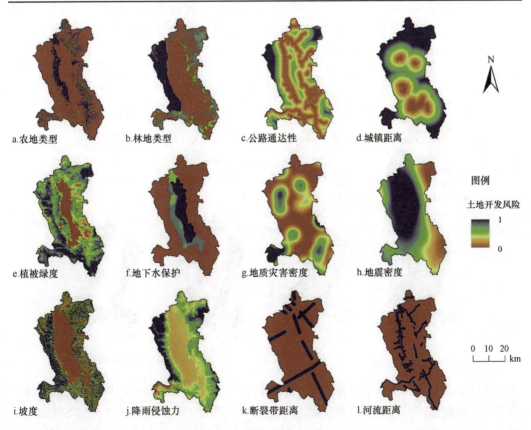

图 3.33　适宜性指标空间分布

　　可知，在 $\partial=1$ 的情况下位序权重相等，计算转化为普通的准则权重叠加。若 $\partial<1$，则最重要的属性位序权重越大，评价者对指标的属性持乐观态度，只需要重要的前几层算子即可判定位序权重；若 $\partial>1$，则越重要的属性位序权重越小，评价者对指标的属性持悲观态度，后面几层不重要的算子更被重视。在本章中，"乐观"表明评价者认为生态风险的限制条件能够制约建设用地的开发，而"悲观"表明评价者不认为生态风险指标可以限制建设用地的开发。

　　基于 OWA 算法对因子属性的重要程度进行排序，通过排序权重的变换，模拟不同程度的评价者偏好下得出的决策结果，如图 3.34 和图 3.35 所示。结果表明坝区面积较大的大理市海西地区和海拔相对较高的苍山周围建设开发适宜性较低，而距离洱海不远的海东地区和凤仪镇则显示出了相对较高的开发适宜性。在评价者最为乐观的状态下，大面积区域呈现出适宜性为 0 的基质状态，即评价者在对风险极端重视的情况下，城郊以外的广大区域是不适宜进行开发的，仅在城市周边鉴于居民需求的压力不得不进行微量开发。在评价者乐观的状态下，风险被高度重视，河流、断裂带、坡度与降雨侵蚀力高值部分适宜性依然极低，而其他大多数栅格显示出具有较低适宜性的格局。在评价者较为乐观的情况下，适宜性低值部分和较低部分出现分化，作为限制性条件的断裂带和河流可以在空间上良好地被分离出来，成为评价者认知的生态风险重要来源。在评价者较为悲观的情况下，风险评价的指标体系可信度低，大多数像元出现适宜性大于 0.9 的结果。至于在评价者悲观和最悲观的情况下，数据预处理中的风险赋值已不可信，坝区外全部是适宜开发区域，评价失去意义。

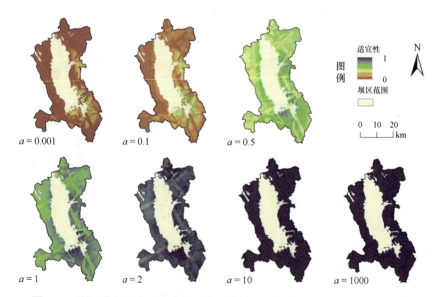

图 3.34　不同偏好下大理市建设开发适宜性（a 为表征评价情景的幂指数）

　　在城镇建设导向下，下关镇作为中心城区，人口众多、地势相对平缓、交通基础设施完善，因而有较大的扩展需求，优先开发区面积最大。海东镇和凤仪镇与下关镇距离相对较近，受城镇化辐射作用强，由于路网密布、地质灾害密度较低，它们也有较为广阔的优先开发区范围。同时，并不在中心附近的双廊镇由于旅游开发的需求，以及耕地保护压力小，也形成了一定面积的优先开发区。反之，海西地区的大理镇、银桥镇、湾桥镇、喜洲镇等地背靠苍山、东临洱海，低丘缓坡山地面积有限，且面临较高的耕地保护压力，多属于限制开发区。维持现有政策导向则体现出略有不同的分区格局。地势有所起伏的上关镇优先开发区几乎全部降低为限制开发区，下关镇与海东镇的优先开发区面积也有明显缩小；相比之下，海西地区适宜性等级变化不大，证实了城镇距离指标的重要作用；另外，相比于城镇建设导向，在维持现有政策导向下，不宜开发区的面积并未有太多变化，分区类型的转换主要发生在从优先开发区向适度开发区过渡。风险控制导向体现出了与维持现有政策导向较为一致的分布形式，反映了自然断点分级过程中两套数据本身分布规律的相似性。这也意味着，大理市建设开发的适宜性在无情景假设的情况下，其实质更倾向于风险管控。

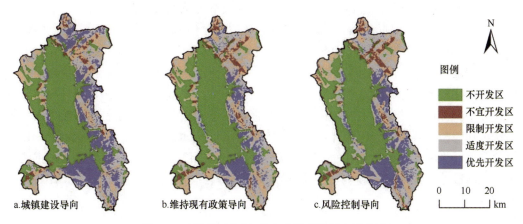

图 3.35　不同情景下大理市建设开发适宜性分区

　　本节在传统基于风险评价的建设开发适宜性评价基础之上引入基于 OWA 算法的不同开发方案偏好设置，有效规避了评价过程指标赋值和权重判定主观性所带来的部分误差，实现了山地开发适宜性评价方案的多情景定量模拟。在城镇建设导向下，相对开发风险较小的中小城镇可以作为产业园区的优先选址地点；而在风险控制导向下，出于耕地和生境保护的目的，不能对自然环境相对较好的中小城镇进行大规模扩张，而大城市周边由于存在刚性需求依然会有一部分建设用地开发空间。通过描述在城市的不同发展阶段如何构建政策权衡后的城镇化空间格局，可满足不同决策思路下的建设用地开发布局需求。

3.4.3　基于综合阻力模型的山地开发生态适宜性评价

　　随着城镇化进程的不断深入，城镇空间越来越成为陆地生态系统不容忽视的重要组成部分（Uy and Nakagoshi，2008）。我国是一个多山国家，相比于平原城市，山地城市生态敏感脆弱，且建设用地空间布局在相当程度上受生态本底限制（彭建等，2012；沙鸥，2011），平坝地区的耕地也面临保护危机。因此，为了有效实践开发建设的生态约束（王海鹰等，2009），控制人类活动的负面生态效应，降低山地城镇建设的生态风险，进行山地开发生态适宜性评价刻不容缓。目前，已有建设用地生态适宜性评价体系较多关注指标选取数量，未能系统表征自然生态因素对土地开发建设的支持或约束机理；同时，现有生态适宜性评价长于生态组分静态格局的定量刻画，而在宏观生态学视角下，各种生态组分同时参与多种生态过程，具有多样的生态功能，生态环境通过各种物质循环和能量流动与人类社会经济活动紧密关联；因此，有必要探索一种关注动态生态过程的建设用地生态适宜性评价方法，以提高模型的鲁棒性和可复制性。开展研究区山地开发生态适宜性评价，以期为山地城镇建设布局提供决策依据。

大理市城乡统筹不足，协调发展不够，山地开发一方面面临山多坝少、土地资源短缺的先天不足；另一方面，相对于平坝区而言更为敏感和脆弱的山地生态环境又给开发建设带来了巨大阻力。因此，如何在保育生态环境的前提下最大限度优化和新增建设用地、建设低丘缓坡新型山地城镇，成为当前区域发展面临的关键问题。

生态空间理论（theory of spatial ecology）代表着一种强调系统空间异质性、等级结构性、局部随机性，以及结构、功能、动态尺度依赖性的新生态学范式（肖笃宁等，1997）。结构、功能和动态三者相互依赖、相互作用，为我们认知和解析人类-自然耦合系统提供了体系化的方法论。基于景观生态学生态空间理论，生态要素、生态重要性与生态恢复力分别表征山地开发的生态结构、生态功能、生态动态阻力，构建基于自然生态系统结构、功能与动态阻力的山地开发综合生态阻力（integrated ecological resistance，IER）概念框架，并通过特定数学组合运算实现综合生态阻力值的分级，进而以此为依据判定生态风险较小、生态干扰较弱、生态成本较低的低丘缓坡山地适宜开发区，如图 3.36 所示。

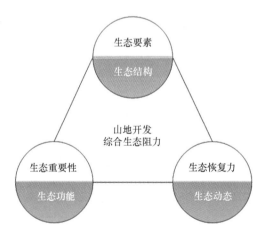

图 3.36   山地开发综合生态阻力概念框架

生态要素是多尺度生态格局的基本组分与构成条件，其中地质、地形、地貌等生态立地条件又直接决定地表生态系统类型及空间配置的基底结构。因此，山地开发的基本生态结构阻力由地表地质环境的稳定度和地形地貌平缓程度共同决定，稳定度与平缓程度越高，山地开发生态阻力越小。生态重要性评价可以明确区域主要的生态系统服务的空间分异规律，划分区域各种生态系统服务的关键空间格局（王治江等，2007），生态重要性等级越高，山地开发建设的生态风险越高，生态阻力相应越大。此外，山地开发的生态阻力并非静态时间点的作用力，应该强调其时间动态性，可采用基于生态适应循环理论的生态恢复力（ecological resilience）来定量表征。生态恢复力越大，表明自然生态系统抵抗外界干扰或受破坏后自我恢复与更新的能力越强，山地开发的生态风险越低，阻力越小。生态敏感性是度量系统受到干扰时结构或功能受到损害的风险（Wu，2013），其可以表征生态系统抵抗外部干扰的能力；生态稳定性指在时间动态上生态系统受到干扰后的波动性和趋势性（柳新伟等，2004），在一定程度上可用于度量受破坏后自我恢复与更新的能力；此外，由于人类开发活动对自然生态系统已成为一种显著的负向干扰（彭少麟，1996），人类干扰强度往往被用于表征自然生态系统恢复的压力。因此，可以从生态敏感性、生态稳定性和人类干扰强度 3 个方面综合度量自然生态系统的恢复力。

结合研究区的生态基底特征，构建山地开发综合生态阻力评估指标体系，如图 3.37所示，评价方法见表 3.13，其计算公式为

$$\text{IER} = \omega_S \times S + \omega_I \times I + \omega_R \times R \tag{3.22}$$

式中：ω 为各指标的权重，考虑到对整个生态环境而言，结构、功能、动态相互依赖，本章采用三者等权加和得到综合生态阻力，即 $\omega_S = \omega_I = \omega_R = 0.33$；$S$ 为生态要素表征的生态结构阻力；I 为生态重要性表征的生态功能阻力；R 为生态恢复力表征的生态适应阻力。

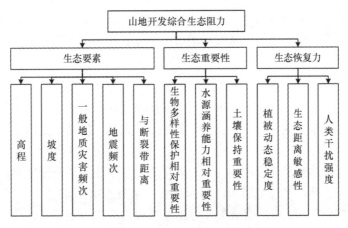

图 3.37　山地开发综合生态阻力评估指标体系

表 3.13　指标体系和评价方法

分类	指标	评价方法
生态要素	高程	根据自然断点法分为 1～5 级，海拔越高，阻力越大
	坡度	根据自然断点法分为 1～5 级，坡度越大，阻力越大
	一般地质灾害频次	用核密度法分别进行空间化表征，根据自然断点法分为 1～5 级，频次越高，阻力越大
	地震频次	用核密度法分别进行空间化表征，根据自然断点法分为 1～5 级，频次越高，阻力越大
	与断裂带距离	断裂带 200m 范围内不能建设，按照 0～200m、200～500m、500～1000m、1000～2000m、2000m 以上反向划分阻力等级 1～5 级

分类	指标	评价方法
生态重要性	生物多样性保护相对重要性	建设用地生物多样性保护相对重要性最低，其次为未利用地、耕地、园地和草地、水域，林地生物多样性保护相对重要性最高
	水源涵养能力相对重要性	阻力由低到高：非林地<无立木林、牧地、农地、宜林地<灌木林、经济林、疏林<柏类、杉类、松类<阔叶林、竹林和水域
	土壤保持重要性	用RUSLE模型计算，根据自然断点法分为1～5级，流失量越大，阻力越大
生态恢复力	植被动态稳定性	研究区多年生长季NDVI变化幅度（斜率），斜率越大，越稳定
	生态距离敏感性	与最近自然保护区等重要生态斑块距离的倒数，距离越远，开发阻力越大
	人类干扰强度	空间化的人口密度结合地均GDP表征，干扰越大，开发阻力越小

如前所述，生态要素构成了山地开发的生态结构阻力，由高程、坡度等地形地貌条件，以及一般地质灾害频次、地震频次和与断裂带距离等地质条件两个方面共同决定，各指标权重由层次分析法确定；基于谢高地等（2008）对生态系统单位面积维持生物多样性服务当量进行估算的结果，评价不同生态系统类型的生物多样性保护相对重要性。结合石培礼等（2004）对长江上游地区主要植被类型综合蓄水能力进行估算的结果，按照植被类型进行水源涵养能力相对重要性评价。土壤保持重要性评价采用修正土壤流失方程。综合生态重要性所表征的山地开发生态功能阻力由各指标等权加和得到；基于生态适应循环理论的生态恢复力概念，从"抵抗-暴露-干扰"3个层面表征在人类强干扰下，自然生态系统自身组织与更新的时间动态特征。基于生态恢复力概念框架的生态适应阻力 R 表示为

$$R = S_1 \times S_2 / S_3 \tag{3.23}$$

式中：植被动态稳定度由研究区多年生长季NDVI变化幅度表征；生态距离敏感性由到最近自然保护区等重要生态斑块距离的倒数表征；人类干扰强度采用空间化的人口密度结合地均GDP表征。

基于研究区山地开发建设的生态结构、生态功能、生态适应阻力值，根据自然断点法从低到高分为5等，等级值越大，阻力越大，如图3.38所示。

（1）图3.38a为由地形、地质条件等生态要素构成的山地开发建设生态结构阻力，总体来看，地形越平缓、地质环境越稳定，开发建设的生态结构阻力越小。大理市生态结构阻力值普遍处于中低水平，以2级最多；从空间格局来看，生态结构阻力东部小于西部、坝区小于山区。具体而言，以点苍山为代表的山地地区由于海拔高、坡度大，成为地形条件主导的高生态结构阻力区域。

（2）图3.38b为基于生态重要性评估的山地开发建设生态功能阻力等级分布图，由生物多样性保护相对重要性、水源涵养能力相对重要性和土壤保持重要性等权加和得到。综合来看，研究区生态功能阻力普遍处于中高水平，极高（0.42%）、极低（7.59%）阻力值占比非常小，而3级和4级阻力区域占69.58%；由各阻力等级空间分布可见，自然生态过程受到人类活动强烈干扰后，坝区陆域范围是显著的生态功能阻力低值区；而山区，特别是植被发育好的点苍山地区和洱海等广大水域，是重要的野生生物栖息

地，且对水源涵养和土壤保持等生态过程均具有重要作用，同时这些地区人类干扰相对较弱，因而是极为重要的生态系统服务供给区。

（3）图 3.38c 为基于生态恢复力核算的生态适应阻力，由植被动态稳定性、生态距离敏感性和人类干扰强度共同决定。研究区 50%以上的地区处于 1、2 级低阻力地区，阻力值最大地区占 14.0%；在空间分布上，中部地区阻力高于东西部，山区高于坝区，呈现由自然保护区等典型生态距离敏感区向外，阻力逐渐减小的总体态势。主要由于自然保护区分布较远，生态距离敏感性较低，生态适应阻力较小；而大理市坝区等地生态适应阻力较小，一方面是因为植被动态度高、生态稳定性低，且敏感性低，另一方面是由人类聚居区带来强烈的负向干扰所致。

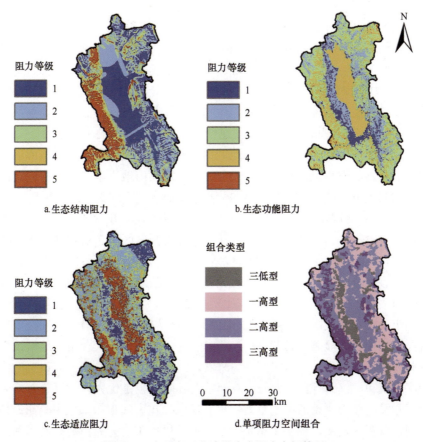

图 3.38　大理市开发建设生态阻力空间格局

将三种单项阻力按照阻力等级的高低分为两大类，即 1~2 级合并为低等级、3~5 级合并为高等级，并进行空间叠置分析，依据空间格网中各类单项阻力的组合关系划分出 4 种空间组合类型，即三低型、一高型、二高型和三高型，得到生态阻力空间组合图，如图 3.38d 所示。由图 3.38 可知，生态阻力热点区域（即三高型）和冷点区域（即三低型）所占比例均小于 25%，其中热点区域（18.0%）集中分布在大理市的西南部及西部部分地区，是开发建设生态强约束区，不利于大规模建设开发用地的集中部署；冷点区域（8.1%）则以坝区陆地为主，包括大理市海西地区，这些区域建设条件优越，对生态环境的干扰相对较小。混合区域以二高型为主（36.68%），表明开发建设的生态结构阻力一般总是伴生生态功能阻力，因为地势高而陡的地区常常是滑坡、崩塌等地质灾害高发区，并且由于人类干扰较弱，自然生态系统在较大程度上保持了原貌，植被覆盖较为茂密，生态重要性较高。

综合山地开发建设的生态结构、生态功能及适应阻力，得到大理市山地开发综合生态阻力，该阻力值越小，开发建设的生态风险越小，生态干扰越弱，生态成本越低，也即生态适宜性越高。按照山地开发综合生态阻力由高到低，采用自然断点法，将大理市开发建设生态适宜性划分为1~5等；同时，为减少破碎图斑对整体空间格局把握的干扰，在ArcGIS平台上采用Eliminate工具，将面积小于$1km^2$的小图斑融合至与其共用最长边的相邻较大图斑中，得到最终的山地开发建设生态适宜性等级空间格局，如图3.39a所示。基于综合生态阻力模型构成，综合考虑大理市生态环境的"结构-功能-动态"特征，可以发现，大理市开发建设生态适宜程度呈现东部高于西部、平坝高于山地的整体特征，大理市分布有较大面积的开发建设生态适宜区，这些区域地质环境稳定、地形平缓，生态重要性相对于植被茂密的生物多样性热点地区而言较低，且从生态系统动态适应的角度看，在这些区域进行开发建设对自然生态系统的干扰也较低，影响较小。

在云南省"保护坝区农田、建设山地城镇"的发展思路指引下，大理市坝区禁止新增建设用地，开发建设重点为坡度8°~25°的低丘缓坡山地，本章在生态适宜性等级空间格局识别的基础上，叠加坝区空间分布信息，将适宜性等级为1的区域融合坝区划分为禁止开发区，适宜性等级为2~5的非坝区分别对应限制开发、潜在开发、适度开发区与优先开发区，如图3.39b所示。其中，优先开发区生态适宜性等级最高，其次是适度开发区，两区均属于适宜开发类区域；相对而言，潜在开发区和限制开发区建设活动的生态适宜性等级较低，禁止开发区则应严格禁止土地开发建设活动。从数量结构来看，优先开发区与适度开发区的面积比例最低，分别占全市土地总面积的4.74%与15.75%，远小于禁止开发区（38.48%）、限制开发区（18.59%）、潜在开发区（22.45%），各类型区面积比例差异显著，且基本呈现正态分布特征，表明大理市山地城镇建设更应关注区域整体布局的合理性。从空间格局来看，大理市南部集中分布了60%的优先开发区，包括海东镇和凤仪镇等地，此外，双廊镇及其附近也是优先开发区分布较为集中的地区；适度开发区作为建设活动的有效用地补给区，在大理市东部集中分布；禁止开发区包括平坝，以及开发建设综合生态阻力极大的地区，重点分布洱海及其以西地区，该区应禁止一切大规模开发建设活动，严格保护坝区耕地，切实保障关键生态过程的有序运行及生态系统服务的有效供给；此外，限制开发区基本伴生于禁止开发区四周邻近区域，作为生态核的缓冲区而存在，应最大限度地控制开发建设活动的开展；其他地区则作为潜在开发区，一方面保证了山地开发建设用地的存量资源，另一方面也可以作为生态建设的重点发展区。

基于已有开发建设生态适宜性评价长于静态格局评价、对生态系统过程刻画的不足，本章从景观生态学"结构-功能-动态"基本原理出发，构建了重点关注生态过程的山地开发综合生态阻力模型，明晰了山地开发综合生态阻力模型的内部逻辑关联；以大理市为典型研究区，基于生态要素评价、生态重要性评价及生态恢复力评价，分别定量刻画了山地开发的生态结构、生态功能及生态适应阻力，并根据山地开发综合生态阻力的大小划分研究区开发建设的生态适宜性等级，分别分析了单项阻力的空间格局，以及不同类型阻力的空间组合特征；将研究区划分为优先开发区、适度开发区、潜在开发区、限制开发区与禁止开发区 5 个类型区；研究结果为低丘缓坡山地综合开发、城镇上山整体布局提供了较为详尽的科学依据。

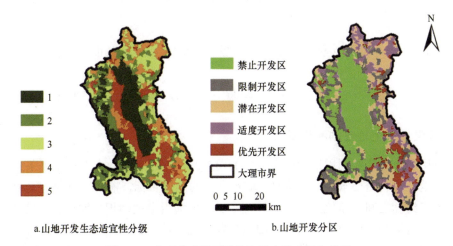

图 3.39　大理市山地开发生态适宜性分级与分区

从评价方法来看，本章构建的山地开发综合生态阻力模型重点关注了模型内部逻辑的阐释，基于景观生态学"结构-功能-动态"基本结构思路，关注自然生态系统的结构稳定性、功能重要性与动态适应性，较为全面地解析了山地开发综合生态阻力。本章的主要不足之处在于，评价本身是一种主观性较强的工作，权重的设置为评价结果带来了一定的不确定性（刘焱序等，2014）。然而，定量评价为认知开发建设的生态影响及生态约束提供了相对较为客观且直观的信息，评价的科学性更多地体现在指标设置的逻辑关联及其系统全面性方面，未来可根据多目标的发展预案，探索多情景的权重设置，以提高决策方案的可选择性。

第4章 低丘缓坡山地开发土地立体规划技术研究

4.1 县域存量城乡建设用地挖潜与规模控制技术研究

4.1.1 山坝统筹存量城乡建设用地挖潜研究

1. 建设用地土地集约利用潜力

建设用地土地集约利用潜力是在一定的发展时期，一定的社会发展水平条件下，按照城市土地集约利用要求，结合该时期城市发展的预期目标，根据当前的土地利用集约度与最佳集约度之间的差值折合计算的可增加的可利用土地面积。通过分析这个概念，建设用地土地集约利用潜力的内涵可归纳为以下几点。

（1）潜力是一个动态的、相对的概念。潜力与时间概念有关，不同的时期，城市发展水平不一样，经济基础不一样，对于潜力的测算基础值的界定也不一样。

（2）潜力与土地利用现状的集约度和预期的最佳集约度有关。最佳集约度是指在一定的历史时期和社会经济发展情况下，对土地进行科学合理利用后所能够达到的最优化土地集约度。能测算出的潜力值的大小取决于现状土地利用条件下的集约度与最佳集约度之间的差距值。如果现状土地利用水平较高，那么在这一时期当前的发展条件下，土地利用潜力就较小。

（3）潜力与区域社会发展条件有关。我国幅员广阔，地域、城乡之间发展水平不平衡。有的地区发展水平高，有的地区则相对比较落后，城市发展水平高，农村相对比较落后。在进行土地集约利用潜力研究时，要充分考虑地域、城乡发展不平衡带来的影响，不能用普适的标准去解决特殊的问题。城市，尤其是城市中心城区发展越好，技术水平越高，经济基础越强，土地利用与产出等各项指标值越高，定的标准值也越高；相反，落后的地区、广大农村地区标准相对要低。

2. 坝区建设用地节约集约利用评价原则

1）综合性原则

坝区建设用地节约集约利用评价工作从土地利用强度、用地效益、土地投入状况等方面进行评价，综合反映坝区建设用地节约集约利用状况。

2）主导性原则

坝区建设用地节约集约利用评价工作根据评价区的实际情况，评价指标选取影响评价区建设用地节约集约利用的主导因素。

3）定量分析与定性分析相结合

坝区建设用地节约集约利用评价工作在定性分析评价区建设用地利用状况的基础上，对影响坝区建设用地节约集约利用的影响因素进行量化，从定量的角度对坝区建设用地节约集约利用水平进行评价。

4）可操作性原则

坝区建设用地节约集约利用评价所选指标易于获取和量化，评价工作可操作性强。

3. 坝区建设用地节约集约利用评价方法

1）多因素综合评价法

多因素综合评价法是根据具体的目标和方法，选择评价目标的多个量纲的评价指标，通过数据的处理和归并，将数据处理成无量纲数值，进而实现评价目标的一种综合评价方法。建设用地评价是一种多目标、多因素的决策，利用各方面的评价因素与指标，相互协调，对目标进行综合性评价。

2）主成分分析法

在坝区建设用地节约集约利用评价工作中，经常使用多种评价指标对某区域土地利用的集约性进行评价，而指标变量太多一定会增加评价工作的复杂度和分析的难度。主成分分析法主要利用一组数据中的主要因素进行分析，将参与评价及分析的许多变量转变为几个占主要影响地位的变量，降低研究的复杂性。

3）模糊综合评价法

模糊综合评价法是一种应用非常广泛和有效的模糊数学方法。简单地说，就是应用模糊数学和模糊统计方法，通过对影响某事物的各个因素进行综合考虑，对该事物的优劣做出科学的评价。首先构建区域或功能区评价的因素集和评语集。其次选用隶属函数进行城市土地集约利用的单因素评价，同时建立评价因素的权重，并进行复合运算得到综合评价的结果。

设有 n 个待识别区域，每个区域用 m 项因子进行描述，则样本集为

$$X = (x_{ij})_{m \times n} \tag{4.1}$$

式中：x_{ij} 为样本 j 的第 i 项因子；$i = 1, 2, \cdots, m$；$j = 1, 2, \cdots, n$。根据标准，按照 c 个级别进行识别，则标准识别矩阵可表示为

$$Y = (y_{ih})_{m \times n} \tag{4.2}$$

式中：$h = 1, 2, \cdots, c$。

对于正向指标，一般采用半升梯形模糊隶属度函数进行量化，如式（4.3）计算样本集中的指标相对隶属度：

$$r_{ij} = \begin{cases} 1 & x_{ij} \geqslant y_{i1} \text{或} x_{ij} \leqslant y_{i1} \\ \dfrac{x_{ij} - y_{ic}}{y_{i1} - y_{ic}} & y_{ic} < x_{ij} < y_{i1} \text{或} y_{i1} < x_{ij} < y_{ic} \\ 0 & x_{ij} \leqslant y_{ic} \text{或} x_{ij} \geqslant y_{ic} \end{cases} \quad (4.3)$$

对于负向指标，一般采用半降梯形：

$$r_{ij} = \begin{cases} 1 & x_{ij} \leqslant y_{ic} \\ \dfrac{x_{ij} - y_{ic}}{y_{i1} - y_{ic}} & y_{ic} < x_{ij} < y_{i1} \\ 0 & x_{ij} \geqslant y_{i1} \end{cases} \quad (4.4)$$

式中：r_{ij} 为样本 j 中因子 i 的相对隶属度；y_{i1} 和 y_{ic} 分别为标准指标的最优值和最劣值，对应的级别分别为 1 级和 c 级。

将 n 个样本按照高低分为 c 个级别，将其中级别为"高"所对应的相对隶属度定义为 1，级别为"极低"所对应的相对隶属度定义为 0，从级别 1 到级别 c 所对应的相对隶属度从 1 过渡到 0，则 c 个级别的相对隶属度的标准值 S_{ih} 可表示为

$$S_{ih} = \begin{cases} 1 & y_{ih} = y_{i1} \\ \dfrac{y_{ih} - y_{ic}}{y_{i1} - y_{ic}} & y_{1i} > y_{ih} > y_{ic} \\ 0 & y_{ih} = y_{ic} \end{cases} \quad (4.5)$$

$$S_{ih} = \begin{cases} 1 & y_{ih} = y_{ic} \\ \dfrac{y_{i1} - y_{ih}}{y_{i1} - y_{ic}} & y_{i1} > y_{ih} > y_{ic} \\ 0 & y_{ih} = y_{i1} \end{cases} \quad (4.6)$$

样本集对于 c 个级别的隶属度矩阵 $\boldsymbol{U}$ 可以表示为

$$U = (u_{ij})_{c \times n}，满足约束 \sum_{h=1}^{c} u_{ij} - 1 = 0 \text{ 和 } \sum_{j=1}^{n} u_{hj} > 0 \quad (4.7)$$

式中：u_{ij} 为样本 h、j 对类别的相对隶属度。则样本 j 与级别 h 的加权广义距离 D_{hj} 可以定义为

$$D_{hj} = U_{hj} \left\{ \sum_{i=1}^{m} \partial_i (r_{ij} - S_{ih})^2 \right\}^{0.5} \quad (4.8)$$

式中：∂_i 为第 i 项因子对目标的贡献率，且满足约束 $\sum_{i=1}^{m} \partial_i - 1 = 0$

求解目标函数：

$$\min \left\{ F(U_{hj}) = \sum_{h=1}^{c} D_{hj}^2 \right\} \quad (4.9)$$

引入 Lagrange 函数 L（u_{hj}，∂_i，λ_j，λ_a），解得模糊识别循环迭代模型：

$$U_{hj} = \begin{cases} 0 & D_{kj} = 0, k \neq h \\ \left\{ \displaystyle\sum_{k=1}^{c} \dfrac{\displaystyle\sum_{i=1}^{m} a_i (r_{ij} - S_{ih})^2}{\displaystyle\sum_{i=1}^{m} a_i (r_{ij} - S_{ik})} \right\}^{-1} & D_{hj} \neq 0 \\ 1 & D_{hj} = 0 \end{cases} \quad (4.10)$$

$$a = \left\{ \sum_{k=1}^{m} \dfrac{\displaystyle\sum_{j=1}^{n} \sum_{h=1}^{c} U_{hj} (r_{ij} - S_{ih})^2}{\displaystyle\sum_{j=1}^{n} \sum_{h=1}^{c} U_{hj} (r_{kj} - S_{kh})^2} \right\}^{-1} \quad (4.11)$$

根据模糊概念在分级条件下最大隶属度原则不适用性,用级别特征值方法对类别进行确定:

$$\hat{H}(1, 2, \cdots, c) \times U_{c \times n} = (H_1, H_2, \cdots, H_n) \quad (4.12)$$

式中:$\hat{H}$ 为级别特征值向量。根据 $\hat{H}$ 对样本 j 进行综合评价,按照以下规则将各样本的级别进行归类:若 $H_j \in [c-0.5, \ c]$,将样本 j 归于 c 级;若 $H_j \in [1, \ 1.5]$,将样本 j 归于 1 级;若 $H_j \in [h-0.5, \ h+0.5]$,将样本 j 归于 h 级,$h = 2, 3, \cdots, c-1$。

4. 大理市建设用地节约集约利用状况评价技术路线

大理市作为该项目集中示范区域,按照集成创新原则,其区域建设用地节约集约利用状况评价参照《国土资源部关于部署开展全国城市建设用地节约集约利用评价工作的通知》(国土资函〔2014〕210 号)要求,按照国土资源部的统一部署和云南省国土资源厅的安排,开展云南省建设用地节约集约利用评价工作,对区域建设用地的情况和节约集约利用状况进行基础调查,依据《建设用地节约集约利用评价规程》(TD/T 1018—2008)和《城市建设用地节约集约利用评价操作手册》等相关标准规范,在资料收集与调查的基础上,开展大理市区域建设用地节约集约利用评价及中心城区建设用地节约集约利用潜力评价。区域评价技术路线如图 4.1 所示。

5. 大理市建设用地节约集约利用区域评价

区域用地状况定量评价指标体系包括利用强度等 4 个目标、人口密度等 7 个子目标、城乡建设用地人口密度等 11 个指标。具体指标名称、定义、指标属性及选择要求见表 4.1。

通过对大理市建设用地节约集约利用程度分值进行计算,大理市综合利用总指数为 81.31,节约集约利用程度较高。其中,利用强度指数综合分值为 94.42,节约集约利用程度较高;增长耗地指数综合分值较低,为 60.77,节约集约利用程度较低;用地弹性指数综合分值较低,为 53.88,节约集约利用程度较低;管理绩效指数综合分值为 92.91,节约集约利用程度较高。其中,大理市建设用地节约集约利用评价指标现状值汇总见表 4.2,大理市区域建设用地节约集约利用状况评价指标权重见表 4.3,大理市建设用地节约集约利用状况评价指标理想值汇总见表 4.4。

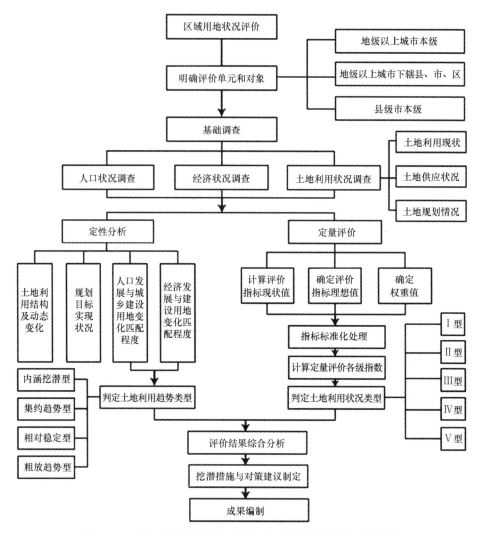

图 4.1　大理市区域建设用地节约集约利用状况评价技术路线图

表 4.1　区域用地状况定量评价指标体系

目标（代码）	子目标（代码）	指标（代码）	指标属性
利用强度指标（UII）	人口密度子目标（PUII）	城乡建设用地人口密度（$PUII_1$）	正向相关指标
	经济强度子目标（EUII）	建设用地地均固定资产投资（$EUII_1$）	正向相关指标
		建设用地地均地区生产总值（$EUII_2$）	正向相关指标
增长耗地指标（GCI）	人口增长耗地子目标（PGCI）	单位人口增长消耗新增城乡建设用地量（$PGCI_1$）	反向相关指标
	经济增长耗地子目标（EGCI）	单位地区生产总值耗地下降率（$EGCI_1$）	正向相关指标
		单位地区生产总值增长消耗新增建设用地量（$EGCI_2$）	反向相关指标
		单位固定资产投资消耗新增建设用地量（$EGCI_3$）	反向相关指标
用地弹性指标（EI）	人口用地弹性子目标（PEI）	人口与城乡建设用地增长弹性系数（PEI_1）	正向相关指标
	经济用地弹性子目标（EEI）	地区生产总值与建设用地增长弹性系数（EEI_1）	正向相关指标
管理绩效指标（API）	城市用地管理绩效子目标（ULAPI）	城市存量土地供应比率（$ULAPI_1$）	正向相关指标
		城市批次土地供应比率（$ULAPI_2$）	正向相关指标

表 4.2　大理市建设用地节约集约利用评价指标现状值汇总

指数（代码）	分指数（代码）	指标（代码）	计量单位	指标现状值
利用强度指数（UII）	人口密度分指数（PUII）	城乡建设用地人口密度（$PUII_1$）	人/km²	5539.11
	经济强度分指数（EUII）	建设用地地均固定资产投资（$EUII_1$）	万元/km²	14841.92
		建设用地地均地区生产总值（$EUII_2$）	万元/km²	21479.85
增长耗地指数（GCI）	人口增长耗地分指数（PGCI）	单位人口增长消耗新增城乡建设用地量（$PGCI_1$）	m²/人	2265.38
	经济增长耗地分指数（EGCI）	单位地区生产总值耗地下降率（$EGCI_1$）	%	5.47
		单位地区生产总值增长消耗新增建设用地量（$EGCI_2$）	m²/万元	22.09
		单位固定资产投资消耗新增建设用地量（$EGCI_3$）	m²/万元	2.29
用地弹性指数（EI）	人口用地弹性分指数（PEI）	人口与城乡建设用地增长弹性系数（PEI_1）	—	−0.14
	经济用地弹性分指数（EEI）	地区生产总值与建设用地增长弹性系数（EEI_1）	—	4.19
管理绩效指数（API）	城市用地管理绩效分指数（ULAPI）	城市存量土地供应比率（$ULAPI_1$）	%	12.49
		城市批次土地供应比率（$ULAPI_2$）	%	60.87

表 4.3　大理市区域建设用地节约集约利用状况评价指标权重表

指数（代码）	指数权重	分指数（代码）	分指数权重	指标（代码）	指标权重
利用强度指数（UII）	0.50	人口密度分指数（PUII）	0.38	城乡建设用地人口密度（$PUII_1$）	1.00
		经济强度分指数（EUII）	0.62	建设用地地均固定资产投资（$EUII_1$）	0.46
				建设用地地均地区生产总值（$EUII_2$）	0.54
增长耗地指数（GCI）	0.19	人口增长耗地分指数（PGCI）	0.37	单位人口增长消耗新增城乡建设用地量（$PGCI_1$）	1.00
		经济增长耗地分指数（EGCI）	0.63	单位地区生产总值耗地下降率（$EGCI_1$）	0.36
				单位地区生产总值增长消耗新增建设用地量（$EGCI_2$）	0.34
				单位固定资产投资消耗新增建设用地量（$EGCI_3$）	0.30
用地弹性指数（EI）	0.16	人口用地弹性分指数（PEI）	0.39	人口与城乡建设用地增长弹性系数（PEI_1）	1.00
		经济用地弹性分指数（EEI）	0.61	地区生产总值与建设用地增长弹性系数（EEI_1）	1.00
管理绩效指数（API）	0.15	城市用地管理绩效分指数（ULAPI）	1.00	城市存量土地供应率（$ULAPI_1$）	0.52
				城市批次土地供应比率（$ULAPI_2$）	0.48

表 4.4　大理市建设用地节约集约利用状况评价指标理想值汇总表

指数（代码）	分指数（代码）	指标（代码）	计量单位	指标理想值	理想值确定依据
利用强度指数（UII）	人口密度分指数（PUII）	城乡建设用地人口密度（$PUII_1$）	人/km²	5540.00	目标值法
	经济强度分指数（EUII）	建设用地地均固定资产投资（$EUII_1$）	万元/km²	15973.27	目标值法
		建设用地地均地区生产总值（$EUII_2$）	万元/km²	24029.76	目标值法
增长耗地（GCI）	人口增长耗地分指数（PGCI）	单位人口增长消耗新增城乡建设用地量（$PGCI_1$）	m²/人	1506.02	目标值法
	经济增长耗地分指数（EGCI）	单位地区生产总值耗地下降率（$EGCI_1$）	%	15.01	目标值法
		单位地区生产总值增长消耗新增建设用地量（$EGCI_2$）	m²/万元	10.24	目标值法
		单位固定资产投资消耗新增建设用地量（$EGCI_3$）	m²/万元	2.18	目标值法
用地弹性指数（EI）	人口用地弹性分指数（PEI）	人口与城乡建设用地增长弹性系数（PEI_1）	—	0.10	目标值法
	经济用地弹性分指数（EEI）	地区生产总值与建设用地增长弹性系数（EEI_1）	—	4.75	目标值法
管理绩效指数（API）	城市用地管理绩效分指数（ULAPI）	城市存量土地供应比率（$ULAPI_1$）	%	12.69	德尔菲法
		城市批次土地供应比率（$ULAPI_2$）	%	70.00	德尔菲法

根据大理市建设用地节约集约利用程度的定性分析和定量评价结果可知，大理市建设用地在利用强度和管理绩效方面表现较为优秀，但增长耗地和用地弹性表现较差，其中增长耗地指数综合分值刚满 60，同时，用地弹性指数综合分值还不足 60，反映出大理市建设用地增长过快，而人口增长、土地投入与产出效益等情况却与之不符，说明人口增长、经济增长与建设用地增长匹配程度较低，土地集约利用程度中等。

区域及城乡空间差异性为大理市建设用地的优化配置提供基础。虽然整体来讲大理市建设用地处于节约集约利用状况，但大部分乡镇的建设用地节约集约利用仍有潜力可挖。大理市建设用地的土地利用强度所占权重值最大，应该加大建设用地的土地利用规模，尤其是存量建设用地的综合整治和布局优化，以及提高现状建设用地强度，如每亩①建设用地固定资产投资来促进大理市建设用地的节约集约利用。未来大理市要在建设用地可持续利用、统筹城乡的前提下，加大建设用地内部挖潜和强度投入，加强建设用地的利用强度，提高建设用地的产出效率，优化建设用地的空间布局，实现大理市建设用地资源的节约集约利用。

6. 大理市建设用地节约集约利用中心城区评价

开展城市中心城区建设用地节约集约利用评价工作，是掌握城市建设用地利用现状，明确中心城区建设用地集约利用状况、潜力规模和空间分布的重要手段，是明确坝区城市节约集约用地改进方向和挖潜路径，推进中心城区用地盘活存量、优化结构、提升效率的重要依据。参照《城市建设用地节约集约利用评价工作实施方案》，中心城区建设用地节约集约利用状况评价，以城市中心城区现状建设用地为评价对象，分析中心城区建设用地利用状况，划分居住、工业、商业、教育、行政办公、特别功能区（包括行政办公功能区和其他功能区），定量评价各类功能区土地节约集约利用水平；依据中心城区建设用地节约集约利用状况评价结果，测算各类功能区的节约集约利用规模潜力和经济潜力，制定挖潜时序安排。

1）中心城区用地状况定量评价指标体系

中心城区用地状况定量评价指标体系如表 4.5。

2）潜力测算方法

测算建设用地节约集约利用潜力是指分别测算特定时间点的规模潜力和经济潜力。其中，规模潜力是指将特定时间点的现实土地容量与符合国民经济规划、土地利用总体规划、城市规划及相关法规定的土地容量差距换算形成的土地规模；经济潜力是指将现状土地改造成为规划允许的土地利用状况时产生的经济价值差额。建设用地规模控制主要通过规模潜力测算，可以掌握坝区中心城区建设用地挖潜的主要空间、规模及经济可行性。

（1）基于现状用途的规模潜力。对大理城市用地现状用途和规划用途一致的区域进行测算，分为城市用地绝对规模潜力测算和城市用地相对规模潜力测算。

① 1 亩≈666.67m²。

表 4.5　中心城区用地状况定量评价指标体系

功能区类型（代码）	指标（代码）	指标属性
居住功能区（R）	综合容积率（R_1）	正向相关指标
	人口密度（R_2）	正向相关指标
	基础设施完备度（R_3）	正向相关指标
	住宅地价实现水平（R_4）	正向相关指标
	建筑密度（R_5）	适度相关指标
商业功能区（C）	综合容积率（C_1）	正向相关指标
	基础设施完备度（C_2）	正向相关指标
	商业地价实现水平（C_3）	正向相关指标
	建筑密度（C_4）	适度相关指标
	商业物业出租（营业）率（C_5）	正向相关指标
工业功能区（I）	综合容积率（I_1）	正向相关指标
	基础设施完备度（I_2）	正向相关指标
	单位用地固定资产总额（I_3）	正向相关指标
	单位用地工业总收入（I_4）	正向相关指标
	建筑密度（I_5）	适度相关指标
行政办公功能区（G）	综合容积率（G_1）	正向相关指标
	基础设施完备度（G_2）	正向相关指标
	单位用地服务行政办公人员数（G_3）	正向相关指标
	建筑密度（G_4）	适度相关指标
教育功能区（E）	综合容积率（E_1）	正向相关指标
	基础设施完备度（E_2）	正向相关指标
	单位用地服务学生数（E_3）	正向相关指标
	建筑密度（E_4）	适度相关指标
其他功能区（X）	综合容积率（X_1）	正向相关指标
	建筑密度（X_2）	适度相关指标

城市用地绝对规模潜力测算按式（4.13）进行：

$$Q_c = Q \times (R_c - F_c) / R_c \qquad (4.13)$$

式中：Q_c 为城市用地绝对规模潜力，hm^2；Q 为功能区现状土地面积，hm^2；R_c 为功能区规划或法规允许的容积率，按照相同用途，以规划中的容积率最高值、控制详细规划指标或其他方法确定合理的值来确定；F_c 为功能区现状容积率，可以选用样本片区的数值或平均值作为代表。

城市用地相对规模潜力测算按式（4.14）进行：

$$q_c = Q_c / Q \times 100\% \qquad (4.14)$$

式中：q_c 为城市用地相对规模潜力，%；其他指标含义同式（4.13）。

（2）基于规划用途的规模潜力。对大理城市用地现状和规划用途不一致的区域进行测算，分为功能区对应一种规划用途和多种规划用途两种情形。当功能区仅对应一种规划用途时，则按该规划用途所对应的规划允许容积率进行测算；当功能区对应多种规划用途时，则按照不同的规划用途进行分块测算，并予以加总，形成该功能区基于规划用途的绝对规模潜力。

基于规划用途的绝对规模潜力按式（4.15）进行测算：

$$Q_g = Q \times (R_c - F_c) / R_g \tag{4.15}$$

式中：Q_c 为城市用地绝对规模潜力，hm^2；其他指标含义同式（4.13）。

基于规划用途的城市用地相对规模潜力测算按式（4.16）进行。

$$q_g = Q_g / Q \times 100\% \tag{4.16}$$

式中：q_g 为城市用地相对规模潜力，%，其他指标含义同式（4.13）和式（4.15）。

3）节约集约利用评价技术路线

首先，根据大理市城市土地利用的主导用途，将城市建设用地划分为居住功能区、商业功能区、工业功能区、教育功能区和特别功能区，并选取样本片区作为代表进行分析，针对不同功能区选取相应指标体系，利用模糊评价法、互补理论的二元对比等方法对不同功能区的土地节约集约利用水平进行评价，根据建设用地节约集约利用分值依次划分功能区土地利用状况类型，揭示大理市不同土地用途区的建设用地节约集约利用水平及差异。其次，以大理市建设用地利用状况为依据，针对大理市城市建设用地节约集约利用水平较低的坝区中心城区进行潜力测算，划分潜力分区，并进行相应的时序安排。评价思路与技术路线详见图4.2。

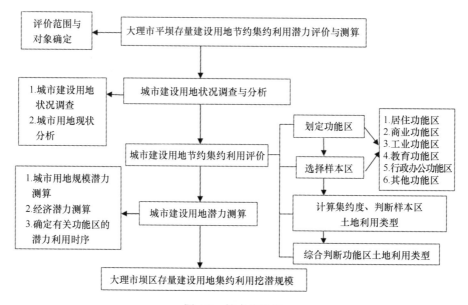

图 4.2　技术路线图

4）指标体系构建及权重确定

（1）指标体系构建。大理市城市建设用地状况评价指标体系按不同类型功能区来设定，分为正向相关指标和适度相关指标（表 4.6）。

表 4.6　各类功能区评价指标体系

功能区类型（代码）	指标（代码）	相关性
居住功能区（R）	综合容积率（R_1）	适度相关
	建筑密度（R_2）	适度相关
	人口密度（R_3）	适度相关
	基础设施完备度（R_4）	正向相关
	生活服务设施完备度（R_5）	正向相关
	绿地率（R_6）	适度相关
商业功能区（C）	综合容积率（C_1）	适度相关
	基础设施完备度（C_2）	正向相关
	商业地价实现水平（C_3）	正向相关
	单位用地营业额（C_5）	正向相关
工业功能区（I）	综合容积率（I_1）	适度相关
	单位用地固定资产总额（I_2）	正向相关
	基础设施完备度（I_3）	正向相关
	单位用地工业总产值（I_4）	正向相关
教育功能区（E）	综合容积率（E_1）	适度相关
	建筑密度（E_2）	适度相关
	单位用地服务学生数（E_3）	适度相关
	基础设施完备度（E_4）	正向相关
	绿地率（E_5）	适度相关
	单位体育活动场地服务学生数（E_7）	适度相关
特别功能区（S）	综合容积率（S_1）	适度相关
	建筑密度（S_2）	适度相关

a. 居住功能区

居住功能区除选取综合容积率、人口密度、基础设施完备度、生活服务设施完备度等必选指标以外，基于大理市生态宜居城市的考虑，绿地率作为生态宜居城市的重要衡量指标，将其选入参评指标中；建筑密度反映土地利用强度，大理市新建居住区和老居住区的建筑密度差异较大，对用地节约集约利用程度有较大影响，因此，将其作为参评指标。

b. 商业功能区

商业功能区选取综合容积率、基础设施完备度、商业地价实现水平等必选指标以外，考虑到大理市中心城区不同地段商业营业额实现水平差距较大，对用地经济效益有较大影响，因此，还选取了单位用地营业额作为参评指标。

c. 工业功能区

工业功能区选取综合容积率、单位用地固定资产总额、基础设施完备度、单位用地工业总产值等必选指标。大理市为旅游城市，第三产业较为发达，工业所占比重相对较低，工业利税实现水平不能较好地反映工业用地的节约集约利用程度；此外，大理市工业用地布局比较集中，区内工业地价实现水平差异较小，地价实现水平不能很好地反映土地节约集约利用水平的差异，因此，本评价中未选取单位用地工业利税水平和地价实现水平两个备选指标。

d. 教育功能区

教育功能区选取综合容积率、建筑密度、单位用地服务学生数、基础设施完备度等必选指标，大理市不同高校的绿地率、单位体育活动场地服务学生数等指标差异相对较小，对用地节约集约度影响不大，加之数据获取难度较大，因此，不选取绿地率和单位体育活动场地服务学生数两个备选指标。

e. 特别功能区

特别功能区选取综合容积率和建筑密度两个必选指标。

（2）指标权重确定。

a. 德尔菲法

对指标、子目标、指标的权重值进行多轮专家打分，并按式（4.17）计算权重值：

$$W_i = \frac{\sum_{j=1}^{n} E_{ij}}{n} \tag{4.17}$$

式中：W_i 为第 i 项指标、子目标、指标的权重值；E_{ij} 为专家 j 对第 i 项指标、子目标、指标的打分；n 为专家总数。

实施要求：参与打分的专家应熟悉参评城市经济社会发展和土地利用状况，人数一般为 10~40 人；打分应根据评价工作背景材料和有关说明，在不相互协商的情况下独立进行；从第二轮打分起，应参考上一轮打分结果进行；打分一般进行 2~3 轮。成果报告中应对打分专家的人数、专业背景、打分的轮次、各轮次的方差和平均分等具体过程做详细说明。

b. 因素成对比较法

通过对所选评价指标进行相对重要性两两比较、赋值，计算权重值。

实施要求：比较结果要符合 A 指标大于 B 指标，B 指标大于 C 指标，A 指标也大于 C 指标的关系；指标权重的赋值应在 0~1，且两两比较的指标赋值之和等于 1。

5）大理市建设用地规模潜力

（1）基于现状用途的规模潜力测算。

a. 居住功能区

根据测算结果显示，居住功能区潜力面积为 5206.57hm²，绝对规模潜力面积为 2744.26hm²，平均相对潜力为 52.71%。其中高潜力区面积为 886.26hm²，占潜力区总面积的 17.02%；中潜力区面积为 2316.48hm²，占潜力区总面积的 44.49%；低潜力区面积为 2003.83hm²，占潜力区总面积的 38.49%（图 4.3）。

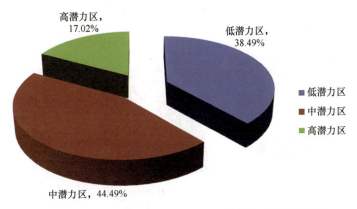

图 4.3 基于现状用途的潜力分区面积比例图（居住功能区）

b. 商业功能区

测算结果表明,商业功能区潜力测算面积为 207.54hm²,中度利用面积为 102.81hm²,占总测算面积的 49.54%;低度利用面积为 104.73hm²,占总测算面积的 50.46%。绝对规模潜力为 93.85hm²,平均绝对规模潜力为 7.82hm²,平均相对规模潜力为 45.22%。功能区间的绝对规模潜力和相对规模潜力差别较大,其中功能区绝对规模潜力最大为 38.29hm²,是绝对规模潜力最小值(1.46hm²)的 26 倍多;相对规模潜力最大为 74.72%,是相对规模潜力最小值(11.24%)的 6 倍多。绝对规模潜力的大小差异是由功能区的划分引起的,这也说明了若这些地块进行再开发和改造,可以带来不同的增地效果。同时商业功能区的高潜力区面积为 16.47hm²,占潜力区总面积的 7.94%;中潜力区面积为 93.02hm²,占潜力区总面积的 44.82%;低潜力区面积为 98.05hm²,占潜力区总面积的 47.24%。具体如图 4.4、图 4.5 所示。

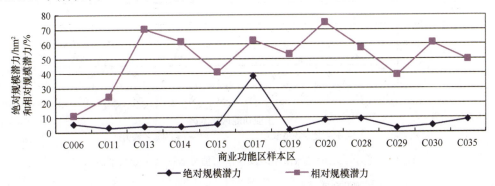

图 4.4 基于现状用途城市用地规模潜力值分布图（商业功能区）

平均相对规模潜力=功能区总绝对规模潜力/功能区现状土地总面积

c. 工业功能区

工业功能区潜力测算面积为 888.82hm²,中度利用面积为 780.95hm²,占总测算面积的 87.86%;低度利用面积为 107.87hm²,占总测算面积的 12.14%。绝对规模潜力为 398.43hm²,平均绝对规模潜力为 30.65hm²,平均相对规模潜力为 44.83%。功能区间的绝对规模潜力和相对规模潜力差别较大,其中功能区绝对规模潜力最大为 157.58hm²,是绝对规模潜力最小值(4.00hm²)的 39 倍多;相对规模潜力最大的为 65.01%,是相对

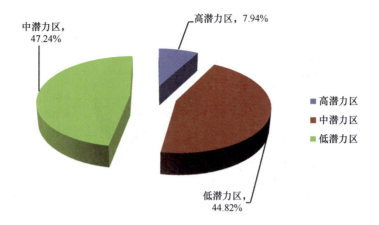

图 4.5　基于现状用途城市用地规模潜力分区图（商业功能区）

规模潜力最小值（20.00%）的 3 倍多。绝对规模潜力的大小差异是由功能区的划分引起的，这也说明了若这些地块进行再开发和改造，可以带来不同的增地效果。同时工业功能区的中潜力区面积为 150.71hm²，占潜力区总面积的 16.96%；低潜力区面积为 738.11hm²，占潜力区总面积的 83.04%，具体如图 4.6、图 4.7 所示。

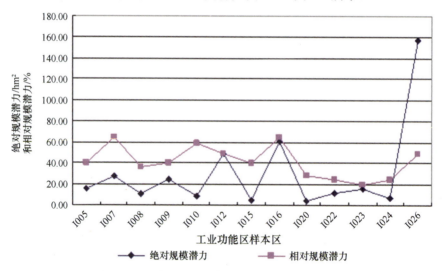

图 4.6　基于现状用途城市用地规模潜力值分布图（工业功能区）

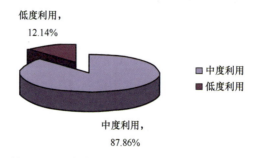

图 4.7　基于现状用途城市用地规模潜力分区图（工业功能区）

d. 教育功能区

测算结果表明, 教育功能区潜力测算面积为 444.69hm², 绝对规模潜力为 228.38hm², 平均绝对规模潜力为 32.63hm², 平均相对规模潜力为 51.36%。功能区间的绝对规模潜力差别较大, 相对规模潜力差别较小, 其中功能区绝对规模潜力最大为 77.36hm², 是绝对规模潜力最小值 (2.26hm²) 的 34 倍多; 相对规模潜力最大为 64.00%, 是相对规模潜力最小值 (36.93%) 的 1 倍多。绝对规模潜力的大小差异是由功能区的划分引起的, 这也说明了若这些地块进行再开发和改造, 可以带来不同的增地效果。同时教育功能区中潜力区面积为 258.66hm², 占潜力区总面积的 58.17%; 低潜力区面积为 186.03hm², 占潜力区总面积的 41.83%。具体如图 4.8、图 4.9 所示。

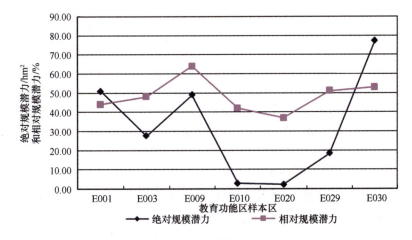

图 4.8　基于现状用途城市用地规模潜力值分布图 (教育功能区)

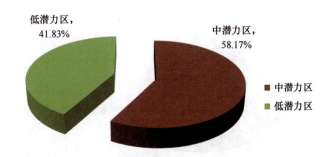

图 4.9　基于现状用途城市用地规模潜力分区图 (教育功能区)

(2) 基于规划用途的规模潜力测算。

a. 现状为居住功能区

居住功能区规模潜力测算只针对现状居住功能为中、低度土地利用类型的区域。测算结果显示, 居住功能区潜力面积为 403.25hm², 绝对规模潜力面积为 242.86hm², 平均相对潜力面积为 60.23%。其中高潜力区面积为 172.13hm², 占潜力区总面积的 42.69%; 中潜力区面积为 114.97hm², 占潜力区总面积的 28.51%; 低潜力区面积为 116.15hm², 占潜力区总面积的 28.8% (图 4.10)。

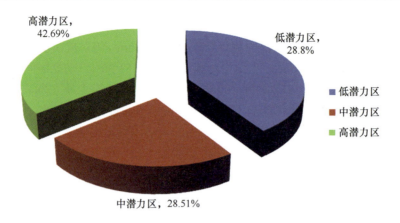

图 4.10 基于规划用途潜力分区面积比例图（居住功能区）

b. 现状为商业功能区

商业功能区中有 1 个功能区的规划用途与现状相比发生了改变，由现状用途的商业功能变为规划后的居住和商业功能。其潜力测算面积为 61.27hm^2，绝对规模潜力为 35.95hm^2，平均相对规模潜力为 58.67%。该功能区为中潜力区。

c. 现状为工业功能区

工业功能区中有两个功能区的规划用途与现状相比发生了改变，由现状用途的工业功能变为规划后的居住功能、居住和商业功能。这两个功能区均为中度利用区，其潜力测算面积为 350.39hm^2，绝对规模潜力为 294.65hm^2，平均相对规模潜力为 84.09%。现状为工业功能区的潜力区以高潜力区为主，面积为 321.59hm^2，占总测算面积的 91.78%；而中潜力区面积为 28.80hm^2，仅占总测算面积的 8.22%，如图 4.11 所示。

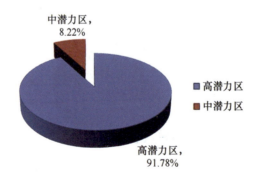

图 4.11 基于规划用途城市用地规模潜力分区图（工业功能区）

d. 现状为特别功能区

特别功能区潜力面积为 3362.99hm^2，绝对规模潜力为 2305.99hm^2，平均相对规模潜力为 68.57%。其中高潜力区面积为 2193.50hm^2，占潜力区总面积的 65.22%；中潜力区面积为 621.34hm^2，占潜力区总面积的 18.48%；低潜力区面积为 493.91hm^2，占潜力区总面积的 14.69%；无潜力区面积为 54.24hm^2，占潜力区总面积的 1.61%，如图 4.12 所示。

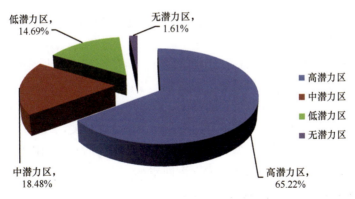

图 4.12　基于规划用途的特别功能区潜力分区面积比例图

e. 潜力时序配置

功能区潜力时序配置应以单位用地经济潜力为首要考虑条件，坚持规模潜力由大到小、利用难度由小到大，潜力利用与城市改造配合进行的原则。对于经济潜力和规模潜力都较大的区域，应优先考虑在近期内进行挖潜，按照短期（两年内）、近期（3～5 年）、远期（6～10 年）确定有关功能区的潜力利用时序。大理城市用地时序配置以单位经济潜力为分级标准，具体见表 4.7。

表 4.7　各功能区绝对规模潜力利用时序配置表

潜力类型	面积/hm²	潜力类型	面积/hm²	开发时序
高潜力区	221.53	绝对规模潜力	151.02	短期
中潜力区	59.72	绝对规模潜力	34.61	近期
低潜力区	143.54	绝对规模潜力	57.23	远期

测算结果表明，大理市高潜力区面积为 221.53hm²，绝对规模潜力为 151.02hm²，开发时序安排为短期；中潜力区面积为 59.72hm²，绝对规模潜力为 34.61hm²，开发时序安排为近期；低潜力区面积为 143.54hm²，绝对规模潜力为 57.23hm²，开发时序安排为远期。

4.1.2　坝区农村居民点土地节约集约利用潜力评价
——以大理海东区为例

我国大部分农村，由于受经济发展限制和传统观念影响，农民住宅多为单层建筑，且一般占地面积较大，相关数据统计显示，我国大部农村户平均住宅面积达 360m² 以上，远超 150m² 的规定要求，农村居民点面积约为 16.4 万 km²，为城镇建设用地总量的 4 倍多，而且农村住房多以砖木结构为主，农村建筑质量和农民居住环境一般较差。农村居民点多在市场集贸地周围，公路、铁路沿线建设，居民点分散，且布局十分混乱。随着农民大量转为市民，或农民进城务工人数不断增多，农村住宅闲置，或荒废、半荒废的现象十分普遍。另外，随着市场调节力度的不断加大，大批经营不善或不符合市场要求的乡镇企业在改制中破产或关闭，企业所占土地大都闲置或荒废，而一些乡镇为了发展农村经济，在招商引资时对新建企业给予了大量优惠政策，土地作为最重要的生产资料此时往往处于优惠政策中,新建企业的占地成本微乎其微,圈占了大量土地,造成了土地资源的极大浪费。

由于缺少坝区村镇规划,或存在土地规划滞后等历史原因,大理市坝区农村居民点的形成与发展一般是自发的,缺乏统一的规划,导致目前大多数村庄布局混乱、占地面积大、土地利用粗放。随着人地矛盾的加剧,就要求农村土地利用方式由粗放利用向节约集约利用转变,农村居民点布局由分散混乱向科学合理转变,大理市坝区存量城乡建设用地挖潜除了城市建设用地挖潜以外,更需要关注农村居民点的内部挖潜,关注坝区农村居民点土地的节约集约利用的潜力挖掘问题。

1. 坝区农村居民点土地集约利用的内涵

农村居民点是农村村民居住和从事各种生产及服务活动的聚居点。在南方大部分地区,农村居民点一般可分为乡镇(乡政府所在地)、中心村(过去生产大队所在地)和基层村(过去生产队所在地)。坝区农村居民点用地包括村民住宅用地、公共建筑用地、生产建筑用地、交通用地、公用设施用地及村庄内部绿化用地等。在可持续发展的前提下,以坝区城乡土地利用总体规划和村镇规划及其相关法律法规为导向,通过优化坝区农村居民点土地利用结构,改变农村居民点土地利用方式,增加农村居民点土地投入,充分利用坝区农村居民点存量土地,提高其土地利用效率和效益,是农村居民点用地优化配置和坝区城乡建设用地挖潜的另一种方式。

2. 农村居民点潜力研究技术与方法

1)农村居民点理论潜力测算基础方法

农村居民点理论潜力测算基础方法主要有人均指标预测法、规划期农业人口预测、灰色系统模型预测法三种方法。

(1)人均指标预测法。本章对于研究区农村居民点理论潜力测算主要依据人均指标预测法来开展。具体来说,是根据国家规定的人均建设用地标准,预测出研究期区域农村人口规模,进而计算出农村居民点期望的理论面积,农村居民点现状面积与理论面积的差额就是农村居民点整理的潜力。计算公式如下:

$$\Delta S_i = S_{i0} - Q_i \times B_i \qquad (4.18)$$

式中:ΔS_i 为第 i 镇农村居民点潜力;S_{i0} 为第 i 镇农村居民点现状用地面积;Q_i 为第 i 镇规划期末农业人口;B_i 为第 i 镇农村居民点人均规划用地标准。

(2)规划期农业人口预测。

a. 自然增长法总人口预测

自然增长预测法是对未来一定时期内城镇总人口,包括对人口的自然增长情况、机械增长情况进行预测,适用于人口变化相对稳定的城市。计算公式如下:

$$P = P_0(1+R)_n + \Delta P \times n \qquad (4.19)$$

式中:P 为一定时期内预测人口总量;R 为研究区人口自然增长率;n 为预测年与基期年相隔的时间;ΔP 为每年人口机械增长数。

b. 自然增长法农业人口预测

$$P_{农}=P\times L \tag{4.20}$$

式中：P 为规划期总人口预测量；L 为城镇化率。

（3）灰色系统模型预测法。人口灰色系统理论认为，对既含有已知信息又含有未知或非确定信息的系统进行预测，就是对在一定区域内产生变化的、与时间等因素有关的灰色过程进行预测。虽然在 GM（1，1）灰色系统模型预测过程中所显示的现象是杂乱无章的和随机的，但毕竟是有序的和有界的，并且这一数据集合具备潜在的规律。GM（1，1）灰色系统模型并不直接利用原始数据，而是通过累加生成灰色模型，重新生成原始数据，发现内在规律，在建立灰色模型基础上，从上下波动的时间数列中寻找某种隐含规律，利用这种规律建立灰色模型并进行预测，GM（1，1）灰色系统模型可以减少各种因素的干扰，使预测更加准确。

2）农村居民点整理实际潜力计算方法

依据农村居民点人均用地标准测算的农村居民点整理挖潜潜力只是在特定的假设条件（只是人口数量和人均用地标准不同，其他因素条件一样）下计算的潜力，不能完全准确反映由于自然和社会经济等因素不同而对现实区域产生的居民点挖潜整理的影响。所以，理论整理潜力只是准确测算农村居民点整理挖潜潜力的参考，必须根据各镇街的实际情况来对研究区内部各镇街的实际潜力进行测算。

首先依据各影响因素对农村居民点整理挖潜的影响力，对农村居民点整理挖潜从目标层、因素层和指标层 3 个层面进行分析，应用 AHP 层次分析法对各影响因素进行权重确定，各因素综合得分采用多因素综合评价法进行确定，最后得到各镇、街农村居民点整理挖潜理论潜力修正指标值，各修正指标值与上述测算的各镇、街的理论潜力的乘积就是研究区各镇、街农村居民点整理实际挖潜值。具体方法为

$$S_{总现实}=\sum_{i=1}^{n}(\Delta S_{i理论}\times R) \tag{4.21}$$

$$R=\sum_{i=1}^{m}(W_i\times P_i) \tag{4.22}$$

$$P_i=\sum_{j=1}^{m}(W_j\times f_{ij}) \tag{4.23}$$

式中：$S_{总现实}$ 为研究区农村居民点整理的总现实潜力；$\Delta S_{i理论}$ 为各镇、街农村居民点整理挖潜理论潜力；R 为各镇、街农村居民点整理挖潜总修正系数；W_i 为各因素层评价权重；P_i 为各影响因素得分；W_j 为各指标评价权重；f_{ij} 为对各指标进行标准化处理后的值。

3）指标数据标准化处理方法

由于选取的各指标因素值的量纲不同，在各因素数据应用式（4.24）时需要进行无量纲化标准处理，解决各指标不可综合比较问题。为便于各因素指标数据消除量纲差别，本章拟根据级差标准化方法，使每个因素的指标值标准化（其值在 0～1 取值范围内）。

正指标的无量纲化计算公式为

$$Z_{ij} = \frac{X_{ij} - X_{i\min}}{X_{i\max} - X_{i\min}} \qquad (4.24)$$

负指标的无量纲化计算公式为

$$Z_{ij} = \frac{X_{i\max} - X_{ij}}{X_{i\max} - X_{i\min}} \qquad (4.25)$$

式中：Z_{ij} 为第 i 个指标标准化处理后的数值；$X_{i\max}$ 为第 i 个指标标准化处理前的实际最大值；$X_{i\min}$ 为第 i 个指标标准化处理前的实际最小值。

3. 坝区农村居民点土地节约集约利用评价指标体系的构建

1）指标体系构建及权重确定

参照坝区城市建设用地节约集约利用评价的综合性、区域差异性、可比性、可操作性和引导性原则选取指标，并结合农村居民点土地利用的特点，本章构建了包括 3 个层次的评价指标体系，即目标层、准则层、指标层。

目标层是指标体系的总目标。该指标体系的总目标是农村居民点土地利用的集约度。目标层由准则层来反映，目标层是准则层和具体指标的概括。

子目标层也称判断层，即从哪几个方面判断指标体系的总目标。根据农村居民点土地利用系统的组成特征，从农村居民点布局紧凑度、农村居民点土地利用强度、农村居民点投入强度和农村居民点利用效益等方面，对农村居民点土地利用的节约集约度进行评价。

指标层是反映子目标层的具体指标。

为此，得到农村居民点土地节约集约利用村级评价指标体系，如表 4.8 所示。

2）评价指标权重确定方法

坝区农村居民点土地节约集约利用村级评价指标权重确定采用构造判断矩阵：构造判断矩阵元素的值反映了人们对各元素相对重要性的认识，设 X_{ij} 与 X_{ji} 为矩阵中位置相对称的两个元素，在比较两者的相对重要性时，一般采用 1～9 及其倒数的标度方法，它们的含义如表 4.9 所示。

在确定 X_{ij} 和 X_{ji} 值后，得到下面的判断矩阵：

$$\begin{bmatrix} X_{11} & X_{12} & \cdots & X_{1n} \\ X_{21} & X_{22} & \cdots & X_{2n} \\ \cdots & \cdots & \cdots & \cdots \\ X_{n1} & X_{n2} & \cdots & X_{nn} \end{bmatrix} \qquad (4.26)$$

接着层次单排序：确定下层各因素对上层某因素影响程度的过程。用权值表示影响程度。

表 4.8　坝区农村居民点土地节约集约利用评价指标体系表

目标	子目标	指标	指标属性
坝区农村居民点土地节约集约利用 A	农村居民点布局紧凑度 A_1	基层村平均规模 A_{11}	适度相关指标
		距国道、省道距离 A_{12}	正向相关指标
		人均建设用地规模 A_{13}	适度相关指标
	农村居民点土地利用强 A_2	容积率 A_{21}	适度相关指标
		建筑密度 A_{22}	适度相关指标
		距城镇距离 A_{23}	负向相关指标
	农村居民点投入强度 A_3	农村道路密度 A_{31}	正向相关指标
		人均耕地面积 A_{32}	适度相关指标
		每户拥有的饮用水井数量 A_{33}	正向相关指标
	农村居民点利用效益 A_4	单位居民点用地承载的人口数量 A_{41}	适度相关指标
		农村人均纯收入 A_{42}	正向相关指标
	农村居民点自然环境因素 A_5	与主要河流、湖泊、水库的距离 A_{51}	负向相关指标
		地质灾害点 A_{52}	负向相关指标
		水土流失程度 A_{53}	负向相关指标
		坡向 A_{54}	适度相关指标
		坡度 A_{55}	适度相关指标
		主要汇入洱海的溪水水质 A_{56}	正向相关指标

表 4.9　土地节约集约利用村级评价指标权重构造判断矩阵

因素比因素	标度值
i 与 j 同等重要	1
i 比 j 稍微重要	3
i 比 j 较强重要	5
i 比 j 强烈重要	7
i 极端重要	9
两相邻判断的中间值	2，4，6，8

将矩阵 $b_{ij} = \dfrac{a_{ij}}{\sum a_{ij}}$ 按列归一化，

按行求和：
$$v_i = \sum_j^i b_{ij} \tag{4.27}$$

归一化：
$$w_i^0 = \frac{v_i}{\sum v_i} \tag{4.28}$$

归一化后，得排序 $W = (\omega_1, \omega_2, \cdots, \omega_n)^{\mathrm{T}}$ 向量

$$\lambda = \frac{1}{n}\sum_{i=1}^1 \frac{(AW)_i}{\omega_i} \tag{4.29}$$

最大特征 $\lambda_{\max}$ 值所对应的特征向量 W 所得到的特征向量即为各评价因素的权重系数。

最后一致性检验：在实际情况中，由于客观事物的复杂性和人们认识的多样性及主

观上的片面性，要达到完全一致是非常困难的，因此，要进行一致性检验，为检验判断矩阵的一致性，需要计算其一致性指标 CI 和一致比 CR：

$$CI = \frac{\lambda_{max} - N}{N-1}, \quad CR = \frac{CI}{RI} \qquad (4.30)$$

3）评价标准确定方法

农村居民点土地利用系统本身是一个区域性、动态性和开放性的系统，反映农村居民点土地节约集约利用的指标有很多，而不同区域、不同历史阶段农村居民点的自然环境和社会经济发展的差异性决定了各个指标对土地节约集约利用影响程度具有差异性。为此，农村居民点土地节约集约利用评价指标标准的确定应该根据实际情况，采用不同的评价标准。

（1）国家或省级标准。通过对国家和省级相关规定进行查阅，发现可以采用国家和省级有关规定作为评价标准的指标，包括建筑密度、建筑容积率和单位居民点用地承载的人口数量 3 个评价标准。

a. 建筑密度和建筑容积率评价标准的确定

根据《云南省村庄规划编制办法实施细则》规定，参照有关省（市）新农村建设村庄规划编制技术导则对应的居民点规定，以 2～3 层为主，平均每户建筑面积为 140～180m²，容积率为 1～1.2，建筑密度不大于 40%，层高不超过 3m。评价地区目前的大理农户住宅是房屋加院子（三坊一照壁）的形式，人均用地面积较大，因此，建筑容积率取下限"1"，建筑密度取 40%。

b. 单位居民点用地承载的人口数量评价标准的确定

单位居民点用地承载的人口数量即人均用地面积的倒数，因此，单位居民点用地承载的人口数量标准值的确定可以看作是人均用地面积标准值的确定。根据《村镇规划标准》和大理市土地利用总体规划的目标，目前人均用地面积大于 150m² 的地区，人均面积应减至 150m²。因此，大理市人均用地面积的标准值为 150m²/人，则单位居民点用地承载的人口数量为 6666.67 人/hm²。

（2）理想值标准。根据实际情况，本指标采用理想值作为评价标准。例如，按照正常的生活需求，每户应该拥有一口水井，因此，该指标的标准值取"1"。

（3）相对标准。基层村平均规模和农村道路密度标准值的确定采用相对标准法，取同一级别农村居民点的最高值作为标准值。

4. 农村居民点土地节约集约利用评价

考虑到农村居民点土地节约集约利用影响因素的多样性，本章应用多因素综合评价方法评价土地的节约集约利用程度，即首先设计指标体系，求取各指标的权重和指标值，在对各指标进行无量纲化处理后，通过加权评分求取评价对象的农村居民点土地节约集约利用水平。其计算公式如下：

$$T = \sum_{j=1}^{3} (\sum_{i=1}^{2} a_i \cdot r_i) \cdot R_j \qquad (4.31)$$

式中：R_j 为准则层指标的权重；$j = 1,2,3$；r_i 为指标层指标的权重；$i = 1,2$；a_i 为指标层第 i 个指标的量化指标值；T 为农村居民点土地利用节约集约度。

　　将上述指标分为两种类型：一是对农村居民点土地利用节约集约度起正作用的指标，如行政村平均规模、基层村平均规模、道路密度和每户拥有的饮用水井数量；二是适度指标，即当指标实际值比这个指标的目标值小时，对农村居民点土地利用节约集约度起正向作用，而当指标实际值比这个指标的目标值大时，则对评价结果起负向作用，这类指标包括建筑密度、建筑容积率和单位居民点用地承载的人口数量。分别对不同类型的指标采取不同的量化方法，当综合评价的指标值都是客观数值时，一般来说，应该用均值化方法对指标进行无量纲化，即 $y_{ij} = x_{ij}/\bar{x}_j$，其中 y_{ij} 为第 i 村第 j 指标的无量纲化处理值，x_{ij} 为第 i 村第 j 个原始指标，$\bar{x}_j$ 为第 j 个原始指标值的均值，这种方法可以克服常用的标准化法在消除了量纲和数量级影响的同时，也消除了各指标变异程度差异的影响，使评价结果更加准确。逆向指标正向化方法应为 $1/y_{ij}$。

　　在大理市规划期人均农村居民点用地标准的制定方面，考虑到大理市的地形、民族等实际情况，划分坝区和低丘缓坡区，并结合少数居民聚居等情况选择宽松、适中、较严格 3 个标准（图 4.13）。

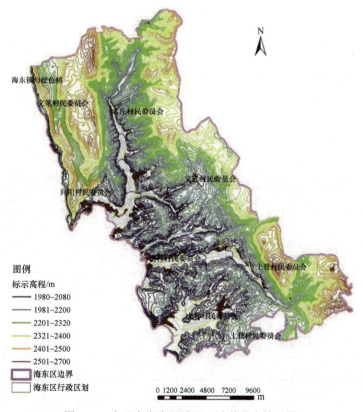

图 4.13　大理市海东区地形、地貌分布情况图

人均农村居民点用地高标准的制定主要考虑目前农村居民点用地规模较大,而且大理市山地面积较大,少数民族聚居地区较多,所以一段时期内很难将人均农村居民点用地标准降到《镇规划标准》(GB 50188—2007)规定的等级范围内,所以在考虑目前人均农村居民点用地现状的基础上,根据少数民族实际情况,制定人均农村居民点用地标准,具体见表 4.10~表 4.12 和图 4.14。

表 4.10 大理市人均农村居民点用地标准表

现状/(m²/人)	坝区/(m²/人)		低丘缓坡区/(m²/人)	
	一般区域	少数民族区域	一般区域	少数民族区域
≥280	260	比现状减少 25	比现状减少 25	比现状减少 20
255~280	240	245	245	250
225~255	210	215	215	220
200~225	185	190	190	195
180~200	165	170	170	175
165~180	155	155	160	165
150~165	140	145	150	155
140~150	135	135	140	145
130~140	125	130	130	135
120~130	120	125	125	130
100~120	110	110	115	120
<100	现状面积增加 10m²/人			

表 4.11 海东区分地貌的农村居民点整理理论潜力

地理位置	村民委员会数量/个	理论潜力高/hm²	理论潜力低/hm²
坝区	3	21.37	14.92
低丘缓坡区	4	7.94	1.89
总计	7	29.31	16.81

表 4.12 海东区农村居民点村级(村委会)不同地域潜力空间分布

地形分类	村民委员会及个数	理论潜力高/hm²	理论潜力低/hm²
坝区	文武村民委员会	5.51	3.85
	上和村民委员会	9.73	6.79
	南村村民委员会	6.13	4.28
低丘缓坡区	名庄村民委员会	1.53	0.36
	上登村民委员会	1.72	0.41
	文笔村民委员会	0.76	0.18
	向阳村民委员会	3.94	0.94
合计	7	29.32	16.81

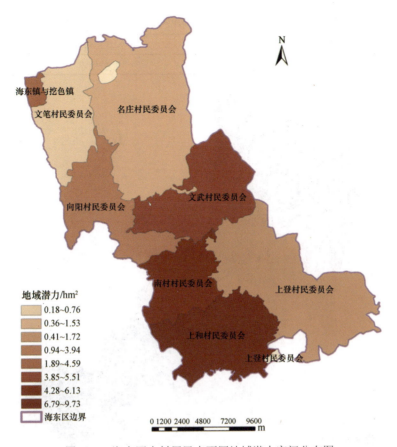

图 4.14　海东区农村居民点不同地域潜力空间分布图

5. 潜力分级

根据农村居民点土地节约集约利用村级评价结果，采用数轴法进行分级分析，结合实际情况，确定农村居民点土地节约集约利用村级评价结果的分级标准。按照土地利用集约度，可将节约集约利用类型划分为低度利用、适度利用、集约利用、过度利用 4 种类型（表 4.13 和图 4.15）。

6. 潜力测算

农村居民点土地节约集约利用潜力是将某一特定时点的现实土地容量与达到节约集约利用状态的土地容量的差距换算而成的土地规模。其中，土地容量指土地利用效率或效益；节约集约利用状态是指符合村镇规划、土地利用总体规划和相关法规所允许的土地利用状态。为了突出居民点土地低度利用的行政村的节约集约利用潜力，潜力测算是在农村居民点土地节约集约利用村级评价的基础上，以低度利用类型的村委会为对象，以提高土地的容积率为出发点，计算达到村镇规划要求的能够挖潜增效的土地利用潜力。

其计算公式如下：

表 4.13　农村居民点土地节约集约利用村级评价集约利用类型分级

节约集约利用类型	低度利用	适度利用	集约利用	过度利用
土地利用集约度/%	≤40	40～60	61～80	≥80

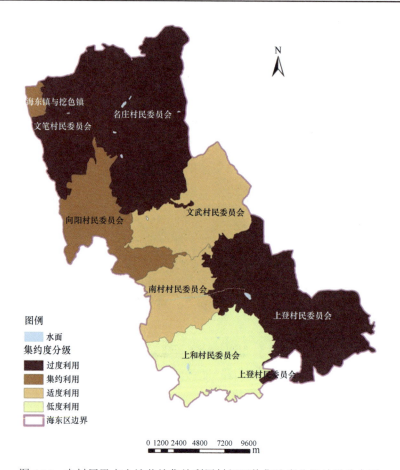

图 4.15　农村居民点土地节约集约利用村级评价集约度分级结果分布图

$$Q = Q_x \times \frac{L - L_x}{L} \tag{4.32}$$

式中：Q 为农村居民点土地利用潜力，hm^2；Q_x 为农村居民点现状土地面积，hm^2；L 为农村居民点规划允许的容积率；L_x 为农村居民点现状容积率。

经测算，大理海东区各村民委会农村居民点土地节约集约利用潜力合计为 14.63hm^2。

4.1.3　山坝统筹城乡建设用地规模控制技术

1. 城乡统筹的空间布局优化挖潜技术

城乡统筹的空间布局优化挖潜技术主要应用"模拟+反演"的思路实现对"挂钩"项目区的动态选取和空间布局优化挖潜。

1）情景分析法

情景分析法是由美国 SHELL 公司的科研人员 Pierr Wark 于 1972 年提出的。情景分析法中的情景是指对事物所有可能的未来发展态势的描述，描述的内容包括对各种态势基本特征的定性和定量描述，即基于不同假设条件下未来可能出现的情况，设置不同的情景。目前土地利用变化模拟领域常用的模拟模型包括 CLUE-S、CA-Markov 等。

元胞自动机（CA）预测现有发展模式下的土地利用变化已是较成熟的方法。通过向 CA 中加入生态环境和节约集约用地等量化约束控制指标，实现生态约束、节约集约利用等与 CA 的耦合，控制城市不同区域的发展速度，模拟生态约束下的城市用地扩展与土地利用变化。研究区城市扩展动态模拟和预测采用自修正城市动态模拟系统 SLEUTH。在遥感影像和各类专题图层数据的支持下，模型通过散布系数、繁殖系数、扩展系数、坡度系数、道路权重系数，以及包含生态、集约等限制因子的自定义控制系数，模拟城市自发增长、新扩展中心增长、边界增长、道路影响增长和限制因素发展区域增长方式。本章应用 CA-Markov 模型进行城市扩展动态模拟的技术路线如图 4.16 所示。

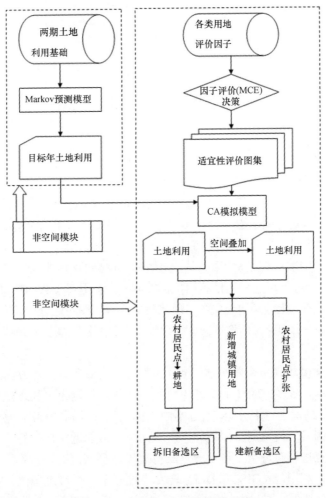

图 4.16　CA-Markov 模型演化流程

通过构建 CA-Markov 土地利用变化模拟模型和基于 ArcGIS 空间分析功能的挂钩项目区选取反演过程（图 4.17）。将 Markov 预测的土地总量约束和 MCE 的适宜性图集作为转换规则，应用 CA 强大的空间计算能力预测目标年份土地利用变化情况，并通过对模拟图和现状图的叠加进行对比分析，制定反演规则，最终得到挂钩备选区及规模。通过"分区、分模式、分设标准"的思想，应用景观生态学方法，能够从宏观上对农村居民点布局进行布局优化调整，层层优化，提高农村居民点布局优化结果在宏观层面（大尺度上）上的应用，根据区域经济发展状况、地形、交通等实际情况，进行农村居民点类型划分（依据不同影响因子的适宜性等级区间）调整、综合分类，以适应不同居民点布局区位的差异。

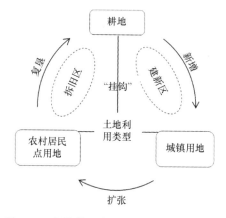

图 4.17　土地利用类型与挂钩项目区的关系

2）适宜性综合评价

适宜性综合评价是采用 MCE 方法，是在多重因素、多重标准，甚至相互冲突因素的影响下，对一系列备选方案进行评价和决策。准则一般分为影响因素（factor）和约束（constraint）。影响因素是可以提高或降低某一方案适宜度的准则，在多数情况下是连续变化的量。约束是对备选方案的限制。在 GIS 中约束的表达与影响因素不同，一般用逻辑值表示，"1"表示逻辑"是"，该方案可选；"0"表示逻辑"否"，该方案不可选。在具体评价过程中，充分考虑区域生态约束条件、土地利用规划的相关原则，考虑土地利用适宜性、继承性，以及部分不可逆和土地利用指标控制等，利用基于 ArcGIS 的以下图件，CA土地利用情景模拟图，土地利用现状图，现状与情景模拟图对比分析，农村居民点恢复成生态用地、耕地——拆旧区，新增城镇建设用地（农村居民点安置及扩展）——建新备选区等。

从景观生态学斑块（单个农村居民点）、类型（单个乡镇）等方面选取各自相应的指标，类型（class）从多方面（平均斑块面积、平均最临近距离和斑块所占景观面积比例）对农村居民点级别进行重分类，通过不同指标在景观级别的标准划分为不同的区域；再从斑块级别多因素（斑块周长面积比、斑块面积、最邻近距离）特征方面对不同类型区域的农村居民点进行重分类，最后通过农村居民点到城区距离，到主要道路距离、不同坡度分布情况，利用 ArcGIS 将 DEM 转发为坡度图，对坡度分级，并将坡度图、城区缓冲图、主要道路缓冲图与农村居民点进行叠加分析，对居民点进行修正、合并处理，形成农村居民点优化布局图。农村居民点发展类型表见表 4.14。农村居民点适宜性评价结果图如图 4.18 所示。

表 4.14　农村居民点发展类型表

农村居民点发展类型	布局优化模式
城乡统筹发展区	限制发展搬迁
	城镇转化搬迁
	迁出不适宜建设区
潜力重点挖掘区	中心村建设
	基层村建设
生态控制发展区	空散村整合
	生态村维护
	特色区保留
	政策保留

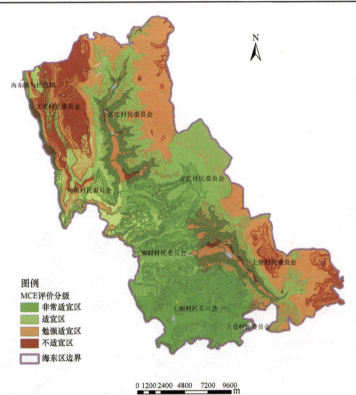

图 4.18　农村居民点适宜性评价结果图

3）城乡增减挂钩方案

城乡增减挂钩是指将城镇建设用地增加与农村建设用地减少相挂钩。依据土地利用总体规划，将若干拟复垦为耕地的农村建设用地地块（即拆旧地块）和拟用于城镇建设的地块（即建新地块）共同组成建新拆旧项目区，通过建新拆旧和土地复垦，最终实现项目区内建设用地总量不增加，耕地面积不减少、质量不降低，用地布局合理的土地整理工作目标。

以农村居民点所形成的村庄的迁并拆建优化空间布局,充分挖掘农村居民点潜力,主要包括拆迁、限制和建设三种方案。其中由于生态涵养保护区域内的村庄涉及生态防护圈、自然保护区、基本农田保护区,应当对其采取内部挖潜型、生态搬迁型的方式;在适度建设区域中,高度适宜的村庄应当重点建设,中度适宜和勉强适宜的村庄应限制建设规模,不适宜的村庄应拆除或迁村并点;在引导开发区域中,生态高度适宜和中度适宜的村庄都应该重点建设或向城镇转化,勉强适宜的村庄可以限制建设,不适宜的村庄应当拆除。

具体方法是基于 CA 模型对挂钩项目区目标年份 2015 年土地利用情景进行模拟预测,然后对 2020 年研究区土地利用现状图和 2015 年土地利用预测图进行叠加分析,根据叠加图中各种地类之间的变换关系分析:①拆旧区:零碎农村居民点经过模拟演化发展为耕地的区域;②安置区:农村居民点原地集中扩展的区域;③留用区:城镇扩展区域。

图 4.19 中,由零碎的农村居民点经过模拟演化发展为耕地的情况,即"拆旧区"对应的地类变化;黄色代表农村居民点原地集中扩张的现象,即"安置区"对应的范围;蓝色代表城镇扩张的情况,即"留用区"对应的空间位置。

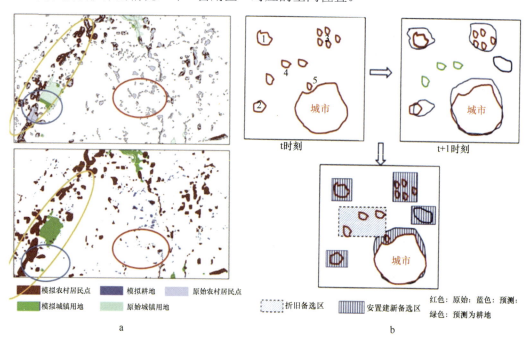

图 4.19　土地利用模拟图局部变化情况

4)城镇村链动方案

城镇村链动又称为城乡关联发展,可以理解为一个逐步缩小城乡差别,市区和郊区、城市和农村达到协同发展的过程,其实质是城乡协同作用日益加强的空间经济过程。在这个过程中,通过发挥中心城市(城镇)经济增长极的功能带动农村的工业化与城市化;通过城市工业与农村工业的协调发展,优化城乡资源配置,建立统一的城乡市场,实现城镇建设用地增加与农村建设用地减少等类似生产要素的有序流动。具体的城镇村链动模式如下。

（1）确定坝区城市和城镇建设用地最小规模。根据我国和西方发达国家城市规模等级的划分标准，结合我国人多地少、土地资源稀缺的国情，参考国内多个省会城市规划的技术资料，从节约集约利用土地角度，确定各等级层次城市人均建设用地面积标准；然后依据各等级层次城市人均建设用地面积标准和各等级层次城市和城镇最低人口规模分别综合确定各等级层次城镇建设用地规模。

（2）确定坝区村庄建设用地最小规模。《云南省村庄规划编制办法实施细则》第 3 条村庄人口规划指出，"预测行政村的人口发展规模和人口结构变化，预测辖区内各自然村规划期内的人口数量和分布。按照规划期末的人口数量将村庄分为特大、大、中、小型四级"。但是，该规划没有规定各级村庄具体人口数量和用地规模，只规定了村庄人均建设用地面积不超过 150m^2。为此，本章参考北京市地方标准《村庄规划标准》，北京市村庄规模确定了四级村庄的人口规模，即小型村少于 200 人、中型村 200~600 人、大型村 600~1000 人、特大型村多于 1000 人，村庄人均建设用地应控制在 150m^2 以内。根据区域城镇化实际情况，确定村庄人口规模的最小规模。

（3）确定城市（镇）发展紧凑度。城市（镇）外围轮廓形态的紧凑度具体计算公式如下：

$$C = \frac{2\sqrt{\pi A}}{P} \tag{4.33}$$

式中：A 为城市（镇）的面积；P 为城市（镇）轮廓的周长。城市（镇）紧凑度值越大，其形状越有紧凑性；反之，形状紧凑性越差。紧凑度的计算将圆形作为标准度量单位，从而便于对不同地物形态进行比较。当城市（镇）的形状为圆形时，紧凑度 $C=1$，其他任何形状地物的紧凑度均小于 1，因为圆是一种形状最紧凑的图形，圆内各部分的空间高度压缩。当城市（镇）为正方形时，城市（镇）离散程度增大，紧凑度就变小；如果是狭长形状，紧凑度就会远远小于 1。

通过对研究区各个城市、城镇和村庄形状紧凑度进行计算分析，并结合城-镇-村最小规模面积，进行基于 GIS 的空间分析和筛选，得到研究区城镇化重点地区城-镇-村空间分布情况。研究区各类城市（镇）综合容积率的确定，主要参考各城市（镇）已有综合容积率规划指标，结合研究区最小生态用地量要求和研究区城乡建设用地最大控制目标，从节约集约用地角度对其进行适当调整和提高后确定。调整的原则是，在同等级规模城市（镇），尽量选择相应技术规范偏高标准，以体现节约集约用地。应用核密度估算模型（kernel density estimation）方法计算（图 4.20），直观地反映区域内斑块的分布和聚集情况：

$$f_n(x) = \frac{1}{nh} \sum_{i=1}^{n} (\frac{x - x_i}{h}) \tag{4.34}$$

式中：$f_n(x)$ 为核函数；$x - x_i$ 为 x 到 x_i 处的距离；h 为搜索距离，h 越大，密度变化越平滑，相反，h 越小，密度变化越凹凸不平。

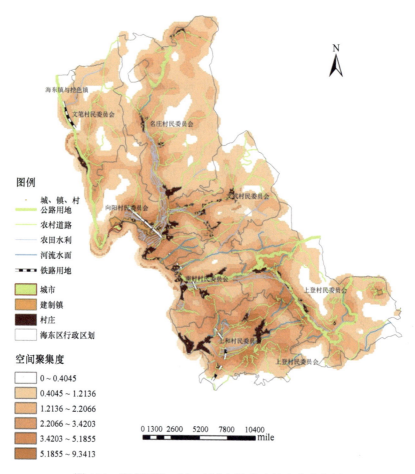

图4.20 海东区城、镇、村空间聚集度核密度分布图

5）拆旧区选取

拆旧区选取需要考虑农村居民点自身的整治潜力、农民意愿、自然条件、经济条件、与各相关规划衔接及挂钩政策的基本要求等问题，在综合考虑这些问题的条件下选取。根据城乡建设用地增减挂钩政策的基本要求，城镇扩展范围内的农村居民点不宜作为拆旧区，因为这部分居民点要适应城镇化发展的需求，是城市发展扩张所需要的建设用地；规划允许建设区范围内的居民点在规划期内逐渐转变成城镇建设用地，因此，也不能成为拆旧区；自然条件不适宜复垦为耕地的居民点也不能做拆旧区，城乡建设用地增减挂钩政策明确要求项目区内的建设用地数量不增加，耕地数量不减少、质量需要提高，按要求作为拆旧区的居民点要复垦为耕地，所以一些自然条件恶劣、交通不方便和信息闭塞的偏僻村庄，位于丘陵地区、地质灾害频发地带和重要水源保护地等地带的村庄不适宜复垦成耕地，也就不能作为城乡建设用地增减挂钩项目的拆旧区；具有历史文化价值和旅游特色的村庄也不适宜做拆旧区，这部分村庄本身存在的价值就远远大于复垦成耕地后农作物带来的经济价值，保留和保护这些村庄意义重大，也是不能作为拆旧区的。各类型居民点整治拆旧区选取局部示意图如图4.21所示。

图 4.21 各类型居民点整治拆旧区选取局部示意图

6）建新区的选取

建新区的选取应充分衔接相关规划，布置在土地利用总体规划确定的城镇建设用地扩展边界范围内，必须避让基本农田。

建新地块的设置需遵循以下原则。

（1）农民集中居住区必须结合社会主义新农村建设农民新型社区，应设置在地势平坦、交通便利的地点，满足农民生产、生活条件的便利，要充分考虑生产作业半径（不得大于 1.5km）。

（2）农民集中居住区的用地标准不得高于国家法律法规规定的用地标准。

（3）城镇建新区必须选择经济发展较快，供地矛盾突出，需要通过农村建设用地整理来缓解用地需求矛盾的地区，且能保证整个项目区耕地总量不减少、质量不降低，并满足国民经济发展要求，可安排在城镇的规划发展预留区，重点是县城、重点镇周围，也可安排在城镇规划建设用地区。

7）农村建设用地整理潜力分析及测算

农村建设用地整理潜力分析及测算是城镇建设用地增加与农村建设用地减少相挂钩规划最重要的部分。衡量农村建设用地整理潜力的指标有很多，有的能进行定量测算，如农村建设用地整理潜力面积、潜力系数，有的指标很难量化，如耕地质量的提高、区域生态环境的改善程度等，需要对其进行定性评价。定量计算居民点整理的基本潜力测算指标如下。

（1）农村居民点整理潜力面积的测算。农村居民点整理潜力面积是衡量农村居民点整理潜力的一个指标，即某一个居民点可以整理出多少耕地和其他农用地。依据现状居民点用地与确定的人均居民点建设用地整理标准匡算出农村居民点整理潜力。

（2）农村居民点整理潜力系数的测算。依据原国土资源部颁布的《县级土地整治规划编制要点》规定，农村居民点整理潜力系数是农村居民点整理增加耕地面积占农村居民点整理面积的百分比。农村居民点整理潜力系数可以作为衡量农村居民点整理潜力的另一个指标,既可以反映单位面积农村居民点整理潜力的大小,又可以反映农村居民点整理的效率。

(3)求算基本潜力值。农村居民点整理潜力面积大的区域潜力系数可能小,而潜力系数大的区域由于现状面积基数小而潜力面积并不大。所以,考虑结合农村居民点用地整理潜力面积和农村居民点整理潜力系数这两个指标来确定一个衡量农村居民点用地整理潜力的基本指标。应用因子成对比较法来确定农村居民点用地整理潜力指标的权重,对农村居民点整理潜力面积和潜力系数分别进行标准化,然后将归一化结果加权求和,得到研究区农村建设用地整理基本潜力指数。

(4)农村居民点布局优化。农村居民点布局优化即根据影响农村居民点区位因素的适宜性等级对农村居民点区位进行评价,根据评价适宜分值将各农村居民点划分为几种农村居民点整理类型:城镇转化型、限制发展型、中心村发展型、迁村并点型、内部挖潜型、生态搬迁型。

(5)项目区规模与范围,土地利用结构调整等。城乡建设用地增减挂钩规划的项目区包含 3 个部分,即拆旧区、安置区和建新区。

(6)城镇建设用地需求。根据土地规划原理,建设用地预测必须从多年用地资料动态分析出发,通过一系列相关分析,正确认识各个发展阶段建设用地动态变化的特征和规律,弄清变化发生的机制和影响因素,才可能对今后一个时期内的建设用地需求做出科学预测。

目前最简单、最常用的方法就是根据人口因素预测建设用地量。根据《县级土地利用总体规划编制规程》,城镇人口预测量与人均建设用地指标相乘即可求得规划期城镇建设用地规模公式如下:

$$U = P \times A / 10000 \qquad (4.35)$$

式中:U 为规划期城镇建设用地面积,hm^2;P 为规划期城镇人口,人;A 为规划期城镇人均建设用地指标,m^2/人。

不难看出,只要先预测出规划期的城镇人口数,再根据《城市用地分类与规划建设用地标准》中的城镇人均建设用地指标,即可得出规划期城镇建设用地面积,所以,现行城镇建设用地预测采用的是一种侧重人口预测的简单、易操作的方法。

但由于上述预测因素过于单一,需要多种方法结合进行预测,根据区域特点选出适合该区域的预测方法。目前常用的建设用地预测方法包括分类趋势预测法、回归预测法、年均增长率法、时序趋势预测法、灰色模型预测法、马尔可夫模型法等。

8)农村居民点优化

地域辽阔、丰富的区域文化决定了不同地区的农村居民点存在巨大的差异,农村居民点的特征、结构、布局等都存在许多独特之处。对于生态型城市化地区,可以应用景观生态学理论与 GIS 空间分析技术对生态型城市化地区农村居民点分布特点及影响因素进行分析,通过层次分析法和专家打分法建立居民点布局评价指标体系,应用 GIS 空间分析法对农村居民点布局进行适宜性评价，并划分等级，最后提出优化布局方案和布局优化模式（图 4.22）。

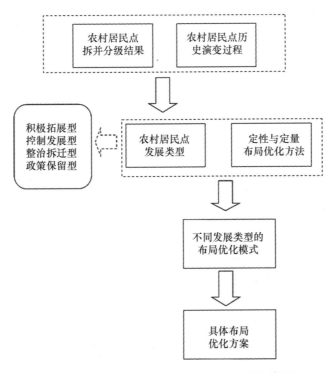

图 4.22 海东区农村居民点布局优化技术路线图

同时对于中心村位置的选取，可以结合第二次土地调查数据库、DEM 和自然环境资料对研究区内的农村居民点空间特征进行定量分析，并通过专家咨询法对选区的指标进行赋权重并打分，对研究区按自然地理条件优劣划分区域，最终选择适宜区域作为中心村位置。

按照大理市滇西中心城市建设"两保护、两开发"发展精神，在保留大部分生态用地，特别是保护洱海周边绝对禁止建设的湿地、湖滨保护带前提下，城市内部结构和布局及城市（镇）外部形态将比较紧凑；并在此基础上，进一步提高城市（镇）综合容积率，提高土地利用强度，将达到既保护了洱海流域生态，又保障了城镇村发展，同时土地利用也最集约的多重目标。

2. 农村居民点整治空间布局分析

城乡建设用地增减挂钩是依据土地利用总体规划，通过建新和拆旧、土地复垦等措施，最终实现增加耕地有效面积、提高耕地质量、节约集约利用建设用地、城乡用地布局更合理的目标。目前农村居民点多呈"满天星"的布局，对于如何合理进行农村居民点整治没有明确的原则与方法，实际工作中存在较大的随意性和主观性。因此，合理进行农村居民点整治对于城乡建设用地增减挂钩的顺利实施和农村居民点的合理布局具有极其重要的意义。

1）零星农村建设用地

根据村庄布点规划，应对小于 15 户的自然村进行拆村并点，以户均农村居民点用地 300m² 计算，15 户农村居民点占地应为 4500m²，因此，在大理市第二次土地调查数据库（简称二调数据库）的基础上，提取出大理市海东区内的零星农村居民点，将小于 4500m² 的农村居民点作为农村居民点整治的一个部分（图 4.23）。

图 4.23　大理市零星农村居民点用地

由统计分析结果可以看出，海东区可进行整治的零星农村居民点用地共有 21.78hm²，其中文武村民委员会的零星农村居民点用地最大，为 4.72hm²；南村村民委员会的零星农村居民点用地最小，为 0.56hm²（表 4.15）。

表 4.15　海东区零星农村居民点用地统计表

序号	零星农村居民点	斑块数	面积/hm²
1	名庄村民委员会	17	2.53
2	南村村民委员会	4	0.56
3	上登村民委员会	41	4.01
4	上和村民委员会	22	2.61
5	文笔村民委员会	9	1.59
6	文武村民委员会	39	5.76
7	向阳村民委员会	29	4.72
合计	海东区	161	21.78

2）山坝统筹城乡建设用地空间布局优化

《城乡建设用地增减挂钩试点管理办法（暂行）》中明确指出，农村居民点作为拆旧考虑对象，必须满足居住条件差、房屋空置率高、土地节约集约度低等特点，同时优先考虑城乡接合部，优先在建设用地矛盾突出、农村建设用地复垦潜力较大、群众积极性高，且具备较强经济实力的地区选择。依据上述原则，并参考专家意见，山坝统筹城乡建设用地空间布局优化首先从自然因素、区位条件、拆旧难度和资源经济状况 4 个角度共选取 9 个评价因子作为本次综合评价的指标。

山坝统筹城乡建设用地空间布局优化综合评价指标权重的确定主要采用德尔菲法和层次分析法。层次分析法是一种定性和定量相结合、系数化、层次化的分析方法。其主要步骤包括：建立层次结构模型、构造成对比较矩阵、计算单排序权向量并做一致性检验、计算总排序权向量并作一致性检验。本节首先通过征求相关部门专家的意见，对各评价因子进行重要性排序，将评价因子两两比较构造判断矩阵，然后采用方根法求解，经归一化处理后得到各评价因子的排序权重，并进行一次性检验，当随机一次性比率 CR 小于 0.1 时，将各评价因子的排序权重作为各评价因子的权重值，详见表 4.16、图 4.24 和图 4.25。

表 4.16　农村居民点布局优化地块选址综合评价体系表

目标层	准则层	权重	指标层	权重	综合权重	数据来源
农村居民点整治地块适宜性评价	节约集约利用度	0.20	农村土地节约集约利用	0.2	0.2	上述村级土地节约集约利用评价结果
	自然因素	0.25	海拔	0.34	0.12	二调数据库统计
			坡度	0.66	0.23	二调数据库统计
	区位条件	0.30	与城镇中心最短距离	0.43	0.18	二调数据库统计
			与最近干道距离	0.38	0.16	二调数据库统计
			交通道路密度	0.19	0.08	二调数据库统计
	拆旧难度	0.15	居民点总面积	0.44	0.07	二调数据库统计
			居民点房屋空置率	0.54	0.08	函调
	资源经济状况	0.10	人均纯收入	0.44	0.04	统计年鉴
			耕居比	0.54	0.05	二调数据库统计

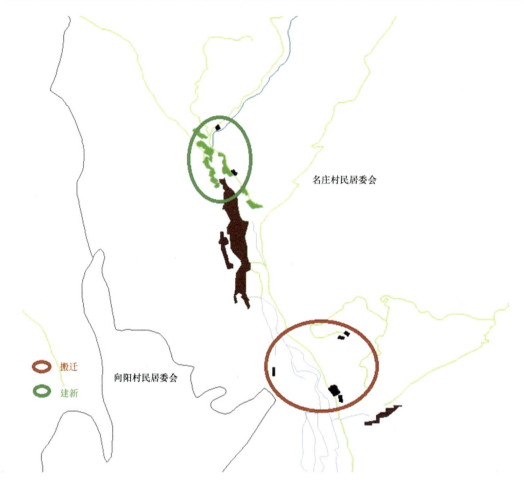

图4.24　海东区农村居民点布局优化地块选址综合评价（最适宜整治区）局部示意图

依照上述评价方法进行农村居民点整治地块综合评价，得出最适宜性区域。

农村居民点整治面积达 1.03hm^2，占农村居民点整治地块选址适宜性评价总对象的 2.63%。其中上和村最适宜整治面积最大，为 0.49hm^2，其次为南村 0.29hm^2；文武村最适宜整治面积最小，为 0.25hm^2。

3. 城乡建设用地总规模

为全面掌握大理市和海东区城乡建设用地土地利用状况，切实提高城市和山坝节约集约用地水平，深入落实节约优先战略，根据上述城市建设用地区域及中心城区节约集约利用评价与农村居民点节约集约利用评价潜力规模情况，从节约山坝统筹城乡建设用地总规模的角度出发，充分挖掘区域城镇建设用地和农村居民点节约集约利用强度潜力、结构潜力、规模潜力和时序潜力等，结合低丘缓坡山地开发建设区域城乡统筹增减挂钩项目，综合优化低丘缓坡山地各类建设用地空间布局，确定山坝统筹城乡建设用地最大存量建设用地挖潜数量与规模，最大限度减少新增建设用地规模，控制低丘缓坡山地开发建设用地总规模，充分体现山地新城开发建设过程中土地节约集约利用的指导思想。据此测算大理市海东区城乡建设用地总规模。

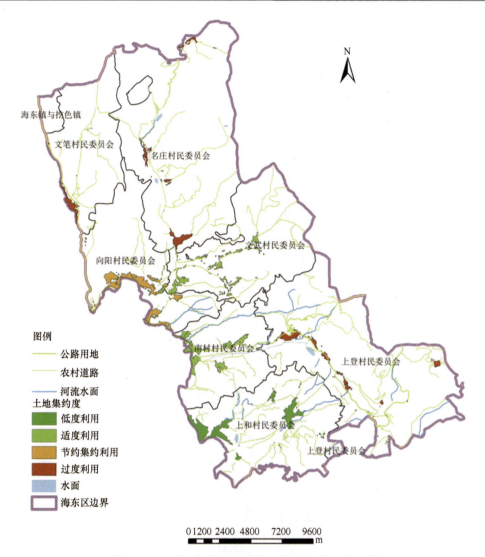

图 4.25　山坝统筹城乡建设用地空间布局优化结果图

根据《大理市海东镇土地利用总体规划》（图 4.26）数据库和《大理市海东下和、上登片区低丘缓坡土地综合开发利用实施方案》，结合大理市海东片区经济社会发展需求，通过方案实施，大理市海东下和、上登片区低丘缓坡土地综合开发利用规划城乡建设用地面积为 363.90hm^2、交通水利用地面积为 62.65hm^2、其他建设用地面积为 55.38hm^2。具体开发建设用地地类结构变化如表 4.17 所示。

综上分析，根据大理市海东镇土地利用总体规划（图 4.26）数据库和《大理市海东下和、上登片区低丘缓坡土地综合开发利用实施方案》计算的海东区低丘缓坡土地综合开发利用城乡建设用地总规模为 363.90hm^2。结合坝区农村居民点土地节约集约利用潜力评价农村居民点理论潜力规模为 29.31hm^2，海东区实际可进行整治的零星农村居民点用地共有 21.78hm^2，农村居民点空间布局优化综合整治面积为 1.03hm^2，因此，海东区低丘缓坡土地综合开发利用城乡建设用地总规模应控制在 341.09hm^2 范围以内。

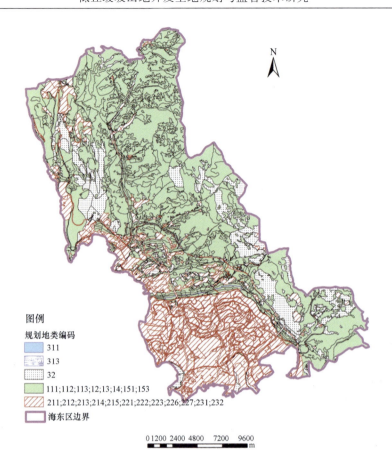

图 4.26　大理市海东区土地利用总体规划

表 4.17　《大理市海东下和、上登片区低丘缓坡土地综合开发利用实施方案》
开发建设用地地类结构变化表　　　　　　（单位：hm²）

土地利用分类		土地利用现状	方案实施后	变化量
近期开发建设规模		481.93	481.93	0.00
农用地	耕地	92.49	0.00	−92.49
	园地	106.84	0.00	−106.84
	林地	182.93	0.00	−182.93
	其他农用地	2.67	0.00	−2.67
	农用地合计	384.93	0.00	−384.93
建设用地	城乡建设用地	6.18	363.90	357.72
	交通水利用地	12.02	62.65	50.63
	其他建设用地	2.02	55.38	53.36
	建设用地合计	20.22	481.93	461.71
其他土地	水域	0.00	0.00	0.00
	自然保留地	76.77	0.00	−76.77
	其他土地合计	76.77	0.00	−76.77

数据来源：大理市人民政府《大理市海东下和、上登片区低丘缓坡土地综合开发利用实施方案》，2013 年。

4.2　基于生态安全的县级区域低丘缓坡山地开发建设用地布局调整优化技术研究

4.2.1　概　　述

低丘缓坡山地开发土地规划,首先需要在县域范围内选择确定低丘缓坡山地开发建设用地空间布局。建设用地布局优化调整的研究思路如下。

第一,低丘缓坡山地开发建设用地布局不能突破区域生态安全红线和地质生态适宜性这个天花板。这就要求县域尺度低丘缓坡山地开发建设用地布局必须在生态安全格局约束下和地质生态适宜性评价确定的适宜建设开发低丘缓坡山地地块约束下进行。总的原则是,低丘缓坡山地开发建设用地需要的规模不能超过适宜建设地块面积,不能侵占生态安全划定的生态红线和生态用地;低丘缓坡山地开发建设用地需要的结构应该与适宜建设地块可供应面积和集聚程度相匹配。

第二,低丘缓坡山地开发建设用地布局应该与县域经济、社会发展需求相适应。也就是说,县域尺度低丘缓坡山地开发建设用地布局除了在用地供给侧受到区域生态安全红线和地质生态适宜性的约束以外,还受到县域社会经济发展现实可行性的约束,即低丘缓坡山地开发的建设用地数量、结构、开发时序受县域社会经济发展与城镇化、工业化可实现程度和实现的阶段目标划分的约束。已有比较确定的山地城镇、工业等投资项目的用地需求应确定为近期可实现目标,其可实现程度最高,应优先布局满足其用地需求;中期、远期的经济、社会发展目标,其可实现程度递减,建设用地保障的程度也随之递减。

第三,在以上约束条件下,设计低丘缓坡山地开发建设用地布局优化模式和多种情景模拟比较方案,为建设用地优化布局提供多种辅助决策比较方案。本章按照保障生态安全的级别将生态安全分为高安全、中安全、低安全三种生态安全情景;又根据县域经济、社会发展目标和策略的差异设计经济优先发展模式(追求经济社会快速发展模式)、基准模式(维持现有经济、社会发展速度)、生态保育模式(生态优先发展模式)三种发展模式,应用自己开发的低丘缓坡山地开发土地系统动态系统软件,进行多方案情景模拟。按照生态效益、经济效益、社会效益最大化原则,通过构建一个可操作、简便的评价指标体系,对各情景模拟方案进行优选,为土地利用规划决策提供定量化的分析方案。

按照上述研究思路,研究分以下几个部分:①生态安全格局和安全级别约束条件设定;②县域未来人口与经济发展、城镇化预测和经济、社会发展目标确定;③通过构建包含土地资源账户的社会核算矩阵(SAM),应用 CGELUC 模型对县域未来土地利用结构和建设用地需求进行模拟预测;④在生态安全约束和地质生态适宜性约束下,应用自己研究开发的适用于低丘缓坡山地的土地动态系统(DLS),对县域低丘缓坡山地开发建设用地布局优化进行情景设计与动态模拟;⑤低丘缓坡山地开发建设用地布局情景模拟方案的效益评价和方案遴选。最后,本节以云南省大理市为例,进行了基于生态安全的县级区域低丘缓坡山地开发建设用地布局调整优化技术的示范研究。示范研究结果表明,本节的基于生态安全的县级区域低丘缓坡山地开发建设用地布局调整优化技术,对于山地区域的低丘缓坡建设用地布局和规划决策具有很好的辅助决策支撑作用,其理论和技术方法及开发的软件系统功能具有先进性、实用性。县域尺度低丘缓坡山地开发土地优化布局研究技术路线图如图 4.27 所示。

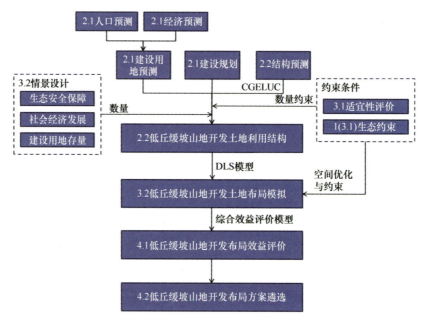

图 4.27　县域尺度低丘缓坡山地开发土地优化布局研究技术路线图

低丘缓坡山地开发生态风险因子分析与生态安全等级研究部分主要根据第 3 章的研究。

4.2.2　低丘缓坡山地开发社会经济发展趋势与用地需求预测

县域社会经济发展与建设用地需求预测包括用地规模需求预测(包括总建设用地规模,其中包括坝区用地规模和低丘缓坡山地用地规模)和用地结构预测,以及社会经济发展与用地需求预测的可实现程度分析等。

1. 未来人口与经济发展、城镇化预测

1)人口总量预测

在人口总量预测方面,学者研究使用的方法有很多,一般而言,人口预测以人口变化的历史规律为基本依据,采用数理模型对区域未来的人口数量和人口状况进行预测和估算。常规的人口预测方法有直接预测法、回归预测法、时间序列预测法等。

较大范围的人口,如全世界或者一个国家的人口发展具有较明显的规律性,但对于某个地区来说,并不一定呈线性或者简单非线性曲线。为此,我们采用 GM(1,1)灰色系统模型进行预测。本节采用 GM(1,1)灰色系统模型对研究区(分坝区、低丘缓坡区、其他地区等）的未来人口（分城镇人口、农村人口等）数据进行预测，为整个系统或者研究提供基础数据。

GM（1，1）灰色系统模型是把人口随时间的变化过程看作是一个灰色系统，根据历史人口数据，采用灰色系统理论对人口变化进行建模，从而对未来某个时点的人口数据进行预测的方法。

GM（1，1）灰色系统模型一般对应一个微分方程，微分方程的求解形成一个预测模型的函数方程。灰色系统模型的微分方程称为 GM（1，1）灰色系统模型，GM（1，1）灰色系统模型为 1 阶 1 元微分方程模型。

GM（1，1）建模过程和机理如下。

（1）设原始数据序列 $X^{(0)}$ 为非负序列：

$$X^{(0)} = (x^{(0)}(1), x^{(0)}(2), \cdots, x^{(0)}(n))$$

式中：$x^{(0)}(k) \geqslant 0, k = 1, 2, \cdots, n$

（2）对 $x^{(0)}$ 做一次累加，生成数列 $x^{(1)}$：

$$X^{(1)} = (x^{(1)}(1), x^{(1)}(2), \cdots x^{(1)}(n))$$

式中：$x^{(1)}(k) = \sum_{i=1}^{k} x^{(0)}(i), k = 1, 2, \cdots, n$

（3）构造数据序列 B 和数据向量 Y：

$$B = \begin{bmatrix} -\frac{1}{2}(x^{(1)}(1) + x^{(1)}(2))1 \\ -\frac{1}{2}(x^{(1)}(2) + x^{(1)}(3))1 \\ \cdots \quad \cdots \\ -\frac{1}{2}(x^{(1)}(n-1) + x^{(1)}(n))1 \end{bmatrix}, \quad Y = \begin{bmatrix} x^{(0)}(2) \\ x^{(0)}(3) \\ \cdots \\ x^{(0)}(n) \end{bmatrix}$$

（4）确定参数 a 和 b。采用最小二乘法对待定系数求解：

$$\hat{a} = [a, b]^{\mathrm{T}} (B^{\mathrm{T}} B)^{-1} B^{\mathrm{T}} Y$$

（5）白化方程 $\dfrac{\mathrm{d}x^{(1)}}{\mathrm{d}t} + ax^{(1)} = b$ 的解为

$$x^{(1)}(t) = (x^{(1)}(1) - \frac{b}{a})\mathrm{e}^{-at} + \frac{b}{a}$$

（6）GM（1，1）灰色系统模型 $x^{(0)}(k) + ax^{(1)}(k) = b$ 的时间响应序列为

$$\hat{x}^{(1)}(k+1) = (x^{(0)}(1) - \frac{b}{a})e^{-ak} + \frac{b}{a}, k = 1, 2, \cdots, n$$

（7）计算还原值：

$$x^{(0)}(k+1) = (x^{(1)}(k+1) - x^{(1)}(k)), k = 1, 2, \cdots, n$$

（8）模型精度检验

计算均方差比值 C ：

$$C = \frac{S_2}{S_1}$$

其中：

$$S_1 = \sqrt{\frac{1}{n}\sum_{k=1}^{n}(x^{(0)}(k) - \overline{x})^2}$$

$$S_2 = \sqrt{\frac{1}{n}\sum_{k=1}^{n}(\varepsilon(k) - \overline{\varepsilon})^2}$$

$$\overline{x} = \frac{1}{n}\sum_{k=1}^{n}x^{(0)}(k)$$

$$\overline{\varepsilon} = \frac{1}{n}\sum_{k=1}^{n}\varepsilon(k)$$

计算小误差概率 p ：

$$p = P(|\varepsilon(k) - \overline{\varepsilon}| < 0.6745S_1)$$

统计满足式子 $|\varepsilon(k) - \overline{\varepsilon}| < 0.6745S_1$ （其中， $k = 1,2,\cdots,n$ ）的 $e^{(k)}$ 个数。若此数为 r ，则 $p = \frac{r}{n}$ 。一般对建立好的 GM(1,1) 灰色系统模型进行均方差比值检验和小误差概率检验，从而验证模型的拟合程度。已建立的 GM(1,1) 灰色系统模型是否有效一般参考精度检验表（表4.18）。

表4.18　灰色系统预测精度检验等级参照表

精度等级	均方差比值	小误差概率
一级	0.35	0.95
二级	0.50	0.80
三级	0.65	0.70
四级	0.80	0.60

2）经济发展预测

趋势预测：主要采用数学模型进行较长时期（分未来 5 年、未来 10 年）经济发展总量、结构预测，确定该县域未来经济发展，尤其是第二产业、第三产业发展规模。

经济规模预测方法有很多，常用的方法是线性回归、灰色系统、指数模型等。在一些研究中，人们大多利用固定资产投资、工业增加值、社会消费品零售额等主要经济指标对 GDP 进行回归预测，这样预测可以根据解释变量的预测值测算被解释变量的未来值，扩大了最后的预测误差。

研究中基于收集的该县的历史连续年份的经济数据（分产业结构），GM（1，1）灰色系统模型（或者指数模型、平均增长率法）对未来的各个产业发展规模进行预测。各个产业的总和即为该县经济发展总量。

近期第二产业、第三产业发展预测：主要分别对近期已签合同的产业项目、正在谈判并已签意向性协议的产业项目、仅有初步招商意愿的产业项目 3 种类型产业项目进行汇总、统计，形成有现实产业项目支撑的近中期县域经济发展规模、结构预测和提供的就业岗位（或就业人口）预测。同时对上述 3 种类型产业项目提供的就业岗位（或就业人口）进行预测：就业人口=产业的产业规模/该产业人均产出。

3）城镇化预测

趋势预测采用数学模型进行较长时期（分未来 5 年、未来 10 年）的城镇化发展预测，估计未来县域城镇人口规模。

城镇化率作为定量研究城市化发展水平的有效途径之一，通常用市（镇）人口占全部人口的百分比来表示，反映人口向市（镇）的聚集程度。国内用于城镇化率预测的常用模型方法有基于时间的趋势回归法、经济因素相关分析法、劳动力转移法、系统动态学法、目标优化法和联合国法等。从经济和教育的角度建立大理市城镇化率计量经济模型。模型如下：

$$Y_{ur} = 0.163931 + 0.449955X_i + \frac{0.000524X_u}{X_i} \qquad (4.36)$$

式中，Y_{ur} 为因变量，表示云南省城镇化率；X_i 为农村居民家庭人均纯收入与城镇家庭人均可支配收入的比值；X_u 为每万人中在校大学生数。

近期城镇化发展预测主要依据近期第二产业、第三产业发展预测确定的就业岗位（就业人口），基于近期第二产业、第三产业发展预测模块中的就业人口，利用带眷系数法预测由此产生的城镇化人口。带眷系数法适用建设项目已经落实，人口机械增长稳定，估算新建工业企业和小城市人口的发展规模。

带眷系数法基本方程：

$$P_n = P_1 \times (1+a) + P_2 + P_3 \qquad (4.37)$$

式中：P_n 为规划末期人口规模；P_1 为带眷职工人数；a 为带眷系数；P_2 为单身职工人数；P_3 为城市其他人口数。

基于上述方法预测近期城镇工矿人口，利用近期第二产业、第三产业发展预测模块中预测的低丘缓坡山地的就业人口规模，模拟出低丘缓坡山地的城镇人口。

2. 县域尺度的产业用地结构变化模拟（土地利用结构）

本节采用土地利用变化均衡分析模型（CGELUC）模拟预测不同情景下大理市土地利用数量结构变化。人口、经济的发展是驱动土地利用变化的直接驱动力，反之，土地利用强度的加大及土地投入的增加也势必促进产业经济的发展。为此，CGELUC 可以反映上述指标动态预测背景下的土地利用变化。

CGELUC 以社会核算矩阵（SAM）为数据基础。首先，构建包含土地资源账户的 SAM 矩阵。笔者收集了大理市相关社会经济数据、投入产出分析数据、产业用地分析数据等，利用云南省投入产出表构建包括生产活动、生产要素、机构部门、税收、资本和其他六大账户的普通 SAM 矩阵。然后，加上土地资源账户。土地资源账户基于第二次全国土地调查的土地分类，将土地利用类型分为 12 类（耕地、园地、林地、草地、商服用地、工矿仓储用地、住宅用地、公共管理与公共服务用地、特殊用地、交通运输用地、水域及水利设施用地、其他土地），并与各用地类型息息相关的账户进行土地产业对应，从而得到包括土地资源账户的 SAM 矩阵，为厘清低丘缓坡开发区不同产业的土地利用现状和区域土地利用数量结构变化模拟研究提供了数据基础。

为构建包含土地资源账户的 SAM 矩阵，采用的数据主要包括社会经济数据和土地利用现状数据。

1) 社会经济数据

由图 4.28 可以看出，大理市年末总人口 1996～2005 年呈增加趋势，2005 年以后总人口稍微有减少趋势。其中农业人口和农村人口在 2005 年之前也呈增加趋势，由于城市化的影响，大量农村人口迁移到城市，使非农业人口和城镇人口增加。

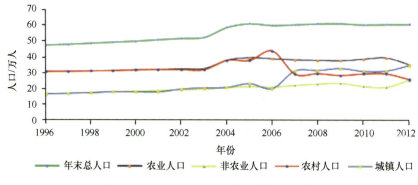

图 4.28 1996～2012 年大理市历史人口情况

由图 4.29 可以看出，大理市的 GDP 总量、第一产业增加值、 第二产业增加值、第三产业增加值都呈增加趋势，其中第二产业和第三产业增加值比第一产业增加值增长得快，占 GDP 的比重大。

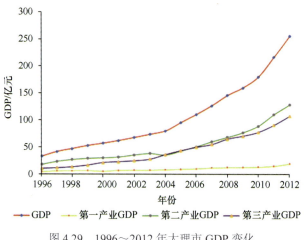

图 4.29 1996～2012 年大理市 GDP 变化

由于大理市没有编制投入产出表，本节首先采用云南省统计局编制的 2002 年和 2007 年的云南省投入产出表，构建 SAM 矩阵的主要基本框架；其次是大理市的社会经济基本统计数据，如各产业产值、人口、城镇化率、劳动力、资本、税收、储蓄等数据，这些数据主要来自大理市 2003 年和 2008 年的统计年鉴、财政年鉴、经济普查数据和其他统计数据。

基于大理市的主导产业与规划需求，在 42 个部门投入产出表中遴选出煤炭开采和洗选业，金属矿采选业，食品制造及烟草加工业，金属冶炼及压延加工业，电力、热力的生产和供应业，建筑业，批发和零售业，住宿和餐饮业，金融业，房地产业，再加上农业、其他工业、其他服务业，制作包含 13 个生产活动的 SAM 矩阵。根据从大理市发展和改革局及统计局所获得的数据，大理市五大支柱产业分别为新型工业、文化旅游业、高效生态农业、物流服务业、居住业。

2）土地利用现状数据

收集整理大理市二调的土地利用现状数据和 1988 年、1995 年、2000 年、2005 年、2008 年五期土地利用遥感数据，该遥感数据有一级分类（6 类）、二级分类（25 类），同时制备了 100m×100m 的栅格数据。

1988～2000 年，大理市耕地面积由 40609hm² 减少为 39386hm²；林地面积由 69430hm² 增加到 69867hm²；草地面积由 35616hm² 减少为 34856hm²；水域面积变化不大，由 24231hm² 变为 24223hm²；建设用地面积由 3978hm² 增加到 5532hm²。其中减少的耕地和草地主要转变为建设用地。

2000～2008 年，耕地继续减少，由 2000 年的 39386hm² 减少到 37579hm²。减少的耕地仍然主要转变为建设用地。建设用地的面积仍在不断增加，由 2000 年的 5532hm² 增加到 2008 年的 7289hm²；林地面积由 2000 年的 69867hm² 增加到 69987hm²；草地面积由 2000 年的 34856hm² 减少到 2008 年的 34785hm²；水域面积由 2000 年的 24223hm² 增加到 2008 年的 24224hm²；草地和水域面积呈现减少趋势，减少幅度较小。

从 1988～2008 年的土地利用变化看，在城市化过程中，大量耕地发展成建设用地，使得耕地面积减少，建设用地面积增加。大理市"三退三还"建设项目的实施将洱海流域 1974m 高程范围内的农村居民点等用地恢复为湿地，加大天然林保护工作，导致草地面积减少，林地面积增加。

大理市二调面积成果与 2008 年变更调查数据对比（图 4.30），各地类面积呈现不同的变化趋势。其中园地和其他土地面积减少，而耕地、林地、草地、城镇村及工矿用地、交通运输用地、水域及水利设施用地面积增加。二调统计数据中耕地面积与 2008 年变更调查数据对比增加，主要原因是许多由农民自主开发的耕地面积没有纳入年度变更中，导致二调数据显示耕地面积增加较多。二调统计数据中的林地面积与 2008 年变更调查数据对比是增加的，增加的原因主要是大理市将保护苍山、洱海的生态建设作为工作的重点，在洱海湖区进行"三退三还"，增加湿地面积。二调统计数据中草地面积与 2008 年变更调查数据对比是减少的，草地面积减少的主要原因是大理市"三退三还"建设项目的实施。二调统计数据中建设用地面积与 2008 年变更调查数据对比也是增加的。

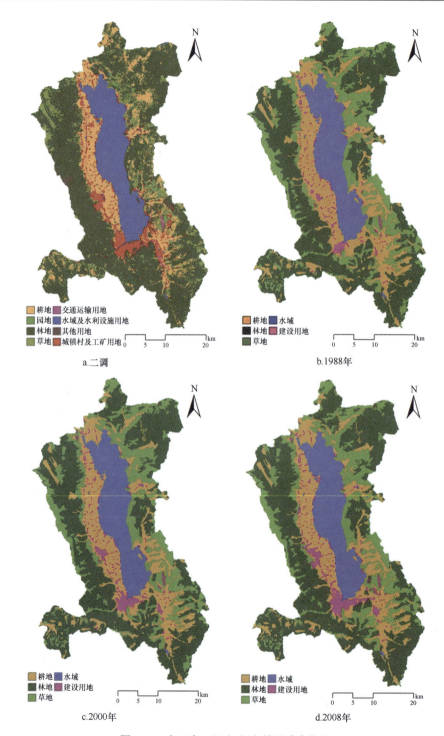

图 4.30　大理市二调和土地利用遥感数据

大理市加快城镇建设、交通发展及农村居民点的改造，使建设用地总体上呈增加趋势。二调统计数据中水域面积与 2008 年变更调查数据对比是增加的，近几年大理市加大了水利设施建设的投资，导致水域及水利设施用地面积相应增加。

研究中需要构建包含土地资源账户的 SAM 矩阵，将土地利用现状数据与产业一一对应起来。其中土地利用数据来源于大理市的土地利用现状调查数据，目前为矢量数据，需要栅格化，实现产业经济分类数据与二调土地利用数据的对应汇总。

3）基于未来人口、经济增长情景利用 CGELUCC 模拟的不同用地需求的变化量

基于对大理市低丘缓坡示范区用地结构现状的了解及已构建的包含土地资源账户的 SAM 矩阵，以经济社会效益和生态环境效益的最大化为目标，利用 CGELUC 模拟大理市未来土地利用数量结构变化。通过设计基准情景、经济优先发展情景、环境保育情景等多种情景，模拟预测不同情景下的土地利用数量结构变化，为大理市低丘缓坡山地土地利用的空间布局优化提供支撑。

基准情景是基于过去和现在的全要素生产率、劳动力、资本变化趋势，模拟未来以当前发展速度发展将形成的大理市土地利用数量结构变化。同时基准情景也为其他情景提供了对比参考。

经济社会发展情景重点优先考虑经济社会的快速发展，以相比于基本情景增长更快的全要素生产率、劳动力、资本变化趋势对区域土地利用数量结构形成更强的冲击和影响。

生态环境保育情景描述的是在大理市未来发展情景中，更多地考虑了生态环境保护，会采取一系列环境保护、生态修复等可持续发展战略和措施。

CGELUC 预测结果按照土地利用二级分类输出结果，如按照耕地、园地、林地、牧草地、其他农用地、城乡建设用地、交通水利用地、其他建设用地、水域、自然保留地、其他未利用地 11 种二级分类输出预测模拟的结果，以便与土地利用现状比较，也有利于做土地利用规划。

3. 预测县域各类建设用地需求量

目前许多学者采用不同的方法对城市建设用地预测进行了探索性的研究，形成了一批城市建设用地预测的方法。概括来说，城市建设用地预测可以分为直接预测和间接预测两种。无论是直接预测法还是间接预测法，基本思路都是将历史趋势外推到未来，而研究发现建设用地需求的变化与人口的总量变化有线性相关关系。

本节采用基于人口规模的建设用地预测方法，即在系统中采用 GM（1，1）灰色系统模型得到该县未来 5 年或未来 10 年的城镇人口、农村人口、人口总量，以及低丘缓坡地区由于产业发展需要劳动力而带来的人口预测结果等，在这些预测结果基础上，将经济社会和城镇化的需求落实到按照国土部门土地利用分类的用地需求上。分为以下两个层次。

一是用地需求趋势预测，与前面的经济发展与城镇化趋势预测对应，结合各类人均建设用地规模确定该县未来 5 年或未来 10 年县域各类建设用地的需求量。预测方程为

$$Qbu_{(k)} = pop_k \times bpp_k$$

式中：$Qbu_{(k)}$ 为县域的第 k 类建设用地需求量；pop_k 为预测得到的县域第 k 类人口数量；bpp_k 为县域第 k 类建设用地标准。

k =（坝区/低丘缓坡山地的城市（镇）用地，坝区/低丘缓坡山地的农村居民点用地）。

二是近期用地需求预测，与前面的经济发展与城镇化近期发展预测对应，同样依据上述方法预测近期现实的用地需求。

对于独立工矿用地，依据下式预测独立工矿用地的总用地：

独立工矿用地=独立工矿产业总产值/单位面积的独立工矿用地产值

建设用地总规模包括预测坝区建设用地总规模和预测低丘缓坡山地建设用地总规模。城乡建设用地规模（约束性用地指标）包括预测坝区城乡建设用地规模和预测低丘缓坡山地城乡建设用地规模。城市（镇）工矿用地[城市（镇）用地+独立工矿用地]规模包括预测坝区城市（镇）工矿用地规模和低丘缓坡山地城市（镇）工矿用地规模。新增建设用地规模（指未来规划期需要新增的建设用地总量）包括预测坝区新增建设用地规模和低丘缓坡山地新增建设用地规模。

单位面积的独立工矿用地产值由历史数据计算得出，并将以 CGELUC 预测结果为基础进行细化和修正。

4. 县域建设用地需求的指标限制

县域土地利用总体规划指标限制主要包括建设用地总规模指标、城乡建设用地指标（约束性）、新增建设用地指标、新增建设用地占耕地指标（约束性）、耕地保有量（约束性）、基本农田保有量（约束性）、人均城镇工业用地面积（约束性）。

笔者主要分析用地需求预测量是否超过指标控制量：①如果用地需求量在指标控制范围内，则用地需求预测量是有规划指标保障的需求量，列入近中期用地目标，在下一步土地利用空间布局中优先安排；②超过指标控制的这部分用地需求量是无规划指标保障的需求量，列入远期用地目标，在土地利用空间布局中作为远期布局目标进行安排。

4.2.3　低丘缓坡山地开发情景设计与用地布局优化

1. 研究思路

用地布局优化包括 3 个方面的优化。第一个优化是在前面的生态安全格局约束下，同时在该项目研究任务二地质生态适宜性评价确定的适宜建设开发低丘缓坡山地地块约束下，低丘缓坡山地开发用地需求（包括规模和结构）与这两个约束的匹配优化，即生态安全和地质生态适宜性评价确定的适宜建设地块和低丘缓坡山地开发可供应土地量，与可实现的县域低丘缓坡用地需求量及用地结构的供需平衡优化。总的原则是，低丘缓坡山地开发用地需要的规模不能超过适宜建设地块面积，不能侵占生态安全划定的生态红线和生态用地；低丘缓坡山地开发用地需要的结构应该与适宜建设地块可供应面积相匹配。

第二个优化是县域尺度低丘缓坡山地开发建设用地布局模式优选与情景模拟。布局模式选择的约束条件是：①生态红线与生态安全、生态用地及生态网络空间布局的约束。低丘缓坡山地开发的建设用地数量、结构、开发强度不能侵占这些生态红线和生态容量。②地质生态适宜性评价确定的适宜建设地块、建设区域的约束。低丘缓坡山地开发的建设用地数量、结构、开发强度只能在适宜建设区域和地块内布局。③社会经济发展现实可行性的约束。低丘缓坡山地开发的建设用地数量、结构、开发时序应该受到该县域社会经济发展，城镇化、工业化可实现程度，以及实现的阶段目标的约束，已有比较确定的山地城镇、工业等投资项目应确定为近期可实现目标，其可实现程度最高，应优先布局满足其用地需求；然后是中期、远期可实现目标，其可实现程度递减，用地保障的程度也随之递减。在以上约束条件下设定优化布局的模式方案。保障生态安全的级别分为高安全、中安全、低安全等设置布局模式方案，并进行基准情景、经济优先发展、生态保育三种情景的模拟，并比较各个情景下土地利用布局方案的优劣，筛选出优化方案。

2. 主要模型与技术方法

1）生态安全约束

（1）基于前面的生态安全红线划分功能模块，依据不同的生态安全级别划分低丘缓坡山地开发的不同生态安全级别的生态红线分区数据，依据山地开发不同的生态需求，设定不同生态安全级别警戒线数据，作为低丘缓坡山地开发的可开发区域与限制开发区域的输入数据。

（2）地质与生态适宜性评价数据。基于该项目研究任务二的地质与生态适宜性评价模型，将其地质与生态适宜性评价模型方法引入到系统模型中，依据该系统模型实现地质与生态适宜性评价模型的评价功能模块，提供地质与生态适宜性评价的结果数据。

基于目前云南省现行县级低丘缓坡山地开发土地利用专项规划中采用的建设用地适宜性评价指标体系和标准，利用自然基础条件、社会经济因素和人为因素等数据（表 4.19），实现县域低丘缓坡建设用地适宜性评价功能模块，为系统提供县域低丘缓坡建设用地适宜性评价结果数据（表 4.20 和表 4.21）。

表 4.19　云南省县级低丘缓坡山地综合开发适宜性评价因子表

综合指标	一级指标	参考权重	二级指标	参考权重	评价因子	参考权重
一般因子	自然基础条件	0.76	地形地貌	0.31	坡度	0.12
					相对高差	0.10
					坡向	0.09
					地形形态	
			地质地震条件	0.24	岩土类型	0.11
					地基承载力	
					与断裂带距离	0.13
			自然地质灾害	0.21	地质灾害类型	0.12
					地质灾害易发性	
					水土流失	0.09
	社会经济因素	0.16	交通条件	0.10	交通可达性	0.10
			城市聚集效应	0.06	中心城镇影响力	0.06
	人为因素	0.08	土地利用	0.08	土地利用类型	0.08
合计		1.00	—	1.00	—	1.00

注：本表引自《云南省县级低丘缓坡土地综合开发利用专项规划编制技术指南》。

表 4.20　低丘缓坡建设用地适宜性评价因子打分表

评价因子描述　参考分　评价因子	80～100	60～80	40～60	0～40	备注
坡度/(°)	≤8°	8°～15°	15°～25°	≥25°	
相对高差/m	≤10	10～25	25～50	≥50	
坡向	南、南东—南西	东、西、西—西南、东—东南	西—西北、东—东北	北、北西—北东	
地形形态	地形简单、完整	地形比较复杂、较完整	地形复杂、分割较严重	地形非常破碎、分割较严重	
岩土类型	坚硬土或岩土	中硬土	中软土、分割较严重	软土	
地基承载力/kPa	≥250	180～250	100～180	≤100	
与断裂带距离/m	≥3000	2000～3000	1000～2000	500～1000	
地质灾害易发性	非易发区	低易发区	中易发区	高易发区	
水土流失	无	一般	中等	严重	
交通可达性/m	≤1000	1000～2000	2000～3000	≥3000	与县内主要交通干线的距离
中心城镇影响力/m	≤1000	1000～3000	3000～5000	≥5000	
土地利用类型	建设用地	其他土地	园地、林地、其他农用地	耕地、牧草地	

表 4.21　低丘缓坡建设用地适宜性评价结果分级表

适宜性	适宜程度	分值	描述	备注
适宜建设	一等适宜	≥80	非常适宜建设，自然基础条件、社会经济因素与人为因素好，限制因素少	
	二等适宜	80～60	适宜建设，自然基础条件、社会经济因素与人为因素好，存在一定的限制因素，但采取一定的措施处理好适宜建设	
	三等适宜	60～40	受到一定的自然基础条件、社会经济因素与人为因素的限制，需要采取相应的经济技术和工程设施后方可适宜建设	
不适宜建设	不适宜	≤40	不适宜建设，限制因素大，或者是由于某项特殊因子限制而不适宜建设	

2）县域尺度低丘缓坡山地开发建设用地布局情景模拟与模式优选

土地利用空间格局采用土地动态系统（DLS）模型进行模拟。用 DLS 模型进行土地利用结构数据的空间分配，输入数据主要有土地利用现状数据、限制性因素、转换规则参数和驱动因子数据，其中驱动因子数据包括区位因子、地形地貌因子、气候因子、土壤因子和社会经济因子等。

（1）土地利用结构数据。土地利用结构数据主要来自前面的预测与政府部门的规划、适宜性评价结果经过平衡后的综合结果，在软件中留有人机交互界面，可以进行数据的查看与修正。

（2）土地利用现状数据。对于用 DLS 模型模拟输入的基期土地利用现状数据，根据研究的内容对其进行土地利用现状数据的类型合并模拟。本节基于第二次全国土地调查数据（依据二级分类与模块二的分类对应），制备成栅格数据进行模拟。

（3）限制性因素。限制性因素主要包括基于不同的生态安全级别划分的低丘缓坡山地开发不同生态安全级别的生态红线分区数据、地质与生态适宜性评价结果中的限制开发区等，以及除此以外的其他限制开发的区域。

（4）转换规则。在土地利用面积变化空间分配过程中，DLS 模型要根据现实中各种土地利用类型的历史变化趋势和土地利用规划，对具有不同稳定程度的各种土地利用类型设定一定的转换规则，约束模型中的土地利用变化行为。历史数据和未来用地规划表明，容易向另一种土地利用类型发生转换的某种土地利用类型，则在模型中被设定为具有易转换的特点；反之，则在模型中表现相对稳定。主要分为以下 3 种情况：首先，对于历史上相对稳定且无用地转换规划的用地类型，要求将相应的模型稳定性参数赋值为 0；其次，对于现实中极易发生转换的用地类型，要求将相应的模型稳定性参数赋值为 1；最后，对于大多数用地类型，发生转换的难易程度介于以上两种极端情况之间，模型稳定性参数的赋值介于 0 和 1 之间。

根据国家、云南省、大理州和大理市的政策及各类规划，结合大理市历史时期的各用地类型面积，分析设定各类土地利用之间的转移指标参数。例如，根据云南省的政策，大理市自 2013 年之后，每年的林地用地指标限定为 $150hm^2$，相对于整个市的开发来说，其面积指标很少，那么林地就是相对稳定的，只有很少的用地转移规划的用地类型，其稳定性参数可以赋值为接近 0 的值。

（5）驱动因子制备。DLS 模型输入变量数据包括区位因子、地形地貌因子、气候因子、土壤因子和社会经济因子等因子（表 4.22）。

区位因子包括栅格到道路距离、到城市距离、到市场距离、到水源距离及至最近的同种用地类型栅格距离。其中栅格到道路距离基于土地利用现状调查获取的线状地物信息中的交通网络数据（包括道路级别、宽度）计算得到，包括到高速公路距离、到省级公路距离、到县级道路距离、到其他道路距离。栅格到城市距离、到水源距离通过在研究区土地利用数据基础上叠加城市信息提取。

地形地貌因子包括坡度、坡向、高程、地貌，基于研究区 DEM 数据提取。

气候因子包括气温、降水、大于 10℃的积温等。其中，气温、降水来源于中国气象局国家基准气象站气象观测数据集，积温数据通过气温数据计算得到，然后利用插值方法（反距离权重法、克里金等）插值成研究区的 GRID 数据，为表征研究区的气候特征，分别取研究时段的多年平均值进行处理。

土壤因子包括壤土比例、土壤有机质含量、土壤 N 含量、土壤 P 含量、土壤 K 含量、土壤 pH 等土壤属性数据。

社会经济因子包括 GDP（可细分）、人口等。GDP、人口数据主要来自研究区的统计年鉴数据、人口普查数据等，再通过社会经济数据空间化表达，生成社会经济空间数据，从而进行统计数据与自然要素数据融合分析。预测数据应该来源于本章 4.3 节，并进行空间表达处理。社会经济数据空间化表达是以研究区土地利用现状数据为主要数据源，综合分析人类活动形成的土地利用格局与人口、GDP 数据的空间互动规律，分别建立基于土地利用空间格局的社会经济数据的空间表达模型，从而生成研究区格网人口、

表 4.22　大理市用地结构变化模拟采用的主要变量

影响因素	具体解释
区位因子	
到省会城市距离	各县驻地质心到省会城市的距离/km
到最近高速公路距离	各县驻地质心到最近高速公路的距离/km
到最近省级公路距离	各县驻地质心到最近省级公路的距离/km
等等	—
地形地貌因子	
地形	0：丘陵
	1：平原
	2：台地
	3：高原
DEM	研究区 1∶5 万 DEM（0.1m）
坡度	基于 1∶5 万 DEM 提取的坡度（0.01°）
坡向	基于 1∶5 万 DEM 提取的坡向
等等	—
气候因子	
气温	多年平均气温（0.1℃）
≥0℃积温	日均气温大于 0℃天数的积温（0.1℃）
≥10℃积温	日均气温大于 10℃天数的积温（0.1℃）
等等	—
土壤属性因子	
壤土比例	土壤的壤土比例/%
土壤有机质含量	土壤的有机质含量/%
土壤 N 含量	土壤的 N 含量/%
土壤 P 含量	土壤的 P 含量/%
土壤 K 含量	土壤的 K 含量/%
土壤 pH	pH 越高，土壤酸度越低.
土壤厚度	表层土厚度/cm
社会经济变量指标	
人口密度	空间化人口密度/（人/km²）
GDP	空间化 GDP 密度/（万元/km²）
等等	—

GDP 数据，用来反映社会经济数据在研究区范围内的详细空间分布状况。在研究区建立不同土地利用类型与人口、GDP 之间的关系模型，其中未利用地，包括荒山、荒地等，假设没有人口、GDP 产值，不参加人口、GDP 密度的计算。

　　将各情景模拟的土地利用布局方案的效益评价镶嵌于此，用于评价各布局情景模拟方案的投入产出效益，进行布局方案选优。

4.2.4　模型参数与数据制备

1. 情景设计

根据研究区的发展需求，通过限制区和各种因子的变化，设计了三种情景，通过对比来选择最优的发展模式。三种情景分别为基准情景、经济优先发展情景和生态情景（表 4.23、表 4.24）。

表 4.23　各类情景用地数量

情景类型	耕地	林地	草地	水域	建设用地	总计
基准情景	98	380	684	208	369	1739
经济优先发展情景	105	390	673	208	363	1739
生态保育情景	84	405	724	208	318	1739

表 4.24　模拟情景描述

基准情景	结合 1985～2010 年大理市土地利用变化趋势，假定 2010～2030 年影响大理市土地利用变化的因素没有发生较大变化，结合历年来大理市社会经济发展的平均水平，得出未来各种土地利用类型的需求量
经济优先发展情景	假设 2010～2030 年大理市经济持续增速发展，通过考虑 GDP 增长率、人口增长率、城镇化水平、流动人口、生态用地面积等多项因素，从而得出未来各个土地利用类型的需求面积
生态保育情景	生态保育情景对大理市的发展以保护生态为主，在保护生态红线的基础上发展经济，以此来达到社会经济与生态保护可持续发展的目的

2. 模型因子与限制区域数据

（1）地形地貌数据。收集到大理市的 DEM 数据，基于 DEM 数据制备了研究区的坡度、坡向与坡长数据，为生态风险与地质灾害模型模拟分析提供地形地貌数据支撑（图 4.31）。国内外对于坡度、坡长的研究已经有很多相关的实验和研究，对于坡度的提取算法和方法已经很成熟，而且相对简单，各种坡度计算方法仅存在轻微的差异。但是，基于 DEM 对坡长进行提取仍然存在很多问题。本节将坡地水文学、GIS 空间分析原理、流域侵蚀地貌学等理论方法结合，对坡长因子进行了提取。

从大理市坡度图来看，水域面积为 25173hm^2，占大理市总面积的 14.49%，其中坡度小于 8°的面积为 61683hm^2，占总面积的 35.50%；此坡度范围适宜建设开发，自然基础条件好、社会经济因素和人为因素好，限制因素少。坡度介于 8°～15°的面积为 29890hm^2，占总面积的 17.20%；此坡度范围适宜建设，社会经济因素和人为因素较好，存在一定的限制因素，要采取一定的措施处理好适宜建设。坡度介于 15°～20°的面积为 21776hm^2，占总面积的 12.53%；坡度介于 20°～25°的面积为 16069hm^2，占总面积的 9.25%；坡度介于 15°～25°，存在一定的自然基础条件、社会经济因素和人为因素的限制，需要采取相应的经济技术和工程设施后方适宜建设。坡度介于 25°～35°的面积为 15212hm^2，占总面积的 8.75%；坡度大于 35°的面积为 3966hm^2，占总面积的 2.28%。坡度大于 25°的区域不适宜建设，限制因素较大，或者是由于某项特殊因子限制而不适宜建设。

由大理市 DEM 图可以得出，水域面积 25173hm^2，占总面积的 14.49%；高程小于 1500m 的区域面积为 285hm^2，占总面积的 0.16%；高程介于 1500～1750m 的区域面积为 1345hm^2，占总面积的 0.77%；高程介于 1750～2000m 的区域面积为 18463hm^2，占总面积的 10.63%；高程介于 2000～2250m 的区域面积为 52591hm^2，占总面积的 30.26%；高程介于 2250～2500m 的区域面积为 33167hm^2，占总面积的 19.09%；高程大于 2500m 的区域面积为 42745hm^2，占总面积的 24.60%。

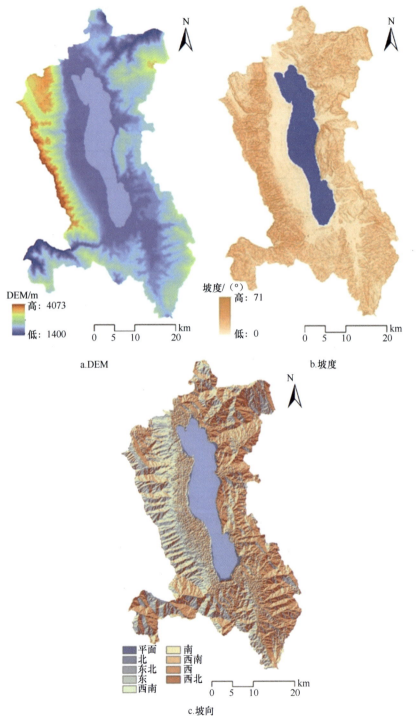

图 4.31　大理市地形地貌数据

（2）气象数据。气象数据包括平均气温、降水量、年总日照时长等气象数据，收集到 2009～2014 年的平均气温、降水量、年总日照时长等年值气象数据。

如图 4.32a、图 4.32b 所示，由平均气温与降水资料可以看出，平均气温与降水量成反比，大理市中部地区平均气温较高，而降水量少；中部至西，平均温度逐渐降低，而降水量逐渐增多。

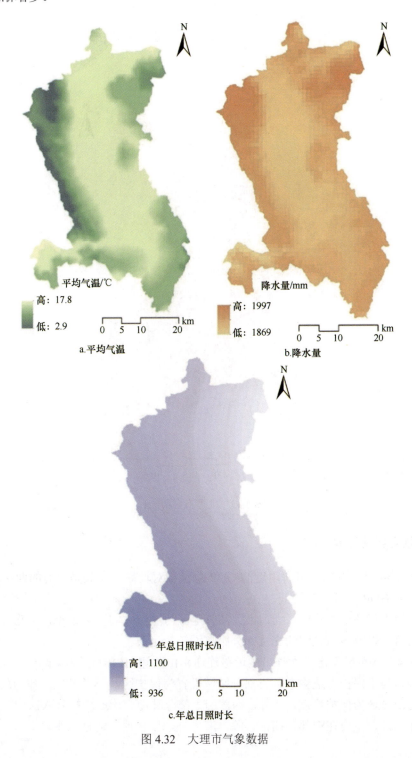

图 4.32　大理市气象数据

如图 4.32c 所示，由年总日照时长可以看出，由西向东年总日照时长增多，东部年总日照时长较少，西南最多。

（3）土壤属性数据。收集制备了研究区土壤属性数据，主要包括土壤 pH、壤土比例、土壤有机质含量、土壤砂粒/粉粒/黏粒比例等属性数据。

由图 4.33 可以看出，土壤的 pH 大致呈环状分布，其中洱海 pH 最低，西部和洱海附近部分地区 pH 最高，平原地区 pH 居中。

图 4.33　大理市土壤 pH

3. 社会经济因素：GDP

由图 4.34 可以看出，洱海附近的 GDP 总量相对较高，尤其是洱海的西南部。其他平原和山区 GDP 总量相对较低。

由城镇距离图可以看出，大理市大部分地区与城镇之间距离很小，东北、西南、东南 3 个角落，以及城镇之间的交接部分距离城镇较远。

由图 4.35b 可以看出，大理市的道路连通率由两侧向洱海逐渐降低。

大理市为了保护当地生态，将部分区域设置为保护区，不予开发。作为旅游胜地，洱海与苍山区域为保护重点。另外，西部的大部分林地、草地均被列入保护区。这些保护区分布较广，主要在中部、西部，除洱海之外，以林地、耕地为主。

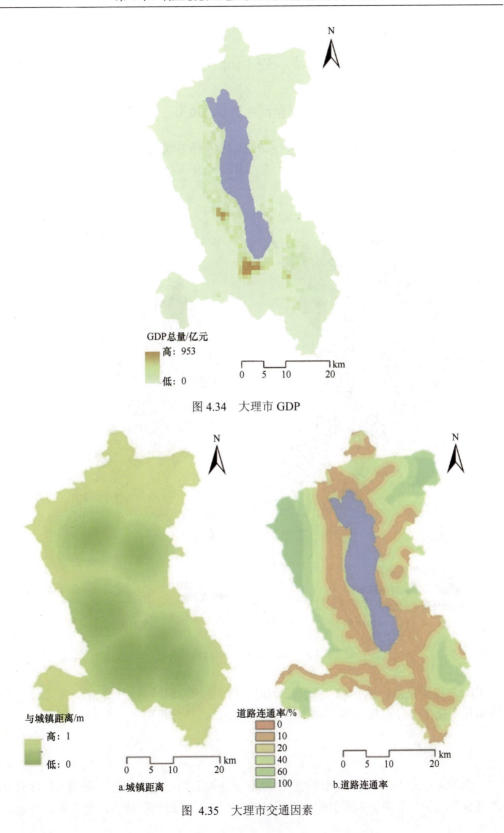

图 4.34 大理市 GDP

图 4.35 大理市交通因素

4.2.5 空间布局优化

1. 低生态安全约束下土地利用空间布局动态模拟

收集整理研究区 2009～2014 年（此处以 2014 年为代表）的土地利用遥感数据，如图 4.36a 所示，该遥感数据最终分为 5 类，分辨率为 30m。另外，将研究区的限制区域进行整理，如图 4.36b 所示。

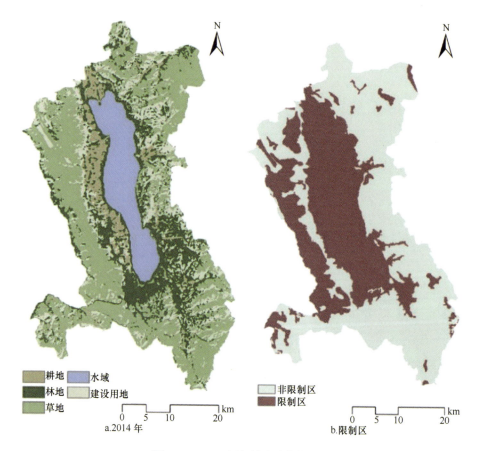

耕地　水域
林地　建设用地
草地

a.2014 年

非限制区
限制区

b.限制区

图 4.36　2014 土地利用遥感数据图

DLS 模型根据三种不同的情景，对研究区的土地利用情况进行预测，并通过土地利用面积变化矩阵分别与 2014 年的数据进行对比，具体分析如下。

1）基准情景

由图 4.37b 可以看出，模型预测在 2020 年的洱海附近建设用地有所减少，对应的草地有少量增加。其中，东南部的建设用地有所增加，林地有所减少。定量看，耕地、林地和草地均有部分减少，其中林地减少最多。建设用地增加；水域为限制区，面积未发生变化。具体数值请见表 4.25。

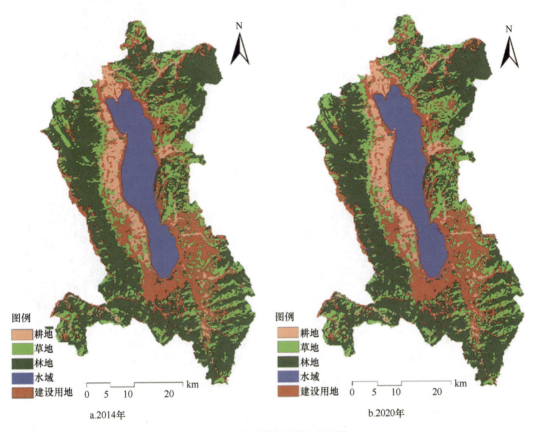

图 4.37　基准情景模拟对比图

表 4.25　2014～2020 年研究区土地利用面积变化矩阵　　　（单位：km²）

土地利用类型	草地	耕地	建设用地	林地	水域	总计
草地	703.2	0	0	0	0	703.2
耕地	0	96.3	0	0	0	96.3
建设用地	7.2	20.9	305	24.5	0	357.6
林地	0.3	0.2	0.5	369.1	0	370.1
水域	0	0	0	0	208	208
总计	710.7	117.4	305.5	393.6	208	1735.2

注：横向为 2014 年，纵向为 2020 年。

2）经济优先发展情景

通过对比图 4.38a 和图 4.38b 两图可以看出，此情景中，2020 年西部部分林地、草地会变为建设用地，洱海附近的部分耕地和草地会变为林地。

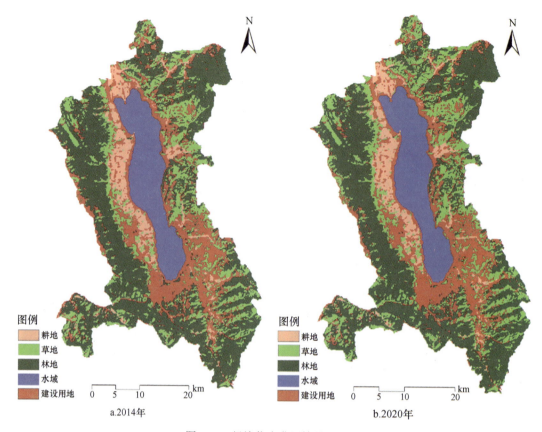

图 4.38　经济优先发展情景对比图

通过土地利用面积变化矩阵，可以发现，草地、耕地和林地有所减少（表 4.26）。

表 4.26　2014～2020 年研究区土地利用面积变化矩阵　（单位：km²）

土地利用类型	草地	耕地	建设用地	林地	水域	总计
草地	691.8	0	0	0	0	691.8
耕地	0	104.3	0	0	0	104.3
建设用地	17	7.6	294.9	28.4	6.4	354.3
林地	1	5.4	9.9	363.6	0.3	380.2
水域	0.7	0	0.7	1.5	200.7	203.6
总计	710.5	117.3	305.5	393.5	207.4	1734.2

注：横向为 2014 年，纵向为 2020 年。

3）生态保育情景

通过对比图 4.39a 和图 4.39b 可以发现，水域有所增加，西部林地减少了一小部分，洱海东南部的建设用地增加了一些。

由土地利用面积变化矩阵可以发现，耕地有所减少，建设用地、林地、草地和水域均有不同程度的增加。具体数据参见表 4.27。

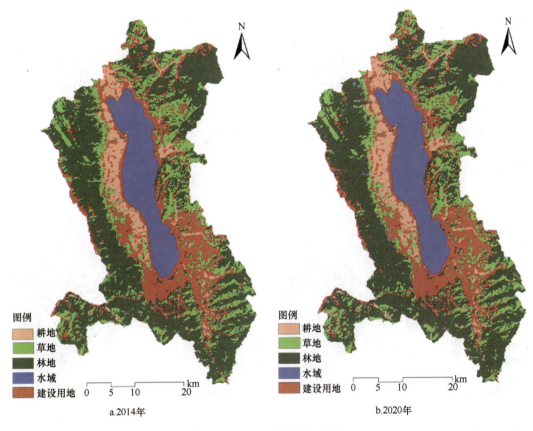

a.2014年 b.2020年

图 4.39 生态保育情景对比图

表 4.27 2014~2020 年研究区土地利用面积变化矩阵 （单位：km²）

土地利用类型	草地	耕地	建设用地	林地	水域	总计
草地	710.3	0.9	0	2.8	0	714
耕地	0	85.7	0	0	0	85.7
建设用地	0	22.8	284.5	0.2	0.3	307.8
林地	0.5	6.7	5.5	390.6	0	403.3
水域	0	1.4	2.7	0	207.3	211.4
总计	710.8	117.5	292.7	393.6	207.6	1722.2

注：横向为 2014 年，纵向为 2020 年。

2. 中生态安全约束下土地利用空间布局动态模拟

1）基准情景

由图 4.40b 可以看出，模型预测 2020 年洱海附近建设用地有所增加，对应的草地有少量减少。其中，东南部的建设用地有所增加，林地有所减少。

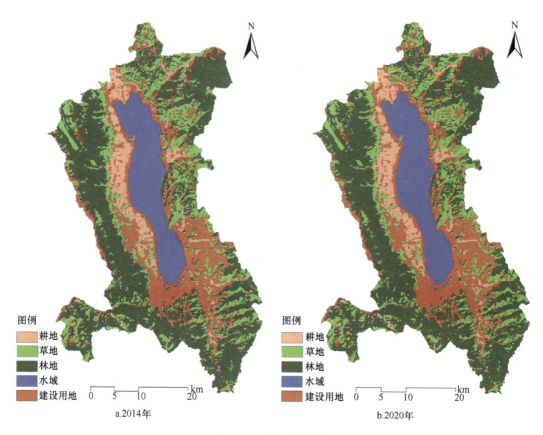

图 4.40　基准情景对比图

定量看，耕地、林地及草地均有所减少，其中草地减少最多。建设用地增加；水域为限制区，面积未发生变化。具体数值请见表 4.28。

表 4.28　2014～2020 年研究区土地利用面积变化矩阵　　　（单位：km²）

土地利用类型	草地	耕地	建设用地	林地	水域	总计
草地	699.17	0	0.80	0.02	0	699.99
耕地	0.04	112.76	0	0	0	112.8
建设用地	9.95	4.58	302.15	12.25	0.35	329.28
林地	0	0.12	1.52	381.37	0	383.01
水域	1.09	0	1.15	0	207.18	209.42
总计	710.25	117.46	305.62	393.64	207.53	1734.5

注：横向为 2014 年，纵向为 2020 年。

2）经济优先发展情景

通过对比图 4.41a 和图 4.41b 可以看出，此情景中，2020 年西部部分林地、草地会变成建设用地，洱海附近部分耕地和草地会变为林地。

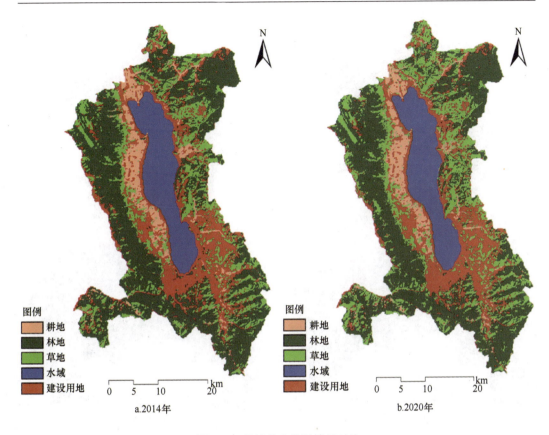

图 4.41　经济优先发展情景对比

通过土地利用面积变化矩阵可以发现，草地、耕地和林地有所减少（表 4.29）。

表 4.29　2014～2020 年研究区土地利用面积变化矩阵　　　（单位：km²）

土地利用类型	草地	耕地	建设用地	林地	水域	总计
草地	676.83	0	0	0	0	676.83
耕地	0	103.91	0	0	0	103.91
建设用地	33.41	13.71	304.58	20.52	0.35	372.57
林地	0.54	0.38	1.04	373.12	0	375.08
水域	0	0	0	0	207.18	207.18
总计	710.78	118	305.62	393.64	207.53	1735.57

注：横向为 2014 年，纵向为 2020 年。

3）生态保育情景

通过对比图 4.42a 和图 4.42b 可以发现，水域有所减少，西部草地增加一小部分，洱海东南部的建设用地减少了一些。

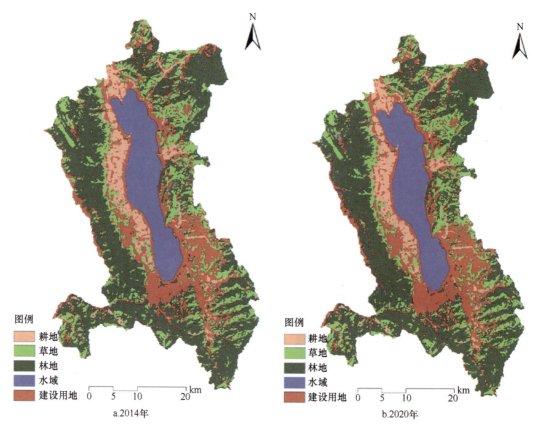

图 4.42　生态保育情景对比

通过土地利用面积变化矩阵可以发现，建设用地和耕地有所减少，草地和水域均有不同程度的增加。具体数据参见表 4.30。

表 4.30　2014～2020 年研究区土地利用面积变化矩阵　　　（单位：km²）

土地利用类型	草地	耕地	建设用地	林地	水域	总计
草地	708.87	0.12	7.52	0.04	0	716.55
耕地	0.02	115.20	0.02	0	0	115.24
建设用地	1.12	1.90	290.62	2.24	0.35	296.23
林地	0.77	0.24	3.84	391.36	0	396.21
水域	0	0	3.62	0	207.18	210.8
总计	710.78	117.46	305.62	393.64	207.53	1735.03

注：横向为 2014 年，纵向为 2020 年。

3. 高生态安全约束下土地利用空间布局动态模拟

1）基准情景

通过对比图 4.43a 和图 4.43b 可以发现，水域有所减少，西部林地减少了一小部分，洱海东南部的建设用地增加。

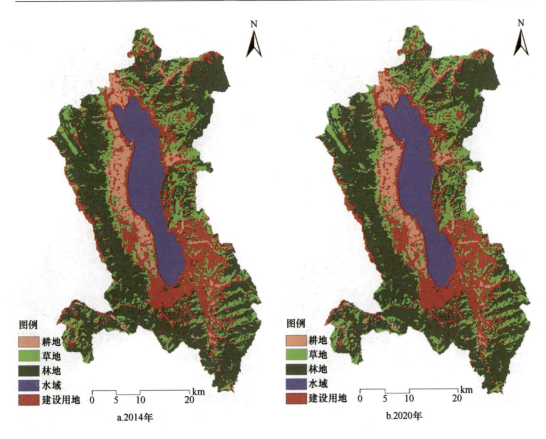

图 4.43　基准情景对比

通过土地利用面积变化矩阵可以发现，草地、耕地和林地有所减少，具体数据参见表 4.31。

表 4.31　2014～2020 年研究区土地利用面积变化矩阵　　　（单位：km²）

土地利用类型	草地	耕地	建设用地	林地	水域	总计
草地	691.96	0	2.20	0	0	694.16
耕地	0.09	114.36	0.03	0	0	114.48
建设用地	15.95	2.95	299.92	10.48	0.45	329.75
林地	0.9	0.07	2.71	381.99	0	385.67
水域	1.07	0	0.5	0	207.08	208.65
总计	709.97	117.38	305.36	392.47	207.53	1732.71

注：横向为 2014 年，纵向为 2020 年。

2）经济优先发展情景

通过对比图 4.44a 和图 4.44b 可以发现，水域有所增加，西部草地增加一小部分，洱海东南部的建设用地增加了一些。

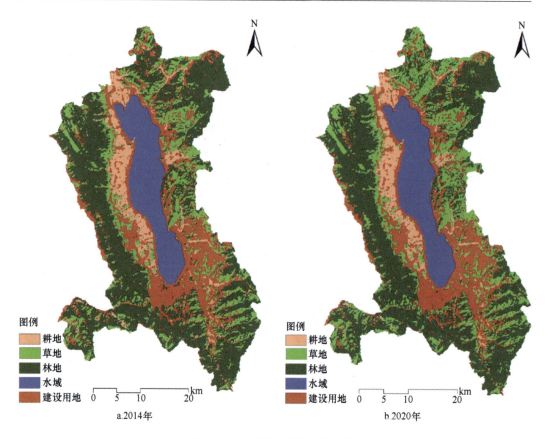

a.2014年　　　　　　　　　　　　　b.2020年

图 4.44　经济优先发展情景对比

通过土地利用面积变化矩阵可以发现，水域和建设用地有所增加，林地、耕地和草地均有不同程度的减少。具体数据参见表 4.32。

表 4.32　2014～2020 年研究区土地利用面积变化矩阵　　　　（单位：km²）

土地利用类型	草地	耕地	建设用地	林地	水域	总计
草地	670.70	0	0	0	0	670.70
耕地	0.02	103.77	0	0	0	103.79
建设用地	38.49	13.09	299.92	18.56	0.45	370.51
林地	0.76	0.52	1.83	373.91	0	377.02
水域	0	0	0.5	0	207.08	207.58
总计	709.97	117.38	302.25	392.47	207.53	1729.6

注：横向为 2014 年，纵向为 2020 年。

3）生态保育情景

由图 4.45 可以看出，模型预测 2020 年洱海附近建设用地有所减少，对应的草地有少量增加。其中东南部的建设用地有所增加，林地有所减少。

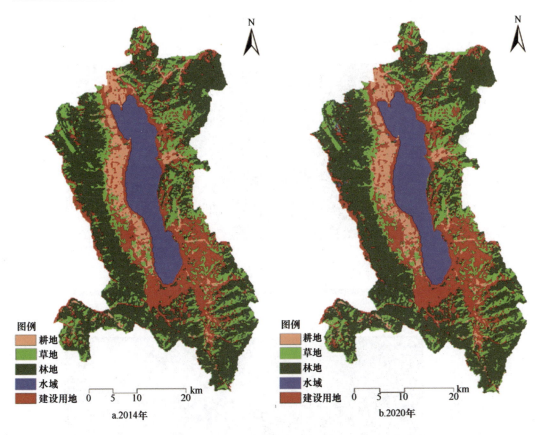

图 4.45　生态保育情景对比

定量看，林地和草地均有部分增加，其中草地增加最多。耕地建设用地减少；水域增加。具体数值请见表 4.33。

表 4.33　2014～2020 年研究区土地利用面积变化矩阵　　　　（单位：km²）

土地利用类型	草地	耕地	建设用地	林地	水域	总计
草地	705.78	0.11	10.53	0.11	0	716.53
耕地	0.04	114.57	0.07	0	0	114.68
建设用地	3.14	2. 49	286.56	3.30	0.45	295.94
林地	1.01	0.21	4.69	389.06	0	394.97
水域	0	0	3.51	0	207.08	210.59
总计	709.97	117.38	305.36	392.47	207.53	1732.71

注：横向为 2014 年，纵向为 2020 年。

4）土地利用布局情景模式的三维 GIS 立体效果展示

三种生态安全约束下的 2020 年基准情景三维 GIS 立体效果图如图 4.46～图 4.48 所示。

图 4.46　低生态安全约束下的 2020 年基准情景三维 GIS 立体效果图

图 4.47　中生态安全约束下的 2020 年基准情景三维 GIS 立体效果图

图 4.48　高生态安全约束下的 2020 年基准情景三维 GIS 立体效果图

4.2.6　建设用地布局情景模式评价与优选

基于目前云南省现行县域低丘缓坡山地开发土地利用专项规划中采用的建设用地适宜性评价指标体系和标准,利用自然基础条件、社会经济因素与人为因素等数据,实现县域低丘缓坡建设用地适宜性评价功能模块,为系统提供县域低丘缓坡建设用地适宜性评价结果数据。

表 4.34 是云南省县级低丘缓坡山地综合开发利用专项规划数据库规范中涉及的适宜性评价一般因子。

表 4.34　低丘缓坡山地综合开发适宜性评价因子表

综合指标	一级指标	参考权重	二级指标	参考权重	评价因子	参考权重
一般因子	自然基础条件	0.76	地形地貌	0.31	坡度	0.12
					相对高差	0.10
					坡向	0.09
					地形形态	
			地质地震条件	0.24	岩土类型	0.11
					地基承载力	
					与断裂带距离	0.13
			自然地质灾害	0.21	地质灾害类型	0.12
					地质灾害易发性	
					水土流失	0.09
	社会经济因素	0.16	交通条件	0.10	交通可达性	0.10
			城市聚集效应	0.06	中心城镇影响力	0.06
	人为因素	0.08	土地利用	0.08	土地利用类型	0.08
	合计	1.00	—	1.00	—	1.00

注: 本表引自《云南省县级低丘缓坡土地综合开发利用专项规划编制技术指南》。

适宜性评价因子叠加分析结果分类见表 4.35。

表 4.35　低丘缓坡建设用地适宜性评价因子打分表

类型	80~100 分	60~80 分	40~60 分	0~40 分
坡度/(°)	≤8°	8°~15°	15°~25°	≥25°
相对高差/m	≤10m	10~25m	25~50m	≥50m
坡向	南、南东—南西	东、西、西—西南、东—东南	西—西北、东—东北	北、北西—北东
地形形态	地形简单、完整	地形比较复杂、较完整	地形复杂、分割较严重	地形非常破碎、分割较严重
岩土类型	坚硬土或岩土	中硬土	中软土、分割较严重	软土
地基承载力/kPa	≥250	180~250	100~180	≤100
与断裂带距离/m	≥3000	2000~3000	1000~2000	500~1000
地质灾害易发性	非易发区	低易发区	中易发区	高易发区
水土流失	无	一般	中等	严重
交通可达性/m	≤1000	1000~2000	2000~3000	≥3000
中心城镇影响力/m	≤1000	1000~3000	3000~5000	≥5000
土地利用类型	建设用地	其他土地	园地、林地、其他农用地	耕地、牧草地

利用上述因子分别计算各自得分，各情景下建设用地得分见表 4.36。

表 4.36　各情景下建设用地得分表

建设情景	交通可达性	坡度	坡向	中心城镇影响力	得分
高生态安全经济情景	98.4	88.5	90.9	75	83.6
低生态安全经济情景	97.4	72.9	72.9	98.5	76.3
中生态安全经济情景	97.4	72.6	98.4	75.2	76.0
中生态安全基准情景	97.2	71.4	97.4	75.1	75.3
高生态安全基准情景	97.2	71.6	97.5	75.1	75.3
低生态安全基准情景	97.2	70.9	96.4	75	74.7
中生态安全环保情景	97.2	70.9	96.3	75.1	74.7
高生态安全环保情景	97.2	71.2	96.6	75.1	74.9
低生态安全环保情景	97.2	70.6	95.9	75	74.4

由表 4.36 可以看出，高生态安全经济情景中的建设用地得分最高，其空间布局如图 4.49 所示。

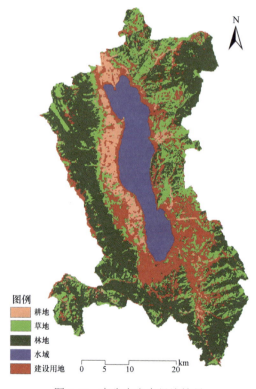

图 4.49　高生态安全经济情景

4.2.7　县域尺度低丘缓坡山地开发土地优化布局系统研发

本系统采用 ArcGIS 系列产品中的以 ArcGIS Engine 10 作为系统开发的底层组件，在 Visual Studio 2010 开发环境下，C#为开发语言，设计并实现县域尺度低丘缓坡山地开发土地优化布局系统。

1. 开发环境

操作系统：Windows7

开发平台：Visual Studio 2010

开发语言：C#

空间数据库：Geodatabase

依赖 GIS 平台：ArcEngine Runtime

2. 系统设计与实现

基于县域尺度低丘缓坡山地开发土地优化布局系统的设计、相关的模型与技术方法，设计开发了县域尺度低丘缓坡山地开发土地优化布局系统框架（主要功能）。

系统主要功能包括工程文件操作、地图浏览操作、属性查询等 GIS 基本功能，以及生态红线、趋势预测、优化布局、效益评估与优选、成果输出等专题分析功能。

系统由菜单栏、工具栏、图层控制窗口、主窗口、状态栏 5 个部分组成，如图 4.50 所示。

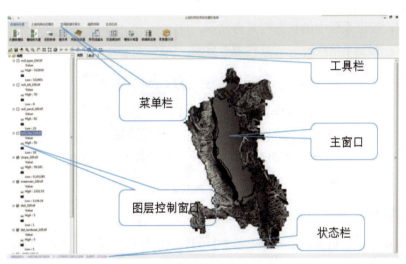

图 4.50　系统结构

文件菜单如图 4.51 所示。

新建工程：创建一个新的工程文档。

打开工程：打开一个已经存在的工程文档。

保存工程：对当前打开的工程文档进行保存。

另存工程：对当前打开的工程文档保存为一个副本。

添加数据：在当前打开的工程文档中添加空间数据。

地图输出：用系统中的工程文档，对地图进行图片输出，并选择保存路径进行保存；

地图打印：用系统中的工程文档，实现地图打印功能。

退出系统：点击退出系统按钮，弹出退出系统对话框，点击"确定"按钮，退出系统，点击"取消"按钮，返回系统。

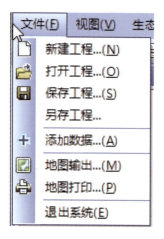

图 4.51　文件菜单

视图菜单如图 4.52 所示。

图层管理：控制系统中的图层管理窗口是否显示。

状态栏：控制系统中的状态栏是否显示。

工具栏：控制系统中对应工具栏是否显示。

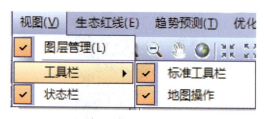

图 4.52　视图菜单

3. 系统组成

系统组成主要包括数据预处理、趋势预测、空间数据可视化、土地利用动态模拟等部分。

1）数据预处理

数据预处理菜单如图 4.53 所示。

投影转换：将地图的一种投影坐标变换为地图另一种投影坐标的过程。

重采样：生成新的栅格数据集，同时将原始栅格数据集的像元值自身或推导值赋予新生成的栅格数据集的每个像元。

克里金插值：根据样品空间位置不同、样品间相关程度不同，对每个样品品位赋予不同的权，进行滑动加权平均，以估计中心块段平均品位。

样条插值法：利用最小表面曲率的数学表达式来模拟生成通过一系列样点的光滑曲面。

反距离加权：计算一个格网结点时给予一个特定数据点的权值，与指定方次的从结点到观测点的该结点被赋予距离倒数成比例。

栅格计算器：对每一个栅格单元进行代数运算，如加、减、乘、除等。

数据库连接：链接到空间按数据库 Geodatabase。

影像重分类：利用某一属性字段值对影像进行重新分类。

栅格转矢量：可以将栅格数据转化为矢量数据。选择栅格数据，选择数据字段，确定所需转化成的集合类型，选择输出图层的路径。点击确定，将生成与栅格数据相应的矢量图层。

矢量转栅格：可以将矢量数据转化为栅格数据。选择矢量数据，选择数据字段，输入像素的大小，选择输出图层的路径。点击确定，将生成特征数据相应的栅格图层。

图 4.53　数据预处理菜单

2）趋势预测

趋势预测菜单如图 4.54 所示。

图 4.54　趋势预测菜单

人口预测：通过输入人口增长率、人口增长的预计拐点年份和预计模拟人口变化的结束年份，点击开始按钮，先进行历史年份数据的动态曲线的绘制，再点击模拟按钮，即可根据历史年份的数据和输入的参数，进行未来人口变化趋势的预测，绘制出动态曲线。点击数据选项卡即可显示出相应的历史数据与模拟出来的未来数据。

经济预测：通过输入经济增长率和预计模拟 GDP 变化的结束年份，点击开始按钮，先进行历史年份数据的动态曲线的绘制，再点击模拟按钮，即可根据历史年份的数据和输入的参数进行未来 GDP 变化趋势的预测，绘制出动态曲线。点击数据选项卡，即可显示出相应的历史数据与模拟出来的未来数据。

用地结构预测：实现县级土地利用结构的预测。

3）空间数据可视化

空间数据可视化菜单主要包括单一符号、点密度、分级符号、依比例符号、统计符号、唯一值、分类、普通符号化 8 个部分，如图 4.55 所示。

图 4.55　空间数据可视化菜单

单一符号：利用某一单一符号进行空间数据可视化表达。

点密度：利用单位区域内点的数量进行空间数据可视化表达。

分级符号：根据数据的某个字段进行分级空间数据可视化表达。

依比例符号：根据属性值大小，选用相同大小的比例进行空间数据可视化表达。

统计符号：根据地图属性表中所包含的统计数据进行空间数据可视化表达。

唯一值：选用某一属性值进行空间数据可视化表达。

分类：按照某一分类标准对空间数据进行分类，然后进行分级可视化。

普通符号化：利用一般属性值进行空间数据可视化。

4）土地利用动态模拟

土地利用动态模拟如图 4.56 所示。该模块实现调用 DLS 模型进行土地利用空间格局的模拟。在界面中输入相应的 DLS 模型的主要参数，通过该模块自动生成 DLS 模型的一系列输入数据与参数，最终调用 DLS 模型，完成土地利用结构空间格局的模型。

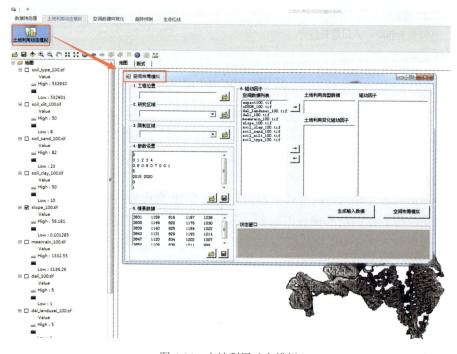

图 4.56　土地利用动态模拟

效益评估与优选菜单如图 4.57 所示。

生态效益：实现低丘缓坡山地开发生态效益评价功能。

经济效益：实现低丘缓坡山地开发经济效益评价功能。

社会效益：实现低丘缓坡山地开发社会效益评价功能。

综合效益：实现低丘缓坡山地开发生态、经济与社会效益的综合评价功能；

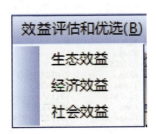

图 4.57　效益评估与优选菜单

5）系统管理

系统管理主要实现系统的用户管理、权限管理、用户密码修改等功能。

帮助：打开系统的帮助文档。

关于：打开系统的关于窗口。

6）工具栏

（1）标准工具栏。

新建工程：创建一个新的工程文档。

打开工程：打开一个已经存在的工程文档。

保存工程：对当前打开的工程文档进行保存。

另存工程：对当前打开的工程文档保存为一个副本。

添加数据：在当前打开的工程文档中添加空间数据。

地图输出：用系统中的工程文档，对地图进行图片输出，并选择保存路径进行保存。

地图打印：用系统中的工程文档，实现地图打印功能；

（2）地图操作工具栏。

放大：进行地图的局部放大功能，即拉框放大用户所关注的区域。

缩小：进行地图的局部缩小功能，即拉框缩小显示用户所关注的区域。

平移：利用系统提供的移图功能，可以实现用户在地图中任意地点的漫游，可以随心所欲地拖动地图，使之移动到用户所关注的地点。

全图显示：全图显示当前工程文件中的所有空间数据。

固定放大：将地图显示窗口里的地图固定放大。

固定缩小：将地图显示窗口里的地图固定缩小。

前一视图：返回到显示触发"前一视图"菜单项之前的视图地图范围和内容。

后一视图：返回到显示触发"前一视图"菜单项之后的视图地图范围和内容。

要素选择：用鼠标点击要选择的要素，可以是拉框选择、圆圈选择，线性选择等。

清除选择：清除当前工程中选择的要素。

属性查询：可以显示当前所选地物要素的属性信息（图4.58）。

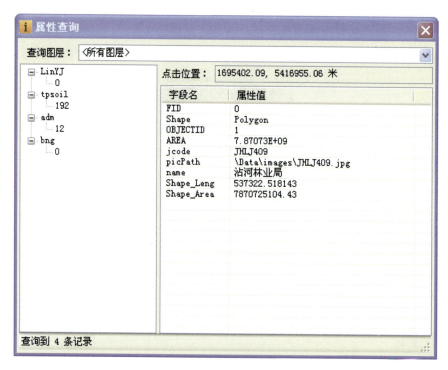

图4.58　属性查询

量测：实现地图上距离、面积等的量测。

7）数据转换功能

（1）右键菜单。图层管理右键菜单如图4.59所示。

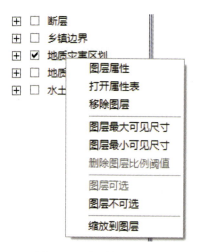

图4.59　图层管理右键菜单

图层属性：打开图层的属性窗口。

打开属性表：打开选择的图层的属性表，进行属性记录的浏览，可以将属性表中的数据以 txt，csv 等多种文件格式输出（图 4.60）。

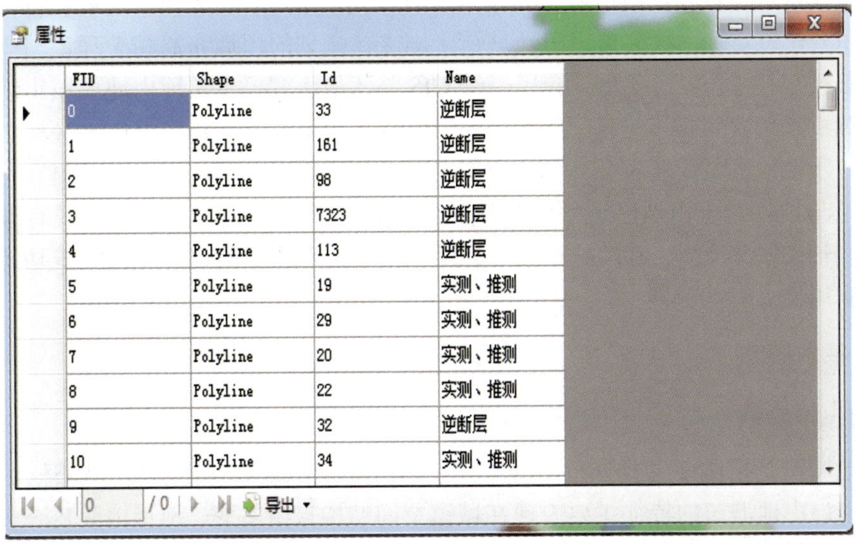

图 4.60　属性表

移除图层：从当前工程文件中移除选中的图层。

图层最大可见尺寸：设置当前选中图层在缩放时最大可见的比例。

图层最小可见尺寸：设置当前选中图层在缩放时最小可见的比例。

删除图层比例阈值：删除当前选中图层在缩放时最大、最小可见的比例。

图层可选/图层不可选：设置当前选中图层的要素在要素选择时是否被选择。

缩放到图层：将当前选中图层的要素缩放到整个地图主窗口中，以全图显示。

（2）主窗口右键菜单。主窗口右键菜单主要实现主窗口地图放大、缩小、平移、全图显示等功能。

放大：进行地图的局部放大功能，即拉框放大用户所关注的区域。

缩小：进行地图的局部缩小功能，即拉框缩小显示用户所关注的区域。

平移：利用系统提供的移图功能，可以实现用户在地图中任意地点的漫游，可以随心所欲地拖动地图，使之移动到用户所关注的地点。

全图显示：全图显示当前工程文件中的所有空间数据。

4.3　低丘缓坡项目区山地城镇土地利用立体规划理论与技术研究

4.3.1　概　　述

本节采取以下研究思路。第一，通过大量文献研究梳理和实地调查，研究提出山地城镇土地利用立体规划概念、特征、影响因子等理论构架。第二，应用研究组实地调查的云南省低丘缓坡项目区近 63 个案例数据和函调的 57 个案例数据，从理论和实证系统论证低丘缓坡山地建设开发土地利用特点与平原、平坝的差异性，为低丘缓坡山地城镇土地利用立体规划理论和技术方法创新提供实证研究基础。第三，通过大量文献、国家和相关省（市）现有涉及山地城镇的技术规范研究，结合云南省低丘缓坡项目区山地城镇（组团）建设实践，研究提出山地城镇土地立体规划的用地布局相关理论与规划指标体系及其规划技术方法。第四，应用三维 GIS 技术，研究提出实现山地城镇土地立体规划的计算机辅助决策技术方法。第五，在云南省大理市海东低丘缓坡山地区域进行了技术示范。示范研究结果验证了本节的低丘缓坡项目区山地城镇土地利用立体规划。

理论与技术对于山地区域的低丘缓坡山地建设开发规划和用地布局具有很好的指导作用和辅助决策支撑，其理论和技术方法及开发的三维数值模拟平台系统功能具有先进性、实用性。

1. 基本概念

1）山地城镇

山地城镇是指城市主要分布在山地区域的城镇，形成与平原地区迥然不同的城镇形态与生境。山地城镇的特征主要表现在城镇空间结构自由多变、地形地貌复杂多样、垂直梯度变化纷繁、生态环境脆弱敏感等。这些特点在山地城镇的建设和发展中起着重要作用。基于对山地概念的认识和对山地城镇规划建设的经验积累，黄光宇（2005）首先提出了山地城镇的概念，认为山地人居环境具有许多区别于平原城镇的重要特征，如海拔、垂直梯度变化、城镇周围地形变化、生态环境异同等，这些特征都会给城镇建设和发展带来重要的影响，因此，山地城镇建立在广义的山地概念基础上。山地城镇也是一个广义的概念。黄光宇（2005）对山地城镇的自然特征进行了以下概括：一种情况是城镇选址和建筑直接修建在坡度大于 50°以上的起伏不平的坡地上，无论其所处的海拔如何，如重庆、青岛、香港、攀枝花等；另一种情况是虽然城镇选址和建筑修建在平坦的用地上，但鉴于其周围复杂的地貌和环境条件，会对城镇的布局结构、交通组织、气候环境及其发展方向产生重要影响，这种也应视为山地城镇，如昆明、杭州、贵阳、南京等。之后，黄光宇（2006）在其著作《山地城市学原理》一书中，提出坡度大于 5°（8.75%）的城镇建设用地的坡度量化界定，同时突破了原有山地城镇的海拔限制。随后其他研究多沿用这一概念的两个内核进行表述，其一，山地城镇是指城镇选址并修建于山坡和丘陵的复杂地形之上，城镇各项使用功能是在起伏不平的地形上来组织和形成的，构成与平原城镇不同的城镇空间形态和城镇环境特征；其二，虽然城镇建筑建在平坦的基础之上，但整个城镇周边山水地形条件会对城镇的形态和特征产生重大的影响，具有这种条件的城镇也列入山地城镇范围。

虽然有些学者对山地城镇用地坡度的定量界定有所不同，但都确认了山地城镇概念的最重要的两个方面的内容，其一是城镇建设用地多具有起伏的三维空间构成；其二是用地平坦，但城镇的功能布局、整体结构形态受到周边山丘复杂地形的长期限制与影响。这两点准确地阐述了山地城镇独特的地形条件和结构特征。陈玮（2001）从人居环境的角度，提出山地城镇需同时满足以下 3 点：①地理区位：城镇多坐落于大型山区内部，或山区和平原的交错带上；②社会文化：城镇经济、生态、社会文化在发展过程中与山地地域环境形成了不可分割的有机整体；③空间特征：影响城镇建设与发展的地形条件，具有长期无法克服的复杂的山地垂直地貌特征，由此形成了独特的分台聚居和垂直分异的人居空间环境。总体上，山地城镇最为核心的空间属性是城镇承载体的三维性，即包含城镇主要功能的建成区水平投影面主体（50%以上）坐落在坡度大于5°三维的土地上（城镇承载体），或者城镇周边山地限制体的长期存在性，即坐落在用地平坦的土地上，但城镇主体建成区（50%以上）的功能布局、结构形态受到周边山地复杂地形的长期限制与影响（吴勇，2012）。

山地城镇建设主要针对山地特殊的自然环境与人文环境，在充分识别山地城镇环境特征的基础上，建设适应山地地形、气候、山地景观与山地文明的生态化、和谐发展的人居环境；山地城镇依山就势，借助自然环境、景观特色，建设与自然面貌有机结合的城镇环境，构筑立体式山地城镇截面，形成独特的城镇风貌。一方面，得天独厚的山水条件使山地城镇空间形态的发展具有与自然生态相融合的趋势，为构建典型山水城镇的结构形态提供了有利条件；另一方面，必须科学、高效地利用有限的山地城镇空间，使山地城镇空间结构与三维地形密切结合，实现山地城镇空间的集约化利用。

从山地城镇的基本要素特征看，黄光宇和陈勇（1997）界定了山地城镇的三维元素，这些元素揭示山地城镇的基本构成要素及其建设、发展和规划的影响因素，也是进行山地城镇土地利用立体开发的主要对象和内容，为山地城镇土地利用立体规划提供了一个新的思路和方法，具体包括以下内容。

（1）自然界定元素："山地城镇中每一层级空间都有其三维界定元素，而初始状态的、最重要的往往是自然生态要素，它们赋予空间认知特色，并成为城镇赖以生存和对外进行物质、能量、信息交换的媒介"。自然界定元素包括河流、水面、山体、冲沟、湿地等。

（2）人工界定元素：为满足不同的功能要求，建筑群、堡坎、道路、广场、梯道、桥梁、绿化等界定出形态各异的三维空间，这些人工元素正在我们的山地城镇中崛起，并大有取代自然生态元素之势，扮演城市空间界定的重要角色。人工界定元素只有充分尊重自然界定元素，二者才能相辅相成，相得益彰。

（3）三维集约生态界定："山地城镇中，由具有良性生态效能的自然生态敏感区，经过人工绿化整治后消除破坏隐患且具备生态防护效用的灾害性生态敏感区，以及人工绿化区三者有机整合而成，并在界定城镇建设用地过程中表现出明显的集约生态效能的立体绿化生态系统的总和，称为山地城镇中的'三维集约生态界定'"。三维集约生态界定不是简单地等同于自然界与客观上既成事实的人工界定之和，它是建立在尊重自然与发挥人的主观能动性的基础上的理性界定，是自然、人工界定元素的有机结合，达到界定元素的优化组合：保护与山地城镇建设区唇齿相依的河流、林地、山脊、陡坡、冲沟等各类自然生态界定敏感区；结合自然生态敏感保护区，建立连续的生态廊道；城镇建设尽可能占边留顶，建设不对分水岭与自然山体轮廓线造成破坏；以人工绿化区弥补自然敏感绿化区水平与竖向机构缺陷，构建山地城镇有机的三维绿地系统，发挥立体集约界定的整体生态效益；建立城镇边缘生态界定区，有效阻止城镇盲目扩张；同时，结合城镇周边生态界定区的特定生态环境，进行不损失生态环境的土地利用生态开发。

2）山地城镇土地立体规划

山地城镇土地立体规划是在将山地区域中一个相对完整地貌单元的地理要素的分布与变化作为一个完整的城镇空间加以认识、规划和建设的基础上，以山地城镇三维界定元素所反映的土地利用为对象，以复杂的山地土地利用特性、城镇功能和景观的有机结合为核心，以协调山地城镇空间各组成部分用地的功能、结构、规模和格局的优化为目标，实现山地城镇土地开发利用的多维度化、土地利用功能的多目标和多样化，以及土地利用景观空间的立体化。

具体为，沿山地区域水、热、气不同梯度方向，以及充分利用地面、地下空间资源，将土地利用类型和功能"立体化"，土地规划布局于立体空间中，建设适应山地地形、气候、山地景观与山地文明的生态化、和谐发展的人居环境。依山就势，借助自然环境、景观特色，建设与自然面貌有机结合的城镇空间环境，构筑立体式山地城镇截面，形成独特的城镇风貌。实现山地城镇产业布局的立体化、基础设施建设的立体化、城镇空间格局的多维化、人居环境的舒适化、山地生态系统的多样化，达到山地城镇空间多层次化的目标，各种功能活动有组织地分布于多个层面上，形成不同职责、不同功能在空间上的叠置，以提高山地城镇整体土地利用空间的容量与效率。

山地城镇的特征决定山地城镇土地立体规划的对象和内容。

从空间构成要素和环境看，山地城镇空间由自然要素和人工要素两部分组成。自然要素包括不同山地地形地貌特征下的山体、水体、自然绿化、气候等山地自然环境；人工要素包括建筑、道路、广场、人工绿化等实体的空间形态。自然要素和人工要素在山地城镇地形地貌的复杂性和多样性背景下的有机结合，造就了山地城镇立体化的景观特征，主要表现为以下特点。

（1）时空景观的多样化。地形变化、气候变化、垂直植被变化、起伏的景观变化使山地城镇空间结构具有时空动态变化特征。山地自然环境孕育了山地城镇丰富的自然资源、自然景观和人文景观。山地城镇景观从空间形态上看，比平原城镇多一个立体的维度，平原城镇以建筑来形成城市空间，而山地城镇是在自然已形成的一定空间格局上来形成城镇空间。山与水为城镇的生存与发展提供了基本条件与活力。岗、岭、梁、谷、崖、坡、坎、垴、沟、湾、岛等地貌特征又使景观丰富多变。由于山地高度的依托，人的视点较平原城镇高，视线受建筑物阻挡相对较小，能察觉和体验的城市空间会比平原城镇多，而背景山体、河流，城内山丘、绿地等的点缀，更使城市空间婉转有趣。延续及丰富山地城镇的多样化空间。同时，也正是这种特征导致山地城镇建设投资费用普遍比平原城镇高15%～30%，为克服重力及地形障碍的能耗也要大得多（冯红霞和张生瑞，2014）。

（2）用地的复杂性。山地城镇复杂的自然地理条件与生态环境为山地城镇土地利用带来了一系列复杂变化的影响因素和限制条件。例如，坡向、坡度、高程等问题都极大地影响着城镇土地利用功能的发挥；山地城镇生产用地、生活用地和生态用地的优化配置决定着山地城镇自然环境和人工环境的有机组合程度，尤其关系着自然环境能否通过土地利用功能的优化得以延续。同时，山体的高度、大小与河流水体的关系、灾害的易发程度等复杂性因素又会导致山地城镇环境形成独特的城镇空间和景观格局,进而形成复杂的山地城镇土地利用方式。

(3)布局的局限性。山地城镇受水环境、地质条件、地形地貌等自然因素的影响,其内部适宜建设用地差异性很大,使山地城镇布局鲜有平整和规则的土地利用,不规则、零散是山地城镇用地的基本特征,极大地影响着城镇建设和布局。同时,山地城镇用地多为坡地,内部存在复杂的高差变化,对城镇道路、基础设施布置都有着很大的影响,也为城镇功能的有效组织带来了诸多不便。因此,对山地城镇用地空间组织和功能的布局和优化显得尤为重要。这些生态敏感区为山地城镇用地布局、城镇基础设施布局。

(4)空间的多维性。山地地形地貌特征是山地城镇空间变化多维性的自然基础,表现为地形、地貌、坡度、生态环境等因子,社会、经济因子在山地空间的立体分布,以及各自然地理要素和人文要素在山地区域的立体空间组合,进而促使山地城镇土地利用在自然要素和人工要素的有机结合下,在结构和功能上形成立体化的山地城镇空间形态,表现为城镇空间的立体化、城镇景观的立体化,以及城镇交通的立体化等。

山地城镇特殊的地形条件使城镇建设的“基底”高低起伏,从而形成了诸多特色鲜明的城镇景观。与平原城镇相比,山地城镇空间增长不仅沿高低起伏的用地基底延伸,而且具有在竖向的三维空间分布的特点。自然的山水格局使山地城镇空间在增长过程中一般都要经历对自然山水的改造,使之适应城镇发展的过程,这一过程主要包括上山、下水和提高空间利用率 3 个方面,如图 4.61 所示(王纪武,2003),随着城镇空间的三维集聚,城镇空间格局显示出集约化发展的趋势。同时,随着山地城镇空间集聚的发展,城镇空间与区域格局协调发展成另一条城镇空间可持续发展的道路。

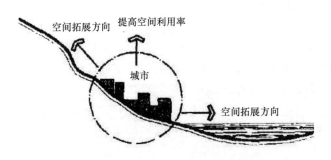

图 4.61　山地城镇空间拓展的 3 种方式

总之,山地城镇特殊的地形、地貌条件使城镇建设的基底高低起伏,从而形成了许多特色鲜明的城镇景观。山地城镇土地利用结构与变化,正是这种特殊的山地地域系统的平面投影。与平原城镇相比,山地城镇空间增长不仅沿高低起伏的用地基底延伸,其城镇空间扩展的趋势更加立体化,并具有竖向三维空间特征,而大多数平原城镇仅具有一般的横向二维空间特征。

与传统的土地利用规划不同,山地城镇土地立体规划针对山地特殊地形,将土地利用规划、城镇规划和生态环境规划融为一体,以使用最少的土地,配置最优化的产业,实现最生态宜居的城镇生活和最和谐的社会关系为目标,注重竖向发展,将原来"摊大饼"的城镇空间布局转变为"摞小饼"的竖向立体空间发展,城镇空间布局大疏大密,构建科学完善、可持续的山地城镇土地立体利用格局。

2. 山地城镇土地利用立体规划的特征

山地城镇土地立体规划有别于平原地区以开发地面和地下空间为主的"立体城市"规划,其思维模式是让山地区域的各地理要素、社会经济要素和人文景观构成通过土地利用类型和功能的优化整合,可以像楼宇一样"竖起来",构筑立体式山地城镇截面,是山地区域自然元素和人工元素的有机结合,并且人工元素应充分尊重自然元素。

从规划技术上看,山地城镇土地立体规划是土地利用规划(总量、结构、初步布局)、竖向规划(地形处理方案、标高、土方量)、控制性详细规划(细化的布局、地块使用性质、地块周边的兼容性、容积率、建筑高度、建筑密度、容积率、绿地率、设施的用地规模、范围)、城市设计理念(择高、择坡、景观优化、生态主导)的综合运用。

从规划的对象看,山地城镇土地立体规划有别于常规的以平面功能布局和用途管制的土地利用规划。通常,城市的十大类用地可以划分为三大部分:第一部分是城市活动的基本空间:居住用地、公共设施用地、工业生产用地、仓储用地和特殊用地;第二部分是城市活动的技术支撑空间,即对外交通用地、城市交通与广场用地、市政公用设施用地;第三部分则是城市活动的环境因素,即绿化用地和水面及其他用地。这些用地通常也是山地城镇土地立体规划的对象,但仍有其特殊性和复杂性,包括:①因山地地形、地貌、生态环境等形成的自然用地。由于山地城镇构成要素(如山地地形、地貌和景观)立体化和多样化,形成了较多独特的用地形式,功能各异。这些用地如果属于城市建设范畴,则可以简单归到相对应的城市用地分类中区;而很大部分则属于非建设用地范畴,承担着山地城镇的生态功能维护,不能简单地被用"绿地"取代,这类用地包括坡、谷、沟、涯、湾、嘴等。②因山地地形、地貌、生态环境等形成的交通用地。为克服地形复杂、联系不便的矛盾,山地城镇会采取多种类型的交通设施,这些设施就形成了相应的用地,如室外步行梯道、室外隧道、室外垂直升降电梯、室外自动扶梯、室外天桥、缆车、索道、吊车等。③因山地地形、地貌、生态环境等形成的地下空间。在山地城镇中,因为地形因素,城镇地下工程成为城镇不可或缺的重要组成部分,包括人防工程、地下街、疏散通道等。

山地城镇起伏多变的地貌特征和用地特性决定了山地城镇土地利用规划对象环境因子组成,同样呈立体分布的三维特性。上述土地利用类型在常规土地利用规划中由于类型和结构划分的模糊性,要么被忽略,要么不能体现其特殊的功能特征。山地城镇自然的土地利用空间不仅是山地城镇空间建设的载体,更与其表现出的生态功能、生产功能和生活功能紧密相连,尤其体现了重要的生态功能。例如,①山体是水源汇集、育林、影响地方小气候和观景的场所,其间所形成大小不一的台地、阶地等也是生产、生活的重要开辟场所,构成了城镇自然景观天际线。②水系是物质运输的重要通道,承担着洪涝疏浚的重要作用,保育水生物种的生物多样性,是组织滨水景观的物质载体。③林地不仅提供经济林木,而且具有重要的生态学和美学意义,如防止水土流失、调节小气候、过滤尘埃、美化环境等。④田地既是国家珍贵的农耕土地资源,同时又是山地城镇园林化的重要内容,同时兼具城镇组团隔离和开敞空间功能。⑤丘陵和岗地丰富了大地景观层次,常被用于组织镇景观轴线,是形成城镇风貌的重要组成部分。⑥湿地与滩涂作为水域与陆域的交接地带,湿地和滩涂对显示滨水城镇特色、维系物种多样性具有重要作用。⑦山地城镇外围的山体、内部的山丘构成城镇外围天际线、街区的背景和标志,一些冲沟等是居民重要的休闲场所,同时这些元素也是山地城镇生态环境的重要组成部分。

原始的山地地形环境不利于城镇直接的建设发展,人工环境的介入必定会通过改造地形以营造适应人类生存发展的城镇空间。起伏变化的地形环境是山地城镇空间的基底,山地城镇空间的形成依赖于山体、河流等自然元素的走向及分布,所形成的空间结构往往呈不规则的自由形状和组团式格局。山地城镇中具有生产功能的工业区及城镇中心区,对道路便利性和场地的平整性有很高的要求,因此,会对原始环境进行较大的平整处理。自然山水格局不但可以提供极大的物质性功能,也能提供纯粹的美的观赏和精神上的愉悦。而这些特征,一方面决定了山地城镇土地利用方式和功能优化;另一方面则通过协调山地城镇土地利用格局,对山地自然环境能够实现依据山形水势和地形地貌的丰富变化来组织山地城镇立体景观。因此,山地城镇土地立体规划区别于常规土地利用规划的一个重要方面是由土地利用类型规划向土地利用功能规划转变。其目的是使规划对象在一定区域范围内实现各类生产、生活和生态功能的优化。

1) 山地城镇土地立体规划兼具山区土地资源开发、整治的特征

山地城镇土地立体规划根据山区土地的地形、地貌特征,在不同坡度区域确定土地的主要功能,即其不以增加耕地数量为核心目标,而是根据地形坡度由陡至缓逐一确定土地功能,以明确土地功能为方向,指导具体山地城镇土地开发的工程布局;可归纳为"山顶保生态、山腰建特色、山脚新农村、坝区保口粮"的土地开发利用方式,将土地开发利用"立体化",开发、整治规划布局于立体空间中,即在坡度较陡的区域主要进行林地恢复,保护生态,以顶部生态建设保护下游优质耕地的生态安全;缓坡区域城镇和工业发展可利用土地数量较大,是建设山地城镇的主要场所;山脚依山建美丽乡村,尽量不占坝区田地;坝区严格按照高标准基本农田建设标准建成优质粮田,保障粮食安全。山顶、山腰、山脚、坝区这些地貌单元以山腰山地城镇为纽带,充分发挥各类土地的功能,在生产力布局上形成三维特性。分布于不同高程带的河流、林地、分水岭、陡坡、冲沟、滑坡构成了不适于城市建设的不同性质的生态敏感区域。这些生态敏感区域可以分为自然景观性生态敏感地段、物种多样性生态敏感地段、特殊价值性生态敏感地段和自然灾害性生态敏感地段四类。它们既是城镇建设的禁建区,又是维持城镇生态平衡的环境区,在客观上,或成为穿插于城镇之中的建设用地分隔区,或形成环绕于城镇外围并界定城镇建设区的认知区(黄光宇和陈勇,1997)。

由于山地城镇有着丰富的相对人类活动较脆弱的自然生态敏感区,主要包括:①自然景观性生态敏感区——自然环境长期演进而成的,具有植被、地貌等方面特色与观赏价值的景观区,如峡谷、河流、特色林区;②物种多样性生态敏感区——物种种类丰富、种群密度相对较大,对维护物种的延续具有一定保护价值且容易遭受破坏的区域,多位

于河岸、山麓等边缘地带；③特殊价值生态敏感区——具有特定生态价值与自然演进价值的区域，如湿地、地下水回灌区、特殊动植物物种保护区等；④自然灾害性生态敏感区——易引起山地灾害的地域，包括地质灾害敏感区（滑坡、崩塌区）和地貌灾害敏感区（冲沟、分水岭、陡坡等）。因此，山地城镇土地立体规划不能仅从土地利用类型方面进行简单类型划分而确定限制开发，而需要结合土地利用类型，从其功能（尤其是山地城镇土地的生态功能）出发确定每一类型土地的基本功能，进而明确山地城镇土地立体规划的功能导向，充分发挥每一地块的功能和价值。这也是山地区域资源开发整治、山地城镇生态化、人居环境优化的重要手段。

2）山地城镇交通模式的立体化特征引导形成用地布局、城镇景观和各功能区组合的立体化模式

如前所述，山地城镇具有立体化、多样化的特殊地形、地貌利用和保护特征，使山地城镇成为立体化城镇的典范，"立体化"已成为山地城镇空间格局最为典型的特色。具体表现为：一是城镇景观视觉上的立体化，主要由地形地貌特征决定，形成错综复杂和井然有序的城镇景观效果；二是地形、坡度、生态环境因子与社会、经济、文化因子在山地空间上的立体分布和组合，体现为人类在利用山地资源的过程中与山地自然环境特征的紧密结合和相互协调；三是交通等基础设施功能的立体化特征较为明显，这是山地城镇交通体系建设与山地地形相结合的结果，形成山下、山腰、山脊不同高程的交通道路，再通过绕行的垂直交通或特色交通方式将不同高度的道路衔接，同时，高架桥梁、隧道、盘山公路等成为各城镇组团间快速交通联系的主要方式，交通的立体化带动了整个山地城镇的立体化特色（冯红霞和张生瑞，2014）。山地城镇的建设和发展要求便利、通畅的交通体系建设，这极大地带动了山地城镇用地布局倾向于与交通体系融合，进而使城镇景观空间和城镇各功能区在上述几方面与地形、地貌特征成功耦合。因此，整体上，山地城镇土地利用方式立体化特征在各功能利用上完整地展现出来，形成一个立体化的投影格局。

3）相对于平原城镇，山地城镇的土地利用空间布局总体表现为大分散、小集中特征

山地城镇的自然地理条件构成是一个复杂的系统，其构成要素浑然天成，大量山体、水域、沟壑等天然地貌具有阻隔和通道作用。一方面，在一定范围的一个相对完整地貌单元内集中了大量的不同可利用方式的土地资源；另一方面，山地城镇土地利用和布局必须与山地地形、地貌相协调，通过台地、阶地、沟谷等土地的整理、开发，形成一个相对集中的土地利用区域，既可以是相对独立的功能区，如居住区、工业区、生态保育区，也可以是这些功能区相互组合形成的城镇组团。这在山地城镇土地利用上形成了两个结果：一是在相对集中的用地单元内，土地资源较为紧张和紧凑，需要体现集约和节约利用模式，加大开发和整理投入、提高建筑密度和容积率是必然选择；二是一个相对狭小的用地单元可能存在多重土地利用方式和功能组合，这也是山地城镇土地集约利用和立体化特征的一个重要表现。从这个意义上来看，山地城镇土地利用立体规划的本质就是对复杂系统内的地形、地貌和环境进行合理开发与保护，其核心就是对"山地"概

念量化指标"高度"和"坡度"所决定的山地城镇土地利用方式和布局进行合理规划。因此,相对于平原城镇,山地城镇的土地利用空间布局总体表现为大分散、小集中特征,在土地利用上表现为集约利用程度高、混合程度高的特性,这是由山地城镇的特征决定的。

4)山地城镇土地利用表现为生产功能用地(工业和农业)、生态功能用地、生活功能用地的相互融合,要求山地城镇土地利用规划应该是多规融合的立体规划

山地城镇土地利用的一大特征集中表现为生产功能用地(工业和农业)、生态功能用地、生活功能用地的相互融合。生产、生活功能用地基本呈散点状分布于一个相对完整的地貌单元内。生态功能用地则以带状、片状、网络状等形式镶嵌其中。山地城镇建设用地相对集中地分布在山体相对平缓的部位,适宜建设坡度≤25°;生态用地分散在山地的各个区域,农业生产用地则分布在河滩、坡度较缓的区域内。由于土地利用的多适宜性特征,特别是建设用地日益呈紧张趋势,特定区域内多重用地方式并存的同时,各类用地之间的竞争利用较为激烈。

从山地城镇某个用地单元内部看,在土地集约和节约利用的推动下,加之山地城镇土地开发利用成本较高,城镇建设用地内部必然形成高强度开发、高混合利用复合型用地模式。在充分利用地形、地貌特征的基础上,必然形成立体化的土地利用模式,混合型特征明显。这些混合型较高的用地单元,在更大区域内形成不同的组团,通过"依山傍水"等不同空间组合模式,表现出不同的山地城镇景观特色。

因此,山地城镇土地利用立体规划就是对这些混合型用地单元应用生态的整合思路和方法,实现山地城镇用地布局协调、结构合理、综合功能优化。其重点就是山地城镇各类建设用地和非建设用地结构和功能的整合,使山地城镇用地布局更加合理,城镇土地利用更加集约化,实现山地城镇土地生态系统的生产、生活和生态功能的优化。通常,山地城镇非建设用地与城镇建设用地具备不同的功能,非建设用地侧重于生态功能,建设用地则侧重于经济功能(生产、生活功能),二者在城镇发展过程中容易产生冲突。通过对其功能进行整合,找出二者的契合点,达到和谐共生,实现山地城镇非建设用地与建设用地功能的有机结合,互惠共利。为了实现这个规划目标,传统的土地利用规划已经不适应山地城镇规划建设需要,必须将土地利用规划、城镇规划、生态环境规划的技术方法融合,构建多规融合的山地城镇土地立体规划技术体系。

3. 影响山地城镇土地利用立体规划的指标因子

1)山地地形、地貌对山地城镇建设和土地利用的影响

地形、地貌是最基本的自然地理单元,在地貌分类的影响因素中,基于DEM有诸多可量化因子,如坡度、坡向、坡长、剖面曲率、平面曲率、地面起伏度、地面粗糙度等,而对山地城镇土地利用"立体"特征影响最为显著的是坡度、高程、地形起伏度和地面粗糙度。这些因子在土地利用规划和城市规划中主要用于不同坡度等级的土地数量统计和适宜性分类,进而确定其利用方向。但对于山地城镇土地利用立体化来说,结合山地城镇的特征及山地城镇土地立体规划的内涵和特性来看,正好是确定和实现山地城

镇土地利用"立体化"的关键所在。山地城镇土地利用立体规划的核心内容之一就是对这些因子特征的识别、规划和因地制宜地利用。

（1）高程因子。其代表了一个区域内土地利用高低变化的情况，是地形、地貌最直接的表达。在地形分类中，利用 GIS 分析技术对 DEM 数据进行高程分类，可以明显看出规划范围内海拔的变化程度。当高程变化越大时，对原有地形的改造强度越大，反之越小，规划时可以根据具体地形设定高程变化范围，进而确定高程变化对地形的扰动强度。

（2）坡度因子。其指地表一定距离范围内，各点坡度的平均值。是地表形态最重要的基本示量。坡度对地形的影响较大，且在城镇规划建设中，坡度对用地系统的影响最大，因而利用坡度值对地形的复杂程度的研究相对较广，仅是其利用方向、方式和程度有所差异。通常利用 GIS 技术对地形进行分析，建立 DEM 数据库，利用栅格数据坡度分析，可以得出各类用地的适宜性等级和区域。

（3）地形起伏度。其指在一定的规划范围内，地域表面范围内最高点与最低点高程之差，是描述区域地形的宏观性指标。

（4）地貌粗糙度。其是指地形一定范围内表面积与投影面积的比值，反映了地表宏观区域内地面的破碎度与受侵蚀程度，是描述区域地形的宏观性指标。

2）山地地形、地貌的处理方式对山地城镇建设和土地利用的影响

与平原城镇相比，山地城镇对地形的利用往往伴随着土方量和投入强度大规模的增加，尤其是台地整理、交通用地整理、居住区和工业区用地整理等方面较为突出，因此，可以从土方量、交通的立体化建设等方面构建规划指标体系。主要包括：

（1）道路坡度（盘山、环山、高架桥、立交桥与隧道）。

（2）营造台地作为建筑场地（护坡、挡土墙的使用）。

（3）利用步道、连廊组织交通情况。

（4）在建筑内部处理（错层）。

（5）土方量和投入情况。

（6）各组团之间的相对高差控制。

（7）道路规划纵坡和横坡控制。

（8）挡土墙、护坡等工程治理面积及其与建筑的最小间距。

（9）相邻台地、阶地，以及各城镇组团之间的相对高差。

3）山地城镇景观设计和空间布局对山地城镇建设和土地利用的影响

（1）山脊线即山脊生态廊道保留程度。山地城镇与平原城镇相对应，山地城镇由于其体现出来的主体景观和形态特征而有别于平原城镇。其中一个较为明显的特征是规划区的复杂地形所形成的规划用地内的山脊线。规划时可利用 GIS 的分析功能，标注地形的标高，从不同尺度的高程分析图中确定每个规划区内的山脊线（各制高点连线）。对于这些山脊线，在进行地形设计和规划时，要考虑将其作为重要的生态廊道或公共开敞空间保留。在规划时，可以根据实地情况设定山脊线的破坏程度范围，进而确定其破坏或需要保留的等级和比例。

（2）用地混合度。其既是交通、公共服务设施、居住区、工业区等与山地城镇土地利用协调度的表征，也是地形、地貌因子决定下的土地"立体化"利用的体现，也包含公共服务设施的可达性。规划时可以根据需要确定其单项指标或综合指标。

（3）山地城镇空间布局模式。对于复杂的地形，要遵循优先布置主要功能项目的原则。在考虑城市的功能分区与用地发展时，要注意各个地段的建设条件，各地块之间及其周围地区的交通联系等。山地城镇的用地结构形态一般可以分为带型、紧凑集中型、组团型、树枝型、串联型等。由于山地城市的地形比较特殊（平原城市是二维用地，而山地城市是三维用地），在自身空间形态构成方面，山地城镇比平原城镇更有优越性。规划时，主要从宏观层面，根据地形、地貌特征确定其空间布局形态。

4）山地城镇土地生态系统立体空间特征识别

（1）自然地理因素。①地质要素：基岩层分布、土壤类型、土壤的稳定性、土壤的生产力等；②水文要素：河流及其分布、洪水、地下水、地表水、侵蚀和沉积作用等；③气候要素：温度、湿度、日照、盛行风向及地方风、降水量、降水及其影响范围等；④生物要素：生物群落，主要植物、鸟类、陆生动物、水生动物、昆虫种类及分布等。

（2）地形地貌因素。①土地构造：水域、陆地外貌、地势分析、地貌类型及分布；②自然特征：自然景观类型、自然景观特色、景观价值；③人为特征：行政区界、交通设施、各种建筑设施、市政设施。

（3）人文社会因素。①社会环境因素：规划区财力物力、人口总数、人口结构、就业状况、城市建设发展历史、附近区情况等；②经济因素：行政范围、分区布局、环境质量标准等；③政治及法律约束：土地价值、税收结构、地区增长潜力等。

通过对上述3个方面环境组成因子进行综合系统分析，提炼出相对完整地貌单元内，以及项目区各因子和组合因子立体分布的三维特性分析，这些空间特性包括：可能属于生态敏感区域，如自然景观性生态敏感地段、物种多样性生态敏感地段、特殊价值性生态敏感地段和自然灾害性生态敏感地段；也可能它们既是城镇建设的禁建区，又是维持城镇生态平衡的环境区，在客观上，或成为穿插于城镇之中的建设用地分隔区，或形成环绕于城镇外围，并界定城镇建设区的认知区。

4.3.2　低丘缓坡建设开发土地利用特点与平原平坝地区的差异性分析

1. 低丘缓坡项目区建设开发模式与坝区（平原）的差异性

与坝区（平原）建设用地开发模式相比，低丘缓坡项目区建设用地开发存在以下3个方面的差异。

1）宏观规划方面——空间布局及基础设施规模效应的差异性

（1）坝区。坝区为平原地形，有条件进行集中连片开发的面积较大，在开发的过程中，可以选择集中连片整体开发的模式，提高基础设施的规模效应，土地利用率较高。坝区连片开发模式如图4.62所示。

图 4.62　坝区连片开发模式

（2）低丘缓坡项目区。低丘缓坡项目区由于所处的地理位置、海拔、地形坡度、气候、降水等方面具有差异，遵循"紧凑集中与有机分散""多中心、多组团结构""绿地楔入"等原则，区域发展的空间结构和规模多种多样。

"一园多片"发展模式是低丘缓坡项目区建设中常见的一种空间发展模式，主要指城市（镇）发展围绕一个经济中心，形成树枝状的发展结构模式。这种发展模式一般是由于山体、冲沟、水系等自然条件而将城市（镇）或工业生产基地选择在冲沟或山谷之间的槽地或高地上，道路、交通等市政基础设施沿沟谷布置，从而形成了由一个中心向周围有规律的扩散式发展，如图4.63所示，如湖北十堰、广西梧州等。

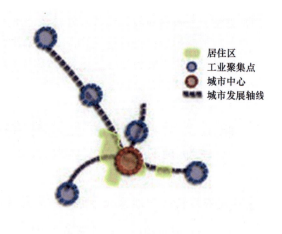

图 4.63　一园多片

　　"带状"发展模式是由于地形或自然地貌条件所限，开发建设用地沿丘陵、山谷或江河延伸，呈带状分布，形成带状长条空间结构，如图 4.64 所示。"带状"结构一般可分为单中心和多中心两种：单中心带状结构一般只有一个城市发展中心，城市发展的交通方向性很明显，适合规模较小、空间结构单一的区域，如重庆石柱、湖南吉首等；多中心带状结构是由于单中心城市规模进一步扩大、社会经济条件进一步发展、单中心带状向多中心带状沿河谷的一侧或两侧发展而形成的，如甘肃兰州、重庆万州等。

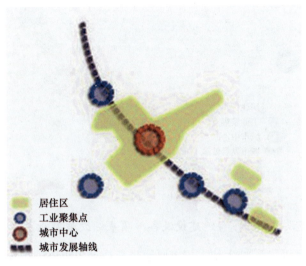

图 4.64　带状

　　"点群式"发展模式是工业、住宅的发展以一个点为城市中心区，集中紧凑的空间布局，如图 4.65 所示。这种布局可以有效地组织建设区域的生产和生活，节约建设用地，减少建设投资和运营费用，所以很适合城市发展的初期阶段。这种结构一般适合地形起伏、山水相间的丘陵或山区河谷地带，如四川宜宾、云南丽江等。

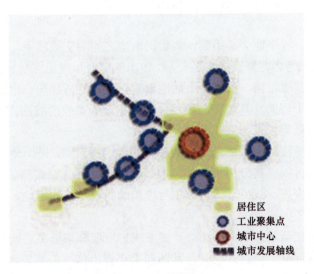

图 4.65　点群式

"飞地式"（图 4.66）发展模式主要是由于地区发展受到某些因素（如地形）的较大限制，工业区距离城市中心较远，从而将城市分为不同的组团，城市功能区的主要空间发展方向性明显，如湖南株洲、四川仁寿等。

　　　居住区
　　　工业聚集点
　　　城市中心
　　　城市发展轴线

图 4.66　飞地式

2）微观工程建设方面——台地建设及各单项基础设施用地差异

山地地形高低不平，爬坡上坎，与平原地带一马平川相比，在各项工程建设方面都会有区别。

（1）台地建设。低丘缓坡区域地形比较复杂，地块坡度差别较大，场地竖向规划应采取平坡式和台地式相结合的方式。其中，场地坡度不大的用地主要采取平坡式，在用地布局上主要考虑建筑尺度比较大的企业，如传统的重工业一般选址在平坡式用地上；地形坡度大的用地在竖向上采取台地式，在用地布局上主要根据企业厂房依势而建，既可以集约利用土地，又能减少对山地工业园区自然生态环境的破坏，创建独具特色的山地城镇或工业园。

（2）道路建设。与平地交通不同，要实现山地之间的交通联系，除了要考虑水平位移以外，还需要特别考虑在竖直方向的位移，使山地交通呈现出立体化的特点（图 4.67）。

（3）其他单项基础设施。护坡是山地地形变化使建筑与建筑、建筑与道路或户外环境之间出现高差而形成的，其坡脚与坡顶之间应建设成柔软的坡面，并用草坪或灌木、乔木对其加以绿化处理，以形成优美的室外环境。

挡墙是用以承受坡地地表的侧压力而设置的墙式构筑物，是山地建设中常见的室外工程。按挡墙特点可以将其分为重力式挡墙、锚固式挡墙、剁式挡墙等不同构造类型。挡墙的设置较护坡来说，减少了山地坡顶与坡脚的距离，节约用地，大大提高了土地利用率。

截洪沟是为防止雨水冲刷而在山岭、挡墙或护坡坡脚与道路之间设置的排洪沟。截洪沟主要有石器或混凝土铺装式两种，其断面大小视山体或护坡集水面积而定。

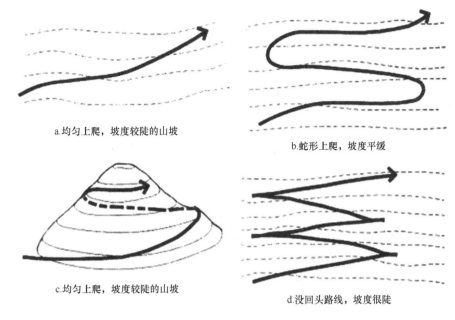

a.均匀上爬，坡度较陡的山坡

b.蛇形上爬，坡度平缓

c.均匀上爬，坡度较陡的山坡

d.没回头路线，坡度很陡

图 4.67　道路形式与山体坡度

　　与平原相比，山地区域建设场地整备、道路车行与步行交通系统、地面排水与各类工程管网的平面位置与高程的确定，都要因地制宜，最终选择合理、安全、可行的方案。

　　3）区域生态防护用地方面——生态保护及地质灾害防治压力的差异

　　由于山地特殊的地形条件，山地的生态敏感性较平原来说更高，对生态环境保护的需求也尤为迫切。然而，进行人工开发建设必然会对生态环境造成一定的影响。因此，开发建设活动对山地生态环境的影响较平原更大，开发建设活动与生态环境保护之间的矛盾也更多。鉴于山地生态环境的敏感性，要求在对其进行开发建设的过程中，要谨慎动土、保护植被、精良合理利用原有的地形地貌，宜建则建，宜林则林，应保持原有地形地貌和自然植被，以保证山地生态环境的可持续发展。这样，在建设开发区域（项目区）内，必然有大量土地不能进行建设开发。

　　综上所述，低丘缓坡项目区建设开发必须依山就势，立体规划和开发。在土地利用结构上，项目区可以直接用于建设开发的土地比坝区（平原）少得多，相当一部分土地只能用于生态建设、边坡防护和公共基础设施建设，土地利用效率（可供应建设用地占项目区的比例）比坝区（平原）低很多。

2. 低丘缓坡项目区建设用地开发土地利用率理论模型

　　土地利用效率是指在低丘缓坡项目区中，可供应建设用地占项目区的比例。

　　目前国内外学者对土地利用率方面的研究主要集中在土地细碎化、土地流转、农地整理等方面，针对低丘缓坡项目区建设开发与平原坝之间的土地利用率差异相关理论研究鲜见，只在工程设计及城市规划有关建设开发场地等规范及要求中对某些单项因素有所规定。本理论模型的研究建立在一定的理想环境假设的基础上，依据现有的建设用地开发及城市规划方面的规定对低丘缓坡建设用地开发的土地利用率与平原坝区的差异进行探讨。

1）假设

（1）在城市（镇）建设中，将城市（镇）用地分为道路、建筑和绿地三大类，其他用地所占比例较小，如给排水设施等可在道路下面布设的基础设施无须占用单独的用地，可以忽略不计。

（2）平原的坡度是最适合城市（镇）建设的 2°～3°，这里取 3°为理论模型中的平坝坡度。

（3）理论模型研究的低丘缓坡区域是 8°～25°的标准圆锥体形山，即从山脚到山顶的坡度是固定不变的。

在不同地区的研究中，坝区和低丘缓坡山地的坡度区间及范围可以根据不同的区域特点进行调整，本理论模型主要提供方法参考。

2）理论模型

（1）总体模型。

$$S_{地} = S_{路} \times C_1 + S_{建筑} \times C_2 + S_{绿地} \times C_3$$

式中：$S_{地}$ 为城市（镇）用地中进行建设的总面积（不包括地质灾害点、冲沟、水系、河流、基本农田、自然保护区等不可建设区域）；$S_{路}$ 为城市（镇）建设中主要道路的总面积；C_1 为城市（镇）用地结构中交通道路用地所占比例；$S_{建筑}$ 为城市（镇）建设中主要建筑物占地的总面积；C_2 为城市用地结构中建设用地所占比例；$S_{绿地}$ 为城市建设中生态绿地的总面积；C_3 为城市用地结构中生态绿地用地所占比例。

（2）分项研究。

a. $S_{路}$

在平坝（3°）中，假设 A、B 两点之间是 1km，那么 A、B 两点之间的高差是 tan3°×1000m=0.052×1000m=52m；以 15°的低丘缓坡山地（15°的标准圆锥体形山）为例，假设 C、D 两点之间的距离是 1km，那么 C、D 两点之间的高差是 tan15°×1000m=0.268×1000m=268m。根据相关规范，城市道路用地的最大坡度是 8°，则 C、D 两点不能直接布设直线道路，需要在满足道路坡度低于 8°的前提下适当绕路。在两点间同为1km 的距离时，平坝（3°）可达到的高差是 52m，15°的低丘缓坡山地（15°的标准圆锥体形山）可达到的高差是 268m，所以在交通道路用地方面，15°的低丘缓坡山地（15°的标准圆锥体形山）的交通道路用地应为平坝（3°）的交通用地的 5.154 倍。

b. $S_{建筑}$

在山地建设中，一般将山地作为台地来进行利用，那么与坝区相比，最终可利用的建筑面积必须减去护坡占地面积。

根据小区设计经验，建筑之间的最大楼间距是 20m，楼房的宽度一般最小 10m，最大 17m，这里采用中间值 15m，则两个楼房之间的距离是 35m。在 15°坡时，35m 的间距可形成 tan15°×35m=0.268×35m=9.38m 的高差。

根据一般的边坡支护方案，放坡比例是杂填土 1∶1，粉质黏土 1∶0.5，粉土 1∶0.75，强风化泥岩 1∶0.35，中风化泥岩可以垂直开挖。如果开挖的土质为中风化泥岩，则边坡可做成垂直开挖的，即边坡可不占地。如果是 15°的粉质黏土，则 35m 平坝时，中间 35m 间距的地方都可以进行建设（道路或绿地等），35m 间距 15°坡时中间可利用的距离为 35m–9.38m×0.5=30.31m，即 15°坡与平坝之间的用地比例为 1.155∶1。这里可将两个楼房之间的距离设为 a，那么平坝与 15°坡之间的用地比例为 a∶$(a–0.5×\tan15°)×a$=1.155，所以楼房间距对这一比例的影响可以消除，主要是坡度的变化。

c. $S_{绿地}$

坡度对绿地的建设限制不大，因此假定低丘缓坡区与坝区的绿地用地比例为 1。

d. $S_{地}$

假设 $S_{地}$ 是 15°低丘缓坡山地，路、建筑和绿地的用地比例为 0.15、0.45、0.4，则 15°低丘缓坡山地与 3°平坝区域的用地比例是（5.154×0.15+1.155×0.45+1×0.4）∶1=1.693∶1。

也就是说，即使不考虑地形地貌限制不能建设开发利用的土地和生态保护及地质灾害防护必须占用的土地，仅从建设开发来说，低丘缓坡山地开发的土地利用效率只是平原坝区的 59.1%（1/1.693）。

（3）模型不足与后续深化。在以上土地利用率理论模型研究中，仅从山地的坡度进行用地的考虑，忽略了不同地形类型对土地利用率的影响。例如，在《中国综合地图集》中通过绝对高度和相对高度将地形类型分为了极高山、高山、中山、低山和丘陵 5 种（表 4.37）。

表 4.37　中国地形分类

名称		绝对高度/m	相对高度/m
极高山		>5000	>1000
高山	深切割	3500~5000	>1000
	中等切割		500~1000
	浅切割		100~500
中山	深切割	1000~3500	>1000
	中等切割		500~1000
	浅切割		100~500
低山	中等切割	500~1000	500~1000
	浅切割		100~500
丘陵		一般<500	<200

数据来源：《中国地理丛书》编委会. 1990. 中国综合地图集. 北京：中国地图出版社.

从土地利用率来看，相对高度较大的地形，其地形破碎度低，只要坡度是在适合建设的 25° 范围以内，都可以对其进行利用；而对于丘陵来说，相对高度较小，地形破碎度较高，在进行土地利用时丘陵与丘陵之间可能存在不完全的土地利用，则其利用率就会降低。这些问题在以后对理论模型的研究中将进行深入的研究。

在进行具体的低丘缓坡开发时还应该考虑区域的地形特征，如山脊、山谷等。由于低丘缓坡区域开发是在 25° 坡以下区域进行的，梯台可以划分为不同标高的多层梯台或单层梯台进行，应结合开发区域土壤质地、地基承载力、土地平整工程量和城市建设成本来确定低丘缓坡山地开发的边坡坡度和梯台层数。

3. 云南省低丘缓坡项目区调研数据的实证分析

1）调研情况概述

为了做好研究工作，开展了云南省低丘缓坡山地开发典型项目区的实地调研工作，分别对 12 个市（自治州），35 个县（市、区）的 79 个项目区进行了调查，由于有些项目区没有得到云南省国土资源厅的批复，实际走访项目区 63 个，涵盖工业建设、城镇建设、旅游开发和综合开发等不同的建设开发类型，63 个项目区的总规划规模达到 40857.31hm^2；规划新增建设用地 20631.98hm^2，其中新增城乡建设用地 16502.02hm^2，新增交通水利用地 2729.09hm^2，新增其他建设用地 1400.87hm^2；规划项目区建设占用耕地面积 6848.39hm^2，占新增建设用地总面积的 33.19%，预计总投资达到 1015.83 亿元。

同时，对云南省 14 个市（自治州），共计 45 个县（市、区）的 57 个低丘缓坡典型项目片区（工业项目 34 个，旅游项目 3 个，城镇建设项目 9 个，综合项目 11 个）进行了函调。

由实地踏勘调研和函调情况汇总分析可以看出，造成低丘缓坡山地土地利用率差异性的影响因素可以概括为自然条件限制和人为利用方式影响两个主要方面。一方面，自然条件限制包括地形地貌、地质及生态环境因素等。在低丘缓坡山地开发过程中，立足于生态优先与安全经济的原则，高程、坡度等因素影响了建设用地的布局、道路交通的选线，且随着坡度的增加，建筑布局的限制性和道路交通选线的复杂性也不断增加；同时，开发区域的不利地质条件造成建设的避让，以及更多地质灾害防治工程设施的修建也是土地利用率降低的直接影响因素；此外，开发过程中重点考虑低丘缓坡生态系统的脆弱性与敏感性，生产建设及人类活动尽量较少对自然生态环境造成扰动和破坏，较为健全的生态环境基础设施的修建也必然增加建设用地的规模。另一方面，人为利用方式的差异包括项目的区位选择、低丘缓坡山地空间开发模式的确定等。从云南省的实际情况看，区位条件较好的项目区，道路交通等基础设施用地比例相对较低，市政工程中的生态环境基础设施可依托临近城镇，也无须单列修建，使得土地利用率有一定程度的提高；此外，区域空间开发模式应当因地制宜，开发模式的不同会造成挡墙、护坡等设施占地的差异，进而造成土地利用率的变化，但是要综合用地空间、用地成本、用地效益等多项因素科学确定开发模式。

低丘缓坡区域土地利用率差异性影响因素除以上两个主要方面以外，在实际工程项目建设中，还有技术及投资的影响。例如，在相同坡度、相同水文工程地质条件下，修筑同样功效的边坡，由于技术的限制及总投资控制的影响，在保证安全的前提下，边坡工程的占地面积通常随着技术的提高而减少，同时，随着总投资的增加而减少。所以，技术及可投入的资金量也是影响土地利用率不可忽略的因素。

2）对批准低丘缓坡项目区建设用地开发案例数据的汇总分析

（1）不同坡度下土地利用率。从汇总 14 个市（自治州）的数据来看，云南省低丘缓坡项目可建设开发有效面积共 34788.74hm²，其中 0°～8°、8°～15°、15°～25° 及 25° 以上可开发有效面积分别为 12492.35hm²、12538.45hm²、7555.09hm²、2202.86hm²。不同坡度级可建设开发有效土地面积占比见图 4.68。由表 4.38 和表 4.39 我们可以看出，随着坡度的增大，可建设开发的有效土地面积不断减少，土地利用率呈下降趋势。但 8°～15°可建设开发有效土地面积最多，土地利用率比重在 15°～25°坡度反而升高。统计分析出的结果存在异样，判断为给出数据中存在各坡度级之间交叉的问题。由表 4.39 可以看出，在 1∶50000 的地形图中统计出来的值，每个坡度级都混合了其他坡度级。

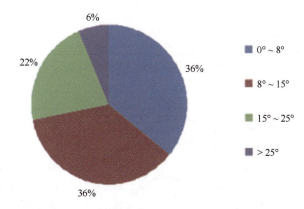

图 4.68　不同坡度级可建设开发有效土地面积占比

表 4.38　各坡度平均土地利用率汇总

坡度/（°）	平均土地利用率/%
0～8	72.32
8～15	67.56
15～25	72.00
>25	50.97

（2）不同项目类型下的平均土地利用率。

a. 土地利用率

由图 4.69 可以看出，4 个项目类型的平均土地利用率随坡度上升呈下降趋势，其中综合项目类型的平均土地利用率低于工业项目、城镇建设项目、旅游项目。

表 4.39   不同坡度级交叉对比图

1 : 50000 地形	1 : 10000 地形	所占比例/%
0°~8°	0°~8°	0.62
	8°~15°	1.14
	15°~25°	0.14
	25°以上	0.02
8°~15°	0°~8°	3.02
	8°~15°	53.70
	15°~25°	11.25
	25°以上	1.52
15°~25°	0°~8°	0.37
	8°~15°	8.05
	15°~25°	6.58
	25°以上	3.29
25°以上	0°~8°	0.10
	8°~15°	4.30
	15°~25°	4.01
	25°以上	1.90

注: 土地利用率=不同坡度级可建设开发有效土地面积/该坡度用地总面积。

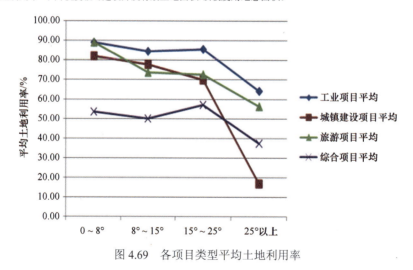

图 4.69   各项目类型平均土地利用率

b. 各项目用地类型相对面积

通过对各个项目类型在各用地类型占地面积的统计分析,城镇建设项目、旅游项目随着坡度的上升,可建设开发有效占地面积比重不断减少,土地利用率随着坡度的上升呈现明显的下降趋势。4 个项目类型生态绿地建设占地面积随着坡度的上升不断增加。边坡建设占地面积在 8°~15°、15°~25°比重最大。公共道路建设占地面积随着坡度的上升有所增大,但坡度大于 25°时,由于道路施工难度大,公共道路建设开发面积比重有所降低,详见图 4.70~图 4.73。

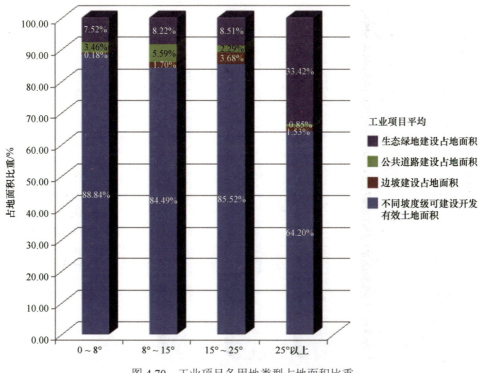

图 4.70   工业项目各用地类型占地面积比重

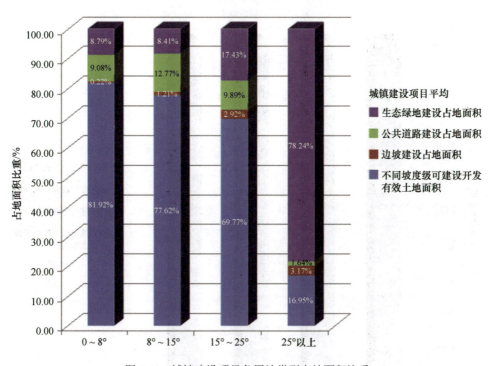

图 4.71   城镇建设项目各用地类型占地面积比重

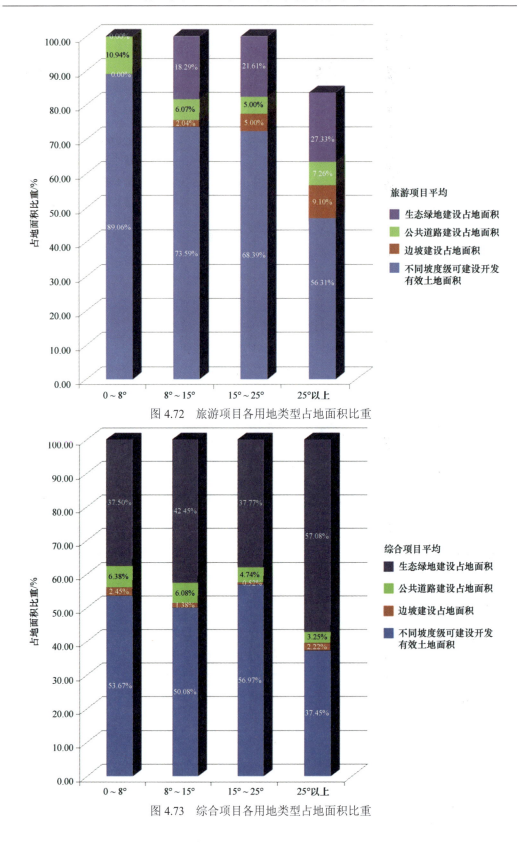

图 4.72 旅游项目各用地类型占地面积比重

图 4.73 综合项目各用地类型占地面积比重

（3）调研的各项目区实施方案空间分析数据汇总。通过分析全省已批准项目区实施方案，选取包含等高线可以进行统计分析的 27 个项目区。应用 ArcGIS10.0 对有等高线图层的 27 个项目区实施方案进行坡度和功能分区统计处理，得出以下结论。

统计出来的数据含有 3 个指标：有效建设用地、公共道路用地、生态绿地用地。从有效建设用地比例来看，这 27 个项目区的有效建设用地比例最低的为景洪光华项目区 23.08%和楚雄苍岭工业园区 25.54%，最高的是勐腊县磨憨磨本片区 82.04%、楚雄富民项目区 84.18%和保山市施甸县长水项目区 87.63%，27 个项目区的平均有效建设用地占地比例为 54.60%。从公共道路用地占地比例来看，这 27 个项目区中除了普洱思茅洗马湖项目区的功能分区中无公共道路用地以外，其余 26 个项目区的平均公共道路用地占地比例为 9.12%，其中最低的是保山市施甸县长水项目区 0.37%、麒麟区高家屯—窦家冲项目区 2.22%，最高的是镇康县白岩项目区 21.32%、麒麟区冷家屯项目区 27.09%。从生态绿地用地占地比例来看，27 个项目区的平均生态绿地用地比例为 30.24%，其中最低的是楚雄富民项目区 4.99%、楚雄苍岭工业园区 6.55%、勐腊县磨憨磨本项目区 7.47%，其余项目区的生态绿地用地占地比例均在 10.00%以上，最高的是景洪天河项目区 51.07%、富源城北项目区 51.92%，另外，鲁甸县桃源山项目区和麒麟区金麒湾项目区的生态绿地用地占地比例也接近 50.00%（表 4.40）。

表 4.40　各项目区用地类型占地比例

项目区	有效建设用地占地比例/%	公共道路用地占地比例/%	生态绿地用地占地比例/%
保山市施甸县长水项目区	87.63	0.37	12.00
楚雄富民项目区	84.18	8.42	4.99
楚雄苍岭工业园区	25.54	5.74	6.55
大理海东新区	49.76	12.34	31.09
富民哨箐项目区	68.95	17.26	13.75
富民兴贡项目区	53.00	13.27	10.57
富源城北项目区	39.49	5.92	51.92
富源中安后所项目区	52.02	3.74	43.49
玉溪红塔区观音山项目区	60.86	14.69	23.90
景洪景大项目区	38.51	6.41	38.99
景洪天河项目区	44.62	3.34	51.07
景洪光华项目区	23.08	5.71	67.16
昆明西山区花红园项目区	53.63	9.12	28.18
耿马县大湾江项目区	40.03	12.09	43.03
镇康县白岩项目区	46.14	21.32	31.80
鲁甸茨院山项目区	73.39	11.55	15.07
鲁甸桃源山项目区	38.79	4.68	49.61
禄丰县土官片区	67.53	3.74	27.69
勐腊县磨憨磨本片区	82.04	10.19	7.47
牟定县左脚舞项目区	63.53	9.90	26.57
普洱思茅洗马湖项目区	66.23	—	33.56
麒麟区冷家屯项目区	38.16	27.09	29.79
麒麟区高家屯—窦家冲项目区	56.37	2.22	31.56
麒麟区金麒湾项目区	36.45	4.94	49.85

续表

项目区	有效建设用地占地比例/%	公共道路用地占地比例/%	生态绿地用地占地比例/%
砚山县白龙山项目区	53.00	6.25	39.59
宜良县北古城镇项目区	60.55	12.98	23.30
昭阳区塘房项目区	70.62	3.96	24.04
平均占地比例	54.60	9.12	30.24

a. 不同坡度下的土地利用率

从 27 个项目区数据来看，项目区可建设开发有效面积为 10162.73hm²，其中 0~8°、8°~15°、15°~25° 及 25° 以上可开发有效面积分别为 4938.93hm²、2389.38hm²、2109.94hm²、724.48hm²。由表 4.41 和图 4.74 可以看出，随着坡度的升高，可建设开发有效土地面积不断减少，土地利用率呈下降趋势。公共道路建设占地比例随着坡度的增大而降低。生态绿地建设占地比例随着坡度的增大而升高。

表 4.41   分坡度级各项用地占地比重

坡度/(°)	不同坡度级可建设开发有效土地面积/hm²	土地利用率/%	公共道路建设占地面积/hm²	公共道路建设占地比例/%	生态绿地建设占地面积/hm²	生态绿地建设占地比例/%	分坡度项目用地面积/hm²
0~8	4938.93	56.27	798.64	9.10	2379.51	27.11	8777.57
8~15	2389.38	55.81	347.76	8.12	1349.57	31.52	4281.21
15~25	2109.94	46.24	327.58	7.18	1856.45	40.69	4562.71
>25	724.48	37.37	138.59	7.15	984.72	50.80	1938.59
4 个坡度面积总计	10162.73	51.96	1612.57	8.24	6570.25	33.59	19560.08

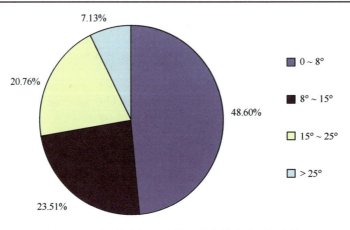

图 4.74   不同坡度级可建设开发有效土地面积占比

b. 各项目类型在不同坡度下的土地利用率

通过对 27 个项目区各用地类型占地面积进行统计分析，工业项目、综合项目随着坡度的上升，可建设开发有效土地面积比重不断减少，土地利用率随着坡度的上升呈现明显的下降趋势。旅游项目、城镇建设项目由于要保存生态保留地，城镇建设要达到"城在林中"的效果，因此，城市上山项目土地开发建设率低，同样，旅游追求的是环境的生态服务价值，因此，旅游项目在各坡度的土地利用率明显低于其他项目类型。4 个项目类型生态绿地建设占地面积随着坡度的上升而不断增加。公共道路建设占地面积总体随着坡度的上升呈下降趋势。但是项目类型对道路的要求不同、技术规范标准不同，以及各项目类型道路施工难易程度不一致，导致公共道路建设开发面积在不同项目类型中占地比例不同，呈现的规律不明显，如表 4.42 所示。

表 4.42　不同坡度下各项目类型土地利用率

各项目类型	土地利用率/%			
	0～8°	8°～15°	15°～25°	>25°
工业项目	62.10	61.17	46.34	38.41
城镇建设项目	35.26	62.43	47.95	29.21
旅游项目	35.26	46.23	41.02	33.35
综合项目	57.94	55.73	50.62	41.82

（4）统计数据的多元线性回归分析。对云南省低丘缓坡典型项目片区调查回收到的 57 个样本进行分析。其中土地利用率=各建设用地面积/总项目用地面积。此处采用多元线性回归模型对截面数据进行深度挖掘分析，以定量分析各因素对土地利用率影响程度的大小。其中不同坡度级可建设开发有效土地面积为因变量，记为 Y；边坡建设占地面积、公共道路建设占地面积、生态绿地建设占地面积均为自变量，分别记为 X_1、X_2、X_3。同时，根据可建设开发有效土地的不同坡度级将因变量分为 0°～8°、8°～15°、15°～25°、>25° 4 个级别分别进行多元线性回归分析，以确定不同坡度级中各个因素影响程度的大小有什么差别。此处建立的统一模型为

$$Y = C + \beta_1 X_1 + \beta_2 X_2 + \beta_3 X_3 + \varepsilon \tag{4.38}$$

式中：C 为常数项；$\beta_i (i=1,2,3)$ 为各个自变量的系数；ε 为随机误差项。以下为估计结果。

a. 0～8°各项目区土地利用率模型估计

由表 4.43 可以看出，模型整体拟合优度很低，且有两个系数不显著，判断该模型可能存在异方差问题，因此，对其进行异方差检验，见表 4.44。

表 4.43　根据 0～8°坡度级得出的估计结果表

自变量和常数	回归系数	回归系数标准误差	t 检验值	概率值（P 值）
X_1	−0.050806	0.659663	−0.077019	0.9389
X_2	4.205041	1.084293	3.878143	0.0003
X_3	−1.009771	0.524066	−1.926803	0.0591
C	0.241799	0.030828	7.843400	0.0000
决定系数	0.214012	被解释变量的样本均值		0.282064
调整决定系数	0.171906	被解释变量的样本标准误差		0.204424
回归残差的标准误差	0.186025	赤池信息准则		−0.461527
残差平方和	1.937905	施瓦茨信息准则		−0.321904
对数似然估计函数值	17.84580	H-Q 信息准则		−0.406912
F 统计量	5.082643	D-W 检验值		1.691311
F 统计量的概率（即 P 值）	0.003499			

表 4.44　异方差检验表

异方差检验：怀特检验			
F 统计量	0.621507	F 的伴随概率	0.7730
样本量*R^2	6.036917	卡方分布 x^2（9）的伴随概率	0.7362
缩放解释	5.556176	卡方分布 x^2（9）的伴随概率	0.7834

White 检验结果表明，模型不存在异方差性，但原模型不显著，因此，使用加权最小二乘法对其进行修正，见表 4.45。

表 4.45　White 检验结果

加权系列：1/ABS（E）				
自变量和常数	回归系数	回归系数标准误差	t 检验值	概率值（P 值）
X_1	0.043088	0.048980	0.879705	0.3828
X_2	4.599731	0.239143	19.23422	0.0000
X_3	−1.064206	0.056717	−18.76358	0.0000
C	0.233478	0.006209	37.60551	0.0000
加权统计				
决定系数	0.933515	被解释变量的样本均值	0.220344	
调整决定系数	0.929953	被解释变量的样本标准误差	0.350446	
回归残差的标准误差	0.040929	赤池信息准则	−3.489601	
残差平方和	0.093812	施瓦茨信息准则	−3.349978	
对数似然估计函数值	108.6880	H-Q 信息准则	−3.434986	
F 统计量	262.0986	D-W 检验值	1.631370	
F 统计量的概率（即 P 值）	0.000000			
未加权统计				
决定系数	0.211720	被解释变量的样本均值	0.282064	
调整决定系数	0.169490	被解释变量的样本标准误差	0.204424	
回归残差的标准误差	0.186297	残差平方和	1.943558	
D-W 检验值	1.669925			

修正后的模型总体拟合优度较高，且只有 X_1 的系数不显著，X_3 的系数为负表示在 0°～8°度级上生态绿地建设对土地利用率的影响为负向效应。

b. 8°～15°各项目区土地利用率模型估计

由表 4.46 可以看出，模型整体拟合优度非常低，且有两个系数不显著，判断该模型可能存在异方差，因此对其进行异方差检验，见表 4.47。

表 4.46　根据 8°～15°坡度级得出的估计结果表

自变量和常数	回归系数	回归系数标准误差	t 检验值	概率值（P 值）
X_1	0.072795	0.776361	0.093764	0.9256
X_2	2.042054	0.877559	2.326972	0.0236

续表

自变量和常数	回归系数	回归系数标准误差	t 检验值	概率值（P 值）
X_3	−0.415537	0.388563	−1.069420	0.2895
C	0.244690	0.025887	9.452237	0.0000
决定系数	0.096076	被解释变量的样本均值		0.268583
调整决定系数	0.047651	被解释变量的样本标准误差		0.150173
回归残差的标准误差	0.146551	赤池信息准则		−0.938540
残差平方和	1.202731	施瓦茨信息准则		−0.798917
对数似然估计函数值	32.15619	H-Q 信息准则		−0.883925
F 统计量	1.984034	D-W 检验值		1.907416
F 统计量的概率（即 P 值）	0.126810			

表 4.47　异方差检验结果表

异方差检验：怀特检验			
F 统计量	2.356474	F 的伴随概率	0.0264
样本量*R^2	17.87006	卡方分布 x^2（9）的伴随概率	0.0367
缩放解释	23.21690	卡方分布 x^2（9）的伴随概率	0.0057

White 检验结果表明，模型存在异方差性，使用加权最小二乘法对其进行修正，见表 4.48。

表 4.48　White 检验结果表

加权系列：1/ABS（E）				
自变量和常数	回归系数	回归系数标准误差	t 检验值	概率值（P 值）
X_1	0.113283	0.116639	0.971226	0.3356
X_2	1.828189	0.119846	15.25449	0.0000
X_3	−0.395465	0.053390	−7.407045	0.0000
C	0.248136	0.003153	78.69350	0.0000
加权统计				
决定系数	0.854720	被解释变量的样本均值		0.265879
调整决定系数	0.846937	被解释变量的样本标准误差		0.590807
回归残差的标准误差	0.026045	赤池信息准则		−4.393609
残差平方和	0.037988	施瓦茨信息准则		−4.253986
对数似然估计函数值	135.8083	H-Q 信息准则		−4.338995
F 统计量	109.8208	D-W 检验值		1.550335
F 统计量的概率（即 P 值）	0.000000			
未加权统计				
决定系数	0.095094	被解释变量的样本均值		0.268583
调整决定系数	0.046617	被解释变量的样本标准误差		0.150173
回归残差的标准误差	0.146631	残差平方和		1.204037
D-W 检验值	1.911854			

修正后的模型总体拟合优度较高，且只有 X_1 的系数不显著，X_3 的系数也为负，这表示在 8°～15° 坡度级上生态绿地建设对土地利用率的影响为负向效应。

c. 15°～25° 各项目区土地利用率模型估计

由表 4.49 可以看出，模型整体的拟合优度非常低，且 3 个自变量的系数都不显著，判断该模型可能存在异方差问题，因此，对其进行异方差检验，见表 4.50。

表 4.49　根据 15°～25° 坡度级得出的估计结果

自变量和常数	回归系数	回归系数标准误差	t 检验值	概率值（P 值）
X_1	0.335153	0.621376	0.539372	0.5918
X_2	2.166424	1.727342	1.254196	0.2150
X_3	−0.421924	0.277853	−1.518518	0.1345
C	0.168632	0.023113	7.296127	0.0000
决定系数	0.056288	被解释变量的样本均值		0.175808
调整决定系数	0.005732	被解释变量的样本标准误差		0.133518
回归残差的标准误差	0.133134	赤池信息准则		−1.130574
残差平方和	0.992588	施瓦茨信息准则		−0.990951
对数似然估计函数值	37.91723	H-Q 信息准则		−1.075960
F 统计量	1.113381	D-W 检验值		1.245286
F 统计量的概率（即 P 值）	0.351427			

表 4.50　异方差检验结果表

异方差检验：怀特检验			
F 统计量	0.985545	F 的伴随概率	0.4636
样本量 R^2	9.040172	卡方分布 x^2（9）的伴随概率	0.4336
缩放解释	9.246294	卡方分布 x^2（9）的伴随概率	0.4149

White 检验结果表明，模型不存在异方差性，但原模型不显著，因此，对其使用加权最小二乘法进行修正，可得表 4.51。

表 4.51　White 检验结果表

加权系列：1/ABS（E）				
自变量和常数	回归系数	回归系数标准误差	t 检验值	概率值（P 值）
X_1	0.317050	0.074615	4.249139	0.0001
X_2	2.222054	0.245143	9.064330	0.0000
X_3	−0.438449	0.025508	−17.18879	0.0000
C	0.163527	0.003563	45.89598	0.0000
加权统计				
决定系数	0.874392	被解释变量的样本均值		0.169234
调整决定系数	0.867663	被解释变量的样本标准误差		0.310468
回归残差的标准误差	0.029479	赤池信息准则		−4.145951
残差平方和	0.048664	施瓦茨信息准则		−4.006328
对数似然估计函数值	128.3785	H-Q 信息准则		−4.091337
F 统计量	129.9444	D-W 检验值		1.173968
F 统计量的概率（即 P 值）	0.000000			

续表

		加权系列：1/ABS（E）		
自变量和常数	回归系数	回归系数标准误差	t 检验值	概率值（P 值）
		未加权统计		
决定系数	0.054536	被解释变量的样本均值		0.175808
调整决定系数	0.003887	被解释变量的样本标准误差		0.133518
回归残差的标准误差	0.133258	残差平方和		0.994430
D-W 检验值	1.244284			

修正后的模型总体拟合优度较高，且 3 个自变量的系数都显著，其中 X_3 的系数为负，这表示在 8°～15°坡度级上生态绿地建设对土地利用率的影响为负向效应。

d. 25°以上各项目区土地利用率模型估计

由表 4.52 可以看出，模型整体拟合优度非常低，且有两个系数不显著，判断该模型可能存在异方差，因此，对其进行异方差检验，见表 4.53。

White 检验结果表明，模型不存在异方差性，但原模型不显著，因此，对其使用加权最小二乘法进行修正，见表 4.54。

表 4.52　根据 25°以上坡度级得出的估计结果表

自变量和常数	回归系数	回归系数标准误差	t 检验值	概率值（P 值）
X_1	2.171755	0.901297	2.409587	0.0193
X_2	5.576498	3.169462	1.759446	0.0840
X_3	−0.010661	0.136947	−0.077849	0.9382
C	0.035956	0.009834	3.656286	0.0006
决定系数	0.190787	被解释变量的样本均值		0.048532
调整决定系数	0.147436	被解释变量的样本标准误差		0.074673
回归残差的标准误差	0.068949	赤池信息准则		−2.446564
残差平方和	0.266221	施瓦茨信息准则		−2.306941
对数似然估计函数值	77.39692	H-Q 信息准则		−2.391950
F 统计量	4.401007	D-W 检验值		1.256827
F 统计量的概率（即 P 值）	0.007528			

表 4.53　异方差检验结果表

		异方差检验：怀特检验	
F 统计量	0.179281	F 的伴随概率	0.9954
样本量$^*R^2$	1.875708	卡方分布 x^2（9）的伴随概率	0.9933
缩放解释	6.518725	卡方分布 x^2（9）的伴随概率	0.6871

表 4.54　White 检验结果表

		加权系列：1/ABS（E）		
自变量和常数	回归系数	回归系数标准误差	t 检验值	概率值（P 值）
X_1	1.588672	0.837390	1.897170	0.0630
X_2	6.503018	0.468021	13.89471	0.0000
X_3	−0.022915	0.026120	−0.877272	0.3841
C	0.031349	0.002218	14.13189	0.0000

续表

加权系列：1/ABS（E）				
自变量和常数	回归系数	回归系数标准误差	t 检验值	概率值（P 值）
加权统计				
决定系数	0.789229	被解释变量的样本均值		0.044672
调整决定系数	0.777937	被解释变量的样本标准误差		0.209660
回归残差的标准误差	0.013057	赤池信息准则		−5.774590
残差平方和	0.009548	施瓦茨信息准则		−5.634967
对数似然估计函数值	177.2377	H-Q 信息准则		−5.719975
F 统计量	69.89698	D-W 检验值		1.210523
F 统计量的概率（即 P 值）	0.000000			
未加权统计				
决定系数	0.172264	被解释变量的样本均值		0.048532
调整决定系数	0.127921	被解释变量的样本标准误差		0.074673
回归残差的标准误差	0.069733	残差平方和		0.272314
D-W 检验值	1.318416			

　　尽管修正后的模型仍有两个自变量的系数不显著，但总体拟合优度提高到了较高水平，说明该修正模型是可行的。

　　e. 总模型

　　为考察各坡度级的分类对土地利用率影响程度的大小，此处设置 3 个虚拟变量来解决该问题。虚拟变量分别为 X_4、X_5、X_6，其中：

$$X_4 = \begin{cases} 1, 0° \sim 8° \\ 0, 其他 \end{cases} \qquad X_5 = \begin{cases} 1, 8° \sim 15° \\ 0, 其他 \end{cases} \qquad X_6 = \begin{cases} 1, 15° \sim 25° \\ 0, 其他 \end{cases}$$

　　根据该设置可得样本量为 240 个，建立的模型为

$$Y = C + \beta_1 X_1 + \beta_2 X_2 + \beta_3 X_3 + \beta_4 X_4 + \beta_5 X_5 + \beta_6 X_6 + \varepsilon \tag{4.39}$$

式中：Y、X_1、X_2、X_3 的含义与上文相同，对该模型进行估计，可得表 4.55。

表 4.55　模型估计结果表

自变量和常数	回归系数	回归系数标准误差	t 检验值	概率值（P 值）
X_1	0.160533	0.341622	0.469915	0.6389
X_2	2.693313	0.524163	5.138310	0.0000
X_3	−0.218406	0.147961	−1.476104	0.1413
X_4	0.187946	0.027254	6.896026	0.0000
X_5	0.173178	0.027362	6.329205	0.0000
X_6	0.107618	0.026174	4.111686	0.0001
C	0.052361	0.018818	2.782478	0.0058
决定系数	0.360638	被解释变量的样本均值		0.193747
调整决定系数	0.344174	被解释变量的样本标准误差		0.174355
回归残差的标准误差	0.141198	赤池信息准则		−1.048578
残差平方和	4.645273	施瓦茨信息准则		−0.947060
对数似然估计函数值	132.8294	H-Q 信息准则		−1.007674
F 统计量	21.90433	D-W 检验值		1.696422
F 统计量的概率（即 P 值）	0.000000			

由表 4.55 可以看出，模型总体的拟合优度仅为 0.344，较低，且 X_1 与 X_3 的系数不显著，因此，判断该模型可能存在异方差，对估计结果进行异方差检验，见表 4.56。

表 4.56　异方差检验表

异方差检验：怀特检验			
F 统计量	2.840232	F 的伴随概率	0.0001
样本量$^*R^2$	51.55784	卡方分布 x^2（21）的伴随概率	0.0002
缩放解释	79.03481	卡方分布 x^2（21）的伴随概率	0.0000

检验结果显示，White 检验的 P 值为 0，证明模型存在异方差问题，采用加权最小二乘法对异方差进行修正可得表 4.57。

修正后的模型总体拟合优度较高，且各个系数都是显著的，因此，该模型是可行的。观察各变量的系数可知：①生态绿地建设对土地利用率的影响为负向效应，表明生态绿地建设面积越大，土地利用率越低；②公共道路建设对土地利用率的影响效果在三种建设用地类型中是最大的；③$\beta_4 > \beta_5 > \beta_6$，表明坡度级对土地利用率的影响效果中，$0° \sim 8°$ 是最明显的，其次是 $8° \sim 15°$，$15° \sim 25°$ 效果相对较小。

表 4.57　White 检验结果表

加权系列：1/ABS（E）				
自变量和常数	回归系数	回归系数标准误差	t 检验值	概率值（P 值）
X_1	0.140652	0.041934	3.354164	0.0009
X_2	2.522832	0.146859	17.17863	0.0000
X_3	−0.223811	0.021825	−10.25503	0.0000
X_4	0.179601	0.005090	35.28289	0.0000
X_5	0.175789	0.001399	125.6221	0.0000
X_6	0.106180	0.003571	29.73054	0.0000
C	0.052254	0.000834	62.68788	0.0000
加权统计				
决定系数	0.996366	被解释变量的样本均值		0.163688
调整决定系数	0.996273	被解释变量的样本标准误差		0.743852
回归残差的标准误差	0.023611	赤池信息准则		−4.625515
残差平方和	0.129887	施瓦茨信息准则		−4.523997
对数似然估计函数值	562.0618	H-Q 信息准则		−4.584611
F 统计量	10647.65	D-W 检验值		1.361741
F 统计量的概率（即 P 值）	0.000000			
未加权统计				
决定系数	0.359035	被解释变量的样本均值		0.193747
调整决定系数	0.342529	被解释变量的样本标准误差		0.174355
回归残差的标准误差	0.141375	残差平方和		4.656926
D-W 检验值	1.700348			

3）对已开发建设的低丘缓坡项目区调研数据的汇总分析

我们对云南省部分已实施开发建设的项目区进行了实地踏勘和走访调查，这些项目区有一些已经建设完毕，有一些进行了部分开工建设。我们在走访过程中收集了低丘缓坡开发项目区实施方案、控制性详细规划、工程建设资料，并与当地国土部门、项目区管理委员会等进行了座谈、问卷调查等，通过收集分析云南省典型低丘缓坡项目区实际开发建设的情况，由下至上地论证前面理论模型的合理性。

（1）已实施开发的典型项目区总体情况。此阶段的实地调研集中于已经建设完毕或部分开工建设的低丘缓坡开发项目区，收集到了 12 个市（自治州）63 个项目区中 38 个项目区的控制性详细规划（图 4.75）。38 个典型项目区中控制性详细规划范围与低丘缓坡山地综合开发利用实施方案范围一致的有 22 个，比实施方案项目区范围小的有 16 个，数据统计以控制性详细规划范围为准。

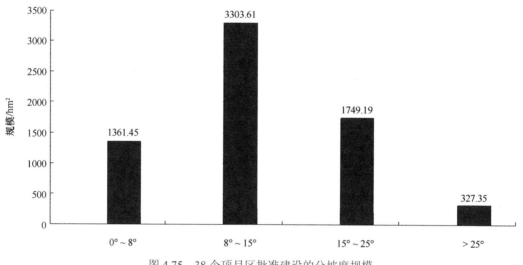

图 4.75　38 个项目区批准建设的分坡度规模

通过对 38 个典型项目区控制性详细规划进行初步分析，目前 38 个典型项目区获批的新增建设用地规模为 6741.6hm^2，其中 0°～8°的规模为 1361.45hm^2，8°～15°的规模为 3303.61hm^2，15°～25°的规模为 1749.19hm^2，＞25°的规模为 327.35hm^2。可见，新增建设用地主要分布于 8°～25°，占新增建设用地总量的 74.9%。由控制性详细规划可以看出，在≤8°区域新增的建设用地主要分布于缓坡间平地及山顶平地，占新增建设用地量的 20.2%；而在＞25°区域新增的建设用地仅占 4.9%，主要是道路、环境设施等少量市政基础设施用地。

在 38 个典型项目区中，工业类型项目区有 21 个，城镇建设类型项目区有 8 个，旅游类型项目区有 3 个，综合类型项目区有 6 个。

（2）典型项目区不同类型用地占比。

a. 用地分类统计依据

从现行的土地分类来看，不同行业根据工作任务及主要目的对土地的分类各有差异，《城市用地分类与规划建设用地标准》（GB 50137—2011）将土地用途分为 10 个大类（即居住用地、公共设施用地、工业用地、仓储用地、对外交通用地、道路广场用地、市政公用设施用地、绿地、特殊用地、水域和其他用地）、46 个中类、73 个小类；国土资源部 2001 年发布的《土地分类》（国土资发[2001]255 号）和建设部发布的《城市用地分类与规划建设用地标准》（GB 50137—2011），两者都是以使用的主要用途对土地进行分类；而《中华人民共和国城镇国有土地使用权出让和转让暂行条例》将土地出让中的土地用途分为居住、工业等五大类。

由于典型项目区调查数据提取的主要依据项目区的控制性详细规划，本章的目的在于探讨低丘缓坡建设开发土地利用率，所以围绕着研究目的将控制性详细规划提取的数据进行重新归类整理，划分为三大类：可利用土地面积（可划拨或可出让用地面积）、市政基础设施用地面积、绿地广场及其他保留用地面积。其中根据对 38 个项目区的控制性详细规划提取的信息，可利用土地（可划拨或可出让用地）类型主要包括居住、工业、物流仓储、商服、行政、文化、教育、体育、医疗、社会福利、宗教设施、机场用地；市政基础设施用地类型主要包括道路、交通场站、供应设施、环境设施、安全设施；绿地广场及其他保留用地类型主要包括公共绿地、防护绿地、广场用地、文物古迹、水域及林地等。

b. 典型项目区可利用土地面积占比

38 个典型项目区控制性详细规划可利用土地面积（可划拨或可出让用地面积）合计 10860.09hm^2，占项目区总规划面积 20371.69hm^2 的 53.31%。

38 个典型项目区中，可利用土地面积占比在 40%以下的有 8 个；40%～50%的有 4 个；51%～60%的有 8 个；61%～70%的有 10 个；70%以上的有 8 个。

从可利用土地面积的用地类型看，工业用地比例最高，占 54.45%；其次为居住用地，占 22.62%；再次为商服用地，占 11.47%（图 4.76）。

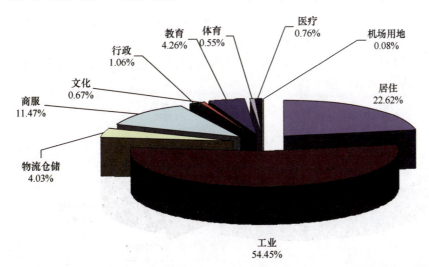

图 4.76 38 个典型项目区可利用土地面积占比情况

c. 典型项目区市政基础设施用地面积占比

38 个典型项目区控制性详细规划市政基础设施用地面积合计 2297.27hm²，占项目区总规划面积 20371.69hm² 的 11.28%。

38 个典型项目区中，市政基础设施用地面积在 5%以下的有 2 个；5%～10%的有 17个；11%～20%的有 14 个；20%以上的有 5 个。

从市政基础设施用地类型看，道路用地比例最高，占 86.29%；其次为交通场站用地，占 5.61%；再次为以供水、供电、污水处理设施用地为主的供应设施用地，占 4.73%。（图 4.77）。

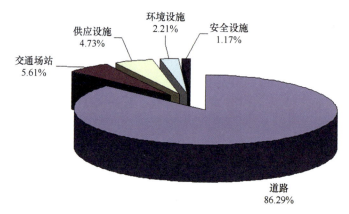

图 4.77　38 个典型项目区市政基础设施用地面积占比情况

d. 典型项目区绿地广场及其他保留用地面积占比

38 个典型项目区控制性详细规划绿地广场及其他保留用地面积合计 7169.88hm²，占项目区总规划面积 20371.69hm² 的 35.20%。

38 个典型项目区中，绿地广场及其他保留用地面积在 20%以下的有 11 个；20%～40%的有 18 个；41%～60%的有 3 个；61%以上的有 6 个。

从绿地广场及其他保留用地类型看，林地、水域等保留用地比例最高，占 59.65%；其次为防护绿地，占 24.96%（图 4.78）。

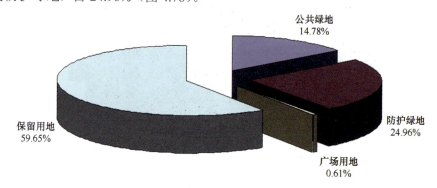

图 4.78　38 个典型项目区绿地广场及其他保留用地面积占比情况

（3）不同类型项目区土地利用率比较。

a. 工业类型项目区土地利用率比较

工业建设类型项目典型项目区有 21 个，控制性详细规划面积合计 11758.28hm²。可利用土地面积合计 6773.73hm²，占总规划面积的 57.61%；市政基础设施用地面积合计 1459.74hm²，占总规划面积的 12.41%；绿地广场及其他保留用地面积合计 3480.39hm²，占总规划面积的 29.60%。

在可利用土地面积中，占比最大的为工业用地，合计面积为 5196.76hm²，占可利用土地面积的 76.72%；在市政基础设施用地面积中，占比最大的为道路用地，合计面积 1239.74hm²，占市政基础设施用地面积的 84.93%；在绿地广场及其他保留用地面积中，占比最大的为水域、林地等保留用地，合计面积为 1614.29hm²，占绿地广场及其他保留用地面积的 46.38%。

b. 城镇建设类型项目区土地利用率比较

城镇建设项目区典型项目区有 8 个，控制性详细规划面积合计 3407.7hm²。可利用土地面积合计 1542.36hm²，占总规划面积的 45.26%；市政基础设施用地面积合计 397.3hm²，占总规划面积的 11.66%；绿地广场及其他保留用地面积合计 1468.03hm²，占总规划面积的 43.08%。

在可利用土地面积中，占比最大的为居住用地，合计面积为 980.31hm²，占可利用土地面积的 63.56%；在市政基础设施用地面积中，占比最大的为道路用地，合计面积为 364.61hm²，占市政基础设施用地面积的 91.77%；在绿地广场及其他保留用地面积中，占比最大的为水域、林地等保留用地，合计面积为 933.63hm²，占绿地广场及其他保留用地面积的 63.60%。

c. 旅游类型项目区土地利用率比较

旅游类型项目区典型项目区有 3 个，控制性详细规划面积合计 1482.49hm²。可利用土地面积合计 498.06hm²，占总规划面积的 33.60%；市政基础设施用地面积合计 73.93hm²，占总规划面积的 4.99%；绿地广场及其他保留用地面积合计 910.50hm²，占总规划面积的 61.42%。

在可利用土地面积中，占比最大的为商服用地，合计面积为 232.28hm²，占可利用土地面积的 46.64%；其次为居住用地，合计面积为 215.48hm²，占可利用土地面积的 43.26%；在市政基础设施用地面积中，占比最大的为道路用地，合计面积为 70.38hm²，占市政基础设施用地面积的 95.20%；在绿地广场及其他保留用地面积中，占比最大的为水域、林地等保留用地，合计面积为 716.56hm²，占绿地广场及其他保留用地面积的 78.70%。

d. 综合类型项目区土地利用率比较

综合类型项目区典型项目区有 6 个，控制性详细规划面积合计 3723.22hm²。可利用土地面积合计 2045.94hm²，占总规划面积的 54.95%；市政基础设施用地面积合计 366.30hm²，占总规划面积的 9.84%；绿地广场及其他保留用地面积合计 1310.96hm²，占总规划面积 35.21%。

在可利用土地面积中，占比最大为居住用地，合计面积为 738.82hm²，占可利用土地面积的 36.11%；其次为工业用地，合计面积为 704.56hm²，占可利用土地面积的 34.44%。在市政基础设施用地面积中，占比最大的为道路用地，合计面积为 307.52hm²，占市政基础设施用地面积的 83.95%；在绿地广场及其他保留用地面积中，占比最大的为水域、林地等保留用地，合计面积为 1012.23hm²，占绿地广场及其他保留用地面积的 77.21%。

4.3.3　山地城镇土地立体规划的用地布局与规划指标

1. 山地城镇建设的特点及开发模式

1）山地城镇建设的特点

由于基础地形具有差异，山地城市规划与平原城市有很大不同。但由于诸多因素，常常在实际操作时偏向于套用平原城镇规划的模式，土地的大挖大填导致山地生态环境恶化，带来"破坏性发展"，如破山而建、夷平山头等现象不但提高了成本，更严重的是会对地形地貌、河流水文等生态环境造成无法挽回的破坏，严重制约着山地城镇的健康发展。在对山地区域土地开发利用之初，要明确该区域城镇建设的特点如下。

（1）道路交通系统复杂。山地区域山水阻隔，地形起伏，增加了交通联系的复杂性与难度。山地城镇交通除了一般城市交通流时空分布的不均衡性和复杂性特点以外，突出地反映出由于受地形明显变化影响而呈现出的多样性、立体化的特点。影响山地城镇道路交通系统组织的因素有很多，其中最主要的是基于当地稳定自然环境条件下的城市交通特征、内外联系方式、总体布局结构和城市的历史现状基础等。在特定的山地自然环境条件下形成的山地城镇空间结构也形成了影响山地城市人流、货流交通集散的特点。因此，山地城镇不可能像平原城镇一样进行网格式道路系统的布局，而是更多采用结合地形的分散组团式结构与灵活自由式道路组织系统。

（2）场地平整的土石方、防护工程大。山地城镇区别于平原城镇的主要特征是地形复杂，有由高度、坡度和小气候等所引起的各种变化。山地城镇的场地土石方、防护工程平衡是一项专业性、技术性、经济性和综合性很强的工作，需要在工程技术经济和时空建设时序上协调处理各种复杂的矛盾，需要经过多方案的经济技术综合比较，以求得最佳的实施方案。而平原城镇场地平整工程量相对较小，水土流失问题不像山地城镇开发建设时那么严重，填挖方数量容易平衡，山地城镇稍有不慎则会产生巨大的弃方。土石方就近合理平衡不是指简单地、机械地要求分单个工程、分片、分段的土石方数量的平衡，而是主张利用各种有利条件，以能否提高用地的使用质量、节省土石方及防护工程投资、提高开发效益等为衡量原则的适当范围内的土石方平衡。

（3）山洪问题突出。山地城镇雨水集中，城镇雨水瞬时高峰突出，要求城镇雨水排放系统必须充分考虑暴雨的影响，特别是山洪问题突出，往往防不胜防，尤其是一些山地小城镇用地紧张，通常建设在一些洪积扇的下游开阔处，地形高差大，山洪流速大，容易引发泥石流、滑坡等次生灾害，妥善处理山洪问题是山地城镇特有的问题。

（4）山地城镇变化丰富的竖向景观。丰富多变的地形地貌、山水环境是珍贵的自然资源，为山地城镇创造充满活力的空间结构和景观特色提供了重要的物质基础，产生有别于其他城镇发展形态和总体形象，变化的天际轮廓线，层层叠叠、高低错落的建筑群和街道交通结合成多维的空间组织，城镇和周边或者内部的山体、河流形成一个协调统一的整体，形成了山城特有的立体艺术面貌。山地城镇与平原城镇建设差异性比较见表 4.58。

表 4.58　山地城镇与平原城镇建设差异性比较

城镇类型	地形	一般城市地形	城市交通组织	城市空间关系	景观组织	环境特征
山地城镇	山地、丘陵坡度大于5%	分散式结构、组团或带状式	因地制宜，自由式	三维空间，高低起伏，错落变化	以自然组织景观居多	自然的山、水，绿化的城市大环境
平原城镇	平地坡度小于5%	整体式结构，一般"大饼式"铺开	规整的棋盘式反射式	二维空间，平坦统一	以人工组织景观居多	人工的山、水，绿化的城市小环境

（5）开发较易形成新的生态脆弱区。地形复杂易发生地质灾害的山地开发较之于平地开发，在技术上更加困难，从而导致投入增加。在开发时，对山地进行边坡治理、护坡修建、绿化隔离、防洪泄洪处理、地质灾害防治等都极为必要，而且投入较大。但是由于资金不足，有些环保措施都没有做到位，使得开发后的山地成为生态脆弱区。

2）山地城镇建设面临的问题

（1）弱化山水环境，突破山体控制。城市形态是山地城镇展示形象的重要因素之一。山地城镇呈现出不同于平原城镇的多样城市形态，其所构建的基础便是对自然地形、地貌的尊重，通过自然因素的控制作用展现出良好山地形态特征。在城市发展初期，一般比较尊重自然，但在城市发展的中后期，由于技术进步和城市用地急剧扩张等因素的影响，一些原本受到自然山体限制的城市在短期利益的驱使下，也逐步向山体扩张，突破地形对城市形态的控制作用，常见的是在临山处切破山体，或建设上山，变山为城，破坏了山地城镇的自然形态。

（2）道路求宽求直，忽视自然地形。契合自然地形的道路体系是山地城镇设计中尤为重要的设计要点。在山地道路设计中，道路线型多根据地形条件显现出多弯曲、自由分布的特点，且横断面宽度较为适宜。但部分新区建设中却一味地追求笔直超宽、坡度平稳的景观大道，山体为建设让路。特别是一些中小型山地城镇，为了追求城市的宏伟气派而打造景观大道，通常做法是对外连接主干道道路设置为宽大于 50m 的大道，推平或填平沿线山体。这样做会带来巨大的生态负面影响，不仅要提高成本开山，还要对后期土地进行整治。另外，从生态学角度来看，道路交通本身就是一种负面廊道，而越宽直的道路也就产生了越多的负面效应。

（3）侵蚀自然山体，破坏生态平衡。山地城镇受高山、峡谷等恶劣自然条件的影响，大多数规模较小、独立存在，相互间分布不均、缺少联系，无法形成具有竞争力的城市带。因此，许多中小城镇经济发展多依靠本地资源的带动，其中矿产资源的挖掘是极为普遍的现象。这个过程对整个山水环境的破坏是极为严重的,继而加剧了城市环境的衰退和生态平衡的破坏。从生态角度而言,其破坏性主要表现为以下几个方面:①自然基质的破碎。自然山体往往是城市野生动植物的涵养区,大量的人工活动会加剧自然基质的硬化趋势,加快了山区生境破碎化趋势。同时,由于山地环境的特殊性,山体基质一旦被破坏就难以恢复。②自然斑块的萎缩。对山地进行开发建设使得山地环境的自然斑块相对尺度变小,降低了整体斑块的稳定性,容易造成自然斑块的萎缩。③自然廊道的断裂。山体廊道是山地环境生态平衡的脉络,一旦被阻隔或贯穿会导致自然灾害发生,继而影响到整个区域的生态稳定。

(4)绿化廊道阻塞,城市环境恶化。山地城镇绿化廊道通常位于冲沟、河谷和台地之间较陡的坡地等生态敏感度较高的区域。在规划建设中,设计者往往会忽略这些绿化廊道,采用异地补偿等方式来满足城市绿地指标,但却阻塞了原本通畅的绿化廊道,进而整个绿化系统都受到干扰,无法形成体系。多数中小县城在规划建设中不够规范,破坏了廊道的完整性与连续性,导致城镇热导效应严重,次生灾害频发。

3)山地城镇开发模式比较

(1)谷地开发模式。谷地开发的用地主要集中在谷底,建设用地在山谷平缓地带集中分布。谷地开发模式顺应地形,有利于保持良好的生态景观环境质量,但是其用地疏松,适宜用在城区外围的休闲娱乐等功能区域。

(2)坡地开发模式。开发较为集中的山坡地主要集中在建成区中心组团周边。在中心组团聚集效应的带动下,在河谷平地周边,开发建设逐渐向外围扩散,一些坡度相对较缓的山坡地逐渐被开发出来,基本上依托山势对坡地进行小规模的土地平整,呈现出随形就势的特点。坡地开发模式能够适应一般情况下的城市开发,并且有利于塑造独具特色的山地城镇景观,因此,应作为山地开发主导性的开发模式。

(3)开山模式。随着经济的发展,城市建设与土地资源稀缺的矛盾日益突出,为大规模的土地平整创造了条件,在此前提下,一些坡度不大的山坡通过土地平整降低高程和坡度用地开发建设,这种模式对于土地平整的力度和范围较之以往的坡地利用模式更大。开山模式是一种相对简单的土地开发模式,但由于形势单调、与山体关系生硬,应作为其他开发模式的补充,有限度地使用。

(4)开山平谷模式。开山平谷模式是一种建立在更大规模土地平整基础上的丘陵地开发利用模式。在丘陵地带的谷底与山顶之间选取适当的高程为基准地平,开山平谷,获得较大规模的平整土地。开山平谷模式可以创造规模较大而建设条件优越的平地,但对山地城镇特色有一定的损伤,因此,应谨慎使用,应更多地用于建设重工业区和活动密集的公共中心。

不同的开发模式各有优缺点,地形复杂的山地城镇,单一的山地开发模式并不能适应所有情况,因此,应综合运用各种开发模式,并充分利用各个模式的优势,弥补弱势(表4.59)。

表 4.59　不同开发模式的利弊比对

项目		谷地开发模式	坡地开发模式	开山模式	开山平谷模式
经济性	前期工程量	很小	较小	较大	较大
	规模效益	一般	较大	较小	很大
功能适应性		工业、居住、公共设施	居住、公共设施、小规模工业	较小规模的工业、居住、公共设施	各种类型的用地
安全性		较好	一般	一般	较好
生态景观	景观	设施隐蔽性好，山城交融	山体与设施耦合性好，山城特色突出	对山体形态改变较大，产生大量开山创面	形态较呆板，山城特色不突出
	生态环境质量	好	视开发强度	视开发强度	视开发强度
空间资源存量		较少	较多	较多	很多

2. 山地城镇用地布局

1）山地城镇用地布局与平原地区的差异

山地城镇建设的基底大大不同于平原城镇，平原城镇是二维用地，而山地城镇是三维用地。在自身空间形态构成方面，山地城镇比平原城镇更有优越性。但是山地区域的可建设用地一般比较分散，这就决定了山地城镇在用地布局上不能单一地套用平原地区连续性扩展模式。对于复杂的地形，要遵循优先布置主要功能项目的原则，在考虑城镇的功能分区与用地发展时，要注意各个地段的建设条件，当然，也不能忽视这些地段之间及其与周围地区的交通联系等。由于山区和山地城镇所处的地理区位、海拔、地形坡度、气候、降水和日照等自然条件的差异，山地城镇布局结构的类型也多种多样。山地城镇的结构形态一般可以分为带型、紧凑集中型、组团型、树枝型、串联型等形式。

此外，山地城镇用地稀缺，但是为了保障城镇安全，规划中必须对建设用地进行限制，让建设区后退，使冲沟、滑坡、陡坡上缘荷载减小，使建设的安全得到提高。建设用地后退后，对其进行绿化，并兴建截污、截洪沟等环保设施，使地表径流对冲沟、滑坡、陡坡区的冲蚀减弱，水土流失减少，从而达到保障城镇安全、改善水环境的目的。

山地城镇土地规划对灾害敏感区不能消极避让，而应采取积极的态度，将经过整治的冲沟、滑坡等地质灾害敏感区进行绿化，将其建为公共绿地，冲沟成为楔入城镇的绿色走廊，而可建设用地则加大建筑密度和容积率，提高土地利用率，这样既保证了居民的户外活动空间，又满足了用地的要求。

2）山地城镇用地布局的基本原则

（1）有机分散与紧凑集中原则。协调快速城镇化进程中城市人口扩张与土地资源短缺的矛盾，重构城市发展与自然演进的平衡机制。

（2）就地平衡的综合住区发展原则。建立工作（生产）与生活就地平衡的综合住区发展模式，以减少市民上下班、购物在路途的时间消耗和能源消耗，提高工作效率和生活质量。

（3）多中心、组团结构原则。缓解由于人口向城市中心地区过度集中而引发的公共卫生问题、交通拥挤问题、能源消耗增加、热岛效应加剧，以及由此引起的空气、噪声污染和交通安全事故等生态安全与环境恶化问题，同时，组织步行、自行车交通和公共交通，减少对私人小汽车交通的依赖，从而减少小汽车交通对城市环境的污染和干扰，减少道路交通面积及其建设投资。

（4）绿地楔入原则。组团之间保留的陡坡、冲沟、农田、林地、湿地等绿色自然隔离地带和生态廊道，是山地城镇空间布局结构的重要有机组成，同时它是生物流和能量流的重要通道，有利于形成完善的生态绿地系统，发挥绿地系统的通风、降温、降尘、减噪、净化空气、蓄水、减灾防灾、生物繁衍、改善环境质量，增加城市开敞空间等综合生态服务功能，形成山地城镇与自然协调和谐的城市生态文化，为市民创造良好的户外交往、休闲、游憩活动场所和动植物的栖息环境。

（5）多样性原则。多样性原则包括山地城镇的文化多样性原则、生物多样性原则和景观多样性原则，有利于形成人与自然、人与生物、历史与现状、新城与旧城共生共荣、生机活力的景观格局。

（6）个性特色原则。凸现城市个性，强化城市特色，包括自然环境特色、地域文化特色、建筑风貌特色，克服现代城市的单调和千篇一律的通病。

以上理念与发展原则的综合运用形成了"有机分散、分片集中、分区平衡、中心、组团式"的空间结构形态，体现了中国山地城镇人和自然高度密集融合和山水文化的哲学理念。

3）山地城镇用地布局

（1）城市空间增长边界的管理。以紧凑发展作为规划的核心思想，以"紧凑城镇"保存大量自然生态空间及其价值，最大限度地保护森林等自然生态系统。

a. 非建设用地的管理

城市增长边界以外的区域属于非建设用地范围。该区域由于存在多种生态限制要素，生态敏感性高，应优先实施生态保护，进行生态环境建设。根据生态功能的差异性，将其划为基本农田保护区、自然保护区、水源保护区、森林公园、郊野公园、生态隔离带等，分层次进行保护与控制，保证这些非建设用地土地资源的可持续利用。

b. 建设用地的管理

城市增长边界以内的区域总体上被规划成建设用地，但并不等于可以任意开发建设。该区域内部也存在部分城市建设生态限制因素，因此，要根据资源环境条件与生态承载力等，确定城市开发模式、规模与强度。同时，要注重城市绿地建设与环境污染防治，塑造良好的人居环境。

c. 刚性与弹性边界的控制

根据生态管制强度的差异性，城市增长边界分为刚性和弹性两种类型。禁止建设区属于城市发展的刚性边界，是城市的"生态安全底线"，严格不能突破；而限建区属于城市发展的弹性边界，可针对不同的城市发展规模进行相应的调整，从而保证城市增长边界在刚性的前提下进行弹性管理，适应城市增长可变的环境。

（2）各主要类型用地布局。

a. 居住用地布局

居住用地依托各绿带和沟谷绿地分布，形成居住小区-组团两级结构。由于距离老城区较远，各种基础设施的配置还未跟上。因此，为集约利用土地、增加项目可实施性和减少初期基础设施投资，规划可将一类居住用地和二类居住用地相互兼容。

b. 公共设施用地布局

公共设施主要沿主要步行道展开，并与各个开敞空间相互联系。片区级公建围绕片区级广场展开，各小区级公建便捷地布置于各分片区中心，形成分层级的公共服务网络。

c. 道路交通系统规划

道路选线尽量结合项目地形和现有道路，整体上形成"羊肠式"的道路格局。道路系统由过境路、主干路、次干路、支路及步行道组成。

3. 山地城镇建设开发土地立体规划主要控制指标

由于本节研究的山地城镇建设开发土地立体规划聚焦于项目区层面，主要明确低丘缓坡项目区在开发建设过程中要遵循的要求、原则和控制性指标。从具体的指标看，对于一个具体项目区的规划建设，有不同层级、不同领域、不同侧重点、不同深度的规划要求，要最终明确低丘缓坡项目区层面山地城镇建设开发土地立体规划的要求，就应先把涉及项目区规划的相关规划控制指标进行梳理，得到具有可操作性的山地城镇建设开发土地立体规划主要控制指标。

1）相关规划职能及控制指标

相关规划职能及控制指标见表 4.60。

2）山地城镇开发项目区层面土地立体规划控制指标研究

根据山地区域土地立体开发的实际要求，在梳理相关规划职能及具体指标的基础上，兼顾控制低丘缓坡项目区层面指标的实用性和可操作性，设置主要控制指标，如表 4.61 所示。

3）城镇建设用地主要常规控制性指标体系

（1）人均建设用地指标。依据《城市用地分类与规划建设用地标准》（GB 50137—2011）中 4.2 的要求，规划人均城市建设用地面积指标应根据现状人均城市建设用地面积指标、城镇所在的气候区和规划人口规模，按表 4.62 的规定综合确定，并应同时符合表中允许采用的规划人均城市建设用地面积指标和允许调整幅度双因子的限制要求。

（2）城市建设用地结构。依据《城市用地分类与规划建设用地标准》（GB 50137—2011）中 4.4 的要求，居住用地、公共管理与公共服务设施用地、工业用地、道路与交通设施用地和绿地与广场用地五大类主要用地规划占城市建设用地的比例宜符合

表 4.63 的规定。

风景旅游城市（镇）及其他具有特殊情况的城市（镇），其规划城市建设用地结构可根据实际情况具体确定。

（3）建设项目地块规模。①原则上应当按规划控制道路红线围合的街坊进行整体规划建设；对无法成为街坊整体开发的用地，应当在同一街坊内整合周边可开发用地，统一开发建设。②不能成为街坊整体开发的商品住宅项目建设用地面积不得小于 0.67hm^2（净用地 10 亩[①]）。非住宅项目建设地块面积不得小于 0.20hm^2，其中涉及高层建筑开发项目的建设地块面积不得小于 0.30hm^2。③不能被整合，且对于地块面积小于 0.2hm^2 或地块宽度（进深）小于 30m 的畸零建设用地不得对其进行单独开发，原则上只能用于公共绿地、城市道路和公益性公共设施、市政设施等的建设。

（4）建筑容量控制。土地开发强度控制原则：项目区内，坡度较小的片区开发强度高，坡度较大的片区开发强度低；挖方地强度高，填方地强度低；生活服务设施用地强度高，生产市政设施用地强度低；开发强度与用地交通条件相适应。

综合评定待开发区域环境对土地开发强度的承载能力，在符合土地利用总体规划及城市总体规划的前提下，综合山地区域已开发项目区域建设的实际情况，横向比较国内其他山地城市规划建设指标控制要求，将山地城镇用地开发强度控制分区及各区域的控制标准确定如下。

A. 非开发强度地区

规划中规定的城市绿地、水系、开敞空间、生态保护区等，均未划入城市各类开发强度地区，这类地区属于城市的开敞空间、视廊、景观通道、城市隔离带，不得兴建大型建筑（>1000 m^2），其建设活动要经过生态环境影响评估确定无碍后方可进行。此类地区的容积率在 0.1 以下，绿地率应大于 98%。

B. 各类开发强度地区

a. 高强度开发地区

高强度开发地区指开发区域重要公共空间节点地区，塑造城市标志性建筑，鼓励用地复合利用，形成多样性的城市环境和景观。主要分布在：沿交通干线（如城市快速路）的重要节点、轨道交通站点及周边地区，放射状城市干道两侧用地、规划轨道交通沿线用地及城镇组团用地中心周围。

此类地区以高层建筑为主的商业金融、商务办公、公共设施、商住混合区，在营造山地和谐景观的前提下，容积率上限控制为 5，建筑密度为 25%～30%，此类地区以高层建筑为主，建筑高度为 30～60m。建筑高度可根据容积率和建筑密度相应控制。

b. 中等强度开发地区

中等强度开发地区是中心城范围内的主要建设用地，除城市特定区域之外的一般地区，该地区是城市环境的重要组成部分，重点控制建设规模，强调环境建设，协调与生态环境的关系，塑造和谐的城市整体意向。

---

① 1 亩≈666.67 m^2

表 4.60　相关规划职能及控制指标表

规划类型	主要职能	应用尺度	主要控制指标
城市总体规划	城市总体规划作为引导与调控城市发展建设的重要手段。经法定程序批准的城市总体规划是编制城市近期建设规划、详细规划、专项规划和实施城市规划行政管理的法定依据。同时，城市总体规划是引导和调控城市建设，保护和管理城市空间资源的重要依据和手段，也是城市规划参与城市综合型战略部署的工作平台	城市、城镇	人均 GDP、第三产业比重、国际游客数量、大型国际会议台数量、国际航空旅客吞吐量、著名跨国公司设立各类总部（家）、劳动密集型产业占全省比重、固定资产投资占全省比重、每万人图书馆数量、每 10 万人影剧院数量、高等教育毛入学率、每 10 万人有医生数、城乡居民恩格尔系数百分比、农村居民工资性收入比例、乡村公交通车率、城镇人均绿地面积、水网密度、水面率、水环境质量达标率、公共交通分担率轨道交通客运率、高峰时段城市平均步行车时速、单位货运量能源消耗、万元工业增加值水耗、工业用水重复利用率、能源利用效率、清洁能源利用比例、垃圾回收利用率、新增建设用地中整理土地的比例
控制性详细规划	控制性详细规划是以总体规划或分区规划为依据，进一步深化总体规划或分区规划的意图，达到有效控制用地和规划管理的目的。具体对近期建设开发地区的各类用地进行详细划分，确定其使用性质，确定规划内部的市政公用和交通设施与外部道路的联系，提出控制指标和规划管理的要求，为土地的综合开发和规划管理提供必要的依据，同时指导修建性详细规划的编制	城市、项目区及具体地块	控制性详规（控规）的控制指标分为规定性指标和指导性指标。规定性指标为以下各项：用地性质、用地面积、建筑密度、容积率、绿地率、交通出入口方位、停车泊位及其他设施。指导性指标一般以下各项：人口容量、建筑密度、色彩、风格、体量、建筑形式、其他环境要求
土地利用规划	城市外部：通过城市规划区、规划建成区确定城市的空间发展方向，确定城市建设用地与非城市建设用地的关系，保障城市建设的有序发展。协调城市活动必要的空间（工作、居住、游憩、交通）关系。城市内部：为各种城市活动分配必要的空间	城市、项目区及具体地块	耕地保有量、基本农田保护面积、园地面积、林地面积、牧草地面积、建设用地总规模、城乡建设用地规模、城镇工矿用地规模、交通、水利及其他用地规模、新增建设用地总量、建设用地总量、新增建设占用农用地规模、新增建设占用耕地规模、整理复垦开发补充耕地义务量、国家整理复垦开发效益分析、人均城镇工矿用地
竖向规划	城市中场地竖向规划定在一定的规划用地范围内进行，它既要使用的规划地适宜于功能分区、地块划分、地块性质、地块等环境条件，满足性质、地块等环境条件、交通运输、排洪、防洪等环境条件。因此，必须从实际出发，作好高程上的安排，不能因地制宜、随坡就势、随弯就直，结合其内在的要求和项目的简单过程，把竖向规划当作平整土地，改造地形以求得最大社会经济效益和环境效益为目的的简单过程，而是为了使各项用地在高程上和谐、平面上和谐，以求得最大社会和环境效益	城市、项目区及具体地块	总用地面积、住宅建筑总面积、总建筑面积、住宅建筑面积、平均层数、容积率、建筑密度、住宅建筑容积率、建筑密度、绿地率、工程量及投资估算
生态市建设规划	为进一步深化生态示范区建设，国家环保总局于 2003 年 5 月编制并印发了《生态县、生态市、生态省建设指标（试行）》。全国随即展开了生态市建设规划的编制工作。生态市建设规划围绕全面建设小康社会，以全面、协调、可持续的科学发展观为指导，运用生态经济循环经济理论、统筹区域经济、社会和环境、资源的关系，以人为本，通过调整优化产业结构，大力发展生态产业和循环经济，改善生态环境，培育生态文化，重视生态宜居人居，走生产发展、生活富裕、生态良好的文明发展道路	城市、城镇	年人均国内生产总值、年人均财政收入、农民年人均纯收入、城镇居民年人均可支配收入、第三产业占 GDP 的比例、单位 GDP 能耗、应实施清洁生产企业的比例规模化企业通过 ISO-14000 认证比率、森林覆盖率、受保护地区占国土面积比例、退化土地治理区、城市水功能区水质达标率、主要污染物排放强度、集中式饮用水源地水质达标、城镇生活垃圾无害化处理率、噪声达标区覆盖率、城市生态系统完好率、城市化水平、城市气化率、旅游区环境达标率、恩格尔系数、基尼系数、高等教育入学率、环境保护宣传教育普及率、城市集中供热率、公众对环境的满意度

表 4.61 山地开发项目区层面土地立体规划控制指标表

项目	规划控制要素	规定性指标	引导性指标
土地使用控制	建设用地空间增长边界	▲	
	土地使用兼容性		▲
	人均建设用地指标	▲	
	城市用地结构		▲
	建设项目地块规模	▲	
土地开发强度控制	容积率、建筑密度	▲	
建筑建造控制	建筑高度		▲
	最小建筑退线		▲
用地竖向控制	场地平整		▲
	道路与交通用地组织		▲
	立体绿化		▲
生态环保基础设施用地控制	城市绿线控制	▲	
	公共绿地、绿化廊道、绿化开敞区等		▲
	生活垃圾填埋场建设	▲	
居住区用地控制	居住区用地布局		▲
	生态型小区规划要求		▲

表 4.62 规划人均城市建设用地面积指标 （单位：m²/人）

气候区	现状人均城市建设用地面积指标	允许采用的规划人均城市建设用地面积指标	允许调整幅度		
			规划人口规模≤20.0万人	规划人口规模20.1万~50.0万人	规划人口规模>50.0万人
Ⅰ、Ⅱ、Ⅵ、Ⅶ	≤65.0	65.0~85.0	>0.0	>0.0	>0.0
	65.1~75.0	65.0~95.0	+0.1~+20.0	+0.1~+20.0	+0.1~+20.0
	75.1~85.0	75.0~105.0	+0.1~+20.0	+0.1~+20.0	+0.1~+15.0
	85.1~95.0	80.0~110.0	+0.1~+20.0	−5.0~+20.0	−5.0~+15.0
	95.1~105.0	90.0~110.0	−5.0~+15.0	−10.0~+15.0	−10.0~+10.0
	105.1~115.0	95.0~115.0	−10.0~−0.1	−15.0~−0.1	−20.0~−0.1
	>115.0	≤115.0	<0.0	<0.0	<0.0
Ⅲ、Ⅳ、Ⅴ	≤65.0	65.0~85.0	>0.0	>0.0	>0.0
	65.1~75.0	65.0~95.0	+0.1~+20.0	+0.1~20.0	+0.1~+20.0
	75.1~85.0	75.0~100.0	−5.0~+20.0	−5.0~+20.0	−5.0~+15.0
	85.1~95.0	80.0~105.0	−10.0~+15.0	−10.0~+15.0	−10.0~+10.0
	95.1~105.0	85.0~105.0	−15.0~+10.0	−15.0~+10.0	−15.0~+5.0
	105.1~115.0	90.0~110.0	−20.0~−0.1	−20.0~−0.1	−25.0~−5.0
	>115.0	≤110.0	<0.0	<0.0	<0.0

注：a. 气候区应符合《建筑气候区划标准（GB 50178—1993）》的规定。

b. 新建城市（镇）、首都的规划人均城市建设用地面积指标不适用于本条文。

c. 新建城市（镇）的规划人均城市建设用地面积指标应在 85.1~105.0m²/人内确定。

d. 边远地区、少数民族地区城市（镇），以及部分山地城市（镇）、人口较少的工矿业城市（镇）、风景旅游城市（镇）等，不符合上表规定时，应专门论证确定规划人均城市建设用地面积指标，且上限不得大于 150.0m²/人。

表 4.63　规划城市建设用地结构

用地名称	占城市建设用地比例/%
居住用地	25.0～40.0
公共管理与公共服务设施用地	5.0～8.0
工业用地	15.0～30.0
道路与交通设施用地	10.0～25.0
绿地与广场用地	10.0～15.0

此类地区是以小高层、多层为主的居住、公共服务设施、文化娱乐等用地功能区，容积率控制在 1.5～2，建筑密度为 30%～35%，建筑高度为 20～30m。

c. 低强度开发地区

低强度开发地区是靠近山体、重要水域的地区，且属于环境要求极高的区域，为低开发强度地区。

此类地区是以低层、多层为主的居住、旅游、休闲、文教、产业研发等用地功能区，容积率控制在 0.9 以下，建筑密度小于 35%，建筑高度为 9～20m。

各强度管制区内的土地利用及建设还应符合机场净空区建筑高度控制、日照、绿地率、消防等国家及相关法律法规的要求。

此外，由于山地建设场地内道路比较曲折，存在较多挡墙、护坡，可根据具体项目建设情况，适当降低建筑密度。

（5）建筑高度间距控制。①建筑高度必须符合日照、建筑间距和消防等方面的要求。②建筑间距必须符合消防、卫生、环保、工程管线和建筑保护等方面的要求。③同时，建筑高度和间距的控制应符合城市总体规划的有关规定。

（6）建筑物退让规定。建筑布置应当按照城市规划确定的"四线"（即绿线、黄线、蓝线、紫线）规定进行退让。沿建筑基地边界和道路、河道两侧及电力线路保护区范围内的建筑物，其退让距离除必须符合消防、防汛和交通安全、景观、环保等方面的规定以外，还应符合以下规定。

a. 建筑退道路红线

根据规划区道路的不同等级，规定建筑后退道路红线距离。

主干道：道路规划红线为 40～50m，两侧高层建筑后退道路红线 15m，多层建筑及沿街商业后退道路红线 8m；

次干道：道路规划红线为 30m，两侧高层建筑后退道路红线 10m，多层建筑及沿街商业后退道路红线 6m；

支路：道路红线 12～24m，两侧高层建筑后退道路红线 8m，多层建筑及沿街商业后退道路红线 4m。

b. 建筑退绿线

道路设有绿化带的，两侧高层建筑后退主干道道路绿带 8m，后退次干道、支路道路绿带 5m；多层建筑及沿街商业后退道路绿带不小于 3m；

建筑后退主要湖滨绿带 10m，后退其他水系滨河绿带 5m。

c. 建筑退用地边界

多层建筑退用地红线不小于 5m，小高层建筑退用地红线不小于 8m。紧邻绿地广场一侧的小型商业建筑后退用地边界不小于 3m。在满足以上规定时，同时满足高唐县有关建筑退让规定。

4. 山地城镇土地集约利用

1）山地城镇土地集约利用的必然要求

（1）适宜建设的用地较少。山地区域建设的地形地貌等客观条件限制。

（2）单位面积建设用地开发建设成本高。从经济角度考虑，避免用地粗放带来的资源浪费。

（3）山地开发要求生态扰动较少。保留区域较多，可开发区域必然选择高集约度。

2）山地城镇土地集约利用的技术方法

（1）组团式空间布局。结合山地城市地形特征，根据城市总体空间安排，将功能性质相近的地区相对集中布置成组团，使其在空间上较为完整独立，组团之间有明确的空间分隔，并有便捷的联系，形成总体的山地城市组团式空间结构，这样既可以使各个组团因地制宜发挥优势，实现差异化协调发展，同时，组团内部可以集中配置完善的城市设施，促进集约发展，而组团之间的开敞空间还可以保护基本山水生态格局和生活环境。

（2）提倡公共交通。公共交通可以以较低的成本产生较高的交通效率，是一种集约化的交通模式，节约土地成本和时间成本；同时降低了环境成本。提升山地城镇公共交通的综合效益，一方面要在对山地环境不造成过大干预的前提下，提升水平机动车道效率；另一方面，需提倡步行等其他公共交通模式，以降低对水平机动交通的依赖，尤其要发展对山区复杂地形有更强适应能力的山地立体公共交通模式。同时，要增强不同交通方式之间的联系与配合，从而以多样化且相互合作、取长补短的公共交通模式，构建综合性的、地域特色突出的山地城镇公共交通系统。

（3）提倡用地功能的混合。宜布置一系列小尺度、多临街面的开放式社区，并利用山地地形高差，结合空中连廊、退台等手段，将临街面竖向扩展，提供更多生产与销售空间，促进社区功能混合。

（4）建立疏密有致的城市密度分区模式。科学制定土地开发的相关法规和政策，在提高城市密度的同时加强对土地利用强度的管控和引导，科学划定城市密度分区，合理调控城市密度分布。首先，结合密度梯度理论和山地城市密度分布空间分异的现实特征，依据建设用地统计和规划实施评估，展开对人均用地、平均容积率等控制指标的研究。其次，根据相关研究与分析，确立疏密有致的城市建设密度分区规划，逐步建立根据密度分区对土地开发强度的管控，使城市用地建设形成整体紧凑集约、土地功能完善、空间秩序良好、风貌特征鲜明的新局面。

（5）结合地形进行立体开发。立体开发模式有助于利用最小的土地发挥出城市的最大效能，起到节约土地资源的作用，而山地城镇独特的地形特征提供了更多立体

上的可能性，包括交通枢纽立体化、立体的交通转换设施、地下空间利用、承上启
下的人行步道、建筑之间的立体衔接等。立体化开发意味着一部分地面功能向上转
移，从而留出更多地面空间作为人群活动的开敞空间；结合地形的立体化连接，为
各个位于不同地形台地的结构要素取得更多联系，在结构网络中承担了重要的衔接
作用。

（6）空间的复合利用。

a. 建筑外表面空间的复合利用

策略一：建筑外表面空间与步行空间、静态交通和机动交通空间结合。

在山地城镇中，通过对地形高差的合理利用，可以将公共建筑屋顶标高与城市道
路标高对接，从而将屋顶空间融入城镇公共空间网络，为城镇提供额外的公共活动
区域。若条件允许，还可以结合屋顶空间设置建筑出入口，使公共建筑与不同标高
的城市道路发生联系，从而提升建筑的可达性。在地形起伏较大、缺乏平缓用地的山
地小城镇中，建造在公共建筑屋顶上的城镇广场甚至成为公共空间节点的主要类型
（图 4.79）。

图 4.79　公共建筑屋顶作为城镇广场
左上、左下：巫山新城圣泉公园；右上、右下：重庆武隆区巷口镇世纪广场

建筑外表面空间也可以与步行路径结合，比较典型的处理手法是对立面进行退台处
理。这种方式不仅可以增强建筑立面的层次，还在建筑立面上创造了多层次的观景平台
和类似于"半边街"的空间，一定程度上提升了与退台空间相邻的建筑空间的商业价
值，并形成了占天不占地的空中步行路径，有利于节约用地（图 4.80）。

图 4.80　巫溪县柏杨街道马镇坝新城某商业建筑立面退台形成步行路径

　　建筑外表面空间也可能与静态交通空间或机动交通空间结合。在山地城镇中，利用地形高差可以将山地建筑屋顶标高与城市道路标高对接，提高了屋顶停车的便利性（图 4.81）。

图 4.81　山地小城镇与屋顶结合的停车场（左）和机动车道（右）

　　策略二：建筑外表面空间与绿化空间、农业生产空间结合。
　　屋顶绿化不是城市绿化的主体，仅作为一种补充手段，单个建筑的屋顶能提供的绿化量或农业生产量也非常有限，但如果同时应用在多个建筑上，则可以产生规模效应，因此，若设计得当，其生态效益仍然是可观的。屋顶绿化和屋顶农业不仅能改善城市生态环境，也能改善建筑自身的物理环境（图 4.82）。

图 4.82　巫溪县柏杨街道马镇坝新区的建筑屋顶绿化

b. 建筑内部空间的复合利用

可通过恰当的处理方式使建筑内部空间参与城镇公共步行空间，甚至机动交通空间的建构，实现建筑内部空间的复合利用。

通过将机动交通空间或步行空间与建筑内部空间局部结合的方式来节约用地。例如，将若干建筑底层局部架空、让机动车道或步行道穿越。山地小城镇在面临地形高差时，常常通过构建连续的室外梯道来联系不同标高的城镇空间。然而对于某些坡度较大、高低悬殊的地段，可参考建筑内部竖向交通体的做法，构建公共垂直交通体（图 4.83）。

c. 城市绿化空间的复合利用

城市绿化空间与停车场等静态交通空间结合；城市绿化空间与步行空间结合；城市绿化空间与自然生态空间及农业生产空间结合。

d. 堡坎空间的复合利用

堡坎空间是山地城镇特有的开敞空间。堡坎坡度大，难以利用，一般是纯粹的工程护坡。但由于山地城镇土地资源匮乏，为了充分挖掘每一寸用地的潜力，也常常对堡坎空间进行复合利用，主要包括堡坎与绿化的结合、堡坎与步行空间的结合（图 4.84）。

图 4.83　山地城镇交通空间与建筑内部空间的结合

图 4.84　堡坎绿化和利用堡坎空间形成占天不占地的空中步道

3）山地居住区节约集约利用的技术方法

（1）宏观层面。

a. 以多样化的平面布局形式适应地形变化

山地居住区的平面布局应以"大分散、小集中"为总原则，综合运用点状布局里的行列式、围合式和散点式，以及线状布局里的直线式和折线式，使得住宅布局能够适应复杂地形的变化，达到土地利用率的最大化。

b. 缩小住宅的日照间距

坡度、坡向、高差等山地的特征元素对于缩小住宅的日照间距有显著效果，如南向坡地住宅间距比相同日照条件下的平原住宅间距小。

c. 适当加大山地居住区的建筑密度和容积率

与中国香港、新加坡等山地城镇相比，我国山地居住区的建筑密度和容积率普遍偏低，还有较大的提升空间。在确定地块开发强度指标时，从节约用地的角度出发，在保证居住质量的前提下，适当提高山地居住区的建筑密度和容积率指标。

d. 开发利用山地居住区的地下空间

目前我国的地下空间利用远不如发达国家，山地居住区地下空间的开发利用还有广阔的前景，除了可以修建地下停车场以外，还可以用于建设地下住宅、地下公共服务设施等。

e. 北向坡地的利用

北向坡地住宅需要解决的主要问题是住宅的日照采光问题，解决北向坡地住宅的采光问题可以有两种构想：第一，利用相邻两栋住宅的墙面反光为其中一栋北向住宅提供光源，即住宅北向进光；第二，通过调整北向住宅与等高线的夹角来使住宅获得较好的朝向。

f. 道路交通组织

山地居住区的道路交通组织有其独特之处，如利用山地的地势高差，组织立体化的人行和车行网络，将人行和车行流线在空间上重合，山地居住区的路网结构应以"人车混行"的方式为主，只在少数地段，如集中公共绿地采用人车分行的模式；在采用人车分行的方式时，做到往立体方向发展，尽量少占地面面积，提高地面的空间利用效率；适当降低车行道路路网密度，鼓励步行交通；发展地下、地面等多元化的停车系统，设计时要充分利用地势高差，做好地下停车设施；充分发挥边角余地的价值，或将不适合做住宅的背阳坡地做成停车场，提高土地利用率，减少道路和停车场地的占地面积。

（2）微观层面（住宅单体设计）。

a. 提倡中小户型的消费观念并优化其设计

第一，要转变消费观念，摒弃盲目求大的住房消费观念，提倡中小户型住宅。这是从长远出发，引导住宅产业健康、可持续发展的根本途径。第二，在中小户型设计上做到精细化和实用化，最大限度地利用住宅内部空间，提高其使用效率：精心组合内部功能空间、合理安排人行流线；合理分配各功能空间的面积；减少内部分隔构件面积，增加使用面积；充分挖掘储藏空间。

b. 降低住宅层高和增加住宅层数

降低住宅层高可以使住宅建筑的整体高度降低，有利于缩小日照间距，进而提高地块内的建筑密度和容积率，住宅层高的降低不仅是对三维空间的集约性利用，也从经济上节约了住宅建设的成本。国外部分国家对住宅净高的规定见表4.64，层高与住宅用地的关系见表4.65。

表 4.64　国外部分国家对住宅净高的规定

国家	标准层净高/m	备注
比利时	2.3/2.5	
丹麦	2.8	此为层高
芬兰	2.5	
法国	2.5	
冰岛	2.43	
卢森堡	2.5	
荷兰	2.5	
挪威	2.35	
瑞典	2.5	此为多户型
	2.4	此为独户型
英国	2.28/2.4	
意大利	2.8	
葡萄牙	2.8	
土耳其	2.65	此为多户型
	2.4	此为独户型
原南斯拉夫	2.8	

资料来源：聂兰生，邹颖，舒平. 2004. 21 世纪中国大城市居住形态解析. 天津：天津大学出版社.

表 4.65　层高与住宅用地的关系

层高/m	楼高/m	间距/m	地深/m	户均用地/m
2.8	18.45	20.3	30.9	27.29
2.7	17.85	19.63	30.24	26.71
2.65	17.55	19.31	29.91	26.42
2.6	17.25	18.98	29.58	26.12
2.55	16.95	18.65	29.25	25.83
2.5	16.65	18.32	28.92	25.54
2.45	16.35	17.98	28.58	25.25
2.4	16.05	17.65	28.25	24.96

　　在住宅层数方面，实际上，随着层数的增加，住宅的整体高度也在增加；在日照间距系数一定的情况下，住宅间距也会增大，住宅基地占地面积的比重也相应降低，从而导致住宅的建筑密度降低，容积率增加也趋于稳定，节地的幅度将逐渐趋于稳定。在实际应用中，应结合具体情况进行分析，选择合理的住宅层数，以达到节地，并有利于居住的目的（表 4.66）。

表 4.66　住宅典型单元的层数与基本用地、户均用地、容积率、空地率比较

项目	4 层	5 层	6 层	7 层	8 层	9 层	10 层	11 层	15 层	18 层	25 层
基本用地/m^2	1735	2035	2310	2597	2885	3172	3768	4081	5333	6272	8463
户均用地/m^2	72.3	67.8	64.2	61.8	60.1	58.7	62.8	61.8	59.2	58.1	56.4
容积率	1.33	1.42	1.50	1.55	1.60	1.63	1.53	1.55	1.62	1.65	1.70
空地率/%	66.8	71.7	75.1	77.8	80.0	81.8	84.7	85.9	89.1	90.8	93.1

资料来源：武丽晶. 2008. 大连地区节地型住区设计策略研究. 大连理工大学博士学位论文.

c. 缩小住宅面宽并加大住宅进深

d. 利用山地住宅独特的接地方式来提高住宅对山地地形的使用能力

采用丰富多样的山地住宅的接地方式，如提高勒脚法、筑台法、错层法、掉层法、跌落法、错叠法、悬挑法、吊脚及架空法、附崖法等，可以大大提高住宅的对山地地形的适应能力，将一些不宜建设的用地变为可建设用地，有效提高了土地利用率。

4）山地城镇土地集约利用的案例借鉴

（1）重庆市南坪中心交通枢纽工程。交通枢纽工程作为住房和建设部节能省地型建筑科技示范工程，位于重庆市南岸区南坪工贸至南坪旧车交易市场间，由南坪南北下穿道、轻轨三号线和地下结构组成。该工程将整个工程在空间上进行合理分区，以合理利用地下空间，达到节地的目的。该示范工程的立体结合了多种交通服务空间：地面是调整后的道路系统，设置有公交车站和出租车站；地下最下层是过境的机动车道，车道上设置了公交车站，并设置左转匝道与响水路相接；地上地下车道之间轻轨三号线穿插进入，设置了地下轻轨车站；其余地下空间设置地下步行系统、服务系统、商业用房。其功能区段划分如图4.85所示。

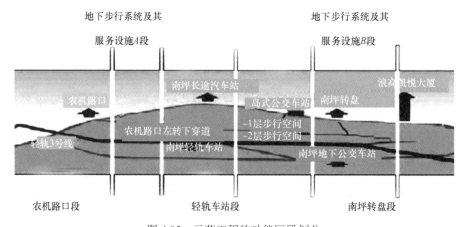

图 4.85　示范工程的功能区段划分

重庆市南坪中心交通枢纽工程将轻轨轨道和地面城市主干交通放入地下，并充分利用地下交通系统与地面之间的地下空间，充分体现了节约用地和合理利用地下空间的思想，首先将城市公共交通、轻轨系统、商业街统一规划，立体利用地下空间，提高了城市用地的使用效率和土地的商业价值。因此，该项目在地下空间节地方面具有很重要的借鉴和参考价值。

（2）香港。香港是世界上人口最密集的城市之一，也是典型的山地城镇。香港人多地少的矛盾较为极端，土地与人口比例失衡问题造就了香港成为世界上高层与超高层建筑最集中的地区之一。香港有土地高强度利用、开发区高楼林立和大量自然郊野公园共存的特殊城市景观。香港的住宅全部向高层高密度发展，居住毛密度达 1740 人/hm²。为了提高居住密度，缓解居住环境与土地需求之间的矛盾，采取高、中、低层相结合的方法，以提高居住密度，改进外部立体空间面貌。同时采取综合的建筑措施，设计退台式住宅等新的建筑形式和新的建筑组合与布局方法。

高密度的城市开发必然少不了良好的交通模式和完善的城市基础设施的支持。香港的策略是以公共交通为导向发展，围绕交通枢纽站开发土地综合利用社区。香港高效率的交通运输网络和运输体系，有效地配合了土地使用和日常运作，其公共运输体系承担了全港 90% 的客运出行量。

当然，高密度开发也是有合理限度的，不能无限制地提高开发密度，那样势必会对居住环境质量造成损害。在香港，提倡低密度的业内人士的理想住区地积比率（容积率）一般为 5～6。香港的地下空间、近地空间、立体交通、立体广场、立体绿化共同作用，联成一体，成为城市公共生活密不可分的组成部分，所以基底不完全等同国内密度指标的控制意义，常提及的建筑密度实际上是指开发密度，用"地积比率"，即容积率来控制。从香港的经验看，基础建设、社区设施和基本设施齐全，经过谨慎的城市设计，地积比率为 6.5 左右或以下的社区效果较为理想。

香港模式的真正意义在于，高效的交通体系支持下的分布式高密集城市，具有很低的土地开发率和很高的资源利用率。其中最重要的是土地高效利用，研究表明，城市人口越密集，城市人均能源消耗就越小。高密度开发具有保护土地资源和降低能源消耗的双重意义。

5. 山地城镇建设用地的竖向控制

1）山地城镇地块划分及场地平整

（1）地块的划分。在平原城镇规划中，地块划分的边界是由周边道路或不同性质的用地边界界定的，旨在确定地块用地的性质和权属。而在山地城镇中，地块划分是否合理直接关系到土地强度的高低、人口密度的适宜和城镇形象的好坏。由于其地势地形的复杂性，地块划分除了考虑道路和用地性质之外，还应更多地考虑山体、水体等自然边界线，尤其是高差较大的地区，等高线、防护坡和台地必不可少地成为地块划分考虑的重要因素。

根据土地价值理论和土地经济学理论，城镇中心区能够产生最大的经济活动，并具有最高的土地价值。在土地稀缺的山地城镇中，城镇的中心区土地价值往往高于其他地区数倍，因此，土地的性质趋于混合化和复杂化，单纯应用统一的国家标准进行地块划分必定无法满足山地城镇的土地利用特点。

在山地城镇建设中，地块划分首要考虑的因素是保证城镇安全，避让山体滑坡、塌陷、山洪等自然灾害，明确其防护边界在规划地形复杂、坡度变化突出的地区，地块划分是以相对平整的台地作为基准，兼顾防护坡的合理性和等高距的应用，同时汇入用地性质等多种要素共同来完成，不应局限于地块形状的完整度和规模的一致性。

为了尽量减少土石方量，减少对山地地形形态的破坏，规划形成若干个台地，以利于整个规划区的用地划分和各地块的用地组织。在道路竖向设计中，具体的规划指标在国家标准的基础上进行突破，如最大坡度在国家标准的 8% 的基础上，可以参照重庆等山地城市，把最大坡度控制在 10% 以内。

（2）场地的平整。山地城镇地块坡差较大，场地竖向规划应采取平坡式和台地式相结合的方式。不同的用地性质对地块的坡度要求有明显的区别，地形坡度大的用地在竖向上采取台地式，用地性质可以考虑居住类，建筑依势而建，既可以集约利用土地，又能减少对自然生态环境的破坏，创建独具特色的居住群落。

第一，根据现状的 CAD 地形生成 DEM，进而对地形的高程、坡度、坡向进行分析，得出台地的划分及竖向设计、挖填方计算（图 4.86）。

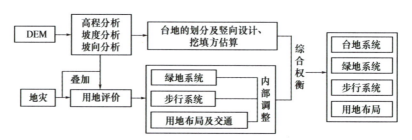

图 4.86　复杂山地地形规划工作流程

第二，根据 CAD 地形和地质灾害评价资料及得出的坡度、坡向进行用地评价分析，得出非建设用地（引导绿地系统的规划），并对步行系统、用地布局及交通进行组织，通过相互间的调整，得出较为完善的协调结果。通过对 a、b 过程得出的结果进行调整及总结，对挖填方平衡和完整各系统进行综合权衡，得出优化的台地系统、步行系统、绿地系统、用地布局。

昆明国家级经济技术开发区（简称昆明经开区）洛羊、阿拉片区场地平整示意图如图 4.87 所示。

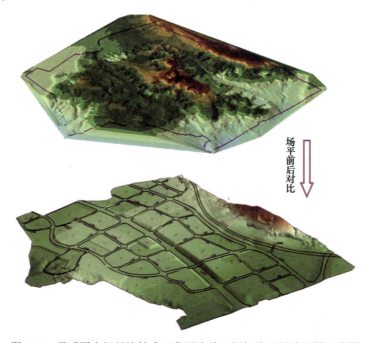

图 4.87　昆明国家级经济技术开发区洛羊、阿拉片区场地平整示意图

（3）挡土墙、护坡的修筑。山地城镇在城市建设过程中，人工边坡越来越多，规模越来越大，坡度越来越陡，致使边坡稳定问题日益突出。例如，香港大部分地区坡度为 1∶5～1∶3，而坡度高达 1∶2 的地区不少，坡度低于 1∶5 的地区不多。1957 年、1966 年、1972 年和 1976 年，切割和填塞边坡均有多次山崩发生，1972 年 6 月 18 日新九龙观唐秀茂坪有一个填塞斜坡，用花岗岩风化物做填塞料，坡度是 1∶1.5，当午间受到暴雨侵袭后，发生泥崩，接着扩展成泥流，把坡下的临时房屋区掩盖，活埋了 71 人。几乎同时，港岛半山区宝珊道一个切割斜坡，发生 270m 长和 60m 宽的滑坡，把整幢 12 层高的大厦推倒，还毁坏了另一幢大厦的一部分，使 67 人丧生。大量土木工程改变了地区的天然斜坡，使坡度变陡，在地下水、地表水和重力的联合作用下，也常发生崩塌和滑坡。

挡土墙因为具有节地、工程牢固等优点，成为目前应用最多的台地高差衔接方式，但过多的挡土墙易使城镇景观单调、缺乏生气。为改善城镇景观，首先应注重挡土墙的美化处理，在条件许可的情况下，尽量采用多种方式，如"化整为零"——作退台处理，避免整面高壁的呆板；"化陡为缓"——将垂直式改作倾斜式，减少空间压迫感；"化直为曲"——设计曲线型截面，增强流畅感。

a. 挡土墙分段设置

如果部分场地高差较大，按照常规，这将是一座庞大的整体挡土墙。若将其分成两个或三个层次设计，上下级之间设置错台，这样分层设置的小土墙与整体设置的大土墙相比，没有了视觉上庞大笨重、生硬呆板的感觉，反而形成了高低错落的景致，而且大大减小了挡土墙的断面。此期间，应当注意每层挡土墙的高度应该满足力学要求。错台上可以做绿化，既加固了墙身，也改善了景观效果（图 4.88）。

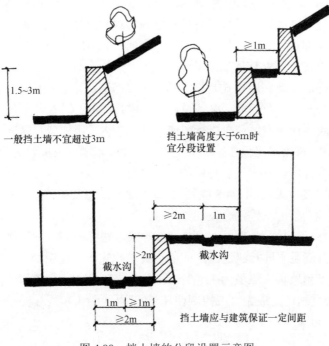

图 4.88　挡土墙的分段设置示意图

b. 挡土墙与放坡结合

对于土质较好、高差不大的场地，可不设挡土墙，而用斜坡台地处理，并以绿化作为过渡。对于高差较大，或者用地紧张、放坡困难的场地，可以在其下部设置台式挡土墙，而上部仍用斜坡处理，可以对空隙地进行绿化，既能加固土体，又能美化环境、保护生态平衡、降低挡土墙高度，节省了工程费用，也增强了挡土墙的丰富性。

2）山地区域道路与交通用地

山体地形的特点决定了城市的面貌不是平整的、平面的，而是立体的，具有多维度的城市特征。绿化不应该只按照原来寻常的状态而存在，应该从二维平面中突围，跟随多维度的城市特征，向多维度立体的绿化发展。尊重和服从山城小空间地势特点的多维度、层次错落的立体绿化能够改变整个城市绿化面积与建筑硬地面积的比例，它打破了传统的建筑、景观绿化的孤立关系的界面。

此外，山地城镇的道路规划对建设造价具有很大影响。一方面，受到山地城镇道路土石方工程与桥隧挡土墙构筑物数量大的影响，工程需要投入较高的资金；另一方面，道路规划是否合理对地块土地后续的整治成本高低产生了关键性影响。

在传统的地块开发建设过程中，过多强调让道路为地块服务，忽视地块的高程应服从主要道路的高程控制。因此，山地城镇不能像平原城镇一样进行网格式道路系统布局，而应更多地采取结合地形的分散组团式结构与灵活自由式道路组织系统。

在竖向规划设计过程中，路网布局及道路竖向规划是核心，作为城市的骨架，应重点理清道路竖向与其他竖向的关系及控制方法。在路网布局及道路竖向设计过程中要考虑周边地块的使用，两者相互联系和制约，片区路网及道路竖向设计是大片区区域协调控制的结果，同时地块对其四周的道路竖向起到制约和反馈作用。山地城镇路网不一定每条道路竖向方案都是最好的，要求在充分结合地形、用地要求及片区防洪等基础上达到整个系统最优方案，追求整体效果最佳。

以公交为主导的土地利用模式是指沿公交走廊布置城市组团或片区，以公交站为中心，围绕其布置公共广场及商业、服务设施，形成社区中心，在其外围布局居住及其他城市功能，使组团或片区内保证在自行车或步行范围内，组团或片区间能方便地使用公共交通。一般来说，该模式提倡在距离公交站点 600m 范围内发展具有一定规模和密度，且功能混合的综合片区。渝中半岛特殊的地形条件要求其公共交通必须结合城市道路，采取立体复合的发展模式，如图 4.89 所示，将土地开发与公交体系紧密结合，实现重要公交站点周边用地功能的三维混合发展。

山地城镇道路标高控制按照从高到低，低等级道路标高服从高等级道路标高的方法进行竖向设计，并满足不同等级道路之间的交通转换需求。昆明经开区洛羊、阿拉片区路网竖向设计内部道路最大纵坡为 11.0%，最小纵坡为 0.3%，交叉口范围最大纵坡控制在 4.0% 以内，公交站台处最大纵坡控制在 4.5% 以内（图 4.90）。

图 4.89　轻轨站与山地地形结合示意图

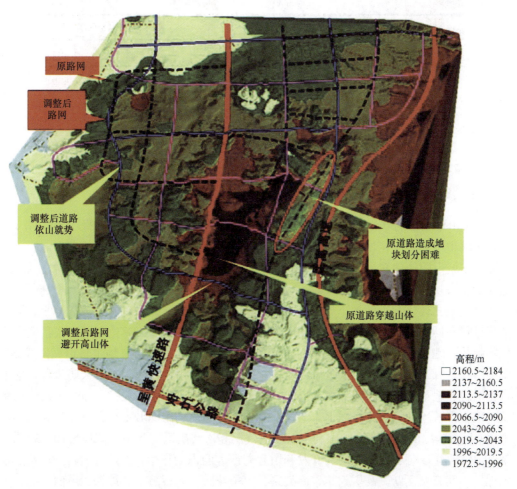

图 4.90　昆明经开区洛羊、阿拉片区道路网优化方案对比

在各级城市中心区，以轨道交通节点为核心进行土地开发和人流引导，并利用交通枢纽的优势，将交通与商业功能充分结合，增强其辐射周边的能力，同时利用立体换乘枢纽的不同基面合理消化上下高差，加强不同台地之间的垂直衔接，发挥土地的最大功能价值。充分发挥城市交通枢纽的区位优势，在社区公交站周边集中布局社区商业、办公、娱乐等综合用地，并结合山地城市的竖向特征构建立体混合的功能组织方式和交通转换流线。在最低的交通负担下实现更高效的土地开发。这种三维开发模式（图 4.91）主要包括以下几点：第一是经营性用地间的复合，表现为都市综合体的出现；第二是经营性用地和公共设施用地间的复合，表现为越来越多的大型公共设施不再单独占地，而是结合经营性用地集中配置；第三是公共设施备用功能间的复合，并尽量将公共设施的布置与重要交通节点结合设置。

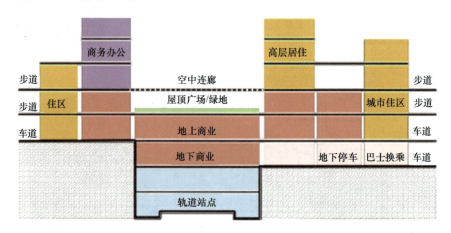

图 4.91　交通站点的土地三维开发模式示意图

3）山地城镇的立体化开发

（1）山地城镇的立体化开发形式。传统城市都是沿着二维平面发展的，街道、广场、园林等城市空间主要在城市地面上发展，城市的各种分项系统分别占据城市土地的二维平面。在城市职能体系日趋复杂的今天，这种方式不仅浪费了有限的土地资源，同时又造成了城市功能不能很好地实现。

对土地立体化利用做如下界定。位于同一平面坐标的土地空间在地表、地上、地下分层进行不同形式的开发利用。从利用形式上看，国内城市的立体化利用形式呈现多样化的趋势。地上空间利用主要包括高压线走廊、立交桥、高架桥、地上轨道高架线路、空中步行连廊、骑街楼、地铁上盖物业等，地下空间利用主要包括地下人防工程、地下步行通道、地下停车场、地下交通枢纽、地下轨道交通、地下商业街、地下市政管线系统、地下市政场站等，还有地上、地表、地下综合开发利用的城市综合体。从利用特点上看，目前国内的城市地下空间利用深度以浅层和次浅层区域为主，即地下 10～30m 范围；地铁的建设对于地下空间的开发利用起着巨大的推动作用，受地铁的带动，站点地区地下空间开发活跃。高层建筑、高架路、空中花园、人行隧道、地铁、屋面广场、阶商城、建筑中庭和室内步行街等要素在人们的生活经验中越来越普遍，城市空间有朝着立体化和复合化方向发展的趋势。

从具体建设形式上看，进行两种垂直式利用扩展：一方面，有效利用城市地上空间，建造高层建筑物，特别是规划临街、城市中心区位、核心地段高层建筑物，实现公用设施、工业用地、绿化的立体化，构建城市立体生态空间；另一方面，通过充分利用地下空间，规划发展地下停车场、地下交通网、地下商业及综合服务设施等措施来延伸土地容积率。

立体化的城镇用地开发应用多角度穿插和层叠的手法来整合城市环境，促进土地使用的集约化，实现分合得体、整体有序的目标。

（2）城市空间的竖向分区。建筑使用空间与城市公共空间或设施在垂直方向（剖面方向）上下叠置。空间层叠组织方法是城市空间立体化的一种表现形式。它与人们对城市垂直方向空间区位的集训密切相关。在传统城市中，城市人群活动大都集聚在地面范围。随着人们对空间资源的积极探索，以及空间开发技术的日益提高，地面上、下部空间正在成为城市空间区位构成的重要组成元素，一般来说，垂直方向的区位构成由上至下可分为以下 9 个层次。

①超高层区（超出地面 100m 以上），独立性较强，其功能以办公为主。

②高层区（地上 9 层以上，100m 以下），独立性较强，其功能以办公、居住、旅馆为主。

③中层区（地上 5~8 层），其功能以办公、商贸、居住、旅馆、商业为主。

④近地面区（地上 2~4 层），具有较强的公共性和开放性，其功能表现为地面功能的延伸。

⑤地面层，具有较强的公共性，在市区核心地段，其功能以商业、娱乐、社交、商务、办公、公共交通为主。

⑥地表层（地面以下 5m），其功能以市政设施、管线、停车场为主，有时也可作为地面功能的延伸。

⑦地下浅层区（地面以下 5~10m），其功能以零售、娱乐、停车和行人交通为主。

⑧地下中层区（地面以下 10~20m），具有较强的独立性、封闭性，其功能以地铁交通为主，兼零售。

⑨地下深层区（地面以下 20m），具有较强的独立性、封闭性，其功能以多层次地铁交通为主。

由此看来，城市空间的垂直区位越是接近地面层，其空间性质越是趋向开放和密集，其区位价值越高，越适合发展城市公共空间。从空间设计角度来讲，其最重要的变革在于将传统集中于地面或近地面以公共性为主的功能元素、环境元素、空间特征及其设计方法向地面上下两极延伸和推展，从而实现城市地面的再造和增值。建筑空间和城市空间的层叠，其实质就是城市空间的垂直运动，并在垂直运动中加强建筑与城市的整合，从而起到改善环境质量、促进城市机体运作便捷和保护自然生态要素等多重作用。

4）山地城镇的立体绿化

（1）城市屋顶绿化及垂直绿化是充分利用不同城市立地条件，选择攀缘植物及其他植物栽植，并依附各种构筑物及其他空间结构的绿化方式，包括立交桥、建筑墙面、坡面、河道堤岸、屋顶、门庭、花架、棚架、阳台、廊、柱、栅栏、枯树及各种假山与建筑设施上的绿化（图 4.92 和图 4.93）。适用于 12 层以下、40m 高度以下的非坡顶新建、改建建筑物（含裙房），以及竣工时间不超过 20 年、屋顶坡度小于 15°的既有建筑屋顶。建筑屋顶应能满足绿化对荷载、防水、防腐等功能的要求。

（2）与道路系统结合的绿地系统。受地势高差的影响，山地区域居住区的道路系统组织较为复杂，经常会遇到需要高架、悬挑的道路。这种道路建设方式往往会造成一些独特的空间场所，如高架道路的下部空间，滨河道路悬挑后形成的临水平台和下部空间等，如果利用得当，这些空间往往能够创造令人意想不到的景观效果。山地道路的立体绿化如图 4.94 所示。

（3）与地下停车场结合的绿地系统。地下停车场是山地区域居住区的主要停车方式之一。在用地紧张的山地区域居住区，为了节省地面面积，居住区的停车场一般都置于地下，地上空间则设计成公共绿地或者开敞空间。通常地下车库一般结合组团绿地和小区中心绿地布置。

图 4.92　山地边坡绿化

图 4.93　山地建筑屋顶绿化

图 4.94　山地道路的立体绿化

　　"化整为零"的方法鼓励大量的小空间而非单一的大空间，尽量提高公共空间在城市肌理中的"密度"而非规模。在开发建设中存在着很多因地块界定模糊而导致的"边角空间"，对于这种消极空间的利用，除了将其转化为街头绿地之外，其还可以用于增加城市公共空间。要增强各公共空间之间的步行联系，利用建筑或步道等空间媒介，填补城市公共空间碎片之间的断裂，将相互独立或分散的局部空间重新连接成为一个连续的整体，增强彼此之间的互动和利用效益。以渝中半岛为例，就是要增加其内部的公共空间节点，如交通线路中的休息站、街角的集散地或者围合的广场；尽可能在街区内开辟细密化和立体化的步行通道联系，进一步加强渝中半岛内步行道路网络的循环，增强步行环境的渗透性，解决由山地阻隔或地形高差而造成的公共空间可达性差的问题。山地边角区域的公共空间绿化如图 4.95 所示。

图 4.95　山地边角区域的公共空间绿化

6. 山地城镇生态基础设施用地规划

1）基于"反规划"的生态约束区域划定

"反规划"提出城市的建设规划必须以生态基础设施（EI）为依据，而不是建立在人口预测和市政基础设施之上（俞孔坚等，2005a）。生态基础设施优先的"反规划"理论强调生态基础设施的建立为区域生态系统服务功能的健康和安全提供保障，因此，成了城市建设过程中必须明确的"不建设"的刚性界线。

生态约束区划定的目标是维护国土生态系统的良性循环，以人类可持续发展为服务对象，推进区域自然过程和人文过程和谐统一。优先布设生态基础设施用地是建设滇池流域生态屏障的必然要求，是保障国土生态屏障建设的基础和关键。

优先布设生态基础设施用地，遵循生态优先、以人为本的原则，是一种环境友好型土地利用新模式，有利于预防和减轻湖滨区域土地开发利用可能造成的不良环境影响，维护流域生态系统的稳定性和完整性，是湖滨区域各类国土空间规划中应遵循的一个基本准则。

生态基础设施以城市绿化隔离带、禁建区等形式出现，第一个真正意义上的城市绿化隔离带出现在伦敦。1935 年大伦敦规划委员会就提出要"进行休闲空间和公共资源储备，建立一条开放的绿带空间"。1938 年英国议会通过了绿带法案，并在 1944 年环绕伦敦城建设了一条宽 5 英里（约 8km）的绿带。1934 年巴黎也提出划定城市非建设用地区域来限定城市建设范围的规划对策，但在抑制蔓延的同时也阻碍了城市的合理发展。直到 1965 年巴黎开始重视发展、采用多中心及轴向发展模式后，巴黎地区议会在绿化管理处的提议下，对城市边缘地带确定了新的政策，计划在城市聚集区周围开辟一个名副其实的环形绿化隔离带；而一直到 1987 年完整的环形绿化隔离带规划才得到地区议会的通过和批准，涉及的地区总面积为 1187km^2。

德国鲁尔区也实施了积极的绿色廊道保护规划（图 4.96），鲁尔区的人口将近 600万，是德国最大的多中心都市地区，当地的区域性规划机构划定了一个由宽阔的绿色廊道组成的网络，以保护自然及半自然地带、农业地带和森林不被开发建设所蚕食。所有 7 条廊道都是南北向的，并由河流连接起来，同时，这些绿色廊道把各主要城市分隔开来。荷兰的兰斯塔德地区则在一个广泛的城市区域中实施了"绿色心脏"计划。兰斯塔德地区是由荷兰的数座城市自愿组成的一个区域城市联盟，总人口 700 万。马蹄形的城市围合区域中心为兰斯塔德的"绿色心脏"，"绿色心脏"地区形成以乡村为主的绿色开敞区，农业生产、休闲地带、动植物栖息系统等是其主要功能。兰斯塔德的"绿色心脏"既阻止了快速城市发展活动对绿地的蚕食，又促进了城市内部紧凑型地发展。美国的马里兰州在 2001 年制定了全州范围的绿图规划，不仅构建了由中心区和廊道组成的绿色基础设施网络，而且在评价生态重要性和开发风险性的基础上设定了保护优先权。

国内不同的城市通过分区域的用地空间管制技术对建设区域进行精细化管理，取得了良好的效果。

北京限建区规划对 16 大类 56 个限建要素 110 个要素图层建立数据库，通过综合叠加分析、限建分级，最终划定了绝对禁建区、相对禁建区、严格限建区、一般限建区、适度建设区和适宜建设区六大建设限制分区，并提出了相应的规划策略、法规依据、主管部门等，为北京城市空间发展提供了规划决策依据。北京限建区规划以相关法律法规、规划、自然条件分析为基础，使限建区的划定具有科学依据，为其他地区划定限建区提供了很好的经验借鉴。

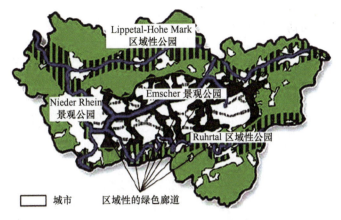

图 4.96　德国鲁尔区绿道控制示意图

　　成都非建设用地规划包括非建设用地和部分建设用地，在市域范围内进行生态区划，在都市区范围内对急需控制的生态敏感区提出控制标准，在中心城区划定生态敏感区的控制界线，并对部分重要节点的控制达到法定图则要求。成都在城市外围划定了 198km^2 的非建设区，并对具体地块划定了分图则，对其中的建设用地及其他用地进行了严格的规划，以在城市外围形成环城游憩带。成都中心城区非建设用地布局结构图如图 4.97 所示。

图 4.97　成都中心城区非建设用地布局结构示意图

2）基于生态指向的城市空间发展模式

我国的经济和城市建设活动空前繁荣，然而，我国在城市规划和建设领域缺乏相应的环境控制和环境规划，在许多城市的总体规划中，对环境保护的论述往往还只停留在各个污染点治理的描述上，这种观念已无法应付日益复杂的城市环境问题。所以，城市的污染也越来越严重，环境问题也越来越多，越来越难以控制。这样也直接影响了城市的进一步发展，为此，在城市规划领域加强对环境保护方面的理论和控制手段的研究有重要意义。

整体的生态基础设施包括防洪安全格局、生物安全格局、乡土文化安全格局、游憩安全格局、视觉安全格局五大安全格局，是维护土地生态的安全和健康、维护地域历史文化特征的关键性空间格局，是城市和居民获得持续的自然服务（生态服务）的基本保障，是城市扩张和土地开发利用不可触犯的刚性限制。

以昆明为例，在基于昆明城市用地适宜性分析的基础上考虑城镇发展因素，如在已经存在的城市发展规划、旅游规划、保护区规划等条件下，通过对生态敏感地区的发展进行限制等策略，来引导区域发展。以自然地形分隔所形成的地理单元作为城市发展单元，城市空间沿拱王山系与梁王山系之间的谷地南北轴向展开，组团轴线沿昆曲高速公路、昆玉高速公路延伸；城市组团与生态资源保护区间隔分布、平行发展，形成开放的区域空间发展模式。

从市域生态空间格局进行分析，采取沿轴带状、多组团的空间发展模式将有利于昆明城市空间发展与自然空间相契合，符合"宜居"城市的功能要求，充分体现昆明城市空间形态的自然特色和地域性。昆明城市总体规划绿化规划指标表见表4.67。

表4.67 昆明城市总体规划绿化规划指标表

指标	2010年	2015年	2020年
城市绿地率/%	35	38	40
绿化覆盖率/%	40	45	46
人均公共绿地/m²	10	11	12

从昆明自然生态环境出发，充分利用其得天独厚的"三面环山，一面临水"的自然风貌特色，塑造中心城外围的绿色生态空间，同时以水道、绿道组成的绿色廊道为纽带，与城区的公园、游园、专用绿地等绿地斑块串联起来，共同构成"生态基质—绿色廊道—绿地斑块"的绿地系统结构，为形成合理的城市发展框架提供生态依据。

3）山地区域生态基础设施布局

（1）贯彻"生态优先"的规划思想，坚持绿地建设的延续性原则。适应建设现代新昆明的要求，以创建"国家生态园林城市"为目标，结合昆明实际情况，制定切合实际的分期实施目标，逐步完善城市绿地系统，达到提高城市整体绿化水平和综合生态效应的最终目的。

（2）坚持绿地分布均匀性原则，健全新区的公园绿地系统，满足居民康体娱乐需求。

主城区采用"见缝插绿"的绿化模式，从居民的需求出发，根据可达服务半径分级均衡建设各类绿地，改善从市区到达郊区大型绿地的交通和步行条件，增强绿地的可达性，真正达到"让居者享其乐"的效果，为市民创造更多、更方便的游憩场所和生活环境。

新区绿地建设中，考虑城市未来的拓展方向和模式，应高起点、高标准、高水平地建设城市绿地系统，形成生态空间网络。规划多层次、多类型、平面与立体结合的绿地，合理布局各类城市绿地，发挥各类绿地的生态功能、生产功能、景观功能、游憩功能、娱乐功能、保健功能、防护功能、防灾功能等。

（3）坚持园林绿化和历史文化名城相结合，创造地方特色的原则。功能与景观相结合将使城市自然状况不断改善，通过园林绿地建设与历史文化要素相结合，形成城市特有的绿地景观；弘扬地方文化，改良城市自然景观和人文景观，为人们提供更丰富多彩、更好的生活环境，突出体现昆明园林绿化的特色。

（4）因地制宜，合理利用土地资源。应利用自然地形地貌及植被资源，绿地建设尽可能与山地、湿地、非耕地、河岸、湖池结合，挖掘潜力，开拓空间，发挥绿地的多种效益。

a. 生态基质

自然生态系统的重要因素是"山、水"，生态基础设施建设就是要立足于良好的生态基质，构筑城镇宏观的绿色生态背景（包括河流水系、滨水地区、山地土丘、生物栖息地等）。

城镇中心区的公园、水系及中心城外围的森林、湿地、果园等形式的生态基质，既保持系统的完整性，又可环绕城区保护中心片区的生态绿化环境，引导城市环境与郊区的半自然生态环境共生。

b. 绿色廊道

联系相对孤立的绿地斑块之间的线性结构称为廊道。中心城绿色廊道由以河流绿带为主体的水道和以道路绿化为主体的绿道组成，形成网状的绿色走廊，联系散布的块状公园和自然山体、河道，共同形成城市绿色网络。

绿道以建设包括中心城区的环城路、主要干道，以及联系各功能组团的快速道路、过境公路、铁路等的绿化系统为主，布置绿化分隔带、行道树和路侧绿带，由其形成的绿色廊道将成为联系各绿地斑块的主要通道。

c. 绿地斑块

根据服务等级、服务半径，形成遍布城市的内小外大、内密外疏的绿地斑块系统。中心城绿地斑块系统包括城郊风景公园、市级公园、片区级公园及若干居住区级公园、街头绿地广场、小游园，共同构成"珠落玉盘"的格局。绿地斑块系统与绿色廊道系统结合，形成"线上缀珠"的绿色空间体系。

4）山地城镇生态环保基础设施用地类型及建设规模

无论是旧城改造还是新区开发，都要留有园林建设或绿化建设的必要空地。土地出让要有控制和使用规划，一切建设必须按城市的总体规划进行。在城市建设过程中，注意实现低水平能量消耗，使用可更新能源、地方能源产品和资源再利用技术，使用适当的材料和空间形式，为人们创造安全、健康的居住、工作和游憩空间。

（1）城市（镇）中心绿地。在我们现行的法律规范中对绿地服务半径的规定较少，仅在《城市绿地分类标准》（CJJ/T 85—2017）中对居住区公园和小区游园规定了服务半径，分别是 0.5～1.0km 和 0.3～0.5km，其原因是"旨在着重强调这类公园绿地都属于公园性质，与居民生活关系密切，必须和住宅开发配套建设，合理分布"。另外，也有学者提出了更详细的绿地服务半径标准，见表 4.68。公园绿地规划规模见表 4.69。

英国用绿地可达性概念来代替绿地服务半径，并规定了相应的绿地可达性标准：300m 之内至少有一个 2hm² 的绿地；2km 之内至少有一个 20hm² 的绿地；5km 之内至少有一个 100hm² 的绿地；10km 之内至少有一个 500hm² 的绿地。另外，绿地服务半径还可以根据对居民的吸引力的大小再细分为多个区间，如日本的福富氏等的研究表明，儿童公园的吸引圈可分为 3 个距离段，分别是 100～150m、150～200m 和 200～250m。苏联的克鲁格梁柯夫也提出了标准服务半径和容许服务半径，见表 4.70。

表 4.68　绿地服务半径标准参考

公园类型	面积规模/hm²	规划服务半径/km	居民步行来园所耗时间标准/min
市级综合公园	≥20	2.0～3.0	25～35
区级综合公园	≥10	1.0～2.0	15～20
专类公园	≥5	0.8～1.5	12～18
儿童公园	≥2	0.7～1.0	10～15
居住小区公园	≥1	0.5～0.8	8～12
小游园	≥0.5	0.4～0.6	5～10

资料来源：李敏. 2002. 现代城市绿地系统规划. 北京：中国建筑工业出版社.

表 4.69　公园绿地规划规模

种类		内容
基干公园	住区基干公园 街区公园	主要供街区居住者利用，服务半径 250m，标准面积 0.25hm²
	近邻公园	主要供邻里单位内居住者利用，服务半径 500m，标准面积 2hm²
	地区公园	主要供徒步圈内居住者利用，服务半径 1km，标准面积 4hm²
	都市基干公园 综合公园	主要功能为满足城市居民综合利用的需要，标准面积 10～50hm²
	运动公园	主要功能为向城市居民提供体育运动场所，标准面积 15～75hm²
特殊公园		风致公园、动植物公园、历史公园、墓园
大规模公园	广域公园	主要功能为满足跨行政区的休闲需要，标准面积 50hm² 以上
	休闲都市	以满足大城市和都市圈内的休闲需要为目的，根据城市规划，以自然环境良好的地域为主体，包括核心性大公园和各种休闲设施的地域综合体，标准面积 1000hm² 以上
国营公园		服务半径超过县一级行政区、由国家设置的大规模公园，标准面积 300hm² 以上
缓冲绿地		主要功能为防止环境公害和自然灾害及减少灾害损失，一般设置在公害、灾害的发生地，以及居住用地、商业用地之间的必要隔离处
都市绿地		主要功能为保护和改善城市自然环境，形成良好的城市景观，标准面积 0.1hm² 以上，城市中心区不低于 0.05hm²
都市林		以动植物生存地保护为目的的都市公园
绿道		主要功能为确保避难道路、保护城市生活安全，以连接邻里单位的林带和非机动车道为主体，标准宽幅为 10～20m
广场公园		主要功能为改善景观、为周围设施利用者提供休息场所

资料来源：陈刚. 1996. 从阪神大地震看城市公园的防灾功能. 中国园林，12（4）：59-61.

表 4.70　绿地服务半径标准参考

公园类型	标准服务半径/km	容许服务半径/km
文化休息公园	3.0~4.0	4.0~6.0
游憩公园及全市性大型花园	1.5~2.0	2.0~3.0
区公园及区花园	0.5~0.8	0.8~1.0
街坊间花园	0.3~0.4	0.4~0.5

（2）多功能基本农田。多功能基本农田的定义为，以保障未来一定时期大城市土地资源可持续利用为目标，按照城市发展所需要的生态用地需求、城市建设用地隔离和应急农产品需求，依据土地利用总体规划和城市规划，从数量和空间上认定的长期不得占用的或基本农田保护规划期内不得占用的农用地。

第一，基本农田生态功能。生态系统服务功能是指自然生态系统及其物种所提供的能够满足和维持人类生活需求的条件和过程，它在为人类提供物质资料的同时，还创造和支持了地球生命保障系统，形成了人类生存所必需的环境条件。城市提供生态系统服务功能的用地类型主要包括林地、水体、湿地、农田、人工绿地等。基本农田生态功能是指把生态重要程度较高的土地资源所在的区域划入基本农田保护区，从而使区域内的农用地与其他生态用地共同起到维持城市生态环境的作用，包括两层含义：一是基本农田保护区内的农用地所具有的生态服务功能；二是在基本农田保护区内，因农用地的特殊保护而得以持续存在的其他生态系统（如山体、水面等）的生态服务功能。

第二，基本农田隔离功能。隔离是指使之分开，不能相互影响。在景观生态学中，景观隔离带是指为维护良好的城市生态环境，防止城市建设用地无序蔓延，根据城市建设发展的特征，而在建设组团之间设立的隔离用地隔离带用地类型为非城市建设用地，主要包括各种保护区、林地、公园等基本农田隔离功能，是指通过在城市建设用地组团（基础设施用地、城镇用地、工矿用地）周围划定基本农田保护区，从而使基本农田具有隔离和控制城市建设用地无序蔓延的作用。

7. 山地居住区用地规划

1）山地居住区的特点

（1）因地制宜、依山就势。相对于平地而言，因地制宜的原则对于山地建设显得更加重要，关乎工程的经济性和山体的生态保护，因此，山地居住区要依山就势而建设。小区的特色就在巧妙地借助山势的变化上面。

（2）节地的总体布局。经过一个阶段的飞跃式的粗线条发展之后，我国开始大力提倡和鼓励"节能节地"的建设方针。山地居住区节地的一个主要方面就是：在同样的高度和日照标准下，山地居住区住宅之间的间距比平地住宅之间的间距小。因此，可以布置更多的住宅，可以最大化地利用山地的自然高差。根据同样的原理，不难发现山地小气候比平地更加有利于住宅的灵活布置，这些独特因素都有利于节地节能。

（3）灵活的道路线形。作为骨架，山地居住区的道路需要人性、便捷、美观的建设。

相比于平地居住区道路，山地居住区道路受地势的限制较大，主要体现在道路的走向需要同时考虑住宅的进出、山地的边坡保护，以及道路的合理纵坡。可以把限制变为特色，在设计中借助和发挥地势的特点，道路线形可以更加灵活。小区曲线形的道路网合理又自然。

（4）丰富的景观层次。一个成功的居住区离不开优美的景观环境，而居住者热爱自然的丰富变化，不需要呆板的、生硬的打造。从景观资源的意义出发，山地具有与滨河一样的优势。设计师能够借助自然地势的变化，从住宅入口的小坡地到组团绿地再到小区中心绿地都能够具有丰富的高低变化，都能够巧妙地划分出"积极"空间，而不需要更多的人工手段。

（5）立体的竖向变化。一项工程的竖向设计直接关系着经济造价，也直接参与土石方的合理填挖。自然的连续高差变化是山地建设基地的独特优势所在。结合道路选线和建筑布局，山地工程的竖向设计应该首先避免破坏山体的大开挖，另外，需要对整体性的平衡、综合经济性和美观性各个因素进行考虑。合理的竖向规划可以为小区带来立体的竖向变化，从而使居住者更容易感受到大小空间的开合和方位的辨识。

2）山地居住区的规划布局

（1）山地居住区规划设计的一般原则。①符合城市总体规划的要求。②符合统一规划、合理布局、因地制宜、综合开发、配套建设的原则。③综合考虑所在城市的性质、气候、民族、习俗和传统风貌等地方特点和规划用地周围的环境条件，充分利用规划用地内有保留价值的河湖水域、地形地物、植被、道路、建筑物与构筑物等，并将其纳入规划中。④适应居民的活动规律，综合考虑日照、采光、通风、防灾、配建设施和管理要求，创造方便、舒适、安全、优美的居住生活环境。⑤为老年人、残疾人的生活和社会活动提供条件。⑥为工业化生产、机械化施工和建筑群体、空间环境多样化创造条件。⑦为商品化经营、社会化管理及分期实施创造条件。⑧充分考虑社会、经济和环境 3 个方面的综合效益。

职住平衡的山地土地立体利用模式如图 4.98 所示。

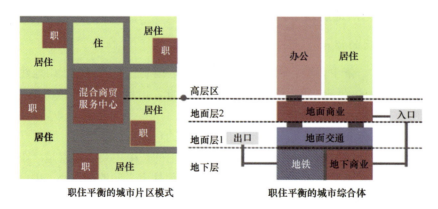

图 4.98　职住平衡的山地土地立体利用模式

资料来源：全昕. 2015. 山地城市高密度发展下土地利用优化研究——以重庆市渝中半岛为例. 重庆大学硕士学位论文

（2）山地居住区规划空间布局。①山地居住区要满足住宅日照、通风、密度、朝向、间距、降噪等方面的要求。②山地居住区规划要因地制宜，最大限度地保留原生态系统，使建筑与自然和谐融合。③根据山地居住区的类型（别墅、花园洋房、多层、高层等）来确定小区的空间形态，错落布置，创造层次与变化，融为一体。④山地居住区规划布局时，必须注意当地的地质结构与水文特征，尽量避开地质薄弱、滑坡等地带。⑤山地居住区以居住为主体，公共服务设施，尤其是体育、休闲、娱乐场地，既要适当靠近居住区域，方便居民使用，也要防止对住宅的干扰。⑥小区入口设计可以考虑对景观的设置，创造开放和优雅的入口形象。坚持显山露水、依山就势、错落有致的原则。

3）山地居住区的场地应用

地形利用方式有两种，一是利用原地形的标高，建筑顺山势而建，对建筑做点式布置，这种方式会使土地利用率稍低，但空间形态自然舒适，有更明显的山居生活感觉。地形要求：坡度平缓，形态优美。二是将地形分为多个标高不同的台地。各台地内的建筑相对独立，形成组团布局的方式。这种方式土地利用率较高，住宅的密度增大；施工难度降低；山体形象改造大，居住的自然性降低。适用地形：坡度较大，直接布局建筑有一定难度。

从建筑设计上看，在山地地形上修建的建筑物，其根本特征为"依山就势，自然天成"。依山就势又可细分为以下两个方面：其一，减少接地。山地建筑尽量保持地表的原有地形和植被，可有效地保护地貌，又可避免较多土方工程。其二，不定基面。建筑合理利用地形高差和山位，并随着地表地层升高呈现阶梯形布局设计。自然天成是指山物共融，建筑能适应各功能空间划分需要，形成其与山体形态协调的建筑风格，就像是顺着环境中生长出来的，依山就势设计多样化的户型。山坡建筑可以令空间更加丰富，因为错落有致，一直到天际线更加有多层次感。尽量不做大量的挖土和填土工程。利用坡地的原件，减少很多挡土墙，挡土墙最好不超过 1.5m。

山形地势千变万化，设计过程中应在变化中寻找普遍规律，理顺关系。一般将建筑摆放成与等高线平行或斜交的关系，既顺应周边关系，又经济合理，在条件限制下，也可以与等高线垂直，这时考虑场地关系要复杂些，在低坡度条件下，建筑接地的形态可以用筑台与提高勒脚的方式；随着坡度的增大，建筑多采用错层、错叠、悬挑、吊脚、跨越的方式；而在坡度非常大的情况下，建筑则采取依附的方式解决。此外，山地建筑还可以埋入地下或钻入岩壁形成掩土建筑形态，实现建筑的山屋共面。建筑宜长短搭配，顺应地形，错落分布，既可创造丰富的空间关系，又可使建筑间互不遮挡，引进最大的阳光面。山地地形特征明显，起伏变化较大，高差较大，地形复杂，因此，应尽可能保持原始地形，以避免不必要的土方量，并且充分利用地形高差，可设计地下、半地下建筑，利用屋顶布置绿化、庭院或活动场地，对多层次的立体空间进行充分利用，是对山地居住区可持续发展的要求，也是对山地生态环境保护的要求。

4）山地居住区的住宅建筑

山地居住区的住宅建筑设计要通过对地块山形地貌的理解，找到最有效的构思方案。例如，建筑沿等高线随山体布局，形成了收放自如、跌宕起伏的局面；再如，根据不同坡向和地形高差及台基面积建造不同类型的建筑,使每个建筑顺应山势,与坡地交错。这样一方面丰富了住宅的场所,另一方面也避免了对自然山体的破坏。增强住宅设计的创新观念:既要满足居住功能多元化的需求,因为住宅不但是一个生存空间,也是发展空间、享受空间;又要有超前性和弹性,应在必要时对室内布局、分隔进行灵活调整。

在住宅建筑的造型上,采用层级嵌套的处理方式,以层次多样性为主,加强细部的设计,注重细部与整体在信息表达上的一致性。在住宅建筑的底层,采用一些建筑装饰元素,增加居住建筑造型的复杂多样性,增强当代居住建筑与传统民居建筑过渡的圆滑性,增强住宅底部空间的丰富性,同时又满足居民对传统民居建筑的怀念愿望,增强居民对住宅底部空间的使用率。

5)山地居住区的交通组织

布置道路系统应结合基地自身的自然条件,建立布局合理、线形灵活、等级明确的道路网结构体系。规划中要顺应原有地形地势的起伏变化,依山就势布置道路系统。自然地形对道路有很大的影响,在地形起伏较大的丘陵地区或山区,道路选线常受地形、地貌、工程技术经济等条件的限制,有时不得不在地面上做较大的改动,对纵坡也要做适当的调整。如果对山地道路片面强调平、直,就会增加土方工程量而造成浪费。因此,在确定道路走向和宽度时,在满足交通、消防环道的坡度、宽度及转弯半径等方面要求的基础上,善于结合地形,尽量减少土方工程量,节约用地和道路基建费用。

山地居住区道路弯曲度、坡度较大。由于地形的自然坡度大,变化复杂,山地居住区的道路可不像平原居住区那样平直,否则将增大工程量,增加投资。其最小半径不小于 15m,最大纵坡不大于 8%~10%,特殊情况下可达 11%,并控制其坡长。当有大量自行车和非机动车通行时,其纵坡不宜大于 4%,同时要求坡道不宜过长,道路宽度不宜过大,当然也不宜强求一律,应结合地形条件,因地制宜,灵活处理。在只能设单车道的道路上,应在适当位置加宽路面 2.0~2.5m,供来往车辆错车之用。

道路交通系统一般包括两个方面的内容,车型交通系统和人行交通系统。以上讨论的是车行交通系统问题,而山地居住区的人行交通系统受地形制约较小,所以表现出了较强的灵活性,所以车行交通系统和人行交通系统一般可以分开设置,道路断面多为公路型。由于山地自然坡度较大,车辆要靠延展线路的办法才能提高速度,这将使人行交通系统极为不便,为此可采用另设人行梯道的办法来解决。踏步街(包括阶梯、平台组合)的设置是最富山地特色的步行组织方式,体现了对地形的有机适应,使居住区空间更立体、更多层次,既满足人行的便捷要求,又使空间具有流动性,可形成变化丰富的视觉景观体验,为人们的驻足、休息、交往活动提供场所。交通道路要以方便居民出入、满足消防需要、减少对住户的干扰为原则进行布置。

6)山地区域绿化与生态景观设计

充分利用原始山地地貌,结合公共建筑布局,通过点状绿化、道路绿化与中心绿化等,形成点、线、面、体交织的网络状绿化体系。结合挡土墙、土坡、屋顶花园等,创造出生动的三维立体绿化空间。三维立体绿化空间的绿化总面积扩大可解决建筑用地与绿化用地之间的矛盾,从而营造更好的建筑小环境。在路旁绿化处理方式上,注意绿化与道路交通系统的联系，达到完整绿化系统与道路交通系统的完整统一；在住宅旁绿化处理方式上，绿化配置应根据住宅建筑的造型和立面造型做相应的改变，以保证绿化系统与住宅建筑系统的空间层次的相互协调。

山地居住区的生态景观设计应该做到景观先行、人工与自然和谐。将景观元素辐射到各个住宅组团中，让各家各户受到最好的景观。景观组织与处理方式：①结合建筑的布局组织景观，并可设置景观节点；②合理设置视觉通廊；③发展立体绿化，营造空中景观；④在水体设计中，要保护湿地，让居民近水亲水；⑤打造独特的宅旁景观、环境节点。

7）生态型居住区建设规定

（1）生态型居住区的绿化系统应符合下列要求：绿地率≥35%，绿地本身的绿化率≥70%；硬质景观中应使用绿色环保材料；种植保存率≥98%，优良率≥90%；雨水应储蓄并对其加以利用；提倡垂直绿化。生态型居住区的绿地率不低于40%，人均公共绿地面积不低于 $1m^2$。

（2）生态型居住区建筑密度，高层建筑应≤20%，多层建筑应≤25%。生态型居住区内 60%以上的建筑物的主要开窗面宜采用南北向或接近南北向，宜使居室朝向南偏东 15°至南偏西 15°范围，不宜超出南偏东 45°至南偏西 30°范围。

（3）生态型居住区内垃圾储运站的设置应符合下列要求：宜每 0.7～1km² 设置一座储运站，与周围建筑物间隔不小于 5m；应有除臭和消毒设施；应有冲洗、排水设计，冲洗水应排入污水处理站。储运站内应有垃圾渗液排放和防止外溢的设施。渗液应排入污水处理站；储运站应有足够容量，以满足生活垃圾分类收集的需要。储运站宜设置在居住区的下风向，位置隐蔽，便于垃圾转运；宜设置生活垃圾压缩装置。

（4）生态型居住区内宜设置公共厕所，应符合二类公厕标准要求。

（5）生态型居住区的公共绿地宜采用开敞式，以绿篱或其他通透式院墙栏杆做分隔，便于居民休憩、散步和交往之用。公共绿地应与宅旁绿地、配套公建绿地、道路绿地有机结合。

（6）透水地面包括自然裸露地面、公共绿地、绿化地面和镂空面积大于等于 40%的镂空铺地（如植草砖）。透水地面面积比指透水地面面积占室外地面总面积的比例，该比例不小于 45%。

自然生态规划：①绿化指标。该指标是衡量生态型居住区建设水平最重要的指标之一。绿地率（包括景区和水面）必须达 50%以上，人均公共绿地应在 $28m^2$ 以上。②地面保水指标。该指标强调建筑基地的渗水保水能力，尽量减少混凝土覆盖面积，采用自然排水系统，以利于雨水渗透，理想指标是小区 80%的裸露地具有透水性能。

8）山地居住区用地指标的案例借鉴与建议

（1）案例借鉴。

安徽省霍山县佛子岭镇西侧小区，背对山体，基地背山面水，项目用地总面积约为

127500m², 南北向展开, 边界呈不规则形状, 用地整体呈西高东低、南低北高之势, 最大高差约为 15m。规划设计考虑分期开发建设, 按照要求设计了多层和底层住宅、商业配套及街头公园等, 是一个总人口约为 3000 人的综合性社区。项目的容积率为 0.97, 绿地率为 43.4%, 设计一贯遵循着保护山体和水体的原则。

郴州青园住宅小区位于郴州市伍岭板块七里大道旁, 总占地面积为 9.709337 万 m², 容积率为 2.4, 总建筑面积 29.6578548 万 m², 总户数为 1602 户, 停车位 1451 个, 建筑密度为 12.15%, 绿地率为 61.85%。设计中依据山地地形, 随着空间形态自然营造出拾阶而上的社区主入口, 居住区尊重自然, 退让 240m 山体平台, 留出 260m 自然生态山地绿肺, 给居住区呼吸的空间。

广州市林海山庄南依山体, 建设用地面积为 94256m², 其中, 净用地面积为 84285m², 净容积率为 2.1。地块呈东西狭长的不规则形, 原始地形大部分为山体, 地势起伏较大, 高差变化复杂。

贵阳金源世纪城项目规划区内以浅丘地形为主, 地形高差起伏大, 竖向高差约为 120.5m。居住区的总建筑面积达到 547 万 m², 其中住宅建筑面积为 487 万 m², 整个住区的平均净容积率为 2.1, 局部地段达到了 4.08, 建筑净密度(未计入道路和林地)为 16.1%。

咸丰县中部一规划用地中心基地整体呈环形, 地形中间有一个自然山体, 所以地形中间高, 向四周逐渐降低, 周边环形居住用地整体东南低、西北高, 自然山体最高点标高 776m, 居住用地与山体相接处高程为 755m, 从山体边缘到用地边缘平均高差达到 15m 以上。该规划区总体以居住为主, 配套相应服务设施, 居住用地地块总面积为 69962.74m², 容积率为 1.8, 绿地率为 30%, 建筑密度为 35%。

攀枝花恒大项目基地以坡地为主, 西、南、东三面高, 北面低, 形成一个朝北的谷地。整体规划总容积率为 2.54, 住宅容积率为 2.34, 总建筑密度为 16.14%, 总绿地率为 30%。

由以上案例可以看出, 山地区域的容积率、建筑密度和绿地率都是比较高的, 这可能是因为坡度的存在使得建筑间距变小, 可以在相同的用地面积内布置更多的住宅建筑, 使得坡地比平地可以多布置建筑, 从而增大了土地利用率。然而并不是所有的坡地都适合大规模开发, 要根据其地形特点、坡度、坡向来确定其用地性质, 建筑布局, 避免无法利用的灰色用地。

(2) 山地居住区用地指标的参考值。

a. 容积率

根据不同坡度的容积率变化给出参考值, 如表 4.71 所示。

表 4.71 不同坡度地形对容积率影响数值变化参考表

坡向	0~10%	10%~15%	15%~20%	20%~25%
南坡	0.1	0.2	0.3	0.2
北坡	−0.1~0.2	−0.2~0.1	−0.3~0	—

对于南坡来说，当地形坡度为 0～10%时，可适当将容积率提高 0.1，同理，10%～15%、15%～20%、20%～25%分别提高 0.2、0.3 和 0.2。对于北坡来说，根据坡向分析，当坡度达到一定值时可以适当提高容积率，当坡度过大时，坡向的变化对容积率所起的作用很小，可以忽略不计。

b. 建筑密度

随着坡度及坡向偏转角度的增加，在南坡建筑密度逐渐增大，在北坡则逐渐减小。但同样的建筑密度，如果地形坡度不同，则会形成截然不同的空间环境。由于地形升高，原本受挤压的建筑空间可能变得开阔，因而紧密的建筑空间可以变得开敞舒适。因此，在满足空间及环境质量要求的前提下，对于存在坡度的地形可以适当提高建筑密度的最大值，从而更加节约用地。不同坡度地形对建筑密度影响数值变化参考表见表 4.72。

表 4.72　不同坡度地形对建筑密度影响数值变化参考表

坡向	0～10%	10%～15%	15%～20%	20%～25%
南坡	3	5	7	5
北坡	−1～3	−1	−3	—

同时，引入建筑空间密度的概念，同建筑密度共同完成建筑用地控制。

c. 绿地率

①过去对居住区绿地的设计不够重视，造成绿地的实际使用效率低，居住区设计将绿地质量考虑进来，同时要控制绿地在居住区规划中的比例，探讨适宜居住区节地，又能提高绿地质量的方式。

②充分利用坡地条件，发展立体绿化。

③绿地率与绿化覆盖率结合。

④坡地绿地率指标参考值见表 4.73。

表 4.73　不同坡度绿地率指标

指标	0	5%	10%	15%	20%	25%
建筑间距/m	30	27.7	25.8	24.3	22.9	21.9
绿地率/%	35	32.3	30.1	28.4	26.7	25.6

当平地绿地率满足 35%时，在坡地地形条件下绿地率只需分别达到 32.3%、30.1%、28.4%、26.7%、25.6%即可达到平地 35%的绿地率同样的绿化效果。

4.3.4　三维数值模拟技术研究

三维数值模拟技术研究是开发一个基于三维 GIS 的数值模拟平台，构建面向山地城镇土地立体规划的数值模拟平台系统，总体技术框架如图 4.99 所示，分为数据层、平台层和应用系统层 3 个层次。限于时间和研究经费，该系统还不太成熟，需要进一步投入经费进行深化研究。

图 4.99 总体技术框架

数据层由一系列面向山地城镇土地利用规划的数据库构成,主要包括山地城镇土地利用规划标准库、山地城镇土地利用三维景观模型库、基础地理空间数据库、社会经济数据库等。平台层包括三维 GIS 平台、山地城镇土地利用立体规划理论和方法研究成果、山地城镇土地利用立体规划数值模拟及规划。三维 GIS 平台为系统的技术平台,整个系统在已有的三维 GIS 平台上搭建。山地城镇土地利用立体规划理论和方法研究成果,以及山地城镇土地利用立体规划数值模拟及规划则为理论和方法论基础。

应用系统层在平台层的技术平台和方法基础上搭建应用系统,除了三维 GIS 基本模块(三维数据管理、三维浏览、三维空间分析等模块)以外,还主要包括三维规划景观自动生成模块、三维参与式规划工具模块和基于 KML 的山地城镇土地利用规划三维景观数据管理模块。其中三维规划景观自动生成模块包括道路生成模块、土地利用斑块生成模块、建筑物自动布局模块和环境要素自动生成模块。三维参与式规划工具模块由道路编辑模块、建筑物编辑模块、环境要素编辑模块、辅助线编辑模块、边界线编辑模块和属性编辑模块构成。

1. 三维虚拟规划景观自动生成模块研究

三维虚拟规划景观自动生成模块在三维 GIS 平台基础上,根据规划方案,自动构建城市三维景观,几何对象自动生成。

1)道路自动生成

基于道路属性和模板自动生成三维道路的几何信息。其中普通路几何构成由四部分组成（图 4.101）：c_1～c_2 为路段中心线；s_1、s_2、s_3、s_4 为行车道的 4 个边界顶点，由行车道宽度获得；b_1、b_2、b_2、b_4 为人行道的 4 个边界顶点，可通过人行道宽度计算获得；G_1、G_2、G_3、G_4 为绿化带边界 4 个顶点，由绿化带宽度获得（图 4.100）。

图 4.100　普通段几何构成

道路交叉口是三维道路自动生成的关键，可由以下方法获得。常见的道路交叉口基本可分为两大类，即四叉形交叉口和环岛形交叉口，如图 4.101 所示。根据道路基本关系，利用计算机图形学知识，可获得各控制点的空间位置。其他类型交叉口，如丁字形交叉口、R 形交叉口，可由四叉形交叉口和环岛形交叉口派生出来。

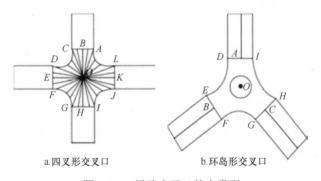

a.四叉形交叉口　　　　b.环岛形交叉口

图 4.101　道路交叉口基本类型

道路交叉口建模流程包括几个步骤，首先，采用包围盒矩形检测技术获取道路交叉区域，将区域附近的道路节点打断；其次，根据交叉口控制点特征，判断交叉口类型；再次，结合计算机图形学知识，实现交叉口几何信息构建；最后，在三维 GIS 平台中，实现道路交叉口的渲染。

2）土地利用斑块生成

土地利用斑块生成从土地利用斑块几何形状角度来说是以道路网络为边界的多边形。因此，土地利用斑块使用 GIS“线转面”算法，将道路网状对象转换为多边形对象。在三维环境中，根据不同的土地利用类型，对其填充不同的颜色或纹理，实现土地利用斑块的渲染。

3）建筑物生成

建筑物的包迹基于街区程序化生成。对于建筑物本身，需要确定的参数包括建筑物类型、建筑物轮廓（building footprint）和建筑物高度。在一个建筑用地斑块中，建筑物构成、密度、分布模式由区域的属性确定。

首先，本节将建筑物类型分为居民建筑、商业建筑及工业建筑三类。一个区域内的建筑物类型由街区内各个元胞的土地利用决定。居民建筑、商业建筑及工业建筑分别分布于居住用地、商服用地及工业用地图斑上。

一个区域的建筑物总体积与其人口（或就业）成正比，即

$$V_k^t = \partial_k \times P_k^t \tag{4.40}$$

式中：V_k^t 为区域 k 的建筑物总体积；P_k^t 为区域 k 的总人口；∂_k 为区域总人口与建筑物总体积的比值。∂_k 由用户指定，一般来说，∂ 在不同区域取值不同。

在给定区域容积率的情况下，建筑物轮廓在地表的覆盖面积为

$$F_k^t = \beta_k \times A_k \tag{4.41}$$

式中：F_k^t 为区域 k 的建筑物轮廓在地表的覆盖总面积；A_k 为区域 k 的面积；β_k 为区域 k 的容积率。

区域 k 的建筑物的平均高度为

$$\overline{H_k} = \frac{V_k^t}{F_k^t} \tag{4.42}$$

式中：$\overline{H_k}$ 为区域 k 的建筑物的平均高度；V_k^t 为区域 k 的建筑物总体积，由式（4.40）获得；F_k^t 为区域 k 的建筑物轮廓在地表的覆盖总面积，由式（4.41）获得。

设建筑物类型 t 的平均长与宽分别为 L_t 和 W_t。则 t 类建筑物在区域 k 所占的地表面积（包括分担的绿地等面积）为

$$A_{t,k} = \frac{L_t \times W_t}{\beta_k} \tag{4.43}$$

t 类建筑物在区域 k 所占区域（包括建筑物本身在地表的覆盖及建筑物周围分摊的公共绿地等）的平均长与宽分别为 $L_{t,t,k}$ 和 $W_{t,t,k}$：

$$L_{t,t,k} = \frac{L_t}{\sqrt{\beta_k}} \tag{4.44}$$

$$W_{t,t,k} = \frac{W_t}{\sqrt{\beta_k}} \tag{4.45}$$

区域 k 的建筑物生成步骤如下。

首先，以长和宽分别为 $L_{t,t,k}$ 和 $W_{t,t,k}$，且长与区域 k 最长边平行的网格对研究区进行划分。

其次，选取网格与区域 k 相交面积大于 t 类建筑物最小面积（$A_{t,mi}$）的网格，组成

建筑物位置备选集 S_g。

计算建筑物最大个数：

$$C_{\max} = \frac{V_k^t}{A_{t,k} \times h_t} \tag{4.46}$$

式中：h_t 为 t 类建筑物单层的高度。如果 $C_{\max}$ 小于 S_g 的个数，说明区域 k 在给定容积率下，可完全容纳单层 t 类建筑。则 S_g 中随机选择 $C_{\max}$ 个网格作为最终建筑物分布位置 S_b。如果 $C_{\max}$ 大于 S_b 的个数，说明区域 k 在给定容积率下，不可能完全容纳单层 t 类建筑，则选择 S_b 的个数为最终建筑物分布位置 S_b。

计算平均层数：

区域 k 中 t 类建筑物的平均层数为

$$\overline{f} = \frac{V_k^t}{\text{count}(S_b) \times L_t \times W_t \times h_t} \tag{4.47}$$

式中：$\text{count}(S_b)$ 为求集合中元素个数的函数。

生成建筑物：

在 S_b 中随机选取网格 g，并将网格 g 从 S_b 中移除。以网格 g 中心为中心，长与宽分别为 L_t 和 W_t，建立新生建筑物 b 在地表的覆盖轮廓。新生建筑物的高度为

$$f_b = \text{Math.ceil}[\overline{f} \times \text{random}(0, \sigma_f)] \tag{4.48}$$

式中：Math.ceil 为返回大于等于数字参数的最小整数的数学函数。

计算已生成建筑物总体积：

$$V_+ = L_t \times W_t \times h_t \times f_b \tag{4.49}$$

如果 $V_+ > V_k^t$，即已生成建筑的总体积大于区域 k 所能容纳的建筑物体积，则停止生成建筑物。否则，返回生成建筑物，在 S_b 中随机选取下一网格，继续生成下一建筑物。

如果 S_b 已空，但 $V_+ < V_k^t$，即已生成建筑物的总体积未满足区域 k 建筑物总体积需求，则在生成的建筑物中，随机选择一个建筑物，使其层数增加 1。则 $V_+ = L_t \times W_t \times h_t \times f_b$。继续随机选择下一个已生成建筑物，增加其层数，直到 $V_+ > V_k^t$。

最后，根据所生成的建筑物信息，包括长度、宽度、高度及层数等信息，生成三维建筑物轮廓，如图 4.102 所示。

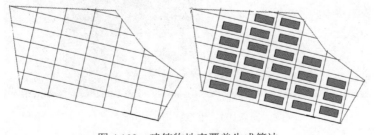

图 4.102 建筑物地表覆盖生成算法

2. 三维参与式规划工具模块

三维参与式规划工具模块基于三维 GIS 平台研发，实现三维景观要素的交互式编辑功能。包括以下内容。

（1）道路要素编辑：包括道路路段增加、删除、移动、路段端点编辑等，如图 4.103 所示。

图 4.103　道路要素编辑

（2）土地利用斑块编辑：包括土地利用斑块的增加、删除、移动、顶点编辑等，如图 4.104 所示。

图 4.104　土地利用斑块编辑

（3）建筑物编辑：包括建筑物的添加、删除、移动、旋转、缩放操作等，如图 4.105 所示。

图 4.105　建筑物编辑

（4）其他景观要素编辑：包括水体等其他景观要素的添加、删除、移动、旋转、缩放操作等操作。

（5）三维景观模型库管理模块：包括三维景观模型的分类、添加、预览、删除、更改、数据库同步等功能。

（6）道路模板库管理：包括道路模板库的分类、添加、预览、删除、更改等功能，如图 4.106 所示。

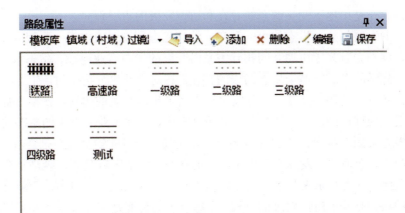

图 4.106　道路模板库管理

第5章 低丘缓坡山地产业（工业）选择与用地标准制定技术研究

5.1 低丘缓坡山地工业建设开发生态关联研究

5.1.1 山地工业开发中基本生态问题分析

1. 山地生态系统过程与山地工业系统的动态关联

山地生态系统与山地工业系统相互作用的过程是一种动态变化的过程。这种动态变化在宏观上首先是由生态系统稳定状态与非稳定状态交替发展的过程所决定的，其次在工业开发过程中，受到人为干扰效应的不确定性的影响。这种动态关联决定了山地工业开发效应具有动态性的特点，因此，对某一效应的判断必须基于不同的时空尺度来进行，如果离开特定时空尺度的限定，那么所得出的结论将不具有实践操作性。另外，二者相互作用过程的动态性也决定了在协调山地工业开发与生态系统的关联时必须适时根据情况的变化采取不同的对策措施，在这一过程中，提高对某些关键生态问题的预测能力将对于把握生态系统的发展变化起到重要的作用。

2. 山地工业开发过程中的生态约束

生态约束作为对山地工业系统与生态系统一种关联状态的表达，从生态系统的角度说明了二者的关系，并且似乎是一种否定的表达方式，即山地工业开发受到了限制，但生态约束的存在是山地工业资源系统存在和协调发展的重要保障。

生态工业发展得益于生态约束的存在，没有生态环境对山地工业系统的要素限定、功能限定，就不会有为了协调其间相互关系而开展的生态产业建设、生态修复工程。

山地生态学的发展得益于生态约束的存在。相对于理论分析探讨，生态学更关注对实际生态问题进行解决，没有工业开发过程中诸多生态问题的出现，就不会有对这些问题的研究及相应理论的创新，从学科发展角度来说，山地工业开发中的生态约束促进了与山地开发有关的学科理论的发展与应用，并促成了学科间的交叉与融合。

山地科学、合理的开发离不开生态约束的存在。山地区域是我国经济社会发展的重要区域，山地的开发在未来几十年内还将是重点开发区域之一，对山地工业开发与生态环境关系的认识是一个辩证发展的过程，生态意识的觉醒是在众多生态环境被破坏后人类反思的结果，这种反思促进了山地工业开发的生态友好性，并形成了不同国家或地区在对待山地工业资源利用与生态保护问题上的差异。

3. 山地工业开发的生态成本

根据能量守恒定律，能量从一种形式转化为另一种形式，或者从一个物体转移到另一物体，在转化或转移的过程中其总量不变。山地工业开发的过程就是以山地土地资源为载体进行能量转化的过程，这其中包括将山地的部分生态功能转化为经济功能、社会功能。从系统功能的转化来看，新的经济功能的出现及社会功能的显现是以生态功能的转化为基础，如果没有山地的存在及可利用土地的支撑是不可能发展山地工业的，同样，在山地进行工业开发之前，山地区域的土地主要以生态功能的发挥为主，当改变山地土地用途时，山地生态功能会相应受到影响，即系统功能发生传递或转化，经济效益增加，生态效益下降。因此，可将因经济效应的增加而损失的生态效益称为山地工业开发的生态成本。发展就有成本，要进行山地工业开发就会有生态成本的产生。效益最优原则要求以最小的成本获取最大的效益，以最小的生态成本来获取最大的山地工业开发效益应该是协调山地工业开发与生态环境关系的主要目标。但问题的关键是生态成本的衡量问题，以及如何最小化生态成本的问题，衡量山地工业开发的经济效益相对容易、可行，但对生态成本的衡量却是个复杂的问题，对生态成本没有科学合理的界定，最小成本将无从确定。山地工业开发的最小生态成本除权衡经济效益与生态效益以外，还得考虑生态系统良性发展需求的限制，山地工业开发最小生态成本应以实现最大生态效益为目标，而不是以实现最大经济效益为目标。

4. 山地工业开发生态正负面效应问题

出于保护山地工业开发区域生态环境的目的，目前对于已建的和在建的山地工业园区来说，对山地工业开发负面生态效应的关注度较高，而对山地工业开发正面生态效应提及得较少。客观来看，山地工业开发会对生态环境造成明显的影响，如对山体、沟谷形态改变、植被破坏、地质环境、生态系统结构、功能等的影响，并产生相应的效应，如小气候效应、地质效应、水文效应等，但与此同时，山地工业开发的正面生态效应也在对生态系统起着作用。工业园区绿地系统改变了原来的荒山荒坡，生态效应提升；工业园区开发前地质灾害的治理工程，有效减缓了山地地质灾害的发生；工业园区景观改造工程，提升了山地景观美感度，人工景观的融入有效增加了山地景观的多样性；工业园区开发前，对相关物种的调查，有利于发现并保护山地一些特有的物种，有利于生物物种资源的保护。另外，从生态系统与干扰的关系角度来看，适度的人工干扰在一定程度上有利于山地生态系统的健康发展，对于增加山地生态系统在物种、功能上的多样性具有积极的作用。以科学的态度来看待山地工业开发的生态效益，不仅有利于工业工程可持续性的提高，也有利于山地工业开发区域生态环境的发展。

5.1.2　生态系统对山地工业园区的作用

1. 要素限定

山地工业园区生态要素的构成是以其所在区域已有的生态要素为基础，区域生态系统从根本上决定了山地工业园区的生态要素组成，这种从属关系决定了山地工业园区的正常运行离不开区域生态系统的支持，同时，生态系统也必须不断调整状态，控制、调节并整合由山地工业园区产生的效应。由前文关于山地工业园区与区域生态系统的相互关系可以看出，山地生态系统中的土地是构成山地工业生态系统的主要部分，除山地生态系统中的土地以外，山地工业园区生态要素的构成还包括工业开发区范围内陆地、水域生态系统的相关要素，对于大型山地工业园区来说，由于其生态效应涉及的区域面积较大，效应发挥时间跨度较大，在确定其生态要素构成时，包括的范围除项目区、项目区所在小流域以外，还应进一步向外延伸。

受开发区域地形、地势的影响，山地工业园区生态要素的构成具有明显的地域差异，对于高山峡谷区域来说，山地工业园区生态系统要素构成具有明显的高程分布差异，而对于河流深切较小，流域面积较广阔的区域来说，山地工业园区生态要素的构成则具有明显的水平分布的特点。在山地工业开发前，合理有效划定山地工业生态系统要素构成区域及生态影响区域将能较为系统地对山地工业开发生态效应进行把握，也会对明确山地工业生态效应的作用范围，采取有效的空间调控措施，促进山地工业开发起到积极的作用。

2. 功能保障

在要素限定的前提下，山地工业园区正常功能的发挥离不开生态系统的支持与保障。从整体来看，区域良好的生态环境是构建山地工业园区与区域良性互动发展的前提所在，没有生态系统正常功能的发挥，山地工业园区的运行也将受到影响。从系统要素来看，山地工业园区必须依赖于山地生态系统在水、空气、生物等方面的支持，才可以健康地发展，区域生态系统恶化导致的区域水质恶化、山体滑坡、地质灾害频发，将极大地影响山地工业园区的正常运转。从功能调节来看，良好生态环境的存在可有效地提升山地工业园区的运行环境，减少山地工业园区开发、生产对周边生态环境的影响。山地生态系统不仅是工业系统正常运行的保障，也是工业系统健康发展的体现，良好山地生态环境的工业开发才可能是可持续的工业开发。

区域生态系统在保障山地工业园区功能、增加其效应的基础上，为山地工业园区的良性发展提供了支撑环境。在考虑山地工业园区生态功能效应时，应从区域生态系统的全局出发，从整体上进行调控，而不是只考虑生态要素某一阶段的状态。

3. 价值引导

对于传统工业开发项目来说，其最基本的价值导向是促进经济的发展，进入 21 世纪，全球致力于减少碳排放量，发展循环经济、低碳经济，山地作为生态较敏感的区域，其工业开发应符合低碳经济的要求，在具体开发过程中，虽然在山地工业开发前都将生态保护、环境改善作为项目的重要功能，但在经济与生态的博弈之中，生态问题、生态环境的价值往往让位于发展经济的需要，使得山地生态遭到破坏，引发了诸多开发与环境保护的冲突，使山地工业开发中的生态约束不断增强。生态环境的重要性及生态危机的出现进一步增强了人们的环境保护意识，信息的公开性、决策透明度的提高也使更多的人可以参与到山地工业开发的规划决策中，山地工业开发工程规划如果未能很好地体现其生态价值，是难以实施建设的。因此，山地工业开发工程建设必须以生态系统的健康发展为目标，确定其生态价值体系，才能从根本上协调工业开发与生态环境的相互关系。从山地工业园区与区域生态系统的相互关系来看，二者必须在发展中形成良性互动机制，才有可能共同发展，没有区域生态系统的良好发展，山地工业开发也不会是可持续的。区域生态的有序发展需要山地工业园区在价值导向上更多地关注其生态效应，尽最大可能提高山地工业开发项目的生态友好性。山地工业开发也只有在开发中重视生态效应，才有可能获得更高的综合开发效应。

4. 生态约束

山地工业开发生态约束的提出源于已有开发项目所导致的生态破坏，生态约束在一定程度上加快了山地工业开发的生态友好性，提高了山地工业开发利用的生态效应，同时也体现了人们对山地工业开发与生态相互关系认识的提高。一般而言，山地工业开发的生态约束体现在两个方面：一是，为提高山地工业开发工程建设的生态友好性而使开发成本上升带来的约束；二是，区域生态现状对整体山地工业开发、运行等具体过程带来的约束。对于第一种情况来说，其根本还在于资金的约束。

目前山地工业开发生态约束主要源于山地工业开发导致的山地工业开发系统与生态系统在要素、结构、功能等方面产生的冲突。山地工业开发作为人类活动对自然生态的干扰形式之一，会不可避免地对原有生态系统要素构成及功能发挥、演替路径等产生影响。山地工业园区建设之后，区域生态系统中的自然廊道经山地工业园区阻隔后成了非连续性状态，这种联通状态的改变进而又会改变山地格局的物理特性和生物物种的生境，新的物种可能产生，原有的物种可能灭亡。当生态系统的这种改变被认为是一种不良反应，并危害到生态系统时，在进行下一次山地工业开发时，这一问题便会被作为山地工业开发破坏生态的事实而提出，为解决这一问题，需要对具体区域进行生态环境现状分析，评价生态影响，决定需要采取的对策措施，在山地工业开发项目运行后还需要监测具体影响的发生，这一过程便是生态约束产生并发挥作用的过程。

由于生态系统的复杂性及生态功能效应的尺度依赖性，某些生态约束的产生源于不完全正确的分析结论，如前面所说的山地工业开发后导致新物种出现、原有物种消失，这种现象也不能完全定义为负面效应。因此，在探讨山地工业开发的生态约束时，需要以科学合理的分析结论为依据，也只有建立在科学认识的基础上，生态约束才能更好地发挥其正面效应，促进山地工业开发的生态友好性。

5.1.3 山地工业园区对生态系统的作用
——山地工业园区生态功能论

1. 景观改造

山地工业园区作为人类山地土地创造价值而形成的复合系统，其对区域生态系统的影响最先表现为对区域生态系统构成要素的影响，在山地工业开发工程的作用下，会出现原来的自然山体斑块碎化、自然廊道非连续化、山地功能改变、水流流向改变的情况，物种、种群、群落都将因工业建设而发生改变，这其中有物种生活习性的改变、物种的灭亡、物种的迁移等，所有这些变化将使区域生态系统中山地工业开发影响区域的系统要素发生新的重组，这种重组在山地工业园区对生态系统的影响中起到了基础性作用，是更大范围内景观改造、功能效应发挥的基础。

在对区域生态系统局部构成要素进行重组之后，山地工业园区对区域生态系统的影响表现为对区域生态景观的改造，山地工业园区的出现、大面积地面硬化工程的形成、电力输送线路的架设、山地工业园区道路的建设等，都将对区域生态景观产生明显的景观格局影响，这是山地工业开发直接导致的一些景观变化，这些变化较明显，并且相关研究已较成熟，对其进行调控的可行性较大。除这些较明显的施工建设期的影响以外，在山地工业园区建成之后，会有工厂三废排放、污染物增加的情况发生；局部小气候的改变则有可能导致降水增多、泥石流等灾害加剧，对于某些山地工业开发前生态环境就较为脆弱的地区，这种景观格局影响将会更加明显。山地工业开发，加上自然界内外营力作用，将使景观格局发生改变。

2. 空间阻隔

景观要素的重组改变了山地生态结构，相应的山地系统功能将受到影响。从山地生态系统功能来看，其主要可以分为物理功能、生物功能和生态功能 3 个层次。山地是物理-生物-生态功能的连续体，这三维连续性包括以山地廊道-斑块连续性、生物群落结构连续性、营养物质流和能量连续性及信息连续性为主体的河流连续性概念。山地工业园区的建筑施工将对山地生态系统这 3 个主要功能造成空间阻隔，对其功能的连续性造成影响，如图 5.1 所示。具体影响表现在，山地场地平整工程对山体、河流、风向、气压等物理功能的影响；对生物群落连续性分布及其食物链的影响；对营养物质输移、扩散的影响；对山地生物生命信号信息的影响。

3. 效应干扰

功能调节、效应干扰主要发生在山地工业园区运行期。山地工业园区在建设期会对生态景观产生较明显的影响，在其运行期，影响继续延续，并累积、扩大。相对于建设期来说，运行期时间更长，生态效应会随着时间不断地发展变化，一些潜在的影响由此而出现，并且此期间效应的性质及大小也有别于建设期。目前，由于山地工业开发运行期管理不当，其造成的生态破坏已成为山地工业开发的主要生态问题。山地工业项目运行期管理工作的好坏将直接影响到生态效应的发挥。在进行项目管理过程中，管理行为成为重要的系统功能调节手段，某些建设期形成的生态问题，如山体的崩塌、水质的恶化等可以通过加强建设后对项目区域景观的管理得以改善。山地工业开发作为人类对生态系统自然发展状态的干扰，对具体区域来说，对这种干扰行为的效应是难以准确把握的，但却可以对其进行调控，因此，加强运行期的管理就显得尤为重要，管理的过程是山地工业开发中二次干扰的实施过程，相对于第一次干扰来说，管理干扰不仅针对山地

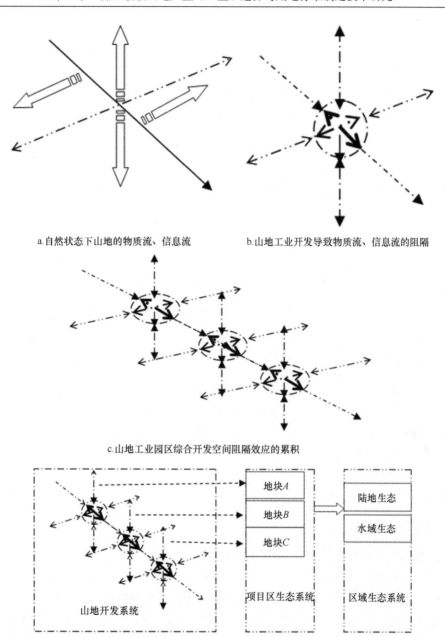

a.自然状态下山地的物质流、信息流　　　b.山地工业开发导致物质流、信息流的阻隔

c.山地工业园区综合开发空间阻隔效应的累积

d.山地工业开发对生态功能的综合影响

图 5.1　山地工业开发在三维空间上对山地生态格局的阻隔效应

工业园区本身，更重要的在于对开发造成的潜在影响的防患，以及对系统路径的监测与修正。为了使山地工业园区健康、持续地发展，管理过程必须加强科学理论与先进技术的应用，努力使管理干扰既在区域生态系统承载范围内，又能使区域生态系统功能朝着良性状态发展。

5.1.4　山地工业园区与生态系统关联的时空分异

分属于不同级别的系统，具有不同功能类型的系统，在分析其相互作用关系时，需从不同的时间尺度、空间尺度来进行。研究分析山地工业园区与生态系统关联的时空分异，是正确把握山地工业园区与区域生态系统关系的重要基础，也是协调二者关系的关键理论支持。

1. 山地工业园区与生态系统关联的时空分异基础

1）山地生态系统的等级性

山地生态系统的等级性是山地工业园区与生态系统相互关联时空分异产生的自然基础。生态系统的等级性使得某一区域生态系统由众多不同等级的子系统构成，这些不同等级的子系统之间在结构和功能上存在时空尺度的分异；山地工业园区同样由各级子系统构成，当区域生态系统的多样性与山地工业园区的多样性产生关联时，不同的组合状态将形成不同的时空分异关系。

2）山地生态系统演替路径的随机性

某一生态系统的演替方向具有其特定的规律性，但其在朝着演替方向发展的过程中，会受到各种干扰的作用，其演替路径将具有很强的随机性，这种随机性增强了系统关联时的时空分异。对于某一区域来说，区域内不同的土地利用方式将产生各种不同的生态效应，作用于山地生态系统，山地生态系统在这些不同效应的作用下，其演替路径的随机性将增大，山地工业园区与该山地生态系统关联的时空分异也将随之增强。

3）影响效应的尺度依赖性

生态系统的稳定性是一个相对概念，组成生态系统的各个子系统所产生的功能效应也是相对的。从时间尺度来看，山地工业园区开发、运行对区域生态系统的效应可以看作是时间的函数，效应的发挥取决于观察生态系统时所选定的时间尺度。评价山地工业开发对生态系统产生的效应首先需要确定分析的时间尺度，即变化速率。当山地工业开发的变化速率大于确定的运动速率时，就可认为生态系统失去了稳定性，工业开发对生态系统产生了负面效应；当其变化速率小于确定的运动速率时，则可认为生态系统是稳定的，山地工业开发所产生的生态负面效应较小。

从空间尺度来看，景观稳定性实际是许多复杂结构在立地斑块上的不断变化与景观水平上相对静止的统一（郭晋平和周志期，2007），这种稳定性又被称为景观的异质稳定性。区域尺度上河岸植被的稳定性比沿山地渠道各段的局部稳定性高，就是异质稳定性的体现，小尺度上的景观要素组成和结构变化较快，而大尺度上的景观要素组成和结构变化较慢，小尺度上的剧烈波动，可能在较大尺度上被异质景观格局吸收，这种规律存在于绝大多数景观中。当然，一些景观战略点的变化也可能在较大尺度上被放大，导致景观整体的剧烈变化。同样山地工业园区对生态系统所产生的效应应从不同的空间尺度来加以衡量和调控，而关键问题在于开发中对生态系统关键战略点识别的把握，对于某些较小的影响、局部的影响，如果确定其为非生态系统战略关键点，则其负面影响应该是可以接受的，但困难之处在于对战略关键点和非战略关键点的确立。

4）多尺度下决策信息的不对称

决策尺度的异质性是二者关联的时空分异的人文要素基础。社会、政治和经济过程也都具有不同特征的时空尺度。生态过程和社会政治过程的特征尺度大小往往互不吻合。由于生态尺度、决策尺度和决策的制度层次尺度不吻合，产生了许多环境问题。例如，在纯粹的局地尺度评估中，可以发现其中最为有效的社会对策只能从国家的尺度上去实施（如取消某一补贴，或者建立某一规则）。此外，单纯的局地评估可能缺少一定的实用性和可信度，不能刺激国家或区域层次的变化。另外，单纯的全球评估也可能缺乏必需的实用性和可信度，不能促使局地尺度上生态系统管理工作的变化（尽管对当地来说确实需要）。一个特定尺度上的评估结果总是受其他尺度上生态、社会经济和政治因素的相互作用的严重影响。因此，在评估中仅关注单一尺度很可能会忽略与其他尺度之间的相互作用。

系统关联时空分异形成的过程示意图如图 5.2 所示。

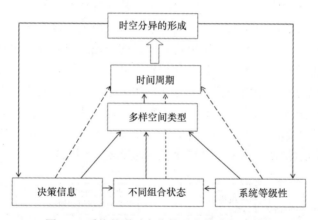

图 5.2　系统关联时空分异形成的过程示意图

5）研究者视角的山地工业开发生态效应时间尺度分异

山地工业开发生态影响的时空分异还受研究者的影响，生态系统时空尺度的关联必须将系统固有的性质与观察者的理解、兴趣和能力相结合。生态系统在空间和时间上都表现出高度的复杂性，这种复杂性来源于时间和空间的异质性及大量组分间的非线性关联。判断某个生态系统的复杂程度依赖于描述的途径和观察的目标（邬建国，2000）。研究者的个体有价值观、兴趣、研究能力及知识体系上的差异，其所得出的山地工业开发生态效应存在差异，如对于热衷于山地工业开发的研究者来说，在研究分析山地工业开发生态效应时，更倾向于揭示山地工业开发的正面生态效应，而对负面生态效应则会选择性的忽视，而对山地工业开发持反对态度的研究者，其研究中的价值取向则更易使其研究结论得出更多的负面生态效应。其中包括时间尺度和空间尺度方面的差异。

2. 山地工业园区与生态系统关联的时空分异

1) 时间尺度山地工业园区与生态系统关联的分异

时间尺度对于评估工业开发的生态效应非常重要。人们通常不愿意去考虑一两代人以后发生的事情。如果一个评估的时间尺度比评估对象的特征尺度短，它将不能完整地获得该特征在长周期循环中得以表现的变化规律。从时间尺度来看，山地工业开发从其开发、运行直到最后衰退，整个过程相对于生态系统来说，只是非常短暂的一个阶段，而研究者所能关注的时间就更为有限。因此，对于山地工业开发与生态系统时间尺度的关联分析研究只能限定在特定的一段时间内。从目前有关于山地工业开发利用与生态系统关联的时空分异研究来看，国外有开展过较长时间的连续观察监测；而国内对某一项目的持续跟踪研究，由于受研究条件的限制，其时间跨度相对较短；而生态学研究方法中所提出的应用尺度推绎理论，通过一个较小尺度的研究获取更高一级尺度上的生态效应（吕一河和傅伯杰，2001），由于受研究手段及方法的限制，推绎难度较大，这方面成果就罕见。

从山地工业园区的整个生命周期段来看，可将山地工业园区分为开发前、开发中及建成后的运行管理3个阶段。这3个阶段由于其功能性质不一样，所产生的生态关联效应也各有特点。开发前，山地工业园区处于系统形成规划阶段，这一阶段的许多问题还停留在研究分析中，这些分析研究结果将对今后的山地工业开发产生重要影响。山地工业园区功能效应的发挥始于征地工程的移民期及建设施工阶段，这一阶段的生态关联较为直接，主要表现为园区场地平整、工程项目建筑施工对生态要素的直接影响、改造或者破坏，山地工业园区工程建设期的生态影响是山地工业园区生态影响的基础，对后期诸多生态问题的产生起着重要作用，而山地工业园区生态关联效应发挥作用的主要阶段在山地工业园区的运行期。山地工业园区的环境影响如图 5.3 所示。

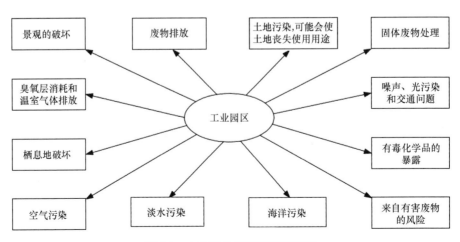

图 5.3　山地工业园区的环境影响

在这 3 个阶段中，前期规划对于整个工程生态效应的产生起着重要的导向性作用，规划期从整体上决定了开发的生态友好性和潜在的生态风险，建设期是山地工业园区生态效应产生的前期基础，也是生态影响表现最为集中、最为明显的阶段，而最后一个阶段——运行期，由于时间周期较长，是生态效应逐步显现的时期，也是山地工业园区生态关联效应最重要的时期，如图 5.4 所示。

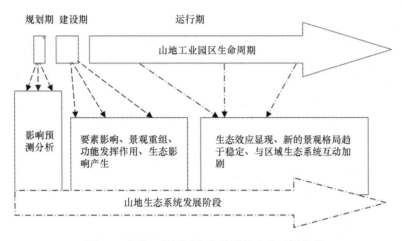

图 5.4　山地工业园区生态关联效应的时间尺度

（1）山地工业园区建设期山地生态服务价值的改变。环境污染、生态破坏在工程施工阶段表现较为明显，是山地工业开发过程中重要的生态影响阶段。此期间，山地生态系统提供的服务、山地的价值会发生巨大变化，人们在工业开发前享用的所有服务几乎都因工业站的建设而降低或停止。施工建设期是人类资金投入最多、享用山地生态系统服务最低的阶段，如图 5.5 所示。

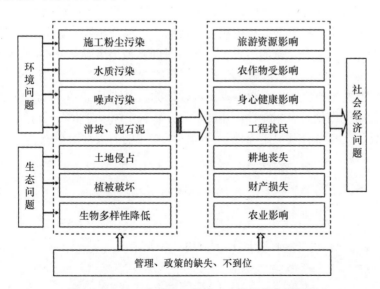

图 5.5　山地工业开发工程施工建设期的主要问题

（2）山地工业园区运行期山地生态服务价值的改变。在工业项目正常运行阶段，山地的价值在工业生产的干预下发生转变，山地生态系统服务量、服务形式发生巨大变化，主要服务对象发生巨大转移。经济效益巨大、生态系统衰退和由此衍生的一系列社会、经济问题是该阶段的主要特点（图 5.6）。对于山地工业园区生态效应的分析研究，应在分阶段对其进行分析的基础上，进行综合集成分析，不仅要注意各个阶段的影响，还应从整体上对问题的性质进行界定和处理。

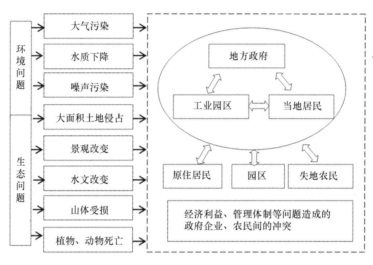

图 5.6　山地工业园区运行期主要问题

（3）基于生态系统视角的山地工业园区生态关联效应时间尺度分异。从生态系统的角度来看，我们所能观察到的山地工业园区的生态效应，包括用地性质变化、物种生境变化、种群的迁徙及更替、群落的演替、景观的变化等，如图 5.7 所示，其时间周期从几秒到上百年不等，在这一过程中，生态系统在山地工业园区的影响下，在稳定与不稳定之间波动，系统不同状态的亚稳定状态交替出现，维持和调节着生态系统的发展，对整个生态系统或区域生态系统的演替很难在短时间内做出准确的分析，但却可以对其稳定状态进行判断，同时，可以根据生态系统演替的规律对生态系统的演替趋势进行预测与分析，对可能发生的负面生态影响事先进行预测。山地工业园区生态系统影响的时间尺度依赖性使研究结论具有相对性，开展多尺度研究、综合分析不同时间尺度下生态系统的发展变化，是科学合理界定山地工业园区生态影响的关键所在。

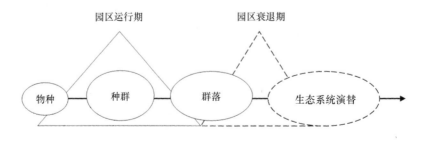

图 5.7　山地工业园区不同时期生态效应重点

2）空间尺度山地工业园区与生态系统关联的分异

从空间的角度来看，山地工业园区与生态系统关联的分异在不同空间层次上其效应也存在差异，如表 5.1 所示。判断山地工业开发对生态系统的干扰程度，依赖于研究分析所选取的空间尺度，一个空间尺度上的干扰并非是所有空间尺度上的干扰，小尺度上的干扰往往是大尺度上正常现象的结构成分。发生在种群内的干扰，对于群落来说，也许显得微乎其微，可以忽略不计，这种现象被称为干扰的"兼容"（邬建国，2000）。因此，研究山地工业开发的生态效应要与空间尺度结合起来考虑，一般来说，在较小空间尺度上，山地工业开发的生态效应表现会比较明显，而从更高一级空间尺度上看，其效应会被抵消，甚至失去作用，也有可能被进一步放大，进而对系统整体功能产生影响；反过来，如效应在较大空间尺度上产生，那其效应在下一级系统中的表现将会更加明现。长期以来，生态学家经常观察到来自山地外的、强大的自然力迅速破坏山区生态结构的现象。因为项目区尺度接近于人类感观的尺度，所以在这一尺度上，干扰的影响显而易见。然而，干扰概念并不局限于项目区尺度。其经过扩展外延和丰富其内涵，已被运用到区域、生态系统和景观尺度上。对于山地工业园区与生态系统的关联，一般以区域为空间范围来进行研究，对于某些较大规模的山地工业开发利用，由于其影响范围较大，需要从区域、流域的角度来开展研究。

表 5.1　山地工业园区与生态系统关联的空间层次

生态范围	尺度/km	效应重点
全球	>104	CO_2、N、P 循环，气候变化
区域生态系统	102～104	生态系统综合效应
小流域	1～102	种群动态、景观变化、生境变化
项目区	<1	土壤、植被、水系、地质灾害

3. 山地工业园区与生态系统关联时空分异的特征表现

结合生态学已有的相关理论，通过分析已有山地工业园区与生态系统关联的案例可以总结出山地工业园区与生态系统关联时空分异的特征表现。

1）效应发挥的滞后性

生态系统和人类系统都具有相当程度的惯性，当前变化所产生的影响也许在几年或几十年之后都难以觉察。无论是从时间尺度还是从空间尺度来开展相关的生态效应分析，基于现有研究条件的研究结论都存在效应滞后的现象。在某一时间点或某一时间段内开展的研究得出的结论，其适应性受时间变化的影响，从空间角度来看，基于某一空间尺度开展的对未来生态效应的预测可能早已在另一级别的空间尺度产生着作用。从生态系统的角度来看，在经受某一影响后，演替的进程在大多数情况下也不再按原来的速率进行，存在提前或延迟的可能。滞后性受两大因素的影响，研究者的分析判断能力和生态系统自身发展变化的速率。效应发挥滞后性的存在加大了对潜在生态影响的预测难度，也使得对生态效应分析研究不准确性的增加。这种滞后性使得工业开发效应随时间累积变化，即使在工业大坝拆除后，其影响都还会长期存在。

2） 时空尺度的对应性

生态系统过程和服务功能只有在特定的时空尺度上才能表现其显著的主导作用和效果，并且最容易被观测，从而被典型而充分地表达出来。生态系统过程和服务功能常常具有一个特征尺度，即典型的空间范围和持续时段。空间尺度和时间尺度常常密切相关，如图 5.8 所示。

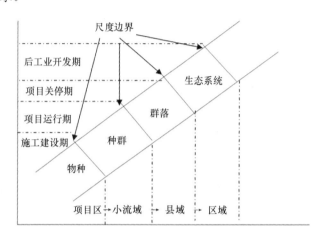

图 5.8　山地工业园区与生态系统关联效应尺度的时空对应性

一般来说，一个较小的时间尺度对应的空间尺度也较小，从微观角度开展的研究一般对应较短的时间、较小的空间范围，对于某些在极短时间内发生并很快结束的生态学现象，是不需要考虑其空间尺度的。山地工业园区与生态系统的关联在时空尺度上也具有对应性。例如，施工建设期、运行期产生的重点效应可分别对应山地生态系统中的项目区、区域空间级别，虽然其对应界线并不是很明显，但从主要效应的发挥与显现上来看是存在这种对应关系的。从生态系统来看，由山地工业开发而导致的山地生态系统的物种变化、迁移、群落更替可分别对应山地工业园区的项目区、小流域、县域等。这种时空尺度的对应性为分阶段、分区域调控山地工业开发与生态系统的关系提供了可能，增加了调控的时空尺度参照，并为开展更高层次的综合系统调控提供了基础。

3） 异质效应的多样性

对于山地工业园区本身来说，在不同时间段、不同空间领域范围内，其系统结构及状态是不相同的；而对于生态系统来说，这种异质就更高。当将二者进行叠加分析时，异质性将会更高，二者相互作用效应的多样性也更高，这类似于一定程度上的高景观异质性有助于提高生物多样性。从生态系统来看，如生态系统某一空间范围内存在的物种越多，那山地工业开发所产生的效应就越复杂，对该空间范围内的不同物种产生不同效应，物种间的相互作用又使得山地工业开发效应发生变异，形成新的作用结果；从山地工业园区来看，山体、沟谷的不同开挖、填压状态将形成不同的地貌空间，对项目区及周边产生不同的生态影响，如对山地采取梯级开发，开发空间范围增大，山地工业园区空间异质性增强，其对生态系统产生的效应也将随之增大。异质性将伴随着效应的多样性，但在效应多样性中，区分正面效应和负面效应与异质性的关系将是研究的重点与难点。

5.1.5　低丘缓坡山地工业开发生态适宜评价模型和技术方法

1. 评价原理

低丘缓坡山地工业开发生态适宜性评价是通过对工业开发区域土地的生态属性进行综合鉴定，阐明土地自然属性所具有的开发潜力及脆弱性，研究土地对工业用途是否适宜、适宜程度及其主要限制因素，是针对工业用途而对区域土地资源生态质量的综合评定。

其基本原理是在现有的自然生态环境水平和工业利用方式主导下，以土地的自然生态要素作为鉴定指标，对工业等建设用地的适宜性、限制性及其程度差异的分类进行定级。

2. 评价方法

根据对相关案例及资料的研究分析，对于土地的建设适宜性评价，通常采用的方法主要有多因子叠加分析和主成分综合分析两种方法。本方案主要应用 ArcGIS 空间分析模块，采用多因子叠加分析方法与主成分综合分析方法结合的方式，对评价区域范围内土地的建设适宜性进行评定。

1）数据处理

评价前，首先构建 32m×32m 的评价单元，每个评价单元总面积为 $1024\,m^2$，能够满足各类建设项目对用地规模的基本要求。如果评价单元太小，则数据量较大，同时对各因子数据精度的要求更高；如果评价单元太大，则评价准确度较低，难以保证评价结果的准确度。

土地网格化的优点是将土地图形网格化、等级化和数量化，适宜计算机应用。在 1∶2000 的工业用地地形图上按经纬方向划分网格，通过坐标法对地块进行编号，如图 5.9 所示。

2）生态因子的选择与调查

生态因子的选择与调查是土地生态评价的基础。影响山地工业园区开发建设的生态因素有很多，评价应首先考虑对山地工业园区开发建设影响最大的关键因素，考虑该项目及研究任务三对低丘缓坡山地开发地质环境适宜性评价及低丘缓坡山地城镇、工业适宜开发区选定已有相应的研究，本节不再分析地质环境和生态脆弱性对工业开发的限制，只针对项目具体建设过程可能涉及的中微观生态因子进行考虑，并开展适宜性评价。选取风向因子、植被因子、水体因子、地形因子进行评价，见表 5.2；对其他的生态型土地适宜性评价也有各个不同的生态因子。评价因子分为三档，分别用 1、2、3 表示，通过对每一地块的具体分析得出每一因子的具体数值，数值越大越佳。

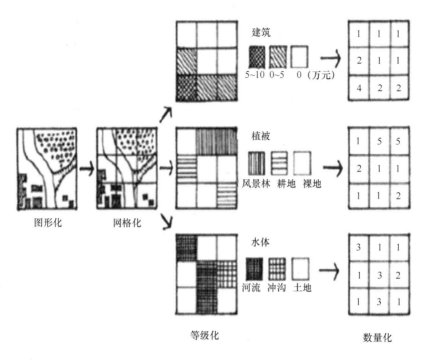

图 5.9 基础资料图形化、网格化、数量化示意图

表 5.2 工业园区建设生态适宜性评价指标体系

生态因子	评价标准	分级	适宜度评价值
风向因子	保证工业用地的位置在下风向，降低其对其他用地的污染	上风向	1
		中部	2
		下风向	3
植被因子	保护用地内重要的植被资源，满足动物栖息和迁徙的需求	斑块面积大于 1.5hm², 廊道宽度大于 12m	1
		斑块面积小于 1.5hm², 廊道宽度小于 12m	2
		无植被	3
水体因子	确保工业用地处于河流的下游，以减少污染范围	河流上游	1
		河流中游	2
		河流下游	3
地形因子	坡度越大，越不适合工业建设	坡度大于 30% 的陡坡地	1
		坡度为 5%～30% 的缓坡地、台地、丘陵、盆地等	2
		坡度小于 5% 的平地	3

（1）坡度。坡度是地表单元陡缓的程度，通常把坡面的垂直高度和水平宽度的比称为坡度（坡比）。坡度的表示方法有百分比法、度数法、密位法和分数法四种，其中以百分比法和度数法较为常用。坡度大小直接影响建设用地布局、道路选线和建筑布置。

考虑到现实建设中，坡度大小只影响地表物质的重力变化，对工业开发的生态适宜性影响较小，其权重可相对较小。

（2）风向。风是指空气相对于地面的水平运动。风一般用风速和风向来表示。风向是指风吹来的方向。风向一般用 8 个方位表示。分别为北、东北、东、东南、南、西南、西、西北。风对建设用地适宜性的影响主要为：工业产生的有毒有害气体通过风的作用扩散，对周围大气环境造成污染；高强度的持续风和阵风会对高层建设安全造成危害；近地层热量交换、农田蒸散和空气中的二氧化碳、氧气等输送过程随着风速的增大而加快或加强。

（3）植被。主要关注工业开发对植被的影响及植被变化后生物生境的变化，主要考虑其斑块大小及通道的宽度，较大斑块及较宽廊道的存在将用于工业项目开发后，缓解由园区开发造成的生态冲突，提高对项目区开发生态影响的缓冲力，降低负面生态影响。

（4）水体。主要分析项目区所在位置与水体的空间组合关系，通常工业项目区不宜布置于水体上游区域，根据工业项目与周边水体、小流域的位置关系分析，可评估项目区的生态适宜性。

3）评价模型

（1）单因子叠加。通过对单因子指标进行分析的基础上，叠加单因子获得生态型土地功能综合适宜度。将评价生态因子的原始信息等级化、数量化。这里单因子适宜度分为三级，分别用 3、2、1 表明。关于某种生态型土地适宜度的高低，各因子根据对土地特定利用方式的影响程度赋予不同的权重，依据因子分级标准做出单因子分析图，并将单因子评价结果进行叠加，单因子叠加采用加权因子法评价，计算公式为

$$S_i = \sum_{k=1}^{n} B_{ki} W_k \tag{5.1}$$

式中：i 为土地利用方式编号；k 为影响 i 种土地利用方式的生态因子编号；n 为影响 i 种土地利用方式的生态因子总数；W_k 为 k 因子对 i 种土地利用方式的权值，且 $W_1 + W_2 + \cdots + W_k = 1$；$B_{ki}$ 为土地利用方式为 i 的第 k 个生态因子适宜度评价值；S_i 为土地利用方式为 i 时的综合评价值。

（2）权重确定。权重是一个相对的概念，是针对某一指标而言的。权重在评价过程中确定，是被评价对象的不同侧面重要程度的定量分配，对各评价因子在总体评价中的作用进行区别对待。事实上，没有重点的评价就不算是客观的评价。

拟采用层次分析法对评价指标进行权重赋值。层次分析法是指将一个复杂的多目标决策问题作为一个系统，将目标分解为多个目标或准则，进而分解为多指标（或准则、约束）的若干层次，通过定性指标模糊量化方法算出层次单排序（权数）和总排序，以作为目标（多指标）、多方案优化决策的系统方法。层次分析法的优点是简单明了，不仅适用于存在不确定性和主观信息的情况，还允许以合乎逻辑的方式应用经验、洞察力和直觉。

（3）因子赋值。依次对各评价单元的各评价因子进行评价。各评价因子的单位不同，量化数据的含义也不同，无法对它们进行直接比较，在每个因子评价过程中，对其同步

进行归一化处理。归一化是一种简化计算的方式，即将有量纲的表达式，经过变换，转化为无量纲的表达式，成为纯量。归一化处理的主要方法有线性函数转换、对数函数转换、反正切函数转换等。

a. 坡度因子

城市主要建设用地适宜规划坡度见表5.3。

表5.3　城市主要建设用地适宜规划坡度

用地类型	最小坡度/（°）	最大坡度/（°）
工业用地	0.2	10
仓储用地	0.2	10
铁路用地	0	2
港口用地	0.2	5
城市道路用地	0.2	8
居住用地	0.2	25
公共设施用地	0.2	20
其他	—	—

根据上述各类建设项目坡度要求，确定坡度因子赋值。采用最大面积法将坡度小于等于2º的赋值为1，介于2º～6º的赋值为0.8，6º～15º的赋值为0.6，15º～25º的赋值为0.2，大于25º的赋值为0。

b. 风向风力

风向对于选址的主要约束表现在工业园区对周边的影响。根据可能造成的污染程度可对不同的风向赋值：项目区处于上风向，对周边污染较为严重，赋值为0，反之，项目区处于下风向，赋值为1。其他风向可根据可能造成的污染概率在0～1进行赋值。

c. 植被因子

对无植被的赋值为0，对斑块面积大于1.5hm²、廊道宽度大于12m的赋值为1。

d. 水体因子

位于河流上游赋值为0，反之为1。

（4）结果处理。对计算结果有两种处理方式，第一种为绘制单因子评价图，再将多个单因子图叠加，对叠加结果分级绘制综合评价图。第二种为根据表5.2的评价计算各用地的综合值并对其进行分级。一般将综合评价值分为三等：不适宜用地，即土地开发的环境补偿费用低，土地对人工破坏或干扰的调控能力强，自动恢复难；基本适宜用地，即土地开发的环境补偿费用中等，土地对人工破坏或干扰的调控能力中等，自动恢复慢；适宜用地，指土地开发的环境补偿费用高，土地对人工破坏或干扰的调控能力弱，自动恢复快。

4）评价结果应用

根据前述的土地建设适宜性评价结果，片区在低丘缓坡山地综合开发利用过程中，将开发建设向一等、二等适宜区域集中，重点进行城市新区、工业园区建设，这些区域地形起伏较小，周边基础设施配套条件较为成熟，适合进行连片、整体开发；三等适宜区域在一定程度上受自然条件影响，主要体现在坡度、植被因子等方面，在区域开发中，其适宜开展低强度、低密度、点状式开发建设，如森林公园、景观用地、旅游用地等。评价结果中界定为不适宜建设的区域主要以保留现状土地用途为主，其适度进行农用地整理、自然保留地开发，对区内废弃、零散农村建设用地进行复垦、恢复植被，通过土地综合整治有效提升区域环境的质量水平。

5.2 低丘缓坡山地工业选择与用地布局研究

5.2.1 低丘缓坡山地产业选择

1. 产业选择分析方法

近十多年来我国对产业选择分析方法的研究呈现快速发展趋势。董逢谷（2001）利用上海市 1997 年投入产出完全消耗系数表对上海支柱产业进行了选择分析，实际上是关联分析法。郭克莎（2003）对我国工业化时期的新兴主导产业的选择做了深入研究，通过对增长潜力等 6 个指标的运用，得出了不同目的下的产业选择结果。他的研究是站在国家角度从宏观维度进行分析的。侯云先和王锡岩（2004）利用博弈论理论与方法，对战略产业的演变、培育及发展进行了实证研究。杨嵘和姜瑞雪（2008）从产业竞争力角度，利用主成分分析法对陕西省装备制造业大类中的各行业进行了实证分析，并做出了选择。

1）产业选择基准

（1）产业收入弹性基准。产业收入弹性基准以产业的收入弹性为依据来进行产业选择。收入弹性是指社会对某产业产品需求的变化随着国民收入的变化而发生改变的幅度。产业收入弹性基准认为，在市场经济条件下，随着人均收入水平的提高，需求收入弹性大的产业具有更大的发展空间与更快的发展速度。所以，我们选择产业时，应以需求收入弹性大的产业作为发展对象。

（2）生产率上升率基准。生产率上升率基准是日本经济学家筱原三代平于 20 世纪50 年代提出的，它以产业生产率的提升速度为参照来进行产业选择。在社会生产的各个时期具有不同产业结构的国家，各产业的生产率具有不同的增长速度。生产率上升率基准认为，全要素生产率增长快的产业，其技术进步的速度较快，会促进生产资源向该产业快速流动，预示该产业具有较其他产业更大的发展空间。所以，生产率上升率最大的产业理应成为发展的对象。

（3）产业关联度基准。产业关联度基准是根据产业投入产出理论提出的，它是以某产业的前后关联强度为标准来进行产业选择。根据价值型投入产出表，产业关联度可以由以下基本系数来衡量：直接消耗系数、直接折旧系数、国民收入系数、劳动报酬系数、社会纯收入系数和完全消耗系数等。产业关联度基准认为，产业关联度可以提供某产业与其他产业之间，产业与国民收入、产业与社会劳动报酬、产业与社会总收入之间的关联强度，关联强度大的产业，其发展能对其他产业和经济社会产生更大的影响，应该将其作为重点发展对象。

（4）产业盈利能力基准。产业盈利能力基准是根据会计学理论中反映盈利能力的相关会计指标提出的，它是通过比较不同产业在未来的盈利能力来进行产业选择。反映产业盈利能力的会计指标有很多，主要包括营业利润率、成本费用利润率、盈余现金保障倍数、总资产报酬率、净资产收益率和资本收益率六项。产业盈利能力基准认为，产业盈利能力能够提供某产业在可预见的未来时期内获取收益的能力证明，产业盈利能力越大，该产业越有可能成为投资者青睐的对象，产业的发展前景也就越光明。

（5）产业生命周期基准。产业生命周期基准是对不同产业所处的生命周期阶段作出判断，然后以此为产业选择的依据。处于生命周期的不同阶段，产业所表现出的特征是不同的，这体现在产业产品的成熟性、产业规模、产业竞争程度、产业发展速度、产业产值比重，以及产业在国民经济中的地位等方面。各阶段的特征如下：在投入期，新事物产业规模很小，不存在竞争，发展速度较慢，产值比重较低；在成长期，产品逐渐被接受，产业规模逐渐扩大，竞争力增强，发展速度较快，产值比重逐渐提高；在成熟期，产业规模最大，竞争最激烈，发展速度缓慢但稳定，产值比重达到峰值；在衰退期，产品逐渐被淘汰，产业规模逐步缩小，产业竞争减缓，发展速度停滞，产值比重降低。产业生命周期基准认为，产业选择主体可根据自身对处于某阶段产业的需要，选择处于该特定发展阶段的某些产业。

（6）产业技术密集度基准。产业技术密集度基准是根据产业结构高级化的相关理论提出的，它根据产业技术含量来选择产业。在产业结构高级化理论中，产业结构合理化与高度化是两个基本内容，其中的高度化要求产业具有技术含量高的特点，也就是产业技术密集度高。产业技术密集度基准认为，产业技术密集度能够反映产业的技术进步、产业的技术构成，它们能影响产业的生产率，从而提高产业增加值率，促进产业向高度化方向快速发展。

（7）产业就业功能基准。产业就业功能基准是根据产业生产要素密集理论提出的，它根据产业的生产要素密集类型来做出产业选择。根据产业实际生产特征，生产要素密集理论将产业划分为资源密集型、劳动密集型、资本密集型、技术密集型、知识密集型等几大类型。产业的实际就业能力取决于两个方面，一是产业的就业密度，二是产业发展规模。产业就业功能基准认为，相对于其他要素密集型产业而言，劳动密集型产业具有高就业密度的特性，具有更强的吸收劳动力的能力，如果产业选择主体以就业为主要目标，则应将劳动密集型产业作为发展对象。

2）产业选择技术

（1）层次分析法。层次分析法是一种定性和定量相结合、系统化、层次化的分析方法。它将决策问题的众多元素分解成目标、准则、方案3个层次，用某种指标对人的主观判断进行量化，从而达到定性与定量相结合的一种决策过程。该方法过程通过层次化和数量化，从而使人的思维判断过程更容易把握，使判断结果更加客观。它使我们在处理复杂决策问题时尽量减少主观意识对结果的影响，从而使该方法被广泛应用于企业兼并、风险投资决策、项目选择决策、企业技术创新能力评价等具体项目中。同样，此技术可用来进行产业选择分析。利用层次分析法进行产业选择的基本步骤如下：第一，构造层次分析结构。首先把产业选择问题条理化、层次化，构造出一个层次分析结构模型。通过对现实产业经营状况进行分析，将影响产业选择的因素按照一定的属性划分为 3 个层次：第一层只有唯一的一个因素，为目标层。例如，选择产业综合品质为目标层。第二层为准则层，是影响目标层的主要因素层，可选择产业的若干较粗的属性，如产业产权性质、产业盈利质量、产业创新能力等作为准则层。当准则过多时（如多于 9 个），应进一步分解出子准则层。第三层为方案层或对象层，是具体的某些指标，如人均利润率等。第二，构造判断矩阵。在确定层次以后，就可以在各层次元素中进行两两比较，构造出比较判断矩阵。判断矩阵主要用来确定针对上一层次某要素及本层次相关要素的相对重要性。第三，判断矩阵的一致性检验。为了保证层次分析法得到的结果科学、合理，要对判断矩阵进行一致性检验。其检验方法是，计算每一个比较阵的最大特征根和对应的特征向量，利用一致性指标（如 CI 值等）进行一致性检验。若检验通过，特征向量（归一化后）即为权向量；若不通过，需要重新构建成对比矩阵。第四，层次排序。层次排序分为层次单排序和层次总排序两种。先计算出某层次因素相对于上一层中某一要素的相对重要性，即层次单排序；再根据层次单排序计算出最低层次要素相对于目标层的相对重要性，即层次总排序。第五，决策。可通过层次总排序获得方案层各要素对目标层的相对重要性系数，据此根据具体的指标值进行计算，从而获得决策结果。

（2）SWOT 分析法。SWOT 分析法是一种企业内部分析方法，即根据企业自身的既定内在条件进行分析，找出企业的优势、劣势及核心竞争力所在。与其他分析方法相比，SWOT 分析法从一开始就具有显著的结构化和系统性特征。SWOT 应用于企业产业选择分析可遵循以下步骤：确认当前企业当前的战略；分析企业所处的外部环境变化；根据企业的资源禀赋、技术状况和制度特征确认企业的优势和劣势；列出企业的 SWOT 分析图或分析表；对企业目前的产业按照选定的标准进行评价并排序；对比企业的产业排序与 SWOT 分析图；确定企业的产业发展战略。

（3）威弗-托马斯组合指数模型。在威弗-托马斯组合指数模型基础上发展起来的一种综合打分排序法是产业选择分析的一种较好的方法。该方法利用一定的指标，并对其赋予相应的权重，能够对被选择产业进行打分排序，从而为产业选择提供参考。

（4）主成分分析法。在研究多变量问题时，太多的变量会增加计算量和分析的复杂性。因此，在分析多变量问题时希望用较少的变量，但这些变量要能够体现大量信息。而主成分分析法正是利用降低维度的思想，将多指标转化为少数几个综合指标。以产业竞争力为例来进行说明，反映一个产业竞争力的指标有很多，因此，衡量一个产业的竞争力必须采用多指标综合分析。所以，对产业竞争力进行分析从而做出产业选择时，主成分分析法是一种实用工具。这种方法能够消除指标样本间的相互关系，在保持样本主要信息量的前提下，将各样本间具有相对较大差距的那些指标抽取出来，作为构建综合评价指标体系的元素，而对样本之间差距不大的那些指标加以排除，从而构建一个综合评价函数。这样既可以排除指标选择和权重确定时的主观因素影响，又可以消除指标间相互重叠的信息影响，使定量分析涉及的变量较少，而得到的信息量又较多，使得综合评价结果科学、客观、合理。

（5）因子分析法。因子分析法的基本目的就是用少数几个因子去描述许多指标或因素之间的联系，即将相关比较密切的几个变量归在同一类中，每一类变量就成为一个因子，以较少的几个因子反映原资料的大部分信息。用因子分析法进行产业选择分析的一般步骤如下：明确企业发展战略，根据企业发展战略来确定企业产业选择分析的目的；根据企业产业选择分析目的和相关的经济理论来建立产业分析指标体系；在指标体系内，结合企业的实际经营数据的可获得性对产业指标进行调整，并赋予各指标数值；利用现有软件，如 SPSS 等中的因子分析程序，对以上指标进行因子分析；对结果进行解释，并得出结论。

现阶段，我国产业选择分析发展迅速，对产业选择分析理论的总结归纳能够促进该学科的发展。通过对现有产业选择分析方法的整体回顾，发现该领域在工作上存在很多问题，还需要在以下几个方面加强研究：第一，产业选择分析的目的单一，大多数分析方法都是基于国家或者地区对主导产业选择的分析，而缺少其他目的的分析。这种状况难以满足当前政府部门、学术界和企业界对产业选择分析的实际需求。第二，部分选择方法的理论基础不够，缺乏理论支撑。第三，部分产业的选择基准不够严谨，容易导致误解。第四，缺乏非经济因素分析。在许多实际的产业选择中，非经济因素，如制度、自然、文化、政治等对产业选择的影响有时也会成为最关键的因素。

2. 山地工业类型选择标准

制定工业选择标准是基础性工作。根据工业选择的内涵及发展机理，首先，好的工业类型要能最大限度发挥区域山地资源优势；其次，该工业类型已得到初步发展，并具有较为广阔的发展前景；再次，其产品适应市场经济发展的要求，具有较大的比较优势；最后，该工业对区域资源环境具有较强的适应性，不能超越山地资源环境承载力，也就是具有可持续发展特点。除此之外，在工业选择过程中，工业本身属性的标准应居于核心地位，重要性是最高的，而对工业发展起基础作用的资源及可持续性方面重要性次之。根据此观点，山地区域工业选择的标准在结构上分为 4 个方面，根据 4 个方面的不同要求和属性，选取 12 个具体统计指标，识别和选取山地工业。

1）山地资源、要素利用状况标准

山地资源和山地要素是山地工业构建和山地经济发展的基础，所选取的山地工业所利用的山地要素不仅要有质的要求，而且要有量的要求。首先，所选取的山地资源具有较高的质量，保证产品的区域独特性，在市场竞争中具有较高的竞争力。其次，在数量上，开发的山地资源在数量上具有可持续利用性，才能保证山地工业发展的可持续性和向专业化方向发展，以实现规模经济和长远发展。这里应用统计指标中的资源禀赋系数表征山地要素可持续利用状况。

2）工业状况标准

产品是山地工业发展的核心，山地工业的产出效益最终以产品为依托，在山地经济发展中总是居于最重要的地位。同时，一般工业具有规模、技术、专业化、关联度和效益等属性。所以，在识别山地工业时也要从这几个属性入手，根据山地经济和山地工业发展的要求选取合理的统计指标表征山地工业选取的基本要求。第一，在工业规模上，工业规模适中一方面保证了初始发展的生命力，另一方面保证了较好的发展前景，是山地工业可持续发展的基本要求，用工业增长值占有率来表征山地工业识别的基本要求。第二，在工业技术上，如果山地工业项目产品生产利用的就是本区域技术固然最好，如果利用的技术不具有本地性，只要保证利用的工业技术能给产品带来较高的附加值，而且反映时代需求，其就可被认为是山地工业的选择目标之一，技术可以增加山地工业的附加值，所以用劳动生产率上升率表征。第三，在工业专业化上，只有工业向专业化发展，才能逐渐实现规模效益，也才能在市场竞争中占有一席之地，用工业专业化率和区位商两个指标表征山地工业的专业化发展程度。第四，工业关联度属性。具有较高的工业关联度是山地工业发展的基本要求，山地工业不一定是区域经济发展的主导工业或优势工业，但要不断成长，并成为区域主导工业或优势工业，必须有较高的工业关联性，而工业链的延伸也有利于实现规模经济，降低产品成本，用工业（行业）感应度系数和工业（行业）影响力系数表征这一属性。第五，工业效益属性。获得较高的工业效益是构建山地工业和发展山地经济的最终目标，也是关于山地工业前 4 个识别属性的概括，获得较高的工业效益是促进区域山地经济发展的关键，也才能保证山地工业和山地经济的可持续发展。

3）产品市场状况标准

产品生产面向市场需求是市场经济对工业发展的基本要求，发展山地工业经济也必须遵循。山地工业项目产出产品有较好的市场潜力，才能不断将资金投入转化为税利，促进经济发展。同时，这种市场潜力应具有长远性，面向大众需求或将会发展为大众需求，这样该产品才会获得较大的市场，产生较大的经济效益，为区域经济发展做出较大的贡献，同时也保证了山地工业的专业化和可持续发展，以及规模经济的实现。这里用产品市场占有率和收入弹性需求系数来表征。

4）可持续发展状况标准

可持续发展是全面落实科学发展观的基本要求。山地工业的可持续发展有两个方面的含义，一方面是工业发展前景上的长远性，另一方面是对环境造成的压力必须适中，即不会造成较大的环境污染。前者在识别山地工业的山地要素状况、山地工业状况和产品市场状况时已基本实现，所以这里主要考察选取的山地工业对环境造成的影响，用环境压力指数对这一标准进行衡量。

3. 低丘缓坡山地工业选择指标体系和方法

1）指标体系构建原则

山地工业是一个相对的概念，可通过选择一定评价山地工业的指标体系进行比较分析。因此，山地工业的选择是一项复杂的系统工程，需要遵循一定的原理和计算有关指标，进行综合评判。由于不同的研究者思考的角度不同和观点具有差异，所选取的统计指标也就不同，得出的结论也将存在很大的差异，要想构建较为科学合理的指标体系，在选取指标及指标打分过程中，应遵循以下几个原则。

（1）科学性原则。科学性是准确衡量山地工业的重要条件。构建指标体系必须依据发展经济学、区域经济学、工业经济学、可持续发展理论和统计学等相关学科理论，确保指标体系构建的系统性和科学性。

（2）目的性原则。山地工业是一定区域特有的或与其他区域相比占优势的、反映该区域要素禀赋特点、已经或逐渐在市场竞争中表现出优势的工业。研究山地工业的目的是通过对某区域各工业进行综合评价，选择适合该区域发展的、能形成区域竞争优势、具有竞争力和发展前景的山地工业，壮大区域山地经济。所选取的评价标准要在最接近山地工业内涵的观点下，找出真正具有竞争优势和潜力的山地工业。

（3）重点突出原则。它贯穿于指标选取和指标权重设置两个环节。在选取评价山地工业的指标时要充分考虑研究的目的和反映山地工业的基本状况，同时要反映山地工业的基本特征及其存在和发展的基本条件。设置指标权重时，要根据区域经济、工业发展状况，既要保证全面反映山地工业发展的要求，又要突出发挥区域优势和解决区域经济发展的关键问题，以及各种因素对山地工业发展的影响程度。

（4）代表性原则。代表性原则强调的是选取的指标能准确而全面地反映领域属性，也从一定程度上避免了指标体系的繁杂。各指标能够单独反映山地工业的某一侧面，便于单因素测评，指标应相互独立。

（5）可操作性原则。测度结果只有是准确的才能反映经济社会现实，才能保证提出对策的可操作性。追其渊源，必须使选取的指标可以获得数据支持，并且数据是可靠的。对山地工业进行选择与评价，涉及面极其广泛，需要有大量不同侧面的统计数据支持。但有些指标在现实统计资料中难以收集，为此，基本数据大多应采用公开出版的年鉴，以便指标有可靠数据支持。

2）指标体系的构建

根据上述评价标准和指标体系的构建原则，把山地要素利用状况、工业状况、产品市场状况和可持续发展状况作为评价山地工业有效性一级结构指标，然后将三级指标中的 13 个具体统计指标作为基本计算数据，构建山地工业选择的评价指标体系（表 5.4）。

（1）资源禀赋系数。在较长时间内，山地工业的投入要素，尤其是山地要素，应具有持续性，这样才能保证投入供给的持久性，不至于因山地要素枯竭而工业衰亡。资源禀赋系数是国际上通常采用的用于反映一个国家或地区特种资源相对丰富的指标，其计算公式为

表 5.4　山地工业选择评价指标体系

山地工业选择标准	指标
山地要素利用状况	资源禀赋系数、工业市场占有率
工业状况	工业增长值占有率、劳动生产率上升率、区位商、工业专门化率、工业（行业）感应度系数、比较劳动生产率、相对投资效果系数
产品市场状况	市场占有率、收入弹性需求系数
可持续发展状况	年治污经费指数、环境压力指数

$$S_{ij} = \frac{V_i / V_j}{Y_i / Y_j} \qquad (5.2)$$

式中：V_i 为 i 地区拥有的资源；V_j 为全国拥有的资源；Y_i 为 i 地区国民生产总值；Y_j 为全国的国民生产总值；资源禀赋系数 S_{ij} 即 i 地区的资源在全国中份额与该地区国民生产总值在全国生产总值中的份额的比值。若地区山地资源禀赋系数大于 1，说明该资源很丰富，对山地工业的发展是一个十分有利的条件。

（2）产品市场占有率。该系数反映的是某地区产品在上一层关系区域中该产品的比重，该系数从另一个角度反映了山地资源的优势程度，一般来说，某地区产品占背景区域该产品的比重越大，说明该地区的资源优势性就越强，除非在自然条件极为恶劣、开发极为困难的情况下存在特殊情况，但换个角度考虑，如果某种资源因为开发条件太差而不能被利用，就不能被称为可利用资源了。该系数计算较为简单，关键是准确地选择"上一次关系"的地区，这往往与研究对象有密切关系，如要识别云南省某县的山地工业，一般选云南省为比较区域就可以了；要识别西南地区各省的山地工业，一方面要与相邻省（区）进行比较，另一方面也要与全国该产品的总产量相比较。计算方法较为简单，即用研究区域的某种产品的产量或收入与比较区域的同种产品的产量或收入相比。

（3）工业增长值占有率。工业增长值占有率反映区域某工业增加值与当年本地区 GDP 的关系，从侧面反映了该工业在该地区的地位和规模，如果这种比例较高，说明该工业规模大于其他工业规模，在区域工业体系中占有较高的地位，选取的山地工业要求在区域经济中居于重要地位也就要求工业增长值占有率较高。其计算公式为

$$T_i = \frac{\Delta G_i}{G} \qquad (5.3)$$

式中：T_i 为区域 i 工业某年增长值占有率；ΔG_i 为当年工业增长值；G 为当年该区域 GDP 值。

（4）劳动生产率上升率。一般来说，劳动生产率上升较快的工业是当前在产品生产过程中技术含量较高的工业或技术进步较快的工业，与该工业生产费用（成本）的下降基本一致。同时，这一工业在相对国民收入上占有越来越大的比重，具有较强的市场竞争力。因此，劳动生产率上升率从一定程度上反映了工业技术革新情况，山地工业具有技术属性特征，必须选取技术应用较为先进的工业，引入该指标识别山地工业，其计算公式为

$$W_i = \frac{\Delta r_i}{r_i} \tag{5.4}$$

式中：W_i 为 i 工业某年劳动生产率上升率；Δr_i 为某年相对于上年工业劳动生产率上升率；r_i 为 i 工业某年的劳动生产率上升率。

（5）区位商。山地工业是立足于本地区资源优势和在有利条件基础上形成的具有一定专业化水平的工业，是该区域工业（部门）的"显示"比较优势系数。专业化程度指工业侧重化程度，通常用区位商和工业专门化率来衡量。

区位商侧重从工业就业人数上衡量工业专业化状况，其基础指标也就是该工业就业人数。其计算公式为

$$Q = \frac{J_1 / J_2}{B_1 / B_2} \tag{5.5}$$

式中：J_1 和 J_2 分别为研究区域及其较高层次区域某同一工业部门的就业人数；B_1 和 B_2 分别为研究区域及高层次区域就业人数；Q 为研究区域某一工业部门的区位商。

若 $Q > 1$，则所研究区域在该工业部门的集中程度大于较高层次区域的平均水平，是研究区域的专业化部门和产品输出部门，Q 越大，则该工业部门在该区域的集中程度越高；反之，若 $Q \leqslant 1$，则该工业部门不是该区域的专业化部门。

（6）工业专门化率。与区位商不同的是，工业专门化率侧重从工业产值上衡量区域工业专门化状况。其数据基础就是区域工业产值。计算方法与区位商的计算方法具有相似性，是指某区域某种工业或产品生产在高层次工业或产品生产中所占的比重与该区域总产值占高层次区域总产值比重之比。其计算公式为

$$Z_{ij} = \frac{g_{ij} / g_i}{G_j / G} \tag{5.6}$$

式中：Z_{ij} 为 j 区域 i 工业的区域专业化率；g_{ij} 为 j 区域 i 工业的净产值；g_i 为高层次区域 i 工业的净产值；G_j 为 j 区域的总产值；G 为高层次区域总产值。

若 $Z_{ij} > 1$，则说明 i 工业为 j 区域的专业化部门，Z_{ij} 越大，表明生产的区域化程度越高；若 $Z_{ij} = 1$，则说明 i 工业在 j 区域居于均势，或说明该工业在区域内的优势还不明显；若 $Z_{ij} < 1$，则表明 i 工业在 j 区域处于劣势。

（7）工业（行业）感应度系数。区域工业结构的升级、经济水平的提高和经济差距的缩小在客观上要求山地经济不仅要起到通过自身工业发展带动区域经济发展的作用，而且要通过与其他产业发生关联产生山地经济效应。山地工业与其他产业间的关联性越强，它们之间的联系就越广泛、越深刻，山地工业的发展就越能发挥聚集经济和乘数效应的作用，带动整个区域的经济发展。

山地工业与其他产业通过相互影响而发生联系。其影响方式有两种：一种是山地工

业对其他产业的影响，其影响的程度称为影响力；另一种是山地工业受其他产业部门的影响，其影响的程度称为感应度。影响力和感应度借助区域投入-产出逆矩阵系数进行定量化，影响力的计算公式为

$$Y = \frac{h_1}{h_2} \tag{5.7}$$

式中：h_1 为某工业纵列逆矩阵系数的平均值；h_2 为全部工业纵列逆矩阵系数平均值的平均；Y 为区域某工业的影响力系数。

若 $Y > 1$，则说明该工业的影响力大于全部工业的平均水平，Y 越大，说明该工业的影响力越大；反之，则影响力越小。

（8）比较劳动生产率。山地工业的经济效率一般应高于其他产业经济效率的平均水平，且具有持续增长的趋势。工业效率指标旨在测定特定区域某工业的效率是否高于该区域其他产业或高层次同类工业的效率水平，以说明该工业是否属于快速发展的成长性良好的产业。一般用两个指标表示，即比较劳动生产率和相对投资效果系数。

比较劳动生产率的计算公式为

$$L_{ij} = \frac{E_{ij}}{V_i} \tag{5.8}$$

式中：L_{ij} 为 j 区域 i 工业的比较劳动生产率；E_{ij} 为 j 区域 i 工业某一时间内的劳动生产率的年增长率；V_i 为高层次区域 i 工业同一时期内劳动生产率的年增长率。

若 $L_{ij} > 1$，则说明 j 区域 i 工业在这一研究时间内，其劳动生产率增长率高于高层次区域 i 工业在该研究时间内的增长率，那么 j 区域 i 工业在高层次区域内具有较好的效益，L_{ij} 越大，比较效益就越明显；相反，若 $L_{ij} \leqslant 1$，则比较效益不显著，L_{ij} 越小，比较效益就越小。

（9）相对投资效果系数。相对投资效果系数是指区域内某工业的投资收益与全国全部工业平均投资的收益比例，在某些特定环境下还可以表示区域内某工业的投资收益与区域全部工业平均投资的收益比例，它用来衡量区域某工业的投入-产出效率，可用来测定山地工业的经济效益，其计算公式为

$$RI_{ij} = \frac{\Delta Y_{ij} / \Delta I_{ij}}{\Delta Y / \Delta I} \tag{5.9}$$

式中：RI_{ij} 为 j 区域 i 工业的相对投资效果系数；ΔY_{ij} 和 ΔI_{ij} 分别为 j 区域 i 工业的国民生产总值增加值和投资增量；$\Delta Y / \Delta I$ 为全国（或 j 区域）各工业平均单位投资所增加的国民生产总值。

若 $RI_{ij} > 1$，则表示该工业具备区域优势，且具有良好的成长性。

（10）市场占有率。市场占有率反映了某工业当前所占有市场的份额，对未来该工业的发展有一定的预测功能，在山地工业构建过程中，应该尽量选取已占有一定市场份额的工业，这种工业才会有一定的生命力。其计算公式为

$$S = \frac{x_1}{x_2} \times \frac{r_1}{r_2} \qquad\qquad (5.10)$$

式中：x_1 和 x_2 分别为研究区域及高层次区域某工业的年销售额；r_1 和 r_2 分别为研究区域及高层次区域同工业的人均年销售额；S 为某工业的市场占有率。

S 数值越大，说明这个工业产品的市场容量越大，工业竞争力越强；反之，则说明其市场占有率越小，市场潜力小，竞争力弱。

（11）收入弹性需求系数。收入弹性需求系数是衡量工业市场潜力的另一个指标。其是指在产品价格不变的情况下，人均国民收入增长 1%所引起的某工业增长的百分比，用来反映某工业社会需求量的变化对国民收入变化的敏感程度。其计算公式为

$$N = \frac{x}{s} \qquad\qquad (5.11)$$

式中：x 为区域某工业产品的需求增加率；s 为该区域人均国民收入的增加率。

当收入需求弹性系数 $N < 1$ 时，表明该产品的社会需求量的增长低于国民收入的增长，市场容量不大；当收入弹性需求系数 $N = 1$ 时，表明该产品的社会需求量与国民收入同步增长，有一定的市场容量；当收入弹性需求系数 $N > 1$ 时，表明该产品有较大的市场容量。作为新的经济增长点的山地工业，必须以其产品有市场需求为前提。

（12）年治污经费指数。每个工业在生产产品时都会利用资源并排出污染物，随着科学发展观的落实，以及人们对环境保护认识程度的提高，人们强烈要求企业和生产部门注意污染的治理，并尽可能发展循环经济，治理污染需要安装设备，且治污设备具有损耗，这就需要投入治污资金，同时，治污可能生产二次利用产品，二次利用产品又会创造新的价值。年治污经费指数是指某地区生产所有产品所带来的污染物治理所用费用占产品带来的价值的比值，一般而言，在有效的环境法律的监督实施下，即在能充分保护生态环境的自我恢复能力下，该比值越大，说明该资源开发利用的价值就越低。其计算方法是，在统计某产品生产的企业年治污花费、该产品生产总值，以及二次治污产品利用带来的收入后，用年治污花费减去二次治污产品利用带来的收入，再用这个差除以该产品生产总值。

（13）环境压力指数。生态环境的影响因素可分为长期性和短期性两类，长期性因素指长期起作用的、不易恢复的、从根本上对生态系统的结构和功能加以破坏的因素，如水土流失、风力侵蚀、土地荒漠化等。短期性因素指短期起作用的、一般可以控制的对生态系统加以弹性破坏的因素，主要有废水、废气、固体污染物、二氧化碳的排放等。工业对生态环境的影响主要表现为短期的作用。因此，以短期性指标为标准进行分类统计，计算反映环境压力的环境压力指数。

山地工业的选择与评价是区域经济发展的重要途径，对山地工业概念本质的不同理解将导致不同的判断选择标准。这 4 个评价标准和 13 个具体的评价指标将随着工业经济理论的发展而变化，这些评价标准和指标将不断地丰富和完善。

3）评价方法的选取

根据前面章节对低丘缓坡山地产业开发生态关联效应的分析、产业选择基准及方法

的比较，认为山地工业的识别应该采用一个相对综合的，能较为全面反映山地产业开发需求的方法，经比较，最终确定选取多指标综合评价法。

多指标综合评价法是随着经济现象的复杂化和社会发展的需求而逐步建立和完善的，它是从偏重于对经济现象进行计量分析的价值综合指标方法，向重视对社会现象进行计量分析的新的指标评价方法的扩展，它满足了众多指标统一的同度量问题，通过多个步骤处理最终用一个总描述指标对事物进行总体评价。多指标综合评价问题是指对描述评价对象的多项指标信息加以汇集合成，而从整体上认识评价对象的优劣。它在社会经济统计分析中有广泛的应用，其基本思想是，要反映评价对象的全貌，就必须把多个单项指标组合起来，形成一个包含各个侧面的综合指标。多指标综合评价法有以下几个特点：①它的评价包含多个指标；②多个评价指标分别说明被评价事物的不同方面，彼此间往往是易度量的，各指标的量纲不同；③评价结果最终要对被评价事物做出一个整体性的评判。

多指标综合评价方法的优点和操作方法是：首先是多指标选取，通过多指标选取，一方面避免了单一指标计算过程中的片面性和主观性，其结果更接近客观实际，比较可靠；另一方面，多指标并不采用归一化处理，在分析过程中可以充分显示每个行业在不同方面具有的优势，有利于对工业进行更为详细的认识和分析。其次是综合评价方法，可以对社会学研究常用的德尔斐法，以及统计学中的常规法、灰色法、模糊法、主成分分析法、因子分析法和聚类分析法等多元统计方法进行综合运用，定性与定量相结合保证了山地工业选取的准确性。德尔斐法是给指标体系中各单项指标以不同的权数，然后求得各单项指标的加权平均值，以加权平均值为综合评价的依据。这里只需要做到对各指标赋以合理的配置权重，要邀请多个专家并进行多轮投票计算。在德尔斐法的基础上应用多元统计方法就能弥补单一指标和多指标归一化出现的缺陷。只要指标体系选择得当，该方法的结果是比较科学合理的，有较高的准确性。其缺陷是在实际应用时可能遇到数据不足的问题。

根据山地、山地工业的内涵和基本特征，本节构建了山地工业评价指标体系，参见表 5.4，并对选取的 13 个基本指标的统计计算方法做了介绍。首先，这些指标大部分为定量计算指标，最后一个环境压力指数可能涉及定性分析打分的方法，总体来说，以定量分析为主，但也包含定性分析。其次，各指标之间的重要性是不同的，在统计指标中，按照工业状况、产品市场状况、山地要素状况、可持续发展状况的顺序，重要性依次减弱。因此，在选取方法时必须考虑所建立的指标体系的特点。

4. 低丘缓坡山地工业开发优化选择及用地目录研究

1）县域层面工业选择研究

目前我国正处于工业化的快速推进期、转型调整期，工业园区作为推进新型工业化的重要载体，在区域经济发展中起了巨大的推动作用，且已成为区域经济发展的重要增长极。与此同时，近年来全国各地各种类别的工业园区遍地开花，但普遍存在着一定的问题：园区选址不科学、产业方向不明确、发展定位不准确、入园项目不协调、空间布局不合理、基础设施建设不配套，严重影响区域环境质量、产业协同发展、土地集约利用及区域经济效益提高。

考虑工业园区（开发区）的特殊性，区别于其他的城建规划，避免以城建规划理念及各项指标引导工业园区建设；考虑工业园区（开发区）以产业发展为依托，避免以低门槛的招商项目填充园区发展；考虑工业园区（开发区）的发展以基础设施建设为基础，避免基础设施配套滞后影响园区建设及发展。

为指导产业的健康发展，帮助解决经济运行中存在的突出矛盾和问题，国家先后制定了《产业结构调整指导目录》《外商投资产业指导目录》《当前国家重点鼓励发展的产业、产品和技术目录》，这些目录从产业布局、技术、规模、组织等方面明确了当前国家鼓励、限制和禁止的产业目录，对指导国家产业的宏观布局与结构调整等方面起到了重要的作用。2006年为促进节约集约利用土地和产业结构调整，国家又分别制定了《限制用地项目目录》和《禁止用地项目目录》。上述产业政策或产业指导目录对促进山地产业健康发展起到了一定的作用，但同时也出现了不少问题。总体来看，不管是在国家层面还是在区域层面，依然没有针对山地产业的具体产业政策或指导意见，在一定程度上导致了山地产业发展的盲目性。

通过归纳和整理，选取37个部门作为主要产业选择所选取的部门，包括烟草制品业，纺织业，皮革、毛皮、羽毛（绒）及其制品业，电气机械及器材制造业，化学原料及化学制品制造业，黑色金属矿采选业，农副食品加工业，食品制造业，饮料制造业，非金属矿采选业，造纸及纸制品业，文教体育用品制造业，石油加工、炼焦及核燃料加工业，医药制造业，橡胶制品业，非金属矿物制品业，纺织服装、鞋、帽制造业，黑色金属冶炼及压延加工业，有色金属矿采选业，金属制品业，通用设备制造业，专用设备制造业，交通运输设备制造业，通信设备、计算机及其他电子设备制造业，仪器仪表及文化、办公用机械制造业，工艺品及其他制造业，电力、热力的生产和供应业，燃气生产和供应业，水的生产和供应业，木材加工及木、竹、藤、棕、草制品业，家具制造业，印刷业和记录媒介的复制，废弃资源和废旧材料回收加工业，化学纤维制造业，其他采矿业，塑料制品业，有色金属冶炼及压延加工业。分析过程如下。

（1）因子分析。在以选取指标为基础进行的整治分区过程中涉及的指标较多，为有效提取特征指标，对原始指标进行降维处理时将采用因子分析法对原指标进行分析，提取主要公共因子，分析影响工业选择的主导因素。

因子分析的出发点是用较少的互相独立的因子变量来代替原有变量的绝大部分信息，可以将这一思想用一个数学模型来表示。假设原有的变量有 p 个，分别用 $X_1, X_2, X_3, \cdots, X_i$ 表示，其中 $X_i(i=1,2,\cdots,p)$ 是均值为零、标准差为 1 的标准化变量，$F_1, F_2, F_3, \cdots, F_m$ 分别为 m 个因子变量，m 应小于 p，于是有

$$X_1 = a_{11}F_1 + a_{12}F_2 + \cdots + a_{1m}F_m + a_1$$
$$X_2 = a_{21}F_1 + a_{22}F_2 + \cdots + a_{2m}F_m + a_2$$
$$\cdots\cdots$$
$$X_p = a_{p1}F_1 + a_{p2}F_2 + \cdots + a_{pm}F_m + a_p$$

（5.12）

也可以以矩阵的形式表示为

$$X = AF + a_{ij}$$

（5.13）

在这个数学模型中，F 为因子变量或公共因子，可以把它们理解为高维空间中的互相垂直的 m 个坐标轴；A 为因子载荷矩阵，a_{ij} 为因子载荷，是第 i 个原有变量在第 j 个因子变量上的负荷。如果把变量 X_1 看作 m 维因子空间中的一个向量，则 a_{ij} 为 X_1 在坐标轴 F_j 上的投影，相当于多元回归分析模型中的标准回归系数 E 为特殊因子，表示原有变量不能被公共因子所解释的部分，相当于多元回归分析模型中的差项。

通过 SPSS 统计软件找出影响可持续发展的因子，以原始指标之间的相关性对其进行降维处理，以达到少数公共因子代替较多的原始指标，从而实现综合分析的目的。

矩阵形式为 $X = BZ + E$，其中 X 为原始变量向量，B 为公因子负荷系数矩阵，Z 为公因子向量，E 为残差向量。

根据上述分析模型，采用主成分法提取公因子，各公因子累计贡献率包含原始指标信息的程度大于 87%，公因子或主成分基本反映了原始指标信息，采取四次方最大正交旋转法（QUARTMAX）进行旋转，保证公因子各向量的各分量彼此独立。

经过因子分析，原来的 13 个原始指标降维为 4 个公因子，这 4 个公因子在 13 个原始指标上的载荷是不相同的，通过对公因子进行最大方差法（Varimax）旋转，可明确原始指标对公因子的影响程度，进而可对各个公因子所代表的原始指标的意义进行区分（表 5.5）。

表 5.5　主成分解释表

第一主成分	资源禀赋系数、工业专门化率、劳动生产率上升率、工业（行业）感应度系数
第二主成分	工业增长值占有率、比较劳动生产率、年治污经费指数、市场占有率
第三主成分	区位商、产品市场占有率
第四主成分	相对投资效果系数、收入弹性需求系数、环境压力指数

（2）公因子权重。为了对 37 个工业类型进行选择，需要建立一个具有可比性的无量纲综合量，设 $i=1, 2, \cdots, 6$；f_i 表示第 i 样本（工业类型）指标评价的综合得分；W_j 表示 j 因子指标权重；a_{ij} 表示第 i 样本（工业类型）第 j 因子的单项分值，即因子得分矩阵。

首先，利用 SPSS 统计分析软件中的因子分析方法计算各公因子的权重，即对 37 个行业的原始指标数据进行降维处理，并按公因子的累计贡献率>87%在各自提取出公因子过程中求得各公因子的贡献率，然后将各公因子的贡献率作用为各公因子权重计算的依据，即将各公因子累计贡献率定义为 1，计算出相应的归一化的公因子新的权重（表 5.6）。

表 5.6　公因子权重

权重	1	2	3	4	累计权重
C_j	27.88	26.77	17.40	15.16	87.21
W_j	28.26	26.92	24.14	20.68	100.00

（3）分析结果。通过以上计算可求出各评价对象各因子的得分，以及各评价对象的综合得分值。大理市各产业得分及排名见表（表 5.7）。

表 5.7　大理市 37 个大类行业因子分析综合得分及排名

行业名称	综合得分	排名
交通运输设备制造业	8.27	1
烟草制品业	6.26	2
食品制造业	5.21	3
农副食品加工业	4.98	4
医药制造业	4.59	5
家具制造业	3.22	6
电力、热力的生产和供应业	2.35	7
工艺品及其他制造业	2.12	8
饮料制造业	1.34	9
纺织业	1.31	10
印刷业和记录媒介的复制	1.21	11
水的生产和供应业	1.11	12
纺织服装、鞋、帽制造业	0.07	13
木材加工及木、竹、藤、棕、草制品业	0.06	14
造纸及纸制品业	0.05	15
通用设备制造业	0.02	16
文教体育用品制造业	0.01	17
废弃资源和废旧材料回收加工业	−0.02	18
专用设备制造业	−0.12	19
石油加工、炼焦及核燃料加工业	−0.21	20
有色金属冶炼及压延加工业	−0.23	21
仪器仪表及文化、办公用机械制造业	−0.25	22
橡胶制品业	−0.26	23
电气机械及器材制造业	−0.29	24
化学纤维制造业	−0.31	25
非金属矿采选业	−0.38	26
金属制品业	−0.38	27
其他采矿业	−0.43	28
黑色金属冶炼及压延加工业	−0.47	29
非金属矿物制品业	−0.51	30
燃气生产和供应业	−0.54	31
有色金属矿采选业	−0.55	32
化学原料及化学制品制造业	−0.55	33
黑色金属矿采选业	−0.62	34
通信设备、计算机及其他电子设备制造业	−0.65	35
皮革、毛皮、羽毛（绒）及其制品业	−0.67	36
塑料制品业	−0.74	37

根据因子分子结果，大理市 37 个产业部门中产业综合得分为前 15 位的分别是交通运输设备制造业，烟草制品业，食品制造业，农副食品加工业，医药制造业，家具制造业，电力、热力的生产和供应业，工艺品及其他制造业，饮料制造业，纺织业，印刷业和记录媒介的复制，水的生产和供应业，纺织服装、鞋、帽制造业，木材加工及木、竹、藤、棕、草制品业，造纸及纸制品业。

第一，从得分上看，综合得分较高的有交通运输设备制造业，烟草制品业，食品制造业，农副食品加工业，这四大产业在大理市有较好的发展，也是大理经济发展的基础和支撑。其中交通运输设备制造业和烟草制品业的附加值比较高，且交通运输设备制造业的工业（行业）感应度系数和就业吸纳率都比较大，对其他产业具有较大的带动作用，符合现代产业体系下高附加值和吸纳就业能力强的要求。

第二，从资源禀赋上看，排名靠前的有烟草制品业，食品制造业，农副食品加工业，医药制造业，四者为大理市资源优势较大的产业。可见，大理市当前的产业体系结构仍以资源型为主，新兴的、开放程度高、具有高度创新的产业并不多见，在现代产业体系的要求下，产业结构的调整升级应成为目前大理市主导产业选择的重要内容。

第三，从政策层面上看，大理市作为滇西物流中心，桥头堡的重要前沿，大理市也出台了相关政策，提出从现有的基础条件、资源禀赋和优势产业出发，强化巩固第一产业，促进工业由大变强，尽快把服务业培育成主导产业，加快形成在经济全球化条件下参与国际经济合作和竞争新优势。生物医药产业、装备制造业、知识产业、文化产业、信息产业等现代商务服务产业等都是大理市目前产业的发展重点。

结合以上评价结果，建议大理市工业发展调整方向按表 5.8 进行调控。

表 5.8　大理市县域工业选择结果

行业名称	综合得分	排名
交通运输设备制造业	8.27	鼓励类
烟草制品业	6.26	鼓励类
食品制造业	5.21	鼓励类
农副食品加工业	4.98	鼓励类
医药制造业	4.59	鼓励类
家具制造业	3.22	鼓励类
电力、热力的生产和供应业	2.35	鼓励类
工艺品及其他制造业	2.12	鼓励类
饮料制造业	1.34	允许类
纺织业	1.31	允许类
印刷业和记录媒介的复制	1.21	允许类
水的生产和供应业	1.11	允许类
纺织服装、鞋、帽制造业	0.07	允许类
木材加工及木、竹、藤、棕、草制品业	0.06	允许类
造纸及纸制品业	0.05	允许类
通用设备制造业	0.02	允许类
文教体育用品制造业	0.01	允许类

5.2.2　低丘缓坡山地工业开发负面清单

负面清单的提出从 3 个方面进行考虑，一是工业类型的性质。一般将高污染、高能耗、高排放等国家禁止或限制发展的产业类型全部纳入负面清单，以及将原国土资源部禁止供地目录里的产业类型全部纳入负面清单。二是根据供给侧改革需要将去产能、去库存的产业纳入负面清单，这些方面负面清单的制定参照已有相关文件，结合地方实际情况制定。三是从区域的特殊性考虑的负面清单的制定。本类型的负面清单主要结合工业环境影响评价和区域工业开发的适宜性评价结果进行考虑，形成不同环境影响与不同适宜区域的匹配组合关系，然后根据二者的组合关系制定负面清单，主要从第 3 个角度进行负面清单制定方法的研究。

1. 低丘缓坡山地工业开发适宜性评价

1) 数据来源与处理

（1）数据来源。本次工业用地适宜性评价涉及的主要数据资料有大理市土地利用现状图、大理市地形图、大理市年降水量分布图、大理市年平均积温分布图、大理市植被覆盖度、大理市人口密度分布图、大理市 GDP 分布图、大理市主要道路分布图、大理市主要水源分布图等。

（2）数据处理。在 ArcGIS10.3 平台下，在地形图上生成 DEM、坡度、坡向图，对水源和主要道路做缓冲区处理，以最佳距离为基础分别得到水源距离图和道路距离图。采样间距均为 100 m×100m。

2) 研究方法

（1）采用综合指数模型进行适宜性评价。主要步骤为：a. 确定本研究的评价对象和选取评价因子；b. 利用综合指数模型评价适宜性；c. 结合现状分析工业用地自然质量适宜性评价结果。

（2）评价对象。结合云南省第二次土地调查成果及大理市土地利用现状，评价对象包括林地、草地和未利用地。考虑到云南省多为低丘缓坡山地，耕地资源宝贵，所以人工牧草地和牧业区天然草地不作为评价对象。评价范围包括 289.3km^2 的草地和 515.2km^2 的林地，共计面积为 804.5km^2。

（3）评价因子。在选择评价因子时遵循差异性、稳定性和现实性原则。依据大理市自然条件的特殊性，结合已有工业用地适宜性评价指标体系的研究成果，确定本研究的评价因素和因子。

地形情况直接影响工业布局，在不同的地形条件下建厂，厂区开拓工程量的大小、厂内外工程建设投资、工人劳动条件等会有很大差异，所以选择坡度、坡向和海拔作为地形条件的 3 个因子；植被覆盖度影响工业布局，认为植被覆盖度越大，则工业生产对环境的影响越小；水是工业发展的限制性因素之一，在选择工厂区位时要注意水的供应问题；交通运输是影响工业布局的重要因素，交通运输通达性对缩短空间距离、增大工业区位灵活性具有重要影响；人口密度一方面反映了区域对土地利用的吸引；另一方面，人口密度越大，能为产业提供越多的劳动力；GDP 是反映区域土地价值的重要因素，也是区域基础设施条件好、坏等的间接体现。综上所述，本节的指标体系包括地形地貌、气候条件、水资源状况和社会经济条件 4 个方面，涉及坡度、海拔、坡向、积温、年平均降水量、NDVI、与水源距离、与道路距离、人口密度、GDP 10 个因子，如图 5.10 所示。

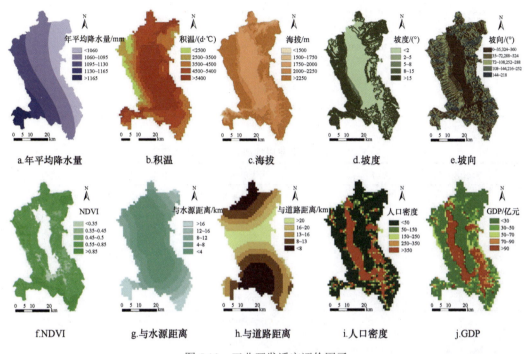

图 5.10　工业开发适宜评价因子

（4）综合指数模型。综合指数模型是将不同性质量纲的指标无因次化，转化为标准形式，这些经转化的实数称为综合指数。综合指数模型是一种基于知识驱动的评价模型，评价过程中利用专家的经验知识确定因子权重，会在一定程度上对评价结果产生主观影响。这种影响可能是正面的，也可能是负面的，因此，可能会存在高估或低估评价对象的适宜性的情况。

3）结果与分析

（1）适宜性等级划分。工业用地适宜性评价的因子等级分为 5 级，即最适宜、较适宜、一般适宜、较不适宜和不适宜 5 个等级，因子分级情况如表 5.9 所示。

（2）计算因子权重。权重是一个相对的概念，是针对某一指标而言的。此次指标权重的确定采用层次分析法确定。权重在评价过程中，是被评价对象的不同侧面的重要程度的定量分配，对各评价因子在总体评价中的作用进行区别对待。权重的确定主要是对一般因子的权重进行确定，权重值域为 0~1，直接体现适宜或不适宜。研究采用专家咨询法和层次分析法（AHP）相结合的方式确定因子权重。权重计算结果如表 5.10 所示自然因素权重打分表见表 5.11，社会经济因素权重打分表见表 5.12。

表 5.9 大理市工业用地适宜性评价指标分级表

年平均降水量 /mm	积温 /℃	海拔 /m	坡度 / (°)	坡向 / (°)	NDVI	与水源 距离/km	与道路 距离/km	人口密度	GDP /亿元	分值
>1165	>5400	<1500	<2	0~36 324~360	>0.85	<4	<8	>350	>90	5
1130~1165	4500~5400	1500~1750	2~5	36~72 288~324	0.55~0.85	4~8	8~13	250~350	70~90	4
1095~1130	3500~4500	1750~2000	5~8	72~108 252~288	0.45~0.55	8~12	13~16	150~250	50~70	3
1060~1095	2500~3500	2000~2250	8~15	108~144 216~252	0.35~0.45	12~16	16~20	50~150	30~50	2
<1060	<2500	>2250	>15	144~216	<0.35	16~24	>20	<50	<30	1

表 5.10 大理市工业用地适宜性评价指标权重

因素层 Z	权重	因子层 N	权重	复合权重
自然因素	0.6667	年平均降水量	0.1715	0.0572
		积温	0.0995	0.0332
		海拔	0.1690	0.0563
		坡度	0.2725	0.0908
		坡向	0.1746	0.0582
		NDVI	0.1129	0.0376
社会经济因素	0.3333	与水源距离	0.1692	0.1128
		与道路距离	0.3383	0.2255
		人口密度	0.2046	0.1364
		GDP	0.2879	0.1919

表 5.11 自然因素权重打分表

自然因素	年平均降水量	积温	海拔	坡度	坡向	NDVI
年平均降水量	1	1	3	1/2	1/2	1
积温	1	1	1/2	1/3	1/2	1
海拔	1/3	2	1	1	1	2
坡度	2	3	1	1	2	3
坡向	2	2	1	1/2	1	1
NDVI	1	1	1/2	1/3	1	1

表 5.12 社会经济因素权重打分表

社会经济因素	与水源距离	与道路距离	人口密度	GDP
与水源距离	1	1/2	1	1/2
与道路距离	2	1	2	1
人口	1	1/2	1	1
GDP	2	1	1	1

4）大理市工业开发适宜性评价结论

利用 ArcGIS 软件的空间分析模块，如缓冲区分析法、直线距离法等，依次对各评价单元的各评价因子进行评价，通过综合评价，得到大理市工业用地适宜性评价分等定级成果，如图 5.11 所示。

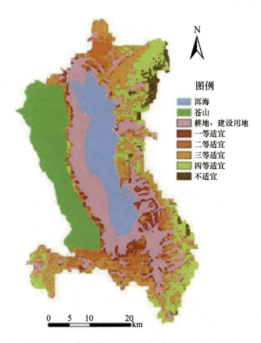

图 5.11　大理市工业用地适宜性评价结果

研究区 804.5km^2 的适宜工业后备土地资源中，一、二、三、四、五和六等工业用地后备资源分别占 0.38%、15.79%、21.49%、31.28%、19.79% 和 11.27%，中-高度适宜以上的后备土地面积仅占 31.06%。度假旅游业是大理市的支柱产业，风光秀美的洱海和充满历史人文气息的大理古城在空间景观上与工业企业格格不入，因此，对应其空间分布情况，大理市的工业用地后备资源开发可以重点关注喜洲镇、银桥镇、太邑彝族乡、双廊镇等镇（乡）。不适宜的等级出现在大理市主城区和距离洱海较近的区域，这些区域多是居住用地和商业用地，且是旅游业发展关系着的生态景观重点保护区域，因而不适合作为工业用地，另外，在大理市靠近边界的东侧区域，交通和水源条件都较欠缺，皆不适宜作为工业用地。总的来说，适宜大理市工业发展的后备土地资源总量很小，大理市在今后的经济社会发展中需要特别审慎地进行工业化发展，且注重节约集约利用工业土地资源，努力提高单位面积产值。

2. 低丘缓坡山地工业开发环境影响评价

1）工业开发环境影响识别

（1）识别规划与环境的关系及影响。工业开发的环境影响主要表现在：工业污水的排放，CO_2、SO_2 等温室气体或污染气体的排放。在对大理市自然环境和社会经济环境进行分析的基础上，结合环境影响识别的一般性原则，分析大理市工业规划环境影响的"源体"和"受体"的因果关系，找出环境影响因子，确认环境保护目标。该项环境影响类别包括：①大气环境影响，即工业活动中排放 SO_2、烟尘等污染物的影响；②水资源影响，主要是工业活动中产生的水体污染；③土地资源影响，即规划实施过程中的土壤污染等影响；④生态环境影响，工业活动带来的资源利用、植被的影响；⑤其他影响，如社会环境影响、噪声影响等。

（2）确定山地环境保护目标。综合考虑大理市当前的自然环境和社会环境状况，结合环境影响识别表，确定以下5个方面为环境保护目标：①工业发展水平及经济效益（促进工业健康、高效与可持续发展，改善环境质量）；②大气环境（控制工业空气污染物排放及空气污染）；③水环境（控制工业水污染物排放及水环境污染，尤其是保护水源地的水质）；④固体废物（固体废物的生成量达到最小化、减量化及资源化）；⑤资源与能源（资源与能源消耗总量减量化，鼓励人更多地使用可再生资源与能源，以及废物的资源化利用）。确定山地工业开发环境保护目标的内容为，确保对工业发展进行有效规划和管理，控制空气污染和温室气体的排放，维持与改善地表水和地下水水质及水生环境。

2）指标体系的建立

工业环境影响评价范围大，尽量选择相对指标，以反映宏观尺度上的影响。按照指标体系建立的原则，参照该规划的环境影响识别结果，根据确定的5个环境保护目标，选择10个因素作为参评因素，建立具有总目标层、环境目标层、指标层3个层次的大理市山地工业规划行业环境影响评价指标体系。

此次评价体系包括社会经济和环境资源等方面，共10项评价因素（C_1～C_{10}）。其中指标 C_1 为各行业的工业总产值；C_2 为各行业工业总产值与区域总面积的比值；C_3 为万元工业总产值废气年排放量；C_4 为万元工业总产值主要大气污染物（SO_2）年排放量；C_5 为万元工业总产值工业废水年排放量；C_6 为万元工业总产值主要水环境污染物（COD_{Cr}、$NH_3\text{-}N$）排放量；C_7 为万元工业总产值固体废物产生量；C_8 为行业固体废物综合利用率；C_9 为水资源消耗量；C_{10} 为能源综合利用率（表5.13）。

3）环境影响预测、分析、评价

工业规划的环境影响评价以上述评价指标体系为依据，对各环境目标加以分析比较，确定其影响程度，为工业规划提供科学的决策依据。针对大理市工业规划的内容，对现有工业行业进行环境影响评价，从而分析规划中提出发展的各个行业对环境产生的影响程度。

（1）评价方法的选择。因上述评价指标体系较综合，利用层次分析法处理这类综合评价问题具有很强的优势，利用层次分析法确定各评价指标权重。但需要评价的行业数量较多，所以选用加权比较法计算每一行业的环境影响，以分值大小来反映各行业对环境产生的影响程度。该方法易于计算且结果相对客观，可以很好地处理较多数据的计算问题。在对各行业的环境影响进行评价时，首先选用加权比较法对各行业的环境影响评价指标赋予分值，然后利用层次分析法得出各评价指标的权重，最后用加权比较法计算出各行业的环境影响评价得分。具体评价方法略。

表 5.13　工业开发环境影响评价指标表

总目标层	环境目标层		指标层
规划的环境影响评价（A）	B_1 工业发展水平及经济效益	促进工业健康、高效与可持续发展，改善环境质量	C_1 各行业的工业总产值（万元/a） C_2 工业经济密度（工业总产值/区域总面积，万元/km²）
	B_2 大气环境	控制工业空气污染物排放及空气污染	C_3 万元工业总产值废气年排放量（m³/万元） C_4 万元工业总产值主要大气污染物（SO_2）年排放量（t/万元）
	B_3 水环境	控制工业水污染物排放及水环境污染，尤其是保护水源地的水质	C_5 万元工业总产值工业废水年排放量（m³/万元） C_6 万元工业总产值主要水环境污染物（COD_{Cr}、NH_3-N）排放量（mg/L）
	B_4 固体废物	固体废物的生成量达到最小化、减量化及资源化	C_7 万元工业总产值工业固体废物产生量（t/万元） C_8 工业固体废物综合利用率（%）
	B_5 资源与能源	资源与能源消耗总量减量化，鼓励人更多地使用可再生资源与能源，以及废物的资源化利用	C_9 水资源消耗量（万 t/a） C_{10} 能源综合利用率（%）

（2）影响评价结果。用加权比较法对大理市工业行业进行综合评价。加权比较法的实质是，对各行业的环境影响指标赋予分值，同时根据上文得出的各环境指标的权重，将分值与权重相乘，即得某一行业对该评价指标的实际得分，所有评价指标的实际得分累加就是这一行业的评价最终得分。用数学公式表示为

$$S_i = \sum_{n=1}^{j} W_j I_{ij} \tag{5.14}$$

式中：S_i 为 i 行业的综合评分值；W_j 为 j 个指标的权重；I_{ij} 为 i 行业相对于 j 个指标的分值。

评价指标分值的确定。由于所选指标基本为定量指标，所以在打分时采用实际数据的相对量作为分值。在对各行业的评价指标打分时，将各项指标对应环境目标的影响分为五级，即一级：正面影响较大；二级：正面影响中等；三级：正面影响较小；四级：负面影响较小；五级：负面影响较大，用分值来表示各级别的分级标准，一级分值介于 30～20 分，二级分值介于 20～10 分，三级分值介于 10～0 分，四级分值介于 0～-10 分，五级分值介于 -10～-20 分。在指标 C_1～ C_{10} 中，C_1、C_2、C_8 为正向指标，其余为负向指标。可以得到各行业的评价指标得分情况，见表 5.14。

表 5.14 大理市工业环境影响评价得分表

行业名称	环境影响评价得分	排名
农副食品加工业	8.270	1
交通运输设备制造业	3.890	2
食品制造业	3.004	3
烟草制品业	2.896	4
医药制造业	2.830	5
通用设备制造业	2.766	6
水的生产和供应业	2.465	7
工艺品及其他制造业	2.315	8
家具制造业	2.298	9
纺织业	1.667	10
印刷业和记录媒介的复制	1.605	11
有色金属冶炼及压延加工业	1.110	12
纺织服装、鞋、帽制造业	0.637	13
木材加工及木、竹、藤、棕、草制品业	0.623	14
通信设备、计算机及其他电子设备制造业	0.041	15
专用设备制造业	0.012	16
饮料制造业	0.002	17
文教体育用品制造业	−0.012	18
废弃资源和废旧材料回收加工业	−0.027	19
金属制品业	−0.021	20
仪器仪表及文化、办公用机械制造业	−0.114	21
电气机械及器材制造业	−0.123	22
非金属矿采选业	−0.125	23
橡胶制品业	−0.129	24
黑色金属冶炼及压延加工业	−0.132	25
非金属矿物制品业	−0.133	26
石油加工、炼焦及核燃料加工业	−0.202	27
其他采矿业	−0.215	28
有色金属矿采选业	−0.246	29
化学纤维制造业	−0.278	30
燃气生产和供应业	−1.511	31
黑色金属矿采选业	−1.532	32
化学原料及化学制品制造业	−1.678	33
皮革、毛皮、羽毛（绒）及其制品业	−2.210	34
塑料制品业	−2.230	35
电力、热力的生产和供应业	−3.909	36
造纸及纸制品业	−5.481	37

3. 低丘缓坡山地工业开发负面清单

在原国土资源部发布实施的《限制用地项目目录（2006 年本）》和《禁止用地项目目录（2006 年本）》（国土资发〔2006〕296 号）基础上，结合大理市县域尺度工业选择的得分情况、工业用地适宜性评价的结论、工业开发环境影响评价结论等综合考虑大理市未来产业发展的方向，制定形成大理市山地开发负面清单。

负面清单包括禁止类和限制类两类目录。禁止类主要包括国家产业结构调整指导目录明确要求禁止新建或需要禁止的，以及结合大理市实际需要，在全市禁止新布局的生产能力、工艺技术、装备及产品。限制类按照"行业限制+区域限制"的方式制定，主要包括国家产业结构调整指导目录限制类项目。对属于限制类但已经存在的企业，禁止其扩能改造，并促进现有企业加快搬迁。不属于上述两类且符合国家有关法律、法规和政策规定的，为允许类目录。

1）禁止投资建设项目

禁止投资国家产业结构调整指导目录禁止类项目。禁止类项目不得新建和改造升级，已有项目必须限期关停。禁止新建国家产业结构调整指导目录限制类项目（不包括现有企业升级改造或等量置换）。禁止布局资源环境超载的产业项目，禁止落后产能产业进入。限制发展易破坏生态植被的采矿业、建材等工业项目。禁止新建产出强度低于 50 亿元/km^2 的工业项目。禁止新建或扩建化工（精细化工除外）、造纸、印染、合成制药等水污染重的项目。限制占地规模过大的产业项目。禁止新建烟花爆竹等存在重大环境安全隐患的民爆类工业项目。

2）特殊区域禁止新建以下项目

禁止在洱海、苍山国家级自然保护区核心区、缓冲区，饮用水水源地保护区等重要生态保护区域投资建设产业项目。禁止在大理市重点生态功能区域新建工业。在任河、前河沿岸地区（沿岸地区指江河 50 年一遇洪水位向陆域一侧 1km 范围内，下同），禁止新建、扩建排放重金属（指铬、镉、汞、砷、铅五类重金属，下同）、剧毒物质和持久性有机污染物的工业项目。在城区及其主导上风向 5km 范围内，禁止投资燃煤电厂、水泥、钢铁冶炼等大气污染严重的项目。对这类新建项目要引导其在城区主导上风向 20km 以外、其他方向 5km 以外布局。基于已有产业政策的大理市产业投资负面清单见表 5.15，基于工业环境影响及山地开发适宜性的负面清单见表 5.16。

5.2.3　低丘缓坡山地工业布局与用地模式研究

1. 产业布局模式

1）产业布局典型模式

产业布局是在一定的地域内展开的，地域的具体条件是决定布局的依据。同一时期不同地域和同一地域不同发展阶段的具体情况各不相同，必须相应地采取不同的产业布局模式。根据产业空间发展不同阶段的不同特点，产业布局的理论模式可以分为增长极布局模式、点轴布局模式、网络（或块状）布局模式、地域生产综合体开发模式和区域梯度开发与转移模式。其中前三种模式从产业分布结构角度出发，处理在时间上依次继起的区域经济发展不同阶段的产业布局问题，它们之间有密切的内在联系，一起组成一个完整、系统的布局过程。

表 5.15　基于已有产业政策的大理市产业投资负面清单

	行业、项目	四级区域	三级区域	二级区域	一级区域
	一、农业	禁止	限制	允许	允许
	二、林业	禁止	限制	允许	允许
其中	（一）产量在 1000t/a 以下的松香生产项目； （二）松脂初加工项目	禁止	限制（允许改造升级）	限制（允许改造升级）	允许
	三、畜牧业	禁止	限制	允许	允许
	四、渔业	禁止	限制	允许	允许
	五、农、林、牧、渔服务业	禁止	允许	允许	允许
	六、煤炭开采和洗选业	禁止	禁止	限制	限制
其中	（一）单井井型产量低于 30 万 t/a 的煤矿项目； （二）采用非机械化开采工艺的煤矿项目； （三）设计的煤炭资源回收率达不到国家规定要求的煤矿项目； （四）未按国家规定程序报批矿区总体规划的煤矿项目； （五）井下回采工作面超过两个的新建煤矿项目	禁止	禁止	限制（允许改造升级）	限制（允许改造升级）
	七、石油和天然气开采业	禁止	禁止	禁止	禁止
	八、黑色金属矿采选业	禁止	禁止	禁止	禁止
	九、有色金属矿采选业	禁止	禁止	禁止	禁止
	十、非金属矿采选业	禁止	禁止	限制	限制
其中	产量在 60 万 t/a 以下的矿（井）盐项目	禁止	禁止	限制（允许改造升级）	限制（允许改造升级）
	十一、开采辅助活动	禁止	禁止	禁止	禁止
	十二、其他采矿业	禁止	禁止	禁止	禁止
	十三、农副食品加工业	禁止	禁止	限制	限制
其中	（一）大豆压榨及浸出项目； （二）单线日处理油菜籽、棉籽、花生等油料 100t 及以下的加工项目； （三）年加工玉米 30 万 t 以下、绝干收率在 98% 以下的玉米淀粉湿法生产线	禁止	禁止	限制（允许改造升级，接受异地置换）	限制（允许改造升级，接受异地置换）
	（四）年屠宰量达不到标准的屠宰建设项目； （五）产量在 3000t/a 及以下的西式肉制品加工项目	禁止	禁止	限制（允许改造升级）	限制（允许改造升级，接受异地置换）
	十四、食品制造业	禁止			
其中	（一）产量在 5 万 t/a 及以下且采用等电离交工艺的味精生产线； （二）糖精等化学合成甜味剂生产线； （三）产量在 2000t/a 及以下的酵母加工项目	禁止	禁止	限制（允许改造升级，接受异地置换）	限制（允许改造升级，接受异地置换）
	十五、酒、饮料和精制茶制造业	禁止	禁止		
其中	（一）酒精、白酒生产线； （二）生产能力小于 18000 瓶/h 的啤酒灌装生产线	禁止	禁止	限制（允许改造升级，接受异地置换）	限制（允许改造升级，接受异地置换）

续表

行业、项目	四级区域	三级区域	二级区域	一级区域
十六、烟草制品业	禁止			
其中　卷烟加工项目	禁止	禁止	限制（允许改造升级，接受异地置换）	
十七、纺织业	禁止	禁止	限制	限制
其中　《国家产业结构调整指导目录（2011 年本）》（修正版）限制类"十三、纺织"第 6～17 项等纺织品生产	禁止	禁止	限制（允许改造升级）	限制（允许改造升级）
十八、木材加工及木、竹、藤、棕、草制品业	禁止			
其中　（一）单线 5 万 m³/a 以下的普通刨花板、高中密度纤维板生产装置，单线 3 万 m³/a 以下的木质刨花板生产装置，1 万 m³/a 以下的胶合板和细木工板生产线；（二）以优质林木为原料的一次性木制品与木制包装的生产和使用，以及木竹加工综合利用率偏低的木竹加工项目	禁止	禁止	限制（允许改造升级，接受异地置换）	
十九、家具制造业	禁止	禁止	限制	限制
二十、造纸及纸制品业	禁止	禁止	限制	限制
其中　（一）元素氯漂白制浆工艺；（二）新建单条化学木浆 30 万 t/a 以下、化学机械木浆 10 万 t/a 以下、化学竹浆 10 万 t/a 以下的生产线；（三）新闻纸、铜版纸生产线	禁止	禁止	禁止新建、扩建	
二十一、印刷业和记录媒介的复制	禁止	禁止	限制	限制
其中　单色金属板胶印机	禁止	禁止	限制（允许改造升级，接受异地置换）	
二十二、石油加工、炼焦及核燃料加工业	禁止	禁止	禁止	禁止
其中　（一）新建 1000 万 t/a 以下常减压、150 万 t/a 以下催化裂化、100 万 t/a 以下连续重整（含芳烃抽提）、150 万 t/a 以下加氢裂化生产装置；（二）冲天炉熔化采用冶金焦	禁止	禁止	禁止	禁止
二十三、化学原料及化学制品制造业	禁止	禁止	禁止新建化工项目	禁止新建化工项目
其中　（一）《国家产业结构调整指导目录（2011 年本）》（修正版）限制类"四、石化化工"第 2～12 项及"十六、民爆产品"第 1～4 项等化学原料及制品生产；	禁止	禁止	禁止新建、扩建	禁止新建、扩建
（二）《国家产业结构调整指导目录（2011 年本）》（修正版）限制类"十二、轻工"第 15、16、19 项等日用化学制品生产	禁止	禁止	限制（允许改造升级，接受异地置换）	限制（允许改造升级，接受异地置换）
二十四、医药制造业	禁止			
其中　（一）新开办无新药证书的药品生产企业；（二）新建及改扩建原料含有尚未规模化种植或养殖的濒危动植物药材的产品生产装置；（三）青霉素 G、维生素 B₁ 等限制类药物及药物制剂生产；（四）新建紫杉醇（配套红豆杉种植除外）、植物提取法小檗碱（配套黄连种植除外）生产装置（五）新建、改扩建药用丁基橡胶塞、二步法生产输液用塑料瓶生产装置	禁止	禁止	限制（允许改造升级，接受异地置换）	限制（允许改造升级，接受异地置换）
（六）新建、改扩建充汞式玻璃体温计、血压计生产装置、银汞齐齿科材料、新建 2 亿支/a 以下一次性注射器、输血器、输液器生产装置	禁止	禁止	限制（允许改造升级，接受异地置换）	限制（允许改造升级，接受异地置换）
（七）转瓶培养生产方式的兽用细胞苗生产线项目（持有新兽药证书的品种和采用新技术的除外）；（八）兽用粉剂/散剂/预混剂生产线项目（持有新兽药证书的品种和自动化密闭式高效率混合生产工艺除外）				限制（允许改造升级，接受异地置换）

续表

行业、项目		四级区域	三级区域	二级区域	一级区域
二十五、化学纤维制造业		禁止	禁止		
其中	《国家产业结构调整指导目录（2011 年本）》（修正版）限制类"十三、纺织"第 1～5 项等化学纤维生产	禁止	禁止	禁止新建、扩建	
二十六、橡胶制品业和塑料制品业		禁止	禁止	禁止	禁止
其中	《国家产业结构调整指导目录（2011 年本）》（修正版）限制类"十二、轻工"第 1、3～5 项，及新建斜交轮胎和力车胎（手推车胎）等高毒、高残留及对环境影响大的橡胶制品与生产装置	禁止	禁止	禁止新建、扩建	禁止新建、扩建
二十七、非金属矿物制品业		禁止	禁止	禁止新建、扩建易破坏生态植被的建材工业项目	禁止新建、扩建
其中	（一）《国家产业结构调整指导目录（2011 年本）》（修正版）限制类"九、建材"第 1～13 项及"十一、机械"第 10～13 项等材料及制品生产	禁止	禁止	禁止扩建	
	（二）机立窑生产线（2015 年底前禁止）；（三）平拉和格法玻璃生产线（2015 年底基本禁止），熔窑规模在 500T/D 以下且不满足平板玻璃准入条件的小浮法玻璃生产线	禁止	禁止	禁止	
二十八、黑色金属冶炼及压延加工业		禁止	禁止		
其中	（一）普通冷轧带肋钢筋生产装备、单机年生产能力在 1 万 t 以下的在线热处理带肋钢筋生产装备；（二）锦纶帘线、3 万 t/a 以下钢丝帘线；（三）《国家产业结构调整指导目录（2011 年本）》（修正版）限制类"六、钢铁"第 1～20 项等钢铁加工生产线及装备	禁止	禁止	禁止 禁止新建、扩建	
二十九、有色金属冶炼及压延加工业		禁止	禁止		
其中	（一）《国家产业结构调整指导目录（2011 年本）》（修正版）限制类"七、有色金属"第 1～8 项等有色金属冶炼及加工	禁止	禁止	禁止新建、扩建	
	（二）160kA 以下电解铝生产线	禁止	禁止	禁止	
三十、金属制品业		禁止	禁止	禁止电镀项目	
其中	（一）棕刚玉、绿碳化硅、黑碳化硅等烧结块及磨料制造项目；（二）酸性碳钢焊条制造项目；（三）动圈式和抽头式手工焊条弧焊机；（四）含铅和含镉钎料；（五）含铅粉末冶金件；（六）普通运输集装箱项目	禁止	禁止	限制（允许改造升级）	
三十一、通用设备制造业		禁止	禁止		
其中	《国家产业结构调整指导目录（2011 年本）》（修正版）限制类"十一、机械"第 12、16～19、21～23、28、29、31～33、36、37、40～43、47、48 项等通用设备制造	禁止	禁止	限制（允许改造升级，接受异地置换）	
三十二、专用设备制造业		禁止	禁止		
其中	《国家产业结构调整指导目录（2011 年本）》（修正版）限制类"十一、机械"第 1～10、13、46、51～55 项及"十五、消防"第 1～8 项等专用设备制造	禁止	禁止	限制（允许改造升级，接受异地置换）	
三十三、汽车制造业		禁止	禁止		
其中	（一）低速汽车（三轮汽车、低速货车）（自 2015 年起执行与轻型卡车同等的节能与排放标准）；（二）4 档及以下机械式车用自动变速箱（AT）；（三）排放标准为国三及以下的机动车用发动机	禁止	禁止	限制（允许改造升级，接受异地置换）	

续表

行业、项目		四级区域	三级区域	二级区域	一级区域
三十四、铁路、船舶、航空航天和其他运输设备制造业		禁止	禁止		
三十五、电气机械和器材制造业		禁止	禁止		
其中	（一）《国家产业结构调整指导目录（2011年本）》（修正版）限制类"十一、机械"第14、15、24、25、44、50项等电气机械和器材制造	禁止	禁止	限制（允许改造升级，接受异地置换）	
	（二）糊式锌锰电池、镉镍电池；（三）普通照明白炽灯、高压汞灯	禁止	禁止	禁止新建、扩建	
三十六、通信设备、计算机及其他电子设备制造业		禁止	禁止		
其中	（一）电子管高频感应加热设备	禁止	禁止	限制（允许改造升级，接受异地置换）	
	（二）模拟CRT黑白及彩色电视机项目；（三）激光视盘机生产线（VCD系列整机产品）	禁止	禁止	限制（允许改造升级，接受异地置换）	
三十七、仪器仪表制造业		禁止	禁止		
其中	（一）民用普通电能表制造项目；（二）《国家产业结构调整指导目录（2011年本）》（修正版）限制类"十二、轻工"第7、8项等电子秤、电子衡制造	禁止	禁止	限制（允许改造升级，接受异地置换）	
三十八、电力、热力、燃气及水的生产和供应业		禁止	禁止		
其中	（一）小电网外，单机容量为30万kW及以下的常规燃煤火电机组，发电煤耗高于300g标准煤/（kW·h）的湿冷发电机组，发电煤耗高于305g标准煤/（kW·h）的空冷发电机组	禁止	禁止	限制（允许改造升级，接受异地置换）	
	（二）无下泄生态流量的引水式水力发电	禁止	禁止新建	限制（允许改造升级）	
三十九、批发零售业		禁止			
其中	生产资料、生活用品和农副产品等大型批发市场	禁止	禁止	禁止新建占地规模超过100亩的专业市场	
四十、交通运输、仓储和邮政业		禁止			
其中	资源占用量大或运输仓储方式落后的物流项目	禁止	禁止		

注：1. 一级区域、二级区域、三级区域、四级区域划定以大理市工业用地适宜性评价结果为参照；

2. 空格——允许发展，但应符合国家产业投资政策；

3. "禁止"——本区域内不得新建该类项目，已有该类企业全部关停或置换到其他区域；

4. "禁止新建、扩建"——本区域内不得新建该类项目，对已有该类企业禁止扩大规模；

5. "限制（允许改造升级）"——本区域内不得新建该类项目，对已有该类企业可以就地对其进行改造升级；

6. "限制（允许改造升级，接受异地置换）"——本区域内不得单独新建该类项目，对已有该类企业可以就地对其进行改造升级，也可以接受来自其他区域的该类项目对其进行改造升级。

表 5.16　基于工业环境影响及山地开发适宜性的负面清单

行业名称	环境影响评价得分	一等适宜区域	二等适宜区域	三等适宜区域	四等适宜区域
农副食品加工业	8.270				限制
交通运输设备制造业	3.890				限制
食品制造业	3.004				限制
烟草制品业	2.896				限制
医药制造业	2.830				限制

行业名称	环境影响评价得分	一等适宜区域	二等适宜区域	三等适宜区域	四等适宜区域
通用设备制造业	2.766				限制
水的生产和供应业	2.465				限制
工艺品及其他制造业	2.315				限制
家具制造业	2.298				限制
纺织业	1.667			限制	限制
印刷业和记录媒介的复制	1.605			限制	限制
有色金属冶炼及压延加工业	1.110			限制	限制
纺织服装、鞋、帽制造业	0.637			限制	禁止
木材加工及木、竹、藤、棕、草制品业	0.623			限制	禁止
通信设备、计算机及其他电子设备制造业	0.041			限制	禁止
专用设备制造业	0.012			限制	禁止
饮料制造业	0.002			限制	禁止
文教体育用品制造业	−0.012		限制	限制	禁止
废弃资源和废旧材料回收加工业	−0.027		限制	限制	禁止
金属制品业	−0.021		限制	限制	禁止
仪器仪表及文化、办公用机械制造业	−0.114	限制	限制	限制	禁止
电气机械及器材制造业	−0.123	限制	限制	限制	禁止
非金属矿采选业	−0.125	限制	限制	限制	禁止
橡胶制品业	−0.129	限制	限制	限制	禁止
黑色金属冶炼及压延加工业	−0.132	限制	限制	限制	禁止
非金属矿物制品业	−0.133	限制	限制	限制	禁止
石油加工、炼焦及核燃料加工业	−0.202	限制	限制	限制	禁止
其他采矿业	−0.215	限制	限制	限制	禁止
有色金属矿采选业	−0.246	限制	限制	限制	禁止
化学纤维制造业	−0.278	限制	限制	限制	禁止
燃气生产和供应业	−1.511	限制	限制	限制	禁止
黑色金属矿采选业	−1.532	限制	限制	限制	禁止
化学原料及化学制品制造业	−1.678	限制	限制	限制	禁止
皮革、毛皮、羽毛（绒）及其制品业	−2.210	禁止	禁止	禁止	禁止
塑料制品业	−2.230	禁止	禁止	禁止	禁止
电力、热力的生产和供应业	−3.909	禁止	禁止	禁止	禁止
造纸及纸制品业	−5.481	禁止	禁止	禁止	禁止

注：1. 一等适宜区域、二等适宜区域、三等适宜区域、四等适宜区域划定以大理市工业用地适宜性评价结果为参照；

2. 空格——允许发展，但应符合国家产业投资政策；

3. "禁止"——本区域内不得新建该类项目，已有该类企业全部关停或置换到其他区域；

4. "限制"——本区域内不得新建该类项目。

（1）增长极布局模式。增长极理论是法国经济学家佩鲁提出的，其思想是：在一国经济增长过程中，不同产业的增长速度不同，其中增长较快的是主导产业和创新企业，这些产业和企业一般都是在某些特定区域或城市集聚，优先发展，然后在其周围地区进行扩散，形成强大的辐射作用，带动周边地区的发展。这种集聚了主导产业和创新企业的区域和城市就被称为"增长极"。

（2）点轴布局模式。点轴布局模式是增长极布局模式的延伸。从产业发展的空间过程看，产业，特别是工业，总是首先集中在少数条件较好的城市发展，呈点状分布。这种产业（工业）点就是区域增长极，也就是点轴开发模式中的点。随着经济的发展，产业（工业）点逐渐增多，由于生产要素流动的需要，点和点之间需要建立各种流动管道将点和点相互连接起来，因此，各种管道，包括各种交通道路、动力供应线、水源供应线等就会发展起来，这就是轴。关于这种轴线，虽然其主要目的是为产业（工业）点服务，但是轴线一经形成，其两侧地区的生产和生活条件就会得到改善，从而吸引其周边地区的人口、产业向轴线两侧集聚，并产生出新的产业（工业）点。点轴贯通，就形成了点轴系统。实际上，中心城市与其吸引范围内的次级城市之间相互影响、相互作用，已经形成了一个有机的城市系统，这一系统已经有效地带动着区域经济的发展。

（3）网络（或块状）布局模式。网络（或块状）布局模式是点轴布局模式的延伸。一个现代化的经济区域，其空间结构必须同时具备三大要素：一是"节点"，即各级各类城镇；二是"域面"，即节点的吸引范围；三是"网络"，即商品、资金、技术、信息、劳动力等各种生产要素的流动网。网络式开发就是强化并延伸已有的点-轴系统。通过增强和深化本区域的网络系统，提高区域内各节点间、各域面间，特别是节点与域面之间生产要素交流的广度和密度，使"点""线""面"组成一个有机整体，从而使整个区域得到有效开发，使本区域经济向一体化方向发展。同时，网络通过向外延伸，加强与区域外其他区域经济网络的联系，并将本区域的经济技术优势向四周区域扩散，从而在更大的空间范围内调动更多的生产要素进行优化组合。这是一种比较完备的区域开发模式，它标志着区域经济开始走向成熟阶段。

（4）地域生产综合体开发模式。地域生产综合体开发模式（图5.12）是苏联广泛采用的一种产业布局模式。从20世纪50年代中期以来到苏联解体以前，苏联在西伯利亚地区通过对水利、煤炭、油漆、铁矿、木材等资源进行开发，建立了十多个大型工业地域生产综合体。受苏联的影响，我国也曾经广泛采用过这种布局模式。我国国土规划纲要中提出的19个重点开发区中有很大一部分就属于这种开发模式。

地域生产综合体开发模式的理论基础是苏联学者 H.H.科洛索夫斯基的生产循环理论。该理论认为，生产都是在某种原料和燃料动力资源相互结合的基础上发展起来的；每个循环都包括过程的全部综合，即从原料的采选到获得某种成品的全过程；某个产品之所以能在某个地域生产，是因为其拥有原料和燃料动力来源，并能够对它们进行合理利用。也就是说，该理论认为生产是按照生产工艺的"链"所组成的稳定的、反复进行的生产体系进行的。H. H.科洛索夫斯基将地域生产综合体定义为"在一个工业点或一个完整的地区内，根据地区的自然条件、运输和经济地理位置，恰当地安置各个企业，从而获得特定的经济效果的这样一种各企业间的经济结合体"。

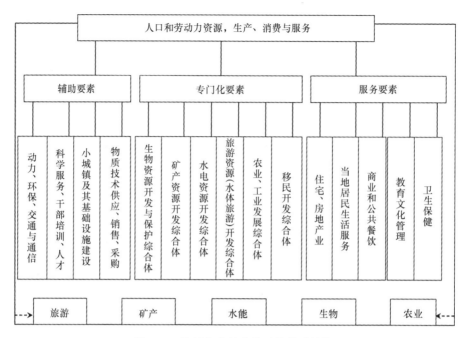

图 5.12　地域生产综合体开发模式结构

这种开发模式的一个重要前提是在一定的地域范围内密集着丰富的自然资源，其核心是围绕主导产业的纵向产业关联，依靠很高的产业关联度来促进资源的闭合循环，高效使用，使产业结构的优化同空间布局的合理化有机结合起来，构成综合经济核心区。

（5）区域梯度开发与转移模式。该布局模式的理论基础是梯度推移理论。梯度推移理论认为，由于经济技术的发展是不平衡的，不同地区在客观上存在经济技术发展水平的差异，即经济技术梯度，而产业的空间发展规律是从高梯度地区向低梯度地区推移。第二次世界大战后加速发展的国际产业推移就是从发达的欧美国家向新型工业国或地区再向发展中国家进行梯度推移的。根据梯度推移理论，在进行产业开发时，要从各区域的现实梯度布局出发，优先发展高梯度地区，让有条件的高梯度地区优先发展新技术、新产品和新产业，然后再逐步从高梯度地区向中梯度和低梯度地区推移，从而逐步实现经济发展的相对均衡。我国在改革开放初期就曾按照经济技术发展水平把全国划分为高梯度的东部沿海地带、中梯度的中部地带和低梯度的西部地带，以此作为产业空间发展的依据。

综观产业布局的理论研究和实践应用可以发现，产业布局着眼于生产要素在时空的配置过程，其实质是政府通过战略布局计划及相关的政策措施，引导和干预产业整体、局部和个体布局，实现区域经济增长、社会稳定、生态平衡的目标（熊世伟，2000）。在不同的区域和发展阶段，产业布局会呈现出不同的模式。一般认为常规的产业布局模式有以下四种：均质模式、极核模式（增长极）、点轴模式和网络模式（田广增和齐学广，2002）。杨万钟（1991）认为产业布局均质模式—极核模式—点轴模式—网络模式是产业布局演变的一般规律（图 5.13），当然，具体到区域，其产业布局的演化存在差异（图 5.14～5.20）。

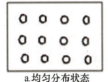 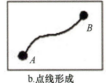 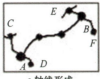

| a.均匀分布状态 | b.点线形成 | c.轴线形成 | d.中心和轴线系统 |

图 5.13　产业布局演进一般规律

图 5.14　重庆某高地台地地形集中型工业园区

图 5.15　滇中产业园区点轴模式

图 5.16　带形产业园区布局模式

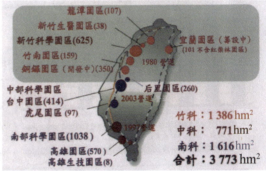

图 5.17　台湾岛网络模式产业园区布局

　　目前在布局方法研究层面尚未见到现成的研究成果，但相关的研究技术比较成熟。赵连阁和朱道华（2000）提出了农村工业分散化空间结构的成因与聚集条件；程建权（1999）将 GIS 技术应用到城镇发展布局中，寻求更优化的空间布局方案；张孟林和王庆石（2006）建立了区域农业生产结构优化模型；董品杰和赖红松（2003）通过对温州市进行实例研究，得出基于多目标遗传算法的土地利用空间结构优化配置技术；王长钰（1999）分析了农村产业结构布局优化的数学模型及其稳定性；邓永翔和贾仁安（2007）、张立厚等（2000）、徐康康和张逸民（1999）、聂艳（2006）等都分别通过实证研究加强了土地利用空间格局优化技术的应用性。

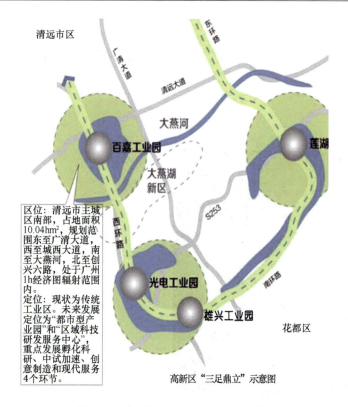

区位：清远市主城区南部，占地面积10.04hm²，规划范围东至广清大道，西至城西大道，南至大燕河，北至创兴六路，处于广州1h经济圈辐射范围内。
定位：现状为传统工业区。未来发展定位为"都市型产业园"和"区域科技研发服务中心"，重点发展孵化科研、中试加速、创意制造和现代服务4个环节。

高新区"三足鼎立"示意图

图 5.18 清远产业园区多组团网络模式

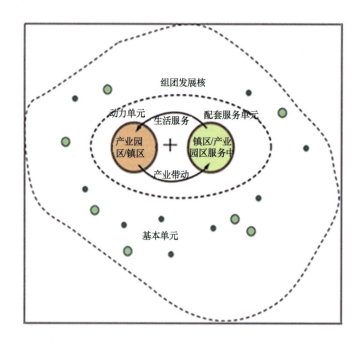

图 5.19 产业园区布局基本类型

图 5.20　茅台镇带形山地工业园区布局

2）云南典型工业园区布局模式

从与城市的关系、交通联系、空间形态、功能分区、产业布局等几个影响较大的因素入手，可以将云南省已建传统工业园区的布局模式总结如下。

从表 5.17 中可以看出：①传统工业园区多数与城区相邻或位于城区内，少量为独立布置；②几乎都有便利的交通条件，均临近铁路、高速公路、国道、省道中两种以上交通方式；③其空间布局大多为集中布局形式，局部为内部组团形式；④内部或多或少都配置了配套的居住、商业、管理等用房；⑤产业类型均为复合产业（即各种产业类型互补，可以形成规模产业）。

表 5.17　云南省工业园区空间布局关系

园区名称	与城市的关系	周边交通条件	空间形态	功能布局	产业布局
曲靖经济技术开发区	相邻	省道	组团	产业、仓储、居住、商业、管理	复合产业
昆明国家级经济技术开发区	包含	铁路、高速公路、国道、省道、机场	组团	产业、仓储、管理	复合产业
昆明国家高新技术产业开发区	独立	铁路、高速公路、国道、省道、机场	带型	产业、仓储、居住、商业、管理	复合产业
研和工业园区	独立	省道	带型	产业、仓储、管理	复合产业
红河工业园区	独立	铁路、高速公路、国道、省道	集中	产业、仓储、管理	复合产业
云南嵩明杨林工业园区	包含	高速公路、国道、省道	分散	产业、仓储、管理	复合产业

园区名称	与城市的关系	周边交通条件	空间形态	功能布局	产业布局
五华科技产业园	包含	高速公路、国道、省道	组团	产业、管理	复合产业
安宁工业园区	相邻	铁路、高速公路、国道、省道	集中	产业、管理	复合产业
红塔工业园区	相邻	铁路、高速公路、国道、省道	带型	产业、仓储、居住、商业、管理	复合产业
禄丰工业园区	相邻	高速公路、国道、省道	组团	产业、管理	复合产业
玉溪国家高新技术产业开发区	相邻	高速公路、国道、省道	集中	产业、仓储、管理	复合产业
保山工业园区	相邻	铁路、高速公路、国道、省道	集中	产业、仓储、管理	复合产业
普洱工业园区	独立	高速公路、省道	集中	产业、仓储、居住、商业、管理	复合产业
临沧工业园区	相邻	高速公路、国道、省道	集中	产业、仓储、居住、商业、管理	复合产业
楚雄高新技术产业开发区	相邻	国道、省道	组团	产业、仓储、居住、商业、管理	复合产业
宣威经济技术开发区	包含	高速公路、省道	组团	产业、仓储、居住、商业、管理	复合产业
弥勒工业园区	相邻	高速公路、省道	分散	产业、仓储、居住、商业、管理	复合产业
芒市工业园区	相邻	高速公路、省道	分散	产业、仓储、居住、商业、管理	复合产业
昆明海口工业园区	相邻	高速公路、省道	组团	产业、仓储、居住、管理	复合产业
寻甸特色产业园区	包含	高速公路、省道	分散	产业、仓储、居住、商业、管理	复合产业
官渡工业园区	包含	铁路、高速公路、省道	组团	产业、仓储、居住、管理	复合产业
晋宁工业园区	相邻	铁路、高速公路、省道	组团	产业、仓储、居住、管理	复合产业
富民工业园区	相邻	铁路、高速公路、省道	组团	产业、仓储、居住、管理	复合产业
宜良工业园区	相邻	高速公路、省道	集中	产业、仓储、居住、管理	复合产业
石林生态工业集中区	相邻	高速公路、省道	集中	产业、管理	复合产业
曲靖煤化工工业园区	相邻	铁路、高速公路、省道	集中	产业、管理	复合产业
师宗县工业园区	相邻	高速公路、省道	集中	产业、仓储、居住、管理	复合产业
陆良工业园区	相邻	高速公路、省道	分散	产业、仓储、居住、管理	复合产业
通海五金产业园区	相邻	铁路、高速公路、省道	组团	产业、仓储、居住、管理	复合产业
易门工业园区	相邻	高速公路、省道	组团	产业、仓储、居住、管理	复合产业
新平工业园区	相邻	高速公路、省道	集中	产业、仓储、居住、管理	复合产业
鲁甸工业园区	相邻	高速公路、省道	集中	产业、仓储、居住、管理	复合产业
丽江永胜工业园区	相邻	高速公路、省道	集中	产业、仓储、居住、管理	复合产业
泸西工业园区	独立	铁路、高速公路、省道	带型	产业、仓储、居住、管理	复合产业
文山马塘工业园区	独立	高速公路、省道	分散	产业、仓储、居住、商业、管理	复合产业
云南文山三七药物产业园区	相邻	高速公路、省道	组团	产业、仓储、居住、商业、管理	复合产业
祥云财富工业园区	相邻	高速公路、省道	带型	产业、仓储、居住、商业、管理	复合产业
大理创新工业园区	相邻	铁路、高速公路、省道	组团	产业、仓储、居住、商业、管理	复合产业
兰坪工业园区	相邻	高速公路、省道	组团	产业、仓储、居住、商业、管理	复合产业

根据以上影响因素将传统工业园区布局模式归纳为以下六类。

（1）相邻集中型。与城市距离较近，工业集中布局模式类型。这种布局模式为传统工业园区主要模式，主要优势是与城市的距离较近，交通方便，产业比较集中，形成规模化。功能布局多考虑配套商业功能，但对城市影响较大，发展空间不足。

（2）独立集中型。与城市相对独立，工业集中布局模式类型。这种布局模式与城市距离较远，对城市影响较小，功能以一种或集中产业为主，产业链短，配套居住等设施仍主要依托城市。

（3）包含集中型。城市内单一工业集中发展，多综合考虑科研办公等功能，与配套商业相结合，服务城市内部需求，或依托快速运输等方式实现快速生产。

（4）独立组团型。距离城市较远，空间形态为组团布局模式类型。独立组团型发展形态与城市新城发展形态相似，主要依托周边便利的交通设施对外发展，并配套有居住商业等设施。

（5）相邻分散型。围绕城市发展，形成多个片区。以服务城市为目的，外围产业包围中心城市发展，各片区产业专一，片区间链接不多。

（6）带型。带型工业园区一般受地形影响，在带状区域建设产业片区，园区产业种类较多，但产业链衔接不紧密。

工业园区典型布局模式示意图如图 5.21 所示。

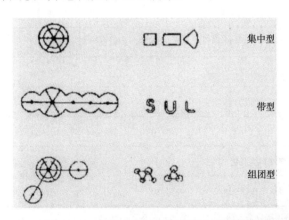

图 5.21　工业园区典型布局模式示意图

2. 山地特点及其工业开发特点分析

1）山地特点分析

山地是具有一定海拔和坡度的特殊自然-人文综合体，又可称为山地系统或山区系统。与平原相比，山地有一系列特殊的性状和特点，如能量（势能、动能、热能等）递变性、地表物质易地迁移性、山地环境的平面（水平方向）异质性、地表形态切割破碎性等原生属性，（自然地理要素）垂直分异性、山地环境脆弱性、生态位不饱和性等次生属性，以及边际性、难达性、封闭与冲突性等人文属性。山地地质环境复杂，其环境复杂程度划分见表 5.18。

表 5.18　丘陵山区地质环境复杂程度划分

判定因素		地质环境复杂程度		
		复杂	中等复杂	简单
地形地貌*	地形坡角/ (°)	>25	8~25	<8
地质灾害*	发育程度	规模大、隐患大	规模中等、单一	不发育
地层岩性	土层厚度/m	>15	8~15	<8
	岩层或土层差异	多元组合	二元组合	岩性单一
岩体结构与地质构造	岩体结构类型	软的碎裂、散体结构	较软-较硬薄—厚层状结构	坚硬厚层状—整体状结构
	断裂构造	可见断层,裂隙超过4组,间距小于0.3m	偶见断层或破碎带,有3~4组裂隙,间距多为0.3~1.0m	无断层,有0~2组裂隙,间距大于1.0m
	贯通性结构面与斜(边)坡关系	倾角>15°且外倾临空	倾角8°~15°且外倾临空 倾角>15°的切向临空 倾角>15°的顺向不临空	其他
	地震设防烈度	≥Ⅷ	Ⅶ	≤Ⅵ
水文及水文地质	地表水对岩土体的影响	大	中等	小
	地下水对岩土体的影响	大	中等	小
不良地质现象占用地面积比例 /%		>30	15~30	<15
破坏地质环境的人类活动	边坡高度/m 土质边坡	>15	8~15	<8
	岩质边坡	>30	10~30	<10
	洞顶围岩厚度与洞跨之比	<1	1~3	>3
	采空区占用地面积比例/%	>30	10~30	<10

* 为必选因子,地形平缓区块岩土体结构、地震设防烈度不作为影响因子。

在山区资源开发与生态保护及建设上,最值得关注的特点是山地生态环境的脆弱性。这里的脆弱性是指对干扰或内外力作用敏感,原来的性状,尤其是原有稳定状态易发生不稳定变化的属性。就其本质而言,山地环境的脆弱性是由不同方向、不同性质、不同大小的多种"力"的不平衡性所致。以一块岩石为例,当其位于平地上时,它主要受到自身重力和地心引力的作用,因为这两种力的方向相一致,所以它通常处于稳定状态;但当它处于斜坡上时,除了受到地心引力以外,还受到自身重力的斜向分力作用,这两种力的方向不同,坡越陡,则斜向分力作用就越大,相应地,岩石的不稳定性也就越高,如图 5.22 所示。

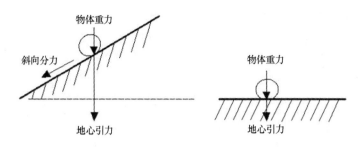

图 5.22　斜坡和平地上的物体稳定状态示意图

资料来源：钟祥浩. 2000. 山地学概论与中国山地研究. 成都：四川科学技术出版社.

余大富（1992）将山地生态环境脆弱性的基本含义归纳为两个方面：①山地生物资源对开发活动的承受力低，遭受破坏性活动后的再生恢复能力弱；②山地地质和土壤的抗扰动性差。这表明，山地生态环境脆弱性集中表现为山地土壤-植物系统的脆弱性。在大多数情况下，山地土壤即坡地土壤。坡地土壤在其下滑势能与雨滴动能、径流冲刷力和地质力等多种"力"的综合作用下，通常具有很大的侵蚀和石化、沙化、"幼年化"等退化危险性；而坡麓或谷地、台地、凹地土壤则极易遭受斜坡和上游迁移而来的碎屑物质、石砾、泥沙的掩埋，从而使土壤肥力降低，植物立地条件或农业生产条件恶劣化。山区坡地的土壤侵蚀和坡底（谷地、低洼地）的掩埋作用正是山地生态环境先天脆弱性的集中反映。正由于山地生态环境的先天脆弱性，人类对山地的各种开发活动（如耕作、修路、开渠、垦荒、砍伐木材等）稍有不当，就会加剧原本就已很脆弱的山地生态系统的不稳定性，形成山地生态环境的后天脆弱性。

从现实来看，在山地地区，自然生态环境的脆弱性还决定了山区经济支撑系统的脆弱性。首先，山区经济通常主要是农业生产经济，建立在脆弱生态环境背景之上的农业生产活动必然是不稳定的。其次，在脆弱生态环境下，生产力往往低下，环境恢复能力和生物资源再生能力弱，要提高环境恢复能力和生物生产力，需要比平原区更大的外部投入（包括资金、物质、能量等），而依赖于大量外部投入的经济系统常常是很脆弱的。此外，就大多数山区而言，其经济社会的突出特点是贫穷、落后，不少山区（尤其是生态退化区、高寒山区等）还非常贫困，其采用的发展途径主要是强化资源开发，于是陷入了"贫穷—环境资源退化—贫穷"（或通常所说的"越垦越穷，越穷越垦"）的恶性循环中，使整个山地生态-经济-社会系统表现出巨大的脆弱性。

2）山地工业园区建设特点

（1）山地工业园区建设的有利条件。①形成适合山地地形的生产工艺流程。可以利用山地的地形条件，构筑适宜在坡地上建设的工业企业的生产工艺流程，满足工业企业之间在生产上的联系和协作。②形成良好的环境卫生隔离和防护。可以将山地地形作为防护隔离体，隔离污染源，以及使各功能区之间保持一定距离，达到环境使用要求。同时也可以利用山地的斜坡和山头种植树木花草，规划建设绿地等措施，形成多层次、立体的绿化环境卫生条件。③形成富于变化的形象与特色。地形的复杂多变虽然会给工业园区的建筑布局与设计带来诸多不便，但如果处理得好，反而能使建筑布局与环境密切结合,并能创造出变化万千的设计手法和建筑形象与特色。④节省投资、节约用地。首先,虽然山地建设的室外工程、道路建设投资较高,但是其地价却相对较低,可以节约大量投资。其次,通过合理利用地形,在山地还能获得比平地更高的土地利用率,增加建筑面积。

　　(2)山地工业开发不利条件。①山地工业开发成本高。山地工业园区有别于平原工业园区的主要特点是地形复杂,有由高度、坡度和小气候引起的各种变化,其建设投资费用普遍比平地工业园区高,如基建费用的投资一般要增加15%~30%。而且,山地工业园区坡地阻隔、地形起伏,增加了交通联系的复杂性和难度。不同坡度用地条件下的土石方量比较表见表5.19。山地地形地貌复杂,类型多样,包括相对平缓的山丘顶部、脊部或山腰台地,多级阶地与台地,中、深丘陵,底部平坦或微倾的山间盆地与谷地等,其复杂地形大大提高了交通基础设施的施工难度与建设成本(图5.23和图5.24)。②地质灾害易发、生态脆弱、交通承载力基础弱。由于地形地貌条件复杂多变,同时地质灾害频发,由地质灾害引起的交通线路破坏是山地工业园区交通可达性不高的重要原因之一。除地震以外,山体滑坡、塌方、泥石流、山洪等灾害在山地非常普遍。防灾减灾要求极大地提高了交通基础的施工成本和管护成本,直接影响山地高等级交通基础设施的投资建设。生态环境脆弱是云南省主要生态特点之一。工业园区建设中需要考虑山地生态脆弱性问题,对于坡度超过25°以上的地区,不能建城镇工业区。这样既能保护生态环境,还能降低新建城区受自然灾害的威胁。③交通承载力基础弱。交通可达性差是山地工业园区发展的首要制约条件,由于用地条件及建设成本的制约,山地工业园区的进园道路大多只有一条,并且密度也很局限,因此,对于山地工业园区来说,道路交通是一个很大的瓶颈。

表 5.19　不同坡度用地条件下的土石方量比较表

项目名称	平地	5%~10%	10%~15%	15%~20%
每公顷土石方量/m³	2000~4000	4000~6000	6000~8000	8000~10000
建筑物占地面积上的土石方工程量/(m³/m²)	2~4	3~4	4~8	8~10

 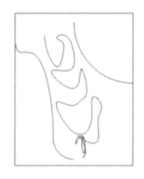

图 5.23　平原城市与山地城市"轴"形态区别

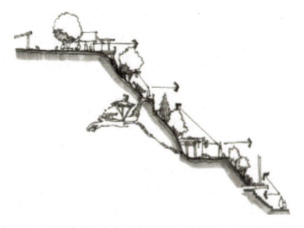

图 5.24 山地城市竖向台地空间变化示意图——重庆人民公园

3）传统工业园区山地不适应性分析

（1）园区企业的不确定。许多山地工业园区开发属于多功能综合开发，在区内要建设不同门类、不同规模的项目工程。同时，区内的若干建设项目往往隶属于不同的系统和业主，企业结构以中小型企业居多，投资项目具有一定的不确定性。产业结构以第二产业为主体，第三产业所占比例正逐渐增大。从企业性质看，资金密集型、效益密集型和技术密集型工业企业所占比例较大。

（2）布局区位的不适应。传统工业园区多数布置在平坝或平原点，一般处于城市内部或独立建设。临近机场、港口、高速公路等，交通基础条件较好，居住等配套设施也可依靠城市解决。而山地工业园区多数距离城市有一定距离，交通条件较差，配套需要逐步完善。此类型区域相对于坝区来说，经济区位条件较差，在布局时需要充分考虑区位条件差形成的限制。

（3）布置形式的不适应。传统工业园区为了便于产业之间的联系、合作，形成的工业规划通常采取集中布局的形式，在共享资源的同时也有利于整体环境景观及企业形象展示，而山地工业园区由于地形条件的限制，更适合采用整体分散、局部集中的布局形式（图 5.25 和图 5.26）。

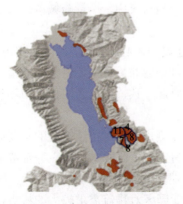

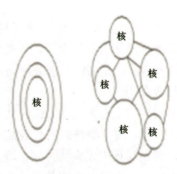

图 5.25 大理市低丘缓坡项目区空间分布图　　图 5.26 平原城市与山地城市中核的比较

（4）功能配套的不适应。为了节省成本、共享资源，传统工业园内居住、商业、医疗、教育等功能配套或者集中布置，形成完善的服务系统，或者与城区共享，而山地工业园区由于用地条件及成本的控制，其用地规模所占比例将适当减少，且更适宜依山体地形分散布置。

（5）产业组合形式的不适应。传统工业园区提供给企业的用地规模单一，其内部产业要么性质单一，为同一企业，要么为了形成规模大量重复组合，而山地工业园区可提供给企业的用地规模不统一，园区内的产业布局也将以自然地形可以形成的用地规模来确定产业类型，即产业类型受用地规模限制。

（6）关注重点的不适应。传统工业园区在布局上更注重整体规模的形成，以及是否有便利的交通条件和配套设施，而山地工业园区则更注重生态环境的保护、地质灾害的防治、工程措施实施的可行性、竖向规划的形成和交通的通达性。

（7）山地开发和生态环境保护的矛盾。相对于平原地区而言，山地环境在气候、地形、土壤、植被等方面具有特殊性，生态敏感性更强，对生态系统变动做出的反应比平地要大得多。山地生态敏感性主要体现为整体性和联动性。整体性就是人与山地环境的"共生"关系，人为的开发建设对生态系统有很大的影响。联动性就是各个要素组成了互动的生态链。地质、土壤、气候、水文、植被、生物各要素之间互为联系、缺一不可，人为改变其中的要素就会牵动整个系统。山地开发中要谨慎动土、保护植被，合理利用原有的地形地貌，保证生态环境的可持续发展。

（8）工业园区综合功能的渐进实现过程。工业园区是城市空间和功能的组成部分，城市与工业园区是整体与局部的关系。当城市发展到一定阶段后便开始分化相应的功能区域，工业园区作为城市的功能组成应该与城市的功能分区相协调。大城市的工业区与主城区相对独立，往往具有综合功能，是集生产、居住、服务、商贸等功能于一体的综合园区。规划中应综合考虑山地工业园区综合功能的渐进实现过程。

4）工业园区布局应处理好几个关系

（1）园区与城市的关系。重点协调产业、城市、园区的和谐发展。园区建设依托产业，产业开拓要充分依托已有城市设施和功能，合理确定禁止及限制产业开发的生态敏感区。园区公共服务配套设施及商业服务中心应相对集中，尽量与城市、城镇一体化协调规划。

（2）园区与产业的关系。产业是园区规划建设的核心和主体，园区以实现产业聚集，提高产业整体经济效益为主旨，一是参与大区域产业布局分工，避免产业雷同、重复建设、恶性竞争；二是园区功能分区与产业布局协调一致，产业之间相互循环相连、废弃物综合回收利用。

（3）园区与生态的关系。保证良好的生态环境是园区可持续发展的重要条件。加强对水体、大气、废弃物排放的有效监管，企业的生产效益成本核算应综合考虑其生态环境成本，强调流程中废弃物控制，逐步改变末端排放控制观念。

（4）园区与交通组织的关系。充分考虑工业园区对物流需求较大的特点，建立快捷高效的交通道路体系及主干道、次干道和支路的道路层次，强化主干道的规范性，同时以产业、入驻项目要求考虑次支路网的灵活性。

（5）园区与水资源综合利用的关系。按照产业及项目用水需求进行科学预测，充分考虑以水定产业，建立稳定的水资源保障供给体系，推行企业清洁生产，降低单位产值（产品）的耗水量；鼓励一水多用和水的循环利用，提高水的重复利用率，建设污水处理和中水处理系统。

（6）园区与土地利用的关系。园区土地利用与项目规模衔接，强化土地集约利用和价值及单位土地投入产出比，考虑入园项目对土地效益的影响，制定入园项目的标准条件，使土地效益最大化。

3. 山地环境下的工业园区空间布局特征

以上布局要点适用于地形平坦的平原地区，而在我国广大的山地地区，由于地形起伏不平，不同的地理区位、气候、地形、地质、水文、植物、动物等的组合，形成了不同区域的山地景观与环境。复杂的地形使得企业群落的空间布局不能像平原地区一样集中成片布置，而只能采取依山就势、顺应地形的灵活分散格局。这种布局方式会对企业的连续生产和企业间的协作造成诸多不便，运输线路的增长也使得副产品和废弃物的交换利用变得更加困难。山地工业园区布局除了考虑以上布局要点以外，还需要从建设运行的经济性、安全性和高效性角度考虑地形、风与局部气候、山地自然灾害这 3 个主要因素。

1）生产特点与地形结合

地形是显示山地形态的重要因素，也是构成山地形态的基底。地形不仅对山地工业园区的空间布局有直接的影响，而且与工业企业类型、道路的选择、道路工程和给排水市政设施的布置及开发建设的使用性与经济性都有密切的联系（表 5.20）。

表 5.20　工业场地地形分析

地形分类		占国土面积比例/%	地形坡度/%	企业类型
高山		33	≥30	森林、矿山、冶金、燃料等中小企业
丘陵山地	大坡地	10	10～30	机械、动力、轻工、化工、炼油、冶金、矿山等大、中、小型企业
	缓坡地 台地 丘陵地		5～10	
	盆地		5～30	
其他（江、河、湖、渠）		26		水、电、造船、航运
平原		12	1～5	各种大、中、小型企业
海滩			3～10	滨海工业
领海				大陆架开发

在处理地形与工业生产关系时，既要考虑产业链的合理和完整，又要利用地形，适当改造地形，使其与生产要求相适应，不可只顾生产，不考虑地形而采取"大削大填"

等破坏自然地形的方式，更不可盲目占用农田平地，也不可过分迁就地形，将企业群散乱、零星布置，阻碍企业间的协作与交换。

充分挖掘复杂地形中对生态工业园区建设有利的因素，尽量避免不利的因素。例如，场地坡度较大时不利于建筑的布置，但是却有利于场地的排洪和排水；较大的高差也适合企业利用自落或升华原理来组织工艺流程，省去平原地区来回输送之苦。利用地形的手法各式各样，应注意地形坡度的变化，分别采取相应的布置手法。例如，当坡度平缓时，采取企业的产业链与顺地形等高线的布置手法，可节省运输费用；当坡度较大时，可应用平行等高线分台布置的手法加以利用，最大限度地利用坡地空间。

2）避免风与局部气流的影响

气候对工业布局的影响主要表现为风将大气污染物沿一定方向输送到下风地带。受影响的范围总是位于风的下风向。山地工业园区布局一方面受区域季候风的影响，同时复杂的地理环境也会给山谷风、上下坡风、过山气流等局部小气候带来影响。这里我们将风分为季候风和局部气流来具体分析它们对工业布局的影响。

（1）季候风。在城市规划中，我们依据风玫瑰来判断风向和风频。根据风对大气污染物的输送特点，我们一般将工业布置在城市的下风向。但是我国大部分地区季风盛行，许多城市在夏、冬两季分别具有不同的盛行风向，甚至在同一地区出现两个风频相当、风向大致相反的盛行季风。鉴于此，有些研究将风向、最小风频和风向旋转方向作为考虑影响工业布局的主要因素，其主要做法如下。①全年盛行季风风向只有一个，且最小风频与盛行风向呈相对或大致呈直角，其工业、居住用地可按最小风频原则配置，工业用地位于最小风频的上风侧，居住用地位于最小风频的下风侧，其他（如运输系统、行政管理等）居于其间，如图5.27a所示。②若全年具有两个相反呈180°的盛行风向，各功能用地可沿盛行风向两侧配置，盛行风向具有季节旋转性质或最小风频与其大致呈90°时，工业可配置在风向旋转的对侧或最小风频的上风侧，如图5.27b所示。③若全年两个盛行风向呈90°或45°夹角，工业应位于夹角的外侧，居住区则位于夹角内侧，如图5.27c所示。④若全年两个盛行风向呈135°夹角，一般可按夹角内外侧的原则来配置各功能用地。当盛行风具有季节旋转性质或最小风频与其有角度时，工业可配置在风向旋转的对侧或最小风频的上风侧，如图5.28所示。

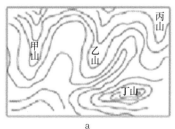 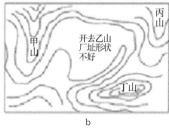 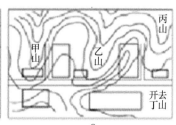

图5.27 山地地形改造示意图

资料来源：廖祖裔，吴迪慎，雷春浓，等.1982.工业建设总平面设计.北京：中国建设工业出版社.

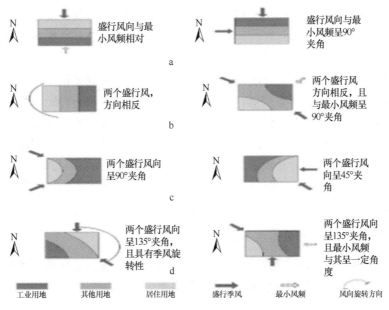

图 5.28 风向与工业、居住关系分析

山地地形地表的差异会造成地表热力性质的不均匀性，往往形成局部气流，其水平范围一般在几千米至几十千米，局部气流对当地的大气污染起显著作用。

（2）局部气流。山地最常见的局部气流有山谷风和过山气流。①山谷风：在山谷风地区，由于局部性加热、冷却的差异，白天气流顺坡、顺谷上升形成上坡风和山风，晚间气流顺坡、顺谷而下形成下坡风和谷风。污染物大部分是白天由谷风带入沟内，同时由上坡风输送到高空。夜间污染物由山风带出沟外。②过山气流：过山气流产生的波动是山地一种动力学现象，特别是在大风条件下，气流又与山脊的交角近于垂直时，则在背风坡产生的波动更为显著，其表现是过山气流下沉，并在背风坡形成一个涡风区。山地工业园区需要注意避免在涡风区布置建筑，如图 5.29 所示。

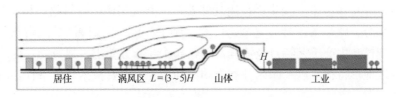

图 5.29 涡风区产生示意图

4. 低丘缓坡山地工业园区的空间布局研究

1）基本布局类型

通过分析传统工业园区布局模式和总结山地工业园的特征，提出以下山地工业园区布局模式。

（1）组团式布置。由于山地用地具有复杂性，并且被自然的山丘、河流、森林所分割，山地工业园区无法集中布局、大规模形成，其发展势必向组团式发展推进。在山地规划建设中将破除以前简单的"三通一平"的传统观念，倡导保护环境、尊重自然，杜绝大挖、大开，形成山、水、城、林有机结合的新型工业园区，突出有特色的山地小田园风光。

（2）配套功能适中配置，分散布局。适当的配套设施在满足基本需求的同时，对山地建设用地的规模及形态要求较低，在建设过程中尊重自然。同时配套设施的分散布局也能服务山地工业园区各个功能片区，并且有利于山地生态景观的形成。

（3）产业性质少量复合。山地工业园区可提供的单个企业的用地规模不统一，可以将各类用地规划需求不一的企业组合布置，形成少量复合的组合形式，这种产业布局模式依据自然形态而建，与山地结合为一体，减少了山地景观生态的破坏和土石方量的开挖，对山地建设尤为适合。

2）山地工业园区的建筑布置形式

山地工业园区的总体布置方式按照工业企业生产工艺流程的组织和特点、建筑物的体量大小和建筑群的栋数、场地的地形特征等条件，一般的布置方式有街区式、台阶式、成片式、自由式等。

（1）街区式布置。街区式布置根据工业企业生产工艺流程的组织和特点，结合场地条件合理进行区划。在此基础上，合理地进行建、构筑物的组合和道路网规划，并在由四周道路环绕的街区内，成组布置相应建筑物构筑物及装置。这种布置方式适合山地工业园区建筑物、构筑物数量较多，地形平坦又呈矩形的场地。它具有利于组织生产、布置交通运输线路、铺设管线和有效组织园区建筑群体的特点。如果街区组织得当，它可使总体布置紧凑、用地节约、运输及管网短捷、建筑布置井然有序、环境开朗明快。如果不顾地形条件和场地形状，强求矩形分区，那就会增加大量土石方工程和浪费用地，从而影响建设造价及经营费。

（2）台阶式布置。台阶式布置在具有一定坡度的场地上，为了保证生产和有效利用地形，常将园区纵轴平行于等高线布置，并在园区内顺应等高线划分若干条区带，区带间形成台阶，在每条区带上按生产使用功能要求，布置相应的建筑物、构筑物及设施。园区的区带划分，即每条区带的宽窄、长度、台阶高度，以及园区的区带条数，随工业企业性质、规模，生产工艺特点及流程，运输和管线布置要求，建筑物、构筑物的体量和组合，场地地形特征，以及园区外条件的不同而异。这要根据具体条件，因地制宜地进行区划和布置。

（3）成片式布置。成片式布置是以成片工业建筑（联合工业建筑）为主体建筑，在主体建筑附近的适当位置，根据生产使用要求和建筑群的空间规划格局，布置相应的体量较小的辅助性建筑。这种布置方式是适应现代工业生产的连续化、内部化、自动控制要求，大量采用联合工业建筑而逐渐兴起的，我国以往在纺织厂采用得较多。现在，国内外的现代化工业企业多采用这种方式布置。它在适应现代化生产、提高建筑的经济性、有效节约用地、便于生产管理等方面都具有良好效果，并使整个建筑群体主从分明，富有表现力。但采用成片式布置，要求场地地形平坦；在地形变化较大的场地，场地开拓费用却十分昂贵，一般不宜采用这种布置方式。成片工业建筑内部容许有高差时，它对地形变化的适应范围就会更大些。

（4）自由式布置。对于某些规模较小的工业企业，如果它的生产连续性要求不高，或生产运输线路可以灵活组织，这类工业企业若在地形复杂地区进行建设，为了充分利用地形，可依山就势开拓工业场地，采取灵活布置的方式。这种布置方式无一定格局，可因地制宜加以处理，最适宜山地小型企业。在布置中还是应该坚持合理紧凑的原则，否则在生产上、技术上、使用上都会造成不良影响。

3）山地工业园区的用地控制

山地工业园区的用地控制包括交通控制、地块控制、生态控制与时间控制，山地工业园区规划控制方法如图 5.30 所示。

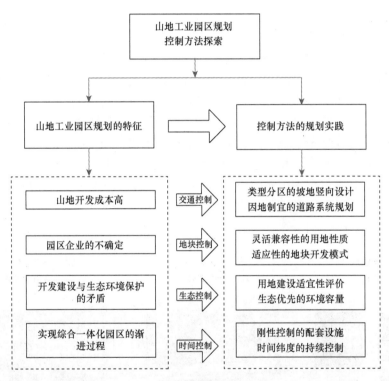

图 5.30　山地工业园区规划控制方法

（1）交通控制。地形与地质条件、地面坡度与高程对道路网的规划起着至关重要的作用。合理的道路网布局和竖向设计可以有效地减少挖填方量，是降低山地开发成本的有效途径之一。同时可以减小对自然地形、生态环境的破坏程度，降低事故发生频率，提升道路两侧的景观效果。

（2）地块控制。

a. 灵活的兼容性

规划在实施过程中，其预测的准确性随规划年限的增加而趋向模糊。在考虑可操作性的前提下，应尽量留出弹性空间，适应开发建设的需要，以便于动态开发和规划落实。弹性空间首先表现为用地性质的兼容。山地工业园区的规划建设由其管理层指导和落实，运营方式是先通过前期基础设施建设吸引项目，但在吸引什么类型的项目上却带有很大的盲目性，因此，产业园规划充分考虑各类用地的兼容性。例如，工业与仓储用地的兼容，就是因为工业企业类型及规模不确定，无法估计其需要仓储用地的数量，宜采用集中与分散相结合的方式，一方面在利于物流配送的区域集中规划仓储用地，另一方面对部分地块考虑工业用地对专用仓储的要求，进行一定比例的兼容。除此以外，还可以考虑居住用地与商业用地的兼容、道路用地与绿带的兼容、市政公共设施用地与公共绿地的兼容等。

除了用地性质的兼容，还要考虑市政设施的兼容，如绿带与高压走廊的兼容。绿带系统结合这类线路走廊布置，对于绿带宽度符合高压走廊控制宽度的都可以作为高压走廊的备选线路，以适应电力设施在空间上可能发生的变化，从而保证山地工业园区电力系统的建设。

b. 地块开发模式的适应性

由于建设项目不确定，工业用地地块划分过小满足不了大型企业需要；地块过大又会造成企业用地无法全部利用。工业用地地块应该具有灵活性，适应多种规模、类型的工业企业。山地工业园区地块开发有基本单元模式和弹性道路模式。

根据工业厂房的特点及生产车间、仓库、办公、科研和辅助用房的功能需求，单个厂房的建筑面积以 150m×100m 左右的标准地块最为适宜，也就是在 1.1～1.8hm^2。以建筑密度 30%～40%计算，基本单元的厂区面积为 3.5hm^2（50 亩）左右。基本单元具有可组合性和延展性，通过地块单元的合并，以适应大、中、小不同规模的厂区。小型厂区用基本单元（50 亩）即可满足功能需要，中型厂区由两个基本单元组合，大型厂区由 4 个基本单元组合（图 5.31）。

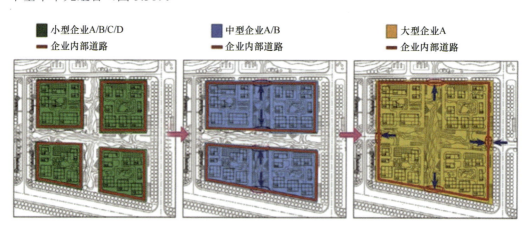

图 5.31　基本单元组合图示

（3）生态控制。

a. 网络状的生态格局

产业园区的生态敏感性适宜度评价是控制用地布局的重要依据。在此指导下，规划保留了植被好、坡度较大的部分山体，控制出组团间的生态廊道，结合规划过境的铁路、高速公路线两侧的防护绿地，形成网络状的生态格局。

b. 生态优先的环境容量

环境容量是为了保证工业园区良好的环境质量，对建设用地能够容纳的建设量和人口聚集量做出规定。山地工业园区内的建筑密度和容积率往往控制上限。但对于山地工业园而言，一方面，因生态环境的保护要求，需要保留部分山体绿地；另一方面，因其开发建设的高成本，也应保证一定的开发建设量下限，以实现可操作性。

（4）时间控制。

a. 刚性控制的配套设施

众多山地工业园区开发案例表明，园区配套设施起着举足轻重的作用。完善的配套设施可代表良好的政府服务行为，可在一定程度上弥补区位条件的不足，营造良好的投资环境。山地产业园区因其开发建设的高成本，配套设施难以一步到位建设完成，规划中应明确建设要求，以"统一规划，统一设计，集中配套，分块实施"为开发建设原则。

b. 开发策略的时序引导

依据国内外山地工业园区的开发建设经验，首期开发年限一般为 3～5 年，最佳开发规模为 3～5km²。规划利用 GIS 技术对现状用地的建设适应性进行评价，划分开发难易度不同的区域。其中开发难易度评级为一级和二级的用地考虑为首期开发，再综合考虑交通区位优势和用地开发规模等因素确定首期开发用地。以控制开发成本为原则，合理引导园区开发时序。

5.3　低丘缓坡山地工业用地标准制定技术研究

5.3.1　现有相关标准分析

为了认真贯彻落实节约资源的基本国策，促进建设用地的集约利用和优化配置，提高工业项目建设用地的管理水平，国土资源部于 2004 年发布了《工业项目建设用地控制指标（试行）》，2008 年修订形成了《工业项目建设用地控制指标》，广东省、深圳市、上海市等经济快速发展区域在落实国家产业用地标准的基础上，结合地方产业发展特点制定了地方产业用地标准。

1. 国家标准

1）工业项目建设用地控制指标标准

《工业项目建设用地控制指标》（简称《08 国标》）是在 2004 版《工业项目建设用地控制指标（试行）》的基础上进行修订的，其投资强度、容积率比 2004 版都有所提高，而且对绿地率设定了控制指标。标准中明确规定该控制指标是对一个工业项目（或单项工程）及其配套工程在土地利用上进行控制的标准，适用于新建工业项目，改建、扩建工业项目可参照其执行，而且该控制指标是核定工业项目用地规模的重要标准，是编制工业项目用地有关法律文书、工业项目初步设计文件和可行性研究报告等的重要依据，是对工业项目建设情况进行检查验收和违约责任追究的重要尺度。工业项目所属行业已有国家颁布的有关工程项目建设用地指标的，应同时满足本控制指标和有关工程项目建设用地指标要求。

控制指标标准通过投资强度、容积率、建筑系数、行政办公及生活服务设施用地所占比重、绿地率 5 项指标对工业项目建设用地进行控制。将全国土地等别划分为十五等，根据各土地等别规定不同的投资强度，又根据《国民经济行业分类》（GB/T 4754—2017）中制造业部分的行业大类，规定不同的容积率指标，同时规定工业项目的建筑系数应不低于 30%；工业项目所需行政办公及生活服务设施用地面积不得超过工业项目总用地面积的 7%，严禁在工业项目用地范围内建造成套住宅、专家楼、宾馆、招待所和培训中心等非生产性配套设施；一般不得在工业企业内部安排绿地，但因生产工艺等特殊要求需要安排一定比例绿地的，绿地率不得超过 20%。

2）城市用地分类与规划建设用地标准

《城市用地分类与规划建设用地标准》（GB 50137—2011）是由住房和城乡建设部与国家质量监督检验检疫总局联合发布的，于 2012 年开始施行，标准适用于城市（镇）总体规划和控制性详细规划的编制，主要由城乡用地分类体系、城市建设用地分类体系和规划建设用地标准构成，规划建设用地标准包括规划人均城市建设用地标准、规划人均单项城市建设用地标准和规划城市建设用地结构 3 个部分。其中标准规定规划人均居住用地面积按不同气候区分为 28～38m²/人和 23～36m²/人，规划人均公共管理与公共服务用地面积不应小于 5.5m²/人，规划人均交通设施用地面积不应小于 12m²/人，规划人均绿地面积不应小于 10m²/人；此外，还对居住用地、公共管理与公共服务用地、工业用地、交通设施用地和绿地五大类主要用地规划占城市建设用地的比例进行了规定，规定居住用地占比为 25%～40%，公共管理与公共服务用地占比为 5%～8%，工业用地占比为 15%～30%，交通设施用地占比为 10%～30%，绿地占比为 10%～15%。工矿城市、风景旅游城市和其他具有特殊情况的城市可根据实际情况具体确定。

2. 地方标准

浙江省最早于 2003 年制订了《浙江省工业项目建设用地控制指标》。2004 年试行国标出台后，上海市、河南省、山东省、广东省、辽宁省、湖北省、青岛市、深圳市、成都市、江苏省等陆续制订了地方标准。2008 年国标正式发布后，福建省、天津市、江西省、北京市和广州市等也首次制定了地方标准。2008～2016 年广州市、深圳市、广西壮族自治区、成都市、安徽省、江西省、上海市、福建省、陕西省和浙江省相继制定或修订了本地区的建设用地标准，提升了工业项目建设用地的用地强度。

1）浙江省工业项目建设用地控制指标

浙江省较早地制定了工业用地控制指标标准，2003 年 9 月制定了《浙江省工业项目建设用地控制指标》，2007 年进行了第一次修订，2014 年对其进行了第二次修订，发布实施《浙江省工业等项目建设用地控制指标（2014）》，标准包括浙江省工业项目、仓储类项目、标准厂房与研发总部类项目建设用地控制指标。工业项目建设用地控制指标由固定资产投资强度、容积率、行政办公及生活服务设施比例、建筑系数、绿地率、土地产出（单位面积主营业收入）和土地税收（单位面积上缴税金）7 个指标构成，并且必须同时符合 7 项控制指标标准。此外，针对投资强度、土地产出和土地税收 3 个指标设置了控制指标等别修正系数表，详见表 5.21。

表 5.21　浙江省工业建设项目控制指标等别修正系数

等别	包括的市、县（区）	修正系数
一	杭州市区、宁波市区、温州市区	1
二	绍兴市区、嘉兴市区、台州市区、湖州市区、舟山市区、金华市区、绍兴市、义乌市、海宁市、玉环市、桐乡市、嘉善县、余姚市、慈溪市、上虞区、平湖市、富阳区、温岭市、诸暨市、临安区、乐清市、东阳市、瑞安市	0.9
三	洞头区、临海市、平阳县、长兴县、安吉县、浦江县、岱山县、衢州市区、丽水市区、海盐县、永康市、新昌县、嵊泗县、德清县、桐庐县、建德市、象山县、奉化区、宁海县、兰溪市、嵊州市	0.8
四	江山市、龙泉市、苍南县、永嘉县、武义县、淳安县、云和县、龙游县、天台县、遂昌县、仙居县、常山县、磐安县、缙云县、三门县、开化县、松阳县、景宁畲族自治县、青田县、庆元县、泰顺县、文成县	0.7

2）上海市产业用地指南

上海市 2004 年制定了《上海产业用地指南（2004 版）》，2006 年对其进行了第一次修订，2008 年对其进行了第二次修订，2012 年对其进行了第三次修订，2016 年对其进行了第四次修订，有《上海产业用地指南（2016 版）》。该指南主要对工业项目的容积率、固定资产投资强度、土地产出率、土地税收产出率、建筑系数、行政办公及生活服务设施用地所占比重、绿地率 7 项控制指标的标准进行规定。其中对容积率设置均值、控制值、推荐值和调整值；对固定资产投资强度设置均值和控制值；对土地产出率和土地税收产出率设置了均值、控制值、推荐值和调整值；建筑系数规定一般不低于 35%；绿地率一般不超过 15%；行政办公及生活服务设施用地所占比重不超过 7%。均值是反映本市规模以上工业的平均用地水平，主要用于对企业或地区产业发展水平进行评估；控制值体现政府对工业土地利用效率的最低要求，主要用于确定产业项目准入评估的最低标准；推荐值是在控制值的基础上，考虑工业用地的节约集约潜力和产业导向等因素设定的，体现政府对工业用地水平和产业发展的指导性要求；调整值是从评估土地利用效率的角度设定的参考性标准。

3）深圳市工业项目建设用地控制标准

深圳市 2006 年发布实施《深圳市工业项目建设用地控制标准》，2009 年对其进行了第一次修订，2012 年对其进行了第二次修订，修订后该标准遵循"区别对待、分类指导、突出重点"的原则，对产业用地实施分类供应，控制指标主要由投资强度、土地产出率、产值能耗、容积率、地均纳税额、成长率和土地弹性出让年限 7 项指标构成。其中建筑系数、行政办公及生活服务设施用地面积所占比重、绿地率 3 项指标执行国土资源部《工业项目建设用地控制指标（2008）》，不列入本标准。对投资强度、容积率、土地产出率、地均纳税额按一类和二类地区分行业设置下限值，对产值能耗设置上限值，对土地弹性出让年限按短期出让和长期出让两种类型分别设置不同年限。此外，该标准的工业行业中还增加了国标中缺少的战略性新兴产业，使控制标准更具有适用性。

4）广州市产业用地指南

广州市 2009 年制定《广州市产业用地指南》，2012 年对其进行了修订，《广州市产业用地指南（2012 版）》根据国家政策要求，结合广州市产业用地的实际情况，规定工业项目用地标准由容积率、投资强度、用地指标、建筑系数、绿地率、行政办公及生活服务设施用地比例、土地产出率、产值能耗、科技率构成。其中容积率、投资强度、建筑系数、绿地率、行政办公及生活服务设施用地比例为准入指标；土地产出率、产值能耗、科技率为后评估指标。投资强度、容积率和土地产出率按行业小类分为都会区和外围区域设置，用地指标根据行业小类分为产业规模、都会区和外围区域两级设置，建筑系数、绿地率、行政办公及生活服务设施用地比例，采用与国家标准一致的通则性标准。

5）广西壮族自治区工业项目建设用地控制指标（试行）

2010 年广西壮族自治区结合自身情况制定了《广西壮族自治区建设用地控制指标（试行）》，工业项目建设用地控制指标由投资强度、容积率、建筑系数、绿地率和行政办公及生活服务设施用地比例 5 项指标构成。根据城市等别划分，广西壮族自治区土地属于五等到十五等之间，在此基础上又分为六类别；投资强度按照六类别分行业设置控制下限，指标值总体上与国家标准一致，部分行业的控制下限低于国家规定的下限值；建筑系数也按照不同行业设置了控制下限，分为 30% 和 35% 两个级别，部分行业的指标控制下限在国家标准的基础上有所提高；未对其他控制指标作调整，按照国家现行标准执行。

6）成都市工业项目建设用地投资强度控制指标

成都市政府根据国家政策要求，制定了《成都市工业项目建设用地投资强度控制指标（2007 年修订）》，2010 年对其进行了修订，《成都市工业项目建设用地投资强度控制指标（2010 版）》结合成都市工业发展和城市建设实际，对全市的工业项目投资强度控制指标进行了规定。标准将成都市分为 3 个圈层，并将工业行业划分为 30 个大类，136 个中类，各行业按种类分不同圈层分别设置控制指标下限，还规定一圈层内除成都高新区以外，原则上不再新上生产性工业项目，对确需进入的与园区总部经济相关联的无污染、高技术类生产项目，经市政府相关部门确认同意后，项目投资强度控制指标按二圈层相同行业控制指标上浮 30% 执行。

7）北京市城市建设节约用地标准（试行）

北京市为了将节约集约用地的要求落实在政府部门决策和各项建设中，其结合实际情况制定了部分城市建设用地的节约集约用地标准。标准涉及的建设用地包括居住工作用地、公共服务设施用地、市政交通设施用地 3 个部分，其中居住工作用地包括居住、工业、行政办公等用地。标准按照中心城地区、中心城外地区和轨道交通站点周边等不同区域分别制定相应的节地标准，工业用地的节地标准详见表 5.22。

表 5.22　北京市工业用地的节地标准

工业用地	节地标准					
	容积率		建筑密度	绿地率	行政办公及生活服务设施用地比例	
	中心城地区	中心城外地区			用地面积	建筑面积
	1.0～2.5	0.8～2.0	一般地区： 多层厂房≥40% 单层厂房≥50% 市级开发区：≥50% 国家级开发区：≥55%	≤15%	≤5%	≤10%
	高新技术产业用地的容积率，中心城地区一般为 1.5～3.5，中心城外地区一般为 1.0～2.5；当建筑物层高超过 8m 时，在计算容积率时，该层建筑面积加倍计算；工业（开发）区或集中连片工业用地的总体绿地率不应低于 30%（不含城市绿化隔离带）；对工艺流程或安全生产等有特殊要求项目的规划指标，可具体研究确定					

8）河南省工业项目建设用地控制指标

河南省结合省情实际，在对 2004 年控制标准进行调整的基础上编制了 2008 年标准，控制指标由投资强度、容积率、建筑系数、行政办公及生活服务设施用地所占比重、绿地率 5 项指标构成。其中投资强度指标按不同土地等别和行业大类分别设置指标下限，还规定落址在国家级开发区内的工业项目用地每公顷投资强度不得低于 2250 万元，落址在省级开发区内的不得低于 1800 万元；容积率控制指标按不同行业大类设置控制下限；行政办公及生活服务设施用地面积不得超过工业项目总用地面积的 5%；其他控制指标值按国家标准实施。

9）重庆市工业用地规划导则（试行）

2007 年重庆市由重庆市规划局组织编制《重庆市工业用地规划导则（试行）》，该导则适用于对工业用地规划编制和管理工作中普遍性的技术问题进行指导。导则规定了工业用地的规划标准，规定全市的工业用地占城市建设用地的比例控制在 15%～25%，人均工业用地控制在 10～25m²；容积率按一区（都市区及市级工业开发园区）和二区（全市除一区以外的其他区域）分行业设置下限，二区的指标值均比一区低 0.1；投资强度是在将全市分为七类地区的基础上分行业设置下限控制，第一类地区的指标值最高，第七类地区的指标值最低；建筑密度和绿地率按 5hm²、5～10hm²、10hm² 以上三级不同用地规模分别控制，建筑密度最低不得低于 35%，绿地率最高不得高于 30%。

10）江苏省建设用地指标

江苏省于 2006 年颁布《江苏省建设用地指标（2006 版）》，2010 年对其进行了第一次修订，2014 年对其进行了第二次修订，该建设用地指标建立了定额指标和控制指标相结合的指标框架。其中定额指标是对建设项目的用地规模进行规定，计算公式为：建设项目用地规模=设计生产或建设规模×单位用地指标×区域修正系数，区域修正系数按苏南、苏中、苏北三个地区分别设置；受地形、地貌、区位、用地结构协调度、产业集聚规模等因素的影响时，定额指标可做小于 5% 的微调。控制指标则包括投资强度、容积率、绿地率、建筑系数、行政办公及生活服务设施用地比例五项指标，各控制指标按照不同的工业行业分别设置控制指标值，总体上对容积率、建筑系数、投资强度采用下限控制，其余指标采用上限控制。

3. 借鉴与启示

通过国家和部分地区对工业用地控制标准的规定可以看出，该类控制标准指标体系由以投资强度、容积率、建筑系数等为核心的控制指标构成，而且在对控制指标值的设定上，国家标准从全国层面上提出，指标值通常是全国范围内的最低值，在一定程度上可以起到约束作用，各省（市）也可以在国家标准的基础上，根据工业用地的实际情况和经济发展水平进行调整。

5.3.2　区域等别划分及重点工业行业甄别

1. 现有区域划分类型

1）云南省主体功能区规划

遵循国家发展和改革委员会关于主体功能区区划的指导意见和地理区划基本理论，根据云南省综合地理环境复杂多样的客观实际，将云南省的主体功能区划分为 4 个类型：优化开发类型、重点开发类型、限制开发类型和禁止开发类型（表 5.23）。优化开发类型区主要包括昆明市、红塔区、楚雄市、麒麟区、个旧市、蒙自县和大理市。该区域国土开发密度较高，是云南省发展水平最高、继续开发前景最好的区域，但该区域资源环境承载能力开始减弱，尤其是区内缺水问题突出。其占云南省国土面积的 3.66%，GDP 占云南省 GDP 的 39.8%，人口占云南省总人口的 13.66%，人均 GDP 为 26049 元，地均 GDP 为 1106 万元/km²，人口城镇化率为 49.15%。关于重点开发类型区，该区域资源环境承载能力较强、集聚经济和人口条件较好，承载着支柱产业的发展、城镇化建设和基础设施的进一步完善等任务。其占云南省国土面积的 54.77%，占云南省 GDP 的 44.04%，占云南省总人口的 53.55%，人均 GDP 为 7351 元，地均 GDP 为 78 万元/km²，人口城镇化率为 13.61%。根据各重点开发类型区的自身特点，可以将其分为全面重点开发区、工业化重点开发区、城镇化重点开发区、生态农业资源重点开发区、水力资源重点开发区、矿产资源重点开发区和旅游资源重点开发区 7 种具体类型。

2）土地利用总体规划区域划分

根据土地资源的地域分异规律，以各州（市、县、区）土地利用现状和土地资源的适宜性为基础，结合经济社会发展状况的差异，根据土地利用条件、利用方式、利用方向和管理措施的相似性和差异性，将云南省划分为 6 个土地利用综合区，即滇中区、滇东北区、滇东南区、滇西区、滇西北区、滇西南区。滇中区位于云南省中部，包括昆明市、玉溪市、楚雄州、曲靖市。土地总面积为 932.94 万 hm²（13994.1 万亩），占全省土地面积的 24.35%。滇东北区位于云南省东北部，地处滇、川、黔三省结合部，包括昭通市。土地总面积为 224.3 万 hm²（3364.5 万亩），占全省土地面积的 5.85%。滇东南区

表 5.23　云南省主体功能区划分

主体功能区		所辖市（县、区）
优化开发类型区		昆明市、红塔区、楚雄市、麒麟区、个旧市、蒙自市、大理市
重点开发类型区	全面重点开发区	呈贡区、昭阳区、弥勒市、开远市、石屏县、建水县、文山市、祥云县、隆阳区、思茅区、瑞丽市、芒市、临翔区
	工业化重点开发区	安宁市、晋宁区、宣威市、富源县、马龙县、水富县
重点开发类型区	城镇化重点开发区	沾益区、景东县、禄丰县、南华县、河口县
	生态农业资源重点开发区	富民县、寻甸县、嵩明县、陆良县、宜良县、云县、凤庆县、耿马县、元谋县、景谷县、墨江县、镇沅县、广南县、砚山县、宾川县、弥渡县、洱源县、剑川县、盈江县、陇川县、江川区、通海县、宁洱县
	水力资源重点开发区	绥江县、永善县、巧家县、泸水市、福贡县
重点开发类型区	矿产资源重点开发区	澜沧县、兰坪县、易门县
	旅游资源重点开发区	景洪市、勐海县、勐腊县、腾冲市、罗平县、石林县、澄江县、元阳县、丘北县、古城区、玉龙县
限制开发类型区		禄劝、东川区、镇雄县、大关县、威信县、盐津县、彝良县、鲁甸县、师宗县、会泽县、华宁县、元江县、新平县、峨山县、大姚县、永仁县、武定县、双柏县、牟定县、姚安县、红河县、绿春县、金平县、屏边县、泸西县、富宁县、西畴县、马关县、江城县、麻栗坡县、孟连县、西盟县、云龙县、鹤庆县、永平县、漾濞县、南涧县、巍山县、施甸县、龙陵县、昌宁县、梁河县、永胜县、宁蒗县、华坪县、德钦县、维西县、永德县、镇康县、双江县、沧源县

注：云南省各民族自治州、各民族自治县都简称为州、县，下文同。

位于云南省东南部，包括红河州、文山州。土地总面积为 635.86 万 hm^2（9537.9 万亩），占全省土地面积的 16.59%。滇西区位于云南省西部，包括大理州、保山市、德宏州。土地总面积为 585.42 万 hm^2（8781.3 万亩），占全省土地面积的 15.28%。滇西北区位于云南省西北部，包括迪庆州、怒江州、丽江市。土地总面积为 583.75 万 hm^2（8756.25 万亩），占全省土地面积的 15.23%。滇西南区位于云南省西南部，包括普洱市、临沧市和西双版纳州。土地总面积为 869.67 万 hm^2（13045.05 万亩），占全省土地面积的 22.7%。

3）低丘缓坡土地开发利用专项规划中的区划

以云南省 129 个市（县、区）为评价单元，根据云南省"十二五"规划、云南省主体功能区划、桥头堡建设规划、云南省城镇发展体系规划、云南省土地利用总体规划、云南省土地整治专项规划等，在因子分析、聚类分析的基础上，将云南省低丘缓坡土地资源划分为三大区域：①滇中高原城市群经济圈低丘缓坡山地综合开发区；②沿边山地开放经济带低丘缓坡山地综合开发区；③其他州（市、县、区）低丘缓坡山地综合开发区（表 5.24）。

（1）滇中高原城市群经济圈低丘缓坡山地综合开发区。该区域包括昆明市（除东川区）、曲靖市（除会泽县）、玉溪市、楚雄市、大理州（除云龙县和剑川县）、红河州（除金平县、河口县、绿春县），共计 60 个市（县、区）。低丘缓坡山地面积为 621.3 万 hm^2，占全省低丘缓坡山地面积的 34.3%。其中农用地为 542.4 万 hm^2，占该区低丘缓坡山地面积的 87.3%；建设用地 10.7 万 hm^2，占 1.7%；其他土地 68.2 万 hm^2，占 11%。该区以中部高原湖盆地貌为主，东部岩溶地貌较为发育，大部分地区高原面保持完整，低丘

该区低丘缓坡山地面积的 88.5%；建设用地 9.6 万 hm^2，占 1.3%；其他土地 73.9 万 hm^2，占 10.2%。该区的发展将依托经济走廊、次级城市群建设，充分挖掘经济走廊沿线地区经济潜力，结合区域自然资源、社会条件和旅游资源优势，推动生态保护与低丘缓坡山地综合开发并重的发展道路，完善以旅游开发为主的低丘缓坡山地开发类型。探索以丽江市、迪庆州为代表的高海拔区域工业上山模式，为限制开发区低丘缓坡山地建设开发利用提供典型示范。同时，注重低丘缓坡山地综合开发与民族文化的协调发展，走具有民族特色的低丘缓坡山地综合开发道路。

2. 统筹低丘缓坡山地资源综合开发类型区划分

1）分区指标体系

合理地选取评价指标是土地利用分区的前提，土地利用是社会经济、自然生态相结合的复杂系统，必然受到自然生态规律和社会经济规律的制约，指标体系的确立和各个指标的选取要尽可能地体现区划的目的，并反映其区域分异规律。因此，在对云南省低丘缓坡山地资源综合开发类型区划分研究方面，本着科学性、合理性、代表性和数据的可获得性等原则，通过文献查阅、专家咨询，进行筛选和调整，最终建立了由两个指标类（即社会经济条件指标、低丘缓坡山地资源类指标）、11 个元指标组成的低丘缓坡山地资源类型区划分指标体系，见表 5.25，由于在低丘缓坡适宜建设开发规模的评价过程中已经考虑了生态问题、地质灾害与矿产压覆问题，所以未在分区指标中列出上述指标。

表 5.25　云南省低丘缓坡山地资源综合开发类型区划分指标体系

第一层次指标	第二层次指标
社会经济类指标	GDP
	第二产业、第三产业比重
	城镇化率
	地方财政收入
	固定资产投资
	交通道路密度
	人均耕地面积
低丘缓坡山地资源指标	低丘缓坡山地资源总量
	坡度为 8°~15°低丘缓坡山地资源比例
	低丘缓坡未利用地比例
	低丘缓坡适宜建设开发面积

2）分区方法

依据云南省低丘缓坡山地资源综合开发分区指标体系，采用聚类分析法对云南省低丘缓坡山地资源综合开发利用区域进行划分，选用 SPSS11.5 分析软件的 Hierarchical Cluster，即层次聚类分析法对全省各市（县、区）城乡建设用地增减挂钩类型进行聚类分析；聚类因素选择云南省低丘缓坡山地资源综合开发分区指标体系共 11 个指标，对数据进行 0 与 1 之间标准化处理，聚类方法选择 Ward Method，选取 3~6 类聚类分析结果。同时，考虑生态环境等问题，以云南省生态功能区、生态敏感区与主体功能区为依据，对分区结果进行调整。

3）数据来源

基础数据以云南省第二次调查数据库和土地利用总体规划（2010～2020 年）数据为基础数据，低丘缓坡山地资源总量、坡度为 8°～15°低丘缓坡山地资源比例、低丘缓坡山地未利用地比例等数据以云南省第二次调查数据库为基础与坡度图进行叠加统计，交通道路密度采用 ArcGIS 空间分析得出，低丘缓坡山地适宜建设开发面积来源于云南省各市（县、区）土地利用总体规划（2010～2020 年）。

社会经济数据社会经济发展状况采用 2013 年云南省统计年鉴数据，各市（县、区）城镇化率来源于《云南省城镇体系规划（2012～2030）》。

4）统筹云南省低丘缓坡山地综合开发分区结果

以云南省 129 个市（县、区）为评价单元，在聚类分析的基础上，结合云南省"十二五"规划、主体功能区划、生态功能区规划、桥头堡建设规划、云南省土地利用总体规划、云南省土地整治专项规划等，将云南省低丘缓坡山地资源综合开发利用划分为 4 个一级类型区域：①城市经济圈低丘缓坡山地资源综合开发区；②城镇经济带低丘缓坡山地资源综合开发区；③社会经济限制型低丘缓坡山地资源综合开发区；④生态经济制约型低丘缓坡山地资源综合开发和 9 个二级类型区，结果见表 5.26。

表 5.26　云南省低丘缓坡山地资源综合开发类型区划分结果

一级类型区	市（县、区）个数	二级类型区	市（县、区）
城市经济圈低丘缓坡山地资源综合开发区	13	山坝结合，坝区建设开发主导型	五华区、盘龙区、官渡区、呈贡区、安宁市、麒麟区、蒙自市
		山坝结合，低丘缓坡山地建设开发主导型	西山区、红塔区、楚雄市、个旧市、开远市、大理市
城镇经济带低丘缓坡山地资源综合开发区	51	社会经济发展引导型	文山市、昭阳区、弥勒市、陆良县、沾益区、宜良县、罗平县、富源县、宣威市、腾冲市、禄丰县、隆阳区、景洪市、会泽县、祥云县、建水县、思茅区、古城区、临翔区
		低丘缓坡山地资源潜力推动型	永胜县、广南县、富宁县、禄劝县、盈江县、华坪县、芒市、寻甸县、永善县、镇雄县、砚山县、景谷县、师宗县、云县、鹤庆县、峨山县、新平县、香格里拉市
		建设开发适度型	石林县、马龙区、江川区、泸西县、瑞丽市、华宁县、晋宁区、富民县、嵩明县、澄江县、通海县、宾川县、东川区、水富县
社会经济限制型低丘缓坡山地资源综合开发区	49	农林开发主导型	澜沧县、勐腊县、镇沅县、永德县、耿马县、元江县、双柏县、丘北县、玉龙县、宁蒗县、宁洱县、墨江县、大姚县、金平县、勐海县、龙陵县、彝良县、江城县、姚安县、永仁县、昌宁县、石屏县、洱源县、巧家县、南华县、武定县、陇川县、孟连县、镇康县、双江县、沧源县、凤庆县、红河县、巍山县、永平县、景东县、麻栗坡县、马关县
		开发与保护协同型	河口县、弥渡县、施甸县、元谋县、屏边县、元阳县、西畴县、易门县、南涧县、鲁甸县、牟定县
生态经济制约型低丘缓坡山地资源综合开发区	16	生态主导型	盐津县、绥江县、威信县、大关县、梁河县、西盟县、绿春县、漾濞县、云龙县、剑川县
		生态保护型	泸水市、福贡县、贡山县、兰坪县、德钦县、维西县

5）不同区域策略分析

（1）城市经济圈低丘缓坡山地资源综合开发区。该区有低丘缓坡山地资源 80.91 万 hm²，占全省低丘缓坡山地资源的 4.46%，其中低丘缓坡未利用地面积为 8.46 万 hm²，适宜建设开发的低丘缓坡山地资源为 14.64 万 hm²，占全省适宜建设开发低丘缓坡山地资源 115.7 万 hm² 的 12.65%。该区 13 个市（区）GDP 水平都在 100.0 亿元以上，2012 年 GDP 平均水平达到 331.82 亿元，固定资产投资平均为 204.5 亿元，第二产业、第三产业比重平均为 95.0% 左右，城镇化率平均在 70.0% 以上，是云南省开发较早、社会经济最发达的地区，是云南省的经济发展核心区。该区可进一步细分为，山坝结合，坝区建设开发主导型，以及山坝结合，低丘缓坡山地建设开发主导型两个类型区，五华区、盘龙区、官渡区、呈贡区、安宁市、麒麟区、蒙自市低丘缓坡山地资源相对较少，宜建设开发的低丘缓坡山地资源不多，社会经济发展应以坝区为主，在山坝结合地区，全面推进低丘缓坡山地的建设开发。西山区、红塔区、楚雄市、个旧市、开远市、大理市低丘缓坡山地资源相对丰富，宜建设开发的低丘缓坡山地资源较多，应主要依靠低丘缓坡山地的建设开发来满足社会经济发展对建设用地的需求（图 5.32）。

目前该区已形成了以烟草、有色金属冶炼、装备制造业、高新技术产业、旅游等产业为主的增长点，在国内及周边地区也具有较强竞争能力的产业群体。昆明市作为云南省先进制造业基地、高新产业基地和文化产业基地、西南地区重要的铁路枢纽，城市辐射能力不断增强；曲靖市是辐射川、滇、黔、桂交界区域的重要节点，是我国面向西南开放的重要新型工业基地；玉溪市是亚洲最大的烟草产业基地，现代生态宜居城市；楚雄州、大理州、红河州以特色鲜明的民族文化资源积极发展旅游业，以生物制药、绿色食品加工及文化产业发展，促进区域发展能力的提升。该区应主要依靠滇中城市群的发展，借助云南省将滇中地区培育成带动云南省发展的核心增长极、区域性国际枢纽、中国西部新兴特色产业基地、竞争力较强的门户城市群和中国面向西南开放重要桥头堡的区域中心的契机，以产业发展和城镇化建设为引导，以土地利用总体规划和城镇建设规划为依据，以生态保护为前提，以坝区存量建设用地整治潜力挖掘为支撑，统筹山坝建设用地布局优化，整体推进区域低丘缓坡山地的建设开发。

（2）城镇经济带低丘缓坡山地资源综合开发区。该区有低丘缓坡山地资源 803.3 万 hm²，占全省低丘缓坡山地资源的 44.3%，其中低丘缓坡未利用地面积为 86.23 万 hm²，占全省低丘缓坡未利用地面积的 50.65%，适宜建设开发的低丘缓坡山地资源为 51.43 万 hm²，占全省适宜建设开发低丘缓坡山地资源的 44.45%。2012 年该区 51 个市（县、区）GDP 平均水平为 82.9 亿元，固定资产投资平均为 56.4 亿元，第二产业、第三产业比重平均为 77.6%，城镇化率平均为 32.0% 左右，该区资源环境承载能力较强、集聚经济和人口条件较好，承载着支柱产业的发展、城镇化的建设和基础设施的进一步完善等任务。根据各区自身特点，可以将其分为"社会经济发展引导型""低丘缓坡山地资源潜力推动型""建设开发适度型" 3 个类型。社会经济发展引导型类型区聚集了全省不同地区城镇群建设的多个核心和节点区域，是未来社会经济快速发展地区，应结合地区产业发展

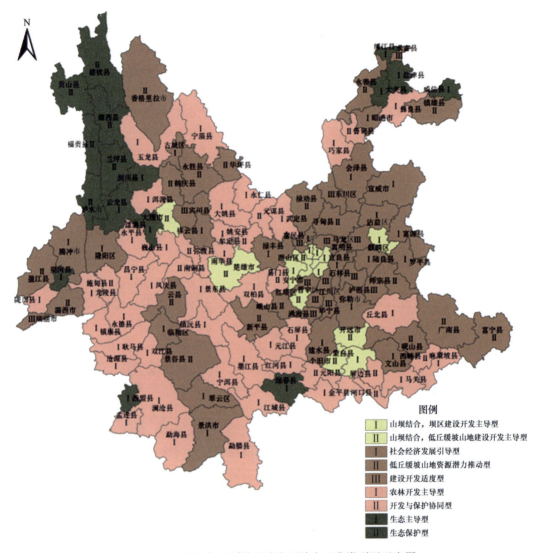

图 5.32　云南省低丘缓坡山地资源综合开发类型区示意图

规划和城镇化进程，分阶段、分步骤稳步推进该区低丘缓坡山地的建设开发，形成生态适应性山地城镇的发展格局。低丘缓坡山地资源潜力推动型类型区是全省低丘缓坡山地资源十分丰富的地区，18 个市（县、区）集中了全省 21.7%的低丘缓坡山地资源、25.9%的低丘缓坡未利用地资源，但目前社会经济发展水平不高，2012 年 GDP 平均水平为 59.5 亿元，城镇化平均水平仅为 26.9%，因而低丘缓坡山地建设开发要与社会经济发展相适应，科学测算未来建设用地需求，有效规划安排宜建低丘缓坡山地资源的开发时序，同时，依据土地适宜性评价，有序推进低丘缓坡农田、中低产林整治与林园地开发。建设开发适度型类型区主要是地区城镇体系建设中的重要市（县、区），2012 年其 GDP 平均水平为 54.6 亿元，第二产业、第三产业比重平均为 79.3%，城镇化平均水平为 32.1%，低丘缓坡山地资源总量和适宜建设规模有限，要根据区域城镇体系建设、产业发展和承接区域中心城市功能转移的需要，适度开展低丘缓坡山地的建设开发，防止低丘缓坡山地盲目建设开发带来的建设用地利用效率的降低和开发成本的浪费。

（3）社会经济限制型低丘缓坡山地资源综合开发区。该区有低丘缓坡山地资源 802.4 万 hm²，占全省低丘缓坡山地资源的 44.2%，其中低丘缓坡未利用地面积为 62.77 万 hm²，占全省低丘缓坡未利用地面积的 36.87%，适宜建设开发的低丘缓坡山地资源为 44.98 万 hm²，占全省适宜建设开发低丘缓坡山地资源的 38.88%。2012 年该区 49 个县 GDP 平均水平为 34.94 亿元，固定资产投资平均为 23.16 亿元，第二产业、第三产业比重平均为 66.29%，城镇化率平均为 23.32%，是全省社会经济发展水平较低的区域，该区可分为农林开发主导型和开发与保护协同型两个类型区。农林开发主导型区域低丘缓坡山地资源相对丰富，可以依托地区特点，在生物资源、旅游、文化和特种农业产业的引导下，以低丘缓坡山地的农业和林业开发利用为主导，以建设开发为辅助，以土地整治与林业开发项目为依托，重点加强低丘缓坡山地的农业和林业开发利用。开发与保护协同型区域低丘缓坡山地资源总量与未利用地规模都低于农林开发主导型区域，该区低丘缓坡山地建设开发要与社会经济发展水平相适应，将低丘缓坡山地的综合开发与生态保护相结合，在生态保护的基础上稳步推进低丘缓坡山地综合开发利用。

（4）生态经济制约型低丘缓坡山地资源综合开发区。该区有低丘缓坡山地资源 134.66 万 hm²，占全省低丘缓坡山地资源的 7.43%，其中低丘缓坡未利用地面积为 13.59 万 hm²，占全省低丘缓坡未利用地面积的 7.98%，适宜建设开发的低丘缓坡山地资源为 4.94 万 hm²，占全省适宜建设开发低丘缓坡山地资源的 4.27%。2012 年该区 16 个市（县）GDP 平均水平为 20.02 亿元，固定资产投资平均为 21.39 亿元，地方财政收入平均为 1.46 亿元，城镇化率平均为 20.46%，是全省社会经济发展水平最低的区域，区域内生态环境复杂，地质灾害较为严重。该区分为生态主导型与生态保护型两个类型区，其中生态主导型区域主要存在地质灾害、水土流失、人口承载力下降等问题，地方经济条件很难支撑低丘缓坡山地的建设开发，应以低丘缓坡山地的生态性保护与开发为主，严格控制低丘缓坡山地建设开发规模，保护与恢复低丘缓坡山地的生态功能。生态保护型区域主要集中在滇西北地区，该地区海拔较高，宜建低丘缓坡山地资源十分有限，是全省重要的生物多样性与水源保护区，低丘缓坡山地利用应主要以生态保护为核心，避免低丘缓坡山地的建设开发，减少低丘缓坡山地农业开发，以林业开发利用为主推进区域低丘缓坡山地的综合开发利用。

3. 市（县、区）类别划分

针对低丘缓坡山地的建设开发，依据地区生态环境保护和社会经济发展情况，结合不同规划区域划分的结果，以市（县、区）为单元，选择 GDP 等 10 项指标来反映各地区综合发展情况，由于是针对低丘缓坡工业用地标准制定的地区类型划分，指标选取更倾向对工业情况的反映，详见表 5.27，具体各类标准数据详见附表 1。

研究采取 SPSS 主成分分析法，通过主成分分值对 129 个市（县、区）进行综合排名，通过综合分值的差异来划分不同个市（县、区）的等别，主成分分析结果见表 5.28

和附表二。同时为了能有效区分不同类型区的差异，以 SPSS 聚类分析为辅助划分的参考依据，聚类分析结果见附图 1。同时，结合国家《工业项目建设用地控制指标》（国土资发〔2008〕24 号）中云南省各市（县、区）等别划分，制定云南省针对低丘缓坡工业用地的市（县、区）等级别类。

表 5.27　低丘缓坡工业用地标准制定的地区类型划分指标体系

变量	指标	单位
x_1	GDP	亿元
x_2	第二产业、第三产业比重	%
x_3	城镇化率	%
x_4	地方财政收入	亿元
x_5	固定资产投资	亿元
x_6	交通道路密度	km/km^2
x_7	适宜建设面积	万 hm^2
x_8	工业总产值	亿元
x_9	工业利税额	亿元
x_{10}	工业用地最低出让价	元/m^2

表 5.28　主成分分析方差解释变量表

x	初始特征值			提取平方和载入		
	合计	方差的%	累计%	合计	方差的%	累计%
1	6.059	60.594	60.594	6.059	60.594	60.594
2	1.122	11.224	71.818	1.122	11.224	71.818
3	1.036	10.358	82.177	1.036	10.358	82.177
4	0.700	7.001	89.178			
5	0.531	5.313	94.491			
6	0.223	2.232	96.723			
7	0.174	1.741	98.464			
8	0.083	0.832	99.296			
9	0.043	0.434	99.730			
10	0.027	0.270	100.000			

注：提取方法：主成分分析

　　根据以上分析得到云南省针对低丘缓坡工业项目的市（县、区）类别划分，其中考虑到国家《工业项目建设用地控制指标》（国土资发〔2008〕24 号）中云南省各市（县、区）等别划分，有个别市（县、区）等级类别划分完全以主成分分析和聚类分析为准，具体划分结果见表 5.29。

表 5.29　云南省各市（县、区）等级划分结果表

地区等级	市（县、区）
五等	五华区、官渡区、盘龙区
六等	西山区
八等	红塔区
九等	麒麟区、安宁市
十等	楚雄市、大理市
十一等	呈贡区、个旧市
十二等	东川区、弥勒市、文山市、宣威市、富源县、开远市、古城区、昭阳区
十三等	会泽县、蒙自市、新平县、景洪市、思茅区、腾冲市、禄丰县、晋宁区、沾益区、隆阳区、通海县、嵩明县、罗平县、瑞丽市、芒市、峨山县、建水县
十四等	华坪县、陆良县、宜良县、易门县、祥云县、香格里拉市、石林县、澄江县、砚山县、临翔区、镇雄县、水富县、寻甸县、师宗县、江川区、河口县、华宁县、永胜县、马关县、武定县、南华县、泸西县、富民县、云县、富宁县、凤庆县、昌宁县、麻栗坡县、勐海县、盈江县
十五等	元江县、鹤庆县、大姚县、禄劝县、马龙区、玉龙县、牟定县、弥渡县、龙陵县、南涧县、泸水市、宾川县、云龙县、绥江县、澜沧县、勐腊县、广南县、兰坪县、景谷县、宁洱县、双柏县、维西县、威信县、金平县、耿马县、鲁甸县、石屏县、镇康县、沧源县、景东县、墨江县、元谋县、巍山县、施甸县、永德县、姚安县、德钦县、宁蒗县、盐津县、永善县、剑川县、双江县、屏边县、彝良县、洱源县、丘北县、漾濞县、永仁县、孟连县、大关县、梁河县、西畴县、元阳县、巧家县、陇川县、永平县、绿春县、西盟县、江城县、镇沅县、红河县、贡山县、福贡县

4. 低丘缓坡山地重点工业行业甄别

低丘缓坡山地工业的健康发展首先取决于工业类型的选择，与坝区相比，低丘缓坡山地工业开发类型的选择技术性更强，要求更高，如果选择不当会造成极大的负面影响。这种负面影响主要体现在两个方面，一是经济上的创伤，低丘缓坡山地区域本来资金十分短缺，倾其所有财力去培育选择不当的工业，不仅未能推动当地的经济发展，反而背上了一个沉重的包袱，对此，不少地区都有沉痛的教训；二是生态上的创伤，由于项目选择失败，导致项目效益差—生态破坏—项目效益进一步恶化—生态进一步退化的恶性循环，必然对当地投资环境造成不利影响。由此，低丘缓坡山地工业的选择是发展山地工业园区的关键环节。

在《城市用地分类与规划建设用地标准》GB50137-90（2011）中将工业用地分为三类，一类工业用地（M_1）为对居住和公共设施等环境基本无干扰和污染的工业用地，如电子工业、缝纫工业、工艺品制造工业等用地；二类工业用地（M_2）为对居住和公共设施等环境有一定干扰和污染的工业用地，如食品工业、医药制造工业、纺织工业等用地；三类工业用地（M_3）为对居住和公共设施等环境有严重干扰和污染的工业用地，如采掘工业、冶金工业、大中型机械制造工业、化学工业、造纸工业、制革工业、建材工业等用地。

低丘缓坡山地工业行业的选择主要从 3 个方面考虑，一是生态保护，应选择不对周边环境产生较大影响的行业；二是传统优势行业与发展潜力较大的行业；三是对配套基础设施要求不是十分严格的行业。从这 3 个方面出发对工业行业进行甄选，详见表 5.30。

表 5.30 低丘缓坡山地工业行业甄选表

行业代码	行业名称	低丘缓坡山地工业行业甄选
13	农副食品加工业	●
14	食品制造业	●
15	饮料制造业	●
16	烟草制品业	▲
17	纺织业	◆
18	纺织服装、服饰业	◆
19	皮革、毛皮、羽毛及其制品和制鞋业	◆
20	木材加工及木、竹、藤、棕、草制品业	◆
21	家具制造业	●
22	造纸及纸制品业	◆
23	印刷业和记录媒介的复制	◆
24	文教、工美、体育和娱乐用品制造业	◆
25	石油加工、炼焦及核燃料加工业	■
26	化学原料及化学制品制造业	■
27	医药制造业	▲
28	化学纤维制造业	■
29	橡胶制品业	■
30	塑料制品业	■
31	非金属矿物制品业	■
32	黑色金属冶炼及压延加工业	■
33	有色金属冶炼及压延加工业	■
34	金属制品业	■
35	通用设备制造业	▲
36	专用设备制造业	■
37	交通运输设备制造业	■
39	电气机械和器材制造业	■
40	通信设备、计算机及其他电子设备制造业	▲
41	仪器仪表及文化、办公用机械制造业	■
42	工艺品及其他制造业	▲
43	废弃资源综合利用业	■

注：▲为可在低丘缓坡山地布局的优势或潜在发展行业；●为可在低丘缓坡山地布局的传统行业；◆为非优势行业，一般不鼓励在低丘缓坡山地布局；■为在低丘缓坡山地布局需要特别防护或对基础设施配套要求较高的行业。

5.3.3 数 据 来 源

1. 典型开发区调查

为了科学制定云南省低丘缓坡山地工业项目用地控制标准，详细了解坝区工业企业和低丘缓坡区山地工业企业的用地异同，本节开展相应的典型开发区调查，共调查云南省国家级和省级开发区 20 个，其中涉及国家开发区 11 个，省级开发区 9 个，对开发区的用地结构、用地强度、土地投入和土地产出情况进行了详细的调查，并收集了开发的相关图件资料，建立了开发区数据资料数据库，为分析开发区的用地集约情况和园区用地标准的制定奠定研究基础。

2. 开发区典型企业调查

调查收集了 20 个开发区的 186 个典型企业的用地结构、用地强度、土地投入和土地产出等情况的资料，经过筛选可用样本为 174 个，其中坝区典型企业 123 个，占总样本数的 71.0%，低丘缓坡山地典型企业 51 个，占总样本数的 29%，详见图 5.33，涉及 24 个工业行业，详见表 5.31 和图 5.34。

表 5.31　调查样本情况表

行业类别	企业样本数/个		
	坝区	低丘缓坡山地	总计
13 农副食品加工业	9	4	13
14 食品制造业	8	3	11
15 饮料制造业	4	5	9
16 烟草制造业	3	1	4
17 纺织业	1	0	1
18 纺织服装、鞋、帽制造业	0	0	0
20 木材加工及木、竹、藤、棕、草制品业	1	1	2
21 家具制造业	0	4	4
22 造纸及纸制品业	3	0	3
23 印刷业和记录媒介的复制	5	1	6
26 化学原料及化学制品制造业	7	8	15
27 医药制造业	25	2	27
29 橡胶制品业	0	3	3
30 塑料制品业	9	1	10
31 非金属矿物制品业	3	6	9
32 黑色金属冶炼及压延加工业	3	1	4
33 有色金属冶炼及压延加工业	8	5	13
34 金属制品业	2	3	5
35 通用设备制造业	10	1	11
36 专用设备制造业	6	0	6
37 交通运输设备制造业	4	0	4
39 电气机械及器材制造业	8	1	9
40 通信设备、计算机及其他电子设备制造业	1	0	1
41 仪器仪表及文化、办公用机械制造业	1	0	1
42 工艺品及其他制造业	2	1	3
共计	123	51	174

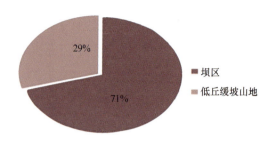

图 5.33　坝区与低丘缓坡山地样本比例

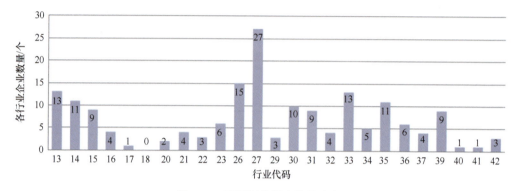

图 5.34　不同行业样本数量分布

3. 典型低丘缓坡山地项目区调查

调研组根据行程安排，对 12 个州（市），35 个市（县、区）的 80 个项目区分别进行了调查，基本完成了此次调研的目的。

1）项目区总体情况

调研的 12 个州（市）的 63 个项目区涵盖了工业建设、城镇建设、旅游开发和综合开发等不同的建设开发类型（图 5.35），63 个项目区的总规划规模达到 40857.31hm^2；规划新增建设用地 20631.98hm^2，其中新增城乡建设用地 16502.02hm^2，新增交通水利用地 2729.09hm^2，新增其他建设用地 1400.87hm^2；规划项目区建设占用耕地面积 6848.39hm^2，占新增建设用地总面积的 33.19%，预计总投资达到 1015.83 亿元。

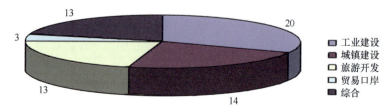

图 5.35　不同建设类型项目区数量图（单位：个）

在 63 个调研的项目区中，大理市海东下和、上登片区低丘缓坡山地综合开发利用项目区的规划规模最大，为 2158.4hm^2，新增建设用地规模也最大，为 1160.02hm^2；德宏州瑞丽市畹町灵溪经济开发区项目区规划规模最小，仅为 55hm²。项目区建设用地占用耕地面积最大的是保山市隆阳区的青阳项目区，项目区规划规模为 1407.46hm²，新增建设用地 1015.28hm²，占用地规模 733.52hm²；而普洱市思茅区的马兰箐项目区和普洱市江城县的龙富口岸项目区建设开发均不占用耕地。项目区预计建设投资最高的是西双版纳州景洪市的嘎洒旅游小镇天和项目区，项目区规划规模为 1375.55hm²，新增建设用地 654hm²，预计总投资为 77.79 亿元；预计投资最小的是德宏州瑞丽市畹町灵溪经济开发区项目区，预计总投资仅为 0.84 亿元（图 5.36～图 5.39）。

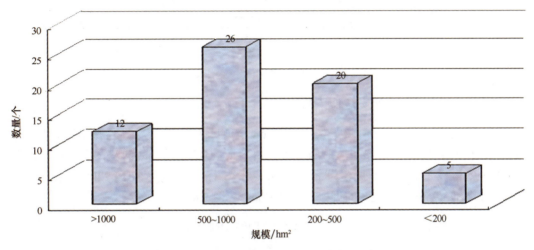

图 5.36　不同项目区规划规模等级项目区数量

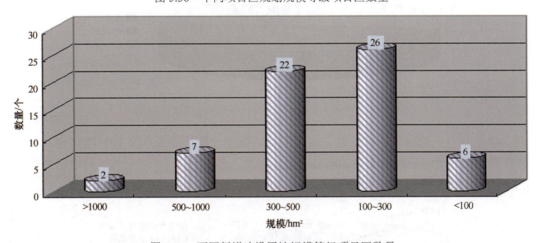

图 5.37　不同新增建设用地规模等级项目区数量

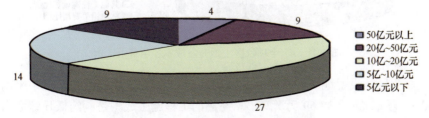

图 5.38　不同投资规模等级项目区数量（个）

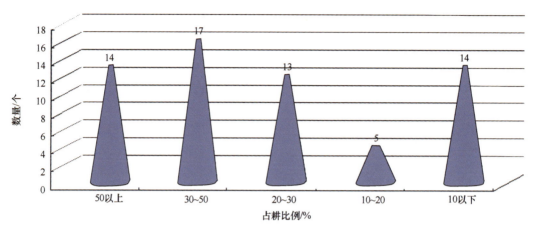

图 5.39　不同占耕比例等级项目区数量

2）目前项目区批准开发建设情况

通过实地调研，收集到了 12 个州（市）63 个项目区中 47 个项目区的预算报告，通过对 47 个项目区的预算报告进行初步分析，目前批准 47 个项目区的建设用地实施规模为 6209.36hm²，其中≤8°的规模为 1488.01hm²，8°～15°的规模为 3014.22hm²，15°～25°的规模为 1373.96hm²，>25°的规模为 333.17hm²（图 5.40）。

批准建设的不同坡度规模比例

22.13% 5.37%	23.96%
	≤ 8°
	8° ～ 15°
	15° ～ 25°
48.54%	> 25°

图 5.40　47 个项目区批准建设的不同坡度规模比例图

47 个项目区的预算总投资为 360.37 亿元，其中土地征收成本为 101.75 亿元，前期工作费 8.96 亿元，工程施工费 200.53 亿元，其他工程建设费 10.67 亿元，林地相关费用 6.24 亿元，预备费 32.22 亿元（图 5.41）。

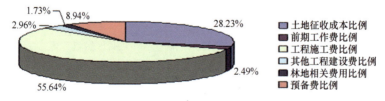

图 5.41　47 个项目区土地开发成本各项费用比例

47 个项目区建设用地实施规模为 6209.31hm²，总投资为 360.37 亿元，平均单位投资为 580.37 万元/hm²（38.69 万元/亩）。高额的工程施工成本是制约低丘缓坡山地综合开发利用的主要因素之一。

3）项目存在的主要问题

从各调研组汇总的项目区的情况来看，目前项目区存在以下几个方面的共性问题。

（1）低丘缓坡山地开发中征地拆迁、土地报批、基础设施及重大项目建设所需的资金数额巨大，需要投入大量的资金，而多数地区财政相对紧张，融资困难，需要省政府给予专项经费用于低丘缓坡山地开发中的基础设施建设。

（2）由于低丘缓坡山地建设开发不同于坝区，其受地形地貌等自然条件的影响较大，绿化、边坡、防灾设施、道路等基础设施等用地比例较大，低丘缓坡山地开发后可供出让的面积明显低于坝区，造成土地利用较低。

（3）由于缺少低丘缓坡山地建设开发的技术体系指导，在低丘缓坡山地开发过程中有些地区采取削峰填谷的开发模式，虽然在一定程度上提高了土地利用率，但对周围环境的影响较大，同时也提高了开发成本。

（4）由于批复各地区低丘缓坡山地新增建设用地指标的限制，各地区不断围绕低丘缓坡山地建设调整规划，达不到区域统一规划统一开发的效果，造成土地开发成本增加，土地利用率较低。

（5）由于低丘缓坡山地开发成本较高，在工业项目方面土地供地价格与土地开发成本存在一定的差距，给地方政府带来了很大的财政困难。

（6）低丘缓坡山地开发需要多部门共同参与，在地方政府积极性不高的地区，低丘缓坡山地建设开发的推进速度较慢，土地供应情况较差。

（7）低丘缓坡山地开发中涉及的征地问题较多，特别是林地的征收存在一定的难度，造成项目区往往不能按实施方案中的建设规划期开展土地开发，都会存在不同建设时期的局部调整。

（8）关于低丘缓坡山地综合开发利用的政策支持较少，而其开发成本又较高，土地利用率还较低，区位条件也不如坝区，所以地方政府在没有相关政策的支持下对低丘缓坡山地综合开发利用的积极性普遍不高，造成低丘缓坡山地综合开发利用工作推进较慢。

（9）在低丘缓坡山地综合开发利用中，对于生态问题在宏观层面考虑较多，而在微观层面考虑较少，往往会存在生态隐患问题。

（10）低丘缓坡山地综合开发利用中普遍重视建设开发利用，没有很好地将项目区进行统一的综合开发利用规划，造成综合开发利用效果较差，不能形成原料生产和原料加工等一体化的产业园区。

5.3.4 低丘缓坡山地区域工业用地开发影响因素分析

1. 地形地貌因素

地貌是指地球的表面形态，是土地这一地球表层自然客体的重要组成部分，是城市形成和发展的自然基础，对城市的结构、形态、功能、景观有非常重要的影响（黄巧华，

2000）。区域的地貌格局、地貌类型、河流、新构造运动和地震等地貌条件与城镇的形成和发展也有很大的相关关系（李陇堂和赵小勇，1999）。

1）地形坡度对建设开发的制约

从城市的形成与发展来看，平缓地形是最有利于城市发展的外部条件之一。从城市内部的空间结构来看，平缓地形也是最为有利的因素。从城市的整体建设角度来考虑，平缓地形对城市建设也极为有利，丘陵地区较困难，山区的城市建设则需要更大的经济投资和工程措施，同时城市发展往往也受到限制，但过于平坦也会成为不利因素，因为当地面坡度小于 0.3%时，往往不利于地表水的排泄，甚至会造成地表水的不良汇聚，城市主要建设用地适宜规划坡度情况见表 5.32。

表 5.32　城市主要建设用地适宜规划坡度

用地名称	最小坡度/%	最大坡度/%
工业用地	0.2	10
仓储用地	0.2	10
铁路用地	0	2
港口用地	0.2	5
城市道路用地	0.2	8
居住用地	0.2	25
公共设施用地	0.2	20
其他	—	—

在城市建设中，不同的建筑物对地形坡度有不同的要求，而不同的地形坡度可以适应不同的建设活动，从而形成不同的土地利用空间结构。表 5.33 大致可以说明有关不同地形坡度对城市建设活动和土地利用情况的影响。

表 5.33　不同地形坡度对城市建设的影响表

地形坡度	土地使用	建筑形态	活动类型	道路设施	车速/（km/h）		水土保持
					一般汽车	货车、公共汽车	
5°以下	适宜各种土地利用	适宜各种建筑形态，但需注意排水	适宜各种大型活动	适宜各种道路	60～70以上	50～70	不需要
5°～10°	只适宜小规模建设	适宜各种建筑和高级住宅，建筑群受一定限制	只适宜非正式活动	适宜建设主要与次要道路	25～60	25～50	不需要
10°～15°	不适宜大规模建设	适宜高级住宅建筑，区内需要阶梯	只适宜自由活动或山地活动	小段坡道车道，不宜与等高线垂直	不适宜	不需要	需要
15°～45°	不适宜大规模建设	只适宜梯式住宅和高级住宅，建筑布置设计受较大限制	不适宜活动	不适宜	不适宜	应有植被或草被保护	需要

一般来说，超过一定坡度的地形，在城市中往往被视为适宜建设或不太适宜建设的用地。所以坡度较大和切割较破碎的地段（块），在城市建设中被视为复杂地形。在坡度较大，为复杂地形的地段，首先要考虑的是建设费用比平缓地段高，城市规划中的各种内部空间结构处理也较为复杂。例如，在进行城市规划时依据用地的地形高差和干道网的平均坡度，并把这两项指标值具体地结合起来，就可将地形的复杂程度划分为 3 个等级：①不太复杂的地形，起伏较小的丘陵地（平均坡度小于 5%，其高差为 20～100m），主要对城市功能分区划分和某些街道与道路定线的选择具有影响。②较为复杂的地形，起伏较大的丘陵地（平均坡度大于 5%，其高差小于 200m），除影响城市结构划分以外，对交通线路和人行交通系统及公共中心体系有影响。在这两类型区域的土地开发中，其土地一级开发成本较低，开发后的土地利用率也较高。③十分复杂的地形，山地区（平均坡度大于 5%，其高度超过 200m），对城市形态及其内部结构的形成具有决定性的作用，包括城市用地发展方向的选择及其功能分区的划分。这种十分复杂的地形由于高差和坡度均较大，对城市建设的影响是重大的，经常会造成城市市区的分割。其土地一级开发中，为了改善土地利用条件所进行的场地平整、基本设施配套及环境治理、灾害防治等费用会较高，使得土地开发总成本增加。此外，通常可由坡度大小判断出不同地段的利用可能性。可以根据坡度的大小将地形划分为六种类型，地形坡度的分级标准及与建筑的关系见表 5.34。

表 5.34　地形坡度分级标准及与建筑的关系

类别	坡度	建筑场地布置及设计基本特征
平坡地	3%以下	基本上是平地，道路及房屋可自由布置，但必须注意排水
缓坡地	3%～10%	建筑区内车道可以纵横自由布置，不需要梯级，建筑群布置不受地形的约束
中坡地	10%～25%	建筑区内必须设梯级，车道不宜垂直于等高线布置，建筑群布置受一定限制
陡坡地	25%～50%	建筑区内车道必须与等高线成较小锐角布置，建筑群布置与设计受到较大的限制
急坡地	50%～100%	车道必须曲直盘旋而上，梯道必须与等高线成斜角布置，建筑设计需做特殊处理
悬崖坡地	100%以上	车道及梯道布置极困难，修建房屋工程费用大，不适宜做建设用地

注：摘自《建筑设计资料集6》（第二版）。

另外，有坡度变化的地形同平地相比，其开发利用的多样性更加丰富。例如，可以利用山地的高差进行地下空间的开发，从而提高地块的土地利用率，进而创造更大的经济效益。

2）地形对道路的影响

道路作为土地开发主要配套设施之一，其建设成本对土地开发成本的高低有重要影响。在山地区域，在短距离内其相对高差可以是很大的，坡度均较陡峭，流水湍急，地形错综复杂。这种地形区段的线路一般都显得弯多坡陡、起伏频繁，土石方和各种防护工程量都很大，地质和气候条件也比较复杂。因此，路基和边坡的稳定及行车安全等都会受到很大影响。在山地区域，如何善于利用地形布线是做好山区选线的关键。道路的

布置及构造做法一般分为道路垂直等高线、斜切等高线、平行等高线,其布设分为:
①环状布置。道路沿山丘或凹地环绕等高线布置,形成闭合或不闭合的环状系统。②尽
端式布置。道路结合地形,沿山脊、山谷(沟)或较平缓地段布置,呈树枝状或扇形的
尽端道路,布置较灵活,可较好地适应地形起伏变化。③盘旋延长线路布置。地形高差
较大时,可将道路盘旋布置,形成盘山路,或与等高线斜交布置,即之字形路。④道路
截面形式。通常情况下,山地道路截面有路堤、路堑和半挖半填等几种方式,在某些情
况下还可以采用架空、局部悬挑或隧道等方式。各道路的布置及构造做法如图 5.42~
图 5.45 所示。

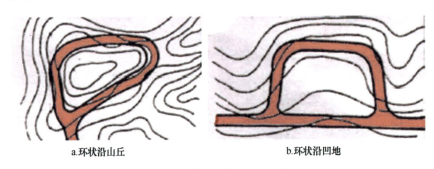

a.环状沿山丘　　　　　　　　　　　　　b.环状沿凹地

图 5.42　道路环状布置示意图

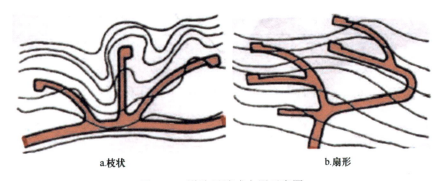

a.枝状　　　　　　　　　　　　　b.扇形

图 5.43　道路尽端式布置示意图

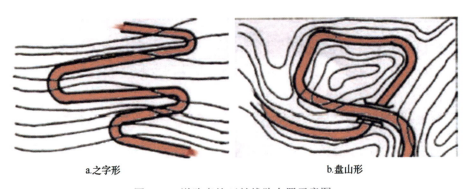

a.之字形　　　　　　　　　　　　　b.盘山形

图 5.44　道路盘旋延长线路布置示意图

　　从总体上说,在山地区域,地形对选线往往起着极大的控制作用。其中,地形坡度
对选线的影响具有特殊重要性。地形坡度是影响道路平面的控制因素,见表 5.35。

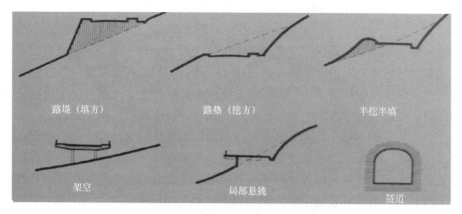

图 5.45　道路截面形式示意图

表 5.35　道路曲线长度与坡度关系

道路平均坡度 ＼ 地形平均坡度 道路延长倍数	5°	10°	20°	30°	40°	50°
4°（5°最大）	1.3	2.5	5.0	7.5	10.0	12.5
6°（8°最大）	1.0	1.7	3.3	5.0	6.7	8.3
8°（10°最大）	1.0	1.3	2.5	2.8	5.0	6.8

注：摘自《山地城镇规划设计理论与实践》。

山地建筑的道路成本会比平地项目高，主要表现在几个方面：①考虑道路的坡度，需要增加道路的长度，增加道路工程量；②山地建筑道路中存在大量的挖、填土方，而且可能会碰到挖比较硬的岩石、分化石等，会增加成本；③在山地建筑道路建筑中，很多地方要使用挡土墙，特别是碰到局部悬挑、架空或隧道等道路形式时会大大增加道路成本。

在山地建筑的道路建设中，应注意就地取材，土质较好的可用于垫层，岩石可用于砌筑护坡、挡土墙等，减少土方外运、购置材料的费用，以达到降低成本的目的。

3）地形对管道工程的影响

山地建筑由于受山地地形、山位、坡地和建筑排布的影响，工程管网（包括给水管线、排水管线、电气管线等）走向不能取直施工，造成各种管道工程量的大量增加，对管道、设备的要求也变得复杂许多，如给水工程的水压问题，较大的小区要根据建筑的间距、标高情况进行分区供水，水压不够的要进行分区加压，增加增压设备；对于排水工程既要利用自然地形的天然排水沟进行排水，又要注意因坡度太陡、水流流速太大对管线的冲蚀。有时为了保护山体植被不被管网工程破坏，将设备管线相对集中设置等。以上种种情况均会增加成本。为合理降低成本，管网工程建设中充分根据山地建筑的条件，进行科学设计，如分区供水、利用天然沟渠河道进行排水，利用地形高差将朝向不好、通风不好的半地下室作为设备用房等。

4）场地平整与防护工程量大

山地区域土地建设开发区别于平原地区的主要特征是地形复杂，需要考虑高程、坡度、水文条件等诸多问题。山地区域的场地土石方、防护工程平衡是一项专业性、技术性、经济性和综合性很强的工作，需要在工程技术经济和时空建设时序上协调处理各种复杂的矛盾，需要经过多方案的经济技术综合比较，以求得最佳的实施方案。而平原地区场地平整工程量相对较小，水土流失问题不如山地地区开发建设时那么严重，填挖方数量容易平衡。土石方合理平衡不是指简单地、机械地要求分单个工程、分片、分段的土石方数量的平衡，而是利用各种有利条件，以能否提高用地的使用质量、节省土石方及防护工程投资、提高开发效益等为衡量原则的适当范围内的土石方平衡。

2. 不同空间开发模式影响

现有山地建设开发布局模式可以简要地归纳为坡地模式、台地模式、开山平谷式。在不考虑其他因素差异的情况下，以下三种模式的土地开发时的成本差异主要受开发中的土方工程量影响，不同坡度用地条件下土石量比较见表5.36。

表5.36　不同坡度用地条件下土石量比较表

项目名称	平地	5%～10%	10%～15%	15%～20%
每公顷土石方量/m³	2000～4000	4000～6000	6000～8000	8000～10000
建筑物占地面积上的土石工程量/（m³/m²）	2～4	3～4	4～8	8～10

1）坡地模式

利用坡地，通过小规模平整土地，依山就势进行建设，可减少土地开发中的土方工程量，降低土地开发成本（图5.46）。

图 5.46　坡地模式示意图

2）台地模式

在台地临山面通过平整工程获得相对平整的用地，与道路和既有用地协调性好，但可开发规模较小，继续开发受影响。这一类型开发模式的工程量较坡地模式大，土地开发成本有所上升（图5.47）。

图 5.47　台地模式示意图

3）开山平谷模式

在丘陵地带的谷底与山顶之间选择适当的高程为基准地平，开山填谷，能获得较大规模的平整土地，但是对生态景观和自然地形的扰动较大。工程量较大，生态保护、景观维护费用较高，总成本较高（图 5.48）。

图 5.48　开山平谷模式示意图

在不考虑地质环境、生态环境差异的情况下，开发同等面积的用地，这三种开发模式成本情况为开山平谷模式＞台地模式＞坡地模式。

不同的开发模式各有优缺点（表 5.37），地形复杂的山地城市，单一的山地开发模式并不能适应所有情况，因此，应综合运用各种开发模式，并充分利用各个模式的优势及弥补弱势。

表 5.37　不同开发模式的利弊比对

比较项目		谷地模式	坡地模式	台地模式	开山平谷模式
经济性	前期工程量	很小	较小	一般	较大
	规模效益	一般	较大	较大	很大
功能适应性		工业、居住、公共设施	居住、公共设施、小规模工业	较小规模的工业、居住、公共设施	各种类型的用地
安全性		较好	一般	一般	较好
生态景观	景观	设施隐蔽性好，山城交融	山体与设施耦合性好，山城特色突出	对山体形态改变较小，继续开发受影响	形态较呆板，山城特色不突出
	生态环境质量	好	视开发强度	视开发强度	视开发强度
空间资源存量		较少	较多	较多	很多

　　另外，对于任何一种山地空间布局模式，在进行竖向设计时，设计方式的差异也将影响土地开发成本。例如，在地形起伏较大的地方，应充分利用地形适当地加大设计地面的坡度，反复调整设计地面标高，使设计地面尽可能与自然地面接近，两者形成的高差较小才能减少土石方工程量、支挡构筑物和建筑基础的工程量，如图 5.49 所示。

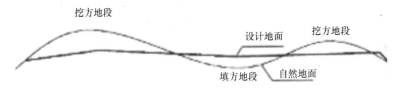

图 5.49　地形起伏较大时挖方、填方示意

　　在边坡处理时，边坡坡度的大小决定了边坡的占地宽度和切坡的工程量（图 5.50）。

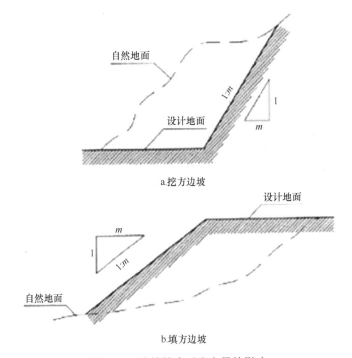

图 5.50　边坡坡度对土方量的影响

3. 地质环境影响

　　除地貌影响因素以外，项目区所在区域的地质环境将直接或间接影响土地开发成本。辨识不利地形条件的分布范围，地形太过陡峭的地区在开发时挖填均较大，且容易引发地质灾害，其开发与灾害防治成本均偏高，作为都市发展用地使用时既不经济也不安全。为了表示地质灾害严重程度，可根据其防治之难易或防治费用之高低进行分级。参考美国地质调查局于 1970~1976 年在加利福尼亚州所做的研究结果（Laird et al.，1979），可将每种灾害的严重程度分为 3~5 级，分别以 0、1、2、3、4 为代表，数值越大则表示防治成本越高，处理的难度也越大。0 代表不需要处理者，1 代表处理容易者，

2 代表处理稍难者，3 代表处理很难者，4 代表处理极难者或甚至无法处理者。

　　边坡破坏防治成本的来源主要可分为两大类，一类为工程地质调查费用，包括：①初步地质报告，含已有报告的分析、航照判释、地表地质图的制作及少数地物探勘的剖面；②地下地质调查，含挖掘明坑、明沟、取样试验、坡度稳定分析和综合分析；③详细的工程地质调查，含钻探、土壤分布图及试验、整坡工程与特殊的基础设计。另一类为减轻地质灾害的费用，该费用的估计因坡地条件的不同变化很大，约为工程构筑费用的 1%～50%。在美国，经过实例查访及统计分析后，若以住宅区为土地利用方式，其花费于防治边坡破坏的成本，依据灾害敏感性的高低顺序依次为 200000 美元、100000 美元、50000 美元及 0～9000 美元，其费用之比值为 20、10、5、0，又用来表示地质灾害防治成本指数。

　　基础沉陷的防治成本主要花费于地下地质调查费用、整坡费用、适当的回填及特殊的基础设计。依据灾害程序之高低顺序，美国的统计数字（以住宅区为土地利用方式）为 100000 美元、30000 美元、20000 美元、2000 美元，表 5.38 为其费用比值，即 10、3、2、0。

表 5.38　地质灾害防治成本指数

地质灾害类别	灾害严重等级	单项灾害防治成本指数
边坡破坏	0	0
	1	5
	10	10
	3	20
土壤冲蚀	1	1
	2	2
	3	3
基础沉陷	0	0
	1	2
	2	3
	3	10
地盘下陷	0	0
	1	2
	2	3
	3	10
	4	20

　　Laird 等（1979）的研究报告中，关于土壤侵蚀一项，是考虑因侵蚀所造成的水土流失，以及于沉积区将淤泥清除所需要的费用。若以住宅区为土地利用方式而言，其总费用仅为数百美元，与前两项地质灾害的防治成本无法相比。但鉴于云南的雨量充沛，侵蚀作用旺盛，必须对坡地开发时所造成的裸露坡地实施水土保持工作，以抗侵蚀并稳定坡面，所以将地质灾害防治成本之比值设定为 3、2、1。

　　若将同一网格（CELL）（25m×25m 为单位）内各项灾害防治成本指数综合起来，即可得另一数值，可反映此网格的"开发成本指数"（表 5.39）。

表 5.39　依开发成本指数而分级的土地利用潜力

土地开发成本指数界限	土地利用潜力等级
1~5	很高
6~10	高
11~20	中
21~25	低
大于 25	很低

由表 5.39 可以看出,地质灾害防治成本对土地成本的构成影响明显,特别是对山地区域,开发前的地质环境进行评价,开发中及开发后的地灾防治对于低丘缓坡山地的可持续开发影响重大,要想实现"建得好"的目标,需要加大对山地灾害防治的投入,虽然这部分投资在开发前会增加土地开发成本,但对于保障山地开发的安全性是必不可少的。

4. 环境保护影响

土地开发项目的环境影响涉及所有的环境问题,包括大气环境污染、水环境污染、噪声污染、固体废弃物污染及资源和生态系统的各种类型的环境问题。土地开发项目对环境产生的影响可能是负面影响,如加重环境污染、破坏资源或生态系统;也可能是正面影响,如减轻环境污染、节约资源或改善环境。不同类型的投资项目所造成的环境影响会体现出不同的形式和特点。从经济分析的角度讲,项目环境影响的经济意义在于项目的负面影响或正面环境影响对经济造成的损失或带来的收益。对于土地开发项目来说,其成本应该包括由于开发过程中对环境带来负面影响而导致的经济损失部分。

对于土地开发项目来说,土地开发后对环境的污染相对较小,但可能会影响到区域的景观。土地开发对环境的影响主要表现在建设期,其中包括大气污染、噪声污染、水污染、拆迁安置问题和对区域景观的影响等。大气污染主要是土方施工时的扬尘、车辆行驶时的扬尘、风力产生的扬尘,扬尘的影响典型事例如最近报道的兰州投资千亿的削山造地工程,扬尘极为严重,加重了兰州大气污染,削山造地反而导致兰州雾霾趋势加剧,全市削山造地工程被迫停工;噪声污染主要是机器运转、车辆行驶及工人施工时所产生的噪声;水污染主要是建设工地的生活污水、施工产生的废水等污染;在很多土地开发项目中,居民拆迁安置过程中也会产生相应的问题。目前,为了减轻土地开发项目对环境造成的负面影响,除在工程技术上有要求以外,还收取土地开发项目的环境保护费,这部分费用也是土地成本的组成部分。

5. 生态影响

对于生态影响,由于目前对生态价值的计算,其科学性还有待提高,很难对这部分价值进行准确的量化界定,对土地成本中的生态成本如何判定,还需要进一步通过研究才能合理确定;对于一些适宜建设区域,需要根据生态敏感性等级考虑项目区及项目区以外的土地开发方式,以降低对生态的影响;对已经明确了生态保护廊道的区域,土地开发应尽量避免对现有保护廊道的影响,并保持廊道的畅通性。这些生态的应对措施都将在一定程度上加大土地开发的经济成本，但对于生态效益的实现却有着积极的意义。

6. 其他影响因素

技术影响。通过对调研区域进行现场考察，与当地政府环保、国土、水利、农业等部门的座谈讨论，发现目前在山地城镇建设开发过程中，当地最缺的就是山地开发的技术支撑问题，目前已在进行的开发建设区域所采用的建设开发标准多为已有的国土部门、建设部门、水利部门的调查、施工建设标准，对于这些标准在山地、在大规模填方挖方（如绿春县，填方最深处约 100m）区域是否适用，应做何修正，出现问题又怎么预防均没有前期深入分析。技术支撑体系的不完善导致部分区域在山地开发中投入无针对性、投入的无效性，造成土地开发过程中的浪费，这是导致部分地区山地土地开发成本偏高的因素。

制度影响。低丘缓坡山地的开发涉及国土、林业、城建、环保、水利等部门，在进行低丘缓坡山地开发时，虽然进行了国土、城建、林业 3 个部门规划的衔接，但实际操作过程中仍存在由政策制度设计不到位导致的土地开发过程中制度成本的增加，如地类划分的不统一导致土地部门和林业部门在林地和园地的区分上有争议，使得补偿标准执行不一，征地过程中存在重复上报审批等，这些问题的出现会进一步导致对原有规划的调整修改，征地补偿标准的重新谈判，这使得土地开发周期延长，成本增加。除此以外，现有土地政策无较大突破，差别化不明显，开发主体为突破现有的土地政策瓶颈，需要投入更多的资金，用于保障开发的顺利进行。

7. 基于多层模型的低丘缓坡开发项目区土地利用率影响因素分析

多层模型是将因变量的变异分解成两个部分：一部分来源于个体层面因素的差异变化；另一部分来源于区域层面因素的差异变化。个体因素又受到区域因素变化的影响，通过变异分析，揭示个体效应和区域效应的影响力度和相互之间的关系。包括以下两个模型，其中随机截距模型的多层模型结果见表 5.40。

1）无条件平均模型

假设一个数据具有个体层次和区域层次两个结构，因变量为连续变量时，采用线性模型。在研究时，首先不加入预测变量，考查随机误差项的方差是否足够大，又称空模型。计算公式如下：

$$y_{ij} = r_{00} + \delta_{0j} + \varepsilon_{ij} \tag{5.15}$$

式中，y_{ij} 为 j 地区 i 个体的结果；r_{00} 为总平均值或总截距，属于固定参数；δ_{0j} 为地区层次的随机变量；ε_{ij} 为个体层次的随机变量，指 j 地区 i 个体到 j 地区的截距的偏离。

2）随机截距模型

$$\text{第一层：} \quad y_{ij} = r_{0j} + r_{10x1ij} + \varepsilon_{ij} \tag{5.16}$$

$$\text{第二层：} \quad r_{0j} = r_{00} + r_{01G1j} + \delta_{0j} \tag{5.17}$$

完整方程式：$y_{ij} = (r_{00} + r_{01G1j} + r_{10x1ij}) + (\delta_{0j} + \varepsilon_{ij})$ （5.18）

影响低丘缓坡项目区土地利用率的因素有很多，归纳起来可以分为两个层次。一是宏观（区域）层次，对应景观格局的空间尺度。通过关联分析与单因素回归研究，本书选取产业结构、人均 GDP、城镇化率、地形地貌 4 个因素作为第一层次因素（区域层次因素）指标。其中产业结构用第二产业、第三产业比重衡量，第二产业、第三产业比重高，对地区建设用地的需求也高。

人均 GDP 用 GDP/总人口数（元/人）衡量，代表一个地区的经济发展和消费水平，人均 GDP 越高，经济发展水平越高，消费能力越强，对建设用地的需求也越大。城镇化率用城市人口/总人口衡量，一个地区的城镇化水平反映该区域城镇工业发展的综合水平，城镇化率越高，对建设用地的需求越大。区域地形地貌类型从山地建设用地供给方面制约低丘缓坡项目区建设开发的土地利用率。63 个项目区主要分布在两类大地貌类型单元：①湖盆高原区类型，用 1 代表；②低山盆谷区类型，用 0 代表。

二是微观（局地）层次，对应项目区样本尺度，反映各项目区样本影响因素的差异性。通过实地调查和定量关联分析，本书选取坡度、地质灾害类型、交通可达性、土地利用现状、土地开发成本 5 个因素作为第二层次因素（项目区因素）指标。其中坡度用各个项目区 15°以下用地面积占项目区总面积的百分比衡量；地形坡度对低丘缓坡项目区山地建设开发有直接的影响，坡度越大，土地开发难度越大，开发成本也越高。地质灾害类型是影响低丘缓坡山地建设开发安全性的重要因素。低丘缓坡项目区不能布局在有高地质灾害危险等级的区域，即使项目区存在中等及以下地质灾害危险，都必须采取防灾措施，加大了低丘缓坡项目区建设开发的难度和成本，因此，它是影响低丘缓坡项目区土地利用率的重要因素之一。本书按照国家地质灾害危险性分级将低丘缓坡项目区内可能存在的地质灾害风险分为危险性中等和危险性小或无危险两种情况。交通可达性用项目区到城镇或主要交通道路的距离衡量，反映低丘缓坡项目区交通的便捷程度，无论项目区是工业开发、城镇建设开发还是旅游开发，都要考虑交通便捷性和运输成本，交通便捷性高、运输成本低的项目区会被优先开发。土地利用现状用项目区开发前建设用地占项目区总面积的比重衡量，项目区建设前已有建设用地占项目区的面积比例越

表 5.40 多层模型结果

随机截距模型			
	系数	标准差	P 值
固定效果（截距）	1.1784	0.1071	0.004*
随机结果			
群间变异（地区层次）	0.0281	0.0218	0.000*
群内变异（项目区层次）	0.1079		
群间关联度系数 ρ	0.2609		
因变量被自变量解释的比例/%	73.9573		
项目区样本数/个	63		
地区（区域）样本数/个			

*$P<0.01$。

高，项目区建设开发程度越高，越有利于提高项目区建设开发土地利用率。土地开发成本用项目区土地开发总成本（万元）衡量，投入到项目区开发的资金越多，越有利于提高项目区建设开发的土地利用率，该指标从资金角度影响土地开发利用水平。

由表 5.41 可知，宏观（区域）层次，人均 GDP 和城镇化率对低丘缓坡山地建设开发土地利用率均有显著正向影响，即区域经济越发达，城镇化水平越高，对该区域建设用地需求越大，其低丘缓坡山地建设开发的土地利用率越高。计算结果还显示，区域产业结构和地形地貌类型对低丘缓坡山地建设开发的土地利用率没有显著影响。

表 5.41 土地开发利用情况的多层模型与普通 OLS 模型结果

类型	变量	多层模型				普通 OLS 模型			
		回归系数与显著性检验		方差成分与显著性检验		回归系数与显著性检验		方差成分与显著性检验	
		回归系数	标准差	t 检验	方差成分	回归系数	标准差	t 检验	方差成分
	截距	3.0075*	1.2177	2.4701*	4.5693	0.6828***	0.2318	2.9456**	1.8034
地区层次	产业结构	−0.3327	0.0146	−0.0211*	0.0007	−0.3490*	0.3495	0.9985*	0.0461
	人均 GDP	0.4903***	0.1914	0.3271**	0.2116	0.4003**	0.0006	0.1866	0.2304
	城镇化率	0.0419**	0.0826	0.0113*	0.0280	−0.1420**	0.2947	−0.4818*	0.0045
	地形地貌	−0.1454	0.0983	−0.0957	0.0655	−0.0903	0.0620	−1.1456	0.0615
项目区层次	坡度	−0.0377**	0.0005	−0.0016*	0.0064	−0.0726	0.1519	−1.1368	0.1906
	地质灾害类型	−0.0068	0.0063	−0.0107	0.0341	0.0046	0.0516	0.2823*	0.2053
	交通可达性	−0.1910**	0.2093	−0.2255**	0.1663	−0.0013**	0.0033	−0.4033*	0.0672
	土地利用现状	−0.3304*	0.3035	−0.2842*	−0.1847	−0.2723	0.3866	−0.4456**	0.0384
	土地开发成本	0.1011	0.0328	0.0940**	0.0051	0.0003	0.0012	1.3263	0.0069

*$P<0.1$；**$P<0.05$；***$P<0.01$。

微观（项目区）层次，坡度、交通可达性、土地利用现状均显示统计意义上的显著性。如我们预期那样，坡度与低丘缓坡山地建设开发的土地利用率具有显著的负相关影响，坡度越大，山地建设开发难度越大，土地利用率越低。项目区的交通可达性与低丘缓坡山地建设开发的土地利用率也有显著的负相关影响，项目区距离中心城市（或中心城镇）和主干公路（铁路）越远，对项目区建设开发的需求越小，其土地利用集约度越低，土地利用效率（利用率）也越低。项目区原有建设用地开发利用现状也对低丘缓坡山地建设开发的土地利用率产生影响，但这种影响是负相关的，即低丘缓坡项目区开发前的建设用地现状并不对项目区建设开发的土地利用率提高有帮助。可能的原因是，目前动工的 63 个项目区样本，原有建设用地多数是农村村落等宅基地，需要征收后进行用地重新调整，其征收成本高，影响项目区建设开发整体土地利用率水平。

5.3.5 坝区工业园区和典型企业用地情况分析

1. 坝区工业园区用地情况

共调查云南省国家级和省级开发区 20 个，其中分布在坝区的开发区有 11 个，主区分布在坝区的有 4 个，分布在低丘缓坡山地的开发区有 5 个。根据云南省开发区土地集

约利用评价成果，详见表 5.42，20 个开发区土地集约利用评价结果的平均分值为 90.61，
最大值为 96.51，最小值为 59.04，方差为 60.30，标准差为 7.77。

表 5.42　开发区土地集约利用评价结果

开发区名称	主区评价分值	发展方向区评价分值	综合分值	所在区域
1. 昆明经济技术开发区	96.13	82.29	93.36	坝区
2. 曲靖经济技术开发区	91.74	85.60	90.69	坝区 65%、低丘缓坡山地 35%
3. 蒙自经济技术开发区	90.05	81.76	88.39	坝区
4. 嵩明杨林经济技术开发区	95.15	94.71	95.06	低丘缓坡山地
5. 昆明国家高新技术产业开发区	95.64	100.00	96.51	坝区
6. 玉溪国家高新技术产业开发区	95.90	—	95.90	坝区
7. 昆明出口加工区	90.66	—	90.66	坝区
8. 瑞丽边境经济合作区	89.93	—	89.93	坝区
9. 畹町边境经济合作区	92.05	—	92.05	坝区 58%、低丘缓坡山地 42%
10. 河口边境经济合作区	88.23	—	88.23	低丘缓坡山地
11. 临沧边境经济合作区	58.39	61.66	59.04	低丘缓坡山地
12. 宣威经济技术开发区	95.73	97.00	95.98	坝区
13. 楚雄高新技术产业开发区	94.87	93.01	94.50	坝区
14. 开远经济开发区	94.88	95.54	95.01	坝区
15. 磨憨经济开发区	94.88	94.96	94.70	坝区 40%、低丘缓坡山地 60%
16. 大理经济技术开发区	94.43	92.04	93.95	坝区 60%、低丘缓坡山地 40%
17. 腾冲经济开发区	91.81	76.78	88.80	低丘缓坡山地
18. 华坪经济开发区	90.38	—	90.38	坝区
19. 迪庆经济开发区	94.70	58.10	87.38	低丘缓坡山地
20. 文山三七药物产业园区	92.13	89.85	91.67	坝区

注："—"为无发展方向区。

由表 5.42 可知，除临沧边境合作区土地集约利用程度较低以外，其他地区土地集约
利用程度都较高，而在坝区比例在 60% 以上的开发区，其主区大部分分布在坝区，在本
章中也列入坝区开发进行研究。

本章确定为坝区开发区的有 13 个，其用地结构详见表 5.43，其中工矿仓储用地比
例在 50% 以上的开发区有 3 个，工矿仓储用地比例在 30% 以上的开发区有 7 个。通过对
13 个坝区开发区用地结构进行分析可知，从 13 个坝区开发区各项用地结构的平均值来
看，工矿仓储用地和住宅用地的比例较高，两者合计为 63.21%；其次是交通运输用地，
比例为 17.29%；公共管理与公共服务用地比例也在 10% 以上，为 10.97%（图 5.51）。为
进一步研究以工业用地为主的开发区，对 13 个开发区中工矿仓储用地比例在 50% 以上
和 30% 以上的开发区进行了提取，分析此类开发区用地结构。其中工矿仓储用地比例在
50% 以上的开发区有 3 个，从 3 个开发区用地结构平均值来看，除工矿仓储用地以外，
交通运输用地比例最高，为 19.72%，其中街巷用地占比为 17.05%，占交通运输用地的
86.46%；其次为公共管理与公共服务用地，比例为 7.48%，其中公园与绿地占比为 3.55%，
占公共管理与公共服务用地的 47.46%（图 5.52）。工矿仓储用地比例在 30% 以上的开发

区有 7 个，用地比例在前几位的分别为工矿仓储用地，比例为 50.64%；交通运输用地，比例为 18.88%；住宅用地，比例为 13.95%；公共管理与公共服务用地，比例为 9.94%（图 5.53）。由此可见，坝区开发区随着工矿仓储用地比例的下降，住宅用地用地比例在不断提升，交通运输用地和公共管理与公共服务比例基本稳定。

表 5.43　坝区开发区用地结构表

开发区名称	住宅用地/%	工矿仓储用地/%	交通运输用地/%	其中街巷用地/%	商服用地/%	公共管理与公共服务用地/%	其中公园与绿地/%	其他城镇建设用地/%
曲靖经济技术开发区	6.50	75.53	11.23	11.23	1.67	5.06	3.83	0.00
昆明出口加工区	2.76	66.00	24.29	23.38	0.43	6.53	1.93	0.00
昆明经济技术开发区	8.34	51.73	23.63	16.52	4.45	10.85	4.89	1.00
蒙自经济技术开发区	19.62	46.77	15.60	3.34	2.63	10.94	1.46	4.44
玉溪国家高新技术产业开发区	20.70	43.68	15.40	15.40	9.02	11.20	3.74	0.00
宣威经济技术开发区	24.60	37.00	13.30	13.02	10.71	14.40	4.98	0.00
大理经开区	15.12	33.77	28.71	10.31	8.75	10.59	6.87	3.06
文山三七药园	47.87	24.71	7.29	7.29	10.85	9.28	0.00	0.00
楚雄高新技术产业开发区	32.05	23.39	20.16	18.68	10.35	13.88	7.23	0.17
昆明国家高新技术产业开发区	27.31	19.10	23.02	21.83	7.02	21.02	2.11	2.52
瑞丽边境经济合作区	40.20	10.34	27.08	14.81	17.13	4.83	2.69	0.41
开远经济开发区	38.73	5.81	14.99	9.78	13.54	24.09	8.40	2.83
华坪经济开发区	95.60	4.40	0.00	0.00	0.00	0.00	0.00	0.00
平均值	29.19	34.02	17.29	12.74	7.43	10.97	3.70	1.11
标准差	23.23	21.45	7.94	6.53	5.09	6.26	2.58	1.48
工业 50%平均值	5.87	64.42	19.72	17.05	2.18	7.48	3.55	0.33
标准差	2.32	9.78	6.01	4.97	1.68	2.46	1.22	0.47
工业 30%平均值	13.95	50.64	18.88	13.31	5.38	9.94	3.96	1.21
标准差	7.60	14.10	6.10	5.72	3.77	2.91	1.72	1.68

注：工业 50%为工矿仓储用地比例在 50%以上的开发区各项用地均值；工业 30.0%为工矿仓储用地比例在 30%以上的开发区各项用地均值。同时从工矿仓储用地比例在 30%以上的 7 个开发区的集约利用评价结果来看，蒙自经济技术开发区评价分值为 88.39，其他 6 个开发区的评价分值都在 90 以上，可见各开发区土地集约利用水平相对较高，用地结构也相对合理，可作为衡量园区用地结构的参考依据之一。

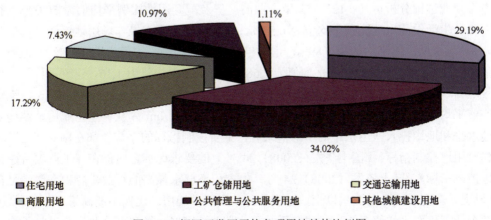

图 5.51　坝区开发区平均各项用地结构比例图

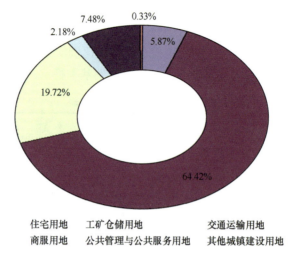

图 5.52　坝区工矿仓储用地比例在 50%以上的开发区平均各项用地结构比例图

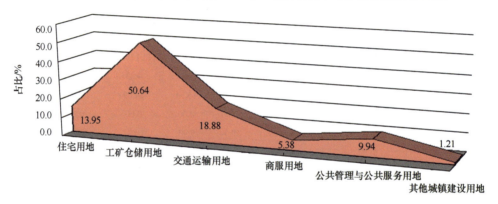

图 5.53　坝区工矿仓储用地比例在 30%以上的开发区平均各项用地结构比例图

2. 坝区典型企业工业项目用地情况分析

经过研究筛选确定坝区典型工业企业 123 家，包括除纺织服装、鞋、帽制造业，家具制造业、橡胶制品业及废弃资源及废旧材料回收加工业以外的所有制造业行业。通过对典型企业进行分析可知，123 个典型企业的厂房及配套用地比例平均值为 50.09%，行政办公及生活设施用地比例平均值为 6.55%，露天堆场、露天操作场用地比例平均值为 6.94%，预留地比例平均值为 5.89%，道路停车场用地比例平均值为 15.69%，绿地率平均值为 12.27%，其他用地比例平均值为 2.58%，容积率平均值为 1.16，建筑系数平均值为 53.2%，投资强度平均值为 3596.29 万元/hm^2，劳动投入强度平均值为 83/hm^2，地均总产值平均值为 11056.29/hm^2，地均利税平均值为 821.41/hm^2。从典型企业用地结构及用地水平和地均投入产出水平的平均值来看，主要控制指标的平均值都在国家《工业项目建设用地控制指标》（国土资发〔2008〕24 号）的要求标准之内，在《工业项目建设用地控制指标》（国土资发〔2008〕24 号）中容积率要求最高的行业，容积率要满足在 1.0 以上，建筑系数要在 30%以上，行政办公及生活设施用地比例不能高于 7%，而坝区典型企业容积率平均值为 1.16，建筑系数平均值为 53.2%，行政办公及生活设施用地比例平均值为 6.55%，三项指标都符合国家《工业项目建设用地控制指标》（国土资发〔2008〕24 号）的要求，同时坝区典型企业投资强度平均值为 3596.29 万元/hm²，而云南省在国家投资强度控制指标中最高的五等地区的通信设备、计算机及其他电子设备制造业要求投资强度要高于 3520 万元/hm²，坝区典型企业投资强度平均值略高。总体来看，坝区典型企业用地符合《工业项目建设用地控制指标》（国土资发〔2008〕24 号），但从行业和部分企业来看，还是有某些指标低于《工业项目建设用地控制指标》（国土资发〔2008〕24 号）的要求。

从行政办公及生活设施用地比例、绿地率、容积率、建筑系数和投资强度 5 个方面衡量 123 个典型企业符合《工业项目建设用地控制指标》（国土资发〔2008〕24 号）的要求情况，完全符合的企业有 62 个，占样本总数的 50.41%，其中行政办公及生活设施用地比例不符合要求的企业有 25 个，绿地率不符合要求的企业有 14 个，容积率不符合要求的企业有 21 个，建筑系数不符合要求的企业有 1 个，投资强度不符合要求的企业有 25 个，主要因为有些企业入驻园区较早，当时还没有出台《工业项目建设用地控制指标》（国土资发〔2008〕24 号），所以有些指标不符合要求。

上文对坝区企业用地的整体情况进行了初步分析，下面从企业用地的重点指标和分行业情况进一步分析企业用地情况。

1）企业用地结构情况分析

用地结构能反映一个企业用地的合理性，对于工业企业来说，厂房及配套用地要占有较大比例，而行政办公及生活设施用地比例、道路停车场用地比例和绿地率要得到有效的控制。

从工业各行业厂房及配套用地比例平均值来看，有色金属冶炼及压延加工业的比例平均值最高，为 66.8%，化学原料及化学制品制造业的厂房及配套用地比例平均值最低，为 32.6%，而多数行业厂房及配套用地比例平均值在 50% 左右，详见图 5.54。

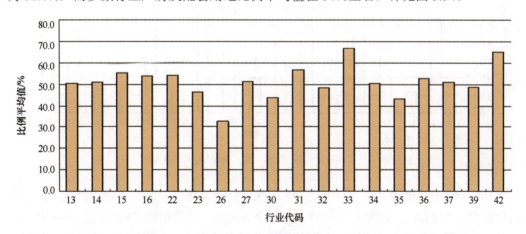

图 5.54　工业各行业厂房及配套用地比例平均值

从工业各行业行政办公及生活设施用地比例平均值来看，食品制造业和造纸及纸制品业的比例平均值较高，分别为 12.9% 和 13.6%，比例平均值最低的是通用设备制

造业，为 3.9%，其他行业行政办公及生活设施用地比例平均值都在 4.0%～6.0%变动，
详见图 5.55。

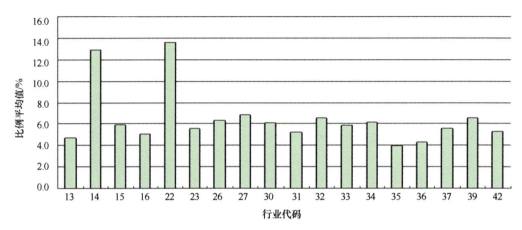

图 5.55　工业各行业行政办公及生活设施用地比例平均值

从工业各行业露天堆场、露天操作场用地比例平均值来看，非金属矿物制品业的比
例平均值较高，为 18.7%，此外，还有食品制造业、黑色金属冶炼及压延加工业、金属
制品业和电气机械及器材制造业的露天堆场、露天操作场用地比例平均值在 10%以上，
工艺品及其他制造业及印刷业和记录媒介的复制的露天堆场、露天操作场用地比例平均
值较低，分别为 0.0%和 0.8%，详见图 5.56。

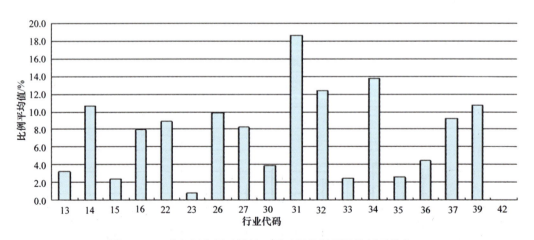

图 5.56　工业各行业露天堆场、露天操作场用地比例平均值

从工业各行业预留地比例平均值来看，化学原料及化学制品制造业的预留地比例平
均值最高，为 14.8%，此外，饮料制造业和金属制品业的预留地比例平均值也在 10%以
上，而专用设备制造业和工艺品及其他制造业没有预留地，有色金属冶炼及压延加工业
的预留地比例平均值也很低，仅有 0.5%，详见图 5.57。

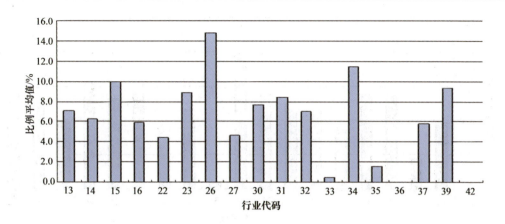

图 5.57　工业各行业预留地比例平均值

从工业各行业道路停车场用地比例平均值来看，通用设备制造业的道路停车场用地比例平均值最高，为 35.4%，非金属矿物制品业和金属制品业道路停车场用地比例平均值较低，分别为 2.8%和 2.5%，多数行业的道路停车场用地比例平均值在 10%左右，详见图 5.58。

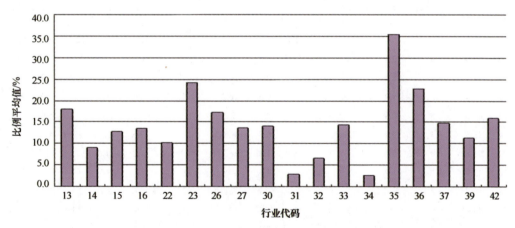

图 5.58　工业各行业道路停车场用地比例平均值

绿地在工业各行业中均占有一定比例，在典型企业调查中非金属矿物制品业的绿地率最低，为 0.9%；其次是食品制造业，为 4.4%。此外，农副食品加工业、造纸及纸制品业和交通运输设备制造业的绿地率都接近 10%，其他工业各行业的绿地率都在 10%以上，详见图 5.59。

坝区不同工业行业用地结构平均值表见表 5.44。

2）容积率情况分析

容积率是表征一个企业用地集约程度的一个重要指标，通过对典型企业数据进行分析，工艺品及其他制造业的用地容积率平均值最高，为 1.95；非金属矿物制品业用地容

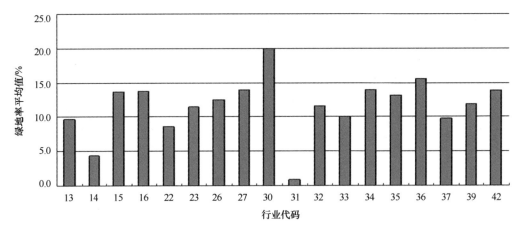

图 5.59　工业各行业绿地率平均值

表 5.44　坝区不同工业行业用地结构平均值表（%）

行业代码	用地结构比例均值							标准差						
	厂房及配套用地	行政办公及生活设施用地	露天堆场、露天操作场用地	预留地	道路停车场用地	绿地	其他用地	厂房及配套用地	行政办公及生活设施用地	露天堆场、露天操作场用地	预留地	道路停车场用地	绿地	其他用地
13	50.3	4.7	3.2	7.1	18.0	9.6	7.0	17.6	4.0	4.4	10.7	18.0	5.3	17.3
14	51.1	12.9	10.7	6.2	9.0	4.4	5.7	20.3	9.1	13.9	10.5	12.3	7.0	13.9
15	55.3	5.9	2.3	10.0	12.7	13.7	0.0	15.4	3.8	4.1	17.3	6.1	3.5	0.0
16	53.9	5.1	8.0	5.9	13.4	13.8	0.0	16.6	1.1	11.3	5.6	13.1	0.8	0.0
22	54.3	13.6	8.9	4.4	10.2	8.6	0.0	16.3	6.1	6.3	6.2	3.5	1.9	0.0
23	46.5	5.5	0.8	8.9	24.2	11.5	2.6	9.2	1.6	1.7	11.4	19.1	5.4	5.6
26	32.6	6.3	9.9	14.8	17.3	12.5	6.7	8.5	2.9	12.5	6.7	9.0	9.5	8.1
27	51.5	6.8	8.2	4.7	13.7	14.0	1.2	18.2	4.8	11.2	11.6	12.7	10.0	4.3
30	43.9	6.1	3.9	7.7	14.0	20.0	4.5	10.6	3.9	5.0	9.4	9.1	13.1	6.9
31	56.7	5.2	18.7	8.4	2.8	0.9	7.3	8.1	1.5	13.0	8.1	2.1	1.2	9.7
32	48.4	6.5	12.4	7.0	6.6	11.6	7.5	12.1	1.8	3.8	9.9	2.1	5.0	10.6
33	66.8	5.8	2.4	0.5	14.4	10.1	0.0	17.7	1.4	4.2	1.3	13.9	7.9	0.0
34	50.4	6.2	13.7	11.4	2.5	13.9	1.8	10.2	0.2	1.4	11.4	0.5	0.9	1.8
35	43.4	3.9	2.6	1.5	35.4	13.2	0.0	12.4	3.0	5.0	4.4	23.6	5.9	0.0
36	52.8	4.3	4.4	0.0	22.8	15.6	0.0	7.7	2.4	4.7	0.0	9.6	2.3	0.0
37	51.0	5.5	9.3	5.8	14.7	9.8	3.9	11.6	1.6	5.1	3.9	9.7	3.3	6.7
39	48.9	6.5	10.8	9.4	11.4	11.9	1.3	12.2	0.7	7.1	12.9	10.4	6.3	3.3
42	65.0	5.2	0.0	0.0	15.9	13.9	0.0	5.1	0.5	0.0	0.0	3.3	2.4	0.0

注：有个别行业由于样本较少未加入计算。

积率平均值最低，为 0.79；农副食品加工业和饮料制造业的用地容积率平均值低于国家标准，分别低 0.16 和 0.1，其他各行业用地容积率平均值均高于国家标准。同时行业内部用地容积率也存在一定的差异，有些行业用地容积率相对波动不大，如非金属矿物制品业、金属制品业和工艺品及其他制造业，企业用地容积率的最大值与最小值的差异不大，一方面由于行业工艺要求；另一方面由于典型企业样本数量偏少，不能完全反映行业用地容积率的差异，而有些行业用地容积率差异显著，如塑料制品业容积率最大值为2.49，最小值仅有 0.71，最大值是最小值的 3 倍多，用地容积率最大值是最小值 2 倍以上的行业就有 13 个，占统计行业总数的 72.2%，分析其原因是一方面行业处在的地区不同，一般在社会经济发展较好的地区，其容积率相对较高；另一方面是企业入驻园区的时间不同，在《工业项目建设用地控制指标》（国土资发〔2008〕24 号）出台之前，入驻的企业用地容积率要相对低一些（表 5.45 和图 5.60）。

表 5.45　工业各行业容积率平均值

行业代码	最大值	最小值	平均值	标准差	国家标准
13	1.04	0.49	0.84	0.17	≥1.0
14	2.11	0.89	1.27	0.37	≥1.0
15	1.30	0.47	0.90	0.33	≥1.0
16	1.26	0.73	1.03	0.22	≥1.0
22	2.22	1.03	1.71	0.50	≥0.8
23	2.01	0.59	1.34	0.47	≥0.8
26	1.44	0.57	0.92	0.31	≥0.6
27	2.78	0.41	1.20	0.45	≥0.7
30	2.49	0.71	1.28	0.66	≥1.0
31	0.87	0.70	0.79	0.07	≥0.7
32	1.46	0.78	1.02	0.31	≥0.6
33	1.60	0.61	0.99	0.30	≥0.6
34	0.85	0.76	0.81	0.05	≥0.7
35	2.34	0.62	1.40	0.49	≥0.7
36	1.90	0.83	1.23	0.38	≥0.7
37	1.94	0.77	1.11	0.48	≥0.7
39	1.22	0.52	0.89	0.19	≥0.7
42	1.98	1.92	1.95	0.03	≥0.7

注：有个别行业由于样本较少未加入计算。

3）建筑系数情况分析

建筑系数是衡量工业企业用地集约程度的一项重要指标，《工业项目建设用地控制指标》（国土资发〔2008〕24 号）中单独将建筑系数列为一项控制性指标，要求工业企业用地建筑系数不能低于 30%。从典型企业调查数据的分析结果（表 5.46和图 5.61）来看，工业各行业建筑系数平均值都高于 30%，最低的为烟草制造业，其建筑系数平均值也达到了 40.2%，建筑系数平均值最高的是专用设备制造业，为59.9%，虽然也有部分行业建筑系数的最大值与最小值存在一定的波动，但最小值基本都高于国家规定的 30% 的控制值，仅塑料制品业的建筑系数的最小值低于30%，为 28.3%。

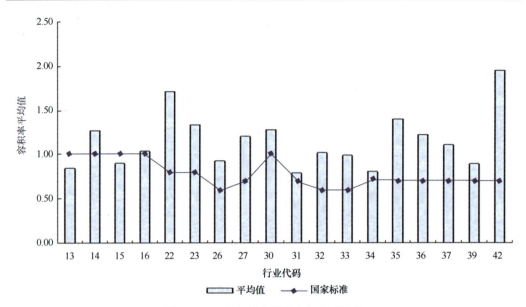

图 5.60　工业各行业用地容积率平均值

表 5.46　工业各行业建筑系数平均值（%）

行业代码	最大值	最小值	平均值	标准差	国家标准
13	85.58	30.46	58.69	16.45	≥30.0
14	96.42	32.43	56.24	22.15	≥30.0
15	64.20	43.21	55.59	8.29	≥30.0
16	43.70	33.33	40.20	4.86	≥30.0
22	63.32	43.03	52.01	8.45	≥30.0
23	62.16	34.99	46.63	10.77	≥30.0
26	65.02	35.49	44.90	9.19	≥30.0
27	85.88	32.48	53.24	17.21	≥30.0
30	63.06	28.30	46.13	10.08	≥30.0
31	57.45	46.48	53.07	4.74	≥30.0
32	83.48	40.19	56.55	19.19	≥30.0
33	94.71	44.96	57.92	22.32	≥30.0
34	52.52	38.57	45.54	6.97	≥30.0
35	61.36	40.05	55.98	11.62	≥30.0
36	83.67	36.72	59.90	15.03	≥30.0
37	69.54	36.65	52.04	14.95	≥30.0
39	86.00	40.29	53.77	15.02	≥30.0
42	46.84	39.59	43.22	3.63	≥30.0

注：有个别行业由于样本较少未加入计算。

4）投资强度情况分析

投资强度是分析企业用地集约程度的重要指标之一，通过对坝区典型企业投资强度调查数据进行分析，饮料制造业的投资强度平均值最高，为 11392.33 万元/hm²，投资强度最低的是非金属矿物制品业，为 722.28 万元/hm²，除造纸及纸制品业、非金属矿物制品业和金属制品业外，其他行业的投资强度平均值都在 1000 万元/hm² 以上，但各行业投资强度的标准差较大，说明各行业内部投资强度的差异较大，主要是由有些企业建厂时间较短，累计投资相对较少造成的（表 5.47）。

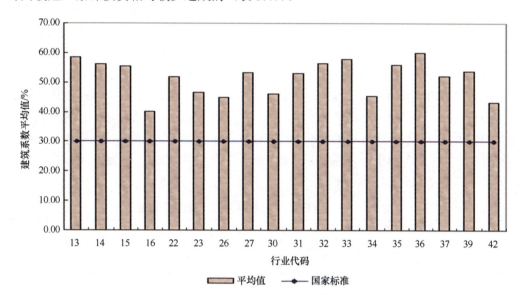

图 5.61　工业各行业用地建筑系数平均值

表 5.47　工业各行业投资强度平均值

行业代码	行业投资强度平均值 /（万元/hm²）	标准差
13	4034.45	6139.55
14	2844.10	2094.66
15	11392.33	8671.45
16	2026.65	919.31
22	927.29	658.65
23	3268.65	2228.47
26	6322.21	7934.36
27	3799.73	3544.72
30	1979.26	1852.19
31	722.28	151.86
32	1776.59	1055.70
33	2941.37	1865.34
34	798.61	623.30
35	5582.45	4530.05
36	3208.21	2800.02
37	1877.39	2253.65
39	2635.06	1833.27
42	5822.73	1246.68

注：有个别行业由于样本较少未加入计算。

5）综合情况分析

通过以上分析可知，各工业行业用地情况相对较好，用地情况相关指标数据平均值见表 5.48，多数企业可以达到国家《工业项目建设用地控制指标》（国土资发〔2008〕24 号）的要求，特别是建筑系数，在调查的企业中，仅有一个企业的建筑系数没有达到国家标准，但也十分接近国家标准，从行业容积率平均值来看，仅农副食品加工业和饮料制造业的用地容积率平均值没有达到国家标准。各行业的投资强度平均值也相对较高，但行业内部投资强度的差异还是较大。从用地结构来看，一方面各行业的厂房及配套用地比例平均值普遍较高，最低也达到了 32.6%，另一方面道路停车场用地比例和绿地率还是较高，并存在一定比例的预留用地。在行政办公及生活设施用地比例方面多数行业的均值没有超过国家规定的标准，但也有个别行业行政办公及生活设施用地比例均值较高，达到了 10% 以上，需要严格控制企业非生产性用地比例，才能有效提高企业用地效率，提升企业集约用地水平。

表 5.48　工业各行业用地情况相关指标数据平均值

行业代码	容积率		建筑系数		投资强度/（万元/hm²）	厂房及配套用地比例/%	行政办公及生活设施用地比例/%	露天堆场、露天操作场用地比例/%	预留地比例/%	道路停车场用地比例/%	绿地率/%	其他用地比例/%
	平均值	国家标准	平均值/%	国家标准/%								
13	0.84	≥1.0	58.69	≥30.0	4034.45	50.3	4.7	3.2	7.1	18.0	9.6	7.0
14	1.27	≥1.0	56.24	≥30.0	2844.10	51.1	12.9	10.7	6.2	9.0	4.4	5.7
15	0.90	≥1.0	55.59	≥30.0	11392.33	55.3	5.9	2.3	10.0	12.7	13.7	0.0
16	1.03	≥1.0	40.20	≥30.0	2026.65	53.9	5.1	8.0	5.9	13.4	13.8	0.0
22	1.71	≥0.8	52.01	≥30.0	927.29	54.3	13.6	8.9	4.4	10.2	8.6	0.0
23	1.34	≥0.8	46.63	≥30.0	3268.65	46.5	5.5	0.8	8.9	24.2	11.5	2.6
26	0.92	≥0.6	44.90	≥30.0	6322.21	32.6	6.3	9.9	14.8	17.3	12.5	6.7
27	1.20	≥0.7	53.24	≥30.0	3799.73	51.5	6.8	8.2	4.7	13.7	14.0	1.2
30	1.28	≥1.0	46.13	≥30.0	1979.26	43.9	6.1	3.9	7.7	14.0	20.0	4.5
31	0.79	≥0.7	53.07	≥30.0	722.28	56.7	5.2	18.7	8.4	2.8	0.9	7.3
32	1.02	≥0.6	56.55	≥30.0	1776.59	48.4	6.5	12.4	7.0	6.6	11.6	7.5
33	0.99	≥0.6	57.92	≥30.0	2941.37	66.8	5.8	2.4	0.5	14.4	10.1	0.0
34	0.81	≥0.7	45.54	≥30.0	798.61	50.4	6.2	13.7	11.4	2.5	13.9	1.8
35	1.40	≥0.7	55.98	≥30.0	5582.45	43.4	3.9	2.6	1.5	35.4	13.2	0.0
36	1.23	≥0.7	59.90	≥30.0	3208.21	52.8	4.3	4.4	0.0	22.8	15.6	0.0
37	1.11	≥0.7	52.04	≥30.0	1877.39	51.0	5.5	9.3	5.8	14.7	9.8	3.9
39	0.89	≥0.7	53.77	≥30.0	2635.06	48.9	6.5	10.8	9.4	11.4	11.9	1.3
42	1.95	≥0.7	43.22	≥30.0	5822.73	65.0	5.2	0.0	0.0	15.9	13.9	0.0

注：有个别行业由于样本较少未加入计算。

5.3.6　低丘缓坡工业园区用地控制指导指标

1. 已开发的低丘缓坡工业园区用地情况

在调查的云南省国家级和省级的 20 个开发区中，分布在低丘缓坡山地的开发区有 7

个，其用地结构详见表 5.49。在 7 个开发区的平均用地结构中的工矿仓储用地比例最高，为 34.6%；其次是交通运输用地，比例为 21.41%；住宅用地、商服用地和公共管理与公共服务用地的比例相近，都在 14% 左右；其他城镇建设用地比例较低，为 1.18%，具体可见图 5.62。

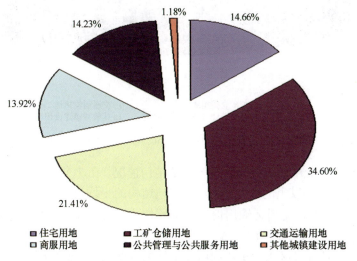

图 5.62　已开发低丘缓坡山地工业园区平均各项用地结构比例图

表 5.49　已开发低丘缓坡工业园区用地结构表（%）

开发区名称	住宅用地	工矿仓储用地	交通运输用地	其中街巷用地	商服用地	公共管理与公共服务用地	其中公园与绿地	其他城镇建设用地
腾冲经济开发区	0.41	86.36	9.27	3.48	0.05	3.91	1.95	0.00
嵩明杨林经济技术开发区	6.34	73.18	3.17	1.24	6.61	9.13	0.84	1.58
迪庆经济开发区	15.87	28.54	27.39	16.32	15.24	12.96	2.34	0.00
畹町边境经济合作区	18.01	25.86	25.68	5.86	24.53	5.92	0.00	0.00
临沧边境经济合作区	28.87	13.44	44.53	44.53	1.22	11.94	0.00	0.00
磨憨经济开发区	12.88	8.12	16.42	16.42	41.31	20.86	1.10	0.41
河口边境经合作区	20.26	6.74	23.42	5.50	8.45	34.87	14.74	6.27
平均值	14.66	34.60	21.41	13.34	13.92	14.23	3.00	1.18
标准差	8.63	29.78	12.52	13.90	13.64	9.85	4.86	2.15
工业 50% 以上平均值	3.37	79.77	6.22	2.36	3.33	6.52	1.39	0.79
标准差	2.97	6.59	3.05	1.12	3.28	2.61	0.56	0.79
工业 20% 以上平均值	10.16	53.49	16.38	6.73	11.61	7.98	1.28	0.39
标准差	7.14	26.71	10.40	5.78	9.20	3.43	0.92	0.68

注：工业 50% 以上平均值为工矿仓储用地比例在 50% 以上的开发区各项用地平均值；工业 20% 以上平均值为工矿仓储用地比例在 30% 以上的开发区各项用地平均值。

同时，在 7 个开发区中，工矿仓储用地比例在 50% 以上的开发区有两个，这两个工矿仓储用地比例分别为 86.36% 和 73.18%。从两个开发区用地结构平均值来看，公共管理与公共服务用地比例和交通运输用地比例相对较高，分别为 6.52% 和 6.22%，除了以上两者及工矿仓储用地以外，其他用地工业 50% 以上平均值都在 4% 以下，具体可见图 5.63，但由于样本点相对较少，其代表性不强。

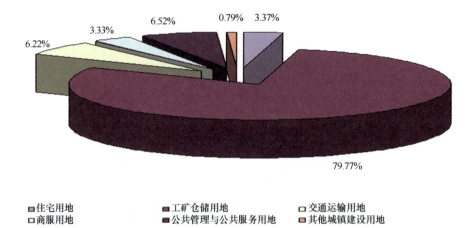

图 5.63 已开发低丘缓坡山地工矿仓储用地比例在 50%以上的开发区平均各项用地结构比例图

为进一步探究工业用地主导的开发区用地结构情况，在 7 个开发区中遴选了 4 个工矿仓储用地比例在 20%以上的开发区，对其用地结构的平均值进行分析，工矿仓储用地平均值比例为 53.49%，交通运输用地平均值比例为 16.38%，商服用地平均值比例为 11.61%，住宅用地平均值比例为 10.16%，公共管理与公共服务用地平均值比例为 7.98%，具体可见图 5.64。从开发区土地集约利用评价结果方面来看，低丘缓坡山地较坝区的集约程度要低，最低的临沧边境经济合作区的评价分值仅为 59.04，而其他开发区都在 87 分以上，可见其用地结构的比例相对合理，可为低丘缓坡山地用地结构合理性比例的制定提供有益的参考。

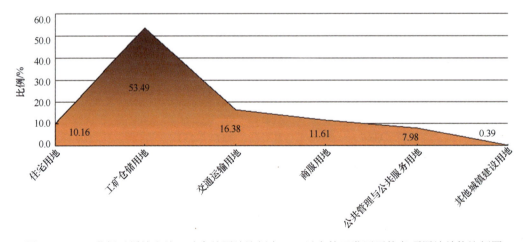

图 5.64 已开发低丘缓坡山地工矿仓储用地比例在 20%以上的开发区平均各项用地结构比例图

2. 基于控规的低丘缓坡山地用地分析

调研的 12 个州（市）、35 个市（县、区）的 63 个项目区中有完整项目区控制性详细规划的项目区有 38 个，将项目区用地分为居住用地、工业用地、仓储用地、商服用地、公共管理与公共服务用地、公共设施用地、交通用地、绿地和保留用地，而保留用地不计入规划建设用地，计算各项用地比例时采用控规规划面积扣减保留用地规模。

对 38 个项目区控制性详细规划数据进行整理，测算 38 个项目区各项用地的比例平均值。在 38 个低丘缓坡项目区中，工业用地平均比例最高，为 33.41%；其次为绿地，平均比例为 17.83%；再者是居住用地，平均比例为 17.08%，交通用地平均比例为 13.72%，由此可见，典型调查的 38 个低丘缓坡项目区中的以工业为主导的项目区，工业用地比例普遍相对较高，具体见图 5.65。

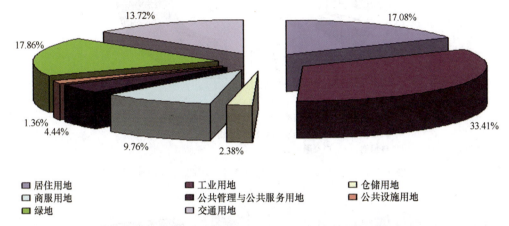

图 5.65　基于控规的低丘缓坡项目区各项用地平均值比例图

虽然 38 个项目工业用地比例平均值相对较高，但还是存在一定数量以城镇建设和旅游建设为主导或综合性的项目区，为进一步梳理以工业为主导和控制性规划覆盖率较高的项目，以工业和仓储用地比例及控制性详细规划区域占项目区总面积的比例两项指标为依据，选取控制性详细规划区域占项目区总面积的比例在 60% 以上的项目区 29 个，其中分别提取工业和仓储用地比例在 50% 以上的项目区 13 个和 30% 以上及左右的项目区 17 个进行进一步分析。

通过分析可知，29 个控制性详细规划区域占项目区总面积比例在 60% 以上的项目区各项用地比例平均值中，工业用地比例平均值最高，为 31.55%；其次是居住用地，比例为 18.52%；绿地率为 17.43%。它们排在各项用地比例的第三位，交通用地比例与商服用地比例也都在 10% 以上，详见图 5.66，同时，保留地比例平均值为 21.24%。

由图 5.67 可知，在 13 个工业仓储用地比例在 50% 以上的项目区各用地比例平均值中，工业用地比例平均值为 59.09%；绿地率平均值为 15.33%，标准差为 8% 左右；交通用地比例平均值为 11.7%，标准差为 5% 左右；其他各项用地比例平均值都不到 5%，此外，保留地比例平均值为 16.25%。

为扩大样本数量，进一步对工业和仓储用地比例在 30% 以上及左右的 17 个项目区进行用地结构的平均值分析，工业用地比例平均值为 53.46%；绿地比例平均值为 15.9%，标准差在 11% 左右；交通用地比例平均值为 13.12%，标准差在 7% 左右；居住用地比例平均值为 6.36%；其他各项用地比例平均值都不到 4%，此外，保留地比例平均值为 15.54%（图 5.68）。

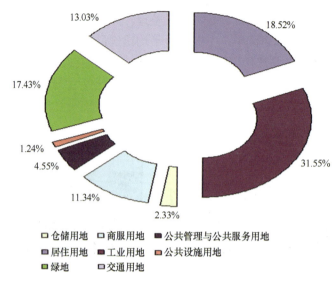

图 5.66 低丘缓坡项目区（29 个）各项用地平均值比例图

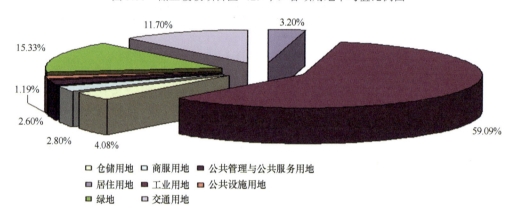

图 5.67 工业和仓储用地比例在 50%以上的项目区各项用地平均值比例图

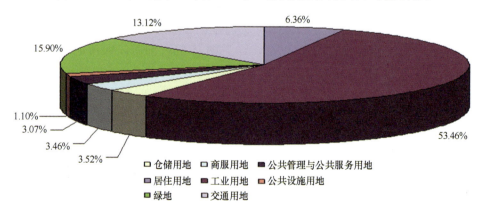

图 5.68 工业和仓储用地比例在 30%以上及左右的项目区各项用地平均值比例图

3. 低丘缓坡工业园区用地控制指导指标

工业园区是指工业企业相对集聚，有较完善的基础设施配套的工业区域。工业园区用地规模应遵循合理和经济原则，考虑企业的相互联系和成组布置要求，考虑区内企业及配套项目的劳动就业特点和生产工艺要求。考虑交通运输服务的保证程度，考虑企业的卫生防护要求和排放污染物质的集中程度。

对坝区开发区用地结构、已开发的低丘缓坡工业园区用地结构和基于控规的低丘缓坡项目区用地结构进行了相关分析。由表 5.50 可知，除绿地和保留地以外，其他各项用地结构比例坝区与低丘缓坡山地的标准差都很接近，说明两类地区相关用地比例变化幅度都十分接近。

表 5.50 　坝区与低丘缓坡区典型工业园区用地比例结构表（%）

	项目	住宅用地	工业仓储用地	交通运输用地	商服用地	公共管理与公共服务用地	绿地	其他城镇建设用地	不可建设土地
坝区	平均值	29.19	34.02	17.29	7.43	7.27	3.70	1.11	1.50
	标准差	23.23	21.45	7.94	5.09	6.26	2.58	1.48	2.95
	工业 50%	5.87	64.42	19.72	2.18	3.93	3.55	0.33	1.42
	标准差	2.32	9.78	6.01	1.68	2.46	1.22	0.47	1.42
	工业 30%	13.95	50.64	18.88	5.38	5.98	3.96	1.21	1.05
	标准差	7.60	14.10	6.10	3.77	2.91	1.72	1.68	1.06

	项目	居住用地	工业和仓储用地	交通用地	商服用地	公共管理与公共服务用地	绿地	公共设施用地	保留用地
低丘缓坡山地	平均值	18.52	33.88	13.03	11.34	4.55	17.43	1.24	21.24
	标准差	17.07	29.51	6.57	14.44	5.74	11.31	2.00	24.57
	工业 50%	3.20	63.18	11.70	2.80	2.60	15.33	1.19	16.25
	标准差	2.22	8.92	4.84	2.20	3.93	7.99	0.85	23.34
	工业 30%	6.36	56.98	13.12	3.46	3.07	15.90	1.10	15.54
	标准差	7.34	13.92	6.98	3.21	4.95	10.99	0.76	21.48

注：工业 50% 为工业仓储用地比例在 50% 以上的开发区各项用地平均值；工业 30% 为工业仓储用地比例在 30% 以上及左右的开发区各项用地平均值。

同时，为进一步考察低丘缓坡山地工业主导类型项目区的各项用地比例变化情况，选择低丘缓坡项目区控制性详细规划覆盖项目区域在 60% 以上的低丘缓坡项目区 19 个，其中工业用地比例在 30% 以上的项目区有 16 个，有一个项目区工业用地比例为 24.85%，其他两个项目区工业用地比例在 5% 以下。分别测算 19 个项目区各项用地比例的平均值，工业用地比例在 50% 以上、工业用地比例在 30% 以上及左右、工业用地比例在 20%～60%、工业用地比例在 20%～50%、工业用地比例在 20%～40% 的工业用地不同比例区间的所选项目区各项用地比例的平均值详见表 5.51。

选择表 5.51 中样本平均值、50% 以上、30% 以上及左右、20%～60%、20%～50% 和 20%～40% 不同工业用地比例平均值数据，通过 SPSS 的 Pearson 相关分析具体见表 5.52。首先，工业用地比例与居住用地比例、仓储用地比例、公共管理与公共服务用地比例、公共设施用地比例、绿地率、交通用地比例都有着较强的相关性，与商服用地比例的相关性不高。其次，工业用地比例与公共设施用地比例呈正相关关系，与其他用地比例呈现负相关关系。再次，工业用地比例与交通用地比例的相关性最强，而且是一

表 5.51　控规覆盖项目区域在 60%以上项目区各项用地比例结构（%）

项目区名称	居住用地	工业用地	仓储用地	商服用地	公共管理与公共服务用地	公共设施用地	绿地	交通用地
富源县中安后所	0.00	76.82	0.00	0.00	0.00	1.36	16.62	5.19
砚山县工业园区	1.86	73.67	0.00	3.08	0.16	0.59	11.16	9.48
弥勒市朋普工业区	4.99	71.13	2.66	2.15	2.15	1.38	6.92	8.62
思茅区莲花片区	5.17	64.44	0.00	0.73	0.00	1.09	14.35	14.22
玉溪市元江甘庄工业集聚区干坝项目区	0.00	61.55	14.50	0.00	0.39	3.17	10.34	10.05
昆明市晋宁县晋城项目	4.70	58.43	0.00	3.28	14.57	1.01	12.25	5.76
曲靖高家屯项目	0.66	58.26	1.85	2.59	0.36	0.89	14.40	20.99
楚雄市苍岭项目	6.63	57.46	8.89	3.98	1.17	0.31	11.72	9.85
文山三七园区	4.46	55.57	0.06	2.38	4.62	2.64	16.80	13.47
德宏瑞丽市环山工业	5.78	51.63	3.26	3.73	4.82	1.50	14.00	15.28
弥勒小石山烟草工业园	4.15	50.60	2.54	5.63	0.32	0.67	25.54	10.54
保山市隆阳区长岭岗项目区	1.80	49.92	7.24	8.05	5.05	0.01	7.19	20.74
曲靖市小坡项目	26.01	43.71	0.00	12.58	0.00	0.96	7.45	9.29
武定县禄金项目	1.43	38.70	12.10	0.82	0.21	0.80	38.06	7.88
思茅区木乃河片区	3.74	36.77	3.53	0.56	0.13	0.67	47.79	6.81
宾川县谷堆山项目	22.78	35.25	0.00	2.10	1.33	0.76	6.37	31.41
保山市隆阳区青阳项目	14.01	24.85	3.26	7.11	16.93	0.91	9.43	23.49
昆明市安宁太平北项目	46.76	4.11	2.23	16.41	5.82	0.45	12.76	11.47
陆良县风北坡项目	37.43	2.00	0.00	10.62	13.97	0.22	20.67	15.09
样本平均值	10.12	48.15	3.27	4.52	3.79	1.02	15.99	13.14
标准差	13.06	20.31	4.23	4.43	5.30	0.76	10.48	6.63
50%以上	3.49	61.78	3.07	2.51	2.60	1.33	14.01	11.22
标准差	2.30	8.37	4.40	1.66	4.14	0.83	4.55	4.32
30%以上及左右	6.36	53.46	3.52	3.46	3.07	1.10	15.90	13.12
标准差	7.34	13.90	4.39	3.21	4.95	0.76	10.99	6.98
20%～60%	8.01	46.76	3.56	4.40	4.13	0.93	17.58	14.62
标准差	8.05	10.39	3.76	3.31	5.54	0.62	12.53	7.60
20%～50%	11.63	38.20	4.36	5.20	3.94	0.69	19.38	16.60
标准差	10.00	7.71	4.25	4.41	6.07	0.32	16.91	9.21
20%～40%	10.49	33.89	4.72	2.65	4.65	0.79	25.41	17.40
标准差	8.53	5.36	4.48	2.64	7.11	0.09	17.88	10.44

注：50%以上为工业用地比例在 50%以上的项目区各项用地比例平均值；30%以上及左右为工业用地比例在 30.0%以上及左右的项目区各项用地比例平均值；20%～60%为工业用地比例在 20%～60%的项目区各项用地比例平均值，20%～50%和 20%～40%与 20%～60%类似。

种负相关关系，随着工业用地比例的上升，交通用地的比例趋于下降，根据表 5.51，工业用地比例由 33.89%增长到 61.78%，交通用地比例在 11.22%～17.4%变动，而不同工业用地比例下交通用地比例平均值的标准差在 4.32%～10.44%变动，平均值为 7.53%，可见工业用地比例在 30%～60%变动时，交通用地比例在 10%～25%变动。同时，工业用地比例平均值在 33.89%～61.78%变动过程中,绿地率平均值在 25.41%～14.01%变动,标准差在 4.55%～17.88%变动,平均值为 12.22%,相对于交通用地,绿地与工业用地比例之间的变动联系波动相对较大,主要是因为绿地配置的一部分为防护绿地,主要与项目区的工程和地质灾害等防护有关,但总体来看,工业用地比重在 30%～60%变动时,绿地比重在 10%～30%变动。居住用地比例随着工业用地比重的增大有一个小幅下降趋势,当工业用地比例平均值在 33.89%～61.78%变动时,居住用地比例平均值在 3.49%～10.49%变动,标准差平均值为 8.21%,可见工业用地比重在 30%～60%变动时,居住用地比例在 1%～12%变动。而仓储用地比例、商服用地比例、公共管理与公共服务用地比例和公共设施用地比例的变动相对不大,总体较为稳定,仓储用地比例平均值在 3.07%～4.48%变动,标准差平均值为 4.25%,商服用地比例平均值在 2.51%～2.65%变动,标准差平均值为 3.28%,公共管理与公共服务用地比例平均值在 2.60%～4.65%变动,

表 5.52　各项用地比例均值相关系数表

		居住用地	工业用地	仓储用地	商服用地	公共管理与公共服务用地	公共设施用地	绿地	交通用地
居住用地	Pearson 相关性	1	−0.908*	0.716	0.613	0.837*	−0.923*	0.661	0.827*
	显著性（双尾）	—	0.012	0.110	0.195	0.038	0.009	0.153	0.042
	N	6	6	6	6	6	6	6	6
工业用地	Pearson 相关性	−0.908*	1	−0.921*	−0.324	−0.930*	0.957*	−0.903*	−0.979*
	显著性（双尾）	0.012	—	0.009	0.530	0.007	0.003	0.014	0.001
	N	6	6	6	6	6	6	6	6
仓储用地	Pearson 相关性	0.716	−0.921*	1	0.065	0.765	−0.862*	0.941*	0.963*
	显著性（双尾）	0.110	0.009	—	0.902	0.076	0.027	0.005	0.002
	N	6	6	6	6	6	6	6	6
商服用地	Pearson 相关性	0.613	−0.324	0.065	1	0.298	−0.545	−0.109	0.268
	显著性（双尾）	0.195	0.530	0.902	—	0.567	0.264	0.837	0.607
	N	6	6	6	6	6	6	6	6
公共管理与公共服务用地	Pearson 相关性	0.837	−0.930*	0.765	0.298	1	−0.859*	0.850*	0.885*
	显著性（双尾）	0.038	0.007	0.076	0.567	—	0.028	0.032	0.019
	N	6	6	6	6	6	6	6	6
公共设施用地	Pearson 相关性	−0.923*	0.957*	−0.862*	−0.545	−0.859*	1	−0.765	−0.953*
	显著性（双尾）	0.009	0.003	0.027	0.264	0.028	—	0.076	0.003
	N	6	6	6	6	6	6	6	6
绿地	Pearson 相关性	0.661	−0.903*	0.941*	−0.109	0.850*	−0.765	1	0.916*
	显著性（双尾）	0.153	0.014	0.005	0.837	0.032	0.076	—	0.010
	N	6	6	6	6	6	6	6	6
交通用地	Pearson 相关性	0.827*	−0.979*	0.963*	0.268	0.885*	−0.953*	0.916*	1
	显著性（双尾）	0.042	0.001	0.002	0.607	0.019	0.003	0.010	—
	N	6	6	6	6	6	6	6	6

*在置信度（双侧）为 0.05 时,相关性是显著的;

**在置信度（双侧）为 0.01 时,相关性是显著的。

标准差平均值为 5.52%，公共设施用地比例平均值在 1%左右变动，标准差平均值为 0.56%。同时，在工业园区中将居住用地与商服用地合并为生活设施用地，将公共管理与公共服务用地和公共设施用地合并为管理与公共设施用地。

综上所述，工业用地比重30%～60%变动，交通用地比例在 25%～10%变动，绿地比重在 10%～30%变动，生活设施用地（居住用地与商服用地）不高于 15%，管理与公共设施用地不高于 10%，详见表 5.53。

表 5.53 低丘缓坡工业园区用地构成比例

项目	工业、仓储用地	生活设施用地	管理与公共设施用地	交通	绿地
用地比例/%	30～60	≤15	≤10	10～25	10～30

同时在低丘缓坡山地项目区还存在保留地规模较大的问题，38 个项目区保留地平均比例为 17.35%，保留地比例最高的项目区，其保留地比例为 69.11%，比例在 50%以上的项目区有 6 个，比例在 20%以上的项目区有 12 个，低丘缓坡山地项目区比较高的保留地比例会造成项目区可供建设利用的土地比例相对较低，具体见图 5.69。保留地不计入园区规划建设用地范畴，所以上述各项用地比例计算时都不计入保留地规模。

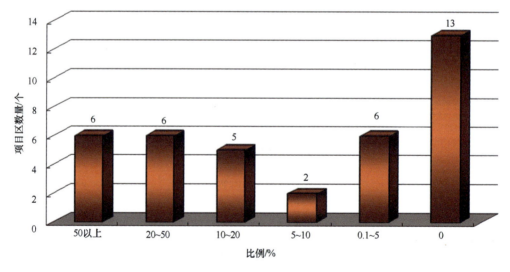

图 5.69 保留地比例分级项目区数量图

地形坡度是影响山地环境生态稳定的重要因素。山地区域的地质稳定性与地形坡度成反比，地形坡度越大，水土流失的可能性就越大，容易引起滑坡等不良后果。因此，在山地建设中，开发强度的大小经常根据地形坡度来确定。应该根据不同坡度规定每块土地应有一定比例土地为空地，一方面可以尽量保持山地的原有地形，另一方面也可以为园区预留一部分土地，便于长远利用。根据美国加利福尼亚州 Pacifica 镇的山地开发要求，建设用地斜坡保留地控制比例详见表 5.54。

表 5.54　建设用地斜坡保留地控制比例

平均坡度/(°)	每块土地的保留比例/%
10	32
15	36
20	45
25	57
30	72
35	90
40	100

资料来源：《山地建筑设计》，58 页。

同时，根据《低丘缓坡山地开发土地利用效率与成本研究：以云南省为例》的研究成果，在工业开发主导的低丘缓坡山地项目区中，0~8°、8~15°、15~25°和>25° 4 个坡度级的可用建设开发用地比例分别为 78.5%、69.6%、59.9%和 53.4%。综上所述，不同平均坡度保留地比例可参照表 5.55。

表 5.55　建设用地平均斜坡保留地控制比例

平均坡度/(°)	保留比例/%
0	0
8	20
15	30
25	45
25 以上	60

注：其他平均坡度保留地比例可采用插值法获得。

但具体保留地比例要根据项目区的具体情况而定，对于地质条件特殊和生态保护要求较高的地区，可适度增加保留地比例，但园区保留地比例不宜超过 50%，不鼓励建设开发保留地比例过高的项目区，一方面开发难度大，另一方面可有效利用的土地相对较少，很难形成产业聚集的园区，也不利于园区的进一步发展。同时，为使规划更具有弹性，以适应未来发展的需要，宜在保留地中划出 10%~15%的用地作为预留地。

5.3.7　低丘缓坡山地工业项目建设用地控制指标

1. 低丘缓坡山地已建成企业工业项目用地情况分析

通过对低丘缓坡山地典型企业的调查数据进行分析，厂房及配套用地比例平均值为 49.83%，行政办公及生活设施用地比例平均值为 6.4%，露天堆场、露天操作场用地比例平均值为 13.01%，预留地比例平均值为 9.44%，道路停车场用地比例平均值为 8.59%，绿地率平均值为 8.3%，其他用地比例平均值为 4.43%，容积率平均值为 0.82，建筑系数平均值为 63.51%，投资强度平均值为 2494.65 万元/hm²，劳动投入强度平均值为 75 人/hm²，地均总产值平均值为 5333.21 万元/hm²，地均利税平均值为 909.22 万元/hm²。总体来看，低丘缓坡山地企业用地中厂房及配套用地比例平均值和建筑系数平均值较高，同时露天堆场、露天操作场用地比例平均值较高，预留地比例平均值也相对较高。

1）企业用地结构情况分析

低丘缓坡山地内企业用地结构中厂房及配套用地比例平均值相对较高，橡胶制品业的厂房及配套用地比例平均值在调查统计行业中最低，为 36.3%，最高的是农副食品加工业，比例平均值为 69.5%，除化学原料及化学制品制造业和橡胶制品业的厂房及配套用地比例平均值在 40%以下，其他都在 40%以上，有 3 个行业在 50%以上，可见多数企业都保持较高的厂房及配套用地比例，详见图 5.70。

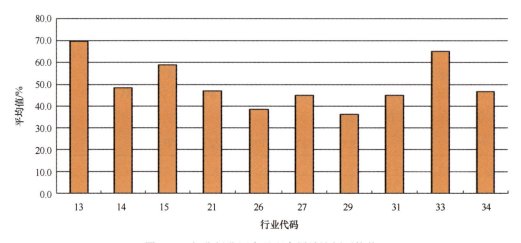

图 5.70　部分行业厂房及配套用地比例平均值

行政办公及生活设施用地比例是国家《工业项目建设用地控制指标》（国土资发〔2008〕24 号）中要求控制的指标之一，规定不能超过 7%，通过对低丘缓坡山地典型企业调查数据进行分析，饮料制造业和医药制造业的行政办公及生活设施用地比例平均值在 7%以上，分别为 7.4%和 10%，其他行业的行政办公及生活设施用地比例平均值都在 4%～7%，详见图 5.71。

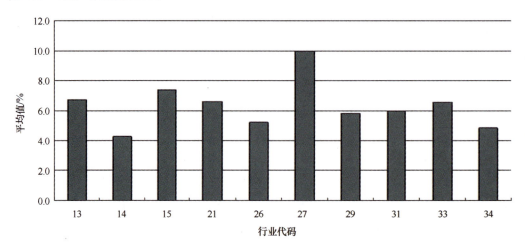

图 5.71　部分行业行政办公及生活设施用地比例平均值

露天堆场、露天操作场用地在工业企业用地中占有一定比例，在低丘缓坡山地的企业中非金属矿物制品业和家具制造业的露天堆场、露天操作场用地比例平均值相对较高，分别为 29.1% 和 23.2%，有 7 个行业的露天堆场、露天操作场用地比例平均值在 10%以上，而医药制造业没有露天堆场、露天操作场用地，可见行业特点对用地结构有着较大的影响，详见图 5.72。

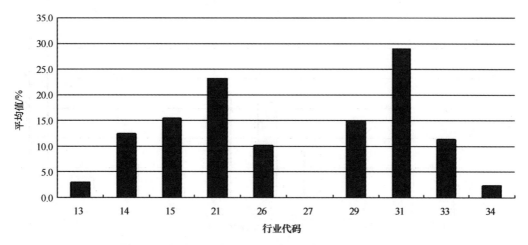

图 5.72　部分行业露天堆场、露天操作场用地比例平均值

在低丘缓坡区域的工业企业存在一定比例的预留地，且存在较大的行业差异，在统计的行业中，医药制造业的预留地比例平均值最高，为 22.1%，非金属矿物制品业的预留地比例平均值最低，为 0.8%，有 5 个行业预留地比例平均值在 10% 以上，较高的预留地比例势必影响企业用地的集约水平，需要严格控制此项指标，细化企业用地规划，降低预留地比例，详见图 5.73。

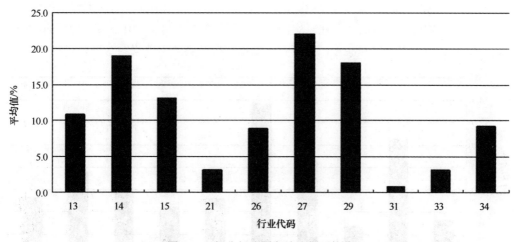

图 5.73　部分行业预留地比例平均值

一般多数工业企业都会安排一定比例的道路停车场用地，在低丘缓坡山地企业中，金属制品业的道路停车场用地比例平均值最高，为 26.7%，主要由于样本点相对较少，

个别企业道路停车场用地比例过大，提升了比例平均值水平。而饮料制造业的道路停车场用地比例平均值最低，仅为 0.4%，有 3 个行业道路停车场用地比例平均值在 10%以上，有 4 个行业道路停车场用地比例平均值在 5%以下，可见不同行业在道路停车场用地方面存在一定的差异，需要根据行业的特点合理配置道路停车场用地，有效降低道路停车场用地比例，提高企业用地集约水平，详见图 5.74。

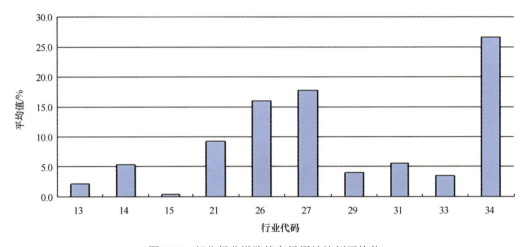

图 5.74　部分行业道路停车场用地比例平均值

绿地是国家《工业项目建设用地控制指标》（国土资发〔2008〕24 号）中要求控制的指标之一，规定工业企业内部一般不得安排绿地。但因生产工艺等特殊要求需要安排一定比例绿地的，绿地率不得超过 20%。通过对低丘缓坡山地典型企业调查数据进行分析，各企业绿地率平均值为 8.3%，但各行业还存在一定的差异，化学原料及化学制品制造业的绿地率平均值最高，为 13.6%，其次是食品制造业，为 10.5%；饮料制造业的绿地率最低，为 2.7%。总体来看，统计的各行业都不同程度存在绿化用地，与国家要求的生产工艺等特殊要求才可以安排绿地存在一定的出入，部分企业有过度绿化、多占少用的问题存在，还需要进一步提高用地监管，规范企业用地，提升企业用地集约水平，详见图 5.75。

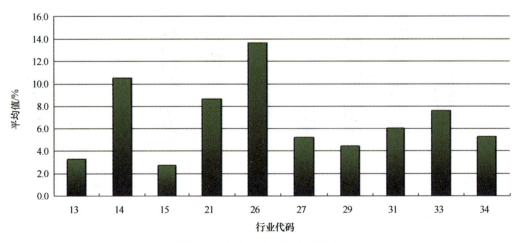

图 5.75　部分行业绿地率平均值

低丘缓坡山地部分工业行业用地结构数据平均值见表 5.56。

表 5.56　低丘缓坡山地部分工业行业用地结构数据平均值（%）

行业代码	用地结构平均值							标准差						
	厂房及配套用地	行政办公及生活设施用地	露天堆场、露天操作场用地	预留地	道路停车场用地	绿地	其他用地	厂房及配套用地	行政办公及生活设施用地	露天堆场、露天操作场用地	预留地	道路停车场用地	绿地	其他用地
13	69.5	6.8	3.0	10.9	2.2	3.3	4.4	22.9	4.4	4.7	17.8	3.0	2.7	7.6
14	48.4	4.3	12.4	19.0	5.4	10.5	0.0	9.7	0.7	17.6	11.0	3.6	1.1	0.0
15	59.0	7.4	15.4	13.2	0.4	2.7	1.9	27.3	2.9	14.1	16.5	0.8	3.7	2.3
21	47.1	6.6	23.2	3.1	9.3	8.7	2.0	7.2	4.0	5.7	3.3	2.9	6.4	3.4
26	38.6	5.2	10.2	8.9	16.1	13.6	7.3	20.1	2.5	9.6	11.1	20.7	16.2	10.1
27	45.0	10.0	0.0	22.1	17.8	5.2	0.0	2.0	3.5	0.0	4.7	6.1	3.0	0.0
29	36.3	5.8	15.0	18.0	4.0	4.4	16.3	5.9	1.3	4.8	20.4	2.8	1.8	11.9
31	45.0	6.0	29.1	0.8	5.5	6.0	7.6	18.1	2.6	16.2	1.9	6.5	4.4	10.6
33	65.1	6.6	11.3	3.2	3.5	7.6	2.6	8.0	1.7	10.6	3.9	1.9	4.2	2.7
34	46.7	4.8	2.3	9.3	26.7	5.3	4.9	6.0	1.3	3.3	8.7	16.6	4.4	7.0

注：有个别行业由于样本较少未加入计算。

2）容积率情况分析

容积率是表征企业用地集约水平的重要指标之一，通过对低丘缓坡山地典型企业的调查数据进行分析，低丘缓坡山地企业平均容积率为 0.82，其中容积率平均值最高的行业是食品制造业，容积率平均值为 1.09，容积率平均值最低的是有色金属冶炼及压延加工业和家具制造业容积率平均值为 0.69，详见表 5.57 和图 5.76。在统计的各行业中，农副食品加工业、饮料制造业和家具制造业 3 个行业的容积率平均值未达到国家标准，其中农副食品加工业容积率平均值与国家标准差距最大，低于国家标准 0.3，这一方面与低丘缓坡山地用地条件有关，另一方面这些行业大部分属于区域等级较低的地区，由于投资强度过低，企业用地的容积率自然有所下降。

表 5.57　低丘缓坡区域部分行业容积率平均值

行业代码	容积率平均值	标准差	国家标准
13	0.70	0.25	≥1.0
14	1.09	0.51	≥1.0
15	0.86	0.16	≥1.0
21	0.69	0.08	≥0.8
26	0.76	0.15	≥0.6
27	0.79	0.16	≥0.7
29	0.95	0.10	≥0.8
31	0.76	0.26	≥0.7
33	0.69	0.21	≥0.6
34	0.81	0.09	≥0.7

注：有个别行业由于样本较少未加入计算。

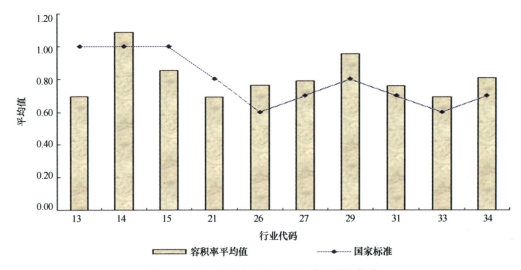

图 5.76　低丘缓坡山地部分行业容积率平均值

3）建筑系数情况分析

从低丘缓坡山地典型企业调查数据的分析来看，统计的各行业建筑系数平均值都在国家要求 30%之上，其中饮料制造业的建筑系数平均值最高，为 81.8%，最低的化学原料及化学制品制造业也在 50%之上，总体来看，各行业的建筑系数普遍较高（表 5.58 和图 5.77）。

表 5.58　低丘缓坡区域部分行业建筑系数平均值（%）

行业代码	建筑系数平均值	标准差	国家标准
13	73.45	17.33	≥30.0
14	53.01	11.77	≥30.0
15	81.80	18.73	≥30.0
21	76.96	10.84	≥30.0
26	50.09	14.07	≥30.0
27	54.99	1.53	≥30.0
29	57.19	9.48	≥30.0
31	55.98	13.66	≥30.0
33	77.54	12.62	≥30.0
34	50.94	10.44	≥30.0

注：有个别行业由于样本较少未加入计算。

4）投资强度情况分析

一般投资强度的高低会影响企业用地强度，从典型企业的数据来看，统计的行业投资强度平均值都在 1000 万元/hm² 以上，最高的是橡胶制品业，行业投资强度平均值为 7503.36 万元/hm²，较低的是非金属矿物制品业，为 1051.25 万元/hm²（表 5.59 和图 5.78）。由于调查的低丘缓坡山地典型企业多数处在十四和十五等别，国家《工业项目建设用地控制指标》（国土资发〔2008〕24 号）中要求投资强度高于 440 万元/hm²，从这方面来

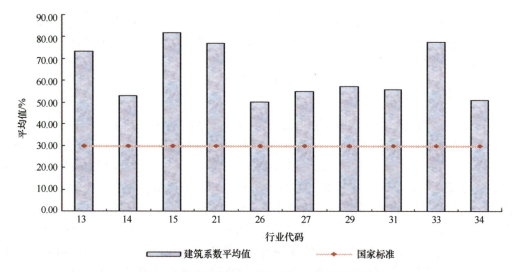

图 5.77　低丘缓坡区域部分行业建筑系数平均值

表 5.59　低丘缓坡山地部分行业投资强度平均值

行业代码	投资强度平均值/（万元/hm²）	标准差/（万元/hm²）
13	1813.75	921.56
14	3777.11	2434.56
15	2028.18	1162.39
21	1369.87	1221.09
26	2652.51	1289.69
27	2356.41	1444.23
29	7503.36	5207.82
31	1051.25	831.41
33	1151.50	890.85
34	4346.16	1634.41

注：有个别行业由于样本较少未加入计算。

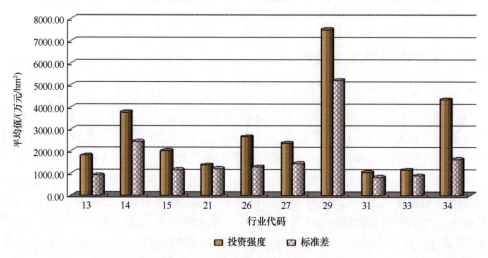

图 5.78　低丘缓坡山地部分行业投资强度平均值

看，统计的各行业的投资强度平均值都在投资强度之上，但从投资强度标准差来看，各行业内部还存在一定的差异，行业的企业投资强度差异在一倍以上，还需要进一步强化行业投资强度标准，提升企业用地强度。

5）综合情况分析

从低丘缓坡山地典型企业调查数据来看，统计的各行业在厂房及配套用地比例和建筑系数方面普遍较高，由于厂房及配套用地比例相对较高，从而提高了建筑系数。同时，部分行业也存在建筑系数相对较高，但容积率相对较低的情况，如农副食品加工业的容积率平均值仅为 0.7，但建筑系数平均值达到了 73.45%，说明行业中大部分企业主要以单层厂房为主，土地利用的集约度有待提升。同时，统计的各行业的行政办公及生活设施用地比例平均水平相对较高，多数接近 7% 的国家最高限值，还有 2 个行业的此用地比例平均值高出国家标准。同时，统计的各行业不同程度存在一定比例的预留地，需要切实论证低丘缓坡山地企业是否需要预留地，如果需要则制定其合理比例（表 5.60）。

表 5.60 低丘缓坡山地部分行业用地情况相关指标数据平均值

行业代码	容积率平均值	国家标准	建筑系数平均值/%	国家标准/%	投资强度平均值/（万元/hm²）	厂房及配套用地比例平均值/%	行政办公及生活设施用地比例平均值/%	露天堆场、露天操作场地用地比例平均值/%	预留地比例平均值/%	道路停车场用地比例平均值/%	绿地比例平均值/%	其他用地比例平均值/%
13	0.70	≥1.0	73.45	≥30.0	1813.75	69.5	6.8	3.0	10.9	2.2	3.3	4.4
14	1.09	≥1.0	53.01	≥30.0	3777.11	48.4	4.3	12.4	19.0	5.4	10.5	0.0
15	0.86	≥1.0	81.80	≥30.0	2028.18	59.0	7.4	15.4	13.2	0.4	2.7	1.9
21	0.69	≥0.8	76.96	≥30.0	1369.87	47.1	6.6	23.2	3.1	9.3	8.7	2.0
26	0.76	≥0.6	50.09	≥30.0	2652.51	38.6	5.2	10.2	8.9	16.1	13.6	7.3
27	0.79	≥0.7	54.99	≥30.0	2356.41	45.0	10.0	0.0	22.1	17.8	5.2	0.0
29	0.95	≥0.8	57.19	≥30.0	7503.36	36.3	5.8	15.0	18.0	4.0	4.4	16.3
31	0.76	≥0.7	55.98	≥30.0	1051.25	45.0	6.0	29.1	0.8	5.5	6.0	7.6
33	0.69	≥0.6	77.54	≥30.0	1151.50	65.1	6.6	11.3	3.2	3.5	7.6	2.6
34	0.81	≥0.7	50.94	≥30.0	4346.16	46.7	4.8	2.3	9.3	26.7	5.3	4.9

注：有个别行业由于样本较少未加入计算。

2. 低丘缓坡山地与坝区差异

1）低丘缓坡山地与坝区的建设用地开发差异

根据《低丘缓坡山地开发土地利用效率与成本研究：以云南省为例》，针对低丘缓坡山地建设用地开发的土地利用率问题，与坝区建设用地开发相比，差异性主要体现在以下 3 个方面：①空间布局及基础设施规模效应的差异。由于坝区的平原地形，有条件进行集中连片开发的面积较大，在开发过程中，可以选择集中连片整体开发模式，提高基础设施的规模效应，所以土地利用率较高。低丘缓坡山地由于其所处的地理位置、海拔、地形坡度、气候、降水等条件具有差异，遵循"紧凑集中与有机分散""多中心、多组团结构""绿地楔如"等原则，区域发展的空间结构和规模也多种多样。②台地建设及各单项基础设施用地差异。由于山地地形高低不平，爬坡上坎，与平原地带一马平川相比，在各项工程建设方面都会有区别。一方面，台地建设由于低丘缓坡山地地形比较复杂，地块坡度差别较大，场地竖向规划应采取平坡式和台地式相结合的方式。其中场地坡度不大的用地主要采取平坡式，在用地布局上主要考虑建筑尺度比较大的企业，如传统的重工业一般选址在平坡式用地上；地形坡度大的用地在竖向上采用台地式方式，在用地布局上主要根据企业厂房依势而建，既可以集约利用土地，又能减少对低丘缓坡山地工业园区自然生态环境的破坏，创建独具特色的山地工业园。另一方面，道路与平地交通不同，要实现山地之间的交通联系，除了要考虑水平位移以外，还需要特别考虑在竖直方向的位移，使山地交通呈现出立体化的特点。③生态保护及地灾防治压力的差异。由于山地特殊的地形条件，山地地区的生态敏感性较平原地区来说也更高，其对于生态环境保护的需求也尤为迫切，然而凡是进行人工开发建设，必然会对生态环境造成一定的影响。因此，开发建设活动对山地地区生态环境的影响较平原地区来说更大，于是开发建设活动与生态环境保护之间的矛盾也就比较多。山地生态环境的敏感性要求在对其用地进行开发建设过程中，要谨慎动土、保护植被、精良合理利用原有的地形地貌，以保证生态环境的可持续发展。

2）低丘缓坡山地与坝区的土地建设开发成本差异

根据《低丘缓坡山地开发土地利用效率与成本研究：以云南省为例》，低丘缓坡项目区与坝区的成本存在较大的差异性，低丘缓坡典型项目区建设开发单位平均成本为 457.28 万元/hm^2（30.49 万元/亩），同区域坝区单位开发平均成本为 544.01 万元/hm^2（36.27 万元/亩），不计坝区耕地质量补偿费，其单位开发成本为 359.01 万元/hm^2（23.93 万元/亩），如图 5.79 所示，可见如果不征收坝区耕地质量补偿费，坝区建设单位开发成本要低于低丘缓坡山地，两者相差 98.27 万元/hm^2（6.55 万元/亩），在征收坝区耕地质量补偿费的前提下，坝区建设单位开发成本要高于低丘缓坡山地，两者相差 86.73 万元/hm^2（5.78 万元/亩）。

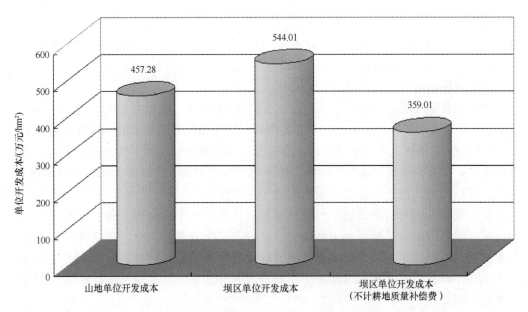

图 5.79　低丘缓坡山地与坝区单位开发成本对比

由以上分析可见，坝区成本高于低丘缓坡山地主要是由坝区耕地质量补偿费的收取推动的，而低丘缓坡山地开发成本在土地平整、基础设施建设、地质灾害防治等方面明显高于坝区，具体见表 5.61。

表 5.61 低丘缓坡山地与坝区单位开发成本对比

费用项	低丘缓坡山地 /（万元/hm²)	同区域坝区 /（万元/hm²)	对比
土地征收费	156.30	361.97	坝区明显高于低丘缓坡山地，主要由于坝区耕地质量补偿费的征收
林地占用费	41.76	42.10	无明显差异，但实际坝区征收林地面积较小
前期费用	24.51	16.11	有一定差异，低丘缓坡山地前期工作较坝区复杂、繁重
土地平整费	106.77	51.41	差异显著，低丘缓坡山地土石方工程量很大
基础设施建设费	138.96	92.46	差异较大，低丘缓坡山地基础设施配套工程量较大，特别是道路工程
地质灾害防治费	14.20	6.10	差异较大，虽然在项目选择时已经基本避开地质灾害区，但还要考虑地质灾害防治
环境保护费	2.70	2.12	差异不明显，但低丘缓坡山地入驻项目不断增加后，此费用会有所增加
水土保持费	1.74	1.27	差异不显著，但要注重项目区周边的水土保持投入

3）低丘缓坡山地与坝区的用地结构差异

从坝区企业和低丘缓坡山地企业的用地结构来看，详见表 5.62，坝区企业厂房及配套用地比例平均值、行政办公及生活设施用地比例平均值、道路停车场比例平均值和绿地率平均值都高于低丘缓坡山地，特别是道路停车场用地比例平均值明显高于低丘缓坡山地，由于绿地一般都与道路停车场用地配套，因而坝区企业内部的绿地率平均值也高于低丘缓坡山地。而低丘缓坡山地企业的露天堆场、露天操作场用地比例平均值、预留地比例平均值和其他用地比例平均值要高于坝区企业，特别是露天堆场、露天操作场用地比例平均值明显高于坝区企业，预留地比例平均值也高出坝区企业平均水平 3.55%。通过对比可见，从用地结构平均值来看，两个区域的厂房及配套用地比例平均值和行政办公及生活设施用地比例平均值差异不大，坝区存在道路停车场用地比例和绿地率过高的问题，低丘缓坡山地企业存在露天堆场、露天操作场用地比例和预留地比例过高的问题，两个区域的用地结构都需要不断调整。

从坝区和低丘缓坡山地部分行业用地结构的平均值来看，低丘缓坡山地农副食品加工业、饮料制造业和化学原料及化学制品制造业厂房及配套用地比例平均值要略高于坝区的相应行业。坝区的食品制造业行政办公及生活设施用地比例平均值要显著高于低丘缓坡山地。在露天堆场、露天操作场用地比例平均值方面，农副食品加工业露天堆场、露天操作场用地比例平均值低丘缓坡山地和坝区接近，而低丘缓坡山地的饮料制造业、非金属矿物制品业和有色金属冶炼及压延加工业的比例平均值明显高于坝区。在预留地比例平均值方面，低丘缓坡山地除化学原料及化学制品制造业、非金属矿物制品业和金属制品业的比例平均值低于坝区相应行业外，其他统计行业都高于坝区的相应行业。道路停车场用地比例和绿地率平均值是坝区行业高于低丘缓坡区行业的占多数，详见表 5.63。

表 5.62   低丘缓坡山地与坝区用地情况对比（%）

指标	低丘缓坡山地平均值	坝区平均值	差值
厂房及配套用地比例	49.83	50.09	0.26
行政办公及生活设施用地比例	6.40	6.55	0.15
露天堆场、露天操作场用地比例	13.01	6.94	−6.07
预留地比例	9.44	5.89	−3.55
道路停车场用地比例	8.59	15.69	7.10
绿地率	8.30	12.27	3.97
其他用地比例	4.43	2.58	−1.85
容积率	0.82	1.16	0.34
建筑系数	63.51	53.20	−10.31
投资强度	2494.65	3596.29	1101.64
劳动投入强度	75.01	82.90	7.89
地均总产值	5333.21	11056.29	5723.08
地均利税	909.22	821.41	−87.81

表 5.63   坝区与低丘缓坡山地部分行业用地结构比例平均值对比表（%）

行业代码	厂房及配套用地比例平均值		行政办公及生活设施用地比例平均值		露天堆场、露天操作场用地比例平均值		预留地比例平均值		道路停车场用地比例平均值		绿地率平均值		其他用地比例平均值	
	坝区	低丘缓坡山地	坝区	低丘缓坡山地	坝区	低丘缓坡山地	坝区	低丘缓坡山地	坝区	低丘缓坡山地	坝区	低丘缓坡山地	坝区	低丘缓坡山地
13	50.3%	69.5%	4.7%	6.8%	3.2%	3%	7.1%	10.9%	18%	2.2%	9.6%	3.3%	7%	4.4%
14	51.1%	48.4%	12.9%	4.3%	10.7%	12.4%	6.2%	19%	9%	5.4%	4.4%	10.5%	5.7%	0.00%
15	55.3%	59%	5.9%	7.4%	2.3%	15.4%	10%	13.2%	12.7%	0.4%	13.7%	2.7%	0.00%	1.9%
26	32.6%	38.6%	6.3%	5.2%	9.9%	10.2%	14.8%	8.9%	17.3%	16.1%	12.5%	13.6%	6.7%	7.3%
27	51.5%	45%	6.8%	10%	8.2%	0.00%	4.7%	22.1%	13.7%	17.8%	14%	5.2%	1.2%	0.00%
31	56.7%	45%	5.2%	6%	18.7%	29.1%	8.4%	0.8%	2.8%	5.5%	0.9%	6%	7.3%	7.6%
33	66.8%	65.1%	5.8%	6.6%	2.4%	11.3%	6%	3.2%	14.4%	3.5%	10.1%	7.6%	0.00%	2.6%
34	50.4%	46.7%	6.2%	4.8%	13.7%	2.3%	11.4%	9.3%	2.5%	26.7%	13.9%	5.3%	1.8%	4.9%

注：由于低丘缓坡山地有些行业样本较少，所以仅保留可对比的行业。

4）低丘缓坡山地与坝区的用地强度差异

低丘缓坡山地与坝区的用地强度差异主要通过容积率、建筑系数和投资强度三项指标来考察。从低丘缓坡山地与坝区容积率平均值来看，低丘缓坡山地平均值为 0.81，坝区是 0.97，低丘缓坡山地要低于坝区 0.16。而建筑系数的平均值低丘缓坡山地要高于坝区 17.07%。投资强度坝区平均值为 4106.89 万元/hm²，低丘缓坡山地平均水平为 2397.11 万元/hm²，两者相差 1709.78 万元/hm²。总体看来，坝区用地强度高于低丘缓坡山地。

从坝区和低丘缓坡山地部分行业的用地强度来看，统计的各行业中坝区的容积率平均值均高于或等于低丘缓坡山地，而两个区域的农副食品加工业和饮料制造业的容积率平均值均低于国家标准。建筑系数方面，除食品制造业坝区平均值略高于低丘缓坡山地外，统计的其他行业均是低丘缓坡山地的平均值高于坝区。投资强度方面，低丘缓坡山地的食品制造业、非金属矿物制品业和金属制品业的投资强度平均值高于坝区，其他统计行业坝区投资强度平均值要高于低丘缓坡山地。（表 5.64）

表 5.64　坝区与低丘缓坡山地部分行业用地强度平均值对比表

行业代码	容积率平均值			建筑系数平均值/%			投资强度平均值/（万元/hm²）	
	坝区	低丘缓坡山地	国家标准	坝区	低丘缓坡山地	国家标准	坝区	低丘缓坡山地
13	0.84	0.7	≥1.0	58.69	73.45	≥30.0	4034.45	1813.75
14	1.27	1.09	≥1.0	56.24	53.01	≥30.0	2844.1	3777.11
15	0.9	0.86	≥1.0	55.59	81.80	≥30.0	11392.33	2028.18
26	0.92	0.76	≥0.6	44.90	50.09	≥30.0	6322.21	2652.51
27	1.2	0.79	≥0.7	53.24	54.99	≥30.0	3799.73	2356.41
31	0.79	0.76	≥0.7	53.07	55.98	≥30.0	722.28	1051.25
33	0.99	0.69	≥0.6	57.92	77.54	≥30.0	2941.37	1151.5
34	0.81	0.81	≥0.7	45.54	50.94	≥30.0	798.61	4346.16

注：由于低丘缓坡山地有些行业样本较少，所以仅保留可对比的行业。

3. 坝区与低丘缓坡山地企业用地集约度评价

1）企业用地集约度评价

（1）评价指标体系构建。研究分坝区和低丘缓坡山地，对两个区域的企业进行工业用地集约度评价，一方面通过综合的定量分析来衡量两个区域不同行业和企业的用地集约情况；另一方面，通过集约度评价寻求将容积率等指标与集约度建立定量联系，为进一步研究低丘缓坡山地工业项目用地控制指标提供条件。研究本着科学性、综合性与主导性相结合、相对独立性、可比性和可操作性的原则，从用地结构、用地强度、土地投入和土地产出 4 个方面选择 13 个指标对两类地区企业用地集约度情况进行评价，具体指标数值详见附表 3 和附表 4，指标权重详见表 5.65。

表 5.65　典型工业企业用地集约利用指标体系表

因素	指标	权重	指标类型
用地结构	厂房及配套用地比例 x_1	0.1445	正向
	行政办公及生活设施用地比例 x_2	0.0583	负向
	露天堆场、露天操作场用地比例 x_3	0.0483	负向
	预留地比例 x_4	0.0232	负向
	道路停车场用地比例 x_5	0.0397	负向
	绿地率 x_6	0.0483	负向
	其他用地比例 x_7	0.0232	负向
用地强度	容积率 x_8	0.1445	正向
	建筑系数 x_9	0.0946	正向
土地投入	投资强度 x_{10}	0.1097	正向
	劳动投入强度 x_{11}	0.078	正向
土地产出	地均总产值 x_{12}	0.1097	正向
	地均利税 x_{13}	0.078	正向

注：指标权重确定采用层次分析法。

（2）评价指标的标准化。对典型工业企业的土地集约利用评价指标数据进行标准化，采用模糊隶属度函数的方法进行无量纲化。对于正向指标，"优"为最大值，"劣"为最小值。对于负向指标，"优"为最小值，"劣"为最大值。

$$对于正向指标： x'_{ij} = \begin{cases} 0 & x_{ij} \leqslant x_{min} \\ \dfrac{x_{ij} - x_{min}}{x_{max} - x_{min}} & x_{min} \leqslant x_{ij} \leqslant x_{max} \\ 1 & x_{ij} \geqslant x_{max} \end{cases} \quad (5.19)$$

$$对于负向指标： x'_{ij} = \begin{cases} 1 & x_{ij} \leqslant x_{min} \\ \dfrac{x_{max} - x_{ij}}{x_{max} - x_{min}} & x_{min} \leqslant x_{ij} \leqslant x_{max} \\ 0 & x_{ij} \geqslant x_{max} \end{cases} \quad (5.20)$$

式中：x'_{ij} 为标准化后某指标的值；x_{ij} 为指标化前某指标的值；x_{min} 为指标化前某指标的最小指标值；x_{max} 为标准化前某指标的最大指标值。同时，为突出评价指标中的容积率、建筑系数和投资强度，这三项指标的 x_{max} 参考国家《工业项目建设用地控制指标》（国土资发〔2008〕24 号）中的相关规定，容积率、建筑系数和投资强度的数值除以 60% 为评价体系中这三项指标的最大值 x_{max}。

（3）评价结果。根据评价指标体系中指标标准化和权重，采用加权求和的方法计算各指标的综合分值，用来研究两个类型区典型工业企业用地集约度，由评价可知，坝区典型企业用地集约度平均分值为 55.72 分，低丘缓坡山地典型企业用地集约度平均分值为 54.17 分，从评价结果来看，坝区和低丘缓坡山地典型企业的用地集约度差异不显著，坝区略高于低丘缓坡山地，但坝区土地等别在十等以上的典型企业占一半左右，低丘缓坡山地土地等别在十四和十五等的典型企业占一半以上，从区域社会经济发展来看，坝区典型企业用地集约潜力要更大，评价结果详见附表 4。从两类地区统计行业的用地集约度来看，多数行业用地集约水平在 55 分左右，坝区仅金属制品业的评价分值在 50 分以下，低丘缓坡山地非金属矿物制品业评价分值在 50 以下，坝区仅农副食品加工业和金属制品业集约度评价分值低于低丘缓坡山地相应行业，统计的其他行业评价分值都高于低丘缓坡山地相应行业（表 5.66 和图 5.80）。

2）调查数据的计量分析

研究中对典型工业企业进行集约度评价，除了要对比坝区和低丘缓坡山地企业的用地集约度差异和不同行业的用地集约情况，更重要的是要把测算出来的集约度评价结果作为回归分析的因变量，寻求重要评价指标与集约度评价结果的联系，特别是定量关系。

为进一步考察国家《工业项目建设用地控制指标》（国土资发〔2008〕24 号）中通过投资强度、容积率、建筑系数、行政办公及生活服务设施用地比例、绿地率等相关指标与典型企业的集约度情况，研究以典型企业的集约度分值为因变量（y），选取厂房及配套用地比例等 13 个指标为自变量（x），具体自变量指标可见表 5.65。根据数据情

表 5.66　坝区和低丘缓坡山地行业集约度评价结果表

行业代码	坝区集约度	低丘缓坡山地集约度	坝区参评行业集约度平均值	低丘缓坡山地参评行业集约度平均值
13	51.14	59.34	55.72	54.17
14	56.26	55.30	55.72	54.17
15	58.70	55.01	55.72	54.17
16	53.70	—	55.72	54.17
22	56.16	—	55.72	54.17
23	54.74	—	55.72	54.17
26	55.04	52.89	55.72	54.17
27	57.67	51.99	55.72	54.17
30	50.49	0.00	55.72	54.17
31	56.14	49.91	55.72	54.17
32	54.19	—	55.72	54.17
33	61.48	54.83	55.72	54.17
34	48.94	56.56	55.72	54.17
35	57.86	—	55.72	54.17
36	57.37	—	55.72	54.17
37	50.58	—	55.72	54.17
39	53.94	—	55.72	54.17
42	63.58	—	55.72	54.17

注：由于低丘缓坡山地典型企业相对较少，"—"为样本较少或缺失行业。

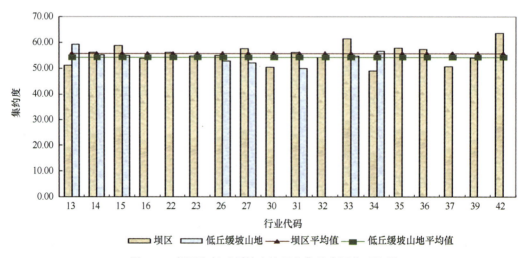

图 5.80　坝区和低丘缓坡山地行业集约度评价对比图

况，采取简单回归分析方法会出现多重共线的问题，因此，选择岭回归分析方法，同时，低丘缓坡山地样本数量相对较少，在按照国家《工业项目建设用地控制指标》（国土资发〔2008〕24 号）中相关指标规定进行筛选后，样本数量过少，所以本节仅对符合国家

《工业项目建设用地控制指标》（国土资发〔2008〕24 号）各项控制指标相关规定的坝区典型企业数据进行岭回归分析（图 5.81）。

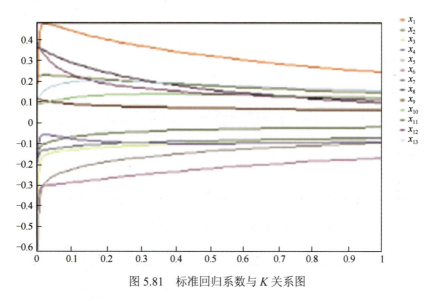

图 5.81　标准回归系数与 K 关系图

根据标准回归系数与 K 关系图，由岭迹图可以发现，当 $K \geqslant 0.2$ 时，岭迹处于较为稳定的状态，因而选择 K 值为 0.2，进行坝区典型工业企业调查数据的岭回归分析，其回归方程如下：

$$Y = 13.9581X_1 - 13.4478X_2 - 6.7161X_3 - 8.7704X_4 - 6.8343X_5 - 23.1259X_6 - 19.1327X_7$$
$$+ 3.6279X_8 + 3.2283X_9 + 0.0002X_{10} + 0.0093X_{11} + 0.00005X_{12} + 0.0003X_{13} + 51.3586$$
$$(K=0.2, \quad R^2=0.87) \tag{5.21}$$

坝区典型工业企业调查数据的岭回归方程的 R^2=0.87，说明 13 个自变量对坝区典型工业企业用地集约度变化有 87%的解释能力。

为进一步讨论各因素对典型企业用地集约度的影响程度，对 13 个标准进行标准化，标准化方法仍然采用模糊隶属度方法（图 5.82）。

根据标准回归系数与 K 关系图，由岭迹图可以发现，当 $K \geqslant 0.2$ 时，岭迹处于较为稳定的状态，因而选择 K 值为 0.2，进行坝区典型工业企业调查数据的岭回归分析，R^2=0.91，具体回归系数详见表 5.67。

4. 坝区工业企业用地项目容积率控制指标标准修订

在国家《工业项目建设用地控制指标》（国土资发〔2008〕24 号）中通过投资强度、容积率、建筑系数、行政办公及生活服务设施用地比例、绿地率五项指标对工业项目建设用地进行控制。本节以国家《工业项目建设用地控制指标》（国土资发〔2008〕24 号）作为主要依据，通过典型调查数据分析，企业用地集约评价，坝区与低丘缓坡山地的用地结构和用地强度差异，两个区域的用地特点与差异等，结合地区实际对低丘缓坡山地工业项目建设用地控制指标进行分析和拟定。

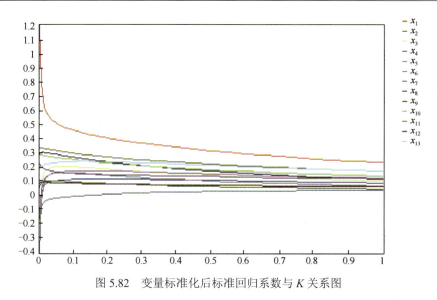

图 5.82　变量标准化后标准回归系数与 K 关系图

表 5.67　变量标准化后岭回归系数表

x_1	0.1026
x_2	0.0704
x_3	0.0448
x_4	0.0601
x_5	0.0335
x_6	0.0727
x_7	0.0111
x_8	0.1062
x_9	0.0476
x_{10}	0.085
x_{11}	0.068
x_{12}	0.0984
x_{13}	0.1031

1）容积率测算的理论基础

工业项目容积率定义为，项目用地范围内总建筑面积与项目总用地面积的比值。计算公式：容积率=总建筑面积÷总用地面积，建筑物层高超过 8m 的，在计算容积率时该层建筑面积加倍计算。

容积率是控制工业项目用地的一项重要指标，容积率的大小反映了土地利用强度及其利用效益的高低，其具有几方面的特性，一是容积率表达的是具体宗地内单位土地面积上允许的建筑容量；二是容积率（R）、建筑系数（C）与层数（H）之间存在一定的关系，由于计算工业用地建筑系数时分母包括建筑物占地面积、构筑物占地面积和堆场用地面积，所以容积率与层数存在正相关关系，而不像居住用地容积率与层数存在正比例关系；三是容积率存在客观上的最合理值，一般情况下，提高容积率可以提高土地利用率，但建筑容量的增大会带来建筑环境的恶化，为协调经济、社会和生态效益，容积率存在客观上的最合理值，但这种合理值是因地而异的，容积率存在一个合理的经济区间，如图 5.83 所示。

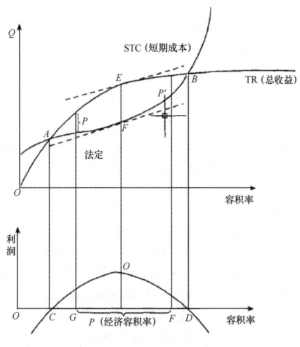

图 5.83　经济容积率区间

同时，工业用地容积率与居住用地容积率存在较大的差异，工业用地要重点考虑工艺流程，而居住用地要考虑舒适度，并且居住用地可计算容积率面积的比例要低于工业用地，一般厂房不计容积率的建筑面积比例为 3%～4%，而住宅为 19%～27%。

目前关于住宅容积率的计算方法很难应用到工业项目用地容积率的测算方面，鉴于此，研究重点从两个方面来考虑坝区工业项目的容积率，一是样本的回归测算，二是参考兄弟省（直辖市）的容积率制定情况。

2）基于回归方法的坝区企业容积率测算

（1）坝区企业容积率变化。由于因变量与自变量取值范围为[0，1]，因而回归方程的系数可以衡量各变量对因变量的重要程度与贡献度，由表 5.67 可知，容积率（x_8）的回归系数为 0.1062，对其进行归一化处理后，其所占份额为 0.1175，可见在坝区典型企业用地集约度中，容积率的贡献份额为 11.75%。

进行岭回归的坝区典型企业的集约度平均值为 59.6，在未经过标准化处理的岭回归方程中，容积率的回归系数为 3.6279，R^2 为 0.83，假设在其他指标都保持不变的前提下，将坝区典型企业的集约度平均值提高 10 个分值，达到 69.6，将其代入回归方程式（5.21），可计算容积率提高了 2.76，但实际典型企业用地集约水平的提高不可能仅依靠容积率指

标的提高，根据标准化后容积率所占回归系数的份额 11.75%，同时该回归方程的 R^2 为
0.91，可计算容积率实际提高值，其计算公式如下：

$$R_{\mathrm{T}} = \frac{(C' - C)}{R_{\mathrm{H}}} \times R^2 \times R_{\mathrm{B}} \times R^{2'} \tag{5.22}$$

式中：R_{T} 为容积率提高数值；C' 坝区典型企业用地集约度提升后的平均值；C 为坝区
典型企业用地集约度评价平均值；R_{T} 为回归方程式（5.21）中容积率回归系数；R^2 为
回归方程式（5.21）中的 R^2 值；R_{B} 为标准化后容积率所占回归系数的份额；$R^{2'}$ 为标准
化处理后岭回归方程中 $R^{2'}$ 的值。

根据式（5.22）可计算当坝区典型企业的集约度平均值提高 10 个分值时，容积率实
际提高值为 0.2446。

（2）坝区企业容积率标准修订。国家《工业项目建设用地控制指标》（国土资发
〔2008〕24 号）中对容积率控制指标做了相应的规定，通过统计与计量分析，坝区典型
企业的集约度平均值提高 1 个分值时，容积率实际提高值为 0.02446，通过评价可知目
前坝区企业集约度平均值为 59.6，接近 60，如果集约度提高 5 个分值达到 65 分，容积
率需要提高 0.12，如果集约度提高 10 个分值达到 70 分，容积率需要提高 0.24，而目前
坝区典型工业企业容积率平均值为 1.2，中位数为 1.1，众数为 1，由于控制标准是准入
的门槛，不宜选择过高，因而选择容积率为 1，这样可以国家《工业项目建设用地控制
指标》（国土资发〔2008〕24 号）中容积率控制指标为基础，在此基础上提升幅度可在
[0.12，0.24]选择，考虑到目前坝区工业企业容积率情况，针对不同的行业，容积率选择
提升 0.1 或 0.2 较为适宜，具体容积率修订可见表 5.68。

表 5.68 容积率控制指标

代码	行业分类名称	容积率
13	农副食品加工业	≥1.2
14	食品制造业	≥1.2
15	饮料制造业	≥1.2
16	烟草制品业	≥1.2
17	纺织业	≥0.9
18	纺织服装、服饰业	≥1.2
19	皮革、毛皮、羽毛及其制品和制鞋业	≥1.2
20	木材加工及木、竹、藤、棕、草制品业	≥0.9
21	家具制造业	≥0.9
22	造纸和纸制品业	≥0.9
23	印刷业和记录媒介的复制	≥0.9
24	文教、工美、体育和娱乐用品制造业	≥1.2
25	石油加工、炼焦和核燃料加工业	≥0.6
26	化学原料和化学制品制造业	≥0.7
27	医药制造业	≥0.8

续表

代码	行业分类名称	容积率
28	化学纤维制造业	≥0.9
29	橡胶制品业	≥1.2
30	塑料制品业	≥1.2
31	非金属矿物制品业	≥0.8
32	黑色金属冶炼和压延加工业	≥0.7
33	有色金属冶炼和压延加工业	≥0.7
34	金属制品业	≥0.8
35	通用设备制造业	≥0.8
36	专用设备制造业	≥0.8
37	交通运输设备制造业	≥0.8
39	电气机械和器材制造业	≥0.8
40	通信设备、计算机及其他电子设备制造业	≥1.2
41	仪器仪表及文化、办公用机械制造业	≥1.2
42	工艺品及其他制造业	≥1.2
43	废弃资源综合利用业	≥0.8
44	金属制品、机械和设备修理业	≥0.8

3）基于兄弟省（直辖市）对比测算的容积率修正

通过国家及部分地区对工业用地控制标准的规定可以看出，该类控制标准指标体系由以投资强度、容积率、建筑系数等为核心的控制指标构成，而且在对控制指标值的设定上，国家标准从全国层面上提出，指标值通常是全国范围内的最低值，在一定程度上可以起到约束作用，各省（市）也可以在国家标准的基础上，根据工业用地的实际情况和经济发展水平进行调整。

由表 5.69 可知，典型省（直辖市）容积率都有所调整，只是调整幅度存在一定的差异，福建省调整幅度较大，容积率下限提高了 0.4，江西省容积率平均调整提高幅度水平相对最低，为 0.02，平均提高幅度值为 0.18，基本上与回归测算的容积率调整幅度类似，根据云南省实际情况，全省社会经济发展水平相对较低，容积率调整幅度不宜过大，鉴于此，选择容积率调整幅度在 0.1～0.2 为宜。

表 5.69　典型省（直辖市）工业项目用地容积率调整幅度

省（直辖市）	修正前容积率	修正后容积率	容积率提高幅度
上海市	0.90	1.00	0.10
陕西省	0.83	1.10	0.27
广东省	0.95	1.10	0.15
浙江省	1.00	1.20	0.20
江苏省	1.00	1.10	0.10
福建省	0.80	1.20	0.40
江西省	0.81	0.83	0.02
平均提高幅度值			0.18

5. 坝区企业建筑系数标准修订

1）基于回归方法的坝区企业建筑系数测算

（1）坝区企业建筑系数变化。建筑系数是影响工业企业用地集约水平的一项重要指标，也是国家《工业项目建设用地控制指标》（国土资发〔2008〕24 号）中严格规定的指标，采取与计算容积率提升同样的方法，其计算公式如下：

$$J_{\mathrm{T}} = \frac{(C'-C)}{J_{\mathrm{H}}} \times R^2 \times J_{\mathrm{B}} \times R^{2'} \tag{5.23}$$

式中：J_{T} 为建筑系数提高数值；C' 坝区典型企业用地集约度提升后的平均值；C 为坝区典型企业用地集约度评价平均值；J_{H} 为回归方程式（5.21）中建筑系数回归系数；R^2 为回归方程式（5.21）中的 R^2 值；J_{B} 为标准化后建筑系数所占回归系数的份额；$R^{2'}$ 为标准化处理后岭回归方程中 $R^{2'}$ 值。

根据式（5.23）可计算当坝区典型企业的集约度平均值提高 10 个分值时，建筑系数实际提高值为 12.33%。

（2）坝区企业建筑系数标准修订。通过坝区典型工业企业数据分析，企业建筑系数普遍高于国家《工业项目建设用地控制指标》（国土资发〔2008〕24 号）中规定的 30%，而坝区典型工业企业建筑系数的平均值为 55.2%，中位数为 51%，众数为 50% 和 40%。同时，根据数据的计量分析，当坝区典型企业的集约度平均值提高 1 个分值时，建筑系数实际提高值为 1.2%，考虑到规定中相关指标既要体现集约利用，又要起到基础门槛的作用，所以坝区工业企业的建筑系数控制标准定为 36% 较为适宜。

2）基于兄弟省（直辖市）对比测算的建筑系数修正

一些典型省（直辖市）在国家标准的基础上，不断调整本地区的工业项目用地控制标准，就建筑系数而言，多数地区调整的幅度不大，如表 5.70 所示。

表 5.70 典型省（直辖市）工业项目用地建筑系数调整幅度

省（直辖市）	修正前建筑系数	修正后建筑系数	建筑系数提高幅度
上海市	0.35	0.35	0.00
陕西省	0.30	0.40	0.10
广东省	0.30	0.30	0.00
浙江省	0.30	0.30	0.00
江苏省	0.43	0.43	0.00
福建省	0.30	0.40	0.10
江西省	0.36	0.36	0.00
平均值	0.33	0.36	0.03

由表 5.70 可知，多数地区在工业项目用地的建筑系数方面调整幅度不大，主要是早

期制定建筑系数标准时就已经较高，根据工业企业的用地特点，目前的建筑系数基本可以控制企业用地规模，根据《工业项目建设用地控制指标》（国土资发〔2008〕24 号）中规定的建筑系数不低于 30%来看，云南省坝区工业企业用地的建筑系数可提升 3%～6%，以提高工业企业用地效率。

6. 坝区企业投资强度标准修订

1）坝区企业投资强度变化

投资强度是表征工业企业用地集约度的重要指标值之一，国家《工业项目建设用地控制指标》（国土资发〔2008〕24 号）中根据市（县）等别、区分行业的不同，将投资强度划分为七类，投资强度依次递减。通过对坝区和低丘缓坡山地典型工业企业调查数据进行分析，坝区典型企业投资强度平均值为 3596.29 万元/hm²，低丘缓坡山地典型企业投资强度平均值为 2494.65 万元/hm²。根据对坝区典型企业投资强度的数据分析，筛选出工业企业实际投资强度高于国家规定投资强度的典型企业，再对符合国家规定投资强度标准的典型工业企业中筛选出实际投资强度与国家规定投资强度比值在[1，2]的数据进行分析，这样既符合国家规定投资强度标准，又可以减少异常样本的干扰。

经过筛选共有 54 个坝区典型工业企业符合要求，对符合要求的样本进行分析发现，54 个坝区典型工业企业的投资强度平均值为 2178.65 万元/hm²，相应的国家规定投资强度平均值为 1574.72 万元/hm²，工业企业实际投资强度平均值是国家投资强度平均值的 1.38 倍。同时，进一步对实际投资强度与国家规定投资强度比值在[1，1.5]的数据进行分析，典型工业企业的实际投资强度平均值为 1653.05 万元/hm²，相应的国家规定投资强度平均值为 1431.35 万元/hm²，工业企业实际投资强度平均值是国家投资强度平均值的 1.15 倍。同时，54 个坝区典型工业企业实际投资强度与国家规定投资强度比值的中位数为 1.26，众数为 1，由上述可见，坝区投资强度提高幅度可为 0%～40%，由于各个行业投资强度具有差异，不同行业的投资强提高幅度也应有所差别，为进一步研究各行业的投资强度增幅差别，选择对符合实际投资强度与国家规定投资强度比值在[1，2]的工业企业数据进行分析，结果见表 5.71。

表 5.71　坝区部分行业实际投资强度与国家规定投资强度均值比

行业代码	行业实际投资强度平均值	国家规定投资强度平均值	行业实际投资强度与国家规定投资强度平均值比
13	761.67	660.00	1.15
26	1919.10	1266.67	1.52
27	3002.72	1990.00	1.51
31	722.28	503.33	1.44
33	1869.17	1409.00	1.33
35	2918.88	2071.67	1.41
36	1987.95	1947.00	1.02
39	1869.66	1477.50	1.27

注：样本企业选择实际投资强度与国家规定投资强度比在[1，2]的企业。

2）典型省（自治区）投资强度增长情况

从各省（直辖市、自治区）制订标准当年的经济总量排名和制订时间关系看，GDP排名在前的省（直辖市、自治区）基本制订了地方标准，修正频度也较高，研究选择以上海市、浙江省、江苏省等典型省（直辖市）目前标准的上次修正标准时间段的投资强度年平均增长率为参考，详见表5.72。

表 5.72　典型省（直辖市）投资强度增长率

省（直辖市）	投资强度年平均增长率/%
上海市	6.32
陕西省	4.05
广东省	8.39
浙江省	5.76
江苏省	4.14
福建省	7.65
深圳市	4.74
平均值	5.86

由表5.72可知，投资强度年平均增长率最高的是广东省，为8.39%，投资强度年平均增长率最低的是江苏省，为4.14%，典型省（直辖市）投资强度年平均增长率平均值为5.86%，由于云南省社会经济相对落后，投资强度提升要与当地社会经济发展相适应，因而投资强度的年平均增长幅度可为1%～3%，根据《工业项目建设用地控制指标》（国土资发〔2008〕24号），到2015年，7年间累计增幅在7%～22%。

3）坝区企业投资强度标准修订

由表5.71可知，专用设备制造业实际投资强度平均值与国家规定投资强度平均值十分接近，农副食品加工业实际投资强度平均值是国家规定的投资强度平均值的1.15倍，其他统计行业的数值都在1.2倍以上，但由于样本数量相对较小，不能完全反映各行业投资强度信息，同时，借鉴兄弟省（直辖市）投资强度年平均增长情况，结合工业地价指数变化情况，云南省坝区不同类别地区不同行业的投资强度增幅可控制在10%～15%。根据地区实际选择二类地区的增幅为15%，三类地区的增幅为14%，四类地区的增幅为13%，五类地区的增幅为12%，六类地区的增幅11%，七类地区的增幅10%，同时对个别投资强度较大的行业，降低其增幅水平，投资强度在2000万元/hm²以上不足3000万元/hm²的行业从增幅14%开始按不同类型区递减，投资强度在3000万元/hm²以上不足4000万元/hm²的行业从增幅13%开始按不同类型区递减，投资强度在4000万元/hm²以上的行业从增幅12%开始按不同类型区递减，对坝区各行业的投资强度标准进行修订，详见表5.73。

7. 低丘缓坡山地工业项目控制指标标准确定

由于低丘缓坡山地典型企业样本过少，完全通过样本数据的统计与计量分析很难全

表 5.73　坝区工业项目修正后的投资强度指标表

行业代码/地区分类	二类	三类	四类	五类	六类	七类
	第五、六等	第七、八等	第九、十等	第十一、十二等	第十三、十四等	第十五等
13	≥1790	≥1280	≥880	≥740	≥655	≥485
14	≥1790	≥1280	≥880	≥740	≥655	≥485
15	≥1790	≥1280	≥880	≥740	≥655	≥485
16	≥1790	≥1280	≥880	≥740	≥655	≥485
17	≥1790	≥280	≥880	≥740	≥655	≥485
18	≥1790	≥1280	≥880	≥740	≥655	≥485
19	≥1790	≥1280	≥880	≥740	≥655	≥485
20	≥1430	≥1020	≥700	≥580	≥520	≥485
21	≥1670	≥1200	≥820	≥680	≥620	≥485
22	≥1790	≥1280	≥880	≥740	≥655	≥485
23	≥2360	≥1720	≥1170	≥970	≥870	≥485
24	≥1790	≥1280	≥880	≥740	≥655	≥485
25	≥2360	≥1720	≥1170	≥970	≥870	≥485
26	≥2360	≥1720	≥1170	≥970	≥870	≥485
27	≥3480	≥2550	≥1760	≥1450	≥1300	≥485
28	≥3480	≥2550	≥1760	≥1450	≥1300	≥485
29	≥2360	≥1720	≥1170	≥970	≥870	≥485
30	≥1430	≥1030	≥710	≥580	≥520	≥485
31	≥2830	≥2070	≥1410	≥1160	≥1040	≥485
32	≥2830	≥2070	≥1410	≥1160	≥1040	≥485
33	≥2360	≥1720	≥1170	≥970	≥870	≥485
34	≥2830	≥2070	≥1410	≥1160	≥1040	≥485
35	≥2830	≥2070	≥1410	≥1160	≥1040	≥485
36	≥3510	≥2530	≥1760	≥1450	≥1300	≥485
37	≥3510	≥2530	≥1760	≥1450	≥1300	≥485
39	≥2830	≥2070	≥1410	≥1160	≥1040	≥485
40	≥3980	≥2885	≥1990	≥1650	≥1480	≥485
41	≥2830	≥2070	≥1410	≥1160	≥1040	≥485
42	≥1430	≥1030	≥710	≥580	≥520	≥485
43	≥1430	≥1030	≥710	≥580	≥520	≥485
44	≥1430	≥1030	≥710	≥580	≥520	≥485

注：由于云南省无一类地区，所以本表省略一类地区。

面反映低丘缓坡山地工业企业的用地情况，因而本节先拟定坝区工业项目控制标准，通过坝区与低丘缓坡山地的用地差异，拟定低丘缓坡山地的修订系数，对坝区工业项目控制标准进行系数修订后得出低丘缓坡山地工业项目用地控制标准。

坝区与低丘缓坡山地的用地差异，一方面体现在建设用地开发过程中，主要是坝区工业园区与低丘缓坡山地工业园区在可供出让土地率和用地结构方面，具体已经在本书

第六章进行了详细论述。另一方面体现在行业和企业的用地差异上，行业用地差异主要体现在行业的工艺流程与工艺特点方面，一般都由各行业的工程项目建设用地标准来规定和控制；企业用地差异主要体现在边坡占地、填挖后的地基稳固性和地质灾害等防护用地等方面，其中对于企业来说主要是边坡占地。

1）容积率标准的测算

根据《低丘缓坡山地开发土地利用效率与成本研究：以云南省为例》，一般的边坡支护方案，放坡比例是杂填土 1∶1，粉质黏土 1∶0.5，粉土 1∶0.75，强风化泥岩 1∶0.35，中风化泥岩可以垂直开挖。如果开挖的土质为中风化泥岩，则边坡可做成垂直开挖的，即边坡可不占地。假设是 15°的粉质黏土，则在 35m 平坝时，中间 35m 间距的地方都可以进行建设（道路或绿地等），35m 间距 15°坡时中间可利用的距离为：35–9.38×0.5=30.31m，即 15°坡与平坝之间的用地比例为 1∶1.155。以此类推可以计算不同自然坡度的调整系数。

同时，在《煤炭工业工程项目建设用地指标》（建标〔2008〕233 号）中，给出了自然坡度用地的调整系数表，具体见表 5.74。

表 5.74　煤炭工业工程项目建设用地地形调整系数

自然地形平均坡度/%	调整系数
>4	1.07
7	1.11
10	1.15
15	1.20
20	1.25
30	1.30
30 以上	1.35

注：当局部自然坡度大于 4%时，可进行局部调整；本调整系数的边坡处理方式是按填挖边坡放坡方式确定的，如按加砌挡土墙处理方式，其调整系数值应减小，根据具体情况而定。

在低丘缓坡山地进行建设时，重点要考虑边坡的稳定性，影响边坡稳定性的因素有很多，一般包括土壤类别、土壤密实程度、填料类别、风化程度、气候条件、边坡高度、边坡坡度及工程地质条件等。对于边坡高度大于 20m 的填挖方边坡应进行特别设计，对于填方边坡还应进行边坡稳定的验算；对于挖方边坡，边坡坡度的确定还需要考虑工程地质和水文地质等对边坡的影响。一般地质情况下，可参考道路路基边坡坡度来考虑。

坡顶至建（构）筑物的安全距离：坡顶至建（构）筑物的距离主要取决于建（构）筑物基础侧压力对边坡或挡土墙的影响，其影响范围 L 可表示为

$$L = (H - h) / \tan \varphi + L_1 \tag{5.24}$$

式中：φ 为摩擦角（°）；H 为边坡高度（m）；h 为基础埋设深度（m）；L_1 为附加安全距离，一般取 1～2m。

综合考虑《低丘缓坡山地开发土地利用效率与成本研究：为云南省为例》《煤炭工业工程项目建设用地指标》（建标〔2008〕233 号）中的调整系数，同时，结合典型项目

区的实验室模拟计算，推算不同坡度的调整系数，详见表 5.75。

表 5.75　地形调整系数表

坡度/（°）	调整系数
4	1.1
8	1.2
15	1.3
25	1.4

注：本调整系数的边坡处理方式由填挖边坡放坡方式确定，如按加砌挡土墙处理方式，其调整系数值应减小，根据具体情况而定。

根据确定的地形系数修正表，结合前文坝区容积率标准的确定，来衡量低丘缓坡山地不同地形坡度的容积率控制标准，在不调整用地面积的情况下，不同坡度的实际可用地规模为调整系数的倒数，以此对不同坡度的容积率进行修订，详见表 5.76。

表 5.76　不同坡度容积率修订表

代码	行业分类名称	不同坡度容积率			
		4°	8°	15°	25°
13	农副食品加工业	≥1.10	≥1.00	≥0.90	≥0.85
14	食品制造业	≥1.10	≥1.00	≥0.90	≥0.85
15	饮料制造业	≥1.10	≥1.00	≥0.90	≥0.85
16	烟草制品业	≥1.10	≥1.00	≥0.90	≥0.85
17	纺织业	≥0.80	≥0.75	≥0.70	≥0.65
18	纺织服装、服饰业	≥1.10	≥1.00	≥0.90	≥0.85
19	皮革、毛皮、羽毛及其制品和制鞋业	≥1.10	≥1.00	≥0.90	≥0.85
20	木材加工及木、竹、藤、棕、草制品业	≥0.80	≥0.75	≥0.70	≥0.65
21	家具制造业	≥0.80	≥0.75	≥0.70	≥0.65
22	造纸和纸制品业	≥0.80	≥0.75	≥0.70	≥0.65
23	印刷业和记录媒介的复制	≥0.80	≥0.75	≥0.70	≥0.65
24	文教、工美、体育和娱乐用品制造业	≥1.10	≥1.00	≥0.90	≥0.85
25	石油加工、炼焦和核燃料加工业	≥0.55	≥0.50	≥0.45	≥0.40
26	化学原料和化学制品制造业	≥0.65	≥0.60	≥0.55	≥0.50
27	医药制造业	≥0.70	≥0.65	≥0.60	≥0.55
28	化学纤维制造业	≥0.80	≥0.75	≥0.70	≥0.65
29	橡胶制品业	≥1.10	≥1.00	≥0.90	≥0.85
30	塑料制品业	≥1.10	≥1.00	≥0.90	≥0.85
31	非金属矿物制品业	≥0.70	≥0.65	≥0.60	≥0.55
32	黑色金属冶炼和压延加工业	≥0.65	≥0.60	≥0.55	≥0.50
33	有色金属冶炼和压延加工业	≥0.65	≥0.60	≥0.55	≥0.50
34	金属制品业	≥0.70	≥0.65	≥0.60	≥0.55

续表

代码	行业分类名称	不同坡度容积率			
		4°	8°	15°	25°
35	通用设备制造业	≥0.70	≥0.65	≥0.60	≥0.55
36	专用设备制造业	≥0.70	≥0.65	≥0.60	≥0.55
37	铁路、船舶、航空航天和其他运输设备制造业	≥0.70	≥0.65	≥0.60	≥0.55
39	电气机械和器材制造业	≥0.70	≥0.65	≥0.60	≥0.55
40	通信设备、计算机及其他电子设备制造业	≥1.10	≥1.00	≥0.90	≥0.85
41	仪器仪表及文化、办公用机械制造业	≥1.10	≥1.00	≥0.90	≥0.85
42	工艺品及其他制造业	≥1.10	≥1.00	≥0.90	≥0.85
43	废弃资源综合利用业	≥0.70	≥0.65	≥0.60	≥0.55
44	金属制品、机械和设备修理业	≥0.70	≥0.65	≥0.60	≥0.55

注：其他坡度的容积率修正值可以采用插值法测算。

2）建筑系数控制标准的测定

根据地形调整系数表，结合前文对坝区建筑系数标准的修订，可得到低丘缓坡山地不同坡度的建筑系数标准，详见表5.77。

表 5.77 不同坡度的建筑系数标准

项目	4°	8°	15°	25°
建筑系数	≥33.0%	≥30.0%	≥28.0%	≥26.0%

注：其他坡度的建筑系数修正值可以采用插值法测算。

同时，根据典型企业占地规模调查情况，参照重庆市、江苏省、浙江省等其他地区相应成果，还应随着企业占地规模的增加，不断提高建筑系数，加强用地规模，加大企业的用地集约管控，详见表5.78。

表 5.78 不同用地规模的建筑系数控制标准

工业用地规模	4°	8°	15°	25°
5hm² 以下	≥33.0%	≥30.0%	≥28.0%	≥26.0%
5～10hm²	≥38.0%	≥35.0%	≥33.0%	≥30.0%
10hm² 以上	≥43.0%	≥40.0%	≥38.0%	≥35.0%

3）投资强度控制标准的测算

低丘缓坡山地投资强度测算主要以坝区投资强度标准为基准，在此基础上，进一步考察低丘缓坡山地与坝区的投资强度差异，对坝区投资强度标准进行修订后测算低丘缓坡山地不同地区和行业的投资标准。

前文已经对坝区各行业投资强度标准进行了测算，现对坝区与低丘缓坡山地的投资强度差异进行分析。首先，从坝区和低丘缓坡山地典型企业样本中筛选出投资强度符合国家《工业项目建设用地控制指标》（国土资发〔2008〕24 号）的样本，测算两个样本群的平均值，坝区典型工业企业投资强度平均值为 4362.49 万元/hm²，低丘缓坡山地为 3188.40 万元/hm²，坝区是低丘缓坡山地投资强度平均值的 1.37 倍，同时坝区相应的国家要求的投资强度平均值为 1526.89 万元/hm²，低丘缓坡山地为 658.92 万元/hm²，坝区是低丘缓坡山地的 2.32 倍，国家要求投资强度倍数高出实际投资强度倍数主要由于坝区典型企业多在二类到五类地区，而低丘缓坡山地典型企业样本多分布在六类和七类地区，投资强度的地区差异明显。其次，为进一步排除异常数据的干扰，在已筛选的样本中继续筛选出典型企业实际投资强度与国家规定投资强度比值在[1,2]的样本数据对其进行进一步分析，通过分析发现，在该样本群中坝区典型工业企业投资强度平均值为 2178.65 万元/hm²，相应的国家要求的投资强度平均值为 1574.72 万元/hm²，低丘缓坡山地典型工业企业投资强度平均值为 1494.70 万元/hm²，相应的国家要求的投资强度平均值为 944.17 万元/hm²，坝区实际投资强度平均值是低丘缓坡山地的 1.46 倍，相应的国家规定投资强度平均值坝区是低丘缓坡山地的 1.67 倍，可见低丘缓坡山地投资强度平均值与国家规定投资强度平均值的比例要高于坝区，主要是由低丘缓坡山地多分布在投资强度等级较低的地区，国家投资强度要求不高所致。

　　从以上分析来看，在典型企业实际投资强度与国家规定投资强度比值在[1，2]的样本数据中，低丘缓坡山地平均值是坝区实际投资强度平均值的 68.6%，但相应的国家规定投资强度平均值低丘缓坡山地是坝区的 60%，所以低丘缓坡山地平均值与坝区实际投资强度平均值的比例应高于 68.6%。从坝区和低丘缓坡山地投资强度样本分布来看，坝区多集中在二类和五类地区，而低丘缓坡山地样本多集中在五、六和七类地区，详见表 5.79，两者存在一定的投资强度差异，在一定程度上也客观造成了坝区投资强度平均值高出低丘缓坡山地 1.46 倍，所以应消除一定比例的地区差异，从实际投资强度和国家规定投资强度的差异来看，两者相差 8.6%，可见低丘缓坡山地投资强度超出国家规定投资强度更高一些，同时，根据《低丘缓坡山地开发土地利用效率与成本研究：以云南省为例》，低丘缓坡山地开发成本是坝区的 85%，而地价在投资中占有一定比例，并且不同类别区的差异平均值在 20%左右，如此估算，低丘缓坡山地投资强度平均值应在坝区的 90%左右较为适宜，同时，不同行业的修正系数还应有所差异，投资强度高的行业，其修正系数也应略高，低丘缓坡山地投资强度标准可见表 5.80。

表 5.79　两类区域企业投资强度样本分布

投资强度地区类别	县（市、区）等别	坝区样本比例/%	低丘缓坡山地样本比例/%
一类	第五、六等	33.61	—
二类	第七、八等	5.04	6.12
三类	第九、十等	14.29	4.08
四类	第十一、十二等	36.13	20.41
五类	第十三、十四等	10.08	46.94
六类	第十五等	0.84	22.45

表 5.80　低丘缓坡山地工业企业投资强度控制标准

行业代码	一类	二类	三类	四类	五类	六类
	第五、六等	第七、八等	第九、十等	第十一、十二等	第十三、十四等	第十五等
13	≥1650	≥1180	≥810	≥690	≥620	≥460
14	≥1650	≥1180	≥810	≥690	≥620	≥460
15	≥1650	≥1180	≥810	≥690	≥620	≥460
16	≥1650	≥1180	≥810	≥690	≥620	≥460
17	≥1650	≥1180	≥810	≥690	≥620	≥460
18	≥1650	≥1180	≥810	≥690	≥620	≥460
19	≥1650	≥1180	≥810	≥690	≥620	≥460
20	≥1320	≥940	≥640	≥540	≥490	≥460
21	≥1540	≥1100	≥750	≥630	≥590	≥460
22	≥1650	≥1180	≥810	≥690	≥620	≥460
23	≥2170	≥1580	≥1080	≥900	≥830	≥460
24	≥1650	≥1180	≥810	≥690	≥620	≥460
25	≥2170	≥1580	≥1080	≥900	≥830	≥460
26	≥2170	≥1580	≥1080	≥900	≥830	≥460
27	≥3200	≥2350	≥1620	≥1350	≥1235	≥460
28	≥3200	≥2350	≥1620	≥1350	≥1235	≥460
29	≥2170	≥1580	≥1080	≥900	≥830	≥460
30	≥1320	≥940	≥640	≥540	≥490	≥460
31	≥2600	≥1900	≥1300	≥1080	≥990	≥460
32	≥2600	≥1900	≥1300	≥1080	≥990	≥460
33	≥2170	≥1580	≥1080	≥900	≥830	≥460
34	≥2600	≥1900	≥1300	≥1080	≥990	≥460
35	≥2600	≥1900	≥1300	≥1080	≥990	≥460
36	≥3230	≥2330	≥1620	≥1350	≥1235	≥460
37	≥3230	≥2330	≥1620	≥1350	≥1235	≥460
39	≥2600	≥1900	≥1300	≥1080	≥990	≥460
40	≥3660	≥2650	≥1830	≥1535	≥1410	≥460
41	≥2600	≥1900	≥1300	≥1080	≥990	≥460
42	≥1320	≥940	≥640	≥540	≥490	≥460
43	≥1320	≥940	≥640	≥540	≥490	≥460
44	≥1320	≥940	≥640	≥540	≥490	≥460

　　将低丘缓坡山地投资强度标准与国家《工业项目建设用地控制指标》（国土资发〔2008〕24 号）中投资强度标准进行对比可以发现，低丘缓坡山地投资强度标准要略高于国家《工业项目建设用地控制指标》（国土资发〔2008〕24 号）中的投资强度标准，

第六类区域比国家 2008 年标准高 20 万元/hm²，其他类型区域也都高于国家 2008 年的标准。

4）工业项目配套设施与绿地率控制指标确定

在行政办公及生活设施用地比例方面，通过对低丘缓坡山地典型企业调查数据进行分析，饮料制造业和医药制造业的行政办公及生活设施用地比例平均值在 7%以上，分别为 7.4%和 10%，其他行业的行政办公及生活设施用地比例平均值都在 4%～7%，多数企业行政办公及生活设施用地比例低于 7%的国家控制指标，鉴于此，低丘缓坡山地工业企业的行政办公及生活设施用地比例规定不能超过 7%。但由于低丘缓坡山地交通条件的限制，企业员工生活确有不便，需要提高行政办公及生活设施用地比例的，不得高于 10%。

绿地是国家《工业项目建设用地控制指标》（国土资发〔2008〕24 号）中要求控制的指标之一，通过对低丘缓坡区山地典型企业调查数据进行分析，各企业绿地率平均值为 8.3%，但各行业还存在一定的差异，化学原料及化学制品制造业的绿地率平均值最高，为 13.6%，其次是食品制造业，为 10.5%；饮料制造业的绿地率最低，为 2.7%，总体来看，统计的各行业都不同程度存在绿地。鉴于低丘缓坡山地的用地特殊性，需要有一定比例的防护绿地，因而在低丘缓坡山地可规定企业除必要的防护绿地和因生产工艺等特殊要求需要安排一定比例绿地以外，不得安排绿地，允许安排绿地的企业其绿地率原则上不得超过 15%，防护规模较大的企业不得超过 20%。

第6章 低丘缓坡山地开发土地规划实施监管技术研究

6.1 指标体系构建和关键监测指标遴选及其监测方案设计

6.1.1 生态风险表征指标体系

水土流失和地表径流作为生态风险的主要研究指标，在低丘缓坡山地开发风险评估方面起着举足轻重的作用，结合国家相关规程和学者的研究，厘定了表征低丘缓坡山地开发水土流失和地表径流等指标体系。

国家在相关规程及技术规范中均规定了相关调查及监测指标，不同研究领域的学者等也都针对不同区域、从不同角度提出了相关的监测指标。研究中参考国家标准和相关学者的研究成果，结合云南省大理市复杂的自然地理环境和低丘缓坡山地开发区域特点，选取相关指标，建立了低丘缓坡山地开发地生态风险（水土流失、地表径流）的表征指标体系。

研究主要以《水土保持监测技术规程》（SL 277—2002）、《开发建设项目水土保持技术规范》（GB 50433—2008）为基础，参照胡良军、马晓微、姚顺发等学者的研究成果，构建了低丘缓坡山地开发的生态风险表征指标体系，详见表6.1。

表6.1 山地开发生态风险表征指标体系

表征因子	表征指标
地质	地质构造、断裂和断层、岩性、地震烈度、不良地质灾害等与水土保持有关的工程地质情况
地貌	地形、地面坡度、沟壑密度、地表物质组成、土地利用类型等
气象	降水（降水量、强度、频率）、气温
水文	一定频率（5年、10年、2年一遇）、一定时段（1h、6h、24h）降水量、地表水系、河流泥沙平均含沙量、径流模数、洪水（水位、水量）、水系变化情况
土壤	地带性土壤类型、分布、土层厚度、土壤质地、土壤肥力、土壤的抗侵蚀性和抗冲刷性
地表覆盖	地带性（或非地带性）植被类型、项目区植物种类、乡土树种、草种及分布、林草植被覆盖率
人为活动	陡坡开荒、过度放牧和滥伐等人为活动

6.1.2 地质灾害指标体系

在多种地质灾害中，滑坡、泥石流等突发性地质灾害具有爆发周期短、威胁性及破坏性强、成因复杂等特点，因此，当前地质灾害监测研究和应用多是围绕突发性地质灾害进行的。

1. 滑坡

以国家规程《崩塌、滑坡、泥石流监测规程》（DZ/T 0223—2002）为基准，结合相关的学者研究，集成构建低丘缓坡山地开发滑坡地质灾害的表征指标体系，详见表 6.2。

表 6.2　滑坡地质灾害的表征指标体系

因素	因子	指标	指标性质
地质	构造运动	断裂带	定量
		褶皱带	定量
		地震发生率	定量
	岩性	岩石类型	定量
		土壤类型	定量
地貌	坡度	坡度	定量
	坡向	坡向	定性
气候	降水	降水量	定量
		降水强度	定量
水文	地下水	地下水位	定量
植被	植被覆盖度	植被覆盖度	定量
	植被类型	植被类型	定性
地声	地声	频率	定性
		波幅	定量
位移	水平位移	水平位移	定量
	垂直位移	垂直位移	定量
人类活动	陡坡开荒	开荒面积	定量
	矿山开采	废弃土石量	

2. 泥石流

根据《崩塌、滑坡、泥石流监测规程》（DZ/T 0223—2002），结合崔鹏、张国平等学者的相关研究，得出云南省大理市低丘缓坡山地开发泥石流地质灾害的表征指标体系，详见表 6.3。

泥石流灾害的危险性指标选取从两个方面进行：一是历史上致灾地质作用的发生情况，包括致灾地质作用规模、密度、频次等；二是地区自然地理条件、地质环境条件、人类工程经济活动状况等。泥石流活动是多种因素共同作用的结果，诸如地形地貌、地质构造、地层岩性、降水、植被、人类工程活动等。在复杂的泥石流形成条件中，不同因素的作用方式和影响程度各不相同，各种因素都处于不断变化之中，其中有的因素是可以明确判断度量的，而大多数因素则是不能完全确定的，或是模糊不清的。

表6.3 泥石流地质灾害的表征指标体系

因素	因子	指标
地形	相对高度	相对高度
	坡度	坡度
地貌	坡向	坡向
	沟床比降	沟床比降
	沟谷	集水区面积
水文	降水	降水量
		降水强度
	地下水	孔隙水压力系数
植被	植被覆盖度	植被覆盖度
	植被类型	植被类型
地声	地声	频率
		波幅
位移	水平位移	水平位移
	垂直位移	垂直位移
人类活动	陡坡开荒	开荒面积
	矿山开采	废弃土石量

6.1.3 关键监测指标遴选及监测方案设计

根据生态风险与地质灾害的成灾机理与主要影响因素,结合云南省大理市的地质条件和地理环境确定了低丘缓坡山地开发项目区的监测指标与设备。针对云南省低丘缓坡山地开发地区选择制定监测指标体系,设定关键监测指标的监测方法、监测点布设方案和监测点布设原则。

1. 降水

降水是引发各类地质灾害的主要动力因子之一,一般而言,降水量越大、降水强度越大,引发灾害的可能性也越大,如图6.1和图6.2所示。

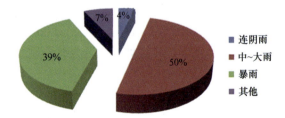

图6.1 云南省滑坡、泥石流灾害前期降水类型

降水监测是在时间和空间上所进行的降水量和降水强度的观测。测量方法包括用雨量器直接测定方法,以及用天气雷达、卫星云图估算降水的间接方法。直接观测方法需要设定雨量站网,站网的布设必须有一定的空间密度,并规定统一的频次和传递资料的时间,有关要求根据预期的用途来确定。

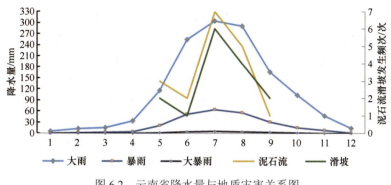

图 6.2　云南省降水量与地质灾害关系图

1）降水采样点的一般布设原则

（1）在采样点四周无遮挡雨、雪、风的高大树木或建筑物，并考虑风向（顺风、背风）、地形等因素。

（2）50 万以上人口的城市，按区各设一个采样点；50 万以下人口的城市设两个采样点；库容在 1 亿 m³ 以上或水面面积在 50km² 以上的水库、湖、泊，根据水面大小，设置 1～3 个采样点。

（3）尽量与现有雨量站相结合，按现有雨量站的 1%～3%进行布设。

（4）专用站采样点布设按监测目的与要求设置。

2）遥测雨量站布设原则

（1）能掌握暴雨的时空变化和得到符合精度要求的面雨量。

（2）能满足系统配置预报方案对水情信息的要求。

（3）站点信道通畅，交通方便，利于管理。

（4）若是增设雨量站，雨量站尽量用原址，以保持历史观测资料的连续性。

（5）测站布设应与系统的预报模型相匹配，尽量减少不必要的测站。

雨量站监测仪器使用雨量计。针对云南省雨量大，且时间集中及易发生滑坡、泥石流等地质灾害和水土流失等生态风险的特点，建议云南省大理市低丘缓坡山地开发区域在进行低丘缓坡山地开发时，在充分运用项目区原有的气象站、水文站基础上，增设遥测雨量站，依据项目研究设定的项目区为 10km²，结合降水采样点的一般布设原则，在项目区布设一个遥测雨量计，进行降水数据的实时采集，为更好地监测降水的时空变化，以及生态风险分析与地质灾害预警提供监测数据。

2. 位移

位移能够很好地反映岩土体的变形破坏特征，是斜坡变形的外在反映，获取的位移信息可用于滑坡发展初期的识别、活跃期滑坡的综合动态变化、对有险情的滑坡防灾避难提供预报和警报信息等。地表位移监测包括绝对位移监测和相对位移监测两部分。绝对位移监测是主要监测方法，其特点是应用大地测量法来测量岩土变形体各测点 3D 坐标，间接得到各测点的 3D 位移变化量、位移方向及位移速率。地表位移监测的主要仪器有水准仪、经纬仪、全站仪、测距仪、GPS 及激光准直仪等。地表相对位移监测常用于测量岩土变形体各重点变形监测处点与点之间的相对位移变化（闭合、张开、抬升、下沉、错动等）。

针对研究区地表变形量，为了提高精确度，监测网布设中应具有一定数量的监测网点，监测网点是进行地表水平变形和垂直变形的工作基点。监测网点的选择应满足以下主要原则：网点需要足够的稳定性；监测网点应远离滑坡体的稳定地区，并且在满足整个滑坡范围的条件下数量不宜过多；网点应选在远离滑坡体的稳定地区，在满足要求前提下监测点数量不宜过多；网点要有足够的图形强度，且网点的坐标误差应小于 2mm。

综上，监测点的布设尽可能在滑坡的前缘、后缘、断层、裂缝和地质分界线等处设点。如果滑坡上还有深部位移测孔或测点（钻孔倾斜仪、多点位移计），尽量在这些测点附近布点，使得监测成果相互验证。监测点布设的位置地基稳定，可埋设混凝土观测墩，并在观测墩上安置强制对中点。

针对研究区的特点、位移监测的主要方法及其在监测过程中的优缺点，在研究中针对研究区的位移监测，使用 GPS 监测（包括水平和垂直）。GPS 监测网布设主要原则有：布点位置空旷，对于天空有足够的视场；总体上，滑坡监测点的选择应视滑坡的规模、类型、变形量的大小和危害程度而定，并考虑现有经费综合，对于牵引式滑坡，监测点应重点布置在滑坡的前缘；对于推移式滑坡，监测点重点布置在滑坡的后缘；对于裂缝、断层、地质结构变化的部位也应布设足够的监测点。滑坡监测以仪器监测为主，并配合适当的巡视检查。

针对研究区地质灾害滑坡监测方面，滑坡体在剧滑前期会在地表产生一系列裂缝。根据受力状况，其裂缝可分为拉张裂缝、膨胀裂缝、扇形张裂缝、剪切裂缝，监测滑坡体后缘的拉张裂缝从滑坡体蠕变开始到剧滑前期的裂变情况，对滑坡的预警预报至关重要。在研究中对滑坡、裂缝带等部位的侧向位移及上下层间的沉降等进行监测，采用测缝计进行滑坡裂缝的全天候监测。

1）同时利用合成孔径雷达差分干涉技术获取相关位移信息

合成孔径雷达差分干涉（D-INSAR）是近年来在干涉雷达基础上发展起来的一种微波遥感技术，具有高灵敏度、高空间分辨率、宽覆盖率、全天候等特点，且对地面微小形变具有厘米甚至更小尺度的探测能力，使其在对地震形变、地表沉陷及火山活动等大范围地表变形的测量研究中迅速得到了广泛的应用。

D-INSAR 技术是在主动式微波合成孔径雷达 SAR 相干成像基础上，如果空间基线足够小，利用多次重复观测可以进行地表微小形变检测的技术。它是迄今为止独一无二的基于面观测的形变遥感监测手段，可补充已有的基于点观测的低空间分辨率大地测量技术（如 GPS 和精密水准等）。通过差分干涉雷达技术获取地表的形变信息主要有 3 种方法，即已知 DEM 的双轨道法、三轨法、四轨法，其中"三轨法"是最基本的方法。

三轨道法是利用三景影像生成两幅干涉纹图，一幅反映地形信息，一幅反映地表形变信息，进行平地效应消除后，再分别进行相位解缠，最后利用差分干涉原理计算得到地表形变信息。

2）D-INSAR 技术提取形变的方法和流程

（1）选择合适的雷达卫星，进而选取研究时间获取相应雷达数据。
（2）对选取的 D-INSAR 数据进行精确配准，计算出同一点上的相位差。
（3）将生成的干涉图进行滤波处理和去除平地效应。
（4）对干涉图进行相位解缠得到绝对相位变化，再利用差分干涉处理得到差分干涉图。
（5）最后对差分干涉图相位进一步相位解缠，得到地表的微小形变信息。

3）D-INSAR 在监测上的优势

（1）大范围、全天候。由于 D-INSAR 使用从卫星雷达获取的数据，它一次能覆盖几百乃至上千平方公里范围。另外，因为卫星雷达监测能穿透云层，且没有昼夜之分，具有全天候的特性，这是光学遥感及其他监测技术无法满足的。
（2）高精度、高分辨率。D-INSAR 技术对地表微小形变监测能力达到厘米，甚至毫米量级，从而能够提供高精度的宏观静态信息和微观动态信息，达到对持续较慢发展的边坡活动的连续捕获。
（3）能够监测人员无法进入的区域、监测成本低。D-INSAR 技术使用的是卫星 SAR 数据，无须设置地面基准点，因而能够进入监测人员无法进入的区域。

3. 地声监测

泥石流摩擦、撞击沟床而引起的弹性波，以岩石等介质传播，称为泥石流地声。泥石流地声（振动）随着泥石流的流动面而产生，又随着泥石流的停止而终止。与其他振动波一样，具有独特的振动频率、波形，通过测出泥石流地声波的主频范围，并与沟道环境背景产生的振动区别开来，并根据泥石流地声强度（振幅）与泥石流流量成正比的关系，以及泥石流的过流持续时间较长（一般至少大于 5s），利用鉴频、鉴幅、延时三要素研制泥石流警报器进行地声预警。

泥石流警报器传感器可以埋设在泥石流流通区段，它深埋于基岩之中，为非接触式，当泥石流在沟床流动时，传感器把信号送至测试端，经调制后由遥测机实现报警，地声传感器可以在泥石流临近时（如果介质品质因素高，可以提前 1~3km）监测到泥石流信号。

监测点一般布设于泥石流流通区上段，布设点选址在基岩沟岸上。泥石流地声监测点多用于危害较为严重的泥石流沟。对于单沟泥石流，可在泥石流流通区上段布设一个泥石流地声监测点；对于多支沟泥石流，需要在各泥石流支沟流通区上段分别布设一个泥石流地声监测点；对于危害严重的泥石流沟，为确保报警精度，要在泥石流流通区上、中两段分别布设一个泥石流地声监测点。

4. 植被覆盖度监测

植被覆盖度是指植被冠层或叶面在地面的垂直投影面积占统计区总面积的百分比。它与水土流失具有较强的负相关性。

1）植被覆盖度监测方法

植被覆盖度作为植被因子最重要的指标之一，在众多学科中都起到了重要作用，关于植被覆盖度的监测方法，从最初的目测法到现在普遍应用的遥感测量法，其监测技术不断趋于科学化、技术化水平，检测水平也不断提高，如图6.3所示。

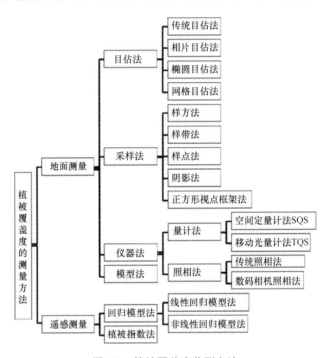

图6.3　植被覆盖度监测方法

2）基于遥感的植被覆盖度测算模型

遥感技术的发展为植被覆盖度的监测提供了强有力的手段，常用于植被覆盖度遥感监测的是植被指数。植被指数是指由遥感传感器获取的多光谱数据，经线性和非线性组合而构成的对植被有一定指示意义的各种数值。

$$NDVI=(MR - R)/(NIR+R) \tag{6.1}$$

式中：NDVI 为（归一化）植被指数；NIR 为近红外波段；R 为红波段。

该指数模型是用于监测植被变化的最经典的植被指数模型，具有灵敏度高、监测范围广、能较好地消除其他因素干扰的优点。

由于云南省以雨林带、常绿阔叶林带为主，植被类型多样，随着经济发展和地方需求，森林砍伐严重，而遥感技术可全面检测、实时监测，所以在方法选用方面建议应用植被指数模型法与像元分解模型法相结合的方法，根据相关研究区域特点选择合适的计算模型，作为云南省植被覆盖度计算方法。

5. 孔隙水压力监测

孔隙水压力是指土壤或岩石中地下水的压力，该压力作用于微粒或孔隙之间，主要用孔隙水压力计进行测量,其分类详见表 6.4。

监测仪主机由测量电路、数据存储、自动控制及通信接口等部分组成。监测仪在监测过程中通过执行控制软件的设定实现自动化动作以及定时监测采集数据和写入存储功能。

孔隙水压力监测系统通过埋设于钻孔内不同深度的监测探头读取不同层面的地下水压力与温度数据,通过对地下水压力长期的观测分析,对地质灾害,特别是滑坡的诱发因素进行实时监测。

表 6.4 孔隙水压计的分类与适用条件

封闭式	电测式	振弦式	当量测误差小于等于 2kPa 时必须使用电测式孔隙水压力计;使用期大于个 1 月、测试深度大于 10m 或在一个观测孔中多点同时量测时,宜选用电测式孔隙水压力计		
		电阻式			
		差动变压式			
	流体压力式	液压式	适用于渗透系数 K 大于 $1\times10^{-5}\text{cm/s}$ 的土层	当量测误差允许大于等于 2kPa 时方可选用液压式孔隙水压力计	流体压力式孔隙水压力计使用期不宜超过 1 个月;液压式孔隙水压力计不宜在气温低于 0℃ 时使用
		气压式		当量测误差允许大于等于 10kPa 时,方可选用气压式孔隙水压力计	
开口式	各种开口测量管	—		—	—
	水位计	—		—	—

测试孔和测点的布置应根据测试目的与要求,结合场地地质周围环境和作业条件综合考虑确定,并应符合下列要求。

(1)每项工程测试孔的数量应不少于 3 个。

(2)在平面上测试孔宜沿着应力变化最大方向,并结合监测对象位置布设。

(3)在垂直方向上测点应根据应力分布特点和地层结构布设。一般隔 2~5m 布设 1 个测点;分层设置时每个测试孔每层应不少于 1 个测点。

(4)对需要提供孔隙水压力等值线的工程或部位,测试孔应适当加密,且埋设同一高程上的测点高差宜小于 1.5m。

(5)对控制性的测点埋设后,如果遇到下列情况必须及时补点:测定的初始值不稳定或孔隙水压力计失效;因施工等原因遭受损坏且无法修复。

6. 土壤湿度

检测土壤湿度通过使用土壤湿度检测仪检测土壤含水率实现。监测的主要方法有对角线布点法、梅花形布点法、棋盘式布点法、蛇形布点法、放射状布点法、网格布点法等方法。

土壤质量监测采样点的布设原则:①合理划分采样单元。在进行土壤监测时往往面积比较大,需要划分成若干个采样单元,同时在不受污染源影响的地方选择对照采样单元,同一单元的差别要尽量减小;②对于土壤污染监测,坚持哪里有污染就在哪布点的原则,优先布置在污染严重、影响农业生产活动的地方;③采样点不应设在田边、沟边、路边、肥堆边,以及水土流失严重和表层土被破坏的地方。

6.2 数据收集、整理及数据库建设

针对低丘缓坡山地开发土地利用规划实施中、后期可能导致的地质灾害与生态风险问题开展监测与土地利用规划实施监管研究，需要有一定的数据支撑。本节在已有数据库基础上，搜集了研究区的基础地理数据，利用监测仪器获取相关监测数据，形成了地质灾害与生态风险数据库，该数据库能够有效地服务于研究。

6.2.1 基础地理数据

在项目开展过程中，集成项目开发区土地利用、地形地貌、地质构造、气象水文条件、植被覆盖和土壤数据等生态与地质环境本底空间信息数据。

1. 土地利用数据

收集整理研究区大理市二调数据和 1988 年、1995 年、2000 年、2005 年、2008 年五期土地利用遥感数据（图 6.4），该遥感数据有一级分类（6 类）和二级分类（25 类），同时制备成了 100m×100m 的栅格数据。

由遥感反演数据发现，1988～2000 年大理市耕地面积由 40609hm² 减少为 39386hm²，林地面积由 69430hm² 增加至 69867hm²，草地面积由 35616hm² 减少为 34856hm²，水域面积变化不大，由 24231hm² 变动为 24223hm²，建设用地面积由 3978hm² 增加至 5532hm²。其中减少的耕地和草地主要转变为建设用地。

2000～2008 年耕地面积继续减少，由 2000 年的 39386hm² 减少至 37579hm²，减少的耕地仍然主要转变为建设用地。建设用地面积仍在不断增加，由 2000 年的 5532hm² 增加到 2008 年的 7289hm²，林地面积由 2000 年的 69867hm² 增加到 69987hm²，草地面积由 2000 年的 34856hm² 减少为 34785hm²，水域面积由 2000 年的 24224hm² 减少为 24223hm²，草地和水域面积呈现减少趋势，减少幅度较小。

由 1988～2008 年的土地利用变化可以看出，在城市化过程中，大量耕地发展成建设用地，使得耕地面积减少，建设用地增加。大理市"三退三还"建设项目的实施将洱海流域 1974m 高程范围内的农村居民点等用地恢复为湿地，加大天然林保护工作，导致草地面积减少，林地面积增加。

将大理市二调面积成果与 2008 年变更调查数据进行对比，各地类的面积呈现不同的变化趋势。其中园地和其他土地面积减少，而耕地、林地、草地、城镇村及工矿用地、交通运输用地和水域及水利设施用地面积增加。二调统计数据中耕地面积与 2008 年变更调查数据对比是增加的，主要原因是许多由农民自发开发的耕地面积没有纳入年度变更，导致二调数据显示耕地面积增加较多。二调统计数据中林地面积与 2008 年变更调查数据对比，林地面积增加，主要原因是大理市将保护苍山、洱海的生态建设作为工作的重点，在洱海湖区进行"三退三还"，增加湿地面积。二调统计数据中草地面积与 2008 年变更调查数据对比是减少的，草地面积减少的主要原因是大理市"三退三还"建设项

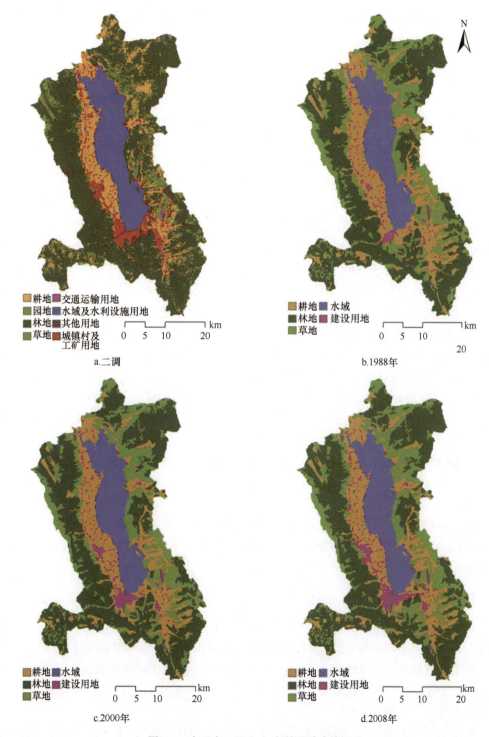

a.二调

b.1988年

c.2000年

d.2008年

图 6.4 大理市二调和土地利用遥感数据

目的实施。二调统计数据中建设用地与 2008 年变更调查数据对比也是增加的。大理市加快城镇建设、交通发展及农村居民点的改造，使建设用地在总体上呈增加趋势。二调统计数据中水域面积与 2008 年变更调查数据对比是增加的，近几年大理市加大了水利设施建设投资，导致水域及水利设施用地面积相应增加。

2. 地形地貌数据

收集到项目研究区大理市 DEM 数据，基于 DEM 制备了研究区的坡度、坡向与坡长数据，为生态风险与地质灾害模型模拟分析提供了地形地貌数据支撑。国内外对坡度、坡长的研究已经有很多相关的实验和研究，对坡度的提取算法和方法已经很成熟，而且相对简单，各种坡度计算方法存在轻微的差异。但基于 DEM 对坡长进行提取仍然存在较多的争议。研究结合坡地水文学、GIS 空间分析原理和流域侵蚀地貌学等理论方法，对坡长因子进行了提取，具体如图 6.5 所示。

从大理市坡度图来看，水域面积为 25173hm^2，无坡度计算，占其总面积的 14.49%；坡度小于 8°的面积为 61683hm^2，占总面积的 35.5%；此坡度范围适宜建设开发，自然基础条件好、社会经济条件和人为因素好，限制因素少。坡度介于 8°～15°的面积为 29890hm^2，占总面积的 17.2%；此坡度范围适宜建设，社会经济条件和人为因素较好，存在一定的限制因素，但要采取一定的措施处理好适宜建设。坡度介于 15～20°的面积为 21776hm^2，占总面积的 12.53%；坡度介于 20°～25°的面积为 16069hm^2，占总面积的 9.25%；坡度介于 15°～25°，存在一定的自然基础条件、社会经济条件和人为因素的限制，需要采取相应的经济技术和工程设施后方可适宜建设；坡度介于 25°～35°的面积为 15212hm^2，占总面积的 8.75%；坡度大于 35°的面积为 3966hm^2，占总面积的 2.28%；坡度大于 25°的区域不适宜建设，限制因素较大，或者是某项特殊因子限制不适宜建设。

由 DEM 图可得，大理市水域面积为 25173hm^2，占其总面积的 14.49%；其中高程小于 1500m 的面积为 285hm^2，占总面积的 0.16%；高程介于 1500～1750m 的面积为 1345hm^2，占总面积的 0.77%；高程介于 1750～2000m 的面积为 18463hm^2，占总面积的 10.63%；高程介于 2000～2250m 的面积为 52591hm^2，占总面积的 30.26%；高程介于 2250～2500m 的面积为 33167hm^2，占总面积的 19.09%；高程大于 2500m 的面积为 42745hm^2，占总面积的 24.6%。

3. 气象数据

收集到了研究区 1961～2013 年的气温、降水、相对湿度等日值气象数据，为低丘缓坡山地开发生态风险与地质灾害预警模型开发提供模拟基础和数据支撑。

从中国气象局收集到的降水资料，1961～2010 年降水主要集中在夏季 6 月、7 月、8 月三个月份，月均降水量最大达到 220 多毫米，冬季的 1 月、12 月降水量最少，春、秋季降水适中，如图 6.6 所示。

由从中国气象局收集到的降水资料可以看出，1961～2010 年的年均降水量波动较大，最低年份降水量在 700mm 左右，最高年份降水量超过 1300mm。虽然变化波动较大，但是整体降水量还是减少的，如图 6.7 所示。

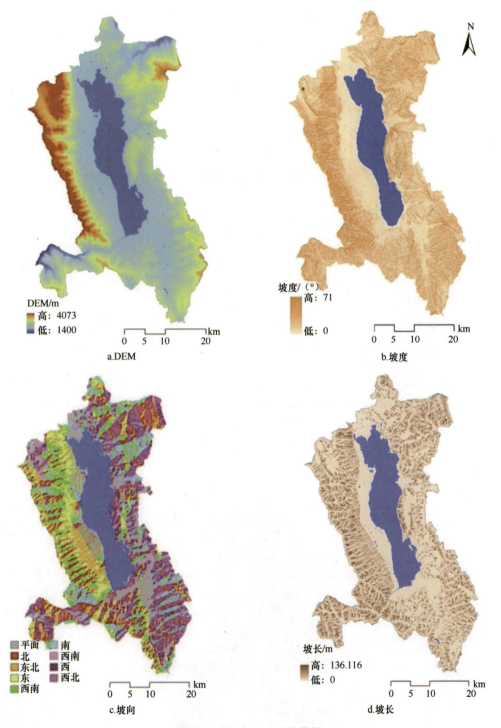

图 6.5　大理市地形地貌数据

4. 土壤属性数据

收集制备了研究区土壤属性数据，主要包括土壤沙粒/粉粒/黏粒比例、土壤有机质含量、土壤 pH 等属性数据。图 6.8 为大理市土壤粉粒含量情况。

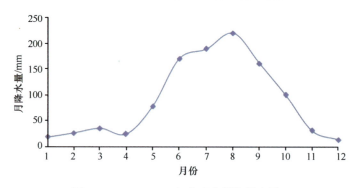

图 6.6　1961～2010 年大理市月均降水量

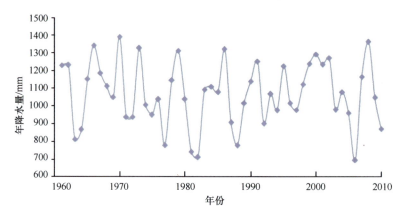

图 6.7　1961～2010 年大理市年降水量

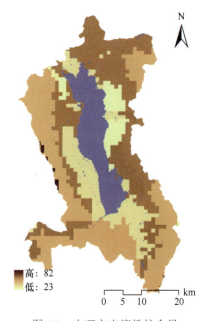

图 6.8　大理市土壤粉粒含量

5. 植被覆盖数据

植被覆盖数据主要用于监测研究地区植被覆盖度。以云南省大理市的 Landsat 遥感影像数据计算归一化植被指数,并处理缺失条带的数据信息,在此基础上计算了植被覆盖度,如图 6.9 所示。

根据像元二分模型原理,将 1 个像元的值表示为由有植被覆盖部分地表与无植被覆盖部分地表组成的形式。因此,计算植被覆盖度的公式可表示为

$$f_c = (\mathrm{NDVI} - \mathrm{NDVI}_{\mathrm{soil}})/(\mathrm{NDVI}_{\mathrm{veg}} - \mathrm{NDVI}_{\mathrm{soil}}) \qquad (6.2)$$

式中:$\mathrm{NDVI}_{\mathrm{soil}}$ 为裸土或无植被覆盖区域的 NDVI 值,即无植被像元的 NDVI 值;$\mathrm{NDVI}_{\mathrm{veg}}$ 为完全被植被所覆盖的像元的 NDVI 值,即纯植被像元的 NDVI 值。

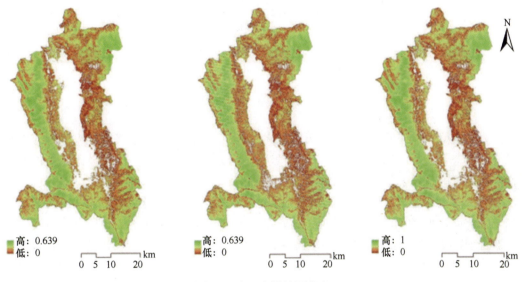

图 6.9　大理市植被覆盖度

6. 社会经济数据

由图 6.10 可以看出,年末总人口 1996～2005 年呈增加趋势,2005 年以后总人口稍微有减少的趋势。其中农业人口和农村人口在 2005 年之前呈增加趋势,由于城市化的影响,大量农村人口迁移到城市,使非农业人口和城镇人口增加。

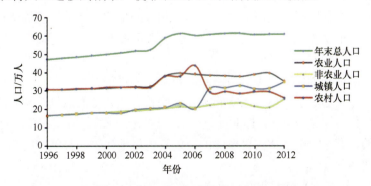

图 6.10　1996～2012 年大理市历史人口情况

由图 6.11 可以看出，大理市的 GDP 总量、第一产业 GDP、第二产业 GDP、第三产业 GDP 都呈增加趋势，其中第二产业和第三产业的 GDP 比第一产业增加得快，并且所占比重大。第二产业 GDP 在总 GDP 中所占比重最大，其次是第三产业 GDP。

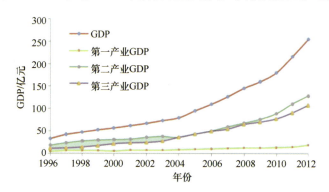

图 6.11　1996～2012 年大理市 GDP 情况

6.2.2　野外监测数据

为了准确地掌握低丘缓坡山地开发土地立体规划过程中水土流失、地表径流等生态风险的动态和规律，有效地开展低丘缓坡山地开发生态风险与地质灾害评价与预警工作，在研究区建设了监测站，如图 6.12 所示。

监测站点选择和分布应具有典型性和代表性，在空间上应覆盖或者代表研究区域范围，综合反映研究区的特点与情况。这就要求布设监测点尽可能稳定，监测点布设位置足够合理，监测数据能够满足研究、预警等要求。据此设定了监测点的选择原则与要求。

（1）监测站点的选择和分布应该有典型性和代表性，能综合反映研究区的特点与情况。

（2）生态风险监测点尽可能布设在稳定的地区，可以建立在水泥材质的地基上，以达到稳定性的要求；地质灾害监测设备（坡度传感器、位移传感器等）监测点布设在代表滑坡体的变形体上（或者可能发生滑坡的地方）。

（3）地质灾害监测点点位的移动必须能够代表该处坡体的移动。监测点的基础应比较稳固，避免埋设在松散表层上。

（4）对确定进行监测的地质灾害，必须有相应的地质调（勘）查等资料做依据。

（5）监测点布设之地最好满足在各种情况下人员都能可达，确保任何时候都能取得监测数据。

（6）监测点选择过程中要考虑为监测的自动化提供条件。

根据以上原则选取了立体规划实施过程中比较有代表性的点位开展监测，并测定了监测站点的坐标，详见表 6.5。选取的点位有已经施工好的，有正在施工过程中的，有处在斜坡上的、存在一定地质灾害风险的，能够较好地代表研究区域的特点。

各点详情如下。

点 1：位于海东方水塔西北面，该点正在施工过程中。

点 2、8：位于海东管理委员会后南方大理技师学院支线附近，目前该地建设活动已完成。

点 3、10：位于大理市新州政府食堂门口左前方黄色燃气标石附近，该地处在斜坡上，有一定的滑坡风险。

点 4：位于一个地质灾害隐患点附近。

点 5：位于一个正在施工的平台上。

点 6：位于滇西水泥厂平台上，该点正在施工。

点 7：位于海东管理委员会门前绿地大石头后面，该点已经施工完毕。

点 9：位于大理市新州政府正对面平台电线杆下面，该点处在一个小斜坡上。

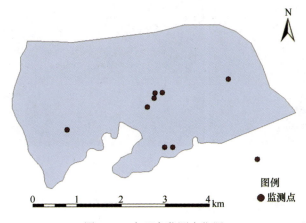

图 6.12　大理市监测点位置

表 6.5　监测点三维坐标

站名	X 坐标/m	Y 坐标/m	高程 Z/m
JC01	33628555.14	2841437.162	2164.907
JC02	33630763.10	2841044.868	2022.643
JC03	33630548.24	2842247.635	2114.413
JC04	33630712.53	2842254.239	2075.475
JC05	33632223.16	2842553.043	2165.708
JC06	33632877.58	28410779.75	2140.423
JC07	33630947.41	2841041.656	2009.233
JC08	33630761.29	2841044.317	2022.319
JC09	33630372.26	2841936.956	2105.667
JC10	33630522.94	2842135.705	2110.233

根据遴选的监测指标，在监测点开展相关监测。

使用 VWD-J 型振弦式表面测缝计来监测地表位移。现场裂缝密集分布，选取其中一个较大的比较有代表性的开展监测，如图 6.13 所示。

图 6.13　裂缝现状

　　在裂缝两侧浇筑水泥固定块,待固定块达到强度后,将测缝计两端固定在固定块上,如图 6.14 所示。使用 DT-R-80G 便携式读数仪采集地表位移数据。8 月测得的最终结果为 3120Hz,9 月测得的最终数据为 3120.9Hz,如图 6.15 所示。

图 6.14　浇筑水泥

图 6.15　地表位移数据读取

使用 S421HA 固定测斜仪来监测深部位移，角度量程±10°。按照 PVC 管管身凹槽接口，将多根 PVC 管连接至足够长度，连接处用胶带进行密封，防止泥浆渗入。在待测区钻直径为 120mm 的孔，孔深达到坡体稳定地层，将 PVC 管埋设至监测位置，并用黄沙将周边孔隙填实。用电缆连接测斜仪顶部，并通过钢丝固定于预定深度。将读数仪与测斜仪电缆进行连接，开始读取数据。读取完毕后，将钢丝顶端固定于管口固定器上。使用 DT-R-80G 便携式读数仪，采集深部位移数据，如图 6.16 和图 6.17 所示。

图 6.16　仪器埋设

图 6.17　数据读取

使用 FDS-100 型土壤湿度传感器来监测土壤湿度。在监测地点挖掘一个 30cm×30 cm×30cm 的坑,埋设监测仪器。将仪器平放,将传感器用土遮盖压实,静置 3h,测量土壤湿度。使用 DT-R-80G 便携式读数仪采集土壤湿度数据,如图 6.18~图 6.20 所示。

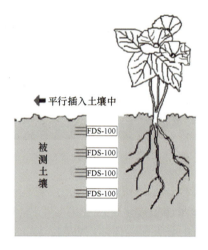

图 6.18　土壤监测示意图

图 6.19　土壤湿度监测

图 6.20　土壤湿度数据读取

使用 VWP 型振弦式渗压计来监测孔隙水压力。在待测区钻直径为 120mm 的孔,孔深达到坡体水位线以下,孔内放入承压管,周边用黄沙填实。将传感器放入孔底。使用 DT-R-80G 便携式读数仪,采集孔隙水压力数据,如图 6.21～图 6.24 所示。

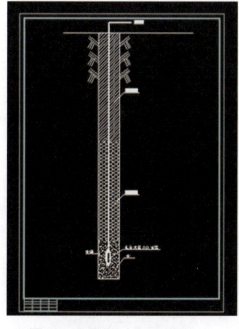

图 6.21　孔隙水压力监测适宜图

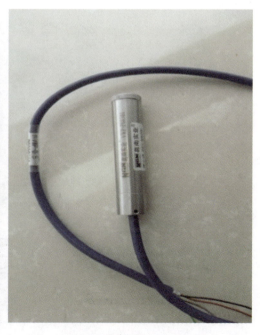

图 6.22　孔隙水压力计

图 6.23　孔隙水压力监测　　　　　图 6.24　孔隙水压力数据读取

研究中同时也利用欧洲太空局 Sentinel-1 A 来获取示范区的大范围地表形变数据。Sentinel-1 A 卫星在太阳同步轨道上运行，高度为 693km，倾角为 98.18°，轨道周期为 99min，重复周期为 12d。它继承了"欧洲遥感卫星"和"环境卫星"上合成孔径雷达的优点，具有全天候成像能力，能提供高分辨率和中分辨率陆地、沿海和冰川测量数据。同时，这种全天候成像能力与雷达干涉测量能力相结合，能探测到毫米级或亚毫米级地层运动。

利用两景雷达影像，获取时间分别为 2015/07/03 和 2015/09/13，通过对遥感影像进行一系列处理，最终获取了该时间段内的项目区地表形变图，如图 6.25 所示。

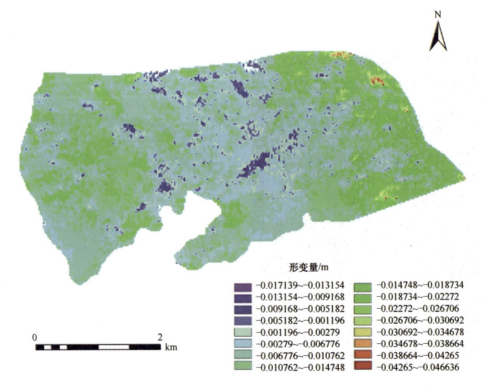

图 6.25　大理市海东示范区地表区位移图

6.2.3　数据库建设

使用 SQLServer 和 ArcSDE 数据库技术构建低丘缓坡山地开发的地质灾害与生态风险数据库。在项目开展过程中，集成收集到的数据，使用数据库构建工具 ArcSDE 和 SQLServer，分别构建空间数据库和属性数据库，完成低丘缓坡山地开发生态风险与地质灾害数据库。在后续项目开展中依据监测数据采集需求和数据库管理的要求，依次进行数据库系统概念设计、逻辑设计和物理设计。

在需求分析的基础上，对研究区所用数据进行抽象概况，建立地质灾害与生态风险概念设计图，如图 6.26 所示。地质灾害与生态风险数据库主要由两大类数据组成：基础地理数据和实时监测数据。基础地理数据是指短时期内较为稳定的数据，主要包括社会经济数据、土地利用数据、地形地貌数据、气象数据、植被覆盖数据、土壤属性数据等。实时监测数据是指通过监测仪器进行实时监测的数据，主要包括深度位移监测、降水监测和表面位移监测等。

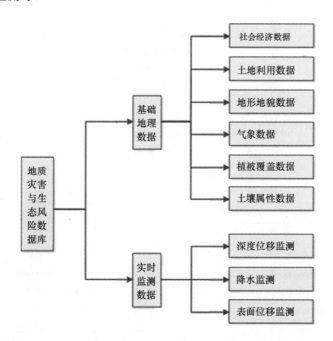

图 6.26　地质灾害与生态风险监测数据库概念设计图

针对监测数据与监测变量，收集低丘缓坡山地开发数据，构建低丘缓坡山地开发数据库。

经过数据库的概念设计、逻辑设计，进而对地质灾害与生态风险监测数据库进行物理设计。利用 SQLServer 数据库软件实现属性数据表，如图 6.27 所示。地质灾害与生态风险监测数据库主要表有站点表、站点运行表和深度位移监测表等，如表 6.6～表 6.11 所示。

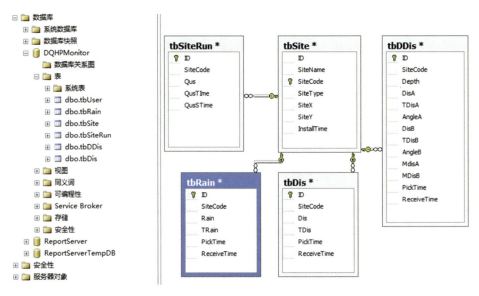

图 6.27　地质灾害与生态风险监测数据库物理实现图

表 6.6　地质灾害与生态风险监测数据库主要表— tbUser[用户表]

名称	数据类型	
UserID	uniqueidentifier	☐
UserName	nvarchar(20)	☐
UserPwd	nchar(10)	☐
Name	nvarchar(20)	☐
Departmetn	nvarchar(50)	☑
Phone	nvarchar(11)	☑
Telephone	nvarchar(12)	☑
		☐

表 6.7　地质灾害与生态风险监测数据库主要表— tbSite[站点表]

名称	数据类型	是否为空	字段意义
ID	int	自动编号	编号
SiteName	nvarchar（20）		站点名称
SiteCode	nvarchar（10）		站点代码
SiteType	nvarchar（10）		站点类型（降水、表面位移、深度位移等）
SiteX	numeric（18，0）		位置经度
SiteY	numeric（18，0）		位置纬度
InstallTime	datetime		安装时间

表 6.8　地质灾害与生态风险监测数据库主要表— tbSiteRun[站点运行表]

名称	数据类型	是否为空	字段意义
ID	int	自动编号	编号
SiteCode	nvarchar（10）		站点代码
Qus	nvarchar（10）		运行情况（良好、断电、故障）
QusTime	datetime		问题时间
QusSTime	datetime		解决问题时间

表 6.9　地质灾害与生态风险监测数据库主要表—tbDDis[深度位移监测表]

名称	数据类型	是否为空	字段意义
ID	int	自动编号	编号
SiteCode	nvarchar（10）		站点代码
Depth	Int		监测深度（cm）
DisA	numeric（18，0）		位移变化量（mm）
TDisA	numeric（18，0）		参数值，总量（mm）
DisB	numeric（18，0）		位移变化量（mm）
TDisB	numeric（18，0）		参数值，总量（mm）
AngleA	numeric（18，0）		位移方向（度）
AngleB	numeric（18，0）		位移方向（度）
MDisA	numeric（18，0）		合位移（mm）
MDisB	numeric（18，0）		合位移（mm）
PickTime	datetime		记录采集时间
ReceiveTime	datetime		记录接收时间

表 6.10　地质灾害与生态风险监测数据库主要表—tbRain[降水监测表]

名称	数据类型	是否为空	字段意义
ID	int	自动编号	编号
SiteCode	nvarchar（10）		站点代码
Rain	numeric（18，0）		降水变化量（mm）
TRain	numeric（18，0）		总降水量（mm）
PickTime	datetime		记录采集时间
ReceiveTime	datetime		记录接收时间

表 6.11　地质灾害与生态风险监测数据库主要表—tbDis[表面位移监测表]

名称	数据类型	是否为空	字段意义
ID	int	自动编号	编号
SiteCode	nvarchar（10）		站点代码
Dis	numeric（18，0）		位移变化量（mm）
TDis	numeric（18，0）		参数值，总量（mm）
PickTime	datetime		记录采集时间
ReceiveTime	datetime		记录接收时间

6.3　低丘缓坡山地开发生态风险与地质灾害预警模型

将大理市低丘缓坡土地资源按 5 个坡度级别进行划分：一级（0°～8°）低丘缓坡山地资源为 341.29km²，占低丘缓坡山地资源总面积的 34.65%；二级（8°～15°）低丘缓坡山地资源为 265.02km²，占低丘缓坡山地资源总面积的 26.90%；三级（15°～20°）低丘缓坡山地资源为 195.36km²，占低丘缓坡山地资源总面积的 19.83%；四级（20°～25°）低丘缓坡山地资源为 138.12km²，占低丘缓坡山地资源总面积的 14.02%；五级（25°以上）低丘缓坡山地资源为 45.26km²，占低丘缓坡山地资源总面积的 4.59%。总体上看，低丘缓坡山地资源主要分布在 0°～15°。

　　大理市低丘缓坡山地资源按照空间分布来看，如图 6.28 所示，低丘缓坡山地主要分布在洱海中部以东区域的双廊镇、挖色镇、海东镇和凤仪镇。其中凤仪镇低丘缓坡山地资源最为丰富，有 262.24km^2，占低丘缓坡山地资源总面积的 26.62%；其次为双廊镇、下关镇和凤仪镇，低丘缓坡山地资源分布为 155.04km^2、110km^2 和 114.25km^2，分别占低丘缓坡山地资源总面积的 15.74%、11.17%和 11.60%；0°～8°的低丘缓坡山地资源主要分布在凤仪镇和海东镇；8°～15°、15°～20°和 20°～25°的低丘缓坡山地资源主要分布在凤仪镇和双廊镇；25°以上的低丘缓坡山地资源主要分布在凤仪镇。

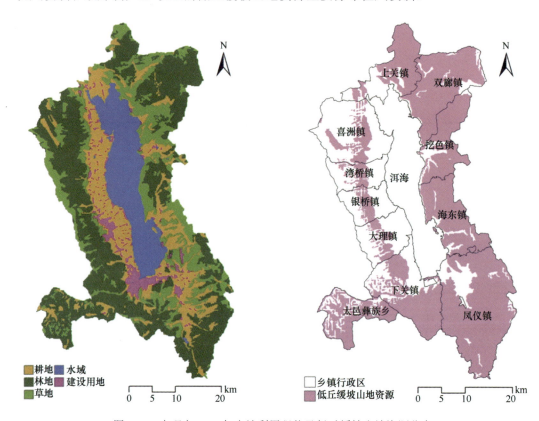

图 6.28　大理市 2008 年土地利用现状及低丘缓坡山地资源分布

6.3.1　低丘缓坡山地开发生态风险过程模拟

1. 基于 SWAT 模型的低丘缓坡山地开发生态风险分析

　　生态风险过程模拟应用 SWAT（soil and water assessment tool）分布式水文模型，模拟分析大理市低丘缓坡山地开发的生态风险（水土流失、地表径流），并提出相应适宜性评价。由于 SWAT 模型自身的要求，研究区以流域为准，所以选择洱海流域作为主要实验区，并在洱海流域地区选择低丘缓坡山地开发区作为研究的实验区，对比开发地开发前后对水土流失的影响，从而给出低丘缓坡山地开发的适宜性评价。

　　根据已有的数据库数据制备相应的模型输入参数，使用以上搜集到的数据，针对 SWAT 模型的需求，制备了相应的一系列数据：①DEM 数据。在进行模拟实验之前，将原始 DEM 数据通过 ArcGIS 软件的水文分析模型进行洼地填充，最终得到满足研究需求的无洼地 DEM 数据。在 SWAT 模型中对 DEM 进行分析和处理生成水系，提取坡度、坡向等地形参数，划分子流域；并得到河网河道，以及子流域编码、河网结构拓扑关系等，为径流的演算和水文模型的构建提供支持。②土地利用数据。以全国五期土地利用数据为基础，制备洱海流域土地利用数据，生成流域空间分布图，输入模型，为 SWAT 模型中整个流域的水文模拟和预测提供数据依据。③气象数据。主要包括流域的气温数据（日平均、最高和最低）、太阳辐射、风速、相对湿度、降水数据。在数据类型上，该数据可以是统计数据，也可以通过 SWAT 模型的天气发生器模拟生成，或是统计和模拟数据相结合；在数据格式上，气象数据需要以 DBF 格式保存在 ArcGIS 自带的属性数据库中；在时间尺度上，模型的模拟时间步长可以为年、月、日。④土壤数据。土壤属性数据和空间数据 SWAT 是模型水文模拟预测的基础。土壤属性数据对模型模拟流域径流和产沙有极其重要的作用。SWAT 模型中用到的主要土壤数据包括物理属性数据和化学属性数据。把土壤类型数据转换成与 DEM 和土地利用数据相同的格式，沿着流域的边界进行切割，并建立 soil 查询表，重分类后得到所需要的土壤数据。⑤针对 SWAT 模型的需求，通过对洱海流域进行不同汇水面积阈值（$5km^2$、$8km^2$、$10km^2$、$20km^2$、$50km^2$）设定提取的河网，确定子流域面积为 $5km^2$，能够很好地提取洱海流域的水系，构建低丘缓坡山地开发生态风险过程模拟的指标体系，并基于水文过程模型模拟的关键参数的边界阈值与专家知识构建评价体系，基于模糊综合评价方法形成低丘缓坡山地开发的生态风险预警评估模型，耦合项目开发区地质灾害与生态风险数据库的实时监测数据，开展示范区的示范应用与验证，如图 6.29 所示。

　　生态风险过程模型构建基础为洱海流域；将流域离散划分成 283 个子流域、1321 个水文单元（HRU），如图 6.30 所示，并对洱海流域内炼城水文站 2004～2008 年的月、日实测径流资料进行校准和验证。

　　SWAT 模型需要将各类土壤的水文、水传导属性作为输入值，并将其分为按土壤类型和按土壤层输入两类参数。为了确保 SWAT 模型的精确性，使用炼城水文站数据，对模型模拟结果进行验证分析。

　　为了更好地研究低丘缓坡山地开发的适宜性，以大理市市政规划为基础，选择低丘缓坡山地已开发区域为案例区，研究低丘缓坡山地开发前后对生态风险的影响，进一步利用 SWAT 模型对低丘缓坡山地开发过程中可能发生的生态风险进行评估监测。为使模拟值与观测值一致或使误差最小，需要对模型的参数进行调试、估计或优化，即模型的率定。本节中采用决定系数 R^2、Nash-Suttcliffe 效率系数 E_{ns} 对模型参数率定进行校正评价。利用水文站观测数据，开展模型模拟参数率定与结果验证。E_{ns} 取值为负无穷至 1；E_{ns} 接近 1，表示模式质量好，模型可信度高；E_{ns} 接近 0，表示模拟结果接近观测值的平均值水平，即总体结果可信，但过程模拟误差大；E_{ns} 远远小于 0，则模型是不可信的。

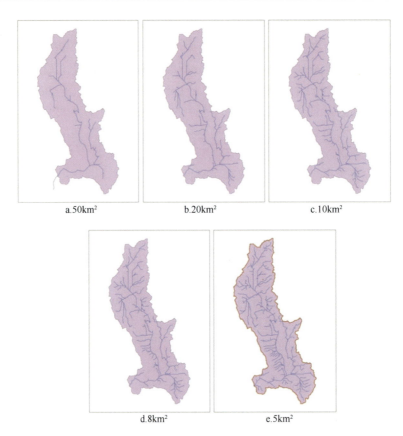

图 6.29 洱海流域不同汇水面积提取的河网示意图

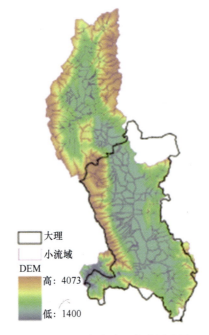

图 6.30 洱海流域子流域划分图

由表 6.12、图 6.31 和图 6.32 可知,率定期的模型 Nash-Suttcliffe 效率系数 E_{ns} 为 0.68,实测径流值和模拟径流值的线性回归决定系数 R^2 达到了 0.89,模拟月平均径流量为 9.26m³/s,比实测月平均径流量低了 1.37m³/s,率定期 P-factor 为 0.50;R-factor 为 0.87;散点大部分分布在 1∶1 理论线的右下方,说明大多数模拟值低于实测值。

表 6.12　率定期月径流模拟结果评价

月平均实测值	月平均模拟值	R^2	E_{ns}	P-factor	R-factor
10.57	9.26	0.89	0.68	0.50	0.87

图 6.31　率定期月平均径流量的实测值和模拟值的比较

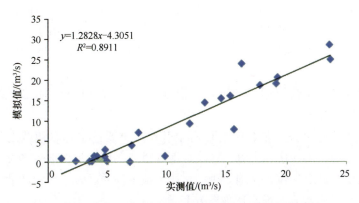

图 6.32　率定期月平均径流量的实测值和模拟值的比较

由表 6.13、图 6.33 和图 6.34 可见,验证期内模拟月平均径流量为 7.53m³/s,比实测平均径流量 6.85m³/s 高了 0.68m³/s,模型 Nash-Suttcliffe 系数 E_{ns} 为 0.33,决定系数 R^2 为 0.94。由验证结果可以看出,模拟值和实测值有良好的对应关系。

表 6.13　验证期月径流模拟结果评价

月平均实测值	月平均模拟值	R^2	E_{ns}
6.85	7.53	0.94	0.33

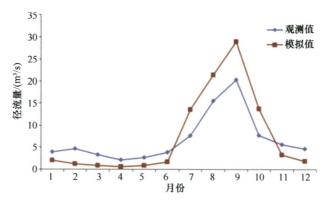

图 6.33　验证期月平均径流的实测值和模拟值的比较

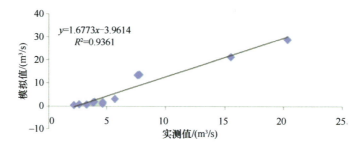

图 6.34　验证期月平均径流的实测值和模拟值的比较

运用 SWAT 模型模拟了洱海流域各个子流域规划开发之前的蒸散量（ET）、潜在蒸散量（PET）、产沙量和产水量。由图 6.35 可见，由 SWAT 模型模拟的开发之前的 ET、PET 在洱海流域较大。东部和西部的山脉、平原和丘陵的 ET、PET 较小。洱海流域的下游产水量较大，能达到 420mm 以上，上游产水量较少。产沙量主要集中在小于 10t/hm^{2}的范围内。

根据云南大理市市政规划，在洱海流域地区选定开发区区域，并叠加洱海流域的子流域分布图（图 6.36）。

由低丘缓坡山地开发区块位置可以看出开发区主要位于海东镇西南部的下和上登区块，部分位于塔宝山区块和大湖西区块，地处滇东高原和滇西峡谷的交接地带，地形复杂，地貌主要有高原丘陵、盆地等类型，属于滇中高原区，山脉呈南北走向，地形总体呈现出西北高、东南低的形态，如图 6.37 所示。

由图 6.37 可以看出开发区所在小流域主要包括代号为 206、208、209、211、217、218、219、222、225 的 9 个小流域，这几个小流域也是模型验证研究的基础。

依据二调得到的土地利用现状数据和低丘缓坡山地开发末期 2020 年的土地利用数据，如表 6.14 及图 6.38 所示，分析土地利用类型变化情况。由表 6.15 可以发现，土地利用地类变化总面积为 1714.36hm^2，其中主要为农用地转变为建设用地。新增建设用地占用农用地的面积为 1704.39hm^2，以林地和耕地转为建设用地为主，其中林地转为交通用地的面积最多，为 580.82hm^2，其次为林地转为城镇村及工矿用地的面积，为 548.90hm^2，耕地转为交通用地的面积为 110.79hm^2，耕地转为城镇村及工矿用地的面积 185.88hm^2。非建设用地转为建设用地的部分主要为耕地、园地、林地、草地等地类，总面积为 1704.39hm²，以林地被新增建设用地占用的部分为主，在空间布局上主要集中在开发区的塔宝山区块西南部，上登下和区块西南、东南部，大湖西区块北部。规划转成耕地的只有极少部分的交通用地、城镇村及工矿用地和其他土地，面积分别为 0.13hm²、0.15hm² 和 0.17hm²。

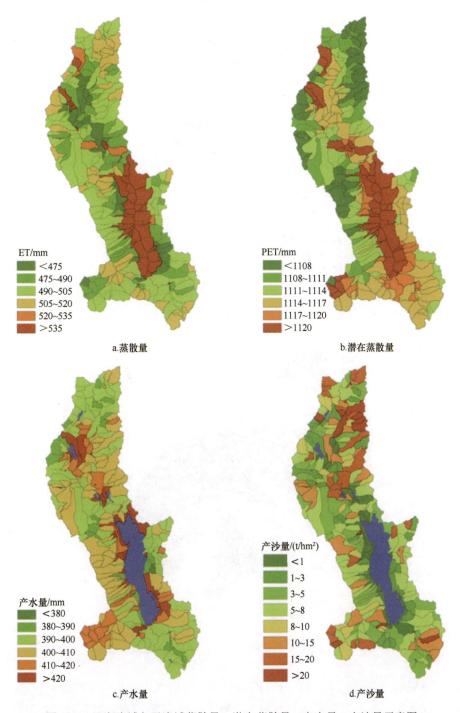

图 6.35　洱海流域各子流域蒸散量、潜在蒸散量、产水量、产沙量示意图

图 6.36 低丘缓坡山地开发区区域位置

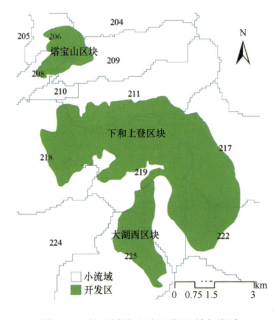

图 6.37 低丘缓坡山地开发区所在流域

通过 SWAT 模型计算开发区开发前后对该地区的水土流失状况的影响。由图 6.37 可知，开发区所在小流域主要包括代号为 206、208、209、211、217、218、219、222、

表 6.14 2020 年开发区规划土地利用面积

一级分类	二级分类	面积/hm²
农用地	耕地	374
	园地	61
	林地	369
	草地	147
	水域及水利设施用地	9
	小计	960
建设用地	交通用地	331
	城镇村及工矿用地	1485
	小计	1816
其他土地		0
合计		2776

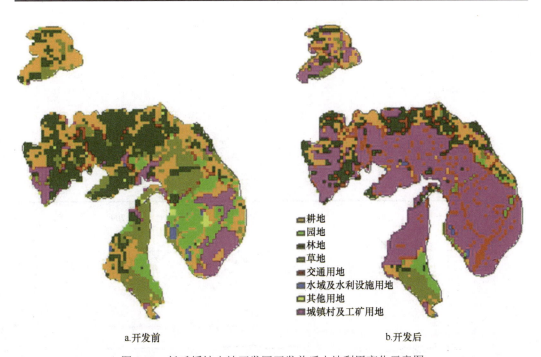

a.开发前   b.开发后

图 6.38 低丘缓坡山地开发区开发前后土地利用变化示意图

225 的 9 个小流域,也是模型验证研究的基础。

分析开发前后每个子流域上一年 12 个月中产沙量的变化,整体来看,较开发前,开发区所在位置大部分子流域的产沙量都减少。其中 209 号和 219 号流域减少得较为明显,如图 6.39 所示。研究表明,在当地的自然条件和环境条件下,低丘缓坡山地开发不会对土壤保持产生负面影响。

分析开发前后每个子流域上一年 12 个月中产水量的变化,开发区所在位置较开发前,大部分子流域产水量有不同程度的增加。其中 219 号流域的产水量增加得较为明显,218 号子流域略有减少(图 6.40)。结合图 6.41 低丘缓坡山地开发前后产沙量和产水量的对比变化,可以看出建设用地的增加不会引起水土流失。

表 6.15 低丘缓坡山地开发区土地利用变化情况

二调现状地类	规划地类	变化面积/hm²
耕地	交通用地	110.79
耕地	城镇村及工矿用地	185.88
园地	交通用地	69.57
园地	城镇村及工矿用地	21.17
林地	交通用地	580.82
林地	城镇村及工矿用地	548.90
草地	交通用地	96.72
草地	城镇村及工矿用地	88.65
水域及水利设施用地	交通用地	0.41
水域及水利设施用地	城镇村及工矿用地	1.48
交通用地	耕地	0.13
交通用地	林地	0.44
交通用地	水域及水利设施用地	0.25
城镇村及工矿用地	耕地	0.15
城镇村及工矿用地	园地	1.47
城镇村及工矿用地	林地	4.74
城镇村及工矿用地	草地	0.25
其他用地	耕地	0.17
其他用地	林地	0.22
其他用地	草地	0.12
其他用地	交通用地	0.93
其他用地	城镇村及工矿用地	1.10
合计		1714.36

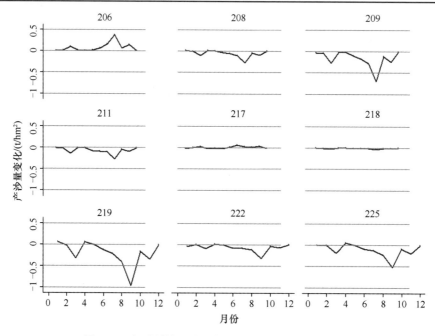

图 6.39 低丘缓坡山地开发区开发前后产沙量的变化

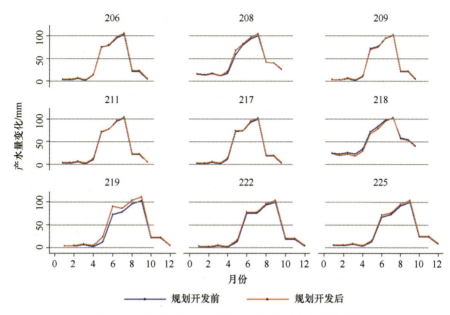

图 6.40　低丘缓坡山地开发区开发前后产水量的变化

模拟并定量分析了低丘缓坡山地开发对研究区生态风险(地表径流与水土流失)的影响。模拟结果显示,低丘缓坡山地开发对当地的地表径流、水土流失、土壤含水量等都产生了不同程度的影响。建设用地的增加与植被的减少增加了研究区的不透水表面面积,使低丘缓坡山地开发区的年产水量增加约 16.1mm,年平均产沙量减少 0.8t/hm²,整个开发区年产沙量减少约 2282t。

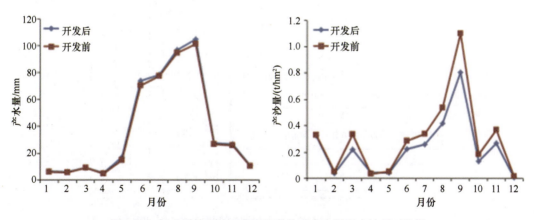

图 6.41　低丘缓坡山地开发区开发前后产水量和产沙量对比图

2. 基于土地动态系统模拟(DLS)模型与通用水土流失方程(USLE)模型的低丘缓坡山地开发水土流失风险分析

研究中首先进行数据收集,在此基础上,开展低丘缓坡山地开发土地利用情景模拟,最后开展不同情景下的水土流失风险评估,详细技术路线如图 6.42 所示。具体如下:①多源、多尺度数据收集与制备。本节首先对所需模型进行研究,确定模型运行需要的输入参数与数据。基于研究所需，收集研究区的多源、多尺度数据，主要有土地利用现状、社会经济发展、地形地貌、植被覆盖、气候气象、土壤数据和地质数据等数据，集成构建研究所需的数据集。②低丘缓坡山地开发土地利用情景设计。采用趋势外推与规划数据相结合的方法，设定不同的低丘缓坡山地开发情景，即得到不同情景下的区域用地结构变化数据。③不同低丘缓坡山地开发土地利用情景模拟。基于第一步收集的数据集，制备 DLS 模型模拟所需要的用地类型转换规则参数、用地类型分布限制区域数据、土地利用数据和驱动因子数据，采用非线性回归 Logistic 模型进行驱动力参数分析，提取各种土地利用类型变化的主要驱动因子，制备 DLS 模型驱动力参数文件，采用历史数据进行模型的精度评定与验证，调整参数，进而开展不同低丘缓坡山地开发土地利用格局情景模拟。④不同低丘缓坡山地开发土地利用情景下水土流失风险评估。研究中利用 GIS 软件制备水土流失风险评估模型各个评估因子数据。评估因子主要包括降雨侵蚀力因子 R、土壤可蚀性因子 K、坡度坡长因子 LS、植被和作物管理因子 C 与土壤保持措施因子 P。最后开展不同情景下水土流失风险对比分析，并提炼主要研究结论。

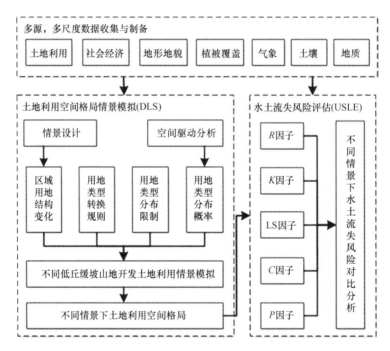

图 6.42 研究技术路线图

1）数据来源与处理

根据研究目标与研究内容，研究中收集了研究区的多源、多尺度数据，主要包括土地利用数据、社会经济数据、地形地貌数据、区位条件数据、植被覆盖数据、气象数据、土壤数据和其他数据等。①土地利用数据。土地利用数据来源于中国科学院资源环境科学数据中心的 1∶10 万土地利用数据集。该数据集主要以 20 世纪 80 年代末、2000 年、2005 和 2008 年的 Landsat TM/ETM 遥感影像为基本信息源，通过建立土地利用遥感解译标识,以人-机交互式解译方式解译得到。土地利用类型包括耕地、林地、草地、水域、建设用地和未利用地 6 个一级类型。研究区的土地利用数据基于该数据集,通过裁剪、矢量转栅格等 GIS 空间分析功能最终得到栅格大小为 100m×100m 的栅格数据。②社会经济数据。社会经济数据主要来自大理市统计年鉴。空间化的社会经济数据集来源于中国科学院资源环境科学数据中心。该数据集是以国家统计局和各省统计局发布的年度人口统计数据和中国科学院资源环境科学数据中心 1∶10 万土地利用图为基础的全国 1km 格网成分数据库,用相应的人口和 GDP 空间化表达模型获得。研究中通过 GIS 软件裁剪得到大理市的空间化社会经济数据集。③地形地貌数据。地形地貌数据主要包括 DEM、坡度和坡向数据。DEM 数据来源于 ASTER Global Digital Elevation Model (ASTER GDEM),是美国国家航空航天局(NASA)和日本经济产业省(METI)联合发布的全球数字高程数据产品。数据经裁剪、重采样得到研究区分辨率为 100m 的栅格数据,利用 GIS 软件中坡度与坡向分析功能得到研究区的坡度、坡向数据。④区位条件数据。区位条件数据主要表征每个栅格中心到交通、劳动力、市场和自然资源的距离,即记录到最近道路、港口、城市和水域等地理要素的距离数据。该数据利用 GIS 空间分析工具,基于国家 1∶25 万基础地理信息数据进行制备。研究中基于提取的国家公路交通干线、道路、港口、省会城市和水域等矢量数据,通过距离分析工具得到。⑤植被覆盖数据。植被覆盖数据主要是指 NDVI 数据,该数据来源于 MODIS 陆地标准数据中的植被指数产品,该数据集时间分辨率为 16d,空间分辨率为 250m。研究中选取覆盖研究区的 2008 年水平编号为 26 与 27 及垂直编号为 06 的 46 景数据,进行纠正、拼接、裁剪等处理,得到研究的 NDVI 数据集。⑥气象数据。气象数据来源于国家气象信息中心的中国气象科学数据共享服务网。数据主要为两类:一类为基于中国气象局气象台站的观测记录,包括 1961~2008 年的日值观测数据,包括日均温、降水量和日照时数变量,利用日均温计算大于 0℃的积温数据,用 Kriging 方法插值成栅格大小为 100m×100m 的栅格数据,并提取出研究区域。另一类为中国地面降水月值 0.5°×0.5°格点数据集(V2.0),该数据集基于国家气象信息中心基础资料专项最新整编的中国地面约 2400 台站降水资料,利用 ANUSPLIN 软件的薄盘样条法(thin plate spline, TPS)进行空间插值,生成各年的水平分辨率为 0.5°×0.5°的降水月值格点数据。⑦土壤数据。土壤数据主要包括土壤的氮/磷/钾含量、土壤有机质含量、土壤的 pH、土壤的砂粒/黏粒/粉粒含量等属性,来自全国第二次土壤普查数据库,利用 GIS 软件生成 100m 精度栅格数据,作为 DLS 模型和 USLE 模型的输入参数。⑧其他数据。其他数据主要包括大理市的自然保护区、坝区边界数据,其中大理市的苍山洱海自然保护区边界来自云南省环境监测中心站的大理市环境规划(2000~2010)结果图,坝区边界来自于大理市低丘缓坡山地综合开发利用专项规划(2012~2016 年)结果图,通过 GIS 软件矢量化得到。

2)DLS 模型

DLS 模型以区域土地利用结构变化模拟和栅格尺度土地利用类型分布驱动机理分析为手段,从宏观、微观两个方面表征土地利用的时空变化过程,实现区域土地利用结构和空间格局的动态模拟，如图 6.43 所示。

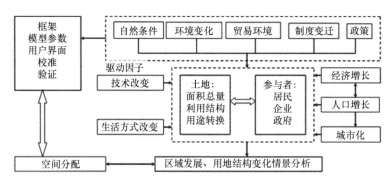

图 6.43　DLS 模型框架

土地系统动态模拟的对象是与人类关系密切的土地系统。土地系统与人类系统的密切关系及其本身的复杂性决定了其自身的变化与其他系统之间有着不同尺度、不同程度的联系。土地系统中的土地利用结构变化和空间格局的演替模拟需要综合考虑自然环境、社会经济、历史土地利用变化趋势，以及区域所特有的因素等多方面的因素，使得模拟结果更加合理与准确。不同类型的驱动因素分别从不同的方面在不同的程度上驱动和制约着土地利用的动态变化：以地形地貌、气候和土壤为代表的自然环境控制因子在长时间尺度上相对稳定，主导着区域土地利用变化，决定着区域土地利用变化的方向与程度；以人口、经济、科技和政策制度变化为代表的社会经济驱动因子在短时间尺度上对区域土地利用变化起着决定性作用；自然环境控制因子和社会经济驱动因子之间存在着错综复杂的非线性关系，而土地利用变化的真正原因往往掩盖在这些非线性关系之下。

在各种因素的综合作用下，区域土地利用结构处于动态变化过程中，并保持区域土地利用总量平衡。DLS 模型可以选择可计算一般均衡（CGE）模型、系统动力学（SD）模型等作为计算区域土地利用结构变化的方法论支撑，也可以选择土地利用规划、趋势分析、马尔可夫等模型方法进行区域土地利用结构数据的构建。研究中分别选择土地利用规划与趋势分析作为大理市未来不同低丘缓坡山地开发情景土地利用结构数据构建的方法。

在土地系统动态模拟中，首先要确定各土地利用类型分布与其驱动因子之间的关系。DLS 模型通过构建的线性和非线性两种栅格尺度土地利用类型分布约束模型，来提取土地利用变化的主要影响因素，并刻画各种影响因素对土地利用类型分布的驱动作用。DLS 模型土地利用供需平衡是一个多尺度的动态平衡过程：利用宏观区域尺度的土地利用结构变化模型和微观栅格尺度的土地利用供需平衡模型进行描述与刻画，进而实现土地供需平衡的栅格表达，空间显性的模拟土地系统动态变化的空间格局。

DLS 模型是从系统角度、运用模型方法、定量分析土地利用变化的驱动机理，以及开展区域土地利用变化动态模拟的有效工具。DLS 模型采用情景分析的方法来描述土地利用变化过程，用以反映未来土地利用变化在方向和程度上的不确定性。通过对研究区自然环境和社会经济多种因素进行综合分析，基于合理并具有现实意义的假设设计未来土地利用变化情景,进而开展多情景土地利用空间格局模拟。

　　DLS 模型以整个区域的土地利用格局变化的动态平衡为基础,综合考虑自然环境、区域社会经济发展情况、土地利用变化历史趋势等影响因素的驱动作用,在栅格尺度上进行土地利用数量结构变化的空间分配,从而实现区域土地利用空间布局优化的动态模拟。

　　DLS 模型充分考虑自然环境、社会经济等驱动因素,通过设计不同的土地利用结构变化情景,为区域土地利用规划、自然资源管理和环境保护等提供决策参考信息。DLS 模型通过输入不同情景下的区域土地利用需求,基于设定的不同土地利用类型之间的转换系数、不同政策条件下的限制区域和不同土地利用结构变化的驱动因子,模拟分析区域土地利用的时空动态变化。

　　DLS 模型假设土地利用变化受区域历史土地利用格局和栅格内部及周边栅格驱动因子的共同影响。DLS 模型在区域尺度进行土地利用情景模拟,除自然环境和社会经济驱动因子以外,还包括对区域土地利用变化产生巨大影响的土地利用规划与政策因素,如图 6.43 所示。土地利用规划、生态保护等政策规定的不可开发区、自然保护区等将被作为限制区域输入 DLS 模型,模拟时不进行运算与土地资源分配。由于土地利用的驱动因素随时间变化的特征,以及其他潜在因素的影响,DLS 模型仍然需要考虑其模拟结果的不确定性。

　　DLS 模型由土地利用数量结构变化情景模块、用地类型空间分布驱动分析模块和分布限制区域模块及空间分配模块 4 个模块组成。土地利用数量结构变化情景模块提供不同情景每种土地利用类型的结构变化需求;用地类型空间分布驱动分析模块考虑自然环境、社会经济因子对土地利用格局的影响,在细小栅格尺度上对土地利用格局与影响因子的时空分布规律进行定量分析;分布限制区域模块为空间分配的限制区域,可以根据实际情况决定是否设置,研究中考虑了大理市生态保护、耕地保护和水资源保护等政策因素,设定大理市苍山洱海自然保护区、基本农田保护区、洱海水域区为模型模拟限制区域,该限制区域内的土地利用类型不允许发生转换;空间分配模块在前 3 个模块的基础上进行土地供需均衡分析,实现土地利用空间格局的动态模拟。

　　3）水土流失风险评估模型

　　研究中采用 USLE 模型作为水土流失风险评估模型,开展示范区水土流失风险评估研究。通过模型各因子计算方法得到示范区各水土流失单因子图,然后基于水土流失风险评估模型估算示范区的水土流失情况,最后依据土壤侵蚀分类分级标准对研究区水土流失风险进行分等定级,利用水土流失风险等级和风险值评估示范区的水土流失风险。

　　(1)模型基本原理。USLE 模型是一种经验性模型,是美国学者为了研究由降雨引起的土壤水力侵蚀,专门为农田土壤侵蚀预报而构建的。随着模型的发展,模型被逐渐应用到其他土地利用类型的土壤侵蚀预报中。1965 年 USLE 模型被正式推广应用,并在 20 世纪 70 年代中期引入我国,开展土壤侵蚀估算和水土流失风险评估。其数学表达是影响土壤流失的 6 个侵蚀因子相乘的方程形式:

$$A = R \cdot K \cdot LS \cdot C \cdot P \tag{6.3}$$

式中：A 为单位面积上的水土流失量（$t \cdot hm^2$）；R 为降雨侵蚀力因子 $[MJ \cdot mm/(hm^2 \cdot h \cdot a)]$；$K$ 为土壤可蚀性因子 $[t \cdot hm^2 \cdot h/(hm^2 \cdot MJ \cdot mm \cdot a)]$；LS 为坡长坡度因子（无量纲）；$C$ 为地表覆盖因子（无量纲，范围为 $0 \sim 1$）；P 为水土保持措施因子（无量纲，范围为 $0 \sim 1$）。

USLE 模型全面、定量化地考虑了土壤侵蚀的 6 个侵蚀因子，简单地通过因子相乘来估算示范区的土壤侵蚀量，进而开展区域水土流失敏感性分析和水土流失风险评估。

（2）模型评价因子。

a. 降雨侵蚀力因子

降雨是引起水土流失最复杂、最重要的因子，是定量预报土壤侵蚀的重要参数。降雨侵蚀力是由降雨引起土壤侵蚀的潜在能力，是降雨与土壤相互作用的结果，是水力侵蚀最直接的因素。降雨不仅是溅蚀的动力，也是细沟、河道等侵蚀形成水土流失的物质基础。降雨的大小、强度、频率等对降雨侵蚀力有很大的影响。年降水量较大且分配均匀时，对水土流失有较大的抑制作用。反之，集中降雨，强度高，雨滴大，超过土壤的吸收能力，容易引起强烈的土壤侵蚀，造成水土流失。

研究中采用周伏建等（1989）提出的降雨冲蚀潜力计算公式，对示范区的月降雨侵蚀力因子 R 值进行估算，其计算公式为

$$R = \sum_{i=1}^{12}(-2.6398 + 0.3046 p_i) \tag{6.4}$$

式中：R 为月降雨侵蚀力 $[J \cdot cm/(m^2 \cdot h)]$；$p_i$ 为月降水量（mm）。

b. 土壤可蚀性因子

目前国内外土壤可蚀性模型研究有很多种，较著名的有美国 Wischmeier 等提出的经典 USLE 模型中的土壤可蚀性计算方法和 Williams 等于 1990 年提出的侵蚀和评价模型（EPIC）的土壤可蚀性计算方法。由于所获取的研究数据的限制，不符合 Wischmeier 模型的粒径要求，需要进行粒径转换，但会损失精度，所以本节决定采用 EPIC 模型中的土壤可蚀性因子 K 值计算方法。该研究方法使用比较广泛，对数据的要求比较简单，仅限于土壤有效粒径和有机碳的百分比数据，我国二次土壤普查数据完全可以满足。

$$K = f_{\text{csand}} \cdot f_{\text{ci-si}} \cdot f_{\text{orgc}} \cdot f_{\text{hisand}} \tag{6.5}$$

式中，f_{csand} 为粗糙沙土土壤侵蚀因子；$f_{\text{ci-si}}$ 为黏壤土土壤侵蚀因子；f_{orgc} 为土壤有机质因子；f_{hisand} 为沙质土壤侵蚀因子。

$$f_{\text{csand}} = 0.2 + 0.3 \exp\left[-0.0256 S_a \left(1 - \frac{S_i}{100}\right)\right] \tag{6.6}$$

$$f_{\text{ci-si}} = \left(\frac{S_i}{C_i + S_i}\right)^{0.3} \tag{6.7}$$

$$f_{\text{orgc}} = 1 - \frac{0.25C}{C + \exp(3.72 - 2.95C)} \tag{6.8}$$

$$f_{\text{hisand}} = 1 - \frac{0.7 S_{\text{n}}}{S_{\text{n}} + \exp(-5.51 + 22.9 S_{\text{n}})} \tag{6.9}$$

式中：$S_{\text{n}} = 1 - S_{\text{a}} / 100$；$S_{\text{a}}$ 为砂粒含量%（4～0.05mm）；S_{i} 为粉砂含量%（0.05～0.002mm）；C_{i} 为黏粒含量%（<0.002mm）；C 为有机碳含量（%）。

c. 坡度坡长因子

坡度坡长因子是影响水土流失的重要因素之一，决定着地表物质和能量的形成和再分配。坡度坡长因子为水力土壤侵蚀提供了动力条件，影响地表物质侵蚀、搬运和堆积的过程和速度，对水力侵蚀的能量分配起着决定性作用。影响水土流失的地形因子主要有坡度、坡长、坡形、沟谷密度及地形起伏度等。其中以坡度、坡长影响最为显著。

在模型的地形因子计算过程中，采用经典坡长因子计算公式：

$$L = (\lambda / 22.13)^m \tag{6.10}$$

式中：λ 为坡长；m 为坡长指数。

研究中计算 λ 坡长采用径流累积的坡长直接计算法计算。Hickey 等提出了径流累积的坡长直接计算法。坡长定义为从坡面径流的起点到径流被截断点之间的水平距离。坡面坡度小于 2.86º 的一般不产生侵蚀，根据相关研究，将坡面坡度小于和大于 2.86º 时的截断因子分别设定其值为 0.7 和 0.5：

$$m = \beta / (1 + \beta) \tag{6.11}$$

式中：β 为细沟侵蚀与细沟间侵蚀比，其数学公式为

$$\beta = (\sin\theta / 0.0896) \Big/ \left[3.0 \times (\sin\theta)^{0.8} + 0.56 \right] \tag{6.12}$$

式中：θ 为坡度。

模型地形因子中的坡度因子其数学表达式为

$$S = \begin{cases} 10.8\sin\theta + 0.03, & \theta < 5 \\ 16.8\sin\theta - 0.5, & 5 \leqslant \theta \leqslant 10 \\ 21.9\sin\theta - 0.96, & \theta \geqslant 10 \end{cases} \tag{6.13}$$

d. 植被覆盖因子

植被对水土保持、水源涵养起着至关重要的作用，是土壤侵蚀估算的重要因素之一，也是区域水土流失风险评估主要评估因子之一。植被是天然的防止水土流失的有效因素，植被冠层对降雨具有拦截效果，植被根系对土壤有固定作用。对降雨的拦截效果常因植被类型、覆盖度的不同而有巨大差异，植被覆盖度越大，拦截效果越好。同样，植被根系越发达，水土保持效用就越大。USLE 模型中，植被覆盖因子 C 是以植被覆盖度 f_{v} 为变量计算得到的数值：

$$C = 1 - f_{\text{v}} \tag{6.14}$$

直接获取区域尺度的植被覆盖度数据非常困难，但随着 RS 技术的发展，学者基于易在大尺度范围内获取的影像数据及其产品，建立相关关系模型，用来反演植被覆盖度参数，开展大尺度区域土壤侵蚀估算、水土流失风险评估等研究。研究中参考学者建立的 NDVI 与植被覆盖度之间的模型来估算植被覆盖因子 C：

$$C = 1 - \frac{NDVI - NDVI_{soil}}{NDVI_{veg} - NDVI_{soil}} \tag{6.15}$$

式中：$NDVI_{soil}$ 为研究区内裸土的 NDVI 值（一般为研究区 NDVI 的最小值）；$NDVI_{veg}$ 为研究区内纯植被的 NDVI（一般为研究区 NDVI 的最大值）。

e. 水土保持因子

自然因素是产生侵蚀的基础，人类活动在一定程度上加速或减慢了土壤侵蚀的速率，降低或者加剧了水土流失风险。可持续的山地开发、河道水系的治理，以及各种各样的水土保持措施和工程建设可以抑制或减少土壤侵蚀量，保持或降低水土流失风险；不合理的土地利用规划、山地开发和植被破坏（过牧、毁林）等不可持续的人类活动会增加水土流失风险。

水土保持因子 P 是采用专门措施后的土壤流失量与顺坡种植时土壤流失量的比值，反映了水土保持措施对坡地土壤流失量的控制。P 值在 0～1，P 值越接近 1，水土保持措施越差，水土流失的风险相对越大，反之亦然。在坡耕地区域通常采用的水土保持措施有等高耕作、条带种植、梯田等，用来提高土壤的抗侵蚀能力。

（3）评估标准。研究中采用通用水土流失方程进行水土流失量的估算，进而对示范区的水土流失风险进行分等定级，同时还采用风险值的方法来刻画示范区的水土流失风险的空间异质性。

a. 水土流失风险等级划分

水土流失风险评估采用土壤侵蚀分类分级标准进行等级划分。大理市属于全国各级土壤侵蚀类型区的水力侵蚀一级类型区中的南方红壤丘陵二级类型区，所以其容许土壤流失量为 $500t/(km^2 \cdot a)$，具体风险评估标准如表 6.16 所示，将水土流失风险分为六级，得到水土流失风险图。水土流失风险安全等级由低到高依次为安全、较安全、低风险、中风险、中高风险和高风险。

b. 水土流失风险值

为了从空间异质性上显性刻画水土流失生态风险，研究中对于水土流失（侵蚀模数）大于 $15000t/(km^2 \cdot a)$ 的高水土流失生态风险，设定其风险值为 100，同时将其他风险等级都除以 15000 后再乘以 100，得到其相应的水土流失风险值，其值域为 0～100，值越接近 100，水土流失风险越大；越接近 0，则水土流失风险越小。风险专题图则采用渐变色系进行表达，从而表达其渐变特征，详见表 6.16。

表 6.16 土壤侵蚀分类分级标准

侵蚀等级	风险等级	风险值域	年均侵蚀模数/[t/（km²·a）]
微度	安全	0～3.33	<500
轻度	较安全	3.33～16.67	1000～2500
中度	低风险	16.67～33.33	2500～5000
强烈	中风险	33.33～53.3	5000～8000
极强烈	中高风险	53.33～100	8000～15000
剧烈	高风险	100	>15000

4）大理市低丘缓坡山地开发土地利用情景模拟

（1）模型输入参数与数据制备。DLS 模型作为土地利用空间格局的模拟工具，拥有友好的用户界面，可以方便地在可视化情况下实现相应参数文件的编辑（图 6.44）。DLS 模型运行需要的数据与参数主要有模拟有条件参数、土地利用结构情景数据、限制区域编码数据、驱动因子数据、驱动力系数和土地利用类型二值型数据 6 类。

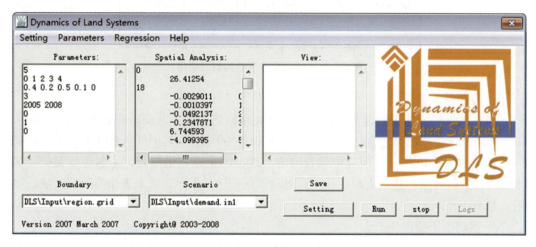

图 6.44　DLS 模型用户界面

a. 模拟条件参数

模拟条件设定的参数主要有土地利用类型数、土地利用类型编码及其对应的转换规则、模拟时土地利用需求和实际土地分配之间的收敛误差、模拟其起始和结束年份及文件记录格式是否输出标记等参数，如图 6.45 所示。研究中耕地、林地、草地、水域和建设用地 5 种土地利用类型分布对应土地利用类型编码 0～4。

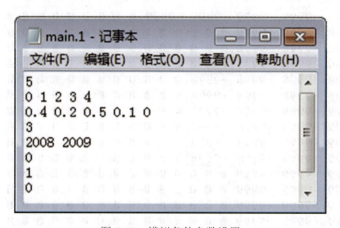

图 6.45　模拟条件参数设置

b. 土地利用结构情景数据

研究区未来的土地利用数量结构情景数据为低丘缓坡山地开发土地利用情景设计所得的大理市不同低丘缓坡山地开发土地利用情景下 2020 年的土地利用结构数据，如

图 6.46 所示。文件中各列数据依次为耕地、林地、草地、水域和建设用地的栅格数据，并且每行之和等于研究区的土地利用总面积。

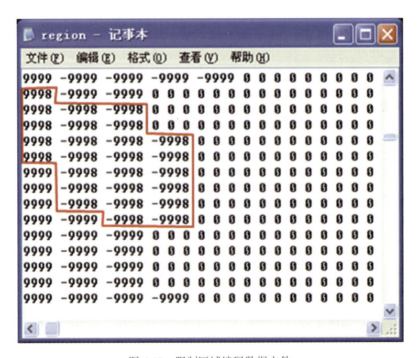

图 6.46　土地利用数量结构情景数据

c. 限制区域编码数据

DLS 模型输入的限制区域编码数据为 ASCII 格式文件，其编码规则为，活动栅格、限制区域和无数据区域分别以数值 0、–9998 和–9999 表示，其中红色多边形范围为限制区示例，如图 6.47 所示。研究中综合考虑大理市的土地利用规划、生态环境保护、基本农田保护等政策，选定大理市苍山洱海自然保护区、坝区、洱海等作为限制区域，如图 6.48 所示。

d. 驱动因子数据

土地利用变化的影响因素众多，在大理市低丘缓坡山地开发土地利用空间布局模拟研究中，驱动因子的选择参考邓祥征（2008a，2008b）的研究成果，综合考虑自然环境条件（包括地形地貌、气候、土壤属性等）、区位条件和社会经济 3 个方面共 18 个因子的影响。

图 6.47　限制区域编码数据文件

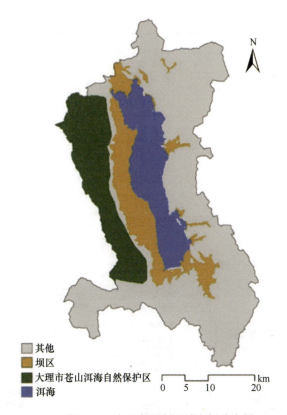

其他
坝区
大理市苍山洱海自然保护区
洱海

图 6.48　大理市限制区域空间分布图

e. 驱动力系数

研究中 DLS 模型的土地利用变化驱动力系数采用 Logistic 模型对各类土地利用与其影响因子之间的驱动力进行回归分析得到。首先利用 GIS 软件对土地利用类型和各影响因子的栅格格式数据制备成统计分析软件 Stata 可以读取的文本格式，进而以二值型土地利用数据为因变量，以 18 个驱动因子为自变量（详见表 6.17），分别对每种土地利用类型进行回归分析，从各驱动因子中筛选出对研究区域土地利用变化影响较大、相关性较为显著的因子，分析结果和 DLS 模型输入的驱动力参数文件分别见图 6.49 和表 6.18。

表 6.17　驱动因子变量描述

驱动因子类别	驱动因子	
	因子含义	因子名
地形地貌	高程	dem
	坡度	slope
	坡向	aspect
土壤属性	土壤有机质含量	soil_org
	土壤氮含量	soil_n
	土壤磷含量	soil_p
	土壤钾含量	soil_k
	土壤 pH	soil_pH

续表

驱动因子类别	驱动因子	
	因子含义	因子名
气候条件	年均气温	ta
	日照时数	sun
	≥0℃积温	ta0
	年降水	rain
区位条件	省会城市距离	d2procap
	到最近高速公路距离	d2expressway
	到道路的距离	d2raod
	到水源的距离	d2water
社会经济	人口密度	pop
	GDP	gdp

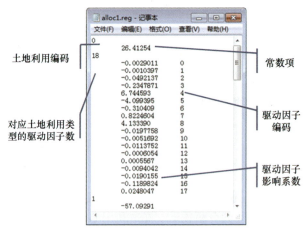

图 6.49　DLS 模型驱动力参数文件

表 6.18　各土地利用类型与驱动因子的驱动关系

项目	(1) ldn1	(2) ldn2	(3) ldn3	(4) ldn4	(5) ldn5
dem	−0.00290***	−0.00156***	0.00244***	−0.0173***	−0.00476***
	(−40.21)	(−30.65)	(44.21)	(−21.82)	(−12.03)
aspect	−0.00104***	0.000347***	0.000498***	−0.00395***	−0.000140
	(−15.21)	(5.56)	(7.79)	(−14.13)	(−0.69)
slope	−0.0492***	0.0111***	0.00812***	−0.0895***	−0.0531***
	(−51.32)	(15.29)	(10.67)	(−11.86)	(−11.02)
soil_org	−0.235***	−0.0474***	0.00467	−0.134***	0.0318
	(−33.07)	(−7.79)	(0.77)	(−3.57)	(1.32)
soil_n	6.745***	−1.317***	9.229***	8.041***	−6.573***
	(23.07)	(−6.59)	(50.09)	(4.24)	(−4.59)

续表

项目	(1) ldn1	(2) ldn2	(3) ldn3	(4) ldn4	(5) ldn5
soil_p	−4.099***	16.20***	−13.56***	−15.74***	23.79***
	(−5.28)	(18.34)	(−16.48)	(−4.02)	(7.21)
soil_k	−0.310***	−0.781***	−0.461***	0.175	0.316***
	(−12.86)	(−23.92)	(−16.23)	(1.23)	(5.61)
soil_pH	0.822***	1.177***	0.970***	−0.856***	0.0650*
	(59.37)	(41.46)	(49.52)	(−13.67)	(2.36)
ta	4.133***	3.727***	−4.473***	3.716***	−2.272***
	(17.91)	(31.03)	(−36.22)	(4.65)	(−3.57)
rain	−0.0198***	0.0178***	−0.0184***	−0.00578	−0.00959***
	(−42.45)	(41.10)	(−37.52)	(−1.27)	(−5.52)
sun	−0.00517***	0.0244***	−0.0215***	0.00287	−0.00921**
	(−5.75)	(35.81)	(−30.68)	(0.64)	(−2.68)
ta0	−0.0114***	−0.0112***	0.0136***	−0.0134***	0.00509**
	(−17.89)	(−33.16)	(39.24)	(−6.05)	(2.91)
gdp	−0.000605***	−0.00148***	0.000102***	0.0000310	0.000835***
	(−51.27)	(−22.50)	(5.79)	(0.91)	(55.22)
pop	0.000557***	−0.00309***	−0.00279***	−0.00310***	−0.000142***
	(42.86)	(−76.08)	(−74.25)	(−34.74)	(−7.67)
d2water	−0.00940***	0.0199***	−0.0642***	−0.682***	−0.0573***
	(−4.41)	(10.02)	(−29.03)	(−27.63)	(−6.63)
d2road	−0.0190***	0.0177***	−0.0931***	0.271***	−0.229***
	(−3.90)	(4.35)	(−21.66)	(13.14)	(−10.50)
d2expressway	−0.119***	0.0237***	0.0180***	0.0826***	−0.104***
	(−46.16)	(10.63)	(7.77)	(4.52)	(−10.51)
d2procap	0.0248***	−0.0177***	0.00562***	−0.0426***	0.0109***
	(25.31)	(−17.56)	(5.60)	(−12.38)	(4.50)
_cons	26.41***	−57.09***	41.52***	65.86***	36.08***
	(14.55)	(−40.16)	(27.56)	(6.40)	(4.97)

注：ldn1、ldn2、ldn3、ldn4、ldn5 分别代表耕地、林地、草地、水域和建设用地；括号内为 t 统计值；$* p < 0.05$，$** p < 0.01$，$*** p < 0.001$。

f. 土地利用类型二值型数据

在 DLS 模型中输入的数据是 ASCII 格式的二值型土地利用数据，研究采用 GIS 软件栅格重分类分别对模拟起始（2005）年和模拟结果验证（2008）年的土地利用数据进行重分类，如图 6.50 所示，生成对应的土地利用二值型 ASCII 数据（是某类用地类型，其值为 1，否则为 0），完成 DLS 模型土地利用输入数据的制备。

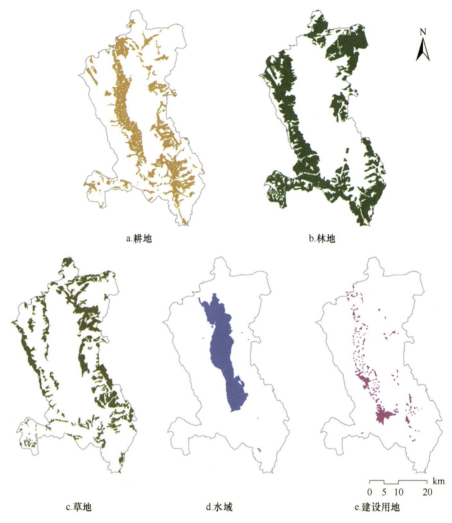

图 6.50　大理市 2005 年二值型土地利用类型图

（2）山地开发土地利用情景设计。研究中对大理市未来低丘缓坡山地开发土地利用变化空间格局进行预测与模拟，采用了情景分析的方法。情景的设定与研究区的土地利用方式、土地利用规划目标和社会经济发展情况等影响因子密切联系在一起，然后将分析结果，即土地利用结构数据输入到土地利用空间格局模拟模型中。

　　研究中基于大理市耕地保护、生态环境保护、水源保护等政策与原则进行情景设计，依据研究方案，根据大理市社会经济发展特征和土地利用变化规律，设定了基准情景和规划情景两种发展情景，为后续开展大理市低丘缓坡山地开发土地利用情景空间格局模拟研究提供情景基础，如图 6.51 所示。

　　a. 基准情景

　　基准情景基于大理市 1988～2008 年的土地利用变化趋势进行分析，结合近期的社会经济发展情况，利用趋势推演的方法估算出大理市 2020 年的土地利用格局的变化情况。该情景坚持研究区目前现行的区域政策，包括耕地保护政策、生态环境保护理念和

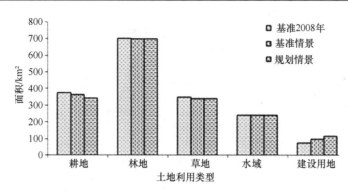

图 6.51　不同情景下 2020 年大理市土地利用面积

经济发展政策等。继续保持大理市经济的发展趋势，使得各类土地利用在当前环境-经济-社会之间的利益平衡中得到延续。设定大理市按照现在的发展趋势，满足人类生产生活、满足社会经济发展的需要，到 2020 年土地利用格局如何变化。

b. 规划情景

规划情景的预测基于大理市政府部门对耕地、建设用地、林地、草地等所制定的规划目标进行设定。根据大理市自然经济社会条件和上级规划的要求，研究确定土地利用的方针、目标和调控措施，合理调整土地利用结构和布局，统筹协调和合理安排县域内各业、各类用地，制定规划实施的各项保障措施。规划目标作为一种政府干预，必然会对土地利用变化产生影响。通过对大理市低丘缓坡山地开发土地利用结构进行规划设计，使得低丘缓坡山地开发更能朝着有利于人地关系和谐的方向发展，使得土地资源得到更合理的配置。该情景依据大理市国土局、林业局、规划局等政府规划文件，分析主要土地利用类型变化情况，根据规划目标设定大理市到 2020 年土地利用格局如何变化。

在规划情景中坚持"两保护、两开发"、加快滇西中心城市建设、加快旅游资源开发的理念，加强土地宏观调控和用途管制，节约集约利用土地，优化城乡用地结构与布局，为大理市经济社会全面、协调和可持续发展提供用地保障；统筹区域发展，合理安排各业用地，围绕促进全市各区域合理分工协作和协调发展的目标，引导全社会保护和合理利用土地资源。所以在规划情景中设定了自然保护区、基本农田集中所在的坝区、重要水资源分布区域洱海等限制图层，限制区范围内的土地不允许转化为其他地类，以达到规划保护的目标。

（3）土地利用空间格局模拟结果精度评定。

a. 模型验证与精度评定方案

研究设计以 2005 年为模拟起始年，以 2008 年为模拟结果验证年来进行模型验证与精度评定，如图 6.52 所示。模型以 2005 年的土地利用数据为输入，基于土地利用驱动因子构建驱动数据文件，以目标年的土地利用结构数据为 DLS 模型模拟目标年的土地利用结构需求数据，利用 DLS 模型进行土地利用空间布局模拟，输出 2008 年的土地利用空间格局模拟图。最后，对比 2008 年的大理市土地利用空间格局遥感解译图和模拟图，对比分析得到土地利用空间格局的模拟精度。

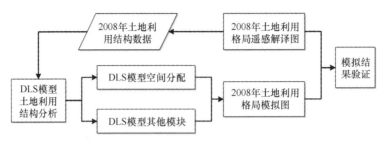

图 6.52　土地利用格局模拟验证方案

b. 精度评定方法

评定土地利用格局模拟是否有效最有效的方法是利用模拟结果与实际土地利用格局进行对比分析和精度评定。混淆矩阵是土地利用模拟精度的一种常用方法，刻画了真实土地利用与模拟结果之间的关系。混淆矩阵将真实土地利用每个像元的位置和类型与模拟结果图对应的位置和类型进行比较。混淆矩阵中每列代表地面参考验证信息，每列中的数值等于地表真实像元在分类图像像元中对应于相应类别的数量。混淆矩阵每行代表土地类型的模拟结果信息，每行中的数值等于模拟结果像元在地表真实像元相应类别中的数量。

假设对 n 种土地利用类型的模拟结果进行精度评定，有像元总数为 N。进行模拟前后对比，构成 $n×n$ 维混淆矩阵 C，c_{ij} 表示该像元真实参数为第 j 种土地利用类型，模拟结果为第 i 种土地利用类型。

$$C = \begin{pmatrix} c_{11} & c_{12} & \cdots & c_{1i} & \cdots & c_{1n} \\ c_{21} & c_{22} & \cdots & c_{2i} & \cdots & c_{2n} \\ \cdots & \cdots & \cdots & \cdots & \cdots & \cdots \\ c_{i1} & c_{i2} & \cdots & c_{ii} & \cdots & c_{in} \\ \cdots & \cdots & \cdots & \cdots & \cdots & \cdots \\ c_{n1} & c_{n2} & \cdots & c_{ni} & \cdots & c_{nn} \end{pmatrix} \tag{6.16}$$

通过混淆矩阵可以获得的评价指标主要有总体分类精度、Kappa 系数、用户精度等。设 T_i 为第 i 类土地利用类型真实参考总数（混淆矩阵中 i 列的总和），M_i 为整个模拟结果中像元分为第 i 类的像元总数（混淆矩阵中 i 行的总和）。

根据用户精度的定义，正确分到 i 类的像元总数（对角线值）与分类器将整个影像的像元分为 i 类的像元总数比率，各种类型土地的用户精度：

$$R_i = c_{ii} / M_i, \quad i = 1, \cdots, n \tag{6.17}$$

总体分类精度等于被正确分类的像元总和除以总像元数，则有 P_c 为总分类精度。

$$P_c = \sum_{i=1}^{n} c_{ii} / N \tag{6.18}$$

Kappa 系数则是通过把所有真实参考的像元总数乘以混淆矩阵对角线的和，再减去某一类中真实参考像元数与该类中被分类像元总数之积对所有类别求和的结果，再除以像元总数的平方减去某一类中真实参考像元总数与该类中被分类像元总数之积对所有类别求和的结果（详见表 6.19），公式如下：

$$K = \frac{N\sum_{i=1}^{n} c_{ii} - \sum_{i=1}^{n}(T_i - M_i)}{N^2 - \sum_{i=1}^{n}(T_i - M_i)} \tag{6.19}$$

各类别的 Kappa 系数：

$$K = \frac{Nc_{ii} - T_i \times M_i}{NT_i - T_i \times M_i} \tag{6.20}$$

表 6.19　分类质量与 Kappa 统计值

Kappa 系数	<0	0～0.2	0.2～0.4	0.4～0.6	0.6～0.8	0.8～1.0
分类质量	很差	差	一般	好	很好	极好

c. 模拟精度评定

本节首先以大理市 2005 年遥感解译的土地利用数据为基础，利用 DLS 模型模拟大理市 2008 年土地利用空间格局图，如图 6.53 所示。然后，将大理市 2008 年的土地利用格局模拟图与 2008 年的土地利用格局遥感解译图进行叠加对比，得到土地利用空间格局模拟精度。在栅格尺度上应用混淆矩阵的方法统计出各种用地类型的模拟精度。

统计研究区 5 种土地利用类型的动态模拟结果显示，DLS 模型模拟的总体分类精度可达 92.2%。对于单种土地利用类型的模拟用户精度，水域的精度最高，达 99.3%，耕地和林地模拟精度较高，分别达到了 91.6% 和 92.5%，草地模拟的精度相对较低，达到了 89.9%，建设用地模拟精度最低，为 80.3%，从整体精度来看，DLS 模型在大理市进行低丘缓坡山地开发土地利用模拟具有较高的模拟精度，如图 6.54a 所示。

从 Kappa 系数来看，整个模拟结果的 Kappa 系数为 0.893，分类质量为极好。对于单一类别的土地利用类型来说，耕地、林地、草地和水域的 Kappa 系数分别达 0.893、0.871、0.878 和 0.978，都达到了极好的分类质量水平，建设用地分类质量水平最低，分类质量为很好，Kappa 系数为 0.769，如图 6.54b 所示。由精度评定分析可知，无论整体还是单一类别的土地利用空间格局模拟精度都达到了很高的精度，所以利用 DLS 模型在大理市开展低丘缓坡山地开发土地利用空间格局模拟的方案是可行的。

（4）土地利用空间布局模拟结果分析。研究中应用 DLS 模型模拟了大理市低丘缓坡山地开发基准情景和规划情景下土地利用 2020 年的空间格局。在未来，大理市土地利用将随着人类活动、气候因子的不断变化及时间的推移，在空间格局上发生不同程度的变化。

从空间分布上分析，总的来说，基于基准情景和规划情景模拟的大理市未来低丘缓坡山地开发土地利用格局在空间分布上（图 6.55）具有较好的一致性，但存在一定的区域性差异。

建设用地对其地形地貌和区位条件有严格要求，在地形地貌、区位和政策因素的共同条件要求下，未来大理市建设用地依然集中分布在下关镇和大理镇，在原有的核心建

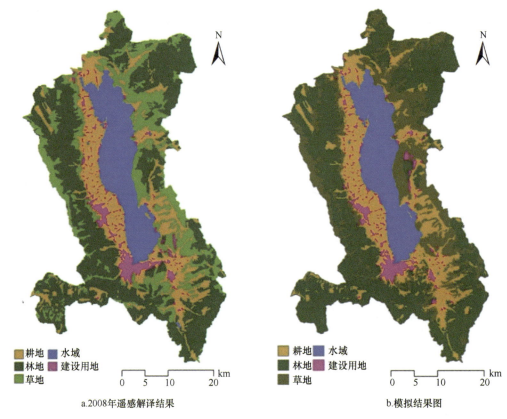

图 6.53　DLS 模型模拟结果验证

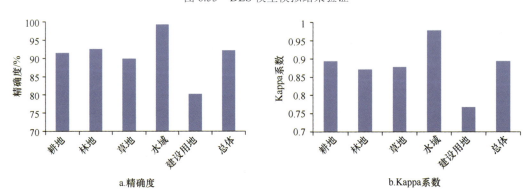

图 6.54　大理市土地利用模拟精度验证

筑区基础上有一定的扩张。除此之外，在低丘缓坡山地资源丰富的下关镇、凤仪镇、挖色镇和海东镇都有明显的建设用地扩张。基准情景与规划情景相比而言，规划情景下的建设用地扩张更为明显，尤其是海东镇和凤仪镇，这正好与目前大理市低丘缓坡山地开发的规划一致。与 2008 年基期相比，建设用地扩张除占据少部分耕地以外，其主要来源于草地和林地。林地和草地的空间分布基本保持原有分布，部分草地和林地之间发生了用地转移。草地、林地和水域都有很小部分转换为了耕地。对于耕地而言，少部分耕地转换为了林地。由于大理市洱海水源的保护政策，水域用地整体变化很小。大理市低

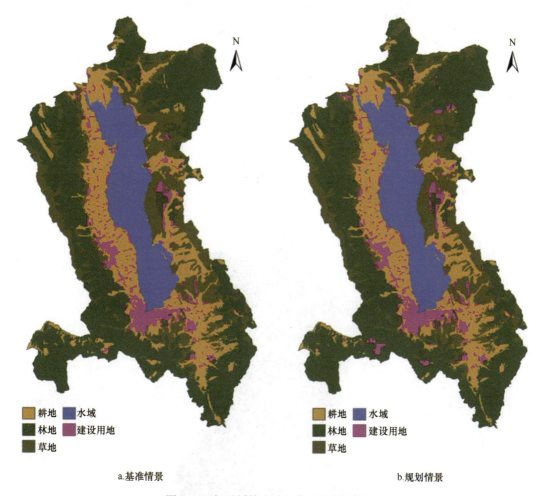

图例（左图）：耕地　水域　林地　建设用地　草地

a.基准情景　　　　　　　　　b.规划情景

图 6.55　低丘缓坡山地开发土地利用格局

丘缓坡山地开发土地利用未来的格局与大理市的耕地保护、水源保护等政策是密不可分的，用地类型的转移变化与大理市的政策导向有一致性。

5）大理市水土流失风险现状评估

（1）模型因子数据制备。研究中根据水土流失风险评估模型所述，进行降雨侵蚀力因子、土壤可蚀性因子、坡度坡长因子、植被覆盖因子和水土保持因子的数据制备。

a. 降雨侵蚀力因子

由大理市历史降水数据统计分析可知，降水多集中在 5～10 月，如图 6.56 所示，并且大理市东部和西部降水不均，研究利用 2008 年的月降水数据进行插值，利用文中提到的降雨侵蚀潜力计算公式对大理市的月降雨侵蚀力因子 R 值进行估算，累加计算生成年降雨侵蚀力因子空间格局图，如图 6.57 所示。

研究中采用气象中的第二类数据，即中国地面降水月值 0.5°×0.5°格点数据集（V2.0），利用样条曲线进行插值，然后提取出研究区域，并进行降雨侵蚀力 R 的计算，

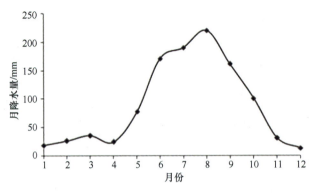

图 6.56　1960～2010 年大理市平均月降水量

图 6.57　降雨侵蚀力因子 R 空间格局图

结果表明大理市降雨侵蚀力集中在 253～303J·cm/（m²·h），区域平均降雨侵蚀力约为 268J·cm/（m²·h）。从空间分布上看，从大理市境内自动向西呈带状逐渐增加。

　　b. 土壤可蚀性因子

　　土壤的可蚀性与土壤的类型及其物理性质密切相关。研究中基于土壤的类型空间分布矢量数据及其对应的砂粒含量、粉砂含量、黏粒含量和有机碳含量属性数据，分别生成砂粒含量、粉砂含量、黏粒含量和有机碳含量的 100m 精度栅格数据图层，利用 GIS 软件对栅格数据进行计算，得到研究区的土壤可蚀性因子图，如图 6.58 所示。由图可知，大理市土壤可蚀性主要分布在 0.085～0.357t·hm²·h/（hm²·MJ·mm·a），其平均土壤可蚀性达到 0.279t·hm²·h/（hm²·MJ·mm·a）。

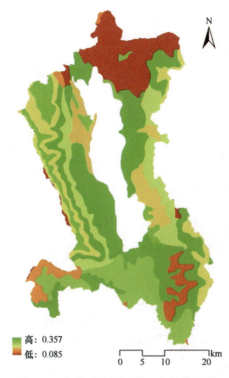

图 6.58 土壤可蚀性因子 K 空间格局图

c. 坡度坡长因子

基于大理市 DEM 数据，利用 GIS 空间分析功能，基于模型的坡度坡长因子公式制备大理市的坡度、坡长因子数据，如图 6.59 所示。坡度因子值域区间为 0.03～17.86，平均值仅为 3.23，表明大部分研究区域为缓坡。在空间分布上，坡度因子中的大坡度主要分布在洱海西部的苍山地区。坡长因子数值为 1～46m，平均坡长约为 13.38m。

d. 植被覆盖因子

植被覆盖因子基于 MODIS 数据源的植被覆盖数据产品进行计算。研究获取了 2008 年 23 个时间节点的 NDVI 数据，利用 Arc Workstation 进行 AML 编程实现，对时间序列 NDVI 取平均值，作为 2008 年的 NDVI，进而计算得到大理市的植被覆盖因子图，如图 6.60 所示，植被覆盖因子与植被覆盖度正好呈相反的空间分布格局。

e. 水土保持因子

研究区内的耕地多为水田，其耕作方式多为等高耕作，采用胡文敏等的研究成果，耕地水土保持因子 P 为 0.2，水域和建设用地水土保持因子 P 为 0，林地和草地水土保持因子 P 为 1，将 P 值赋给 2008 年对应的土地利用类型，得到研究区水土保持因子图，如图 6.61 所示。

（2）水土流失风险现状评估。利用水土流失风险评估模型对 2008 年大理市水土流失风险进行估算，估算获得 2008 年研究区水土流失风险等级图和风险值专题图，如图 6.62 所示。从风险专题图整体来看，大理市除水域以外，大部分地区主要为安全、较安全和低风险等级水土流失风险。中和中高等级水土流失风险区域主要分布在大理市西部

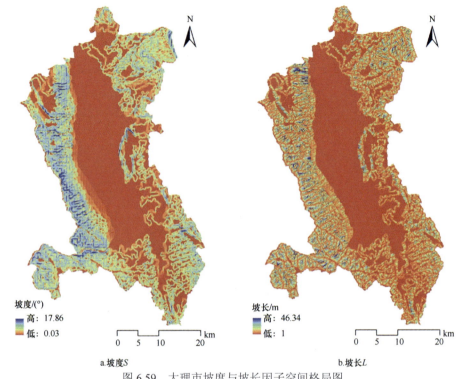

图 6.59 大理市坡度与坡长因子空间格局图

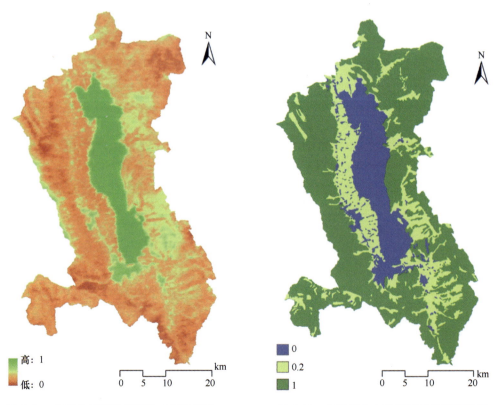

图 6.60 大理市植被覆盖因子 C 空间格局   图 6.61 大理市水土保持因子 P 空间格局

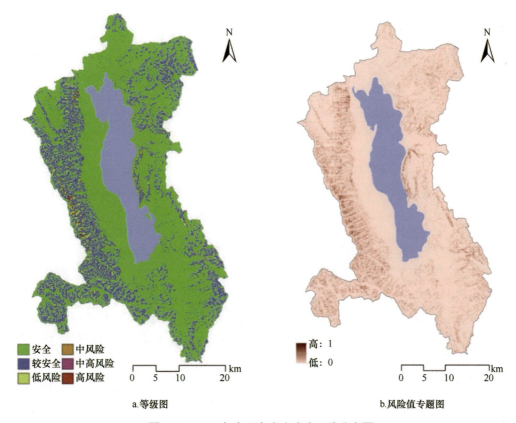

a.等级图　　　　　　　　　　　　　　　　b.风险值专题图

图 6.62　2008 年大理市水土流失风险分布图

的高海拔区域，以及洱海东部的海东镇部分地区。在大理市陆域地区中，水土流失风险在安全级别内的土地面积为 1017.25km², 占大理市土地面积的 58.5%, 有水土流失风险的区域面积有 479.15km², 占大理市土地面积的 27.6%。在有水土流失风险的区域中，较安全、低风险、中风险和中高风险的土地面积分别为 407.37km²、62.26km²、8.4km² 和 1.12km², 相应的面积比例分别为 85%、13%、1.8% 和 0.2%。高风险的土地在大理市内无分布，面积为 0（详见表 6.20）。

表 6.20　2008 年大理市水土流失风险面积统计表

水土流失风险	水域	安全	陆域	风险分级				
				较安全	低风险	中风险	中高风险	高风险
面积/%	13.9	58.5	27.6	85.0	13.0	1.8	0.2	0.0

a. 水土流失风险高程分布情况

研究区除去水域以外，共有陆地面积 1496.4km², 将其水土流失风险区域按 6 个高程级别进行划分。从整体上看，水土流失风险区域主要分布在 2000～2250m、2250～2500m 和高于 2500m 3 个高程等级上，其中以 2000～2250m 等级内水土流失风险面积最多，面积有 526.67km², 占陆域土地总面积的 35.2%。较安全、低风险、中风险和中高风险面积在各个高程等级中随着风险的增加，具有相应等级水土流失风险的面积呈明显减少趋势；而随着高程的增加，各等级水土流失风险面积则呈现明显的增加趋势，表明水土流失风险的大小与高程之间有密切的关系（详见表 6.21）。

表 6.21　不同高程下的水土流失风险分析（%）

DEM/m	安全	较安全	低风险	中风险	中高风险	高风险	总计
＜1500	0.14	0.05	0.01	0	0	0	0.20
1500~1750	0.55	0.33	0.06	0.01	0	0	0.95
1750~2000	11.53	1.22	0.13	0.01	0	0	12.89
2000~2250	28.06	6.28	0.73	0.11	0.01	0	35.19
2250~2500	13.38	7.72	0.96	0.11	0.01	0	22.18
＞2500	14.32	11.63	2.26	0.33	0.05	0	28.59
总计	67.98	27.23	4.15	0.57	0.07	0	100

b. 水土流失风险坡度分布情况

研究中除去水域以外，对水土流失风险区域按 6 个坡度级别进行划分（详见表 6.22）。从整体上看，除安全等级的水土流失风险区域以外，水土流失风险主要分布在 15°~35° 的 3 个坡度等级上，分别占陆地面积的 8.03%、7.69% 和 8.68%，水土流失面积分别为 120.19km²、115.09km² 和 129.93km²。较安全、低风险和中高风险等级的土地面积在各个坡度等级中，随着风险的加大，面积呈明显减少趋势；而随着坡度的变化，各坡度等级水土流失风险面积则呈现倒 U 形曲线，表明水土流失风险等级高低与坡度因子关系密切，随着坡度的增加，水土流失风险面积首先随着逐渐增加，当坡度增加到一定程度时，坡度的增加使得坡长因子变小，所以水土流失风险反而呈减小趋势。

表 6.22　不同坡度下的水土流失风险分析（%）

坡度/(°)	安全	较安全	低风险	中风险	中高风险	高风险	总计
＜8	41.86	0.08	0	0	0	0	41.94
8~15	14.98	4.95	0.04	0	0	0	19.97
15~20	6.52	7.65	0.38	0.01	0	0	14.56
20~25	3.04	6.71	0.91	0.07	0	0	10.73
25~35	1.47	6.48	1.91	0.26	0.03	0	10.15
＞35	0.11	1.34	0.92	0.22	0.05	0	2.64
总计	67.98	27.21	4.16	0.56	0.08	0	100

c. 低丘缓坡山地水土流失风险情况

对研究的低丘缓坡山地资源分布与水土流失风险估算结果进行综合分析，得到低丘缓坡山地资源区域的水土流失风险统计数据（详见表 6.23）。通过统计分析得到大理市乡镇海拔平均值、坡度平均值和水土流失风险值。

通过大理市低丘缓坡山地水土流失风险分析，各乡镇低丘缓坡山地资源区域平均水土流失风险级别为安全和较安全。其中凤仪镇、海东镇、挖色镇、双廊镇、上关镇为安全级别，其余各乡镇则为较安全级别。由数据分析可知，低丘缓坡山地资源区域平均海拔和平均坡度都与水土流失风险值密切相关，相关系数分别为 0.82 和 0.94。整体趋势是水土流失风险值随着平均坡度的增大、海拔的上升，风险越来越大。

表 6.23　大理市低丘缓坡区域水土流失风险统计

乡镇	面积/km^2	DEM/m	坡度/(°)	水土流失风险值
太邑彝族乡	76.86	2257.74	15.75	5.06
凤仪镇	262.24	2323.54	11.28	2.79
下关镇	110.00	2333.32	13.03	3.80
大理镇	17.41	2500.60	17.08	6.32
银桥镇	18.07	2480.82	17.79	7.18
海东镇	114.25	2213.48	8.44	2.49
湾桥镇	15.39	2507.31	17.39	5.69
喜洲镇	38.24	2558.38	15.78	5.66
挖色镇	91.39	2360.41	9.42	2.90
双廊镇	155.04	2283.34	13.84	3.22
上关镇	86.16	2182.37	7.81	1.45

6）大理市不同情景下水土流失风险评估

研究中基于 DLS 模型模拟了大理市未来基准情景和规划情景两种情景下低丘缓坡山地开发土地利用空间格局，并在此基础上通过改变水土流失风险模型不同下垫面的输入，进行未来两种情景下水土流失风险评估与对比分析。

（1）基准情景下水土流失风险评估。

在基准情景下，就大理市整体来看，与 2008 年的水土流失风险空间格局相比没有显著变化。由水土流失风险等级划分结果可知（图 6.63）：大理市绝大部分陆域区域只是有微度的水土流失，即水土流失风险为安全的面积为 1016.42km^2，占大理市总土地面积的 58.46%，占陆域面积的 67.81%。具有较安全等级水土流失风险的面积为 408.78km^2，占陆域面积的 27.27%。低风险水土流失区域面积占陆域面积的 4.25%，占大理市土地面积的 3.66%。中风险和中高风险水土流失区域面积仅占大理市陆域总面积的 0.59%和 0.08%。大理市除水域之外，其他陆地区域的水土流失风险值平均值为 3.83，整体水土流失强度为轻度，为较安全水土流失风险等级。

在分析大理市全区域的水土流失风险的基础上，研究中进一步统计分析了低丘缓坡山地资源区域的水土流失风险状况，如图 6.64 所示。在低丘缓坡山地资源区域，安全等级水土流失风险区域面积为 674.4km^2，占低丘缓坡山地资源总面积的 68.43%，较安全等级水土流失风险区域面积为 285.1km^2，占低丘缓坡山地资源总面积的 28.93%，低风险等级及其以上水土流失风险总面积约为 26km^2，占低丘缓坡山地资源总面积的 2.64%。

从空间分布上看，大理市基准情景下低丘缓坡山地水土流失风险主要为安全、较安全和低风险等级水土流失风险，中及以上水土流失风险等级区域主要分布在洱海中东与

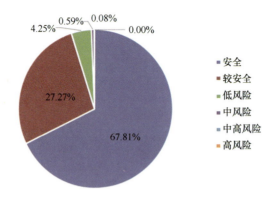

图 6.63　基准情景下水土流失风险等级面积占比图

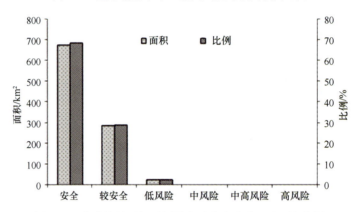

图 6.64　基准情景下低丘缓坡山地水土流失风险面积比例

中西部濒临洱海区域，如图 6.65a 所示。将基准情景下 2020 年大理市水土流失风险与 2008 年进行叠加分析发现，如图 6.65b 所示，在未来的低丘缓坡山地开发土地利用基准情景下，海东镇和凤仪镇有多片区域的水土流失风险呈降低趋势，这主要是因为该区域在用地类型上由林地、草地转变为了建设用地，增加了不透水表面的面积，所以在一定程度上降低了水土流失风险。太邑彝族乡、双廊镇和挖色镇交界处有成片区域的水土流失风险则呈增加趋势，主要是因为这些区域的耕地在转变为林地和草地的时候，有水土保持措施的耕地变成了没有水土保持措施的自然陆地表面，其水土保持因子 P 值增加。而对于大理市绝大部分低丘缓坡山地的水土流失风险基本无变化。

大理市低丘缓坡山地平均水土流失风险值为 3.33，从区域平均来看，水土流失风险强度为安全级别。对大理市未来 2020 年的基准情景与 2008 年的水土流失风险进行对比统计分析，在低丘缓坡山地资源区域内，水土流失风险呈现降低趋势的土地面积有 34.96km^2，同时，有 25.47km^2 的区域水土流失风险呈增加趋势，对比分析发现，由于山地开发，大理市低丘缓坡山地水土流失风险面积呈减少趋势。

（2）规划情景下水土流失风险评估。

在规划情景下，从整体来看，与 2008 年的水土流失风险空间格局相比同样没有颠覆性变化。低丘缓坡山地水土流失风险值平均值为 3.33，整体水土流失强度为微度，风险等级为安全，如图 6.66 所示。对大理市未来 2020 年在规划情景下与 2008 年水土流失

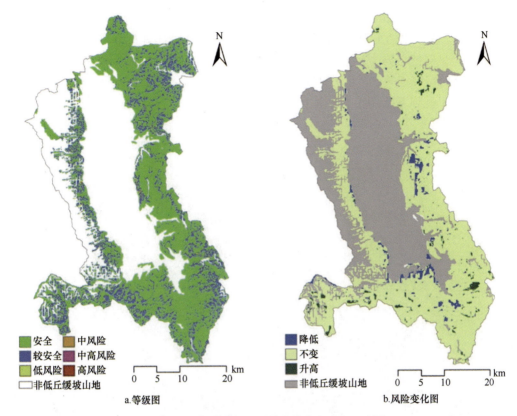

图 6.65　基准情景低丘缓坡山地水土流失风险图

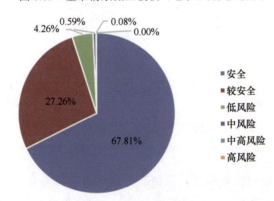

图 6.66　规划情景下水土流失风险等级面积占比图

风险进行对比统计分析,在低丘缓坡山地资源区域内,水土流失风险呈现降低趋势的土地面积有 46.10km², 同时,有 30.31km² 的区域水土流失风险呈增加趋势,分别占大理市低丘缓坡山地面积的 4.68% 和 3.08%, 通过对比分析发现,在规划情境下,由于山地开发,大理市低丘缓坡山地水土流失风险面积也呈现减少趋势。

由水土流失风险等级划分结果可知,如图 6.67a 所示:在规划情景下,水土流失风险相对于在基准情景下变化较小。在规划情景下水土流失风险等级和水土流失风险值两个方面都与基准情景趋于一致。

将规划情景下 2020 年与 2008 年大理市水土流失风险值图进行叠加分析发现,如图 6.67b 所示,在未来的土地利用山地开发规划情景下,海东镇和凤仪镇有多片区域的水土流失风险呈降低趋势,太邑彝族乡、双廊镇和挖色镇交界处有成片区域的水土流失风险,部分地区呈降低趋势,部分地区则呈相反的升高趋势。洱海西部濒临水域的区域有多片区域由于规划发展降低了其水土流失风险。

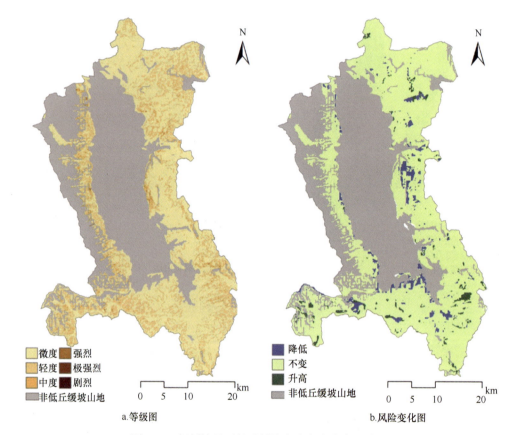

图 6.67　规划情景下低丘缓坡山地水土流失风险图

（3）不同情景下水土流失风险对比分析。

对比分析基准情景和规划情景两种情景下的大理市低丘缓坡山地水土流失风险评估结果可知,从风险等级上看,两种情景下的水土流失风险相比于基准年 2008 年,均发生了一定程度的变化,但幅度较小,基本不变。从空间分布上看,都与基准年 2008 年的水土流失风险分布具有空间一致性。从变化程度看,在规划情景下低丘缓坡山地水土流失风险变化面积相对于在基准情景下变化的强度更大一些,区域范围也更广阔一些,主要原因是,在规划情景下,为了促进大理市低丘缓坡山地开发建设,实现城镇上山、工业上山的战略目标,土地利用强度更大,土地利用格局变化更强烈,尤其是建设用地在低丘缓坡山地的大幅度扩张。

不同的低丘缓坡山地开发方式形成了不同的土地利用格局,进而改变了地表水土流失风险值。对比基准情景和规划情景下低丘缓坡山地和非低丘缓坡山地的水土流失风险,发现不管是低丘缓坡山地，还是非低丘缓坡山地，基准情景都比规划情景的水土流失风险值要高，也就是说，基准情景下低丘缓坡山地开发更容易引起水土流失风险。在非低丘缓坡山地，基准情景比规划情景的水土流失风险平均值大 0.004，相当于在基准情景下每年水土流失量要比规划情景下多约 304t 土壤，同时，在低丘缓坡山地，基准情景比规划情景的水土流失风险平均值大 0.003，相当于在基准情景下每年水土流失量要比规划情景下多约 442t 土壤。对比低丘缓坡山地和非低丘缓坡山地，我们发现低丘缓坡山地的水土流失风险值平均要比非低丘缓坡山地低 1.4，所以从生态环境保护和社会经济发展的角度定位，应该加大低丘缓坡山地开发建设力度，控制非低丘缓坡山地开发建设（详见表 6.24）。

表 6.24　大理市两种情景下水土流失风险统计

区域（面积）	情景	水土流失风险值		
		平均值	最小值	最大值
非低丘缓坡山地 （506.25km²）	基准	4.790	0	97.97
	规划	4.786	0	97.97
	2008 年	4.726		97.97
低丘缓坡山地 （983.31km²）	基准	3.329	0	57.95
	规划	3.326	0	63.41
	2008 年	3.306	0	57.95

　　基于水土流失风险模型对大理市的水土流失风险进行定量分析，估算了不同情景下低丘缓坡山地开发土地利用格局下的水土流失风险。研究表明，在基准情景和规划情景下，由于建设用地的扩张、耕地的减少和各种土地利用类型之间的转换，虽然大理市在水土流失风险面积上都呈现了减少趋势，但无论是低丘缓坡山地还是非低丘缓坡山地都在一定程度上增加了区域整体的水土流失风险。对比两种情景，土地利用的合理规划及优化了空间布局，使得规划情景比基准情景水土流失风险相对更低。无论是基准情景还是规划情景，与基准年 2008 年相比，水土流失风险都没有显著降低和变化加剧，尤其是规划情景，这表明大理市开展低丘缓坡山地开发的政策是可行的，符合生态保护与环境可持续发展战略，保持了大理市的人类和谐关系。该结果可为大理市土地利用规划、低丘缓坡山地开发方案、生态保护和可持续发展提供一定的决策支撑。

6.3.2　低丘缓坡山地开发地质灾害预警

1. 崩塌过程模拟

　　利用 Rockfall Analyst（RA）软件模块进行局地尺度的崩塌危险性评估。RA 是基于 ArcGIS 平台开发的软件模块，基于运动学原理进行岩崩或滚石的 Runout 模拟，主要功能包括滚石运动三维模拟和空间分布的栅格建模。根据模型自身要求，选择大理市为研究对象，以点状或线状崩塌源形式，对此类灾害进行模拟和评估。

　1）数据获取

　　研究区域地形图、地质图，研究区域卫星影像图及以上数据的派生信息，如地形图可获取高程、坡向、坡度等数据，遥感影像综合地质图可得到坡面物质组成、植被分布等信息，这些信息综合起来可获取崩塌落石模拟需要的崩塌源、DEM 和地面阻隔参数。模拟所需数据源及格式见表 6.25。

表 6.25　Rockfall Analyst 模拟所需空间数据一览表

数据名称	数据格式	数据模型	数据描述
地形/DEM	Coverage/grid	矢量/栅格	表征地形地貌特征，主要用 DEM 表达
点状崩塌源	Shp	矢量	以离散方式表达已有或潜在崩塌源
线状崩塌源	Shp	矢量	以线性方式表达已有或潜在崩塌源
地表介质	Shp	矢量	提供崩塌体在运动过程中地表介质的反馈影响
遥感影像	IMG/TIF	栅格	地物类型及地质灾害等特征的综合反映

2）参数设置

地形坡度和坡面恢复系数为影响滚石运动的最大的参数。由于滚石运动的复杂性，采用理论方法研究滚石碰撞恢复系数的难度较大，在工程应用中一般根据地质勘察、试验数据来获取。对于地表介质类型，主要设置 Rn（法向回弹系数）、Rt（切向回弹系数）和 Fa（摩擦角）3 种参数；对于崩塌源区，主要设置危岩体质量、初始速度、陡坎高度、崩滑方向，以及崩塌体滚动与飞行状态转换的临界参数等（详见表 6.26）。

表 6.26　模拟软件 RA 地面阻隔参数设置

类型	Rn	Rt	Fa
裸岩	0.5	0.5	15～20
土壤	0.4	0.4	20～30
林木	0.1	0.1	40～60
水体	0	0	80

3）模拟分析

在完成参数设置和地形等相关数据加载之后，即可进行单一危岩体和连续分布危岩体群两类崩塌模拟计算，获得崩塌运移路径、崩塌体跃高和速度、崩塌路径频率及崩塌能量等运动学特征参数分布结果。落石崩塌模拟时，将崩塌源抽象为点崩塌源。在计算过程中，输入的崩塌线、面数据源会用栅格中的点抽象表达崩塌源。崩塌灾害模拟会经过参数设置、模拟计算、分析制图过程。野外调查数据显示，研究区内崩塌落石质量为 20kg 的较多，根据研究区实际情况，将崩塌的启动角度取 3 个夹角为 2° 方向，依据模拟结果，采用公式进行危险性分析：

$$D_i = a \times R_{fi} + b \times R_{hi} + c \times R_{ei} \tag{6.21}$$

式中：D_i 为第 i 个单元内的危险度；R_{fi} 为第 i 个单元内的崩塌频率的大小；R_{hi} 为第 f 个单元内的崩塌跃高；R_{ei} 为第 i 个单元内的崩塌能量的大小；a、b、c 为权重系数。将频率权重 a 设为 0.5，崩塌跃高 b 设定为 0.2，崩塌能量设定为 0.3，均为软件默认值。最后统一 GIS 栅格计算。

4）危险性评估

利用 RA 模块，在 ArcGIS 下实现了对大理市海东区崩塌危险性分析，对沿线崩塌能量、频率、速度及跃高等崩塌灾害关键参数进行模拟，各因子叠加后分级得到崩塌灾害危险度评价结果，如图 6.68 所示。

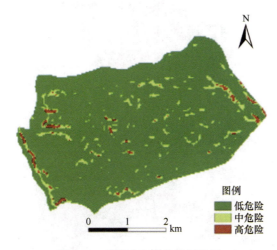

图 6.68　崩滑灾害危险性评估图

2. 地质灾害潜在风险分析

研究中利用综合指数法进行分析计算。综合指数法可以将不同性质量纲的指标无因次化，转化为标准形式，将转化的实数计算成综合指数。综合指数法的表达式为

$$Z_i = \sum_{j=1}^{n} P_j \times W_j \tag{6.22}$$

式中：Z_i 为地质灾害综合危险性指数，评价单元 $i=1,2,\cdots,n$；P_j 为第 j 个评价因子的得分值，评价因子 $j=1,2,\cdots,m$；W_j 为第 i 个评价单元，第 j 个评价因子的权重。

根据基于气象因素的区域地质灾害潜在风险分析模型，以及大理市地质灾害（滑坡、泥石流）的发生因素等条件，模型因子选定以下 8 种。

1）高程

高程在一定程度上控制着滑坡的发生。坡体具有倾斜度，其稳定性较差，极易产生滑动，则会发生地质灾害。在 ArcGIS10.3 中对大理市高程数据进行重分类，分为 5 级，分级后的结果如图 6.69 所示。

2）坡度

参照全国第二次土地调查技术规程中坡度分类值的成果（0°～8°，8°～15°，15°～25°，25°～35°，35°～90°），对坡度图进行重分类，提取不同分类值的坡度边界线。一般情况下，高程高于 2500m、坡度大于 25°不宜用作建设开发，如图 6.70 所示。坡度较

大的山地或山地的某部分划为生态红线，既不能做建设开发，也不能做农业耕地，只能做生态林建设。

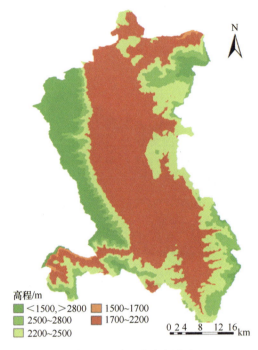

图 6.69　大理市高程分布

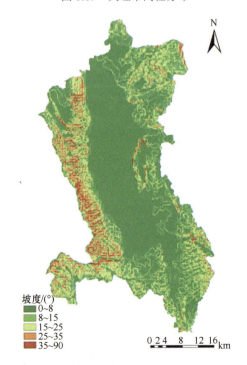

图 6.70　大理市坡度分布

3）植被覆盖率

植被覆盖率是判别地质灾害的一个间接因素，植被覆盖率是指所处区域内森林及灌木林地面积占总面积的比值，其高低反映出植被对地表保护程度的高低。植被遭到破坏后，原有的生态平衡被打破，水土流失加剧，继而加速坡体演变，沟谷下切，沟床与坡顶间高差加大，山坡坡度变陡，坡脚失稳，坡体松散固体物质在重力和降雨作用下，极易引发滑坡、坍塌等地质灾害的发生。植被覆盖率（0～1）以 0.2 为间隔划分为 5 个等级，如图 6.71 所示。

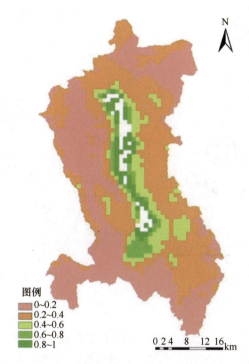

图 6.71　大理市植被覆盖率

4）土壤类型

土壤类型是地质灾害发生的物质基础，是控制山地坡面稳定性的主要因素之一。有的坡面由砂质土壤或由砂土和黏土混合组成或由黏土组成，由于组成斜坡的土壤类型不同，其抗压强度也不同，发生地质灾害的难易程度也不同。大理市土壤类型依据轻黏土、重壤土、中壤土、轻壤土和砂壤土分类，如图 6.72 所示。

5）地形地貌

在一定的岩性和地质构造条件下，地貌是控制地质灾害发生的重要条件。地貌对地质灾害规模、类型等都有直接决定作用。在地质灾害发生过程中，最显著的变化就是地貌形状的变化，表现在坡度降低、四周出现裂缝等方面。一般来说，坡度变缓不易发生地质灾害，坡度变陡不利于稳定，当地形地貌变化使地表水不易排出时，渗入地下就易发生地质灾害。将大理市的地形地貌条件划分为倾斜平原、起伏平原、小起伏山地、中起伏山地和大起伏山地，如图 6.73 所示。

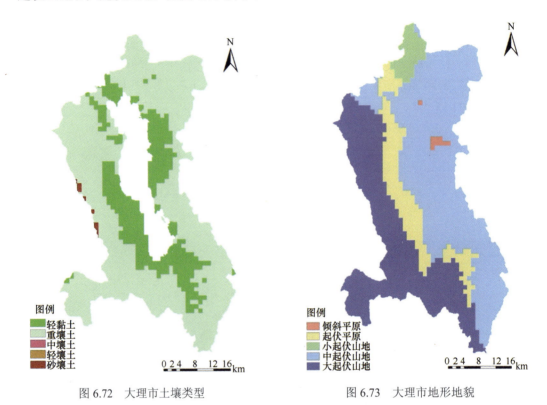

图 6.72　大理市土壤类型　　　　　图 6.73　大理市地形地貌

6）地质年代

按照标准的地质年代表，大理市地质年代主要有五大类：第四纪、寒武纪；新近纪、古近纪；奥陶纪、泥盆纪；石炭纪、白垩纪；侏罗纪、三叠纪、二叠纪，如图 6.74 所示。

7）断层距离

采用 100m、200m、500m、800m 和 1000m 不同缓冲距离，对研究区的断层数据进行缓冲区分析，如图 6.75 所示。

8）岩性

通过查阅文献资料，岩石类别主要有坚硬、较坚硬、中性、较松软和松软。

综上，选择地质年代、地形地貌、高程、坡度、植被覆盖度、土壤类型、断层距离、岩性、降水量作为地质灾害因子，并输入模型的影响因子。针对不同的影响因子，赋予其不同的权重。

根据大理市实际状况进行理论分析，搜索整理大量文献资料，应用综合指数法对模型因子赋予权重值，从而得到地质灾害因子权重值，如表 6.27 所示。

由表 6.27 中各模型因子的权重数据，应用基于气象因素的区域地质灾害风险分析模型计算出风险结果。地质灾害易发性由低到高划分为低易发区、中低易发区、中易发区、中高易发区、高易发区 5 个级别（详见表 6.28）。由于地质灾害易发性划分为 5 个级别，对于上述已选定的 9 个评价因子，相应地将其划分为 5 个级别，并进行标准化。

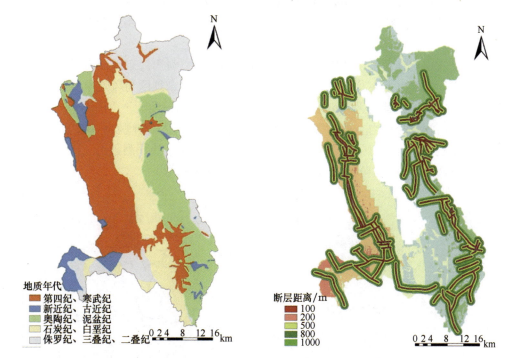

图 6.74　洱海流域地质年代分布　　　　　图 6.75　洱海流域断层距离分布

表 6.27　地质灾害影响因子权重

因子	权重
地质年代	0.15
地形地貌	0.1
高程	0.11
坡度	0.16
植被覆盖度	0.08
土壤类型	0.08
断层距离	0.12
岩性	0.09
降水量	0.11

表 6.28　地质灾害潜在危险性评估因子分级及分值

高程/m	坡度/(°)	植被覆盖率	地貌类型	地质年代	土壤类型	岩性	降水量/mm	分值
>2800，<1500	0~8	1~0.8	倾斜平原	J、T、P	砂壤土	松软	1136~1137	1
2500~2800	2~15	0.8~0.6	起伏平原	C、K	轻壤土	较松软	1137~1190	2
2200~2500	15~25	0.6~0.4	小起伏山地	O、D	中壤土	中性	1190~1240	3
1500~1700	25~35	0.4~0.2	中起伏山地	N、E	重壤土	较坚硬	1240~1280	4
1700~2200	>35	0.2~0	大起伏山地	Q、G	轻黏土	坚硬	1280~1330	5

为了更加直观地展示研究区地质灾害潜在风险分布情况，凸显区域地质灾害风险差

异，利用基于气象因素的区域地质灾害风险分析模型对地质灾害潜在风险指数进行分类，并划分出 5 个等级，分布为低、中低、中、中高、高，并将其与大理市 2011～2020 年地质灾害防治工作部署图相叠加，分析得出大理市东北部地区为地质灾害低易发区、东部地区为地质灾害中易发区、西北地区为地质灾害中高易发区和西南部地区为地质灾害高易发区。

将地质灾害潜在风险指数图与大理市县域叠加，可以得出海东区域为低与中低潜在地质灾害风险区域，无突发性地质灾害情况。洱海沿岸西部地区为风险中与中高潜在地质灾害风险区域，尤其是大理市东南部是地质灾害风险高易发区。由图 6.76 和图 6.77 可以看出，洱海部分均为空白区域，无突发性地质灾害情况。与现实相符，因此，该方法具有一定的可行性和可信度，可以应用于案例区地质灾害的预测预报工作中，并将对大理市低丘缓坡地开发中的防灾减灾工作提供有价值的指导。

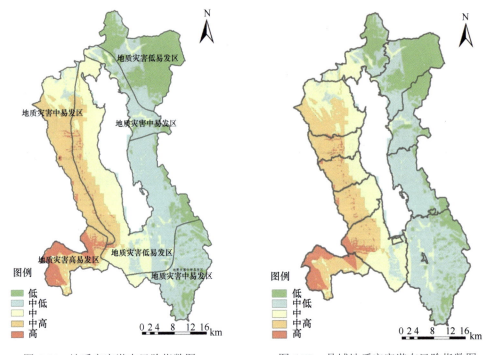

图 6.76　地质灾害潜在风险指数图　　　　图 6.77　县域地质灾害潜在风险指数图

3. 低丘缓坡山地开发地质灾害预警

为了减少由山地开发带来的地质灾害给当地人民造成的生命财产损失，有必要为灾害建立实时预警理论方法。本节选取一系列和地质灾害发生有关的基础因子、人类影响因子、诱发因子，根据各因子与地质灾害的相关分析，利用层次分析法，最后基于可拓学理论，建立了地质灾害预警预报模型。

1）可拓理论原理

1983 年我国学者蔡文首次提出了可拓论。它是专门探讨矛盾转化的科学，描述事物性质的可变性和事物变化过程中由量变到质变的规律，是异于经典集合和模糊集合的另一种形式化工具，从定性与定量两个角度去研究解决矛盾问题的规律和方法。其逻辑细胞是物元，其理论支柱则是物元理论和可拓集合理论，其中，物元及其属性、变换和方程属于定性工具，而可拓集合及其相关属性、关联函数、方程等则属于定量工具。

（1）物元概念。物元是可拓学中独有的概念，在处理问题时同时兼顾质与量两个方面的因素。通过物元的变换来反映事物的变化，并以形式化的语言描述这种变化，方便推理和计算。物元 R 可用 $R=(N, C, V)$ 来描述。其中，N 为事物，C 为事物所具有的特征的名称，V 为 N 关于 C 所取的量值，这三者称为物元模型的三要素。物元中的 $V=C(N)$ 反映了事物的质和量的关系，特征元 $M(C, V)$ 是由特征的名称和相应的量值组成的。如果事物 N 具有 n 个特征 $c_1, c_2, \cdots, c_n$，以及相应的 n 个量值 $v_1, v_2, \cdots, v_n$ 时，称 R 为 n 维物元，用 n 维物元表述，即

$$R = \begin{pmatrix} N & c_1 & v_1 \\ & c_2 & v_2 \\ & \cdots & \cdots \\ & c_n & v_n \end{pmatrix} \tag{6.23}$$

（2）可拓集合。可拓集合是可拓学中用于对事物进行动态分类的重要概念，也是可拓学用于解决矛盾问题、形式化描述量变和质变的基础。可拓集合的概念是在经典集合和模糊集合的基础上发展起来的，由于经典集合和模糊集合较少考虑论域中事物本身及其性质的可变性，从而使得很多矛盾问题无法用数学方法去解决，可拓集合正是基于这种需要而提出的。

（3）关联函数。可拓集合的数学模型是用关联函数来表示的。关联函数的基本定义如下。

a. 距的定义

在可拓学中，为了描述类内事物的区别，规定了点 x 与区间 $X_0 = <a, b>$ 之间的距。设 x 为实轴上的一点，$X_0 = <a, b>$ 是实域上的任一区间，称：

$$\rho(x, X_0) = \left| x - \frac{a+b}{2} \right| - \frac{b-a}{2} \tag{6.24}$$

$\rho(x, X_0)$ 为点 x 与 X_0 区间之距。其中 $<a, b>$ 可为开区间，也可为闭区间，还可为半开半闭区间。对于实轴上任一点 x_0，有

$$\rho(x, X_0) = \left| x - \frac{a+b}{2} \right| - \frac{b-a}{2} = \begin{cases} a - x_0, & x_0 \leqslant \dfrac{a+b}{2} \\ x_0 - b, & x_0 \geqslant \dfrac{a+b}{2} \end{cases} \tag{6.25}$$

距的概念的引入，可以对点与区间的位置关系用定量的形式精确刻画。当点在区间内时，经典数学认为点与区间的距离都为 0，而在可拓集合中，利用距的概念可以描述出点在区间内的不同位置。

b. 关联函数

设 $X_0 = <a,b>$，$X = <c,d>$，$X_0 \subset X$ 且无公断点，则称

$$K(x) = \frac{\rho(x,X_0)}{\rho(x,X) - \rho(x,X_0)} \qquad (6.26)$$

$K(x)$ 为区间 X_0，X 的关联函数，该函数的最大值在区间的中点，若 X_0 和 X 有公共端 x_p，对于一切 $x \not\subset x_p$，则初等关联函数为

$$K(x) = \begin{cases} \dfrac{\rho(x,X_0)}{\rho(x,X) - \rho(x,X_0)}, & \rho(x,X) - \rho(x,X_0) \neq 0 \\ -\rho(x,X_0) - 1, & \rho(x,X) - \rho(x,X_0) = 0 \end{cases} \qquad (6.27)$$

2）可拓理论的预警原理

可拓学预警的基本思路为，根据数据值对评价目标进行等级划分，构建可拓模型，再将评价指标依次代入各等级的集合中进行多指标评定，根据评定结果与对各等级集合的关联度大小进行比较来确定预警等级。具体流程如下。

（1）构建经典域物元。

$$R_j = (N_j, C_i, V_{ji}) = \begin{pmatrix} N_j & c_1 & v_{j1} \\ & c_2 & v_{j2} \\ & \cdots & \cdots \\ & c_n & v_{jn} \end{pmatrix} = \begin{pmatrix} N_j & c_1 & <a_{j1}, b_{j1}> \\ & c_2 & <a_{j2}, b_{j2}> \\ & \cdots & \cdots \\ & c_n & <a_{jn}, b_{jn}> \end{pmatrix} \qquad (6.28)$$

式中：N_j 为所划分的第 j 个评价等级；C_i 为第 i 个评价指标；V_{ji} 为等级 N_j 关于 C_i 的取值范围，即经典域，$V_{ji} = <a_{ji}, b_{ji}>$，其中 i 为评价指标数 $i = (1, 2, \cdots, n)$；j 为评价等级数 $(1, 2, \cdots, m)$。

（2）构建节域物元。

$$R_p = (N, C_i, V_{pi}) = \begin{pmatrix} N_j & c_1 & v_{p1} \\ & c_2 & v_{p2} \\ & \cdots & \cdots \\ & c_n & v_{pn} \end{pmatrix} = \begin{pmatrix} N_j & c_1 & <a_{p1}, b_{p1}> \\ & c_2 & <a_{p2}, b_{p2}> \\ & \cdots & \cdots \\ & c_n & <a_{pn}, b_{pn}> \end{pmatrix} \qquad (6.29)$$

式中：N 为全部评价等级；V_{pi} 为 C_i 在等级 N 下的所有取值范围，物元模型中各评价指标 C_i 对应所有状态 N_j 的量值范围 $V_{pi} = <a_{pi}, b_{pi}>$，即节域，显然，有 $<a_{ji}, b_{ji}> \subset <a_{pi}, b_{pi}>$。

（3）构建待评价物元。

$$R_x = (N_x, C_i, V_i) = \begin{pmatrix} N_x & c_1 & v_1 \\ & c_2 & v_2 \\ & \cdots & \cdots \\ & c_n & v_n \end{pmatrix} \qquad (6.30)$$

式中：N_x 为待评价事物；V_i 为 N_x 关于指标 C_i 的具体数据。

（4）计算各单项预警指标关于各预警等级的关联度 $K_j(v_i)$

$$K_j(v_i) = \begin{cases} \dfrac{-\rho(v_i, v_{ji})}{|v_{ji}|}, & v_i \in v_{ji} \\ \dfrac{\rho(v_i, v_{ji})}{\rho(v_i, v_{pi}) - \rho(v_i, v_{ji})} & v_i \notin v_{ji} \end{cases} \tag{6.31}$$

式中：$\rho(v_i, v_{ji})$ 为点 v_i 与区间 v_{ji} 的距。

$$|V_{ji}| = b_{ji} - a_{ji} \tag{6.32}$$

$$\rho(v_i, v_{ji}) = \left| v_i - \frac{a_{ji} + b_{ji}}{2} \right| - \frac{1}{2}(b_{ji} - a_{ji}) \tag{6.33}$$

$$\rho(v_i, v_{pi}) = \left| v_i - \frac{a_{pi} + b_{pi}}{2} \right| - \frac{1}{2}(b_{pi} - a_{pi}) \tag{6.34}$$

（5）计算待评价物元关于预警等级 N_j 的综合关联度。充分考虑各预警指标的权重，假设预警指标 C_i 的权重值为 W_i，且 $\sum\limits_{i=1}^{n} W_i = 1$，将（规范化的）关联度和权系数合成为综合关联度。$K_j(N_x)$ 为待评价事物 N_x 关于预警等级 j 的关联度：

$$K_j(N_x) = \sum_{i=1}^{n} W_i K_j(v_i) \tag{6.35}$$

（6）预警等级评定

若 $K_j = \max_{j \in (1,2,\cdots,m)} k_j(N_x)$，则预警对象 N_x 的预警等级为 j。若

$$k_j^*(N_x) = \frac{k_j(N_x) - \min\limits_{j \in (1,2,\cdots,m)} k_j(N_x)}{\max\limits_{j \in (1,2,\cdots,m)} k_j(N_x) - \min\limits_{j \in (1,2,\cdots,m)} k_j(N_x)} \tag{6.36}$$

$$j^* = \frac{\sum\limits_{j=1}^{m} j \cdot K_j^*(N_x)}{\sum\limits_{j=1}^{m} K_j^*(N_x)} \tag{6.37}$$

式中：j^* 为事物 N_x 的级别变量特征值。

3）预警指标体系的建立

A. 地质灾害影响因子的选取

根据地质灾害体空间分布与各因子的相关性，地质灾害危险性综合评估的判别因子可分为基础因子、人类影响因子和诱发因子。基础因子即孕育地质灾害的基本地质环境条件；人类影响因子是人类开发活动对地表形态和自然表面影响的表征量；诱发因子指直接诱发地质灾害的自然引力。其中基础因子包括地形地貌、植被、岩组、构造、海拔等；人类影响因子包括由开发活动所造成的位移、新修公路的密度、兴建工程的填挖方

土量；诱发因子主要为降雨。

　　泥石流的形成需要有一定的地形条件。一方面，区域相对高差较大的沟道能为泥石流的物源存储较大位能，泥石流启动后，具有较大的向下侵蚀、侧蚀能力，积聚更多物源；另一方面，在发生降雨时，有利于降雨的迅速汇集，形成地表径流，带动固体颗粒滑动，致使堆积体失稳，因此，这里用地表起伏作为发生泥石流的基本因子之一。

　　高程会对斜坡产生重要的影响。首先，虽然高程不会改变斜坡内应力线的分布状态，但是其可以控制坡体内应力值的大小，随着坡高的增加，应力值会显著增加。其次，不同的高程范围会有不同的温度、不同的植被覆盖，不同的高程范围，其人类活动强度也是不同的，重要的是高程影响着崩塌滑坡的势能。

　　坡度是基本的自然地理要素，也是影响滑坡发育的重要因素，直接影响斜坡的稳定性，这点得到了地质灾害界学者的普遍认可。这是因为坡度直接影响着坡体内的应力分布状态，随着坡度的增大，坡角应力集中，并随之增大。其在不同程度上制约着地球表层物质和能量的再分配，对地表径流、斜坡上松散物质厚度、斜坡上地下水的补给与排泄有控制作用，同时也影响着水土流失强度和土地利用方式等。更为重要的是，坡度影响着斜坡体的有效临空面。

　　地层岩性是产生滑坡的物质基础，一定地区的滑坡发生于一定的地层之中。岩石的类型和软硬程度及层间结构决定岩土体的物理力学强度、抗风化能力、应力分布和变形破坏特征，进而影响到坡体的稳定性和地表侵蚀的难易程度，是崩塌、滑坡形成的重要影响因素和内在条件之一。这是因为，无论是滑坡还是崩塌，它们都存在一个软弱结构面，这个软弱结构面与地层岩性的组合有密切的关系。土体滑坡则会在松散堆积物下面存在透水或不透水层或相对隔水基岩，构成滑体剪出带。岩石的风化为地质灾害提供了物质条件。

　　植被对地质灾害发育及其稳定性具有深刻影响。植被及其种植方法对斜坡稳定性的影响是多方面的，往往表现为各种组合因素。例如，树木的重量及由它传递给斜坡的风载；植物根系的加固作用使土壤表层强度提高；植物根系楔入致密岩石使其强度下降；茂密的植被根系深入土壤中，相当于锚杆的作用，根系越大越深，它所起到的锚固作用就越强，从而能有效地抑制或削弱斜坡变形，降低滑坡发生概率；植被覆盖对浅层滑坡水文过程的影响可分为通过拦截使降水损失、通过蒸散降低土壤含水量。对导水性的影响进行研究发现：木本植被对滑坡起到了非常重要的抑制作用，庞大的植物根系加固土体，提高上体抗剪强度，增强了坡面的稳定性。斜坡失稳多发生在裸露和草本植被斜坡上，天然森林植被区很少。这是因为植被覆盖有利于减少气候因素（如降雨等）的影响，减少了土体的侵蚀，因此，较少发生滑坡。这些因素对斜坡稳定性的影响有利也不利。总的来说，其影响可以概括为水文地质效应和机械效应，机械效应又可进一步分为力学效应和护坡效应，主要表现为通过根系、超载、风荷载和地表保护等加固土壤。在水文地质效应方面，以树木为例，它可以通过树冠遮挡降雨，减少降水渗入量，通过根茎吸水和树叶蒸发使土体发干和降低地下水位。在力学效应方面，根茎起到锚筋作用，固定土壤，提高土体抗剪强度和抗冲刷能力。在护坡效应方面，植被覆盖好的地方不易产生水土流失，地形侵蚀缓慢，坡体破坏较弱。

　　形成滑坡的诱发因素主要有降雨和地震，这两者中又以降雨为主，根据统计，90%

以上的滑坡变形失稳与降雨有直接或间接的关系。降雨对滑坡的触发作用主要表现在：首先，在降雨过程中，地表水进入岩土体增加了坡体的自重；其次，降雨由地表进入地下，转变为地下水，浸泡软化滑动面，增大了空隙水压力，导致岩土体含水量、成分结构等的变化，影响了岩土体强度和斜坡的应力状态，降低了坡体的抗剪强度和抗滑力，从而加大了边坡的下滑力，导致滑坡体及滑面岩土体强度显著降低，使处于极限平衡状态的坡体产生滑动；最后，坡体反复的干湿交替变化导致岩土体开裂，产生大量的节理裂隙，使得雨水更易于渗入岩土体中。

在斜坡进行开发建设时，散体物料在排弃过程中，下部散体土石物料由于受到上部堆置土石物料荷载的压力作用，斜坡体的初期表面沉降量较大，其沉降速度也较快；随着时间的推移，松散土石物料会逐渐固结密实，其沉降量和沉降速度逐渐减小变慢，最终趋于稳定。一旦斜坡体地内部某一区域内破坏了这种稳定，而出现了异常的位移变化，就可能预示着斜坡体区域内部形成了不利于稳定的隐患。因此，位移量的变化可以作为斜坡稳定程度的重要判据，对滑坡的预警有重要的支撑作用。

通过查找大量参考文献，并结合大理市的实际情况，分别选取了大理市发生滑坡、泥石流的影响因子，如图 6.78 和图 6.79 所示。

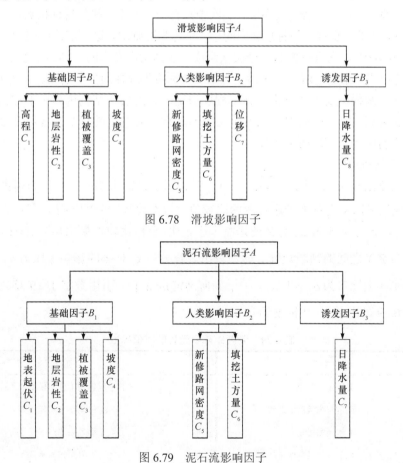

图 6.78　滑坡影响因子

图 6.79　泥石流影响因子

B. 权重系数的确定

权重系数是评价指标重要程度的一个量化标准，量化值越大，重要程度越高，因此，权重系数确定是否准确及其合理性将直接影响地质灾害预警结果。目前常用的赋权方法有 AHP 法、SVM 法、灰色关联度法、熵值法等。各种方法各有优劣，本节选取适用性最强的 AHP 法。AHP 于 20 世纪 70 年代由美国运筹学家 T.L.Saaty 提出，是一种定性与定量相结合的决策分析方法。它通常被运用于多目标、多准则、多要素、多层次的非结构化的复杂决策问题。通过这种方法可以将复杂问题分解成若干层次和若干因素，在各因素之间进行简单的比较和计算，就可以得到各因素对于总目标的相对重要程度。

AHP 法主要采用先分解后综合的思路。首先抓住决策问题的主要因素，将其分解为不同的层次。然后根据因素间的相互关系，将这些因素的权重按不同层次依次从下层向上层，形成分析结构模型。最后需要确定的问题就归结为最低层准则因素相对于总目标的权重。AHP 法的步骤包括：建立递阶层次的结构模型；构造判断矩阵；层次单排序及一致性检验；层次总排序及一致性检验。

a. 建立递阶层次的结构模型

应用 AHP 法分析决策问题时，首先要把问题层次化，构造出一个有层次的结构模型。这些层次一般分为以下三类：最高层，层次中只有一个元素，就是目标指数，是分析问题的预定目标，因此，也称为目标层。中间层，也称为准则层，这一层次中包含为实现目标所涉及的中间环节，它可以由若干个层次组成，包括所需考虑的准则、子准则。最底层，也称为措施层或方案层，这一层包括了为实现目标可供选择的各种措施、决策方案等。

问题的复杂程度及需要分析的详尽程度决定了递阶层次结构模型中的层次数。一般层次数不受限制，每一层次中各元素所支配的元素一般不超过 9 个。这是因为支配的元素过多会给两两比较判断带来困难。

b. 构造判断矩阵

设现在要比较 n 个因子 $X = (x_1, \cdots, x_n)$ 对某因素 Z 的影响的大小，为提供较为可信的数据，我们可以采用对因子进行两两比较建立成对比较矩阵的办法，即每次取两个因子 x_i 和 x_j，以 a_{ij} 表示 x_i 和 x_j 对 Z 的影响大小之比，全部比较结果用矩阵 $A = (a_{ij})m \times n$ 表示，称 A 为 $Z\text{-}X$ 之间的判断矩阵。容易看出，若 x_i 与 x_j 对 Z 的影响之比为 a_{ij}，则 x_j 与 x_i 对 Z 的影响之比应为 $a_{ji} = 1/a_{ij}$。关于如何确定 a_{ij} 的值，引用数字 1～9 及其倒数作为标度。表 6.29 列出了 1～9 标度的含义。

表 6.29　判断矩阵中元素的赋值标准

a_{ij}	定义	a_{ij}	定义
1	A_i 和 A_j 同等重要	6	介于同等与十分明显重要之间
2	介于同等与略微重要之间	7	A_i 和 A_j 十分明显重要
3	A_i 和 A_j 略微重要	8	介于同等与绝对重要之间
4	介于同等与明显重要之间	9	A_i 和 A_j 绝对重要
5	A_i 和 A_j 明显重要		

c. 层次单排序及一致性检验

判断矩阵 A 对应最大特征值 λ_{max} 的特征向量 W，其经过归一化后即为同一层次相应因素对于上一层次某因素相对重要性的排序权值，这一过程称为层次单排序。上述构造判断矩阵的办法能减少其他因素的干扰，较客观地反映出一对因子影响力的差别。但综合全部比较结果时，其中难免包含一定程度的非一致性。如果比较结果是前后完全一致，则矩阵 A 的元素还应当满足：

$$a_{ij}a_{jk}=a_{ik}, \quad \forall i,j,k=1,2,\cdots,n \tag{6.38}$$

n 阶正互反矩阵 A 为一致矩阵，当且仅当其最大特征根 $\lambda_{max}=n$；当 A 在一致性上存在误差时，必有 $\lambda_{max}>n$，并且，误差越大，$(\lambda_{max}-n)$ 的值越大。我们可以由 λ_{max} 是否等于 n 来检验判断矩阵 A 是否为一致矩阵。由于特征根连续依赖于 a_{ij}，所以 λ_{max} 比 n 大得越多，A 的非一致性程度也就越严重，λ_{max} 对应的标准化特征向量也就越不能真实地反映出 $X=\{x_1,\cdots,x_n\}$ 在对因素 Z 的影响中所占的比重。因此，有必要对决策者提供的判断矩阵做一次一致性检验，以决定是否能接受它。对判断矩阵进行一致性检验的步骤如下。

计算一致性指标 CI

$$CI=\frac{\lambda_{max}-n}{n-1} \tag{6.39}$$

查找相应的平均随机一致性指标 RI。对 $n=1,\cdots,9$，给出了 RI 的值，如表 6.30 所示。

表 6.30　矩阵阶数 n 不同时对应的 RI 值

n	1	2	3	4	5	6	7	8	9	10	11
RI	0	0	0.58	0.90	1.12	1.24	1.32	1.41	1.45	1.49	1.52

RI 的值是这样得到的，用随机方法构造 500 个样本矩阵：随机从 1～9 及其倒数中抽取数字构造正互反矩阵，求得最大特征根的平均值 λ_{max} 并定义

$$RI=\frac{\lambda_{max}-n}{n-1} \tag{6.40}$$

计算一致性比例 CR

$$CR=\frac{CI}{RI} \tag{6.41}$$

当 CR<0.1 时，认为判断矩阵的一致性是可以接受的，否则应对判断矩阵做适当修正。

d. 层次总排序及一致性检验

由以上几步我们得到的是一组元素对其上一层中某元素的权重向量。我们最终要得到各元素，尤其是最低层中各方案对于目标的排序权重，从而进行方案选择。总排序权重要自上而下地将单准则下的权重进行合成。

设上一层次（A 层）包含 $A_1,\cdots,A_m$ 共 m 个因素，它们的层次总排序权重分别为 $a_1,\cdots a_m$。又设其后的下一层次（B 层）包含 n 个因素 $B_1,\cdots,B_n$，它们关于 A_j 的层次单

排序权重分别为 $b_{1j},\cdots,b_{nj}$（当 B_i 与 A_j 无关联时，$b_{ij}=0$）。现求 B 层中各因素关于总目标的权重，即求 B 层各因素的层次总排序权重 $b_1,\cdots,b_n$，计算按表 6.31 所示的方式进行，即 $\sum_{j=1}^{m}b_{ij}a_j, i=1,2,\cdots,n$。

表 6.31 权重合成方法

B 层 ＼ A 层	A_1 a_1	A_2 a_2	...	A_m a_m	B 层次总排序权值
B_1	b_{11}	b_{12}	...	b_{1m}	$\sum_{j=1}^{m}b_{1j}a_j$
B_2	b_{21}	b_{22}	...	b_{2m}	$\sum_{j=1}^{m}b_{2j}a_j$
...	...	...	...	...	...
B_n	b_{n1}	b_{n2}	...	b_{nm}	$\sum_{j=1}^{m}b_{nj}a_j$

也需要对层次总排序做一致性检验，检验仍像层次总排序那样由高层到低层逐层进行。这是因为虽然各层次均已经通过层次单排序的一致性检验，各判断矩阵都已经具有较为满意的一致性，但综合考察时，各层次的非一致性仍然有可能积累起来，引起最终分析结果较严重的非一致性。

设 B 层中与 A_j 相关的因素的成对比较判断矩阵在单排序中经一致性检验，求得单排序一致性指标为 $CI(j)$，$(j=1,\cdots,m)$，相应的平均随机一致性指标为 $RI(j)$，$CI(j)$ 和 $RI(j)$ 已在层次单排序时求得，则 B 层次总排序随机一致性比例为

$$CR=\frac{\sum_{j=1}^{m}CI(j)a_j}{\sum_{j=1}^{m}RI(j)a_j} \qquad (6.42)$$

当 $CR<0.1$ 时，认为层次总排序结果具有较满意的一致性，并接受该分析结果。

1. 滑坡 A-B 判断矩阵

滑坡 A-B 判断矩阵及层次单排序如表 6.32 所示。

表 6.32 滑坡 A-B 判断矩阵

滑坡影响因子	基础因子	人类影响因子	诱发因子	W_i
基础因子	1.0000	0.1429	0.3333	0.0810
人类影响因子	7.0000	1.0000	5.0000	0.7306
诱发因子	3.0000	0.2000	1.0000	0.1884

其中 $\lambda_{max}=3.0649$，$CR=0.0624<0.1$，层次单排序具有满意的一致性。

滑坡 B_1-C 判断矩阵及层次单排序如表 6.33 所示。

表 6.33　滑坡 B_1-C 判断矩阵

基础因子	高程 C_1	地层岩性 C_2	植被覆盖 C_3	坡度 C_4	W_i
高程 C_1	1.0000	0.2000	0.3333	0.2000	0.0679
地层岩性 C_2	5.0000	1.0000	3.0000	1.0000	0.3899
植被覆盖 C_3	3.0000	0.3333	1.0000	0.3333	0.1524
坡度 C_4	5.0000	1.0000	3.0000	1.0000	0.3899

其中 λ_{max}=4.0435，CR=0.0163＜0.1，层次单排序具有满意的一致性。

滑坡 B_2-C 判断矩阵及层次单排序如表 6.34 所示。

表 6.34　滑坡 B_2-C 判断矩阵

人类影响因子	新修路网密度 C_5	填挖土方量 C_6	位移 C_7	W_i
新修路网密度 C_5	1.0000	0.3333	0.2000	0.1047
填挖土方量 C_6	3.0000	1.0000	0.3333	0.2583
位移 C_7	5.0000	3.0000	1.0000	0.6370

其中 λ_{max}=3.0385，CR=0.0370＜0.1，层次单排序具有满意的一致性。

利用上述表格最终确定了滑坡各因子权重，如表 6.35 所示。

表 6.35　滑坡影响因子权重表

影响因子	权重
位移 C_7	0.4654
填挖土方量 C_6	0.1887
日降水量 C_8	0.1884
新修路网密度 C_5	0.0765
地层岩性 C_2	0.0316
坡度 C_4	0.0316
植被覆盖 C_3	0.0123
高程 C_1	0.0055

2. 泥石流 A-B 判断矩阵

泥石流 A-B 判断矩阵及层次单排序如表 6.36 所示。

表 6.36　泥石流 A-B 判断矩阵

泥石流影响因子	基础因子	人类影响因子	诱发因子	W_i
基础因子	1.0000	0.1429	0.3333	0.0810
人类影响因子	7.0000	1.0000	5.0000	0.7306
诱发因子	3.0000	0.2000	1.0000	0.1884

其中 λ_{max}=3.0649，CR=0.0624＜0.1，层次单排序具有满意的一致性。泥石流 B_1-C 判断矩阵及层次单排序如表 6.37 所示。

表 6.37 泥石流 B_1-C 判断矩阵

基础因子	地表起伏 C_1	地层岩性 C_2	植被覆盖 C_3	坡度 C_4	W_i
地表起伏 C_1	1.0000	3.0000	0.2000	1.0000	0.1468
地层岩性 C_2	0.3333	1.0000	0.1111	0.3333	0.0561
植被覆盖 C_3	5.0000	9.0000	1.0000	5.0000	0.6504
坡度 C_4	1.0000	3.0000	0.2000	1.0000	0.1468

其中 λ_{max}=4.0328，CR=0.0123<0.1，层次单排序具有满意的一致性。

泥石流 B_2-C 判断矩阵及层次单排序如表 6.38 所示。

表 6.38 泥石流 B_2-C 判断矩阵

人类影响因子	新修路网密度 C_5	填挖土方量 C_6	W_i
新修路网密度 C_5	1.0000	0.3333	0.2500
填挖土方量 C_6	3.0000	1.0000	0.7500

其中 λ_{max}=2.0000，CR=0.0000<0.1，层次单排序具有满意的一致性。

利用上述表格最终确定了泥石流各因子权重，如表 6.39 所示。

表 6.39 泥石流影响因子权重表

影响因子	权重
填挖土方量 C_6	0.5480
日降水量 C_7	0.1884
新修路网密度 C_5	0.1827
植被覆盖 C_3	0.0527
坡度 C_4	0.0119
地表起伏 C_1	0.0119
地层岩性 C_2	0.0045

3. 定义地质灾害预警等级

本节基于中国地质灾害气象预报预警，将预警等级分为 5 个等级：1～5 级，其中 2～5 级依次用蓝色、黄色、橙色和红色加以表示。蓝色、黄色、橙色、红色预警分别表示发生地质灾害的概率小、较大、大、很大，详见表 6.40。

表 6.40 地质灾害预警等级表

预警等级	1	2	3	4	5
预警说明	概率小不发布预警信息	概率较小发布蓝色预警信息	概率较大发布黄色预警信息	概率大发布橙色预警信息	概率很大发布红色预警信息

4. 评价指标与预警等级的关系

地质灾害受多种因素的共同影响，在查阅大量相关文献、现场资料的基础上，选取的滑坡、泥石流的评价因子取值统计表如表 6.41、表 6.42 所示。对于高程、日降水量等无法最大化的指标，为了使数据便于后面的评价，在此限定了一个范围。如果在后续计算当中评价指标的实际超过了该限制范围时，则按区间最大值来计算。

表 6.41　滑坡评价因子取值统计表

评价因子	单位	判别指标量值				
		1 级	2 级	3 级	4 级	5 级
高程（C_1）	m	[0, 700)	[700, 1200)	[1200, 1700)	[1700, 2200)	≥2200
地层岩性（C_2）	紧固系数	(15, 30]	(8, 15]	(2, 8]	(1, 2]	(0, 1]
植被覆盖（C_3）	%	(70, 100]	(50, 70]	(30, 50]	(10, 30]	(0, 10]
坡度（C_4）	(°)	[0, 6)	[6, 10)	[10, 20)	[20, 30)	≥30
新修路网密度（C_5）		[0, 0.7)	[0.7, 2.7)	[2.7, 5.7)	[5.7, 9.5)	≥9.5
填挖土方量（C_6）	m³	[0, 100)	[100, 1000)	[1000, 1 万)	[1 万, 10 万)	>10 万
位移（C_7）	mm	[0, 5)	[5, 15)	[15, 20)	[20, 25)	≥25
日降水量（C_8）	mm	[0, 30)	[30, 50)	[50, 100)	[100, 150)	[150, 200]

表 6.42　泥石流评价因子取值统计表

评价因子	单位	判别指标量值				
		1 级	2 级	3 级	4 级	5 级
地表起伏（C_1）	m	[0, 250)	[250, 400)	[400, 500)	[500, 700)	≥700
地层岩性（C_2）	紧固系数	(15, 30]	(8, 15]	(2, 8]	(1, 2]	(0, 1]
植被覆盖（C_3）	%	(80, 100]	(60, 80]	(40, 60]	(20, 40]	[0, 20]
坡度（C_4）	(°)	[0, 10)	[10, 20)	[20, 30)	[30, 40)	[40, 59)
新修路网密度（C_5）		[0, 0.7)	[0.7, 2.7)	[2.7, 5.7)	[5.7, 9.5)	≥9.5
填挖土方量（C_6）	m³	[0, 100)	[100, 1000)	[1000, 1 万)	[1 万, 10 万)	>10 万
日降水量（C_7）	mm	[0, 10)	[10, 25)	[25, 50)	[50, 100)	[100, 250]

5. 地质灾害预警预报

1）获取影响因子数据

高程数据使用 ASTER GDEM 数据。地层岩性通过地质图矢量化然后转栅格获得，这里以岩石紧固系数来量化岩性数据。植被覆盖数据通过 Landsat8 OLI 影像利用像元二分法模型获得。坡度数据利用 ArcGIS 软件的坡度生成工具通过 DEM 生成。地形起伏基于 DEM 通过 ArcGIS 块统计工具和栅格计算器获得。新修路网密度研究中利用 ArcGIS 的线密度分析工具，统计每个单元格 2km 半径范围内单位面积的总公路长度，生成研究区的新修公路密度图。开挖或弃土量是将通过研究任务一获取的低丘缓坡山地无人低空航测遥感飞行平台中的高精度 DEM 数据和 ASTER GDEM 数据利用 ArcGIS 栅格计算器计算获得。位移数据应用 D-INSAR 技术通过 Sentinel-1 雷达数据获取。降水数据主要依据当地的雨量监测站获取，如图 6.80 所示。

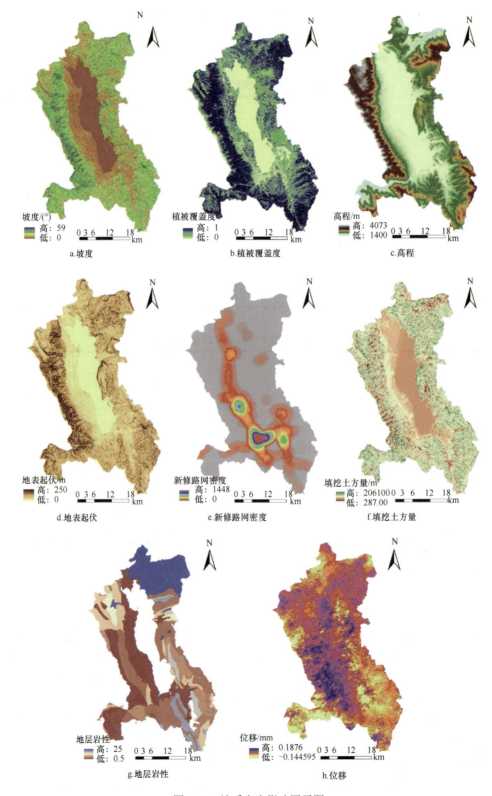

坡度/(°)
高：59
低：0
0 3 6 12 18 km
a.坡度

植被覆盖度
高：1
低：0
0 3 6 12 18 km
b.植被覆盖度

高程/m
高：4073
低：1400
0 3 6 12 18 km
c.高程

地表起伏/m
高：250
低：0
0 3 6 12 18 km
d.地表起伏

新修路网密度
高：1448
低：0
0 3 6 12 18 km
e.新修路网密度

填挖土方量/m
高：206100
低：287.00
0 3 6 12 18 km
f.填挖土方量

地层岩性
高：25
低：0.5
0 3 6 12 18 km
g.地层岩性

位移/mm
高：0.1876
低：-0.144595
0 3 6 12 18 km
h.位移

图 6.80　地质灾害影响因子图

2) 构建研究区标准物元模型

构建经典域和构建大理市可拓预警首先根据评价指标与预警等级的关系确定滑坡和泥石流的经典域物元。

滑坡的经典域物元模型：

$$R_1 = \begin{bmatrix} N_1 & C_1 & <0,700>(\text{m}) \\ & C_2 & <15,30> \\ & C_3 & <70\%,100\%> \\ & C_4 & <0,6>(°) \\ & C_5 & <0,0.7> \\ & C_6 & <0,100>(\text{m}^3) \\ & C_7 & <0,5>(\text{mm}) \\ & C_8 & <0,30>(\text{mm}) \end{bmatrix} \tag{6.43}$$

$$R_2 = \begin{bmatrix} N_2 & C_1 & <700,1200>(\text{m}) \\ & C_2 & <8,15> \\ & C_3 & <50\%,70\%> \\ & C_4 & <6,10>(°) \\ & C_5 & <0.7,2.7> \\ & C_6 & <100,1000>(\text{m}^3) \\ & C_7 & <5,15>(\text{mm}) \\ & C_8 & <30,50>(\text{mm}) \end{bmatrix} \tag{6.44}$$

$$R_3 = \begin{bmatrix} N_3 & C_1 & <1200,1700>(\text{m}) \\ & C_2 & <2,8> \\ & C_3 & <30\%,50\%> \\ & C_4 & <10,20>(°) \\ & C_5 & <2.7,5.7> \\ & C_6 & <1000,1万>(\text{m}^3) \\ & C_7 & <15,25>(\text{mm}) \\ & C_8 & <50,100>(\text{mm}) \end{bmatrix} \tag{6.45}$$

$$R_4 = \begin{bmatrix} N_4 & C_1 & <1700,2200>(\text{m}) \\ & C_2 & <1,2> \\ & C_3 & <10\%,30\%> \\ & C_4 & <20,30>(°) \\ & C_5 & <5.7,9.5> \\ & C_6 & <1万,10万>(\text{m}^3) \\ & C_7 & <20,25>(\text{mm}) \\ & C_8 & <100,150>(\text{mm}) \end{bmatrix} \tag{6.46}$$

$$R_5 = \begin{bmatrix} N_5 & C_1 & <2200,4400>(m) \\ & C_2 & <0,1> \\ & C_3 & <0\%,10\%> \\ & C_4 & <30,59>(°) \\ & C_5 & <9.5,19> \\ & C_6 & <10万,20万>(m^3) \\ & C_7 & <25,50>(mm) \\ & C_8 & <150,200>(mm) \end{bmatrix} \qquad (6.47)$$

泥石流的经典域物元模型：

$$R_1 = \begin{bmatrix} N_1 & C_1 & <0,250>(m) \\ & C_2 & <15,30> \\ & C_3 & <80\%,100\%> \\ & C_4 & <0,10>(°) \\ & C_5 & <0,0.7> \\ & C_6 & <0,100>(m^3) \\ & C_7 & <0,10>(mm) \end{bmatrix} \qquad (6.48)$$

$$R_2 = \begin{bmatrix} N_2 & C_1 & <250,400>(m) \\ & C_2 & <8,15> \\ & C_3 & <60\%,80\%> \\ & C_4 & <10,20>(°) \\ & C_5 & <0.7,2.7> \\ & C_6 & <100,1000>(m^3) \\ & C_7 & <10,25>(mm) \end{bmatrix} \qquad (6.49)$$

$$R_3 = \begin{bmatrix} N_3 & C_1 & <400,500>(m) \\ & C_2 & <2,8> \\ & C_3 & <40\%,60\%> \\ & C_4 & <20,30>(°) \\ & C_5 & <2.7,5.7> \\ & C_6 & <1000,1万>(m^3) \\ & C_7 & <25,50>(mm) \end{bmatrix} \qquad (6.50)$$

$$R_4 = \begin{bmatrix} N_4 & C_1 & <500,700>(m) \\ & C_2 & <1,2> \\ & C_3 & <20\%,40\%> \\ & C_4 & <30,40>(°) \\ & C_5 & <5.7,9.5> \\ & C_6 & <1万,10万>(m^3) \\ & C_7 & <50,100>(mm) \end{bmatrix} \qquad (6.51)$$

$$
R_5 = \begin{bmatrix}
N_5 & C_1 & <700,1400>(\text{m}) \\
& C_2 & <0,1> \\
& C_3 & <0\%,20\%> \\
& C_4 & <40,59>(°) \\
& C_5 & <9.5,19> \\
& C_6 & <10\text{万},20\text{万}>(\text{m}^3) \\
& C_7 & <100,\ 250>(\text{mm})
\end{bmatrix} \tag{6.52}
$$

式中：N_1，N_2，N_3，N_4，N_5 分别为预警等级，如 N_1 在物元中代表不发布预警事件，N_3 在物元中代表发布黄色预警事件；C_x 代表不同的影响因子，如滑坡物元中 C_1 代表高程；$<a,b>$ 表示影响因子在相应物元的取值范围介于 a 和 b 之间。

3）确定研究节域物元

根据可拓预警理论，通过经典物元确定地质灾害节域物元。

$$
R_H = \begin{bmatrix}
N_H & C_1 & <0,4400>(\text{m}) \\
& C_2 & <0,30> \\
& C_3 & <0\%,100\%> \\
& C_4 & <0,59>(°) \\
& C_5 & <0,19> \\
& C_6 & <0,20\text{万}>(\text{m}^3) \\
& C_7 & <0,50>(\text{mm}) \\
& C_8 & <0,200>(\text{mm})
\end{bmatrix} \tag{6.53}
$$

$$
R_N = \begin{bmatrix}
N_N & C_1 & <0,1400>(\text{m}) \\
& C_2 & <0,30> \\
& C_3 & <0\%,100\%> \\
& C_4 & <0,59>(°) \\
& C_5 & <0,19> \\
& C_6 & <0,20\text{万}>(\text{m}^3) \\
& C_7 & <0,\ 250>(\text{mm})
\end{bmatrix} \tag{6.54}
$$

式中：R_H 代表滑坡的节域物元；R_N 代表泥石流的节域物元。

4）构建研究区待评价物元

这里选取示范区两个具有代表性的点 A、B 进行预警，点的位置在建项目边坡上，如图 6.81 所示。时间为 2016 年 7 月 15 日，当天大理市普降超过 50mm 的暴雨。

点 A 滑坡待评价物元：

$$R_{H_1} = \begin{bmatrix} H_1 & C_1 & 2045(\text{m}) \\ & C_2 & 5 \\ & C_3 & 1.4\% \\ & C_4 & 24.49(°) \\ & C_5 & 1.68 \\ & C_6 & 11300(\text{m}^3) \\ & C_7 & 9.825(\text{mm}) \\ & C_8 & 50(\text{mm}) \end{bmatrix} \tag{6.55}$$

点 A 泥石流待评价物元：

$$R_{N_1} = \begin{bmatrix} N_1 & C_1 & 67(\text{m}) \\ & C_2 & 5 \\ & C_3 & 1.4\% \\ & C_4 & 24.49(°) \\ & C_5 & 1.68 \\ & C_6 & 11300(\text{m}^3) \\ & C_7 & 50(\text{mm}) \end{bmatrix} \tag{6.56}$$

点 B 滑坡待评价物元：

$$R_{H_2} = \begin{bmatrix} H_2 & C_{1'} & 2073(\text{m}) \\ & C_{2'} & 5 \\ & C_{3'} & 8.48\% \\ & C_{4'} & 25.54(°) \\ & C_{5'} & 1.66 \\ & C_{6'} & 500(\text{m}^3) \\ & C_{7'} & 26.55(\text{mm}) \\ & C_{8'} & 50(\text{mm}) \end{bmatrix} \tag{6.57}$$

点 B 泥石流待评价物元：

$$R_{N_2} = \begin{bmatrix} N_2 & C_{1'} & 52(\text{m}) \\ & C_{2'} & 5 \\ & C_{3'} & 8.48\% \\ & C_{4'} & 25.54(°) \\ & C_{5'} & 1.66 \\ & C_{6'} & 500(\text{m}^3) \\ & C_{7'} & 50(\text{mm}) \end{bmatrix} \tag{6.58}$$

5）计算待评价物元的关联度

根据已经建立的滑坡可拓评价预警模型和上面确定的经典域、节域、待评价物元，分别计算出待评价物元中各指标关于滑坡和泥石流预警等级的关联函数值。同时根据滑坡和泥石流各指标的权重，结合公式计算出待评物元关于预警等级的综合关联度 $K_j(N_x)$，详见表 6.43～表 6.46。

图 6.81　大理市监测点位置

表 6.43　点 A 滑坡预警等级的关联函数值

预警等级	$K_j(C_1)$ 高程	$K_j(C_2)$ 地层岩性	$K_j(C_3)$ 植被覆盖	$K_j(C_4)$ 坡度	$K_j(C_5)$ 新修路网密度	$K_j(C_6)$ 填挖土方量	$K_j(C_7)$ 位移	$K_j(C_8)$ 日降水量	$K_j(N_x)$
无警（N_1）	−0.397	−0.667	−0.98	−0.43	−0.368	−0.498	−0.329	−0.286	−0.378
蓝色预警（N_2）	−0.292	−0.375	−0.972	−0.372	0.49	−0.477	0.483	0	0.135
黄色预警（N_3）	−0.144	0.5	−0.953	−0.155	−0.378	−0.103	−0.345	0	−0.211
橙色预警（N_4）	0.31	−0.375	−0.86	0.449	−0.705	0.014	−0.509	−0.5	−0.389
红色预警（N_5）	−0.07	−0.444	0.14	−0.184	−0.823	−0.887	−0.607	−0.667	−0.657

表 6.44　点 B 滑坡预警等级的关联函数值

预警等级	$K_j(C_1)$ 高程	$K_j(C_2)$ 地层岩性	$K_j(C_3)$ 植被覆盖	$K_j(C_4)$ 坡度	$K_j(C_5)$ 新修路网密度	$K_j(C_6)$ 填挖土方量	$K_j(C_7)$ 位移	$K_j(C_8)$ 日降水量	$K_j(N_x)$
无警（N_1）	−0.398	−0.667	−0.879	−0.433	−0.366	−0.444	−0.479	−0.286	−0.436
蓝色预警（N_2）	−0.296	−0.375	−0.83	−0.378	0.48	0.444	−0.33	0	−0.069
黄色预警（N_3）	−0.152	0.5	−0.717	−0.178	−0.385	−0.5	−0.218	0	−0.225
橙色预警（N_4）	0.254	−0.375	−0.152	0.446	−0.709	−0.95	−0.062	−0.5	−0.355
红色预警（N_5）	−0.058	−0.444	0.152	−0.149	−0.825	−0.995	0.062	−0.667	−0.365

表 6.45　点 A 泥石流预警等级的关联函数值

预警等级	$K_j(C_1)$ 地表起伏	$K_j(C_2)$ 地层岩性	$K_j(C_3)$ 植被覆盖	$K_j(C_4)$ 坡度	$K_j(C_5)$ 新修路网密度	$K_j(C_6)$ 填挖土方量	$K_j(C_7)$ 日降水量	$K_j(N_x)$
无警（N_1）	0.268	−0.667	−0.983	−0.372	−0.368	−0.498	−0.444	−0.480
蓝色预警（N_2）	−0.732	−0.375	−0.977	−0.155	0.49	−0.477	−0.333	−0.298
黄色预警（N_3）	−0.833	0.5	−0.965	0.449	−0.378	−0.103	0	−0.179
橙色预警（N_4）	−0.866	−0.375	−0.93	−0.184	−0.705	0.014	0	−0.184
红色预警（N_5）	−0.904	−0.444	0.07	−0.388	−0.823	−0.887	−0.5	−0.744

表 6.46　点 B 泥石流预警等级的关联函数值

预警等级	K_j（C_1）地表起伏	K_j（C_2）地层岩性	K_j（C_3）植被覆盖	K_j（C_4）坡度	K_j（C_5）新修路网密度	K_j（C_6）填挖土方量	K_j（C_7）日降水量	K_j（N_x）
无警（N_1）	0.208	−0.667	−0.894	−0.378	−0.366	−0.444	−0.444	−0.446
蓝色预警（N_2）	−0.792	−0.375	−0.859	−0.178	0.48	0.444	−0.333	0.210
黄色预警（N_3）	−0.87	0.5	−0.788	0.446	−0.385	−0.5	0	−0.389
橙色预警（N_4）	−0.896	−0.375	−0.576	−0.149	−0.709	−0.95	0	−0.695
红色预警（N_5）	−0.926	−0.444	0.424	−0.362	−0.825	−0.995	−0.5	−0.776

6）确定预警等级

因为 $K_j = \max_{j\in(1,2,\cdots,m)} k_j(N_x)$，所以由表 6.43～表 6.46 可知，点 A 的滑坡和泥石流灾害预警等级分别为蓝警和黄警，点 B 的滑坡和泥石流灾害预警等级都为蓝警。

由式（6.37）分别计算出 4 个待评价物元的级别变量特征值。

点 A 的滑坡：

$K_1^*(H_1)=0.352$，$K_2^*(H_1)=1$，$K_3^*(H_1)=0.563$，$K_4^*(H_1)=0.338$，$K_5^*(H_1)=0$。

级别特征变量值如下：

$$j^* = \frac{1\times0.352+2\times1+3\times0.563+4\times0.338}{0.352+1+0.563+0.338} = 2.393 \tag{6.59}$$

点 A 的泥石流：

$K_1^*(N_1)=0.467$，$K_2^*(N_1)=0.789$，$K_3^*(N_1)=1$，$K_4^*(N_1)=0.991$，$K_5^*(N_1)=0$。

级别特征变量值如下：

$$j^* = \frac{1\times0.467+2\times0.789+3\times1+4\times0.991}{0.467+1+0.789+0.991} = 2.769 \tag{6.60}$$

点 B 的滑坡：

$K_1^*(H_2)=0$，$K_2^*(H_2)=1$，$K_3^*(H_2)=0.574$，$K_4^*(H_2)=0.221$，$K_5^*(H_2)=0.193$。

级别特征变量值如下：

$$j^* = \frac{1\times0+2\times1+3\times0.574+4\times0.221+5\times0.193}{1+0.574+0.221+0.193} = 2.802 \tag{6.61}$$

点 B 的泥石流：

$K_1^*(N_2)=0.335$，$K_2^*(N_2)=1$，$K_3^*(N_2)=0.392$，$K_4^*(N_2)=0.082$，$K_5^*(N_2)=0$。

级别特征变量值如下：

$$j^* = \frac{1\times0.335+2\times1+3\times0.392+4\times0.082}{0.335+1+0.392+0.082} = 2.122 \tag{6.62}$$

由级别特征变量值可以看出：此次地质灾害预警的预警等级在蓝色预警和黄色预警之间。点 A 滑坡预警等级和点 B 泥石流预警级别特征变量值偏向于蓝色预警等级，说明此时点 A 存在发生滑坡灾害的风险，点 B 存在发生泥石流灾害的风险，但是风险都不大，当地可以根据上述判断采取相应的应急预案和安全防护措施。点 A 的泥石流和点 B 的滑坡级别特征变量值偏向于黄色预警等级，说明此时点 A 存在发生泥石流灾害的风险，点

B 存在发生滑坡灾害的风险，且风险相对较高，要及时排查安全隐患，加强暴雨天气的安全防护措施。该结果与研究区的实际情况比较吻合，说明该模型对低丘缓坡山地开发地质灾害预警有较好的适用性。通过该模型的应用，对于由开发所造成的地质灾害能够比较好地开展预警，能够比较好地服务于规划实施监测监管的要求。

6.4　低丘缓坡山地开发生态风险与地质灾害监管和预警平台建设

6.4.1　系统工作流程

研发基于遥感影像分析的土地利用规划实施监管技术方法，耦合低丘缓坡山地开发的地质灾害与生态风险预警模型，研发低丘缓坡山地开发的地质灾害与生态风险预警管理系统，如图 6.82 所示。

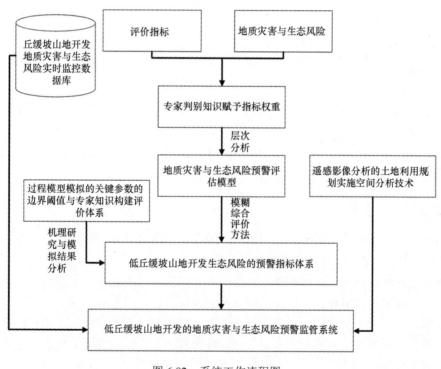

图 6.82　系统工作流程图

6.4.2　主要功能模块

1. GIS 功能模块

1）GIS 基本功能模块

GIS 基本功能模块主要包括基本的 GIS 功能，对各类空间数据（矢量和栅格）数据进行管理，地图的放大缩小、漫游，距离量测、面积量测和体积量测，从图形到属性及从属性到图形的双向查询（查询结果集合中图形实体的属性数据将会在系统的属性浏览区中显示出来，在属性浏览区中选择的图形会在主视图中高亮显示）。

2）GIS 空间分析功能

系统提供 GIS 软件系统常用的空间分析功能，以及实际应用中会经常用到的几种重要的空间分析功能，包括在空间分析功能中提供缓冲区分析、裁剪分析、统计分析、栅格重分类、栅格计算、坡度分析、坡向分析、栅格转特征、特征转栅格、地形分析等空间分析功能。地形分析主要有坡度、坡向、地形坡面分析等，如图 6.83 所示。

图 6.83　空间分析功能模块

2. 监测数据管理

系统集成除基础地理信息、工程地质、地质灾害危险区划等数据以外，还包括监测设备（雨量计、测斜仪、位移仪等）实时采集的边坡倾斜度、位移和降水量的动态数据。用户可以在地图（二维、三维）视图上通过点选相应的地质灾害点或监测点进行信息查询，也可以通过关键字查询定位地标信息及灾害信息，如图 6.84 所示。同时，可以查看监测仪器的实时和历史数据及其监测设备的运行情况和其基本信息（如果有的话，监控视频查看窗口能够显示监测点的实时图像，使管理者全面、系统地了解各个灾害点和监控点的详细情况）。

3. 地质灾害预警分析

1）预警规则设定

预警规则设定包括地质灾害预警等级参数设定、预警模型参数调整修改、地质灾害预警短信发布对象、预警方式（自动预警和手动预警）监测数据观测记录频率（多久记录一次）、数据库备份时间、频率等，为系统提供基础环境参数设置。

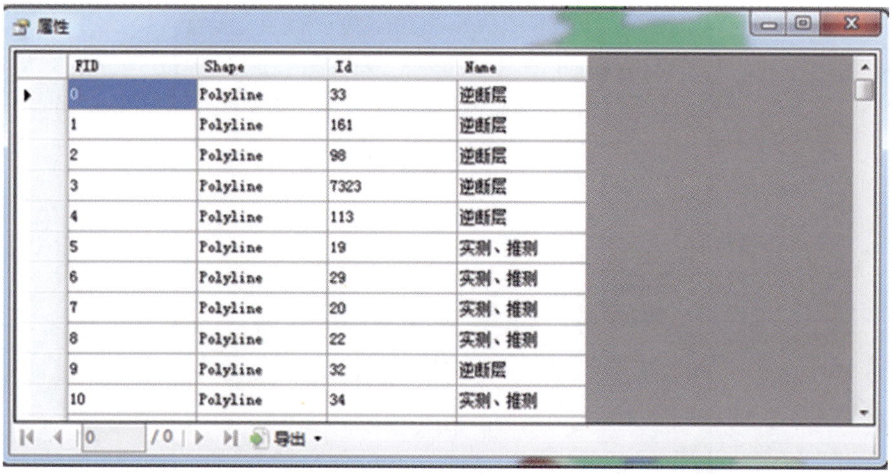

FID	Shape	Id	Name
0	Polyline	33	逆断层
1	Polyline	161	逆断层
2	Polyline	98	逆断层
3	Polyline	7323	逆断层
4	Polyline	113	逆断层
5	Polyline	19	实测、推测
6	Polyline	29	实测、推测
7	Polyline	20	实测、推测
8	Polyline	22	实测、推测
9	Polyline	32	逆断层
10	Polyline	34	实测、推测

图 6.84　监测数据管理模块

2）预警等级设定

地质灾害预警分为五级，分别为一级：不发生灾害；二级：可能性较小；三级：可能性较大（通知监测人员和威胁住户注意）；四级：可能性大（预报阶段，停止外业，各岗位人员到岗待命）；五级：可能性很大（警报阶段，无条件紧急疏散，密切观测）。

3）点状预警分析

系统提供了对气象站点、监测站点雨量数据的处理功能，包括根据雨量站的位置、雨量进行网格化插值计算、生成等值线等功能，为气象预警分析提供任意点的雨量数据。

系统根据危险性区划分级，结合雨量数据，以指定的预警模型，可以形成点状地质灾害气象预警分析结果。系统提供了多种组合灵活的点气象预警分析命令，可以通过手动、半自动、全自动命令，形成自然村气象预警分析结果。按照预警等级对气象预警结果赋予标准分级颜色，以等级专题图显示。

4）评价预警等级对照

评价预警等级对照指定了危险性评价等级与雨量预警等级之间的对照关系，如图 6.85 所示。其中危险性区划评价包含地形、岩性、构造、植被、气候、水文等基础影响因素。这一部分由适当模型分析所形成的预警区划结果图给出。针对危险性区划评价的每一个等级，指定预警雨量分级的上下限，并由此最终确定单点对象的危险性预警等级。单点的雨量值则由雨量分析模块给出。

5）雨量分析

为了综合实现雨量分析的各种模型，包括有效降水量分析及其与地质灾害的相关性分析，系统提供了自定义雨量值计算公式功能，如图 6.86 所示。针对不同的分析模型形成不同的计算公式，并能够在使用过程中不断修正其中的各项参数，以完善预警模型。

图 6.85　危险性预警等级对照设置

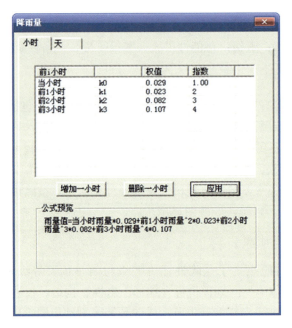

图 6.86　降雨计算公式订制

6）动力学预警分析

系统以 DEM 数据为基础，采用 SINMAP 方法进行动力学预警分析。

4. 地质预警信息管理

1）预警信息发布

（1）无线广播。预警信息可以通过无线广播预警系统，采用 GPRS/GSM 公网与无线调频技术相结合的方式实现山洪灾害预警信息到末节点的信息传送。主要设备有发射主机、终端接收机及喇叭、村组预警广播、安装支架等。一般采用一个主机带多个终端接收分机发布预警，也可以通过村组预警广播直接发布预警。发射主机要满足 FM 发射、手机语音电话、短信、现场广播播出功能。

（2）短信平台。预警信息可以通过系统连接的短信平台和系统内部数据库的管理人员信息实现制定人员预警信息发送。短信平台通过预警系统分析引擎能自动生成内置基本短信内容及收件人。短信机要求能在短时间内发出大量短信，设备性能稳定，与计算机连接良好，并具有自动启动、群发等功能。

（3）第三方平台。预警信息还可以与第三方平台（中国电信、中国移动、中国联通等）签订群呼业务协议。当有险情发生时，预警发布部门通知第三方平台，利用第三方平台呼叫，或者信息通知整个险情区域内可能会发生的县、乡、村所有的电话或手机。

2）预警信息查看。

针对当前和历史预警信息进行管理查看。

5. 生态风险分析

该功能模块主要包括低丘缓坡山地开发生态风险（水土流失、地表径流）模型评估因子分析与相应的生态风险分析（单因子风险评价和综合评价）；层次分析与模糊评价的生态风险评估算法包，实现区域尺度生态风险专题制图功能。

水土流失风险评价因子主要参考 USLE（降水、地形、土壤、植被覆盖度、土地利用类型）。地表径流因子主要参考 SCS 模型（降水、CN 值）。

6. 规划监管分析

该功能模块主要基于遥感影像进行建筑地物提取，进行监管前后两个时间截面上的建筑物信息对比，与研究区土地利用规划进行对比，识别提取出禁止建设区的已建地物，与土地利用规划空间面积对比分析进行监管。

7. 灾害数据管理

灾害数据管理主要针对地质灾害隐患点及重点防御监测点，进行相关空间及其属性信息的查询、编辑等。灾害点管理包括空间信息管理、属性信息管理、主要负责人查询与信息编辑等。监测点管理包括监测点空间信息、属性信息和监测设备信息的管理等。

8. 统计分析

根据需要可以实时生成雨量计监测数据，选定监测站点降水量的统计图（柱状图、曲线图）、裂缝位移测量仪监测数据统计的曲线图，进而可以通过 GIS 功能生成雨情分布图、等值线图等相关统计专题图表；基于监测数据构建降雨、坡度与位移的关系曲线图，为辅助决策提供重要参考资料。可以统计地质灾害、生态风险不同风险等级的面积

（柱状图、饼状图）等，如图 6.87 所示。

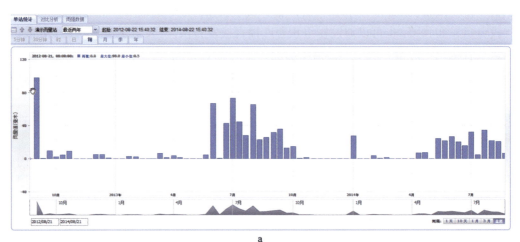

a

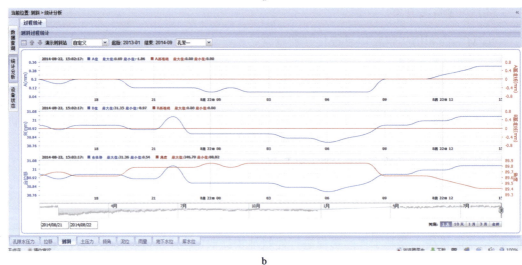

b

图 6.87 统计分析模块

9. 专题制图与输出

生态风险因子、生态风险级别、地质灾害预警等别等专题制图与输出是该系统所不可缺少的一个功能模块，如图 6.88 所示。本系统充分利用了 ArcGIS 软件系统对专题制图输出功能的良好支持，实现了工程数据的制图输出，用户可以选择打印输出设备，选择打印输出图纸的规格，并根据图纸的大小来相应设置工程图幅的输出比例和输出的位置等。系统能够根据用户的参数设置输出高质量的图幅，并可以选择将系统中的地图文档输出成指定的图片格式（如 jpeg、tif、pdf、bmp、gif、png）。

10. 用户管理

用户管理包括权限认证和用户信息管理两个部分。用户登录才可以使用该系统，各个功能模块也需要登录后才可用，如图 6.89 所示。用户权限实行分功能、用户、角色管理，

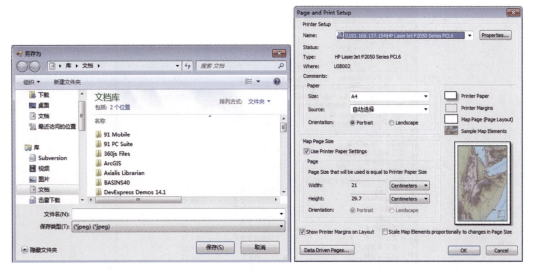

图 6.88　专题图制作模块

同意角色可以用多个用户、一个用户可以拥有不同的功能模块。已登录用户可以操作相应的功能模块中添加、删除、编辑和设置其属性信息等详细功能模块。系统会根据作业人员的操作产生操作日志,详细记录操作人员所有的操作动作,便于系统管理员进行用户查询、管理;在发生异常情况时,可以及时追溯当时的操作人员,责任明确到个人。

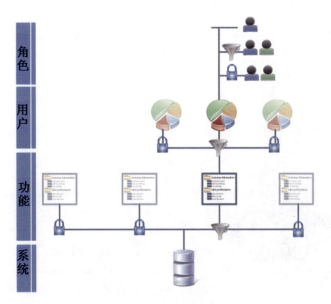

图 6.89　用户管理框架图

11. 日志管理模块

日志记录了谁(用户)在什么时候进行了什么操作;管理员可以对日志进行查看,删除操作。通过完善的日志系统记录,记录详细的登录信息、业务操作信息和错误信息,为系统管理提供良好的基础,如图 6.90 所示。

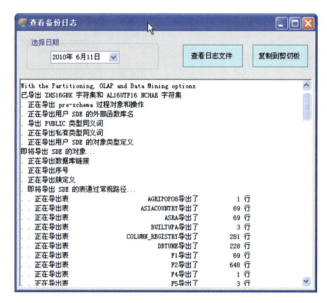

图 6.90　日志管理模块

12. 系统管理模块

系统管理模块主要通过管理员对系统的各项参数和环境进行增加、修改、删除操作，就能够实现对系统的统一管理，方便快捷，如图 6.91 所示。

图 6.91　系统管理模块

第7章　新技术条件下的低丘缓坡山地开发政策问题机制研究

7.1　低丘缓坡山地开发的需求与困境——以云南省为例

7.1.1　低丘缓坡山地开发利用的潜力与方向

目前我国人口、产业、城镇聚集地区主要在平原及盆地，开发程度已比较高。随着工业化、城镇化的快速发展，经济发展用地的刚性需求仍在不断增加，同时，各地要落实最严格的耕地保护制度，推进生态文明建设，在此形势下，科学、合理、有序地推进低丘缓坡山地开发利用较好地解决了三者之需。一是拓展了建设用地空间，增加建设用地供给总量，为工业化、城镇化和新农村建设提供重要土地资源支撑；二是减少了工业、城镇、新农村及基础设施建设占用耕地的情况，从而有效地保护耕地；三是因地制宜地补充了耕地资源的一个选择；四是优化土地利用结构，逐步实现宜农则农、宜建则建、宜林则林，使土地利用整体效益最大化。

全国的低丘缓坡土地约占土地总面积的10%，与全国耕地保有量基本相当，但其所承载的人口、产业规模较为有限，开发利用潜力较大，开发利用方向多样。低丘缓坡山地一般可用于：一是林草等生态用地。其是林木和草场的重点区域，在国家及区域生态建设方面担负着重要功能。二是建设用地。其可用作工业用地、居住用地、基础设施（道路、排水、污水处理、垃圾处理、供水供电设施等）用地。可为城镇和新农村建设、拓展工业发展空间提供土地资源。三是休闲景观用地。根据低丘缓坡山地的具体现状和总体规划，保留和改造有条件的区域，将其开发为休闲景观区，有利于生态环境的保持与城镇和工业用地景观的改善。四是经济作物用地。通过土地整治开发适宜经济作物生长的坡地，可置换出更适合种植粮食作物的平原耕地面积，从而提高粮食产量和整体管理。五是耕地。通过采取必要的工程和生物等措施，可以将部分低丘缓坡山地开发为或继续将其作为耕地，为国家粮食安全提供支撑。六是其他用地。例如，为开发新能源（风力发电、太阳能发电）提供土地资源。低丘缓坡山地开发利用可有效提高土地节约、集约利用水平，释放存量建设用地，提高土地利用率，减少土地资源管理成本，促使产业链和城镇组团向山区延伸，促进山区产业结构调整与升级，可带来可观的经济效益。

7.1.2　低丘缓坡山地开发利用政策实施的迫切性及成效

在当前我国经济社会快速发展阶段，推进低丘缓坡山地的综合利用是深入贯彻十分珍惜、合理利用土地和切实保护耕地的基本国策，优化国土空间开发布局，切实减少建设占用耕地，严格保护耕地的重要举措；也是新形势下转变土地利用方式，统筹保障发展和保护资源，缓解用地供需矛盾，促进区域协调发展和城乡统筹发展的重要途径。但同时也面临着相关政策细化不足、宽度不够等情况，制约低丘缓坡山地的开发利用。

1. 低丘缓坡山地开发利用存在需求性

（1）中央有明确要求。党的十八大报告提出要"优化国土空间开发格局""节约用地，提高土地利用效率"，强调"要按照人口资源环境相均衡、经济社会生态效益相统一的原则，控制开发强度，调整空间结构，促进生产空间集约高效、生活空间宜居适度、生态空间山清水秀。"而我国作为一个高速发展中国家，适合人类生存和发展的宜居空间只有大约 300 万 km^2，适宜进行大规模、高强度工业化城镇化开发的国土面积只有 180 万 km^2，对低丘缓坡山地进行开发利用是从我国人多地少、耕地资源稀缺和山地丘陵资源丰富的国情出发的适宜选择，是推动生态文明建设和新型城镇化，实现"保护耕地、保护发展、保护生态"的有益尝试。《国土资源"十二五"规划纲要》明确提出"鼓励各项建设在保护生态环境的前提下，开发利用低丘缓坡、盐碱地、荒草地和裸土地，积极引导城乡建设向地上、地下空间发展，促进土地立体集约利用。"

（2）地方有实际需求。随着西部大开发战略的深入实施，国家倾斜和支持力度的持续加大，西部大开发范围内的 12 个省（自治区、直辖市）迎来了快速跨越发展的战略机遇期。耕地保护、项目建设和生态治理等各个方面对土地资源的需求同步大幅增加，土地供需矛盾逐渐凸显。在耕地极其有限的情况下，亟须拓展新的土地资源保障空间。云南省地处我国西南边陲，属于高原山区省份，94%是山地，坝区仅占 6%，优质耕地主要集中在坝区。近些年，随着云南省经济社会的快速发展，不断加大交通、能源、水利水电等基础设施建设，城镇化、工业化建设加快推进，坝区耕地迅速减少。为了切实加强耕地保护，尤其是坝区优质耕地保护，云南省提出"守住红线、统筹城乡、城镇上山、农民进城"的总体要求。

2. 低丘缓坡山地开发利用有一定基础

调研发现，西部地区各省（自治区、直辖市）未利用地资源丰富，地方各级政府充分发掘资源潜力，把开发利用戈壁荒滩等未利用地作为优化城乡用地结构和布局的主攻方向，从政策、资金等方面给予鼓励和支持，随着开发技术的创新发展，现在未利用地已经从资源劣势转化为资源优势，资源优势也在向经济优势方向转变。

（1）在政策层面的保障。当前针对低丘缓坡山地开发利用，国家和部分省份陆续出台了一些指导性意见，浙江省是我国最早提出综合开发利用低丘缓坡山地的省份。2006年出台了《浙江省人民政府关于推进低丘缓坡综合开发利用工作的通知》；2008 年下发了《关于进一步做好低丘缓坡综合开发利用工作的通知》；2010 年出台了《浙江省低丘缓坡重点区块开发规划》（2010～2020 年）。同时，还出台了《关于进一步明确利用低丘缓坡林地开垦耕地项目审核问题的通知》《浙江省低丘缓坡重点区块开发为农业用地审核办法》等配套措施。我们收集的关于云南省在低丘缓坡荒滩等未利用地开发方面的政策依据就有 24 项，还形成了一定的规范、技术标准、规划及基础数据，共有 18 项。

（2）在资金层面的保障。根据调研掌握的数据，以云南省为例，为了解决低丘缓坡试点项目基础设施建设、场地平整、地质灾害防治任务重、成本高、资金需求量大等问题，一是通过政府搭建融资平台，采取多元化、多层次、多渠道的方式筹措资金，有效缓解了低丘缓坡山地综合利用融资难的问题。二是使用坝区耕地质量补偿费补助、推进低丘缓坡项目区基础设施建设。三是深化"政银"合作，探索新型城镇化的"云南融资模式"。

（3）在技术层面的保障。一是坝子划定，划分坝区与山区的"红线"为山地城镇建设、坝区耕地保护及坝区耕地质量补偿费的征收提供了科学依据。二是对土地利用总体规划进行调整，将原来布局在山上的基本农田调回坝区，将坝区 80%的耕地转化为基本农田，对其实行特殊保护，保住了祖祖辈辈耕作的口粮田。三是开展了"低丘缓坡山地开发土地规划与监管技术和示范""低丘缓坡山地综合开发利用的用地效率研究""低丘缓坡山地综合开发利用的成本研究""低丘缓坡山地综合开发利用的用地标准研究"等系列研究工作。四是建立了低丘缓坡山地综合开发利用规划基础数据库及报备系统，实现项目信息的网上报备及远程规划实施管理。五是运用无人机航飞、卫星遥感技术、执法视频监控等科技手段对低丘缓坡山地的利用情况进行检测，初步建立了"全省覆盖、全程监管、科技支撑、执法监督、社会监督"和"天上看、地上查、网上管、群众报"的综合监管体系。

3. 低丘缓坡山地开发利用取得了一定成效

总体看，各地坚持科学论证、生态优先，因地制宜地探索多种开发利用方式，规范、有序地推进低丘缓坡山地的开发利用，优化了国土空间开发布局，有效减少了工业城镇建设占用城市周边和平原地区的优质耕地；引导城镇和产业走集聚集约发展的道路，提高了土地承载能力；拓展了发展空间，有效保障了地方急需的发展用地，为括内需、稳增长提供了有力支撑；引导开发建设向山区、贫困地区转移，打造农村就地城镇化和县域经济发展的便捷平台，为城乡统筹和区域协调发展创造了抓手。

（1）优化建设用地布局，强化优质耕地保护。各地通过调整建设用地规划布局，大幅降低了新增建设用地占用耕地的比例。根据不完全统计，低丘缓坡试点省份规划项目区耕地面积占项目区总面积约 20%左右，多数省份占比在 10%左右，还有个别省份仅为4%。一些地方制定政策会引导少占耕地。例如，江西省规定，耕地占比在 15%以上的试点项目不予考虑，未利用地在 60%以上，耕地在 15%以下的优先考虑；福建省会对农用地专用和土地征收中非耕地面积超过 65%以上的部分给予资金奖励。一些地方加大耕地质量建设力度，重庆要求试点项目区必须取得新增优质耕地合格证才能实施征地等后续工作，同时积极筹备耕地"建优"工作，额外设立低丘缓坡山地专项经费，用于建设优质耕地；贵州省对已占用耕地实施耕作层剥离。

（2）强化产业引导和标准控制，提升节约集约用地水平。多数省份将试点项目区集中安排，用于支持综合保税区、产业基地、试验区等对当地经济发展影响关键的重大平台建设，围绕"打造完整产业链、形成产业集群优势"的目标，重点引进国内外有实力的企业，保证试点项目区土地较高的投入-产出比。重庆市督促区（县）制定了项目区土地投入产区强度，规定引进企业税收率不得低于上年度相关行业实际税赋标准等。

（3）对接区域发展战略和相关规划，保证项目区科学布局。湖南省结合长株潭城市群"两型社会"综合配套改革试点，科学选址。江西省结合鄱阳湖生态经济区、山江湖综合开发、赣南等原中央苏区振兴发展战略等，编制省级试点专项规划，合理安排布局和项目。由云南省人民政府办公厅组织，由当时的云南省国土资源厅、云南省住房和城乡建设厅、云南省林业厅 3 个部门联合办公，按照"发展方向一致、空间布局衔接、工作推进协调"的原则完成了土地规划、城乡规划和林业规划的三规衔接调整和集中会审。湖南省、广东省等省份按照"土地规划服务各行业规划，各行业规划服从土地规划"的原则，做好建设规划、产业规划、林业规划、水土保持规划、生态保护规划与土地利用总体规划的衔接。

（4）制定出台配套制度，为全国全面、有序推进城乡统筹和区域协调发展提供政策储备。各试点地区相继出台有关配套政策文件。有试点工作管理办法实施细则、项目用地审批规定、项目验收规范、定期评估办法，以及出台环境保护、移民安置、拆迁补偿、资金管理等政策。多数地方制订了专项规划、实施方案的编制审查要点等规范，为全国有序规范推进城乡统筹和区域协调发展提供了制度抓手。

7.1.3　低丘缓坡山地开发过程中反映出的问题及原因分析

立足我国国情，开展低丘缓坡荒滩等未利用地开发试点工作，对推动地方经济增长方式的转变、实现可持续发展具有重要的意义。然而，在试点地区推进过程中，部分地方政府对低丘缓坡山地试点工作的长远认识不足，政府部门间利益博弈，加之低丘缓坡山地开发建设要严格保护生态环境安全，建设成本高，经济效益见效慢等，重建设开发轻生态保护、规划衔接不够、山地土地利用率不高、差别化制度供给不足等问题还不同程度地存在。

1. 低丘缓坡山地开发过程中反映出的问题

（1）部分地区在低丘缓坡山地建设开发前对生态环境影响评估不够。山地开发的工程施工会破坏地表植被，对其处理不当会造成生物环境破坏、水土流失、景观破坏和污染物排放，会引发生物多样性下降、植被覆盖度降低、水文条件改变、局地小气候与地形地貌改变等一系列生态环境效应，从而带来生态风险的显著上升。目前社会对填土区沉降稳定性、地下水排放、地质不稳定性等问题都给予了较高的关注。在低丘缓坡山地建设开发前，对生态环境影响评估工作的科学性、系统性、技术性要求非常高，而影响生态环境的制约因素较多，各地项目区实施前的地质灾害危险性评估、水土流失评价、环境影响评价和压覆矿产评估等评价工作标准不一，有的试点地区提出了系统的解决方案，并将试点工程列入国家和省级重大科研课题，全程跟踪研究，但部分地区还不能全面地评估建设开发对生态环境的影响。

（2）个别地区试点专项规划与相关规划衔接不够。山地开发利用除受土地利用年度指标限制以外，还受林地计划指标的限制。为保护我国的生态环境，国家林业管理部门也逐年严格林业用地的开发利用，如 1996 年的《林业局工程项目建设用地指标》，严格各林业局局址、场址工程建设的用地指标管理。近几年则针对林地的开发和利用实行年度计划指标管理，即每年由国家给各省下达林业用地开发利用指标，实行总量控制。我们调查后发现，部分试点项目区要正常进行开发建设的话，至少需要近 20 年的林业用地指标才能满足，导致用地报批困难。从近几年低丘缓坡山地开发项目实施的情况看，林地指标已成为推进低丘缓坡山地开发利用的最大制约。

（3）低丘缓坡山地资源和效益评价缺位。部分地区对低丘缓坡山地资源的基本情况调查不系统、不精确；对低丘缓坡山地开发利用的潜力、方向及措施等方面的评价不够。存在"边开发、边调查、边评价、边规划"的非科学行为。同时，低丘缓坡山地开发涉及生态、环境、灾害等诸多方面，存在诸多不确定性或风险，然而，普遍缺乏对经济效益、生态效益、社会效益等的科学评估和预测。

（4）低丘缓坡山地开发土地利用率低。一是山地本身的条件导致其利用率较低。低丘缓坡山地的开发利用需要根据现有山型，就势而建，无法像平地建设般按平面进行布局规划，这就使得在山地开发利用中，基础设施的占地比例远远高于平地建设。例如，道路的规划和建设，在平地建设中，道路多为直线形，而在山地开发利用中，道路多为上下弯曲的，关于道路的铺设，不仅路面需要占地，边坡同样需要占用大量土地。我们对几个实施项目进行分析，目前在山地开发利用中，土地利用率比平地建设至少低 50%。二是山地项目获批的建设用地指标存在部分浪费。根据目前国家对土地供应的规定，项目用地按宗地进行报批，指标以整宗地的占地面积为标准，但低丘缓坡山地开发项目在实施过程中，宗地内有大量道路用地，以及道路边坡、陡坡等无法开发利用的土地，导致建设用地指标难以充分利用。

（5）开发成本制约。目前政府开发利用未利用地成本主要包括工程成本和新增费。一方面，把未利用地开发成熟地，亩均投资在 6 万～15 万元，开发 1km² 就需要投入 0.9 亿～2.2 亿元，比占用耕地前期更多，但占用未利用地的新增费标准与占用耕地没有差别。另一方面，新增费标准与当地工作用地最低出让价标准倒挂，地方财政负荷较大。

（6）低丘缓坡山地开发利用差别化制度供给严重不足。一是部分现行管理或规定难以适用于山地开发利用，如山地开发容积率难以满足不低于 1 的规定，以及试点项目难以完全按照土地出让时确定宗地四至进行施工。二是低丘缓坡山地开发利用的复杂性决定现有规划技术、评价标准体系等难以有效支撑低丘缓坡山地合理、有序地利用，以及政策制定的合理性和实施效果评价也缺乏评估标准。三是缺乏对低丘缓坡山地开发利用的开发极限，如开发坡度的限制及环境影响评估的具体要求，以及专门针对山地开发的室外工程消防、管网等设计要求和规范等。

同时，我们在调研时还发现，一是部分地区还存在规划建设开发规模偏大的问题，试点地区提出的建设开发规模远远大于国家下达的建设开发控制规模。二是个别地方为鼓励民间资本投入，出台零地价，甚至负地价、协议出让等优惠政策，土地使用成本十分低廉，企业圈地现象难免出现。三是建成的园区难招商入驻，大片土地闲置，以及出现建设用地指标外移等问题。

2. 低丘缓坡山地开发利用存在的问题产生的原因

1）低丘缓坡山地开发利用的特点分析

在我国陆域国土空间中，山地高原丘陵约占 69%，盆地约占 19%，平原约占 12%。我国有大量的中小山地城市，根据统计，全国 661 个建制市中有 231 个属于山地型城市，1900 多个县城中属于山地型城市的约有 231 个，低丘缓坡山地主要集中在这些地区。这些地区大多属于欠发达地区，城市化率普遍较低。因此，低丘缓坡山地不仅是土地开发利用的新空间，而且是经济发展的新空间、民生改善的新空间。

当前，从低丘缓坡山地开发利用试点实施情况看，主要有以下特点：一是试点部署周期长。申请部署开展低丘缓坡山地开发利用试点需要经过项目前期调研、项目论证、组卷报批、批后实施等阶段，各阶段实施周期较长，试点申报周期一般历时 1～2 年。二是缺乏相关具体的配套政策措施。低丘缓坡山地的综合开发利用涉及国土、环保、林业、经济等多个部门，但缺乏法律层面对低丘缓坡山地开发利用的规定，目前规范低丘缓坡山地综合开发利用试点的主要是原国土资源部发布的《关于低丘缓坡荒滩等未利用土地开发利用试点工作指导意见》，该意见仅为部门规范性文件，难以有效协调各部门的利益。三是规划空间不足。低丘缓坡山地的综合开发利用需要大量调整原有的土地利用总体规划、城市规划等，不仅调整难度大，更关键的是，可调整的仅为有限的新增建设用地规模及布局，数量有限，空间不足。

2）低丘缓坡山地开发利用存在问题的原因分析

基于前述低丘缓坡山地开发利用的特点，各地迫于经济发展对建设用地的需求，陆续出现了一些盲目开发、无序开发、违法开发的问题。低丘缓坡山地是指海拔在 300m 以下、坡度在 5°～25°的丘陵区各类坡地，但在实际操作时，有的地方也将海拔更高、坡度更陡的山地纳入低丘缓坡山地，进行"削山填谷"，造成水土流失，破坏生态环境；同时，低丘缓坡山地改造不受新增建设用地规划指标的限制，地方政府存在过分开发行为。

出现前述情况，主要原因有四个：一是未利用地开发利用缺乏专项规划，"近期跟着项目走，远期开发无规划"。二是地方政府在认识和操作上存在误区，会有意无意地不将未利用地开发纳入年度用地计划。三是现行的计划管理方式与未利用地开发具有成片开发的特点，以及成本控制、工程建设等客观需要不相协调。四是开发行为存在过分追求建设用地指标的倾向。

7.2　低丘缓坡山地开发利用的制度路径

7.2.1　低丘缓坡山地开发利用的制度原则

低丘缓坡山地开发利用的制度设计要以科学发展观为统领，以严格保护耕地、节约集约用地、生态文明建设为重点，适应工业化、城镇化、信息化和农业现代化同步协调发展的客观需要，充分发挥未利用地资源优势，创新土地利用和管理方式，因地制宜地推动未利用地规范、科学、有序开发利用，进而提升开发未利用地的经济、社会和生态综合效益。

1. 生态优先，保护环境

党的十八大明确把生态文明建设放在突出地位，要求"我们一定要更加自觉地珍爱自然，更加积极地保护生态，努力走向社会主义生态文明新时代。"党的十八大报告也明确强调，必须树立尊重自然、顺应自然、保护自然的生态文明理念，而且要坚持以节约优先、保护优先、自然恢复为主的方针。从保护生态、推进生态文明建设角度出发，迫切需要在规划和实施低丘缓坡山地开发过程中，坚持以尊重自然、保护生态为前提，正确处理城市发展与生态保护的关系。一是在低丘缓坡山地开发规划部署前，应开展客观全面的环境影响分析。针对低丘缓坡山地开发利用对生态（包括区域气候、区域水土保持、区域大气循环、区域森林保有量等）影响进行全面、客观地评估，坚持以对生态影响最小为原则，客观、科学地确定低丘缓坡山地开发利用的规模，而不是为满足城市发展的需要，盲目、大势进军山地。二是在低丘缓坡山地开发利用中，应该更加注重对生态的恢复。在项目道路、消防、绿化等室外工程规划和设计中，应充分尊重当地的气候特点、土壤热点等，注重对当地植被、树种等的选择和恢复。三是科学合理确定低丘缓坡山地开发利用的极限。目前低丘缓坡山地利用针对的是海拔在 300m 以下、坡度在 5°～25° 的丘陵地带。

2. 规划先行，因地制宜

大规模的开发建设不仅增加了开发建设的技术要求和过高的开发成本，而且还大大改变了原有的地形地貌，减少了林木覆盖，其科学性、合理性还有待论证。一是以土地利用总体规划为指导，与相关规划相协调，科学编制未利用地专项规划。二是合理确定项目区的规模、布局、时序和强度，切实做到宜农则农、宜渔则渔、宜林则林、宜建则建。

3. 部门协同，公众参与

低丘缓坡山地开发利用涉及发改、规划、国土、财政、环保、交通、林业、住建、农业、水利、气象等诸多部门，为有序、科学推进低丘缓坡山地开发利用，一要建立健全政府负责、国土牵头、部门协同、公众参与、上下联动的工作机制，加强统筹协调，形成工作合力，高效组织实施。二是提高低丘缓坡山地开发利用规划与其他规划的衔接。三是加大社会参与度，加强信息公开，确保待开发的未利用地产权清晰，维护群众合法的土地权益。四是建立省、州、市、区等不同管理部门对低丘缓坡山地开发利用的监督管理机制，明确各部门相应的管理或监管职责。

4. 节约集约，规范管理

一是严格执行国家产业政策、供地政策和土地使用标准，在确保现有节约集约用地水平不能降低基础上，落实最严格的节约集约用地政策，重点支持战略性新兴产业发展和国家重点项目建设用地。二是将地质灾害和水资源承载能力评估、生态环境保护、压覆矿产调查等置于优先地位，依法依规做好用地审批、项目审批和项目评估等。

7.2.2 探索构建低丘缓坡山地开发利用管理新机制

虽然制度建设与创新是推进低丘缓坡山地开发利用的核心环节，但制度本身不是目的，让制度得到切实有效的执行才是制度建设的根本目的。因此，在制度设计中应借助科技手段实现制度设计目标。

1. 实现"制度+科技"的新型管理机制

"制度+科技"的基本含义是，在低丘缓坡山地利用科学化理念的指引下着力提高管理制度建设的科技含量，通过管理制度与现代科技之间的有机互动和相互融合，不断提高制度框架中的技术因素，增强制度的执行力和有效性，这是实现低丘缓坡山地综合差别化管理的重要手段。原国土资源部部长徐绍史于 2012 年 2 月在全国国土资源信息化工作会议上指出："低丘缓坡开发利用等要把信息化建设作为一个前置条件，能够采用信息化管理的手段让它上图入库"，从本质上说，"制度+科技"正是对这一观点在实践中的注脚和落实。

从基本思路看，"制度+科技"主要是以差别化的方式强化低丘缓坡山地开发利用制度建设的力度和效应，通过合理的制度设计、科学的技术配置、精细的管理流程、动态的监控网络，充分反映不同地区低丘缓坡山地地形特征，有效实现各地低丘缓坡山地开发利用制度建构的差别化和管理政策制订的针对性，把低丘缓坡山地开发利用效能最大化。

2. 低丘缓坡山地开发利用"制度+科技"管理新机制的特征

"制度+科技"是一种整体性的管理理念，二者之间具有 3 个层面的互动相关性：一是在制度设计层面，科学的理念贯穿于制度理念、制度规范、组织方式、体制机制等各个方面；二是在制度运行层面，要求充分运用现代信息技术、管理技术、数字技术等手段保障制度的有效运行；三是在制度监督和效力评估层面，广泛应用数理模型和科学化的定量指标对制度运行效力做出更加合乎实际的评估。

作为一个整体性的概念，"制度+科技"中的"制度"和"科技"是相互融合、相辅相成的二位一体的管理新理念，具有以下 4 个特征：一是现实性。各地的低丘缓坡山地开发利用更多体现的是差异性和地区性，制度建设不能孤立于各地地形特质和经济社会发展基础之外，必须与各地特点相适应，不追求一体化的制度目标，这是"制度+科技"推行的重要前提。二是体系性。"制度+科技"突破了单一性的思维局限，不仅着眼于对低丘缓坡山地的开发，从根本上说是要形成一个统筹调查、评价、规划、监测等环节的制度体系。三是统一性。"制度+科技"中的制度和科技是相互融合、相辅相成的互动元素，需要通过一定的形式和介质实现作用合力。四是渐进性。"制度+科技"的机制建设是一种新型的管理模式与理念，不可能在短时期内完全实现，需要通过对适宜二者结合形式的找寻与试错，逐步形成在低丘缓坡山地开发利用过程中制度和科技的有机结合。

具体实现低丘缓坡山地开发利用中"制度+科技"的管理新机制应包括 3 个层次，一是探索建构一个综合管理平台，有效促进"制度"与"科技"的有机结合，使之成为实现"制度+科技"整体性理念的介质形式；二是确立"制度+科技"管理新机制下的管理目标，明确低丘缓坡山地开发利用中"制度"与"科技"的作用功效；三是实现低丘缓坡山地开发利用中"制度+科技"管理新机制的主要制度内容。

3. 低丘缓坡山地开发利用"制度+科技"管理新机制具体构建思路

1）构建综合管理平台

低丘缓坡山地开发利用涉及多部门多环节，如土地环节涉及规划、利用、耕保、执法等，为规范有序推进低丘缓坡山地开发利用，建议发挥制度、机制及技术各自的优势，构建"制度+科技"的管理新机制。在制度构建上，建议国家出台针对低丘缓坡山地开发利用的管理办法，对低丘缓坡山地开发利用的一些关键问题进行明确；在机制构建上，建议国家、省、市、县各级均应建立相应办公室，国家级低丘缓坡山地开发利用办公室负责明确低丘缓坡山地开发利用中涉及的关键问题的明确，以及有关技术和政策指导。在技术上，建议通过集成 GIS、可视化搭建、时空数据一体化管理和计算机动态模拟等现代科学技术，研发系列支撑低丘缓坡山地开发利用管理的软件与数据系统，将低丘缓坡山地开发利用管理决策专业知识与计算机模型技术和信息处理工具相结合，构建低丘缓坡山地开发利用管理决策模拟平台，对低丘缓坡山地管理利用全过程提供统一的数据支撑和信息服务，为低丘缓坡山地的调查、储备、利用、调控、监测、规划和保护等管理全领域提供全方位的可视化决策模拟环境，为管理利用各环节的决策制定提供科学依据和技术支撑，实现低丘缓坡山地开发利用管理决策的科学化、法治化和模块化。

2）确立宜农则农、宜耕则耕、宜林则林的差别化政策效度目标

基于数据库、GIS、土地评价、土地规划编制等技术，研究时空数据一体化管理、低丘缓坡山地开发利用评价、专项规划编制，以及开发实施动态监测评估等关键技术，通过低丘缓坡山地开发利用管理决策模拟平台，将其实践于低丘缓坡山地开发利用的评价与监测，实现数据对象之间的空间及非空间关系等语义信息的统一完整表达，以及在建模、数据管理、可视化、集成等方面的统一，充分调查、掌握与评价低丘缓坡山地的多样化特性；建立一套低丘缓坡山地开发利用分类分级管理政策法规和标准体系，开展低丘缓坡山地统一综合管理，以及类型化、差别化利用，宜农则农、宜耕则耕、宜林则林、宜建则建，实现低丘缓坡山地经济效益、社会效益和生态效益的最大化。

3）形成调查、评价、规划、监测与应用等全领域管理框架

（1）数据信息调查采集。利用土地利用现状和土地利用变更调查等相关数据，研究高分辨率遥感影像信息快速自动提取、时空数据集成与可视化等关键技术，研发低丘缓坡山地调查数据采集工具系列软件，建立低丘缓坡山地时空数据一体化管理系统，实现与全国土地利用数据库的联动。

（2）开发利用评价。针对低丘缓坡山地不合理开发易造成地质灾害和生态环境破坏等问题，研究低丘缓坡山地综合开发利用评价指标体系及评价模型；研究可视化分析建模等技术，实现低丘缓坡山地评价模型的可视化搭建；研发评价分析工具软件，开展生态环境质量、水土流失、地质灾害危险性、压覆矿产资源等方面的模拟，合理确定低丘缓坡山地利用方向。

（3）专项规划辅助编制。在土地利用总体规划的指导下，研究面向低丘缓坡山地专项规划的三维可视化、动态模拟等关键技术，研发低丘缓坡山地专项规划辅助编制工具软件；结合差别化管理政策，对规划方案进行遴选，确定不同类型的低丘缓坡山地综合开发利用的用途、规模、布局和开发时序，并对规划成果进行三维可视化表达，为低丘缓坡山地专项规划的编制提供技术支撑。

（4）动态监测评估。研究遥感影像自动识别、三维动态模拟等关键技术，构建低丘缓坡山地开发利用地籍监测、地质灾害监测、生态环境监测、经济形势影响分析、规划实施监测等模型，实现低丘缓坡山地开发利用效果的多维动态模拟和综合评估；建立低丘缓坡山地违法违规评判指标，对低丘缓坡山地开发利用过程中的违法违规行为进行监测。

（5）法治化管理决策模拟。面向低丘缓坡山地开发利用中数据共享、模型共享、功能共享、界面集成的需求，研究低丘缓坡山地开发利用相关系统集成技术，实现低丘缓坡山地时空数据一体化管理、专项规划辅助编制、低丘缓坡山地开发利用实施动态监测评估软件等的集成，对低丘缓坡山地开发利用调查、评价、规划、监测等进行全方位的模拟，为低丘缓坡山地开发利用政策的制定提供科学依据，以及对政策法规实施效果进行评价与分析，实现低丘缓坡山地开发利用管理法治化与科学化相结合。

（6）综合利用政策法规与标准体系构建。建立现行低丘缓坡山地管理政策法律环境的科学评价体系，进行制度供给现状评价、实施评价和土地利用实效的绩效评价。从管理、技术、数据等方面研究构建一套标准体系，用于指导低丘缓坡山地调查评价、专项规划、实施监测工作的开展。在进行低丘缓坡山地开发利用评价与监测的基础上，制定面向低丘缓坡山地开发利用的差别化管理政策，主要包括低丘缓坡山地专项规划与相关规划间的协调机制、低丘缓坡山地差别化开发利用政策和鼓励低丘缓坡山地有序开发利用的其他配套优化政策。

（7）应用示范。选取条件成熟地区开展应用示范。对低丘缓坡山地资源的分布特征、类型、范围等属性开展系统调查分析；搭建可视化评价模型，开展示范区低丘缓坡山地适宜性、开发潜力、社会效益、生态效益、经济效益及综合性评价；科学编制低丘缓坡山地开发利用专项规划，确定低丘缓坡山地的用途、规模、布局和开发时序；合理编制开发实施方案，并对其实施效果进行动态模拟，遴选最优开发方案，对低丘缓坡山地开发利用区域的地籍变更、地质灾害危险性、生态环境影响、经济形势影响、规划实施情况、土地市场动态等进行实时监测和管理。

7.3 关于促进低丘缓坡山地开发利用的指导意见

为更好地贯彻生态文明建设的要求，审慎稳妥地推进低丘缓坡山地等未利用土地的开发整理，缓解建设用地供需矛盾，创新土地开发利用模式，改善人居环境，根据法律有关规定和原国土资源部关于土地利用的相关决定，提出以下指导意见。

7.3.1　总体要求

在经济社会发展新常态形势下开发低丘缓坡山地等未利用地，要以科学发展观和生态文明建设要求为指导，总结试点开发政策和技术经验，促进土地资源科学合理利用，统筹好生态保护、土地政策和群众合法权益保护的关系。在开发中必须坚持以下原则。

一要坚持生态优先，节约用地。现阶段开发低丘缓坡山地等未利用地，要转变思想，在保护环境和促进生态恢复的前提下稳步推进。在开发建设前，将环境保护纳入党委和政府工作考核机制，充分考虑资源环境承载能力，听取环保部门意见，进行生态适宜性评价，提前预测开发活动产生的影响，布局防护措施。在开发建设中，应当严格执行国家保护耕地的要求和供地政策、严格遵循当地林地用地指标、严格项目用地准入标准，在不断探索低丘缓坡山地规划利用理论和技术方法的基础上，有效降低开发建设的潜在地质风险，建设与自然地质条件有机结合的人居环境。

二要综观整体，因地制宜。要在土地资源深入调查和多元异构数据整合的基础上，以地区土地利用总体规划为指导，根据区域实际条件，按照"宜农则农，宜林则林，宜建则建"的原则，科学编制低丘缓坡山地开发利用规划，合理确定不同类型区域的范围、权属和开发规模，实行差别化的低丘缓坡山地管理政策体系，提高用地效率，不得突破国家土地用途管制制度和地区经济发展规划。

三要规范程序，严格责任。低丘缓坡山地开发工作要严格依法推进，对于法律规定的审批条件，要严格落到实处。建立健全长效机制，严格执行用地开发审核制度、资金使用管理制度、施工监理制度、竣工交付验收制度和考核制度，确保按批准面积和用途进行开发利用。对于开发建设的每个环节，要明确责任部门和责任人。对于造成生态破坏的项目要及时叫停整顿，对相关责任单位和人员，要加大处罚力度。

四要加强领导，协调利益。要在试点工作基础上，完善党委领导、政府负责、主管部门牵头、相关部门协同、公众参与、上下联动的工作格局，成立工作班子，加强统筹协调，落实开发工作领导负责机制，确保低丘缓坡山地开发利用工作科学高效推进。对于跨行政区域的开发建设区块，应当由开发区上级主管部门共同协调领导。开发建设项目涉及土地征收和转变土地性质的，要做好安置补偿工作，尤其要注意维护农民的合法权益。

7.3.2　工作程序及要求

1. 组织立项，完善评估机制

对于符合低丘缓坡山地等未利用地开发分类标准、确有开发现势需求的地区，要首先组织立项调研，针对区块内低丘缓坡山地地位、面积、权属、自然状况、利用状况和适宜用途等情况进行全面调查，将相关信息录入地区土地资源信息库。待主管部门报省级政府同意、国土资源部批复后，遴选第三方机构对生态环境承载力和现有开发技术水平进行评价，科学合理确定开发区块范围及开发强度。在确定开发利用类型后，开展潜在地质灾害发生可能性和开发后果评估，提前布局生态风险监测预警体系构建。对于生态脆弱区和不适宜开发建设的地区，在生态恢复之前，不得以任何形式进行开发。

2. 整体把握，科学编制开发方案

严格按照土地利用总体规划要求，科学合理确定各类用地布局，在不占用耕地、林地和草地，且区块面积较大、适合集中成片开发的区域，充分论证规划区域范围内生态保护、河流水系、地质环境、土石平衡和交通衔接等综合情况的基础上，编制低丘缓坡山地开发建设专项规划。项目所在地政府在做好环境影响评价、生态适宜性评价等工作的前提下，做好开发范围内土地的勘测定界，对土地利用现状和权属情况进行核实调处，做到"权属合法、界址清楚、面积准确"。按照因地制宜的方针，统筹协调生态保护、农用地开发和建设用地开发，科学划分用地性质和土地整治工程建设，提前实施环境保护措施。开发建设方案由主管部门报省级政府批准，并报自然资源部备案。

3. 规范程序要求，严格审批标准

开发建设方案获得批复后，主管部门应当严格按照法律规定对项目用地进行征收，切实做好安置补偿，涉及农用地转用的，同时办理农用地转用审批手续；按照国家产业政策、供地政策和标准，严格用地审批，涉及经营性用地和工业用地的必须严格执行招拍挂出让制度，确保建设项目合法合规用地。在出让前，要严格准入门槛，对于破坏环境、浪费资源的落后产能一律淘汰；招标时，单个项目必须要有两个以上主体参与遴选。出让过程应当公开、公正，在充分论证的基础上，及时为合格主体办理出让手续。对所有建设项目依法实行限时办结制，建立项目审批窗口服务和提前介入制度。相关开发利用项目均应依法履行审批手续，禁止任何单位和个人未经批准擅自进行开发。

4. 组织开发建设，动态监测项目质量

市、县级人民政府应当加强领导，由主管部门牵头，相关部门协同，按照土地利用总体规划和低丘缓坡山地开发专项规划，及时组织实施开发建设。在建设过程中，项目实施主体要严格遵循土地用途管制制度，不得随意更改已获批准的使用指标、土地性质、开发范围和权属情况。为保证工程开发质量，省级国土资源厅应当会同相关单位制定土地开发整理工程技术标准、竣工测量技术规定等技术要求规范。相关部门要及时监测项目进展，对于破坏环境、环保措施不到位、工程质量不过关的项目，要立即叫停整顿，并对相关责任人进行问责。开发建设地区国土资源主管部门要建立完善"国土资源一张图"，加快开发建设区土地基础数据库整合，及时将项目规划审批、指标使用、实施进度、资金使用、权属调整等情况上图入库，纳入国土资源综合监管平台，实现开发建设全程实时动态监管。

5. 严格项目验收环节

开发建设项目所在市、县级国土资源主管部门，应当按照生态文明建设要求，对低

丘缓坡山地等未利用土地开发利用进行重点管理，对开发进展各方面情况进行专门统计，定期向上一级国土资源部门汇报。对于开发建设中出现的问题，积极组织调研考察，寻找解决方法。项目实施到期后，主管部门要按照土地利用总体规划、低丘缓坡山地开发方案和相关技术标准的要求组织验收。初检合格后，逐级上报省级自然资源主管部门组织正式验收，并将验收结果报自然资源部备案。对于预期不达标、破坏环境等的项目，一律不予通过，并严格相关责任落实。

7.3.3　开发建设保障措施

1. 完善环保工作机制，优化经济发展格局

把环境质量因素纳入政府工作考核激励机制，健全完善环境保护与经济发展综合决策制度，组织部门要把环保指标纳入领导班子与领导干部考核体系，实行年度考核与任期考核，作为干部考核奖惩的重要依据之一。以环评审批为着手点，加强环评机构规范化建设和资质管理，加快环评技术服务，提高服务时效，优化和促进项目管理、项目建设。严格执行环保"三同时"制度，建立"三同时"验收管理与环评审批联动机制，要做到对每个建设项目全程监督、实时管理，对于环保设施不到位的项目，一律不准投产使用，严把工程质量和生态质量风险口。在布局开发类型时，将环境因素作为低丘缓坡山地建设项目选址布局的基本条件，作为优化和促进经济结构调整的重要手段，做好结构减排、工程减排和管理减排。按照国家发布实施的《产业结构调整指导目录》和环保相关法律法规，对鼓励类项目，落实优惠政策；对允许类项目，规范建设行为；对限制类项目，严格准入控制；对淘汰类项目，一律不得引进。

2. 完善基础设施建设，适度进行政策倾斜

省级政府应当提前谋划，重点支持交通、电力、供水、环卫等基础设施和服务设施建设工作。对于低丘缓坡山地综合开发利用试点项目建设区内涉及土地和房屋征收的农户，由项目所在地政府相关部门负责做好搬迁动员及宣传工作，并对整个土地和房屋征收过程进行全面监管，要把被征收农户生活安置、就业与当地工业布局、产业发展、基础设施和社会公益事业等有机结合起来，维护好被征地农民和用地者的合法权益。同时，各地可以在法律规定的范围内，根据低丘缓坡山地开发的特殊性，科学制定出台鼓励措施，加大对相关开发建设的政策支撑。在安排年度非耕地计划指标和林地征占用指标时，对低丘缓坡山地重点地区给予适当倾斜。允许地方适当增加用地规模、专项安排资金、实施用地计划指标单列、先征后转、降低土地出让价格、减免相关土地税费等政策。对于土地出让金，可以参照《全国工业用地出让最低价标准》适度降低，对于配套基础设施，可以免缴新增费用。

3. 完善工作机制，加强项目监管

低丘缓坡山地开发利用是一项综合性工程，涉及多部门工作和多方面利益，开发建设区应按照"党委领导、政府负责、部门联动"的组织方式，成立低丘缓坡山地开发工作

领导小组，成员应当由相关单位及项目直接涉及的地区主管人员组成，各司其职、紧密配合，确保低丘缓坡山地综合开发利用工作规范有序推进。开发建设项目必须严格按照统一规划和实施方案进行施工，不得随意变更规划内容和实施方案。项目主管部门应当对项目进展的全过程进行监管，对于违规违法行为要及时处置。

4. 完善市场激励机制，多渠道筹措资金

建立低丘缓坡山地开发利用专项资金，用于支持低丘缓坡山地综合开发利用，并实行专项管理、专账核算，严格按预算支出范围使用。任何单位和个人不得挤占、挪用和截留低丘缓坡山地开发利用专项资金。坚持"统一规划、集中使用、专户管理、专账核算"的原则，实施项目工程资金预算管理，建立资金监督检查、考核和责任追究制度，规范资金运行管理，切实提高资金使用效益。财政、监察、审计部门要加强项目资金使用监管，确保资金专款专用。充分发挥市场化运作机制作用，多渠道筹措资金，为低丘缓坡山地综合开发利用试点项目提供保障。按照"谁投资、谁受益"的原则，鼓励多元化市场主体参与项目开发。鼓励采用财政补助、银行贷款、企业参与等方式多渠道筹集资金。鼓励采用合作共建方式开展低丘缓坡山地开发利用，积极引导社会资金投入低丘缓坡山地开发利用。

7.3.4　对试点工作的要求

已开展低丘缓坡山地开发试点工作的地区，要根据原国土资源部发布的《关于低丘缓坡荒滩等未利用土地开发利用试点工作指导意见》和《工矿废弃地复垦利用试点实地检查评估工作方案》的要求，认真学习姜大明部长在 2013 年 7 月部长办公会上关于低丘缓坡山地开发工作的讲话，暂缓低丘缓坡山地开发专项规划审查意见的批复，部署试点检查评估工作。

试点检查评估采用全面评估、客观科学、定性与定量评估相结合、地方自查与实地抽查相结合的方法，对试点工作进展情况、试点管理制度建设与执行情况、试点技术规范制定及执行情况、规划衔接报批情况、试点实施保障措施落实情况、试点取得成效、试点相关信息管理与备案情况等进行检查评估；检查评估工作分为准备部署、地方自查自评、实地抽查、总结 4 个阶段；检查评估结果将作为下达地区建新指标的重要依据。

检查评估报告应当报送自然资源部，由部相关司局形成试点检查评估总报告。对于存在擅自扩大试点范围和规模等突出问题的，将严肃处理、限期整改，情节严重的暂停或取消试点资格。

7.4　低丘缓坡山地开发利用管理制度体系设计

7.4.1　规　　划

各地低丘缓坡山地开发，必须以土地利用总体规划为依据，以二调成果为基础，以乡镇为单元，以土地利用现状图图斑为单位调查低丘缓坡山地的分布与现状，查清本地区低丘缓坡山地综合开发利用潜力，并形成本地区综合开发利用潜力图件与台账。

（1）开展调查工作，摸清低丘缓坡山地的区位、面积、权属、自然现状、开发利用条件等情况，建立数据库。根据调查结果，在当地县（市）域总体规划、建制镇总体规划、村庄布局规划、水土保持总体规划、生态功能区划及土地利用总体规划指导下，制订低丘缓坡山地综合开发利用专项规划，包括开发建设用地规划、村庄搬迁和整治复垦规划、开发耕地规划等内容，并按照先易后难的原则制订近期（3 年内）、中期（5 年内）、远期（10 年内）分期实施计划，科学划定分期实施范围。

（2）低丘缓坡山地开发项目应依据土地利用总体规划和专项调查成果，编制本地区综合开发利用专项规划，并做好与城乡规划、林业规划及国民经济和社会发展"十二五"规划等相关规划的衔接。

（3）低丘缓坡山地开发利用专项规划内容主要包括：规划的目的、任务、主要依据、规划范围和规划期限；县（市、区）基本概况；拟开发利用土地资源的类型、数量、位置、适应性及开发前景和存在的问题；开发利用的范围、规模、开发时序和开发利用方向；拟定近期开发利用规划具体项目；环境影响评价，地质灾害危险性评估和水土流失评价；重点针对耕地保护、生态安全、组织保障、经费安排等方面提出相应保障措施；开发利用潜力分布图（比例尺不小于 1∶10000），开发利用规划图（比例尺不小于 1∶100000）；规划编制工作报告及其他调研报告、专题研究报告、基础资料、相关文件、图件等。

（4）列入低丘缓坡山地等未利用土地开发利用低丘缓坡山地开发项目的地方，可同步开展土地利用总述规划评估修改低丘缓坡山地开发项目，经评估需要调整规划建设用地规模的，要依据全国土地调查成果、城镇常住人口及用地标准合理确定，并依法定程序修改和报批。

（5）建立差别化规划机制。对于城镇周边、土地贫瘠的区块，应规划为建设用地，以拓展发展空间、缓解建设用地紧张的矛盾，通过科学规划和整合城市（镇）周边低丘缓坡山地，适当启动商住项目建设。在设计上结合地形，依山就势，错落布置住宅；对于土层厚、有水源的地块（坡度在 25º 以上的林地，省级以上重点生态公益林，自然保护区和自然保护小区，省级以上森林公园，有古树名木和珍贵树种分布的林地，以及生长茂盛成片的林地除外），可规划为耕地开垦区，以增加耕地资源、解决耕地占补平衡问题；对林分质量较好的成片林地，应尽可能保持其现状，以增强生态功能、改善生态环境。县级低丘缓坡山地综合开发利用规划报市级政府审批后组织实施，报省、市发展和改革委员会、林业和自然资源等部门备案。

（6）项目开发用于非农建设，但不符合土地利用总体规划的，在不涉及基本农田的前提下，可对所在乡镇（街道）的土地利用总体规划用途进行局部调整，并允许相应增加规划期建设用地总规模。行政区划变动后没有修编过土地利用总体规划的乡镇（街道），可修编乡镇（街道）现行土地利用总体规划，对低丘缓坡山地开发过程中涉及的基本农田进行调整；其他乡镇（街道）在低丘缓坡山地开发过程中涉及基本农田的，要先保留现状，并在下一轮土地利用总体规划修编时依法进行调整。

（7）建立专项规划指标。一是使用低丘缓坡山地的建设项目和区块，可以优先安排用地指标。各地可以根据实际情况，考虑建立低丘缓坡山地开发专项用地指标，安排影响较大的建设项目和区块使用。开发项目所在地其他县（市）利用低丘缓坡山地建设影响较大的重点项目和区块，在年度用地指标市内调剂时予以优先安排。各县（市、区）在安排自有用地指标时，对于利用低丘缓坡山地的建设项目和区块可以实施优先和倾斜；二是结合社会主义新农村建设，对平原地区农村居民点向低丘缓坡山地集中搬迁建设住宅小区，并将原村庄宅基地整治复垦为耕地的，应给予鼓励、优先立项；三是农民利用低丘缓坡山地的非耕地建造住宅的，户宅基地面积可以在限额标准基础上适当增加。

（8）规划开发成耕地的低丘缓坡山地开发利用项目应实行项目化管理。规范项目必须经立项、报批、施工和竣工验收程序，县级国土资源部门要会同当地农业、林业等有关部门制定详细的项目实施和管理制度。提高利用低丘缓坡山地开发成的耕地质量，不得降低耕地垦造标准。加大投入，对利用低丘缓坡山地开发耕地的，根据所垦造耕地的质量适当提高项目建设资金补助标准；对采取委托造地的，按市场机制实行有偿调剂。

（9）对已开发为优质耕地的低丘缓坡山地，按照法定程序纳入基本农田储备库，在下一轮土地利用总体规划修编时按市场价格有偿置换城镇周边的基本农田。经验收达到标准农田要求的，可同时作为标准农田补建地块。

（10）对"坡地村镇"实行"点状分布，垂直开发"。对交通便利、紧邻城镇周边、纳入城镇建设用地开发的低丘缓坡山地，可以点状布局建筑、进行单宗土地开发，也可以多宗地组合开发，促进新型城镇化的建设。对结合生态移民、下山脱贫、地灾避险、农房改造和中心建设等，通过规划引导纳入村庄建设的低丘缓坡山地，可实行点状农房建设用地或点状农房建设用地布局开发，打造生态型、聚集性村居，促进美丽乡村建设。对依托山林自然风景资源，开发生态（农业）观光、休闲度假、生态养生、露营运动等生态休闲旅游观光建设项目用地，均可以实行点状配套设施建设用地布局开发，促进旅游业发展。

（11）省级低丘缓坡山地重点区块规划经省政府批准后实施。规划为建设用地的重点区块所在县（市、区），还需要单独编制开发利用实施规划，并加强与周边地区的沟通衔接，以提高规划的科学性、整体性和协调性。对规划确定的重点区块，各级政府和发展和改革委员会、国土资源、建设、林业等部门，要共同努力，统筹解决相应县（市、区）域总体规划、土地利用总体规划的衔接、调整、修编问题。

（12）在规划过程中，积极邀请非政府组织和其他民间社会组织参与，要遵循"村民自治、农民自愿"的原则，充分听取和征求村民民主决策和民主管理权利，通过网络、电视、报纸、广播等方式广泛听取各方专家和公众的意见，加强论证，实行科学决策与民主决策，确保广大农民安居乐业，促进农村生产生活生态融合，使其能够更好地理解和满足当地发展的需要。

7.4.2　用　地　审　核

完善土地审核管理方式，严格审核土地申报条件，对其进行清单管理。

（1）严格土地申报数量。建设用地规模适度，村庄建设项目原则上控制在 50 亩以内，城镇住宅项目原则上控制在 105 亩以内，旅游项目原则上控制在 200 亩以内，对当地经济社会发展具有较大影响的中点建设项目原则上控制在 300 亩以内。

（2）严格审核规划。建设用地符合"两规"选址条件；明确项目建设计划，符合开发周期要求；涉及林地的，符合用林地审批条件。

（3）确定负面清单。存在下列情况之一的，不得通过审核：占用耕地或平原原地的；不在城乡规划确定的建设用地范围内的；规划设计方案对场地大开大挖的；涉及压覆重要矿产资源或涉及探矿权无法协调解决的；涉及地质灾害隐患或位于高易发区的；涉及饮用水源保护区等生态敏感区的；道路交通无法配套的；涉及山沟洪道的；特色产业项目涉及水土流失省级重点预防区或重点治理区的；涉及 I 级保护林地的；涉及自然保护区核心区、缓冲区的；不符合森林公园规划的；法律、法规、规章等禁止的其他情形。

7.4.3　土地确权

做好土地变更调查和确权登记，在开发前县人民政府组织查清落实每个区块、每宗土地的权属，并予以登记造册，维护土地权属主体对所属土地开发的知情权、受益权。开发后要与年度土地变更调查和登记发证工作做好衔接。

（1）低丘缓坡山地开发项目范围内的土地，对为实施建设而没进行推填平整的，按建设用地认定并变更。

（2）工作范围内的未利用地开发为建设用地后，在变更调查和确权登记时，直接按建设用地认定并变更，不受指标限制，未利用地开发为耕地的，经市国土部门审核确认后可直接用于占补平衡。

（3）开发为建设用地的，由市、县政府统一组织出让或划拨；涉及经营性和工业用地的，必须严格执行招拍挂出让制度；开发为农用地的，土地权属不变。

（4）对历史上既确认为林地，又确认为耕地，县级以上政府依法颁发过林权证的，按林地认定；没有发过林权证的，按全国第二次土地调查认定地类。

7.4.4　土地征收和转用

低丘缓坡山地开发项目实施方案经省国土资源厅批准后，项目区应根据"统一规划、分期实施"的要求，依据上级下达的控制规模，参照城市（镇）批次用地报批办法，依法办理新增建设用地征收和转用手续。项目范围内保留的地貌景观和生态保护用地，不再办理农用地转用审批手续，可只办理土地征收。

（1）项目区内的合法集体建设用地，不需要征收、保留集体建设用地性质的，应当依法对地上地下附着物进行补偿，可采用集体建设用地流转方式供地，所得收益原则上归集体所有，但不得用于房地产开发和限制、禁止类项目建设。

（2）项目区使用的土地需要征收为国有建设用地的，原则上应在省国土资源厅批准项目实施方案后半年内分期分批申报，需要征收土地的位置、面积等必须与批准的项目实施方案一致。

（3）项目区内的集体土地需要征收为国有土地的，应当按照征地统一年产值和征地片区综合地价确定的补偿标准，依法足额进行征地补偿，并按相关规定足额缴纳被征地农民社会保障费用，切实做好被征地农民的安置工作。

（4）项目区土地征收和转用，按照项目实施方案确定的建设用地控制规模、分期建设安排及项目落实情况，由项目所在县（市）区人民政府参照现行城市（镇）批次用地报批方式，分期进行报批。

（5）项目区涉及农用地征收转用的土地可先行办理征收手续，开展前期综合开发利用工作，适时办理相关转用手续；项目开发利用 25º以上坡耕地的，不计入补充耕地范围；对连片开发的未利用地中的零星农用地，在保障被征地农民合法权益的前提下，不再办理转用手续。

（6）项目区涉及林地和草地的，依法办理林地、草地占用手续，涉及农用地转用和土地征收的，及时按征占用土地程序报批；涉及林地转用的，对利用低丘缓坡林地进行建设用地开发的，按森林法律法规的规定程序审核审批。对涉及已颁发林权证的林地进行开垦的，在开发项目实施前应由开发单位按省林业厅、省国土资源厅、省农业厅规定办理报批手续。

（7）生态保留用地可以依据项目开发需要办理征收手续后，仍按原土地用途进行管理。

（8）项目建设内符合农村道路建设标准的道路用地，可以纳入农村道路建设标准道路用地，也可以纳入农村道路范围使用管理；符合林业生产经营条件的道路建设可以纳入林业生产设施用地管理；开发城镇建设用地的道路用地可纳入市政道路用地管理实行划拨供地。

（9）土地征收、农用地转用经省级政府批准后，县（市、区）政府要抓紧完成用地政策处理，尽快启动项目建设，严格控制工期，避免土地长期裸露，防止水土流失。

7.4.5　地质与环境保护

项目实施过程中要尽量避开耕地、优质林地、果园等，保留项目区内的景观、人文、生态用地，切实保障项目区生态环境安全。要坚持保护与开发利用相结合，统筹协调农用地保护、建设开发和生态建设，增强植被覆盖，注重水土流失和地质灾害防治等工作，落实保障措施，保护和改善生态环境。

（1）建设项目选址要充分论证，涉及地质灾害易发区的，必须对其进行危险性评估，并建立明确的地质灾害与生态风险监测技术标准（具体可参考附件二）。对达不到环保和水土保持要求的，不予批准立项和建设。开发过程中产生的裸露山坡及周边空地，要进行水土流失治理和复绿美化。

（2）申报利用林地开发耕地的项目，必须提供综合开发利用低丘缓坡山地规划和经过有批准权的人民政府批准的林地规划调整方案。缴纳易地补造费或森林植被恢复费，专项用于易地造林、植被恢复和森林生态体系建设，实现林地占补平衡。

（3）建立生态适宜性评价机制，确立明确评价标准。积极保护和利用低丘缓坡山地中不适宜综合开发的山地，提高生态效益、经济效益和社会效益。坚持开发与保护并重，将生态修复和林草地保护、地质灾害防治、水土保持置于优先地位，落实防治措施。

（4）对因低丘缓坡山地开发利用造成山林承包合同提前终止的，要对承包地上的林木和其他经济作物予以合理补偿。

（5）项目开发利用要严格遵循供地政策，完善土地利用各类标准，积极引进污染少、能耗低、用地少、产出大的项目，贯彻节约集约用地原则，防止以低丘缓坡山地开发为名造成土地资源浪费。

7.5　低丘缓坡山地开发政策评价技术导则研究

7.5.1　评价原则

1. 定性评价与定量评价相结合

定性评价方法是根据社会现象或事物所具有的属性和在运动中的矛盾变化，从事物的内在规定性来评价事物的一种方法或角度。它以普遍承认的公理、一套演绎逻辑和大量的历史事实为分析基础，从事物的矛盾性出发，描述、阐释以至评价所研究的事物。定量评价方法是指研究者事先建立假设并确定具有因果关系的各种变量，然后使用某些经过检测的工具对这些变量进行测量和分析，从而验证研究者预定的假设。

低丘缓坡山地开发政策评价必然包含大量难以精确量化的维度，需要基于文本文件制定者、实施者和受众三方主体的主观感知对这些维度进行判断，因此，定性研究不可或缺。另外，囿于定性研究本身固有的缺陷，如不同主体自身条件不同，对研究客体的感知也不尽然相同甚至迥异，可能会造成研究缺乏信度与效度等，评价需要采用量表的形式将主体的主观感知量化，并应用统计分析软件排除样本变异，得出较为一致的评价结论。

2. 维度全面与重点突出相结合

维度全面是指对评价对象展开系统性评价，包括对法规的条款、执行情况、实施效果、存在问题及其影响因素进行客观调查和综合评价。重点突出是指评价参照具体的评价目标、评价对象特点和具体评价情境，在保持评价维度基本不变的前提下，适当确定操作层的指标及其权重，以确保评价的信度与效度。

为了兼顾不同文本文件评价结果或同一文本文件不同阶段评价结果的可比性，评价维度应当具备一定程度的稳定性，不允许评价主体随意更改评价维度。但与此同时，考虑不同评价项目有不同的评价目标，以及不同的评价对象有不同的特点，因此，在维持评价维度大体一致的情况下，评价主体可以根据实际评价情境，对既定评价维度下的操作性评价指标及其权重进行适当的设计与修改。

3. 数据精确性与数据可得性相结合

数据精确性是指对同一物体的某特征重复观察值或对某参数的重复估计值彼此之间的接近程度；数据可得性是数据可以实际测量或者直接获取的概率和难易程度。

对低丘缓坡山地开发政策进行评价，基于文本文件难以量化评价的特点，其评价结论的精确性往往难以达到理想的水平。但仍可以采取一定措施提升评价过程及其所得数据值的精确性，如对量表的每个刻度值做出相对精确的边界界定等。同时，也要避免过度追求精确的测度结果而忽略指标值的可得性。因为数据精确性的提升往往伴随着数据采集难度和采集成本的大幅提升，所以要适当均衡数据的精确性和数据的可得性。

7.5.2　评价指标体系

该指标体系分为 4 个模块，可以依据不同的评价目的单独使用，也可以综合使用。其中：①第一模块合法性评价指标体系用于确定低丘缓坡山地开发政策文件的合法性（表 7.1），单独使用以确定低丘缓坡山地开发政策是否有效；综合使用，结合第二模块、第三模块决定是否有必要弥补合法性的瑕疵，提高立法的效力等级，如在低丘缓坡山地开发政策文件合法性欠缺，但有较高合理性和绩效性的情况下，可以考虑将其上升为法律、行政法规、规章等。②第二模块质量评价指标体系用于评价低丘缓坡山地开发政策文件的文本质量、内容的合理性和可操作性，单独使用用于低丘缓坡山地开发政策文件文本的完善（表 7.2）。③第三模块过程评价指标体系用于评价行政机关在执行低丘缓坡山地开发政策文件过程中的行为表现，单独使用用于评价执行人员的行为表现（表 7.3）。④第四模块绩效评价用于评价低丘缓坡山地开发政策文件实施的效果和影响，单独使用用于评价绩效情况（表 7.4）；与第二模块、第三模块结合使用可以找出低丘缓坡山地开发政策文件实施效果良好或不佳的原因是在于文本质量，还是在于执行过程。⑤第一、二、三、四模块综合使用可用于对低丘缓坡山地开发政策文件的综合性评价。

表 7.1　指标体系第一模块：低丘缓坡山地开发政策文件合法性评价指标体系表

目标层	准则层	指标层
A 低丘缓坡山地开发政策文件合法性评价	A₁ 合法性	A101 是否有制定依据
		A102 主体是否合法
		A103 权限是否合法
		A104 程序是否合法
		A105 立法与上位法冲突的条款数
		A106 与宪法、法律、行政法规的协调程度

表 7.2　指标体系第二模块：低丘缓坡山地开发政策文件质量评价指标体系表

目标层	准则层	指标层
B 低丘缓坡山地开发政策文件质量评价	B_1 合理性（权重 0.6）	B101 目的是否具有合理性（权重 0.08） B102 手段是否具有必要性（权重 0.08） B103 目的与手段是否成比例（权重 0.08） B104 制定过程中利益相关主体的参与程度（权重 0.06） B105 制定中听证次数（权重 0.04） B106 制定中调研次数（权重 0.06） B107 制定中参与专家人数（权重 0.04） B108 制定中征求公众意见条数（权重 0.04） B109 生效时长（权重 0.08） B110 内容与社会现状的契合程度（权重 0.28） B111 权利义务配置的公正、公平程度（权重 0.16）
	B_2 执行性（权重 0.4）	B201 与同位阶政策文件衔接情况（权重 0.1） B202 与相关部门和单位意见的协调程度（权重 0.1） B203 与上位法重复的条款数（权重 0.03） B204 概念的明晰程度（权重 0.05） B205 GFI（权重 0.04） B206 语言运用准确程度（权重 0.05） B207 标点符号应用规范程度（权重 0.03） B208 文本逻辑的严密、合理程度（权重 0.03） B209 措施的可行程度（权重 0.08） B210 程序设计的可行程度（权重 0.08） B211 适用范围的明确性（权重 0.05） B212 执法主体的明确性（权重 0.06） B213 执法对象的明确性（权重 0.05） B214 执法程序的明确性（权重 0.06） B215 构成要素完整的规范条数（权重 0.04） B216 无后果构成要素的规范条数（权重 0.05） B217 立法的社会关注度（权重 0.02） B218 调整对象对政策文件的认可接受程度（权重 0.08）

表 7.3　指标体系第三模块：低丘缓坡山地开发政策文件实施过程评价指标体系表

目标层	准则层	指标层
C 低丘缓坡山地开发政策文件实施过程评价	C_1 执行能力（权重 0.5）	C101 执行人员对低丘缓坡山地开发政策文件的认知情况（权重 0.2） C102 配套规范、措施制定情况（权重 0.18） C103 执行人员或机构设置情况（权重 0.18） C104 执行协调人员或机构的设置情况（权重 0.12） C105 经费配置情况（权重 0.3） C106 制度创新情况（权重 0.02）
	C_2 执行过程（权重 0.5）	C201 行政行为的文件完整程度（权重 0.4） C202 执行人员程序性违法、违规情况（权重 0.4） C203 行政复议维持原行政决定率（权重 0.1） C204 行政诉讼胜诉率（权重 0.1）

表7.4 指标体系第四模块：低丘缓坡山地开发政策文件的绩效评价指标体系表

目标层	准则层	指标层
D 低丘缓坡山地开发政策文件实施绩效评价	D_1 政策文件制定的经济性（权重0.2）	D101 执行成本/制定成本（权重1）
	D_2 政策文件执行的效率性（权重0.3）	D201 社会效益/执行成本（权重0.4）
		D202 经济效益/执行成本（权重0.4）
		D203 环境效益/执行成本（权重0.2）
	D_3 政策文件实施的效益性（权重0.5）	D301 管理目标实现程度（权重0.2）
		D302 社会影响目标实现程度（权重0.1）
		D303 经济影响目标实现程度（权重0.1）
		D304 环境影响目标实现程度（权重0.1）
		D305 民众对社会效果的满意度（权重0.2）
		D306 民众对经济效果的满意度（权重0.2）
		D307 民众对环境效果的满意度（权重0.1）

注：具体指标释义详见附件一，具体指标分析详见附件二。

7.5.3 指标量化方法

1. 根据统计数据的数值直接量化

定量的指标值，如经济效益，可以直接用具体数值表达，这样的指标值即根据统计数据的数值直接量化。这些直接量化的指标值获取渠道一般有公开出版物、网络、媒体和文献资料等。

2. 0、1 逻辑值

一些定性描述指标，如权限是否合法、程序是否合法等，属于"是"或"非"的二值逻辑判断，不能直接用一个具体的数值加以表达。为统一计算，这样的指标值通过赋0、1逻辑值进行标准量化。

3. 尺度分级

一些评价指标，如明确程度、满意度等，是一个程度值的表征，这样的指标属性可以用一个线性尺度来表述（图7.1）。可以根据实际需要将评价尺度划分为 m 个等级，则指标值评价结果可以量化为 $\{V_1, V_2, \cdots, V_m\}$。经验表明，评价等级划分一般不宜过粗或过细，通常取3~7，且使用的尺度在整个过程中应当保持一致，评判标准的含义则随评判等级的划分而相应确认。

例如，令 $m=5$，则 $\{V_1, V_2, V_3, V_4, V_5\} = \{好, 较好, 一般, 较差, 差\} = \{1,2,3,4,5\}$

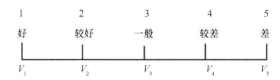

图7.1 评价指标值尺度分级量化表示图

4. 综合计分

一些评价指标,如社会关注度等,不是一个简单的数量赋值过程,其赋值过程本身需要综合考虑指标涉及影响因素的权重关系,需要区分影响因素的主次。这样的指标量化(I_{ij})是将权重(p_k)与统计数据$\left[x_{ij}(k)\right]$合成综合计分。

$$I_{ij} = \sum_{k=1}^{K} p_k x_{ij}(k)$$

以"社会关注度"指标为例,主流媒体报道、学术刊物专文、网络评论等均视为关注加分,但是这些关注点的影响系数是不等的,有各自的计分权重:主流媒体报道影响权重为 0.5,学术刊物专文影响权重为 0.3,网络评论影响权重为 0.2。假设针对评价对象的社会关注项分别为:主流媒体报道 3 次,学术刊物专文 5 篇,网络评论 10 条,则本项"社会关注度"量化指标值为

$$社会关注度 = 0.5 \times 3 + 0.3 \times 5 + 0.2 \times 10 = 5(分)$$

5. 评价结果合成方法

第一步:确定评价基准点,求出指标体系中每一指标基准点观测值I_0和评价点观测值I_1。

第二步:对比评价点、基准点的观测值,求出每一指标的运行指数。计算公式为:I_1 / I_0。需要注意的是,逆指标应先将其分子分母倒算,以转化为正指标。

第三步:通过简单平均(或加权平均)对准则层分别求取准则层指数R_i。

示例:如该准则层下有四项指标取值分别为a、b、c、d,该四项指标的权重值分别为w_1,w_2,w_3,w_4,且$w_1 + w_2 + w_3 + w_4 = 1$,则该准则层指数:

$$R = (a \cdot w_1 + b \cdot w_2 + c \cdot w_3 + d \cdot w_4)/(w_1 + w_2 + w_3 + w_4)$$

第四步:将准则层指数R_i进行简单或加权平均,以求取目标层的类指数Q_i。

$$O_i = \frac{\sum R_i w}{\sum w} \qquad (\sum w = 1)$$

示例:如该目标层下有四项准则层指数取值分别为a、b、c、d,该四项准则层指数的权重值分别为w_1,w_2,w_3,w_4,且$w_1 + w_2 + w_3 + w_4 = 1$,则该目标层指数:

$$Q = (a \cdot w_1 + b \cdot w_2 + c \cdot w_3 + d \cdot w_4)/(w_1 + w_2 + w_3 + w_4)$$

第五步:将各目标层类指数O_i再进行加权平均,以求取评价总指数$\overline{O}$:

$$\overline{O} = \frac{\sum O_i w}{\sum w} \qquad (\sum w = 1)$$

$\overline{O}$是低丘缓坡山地开发政策文件评价的综合指数,其大小总体上反映政策文件的质量、实施程度及绩效,其数值越大则表明政策越优。

第8章 低丘缓坡山地开发技术
集成综合示范

8.1 基于土地调查的低丘缓坡山地开发
三维调查集成技术示范

8.1.1 示范地点与范围

示范地点位于大理海东,范围约为 $10km^2$(图 8.1)。

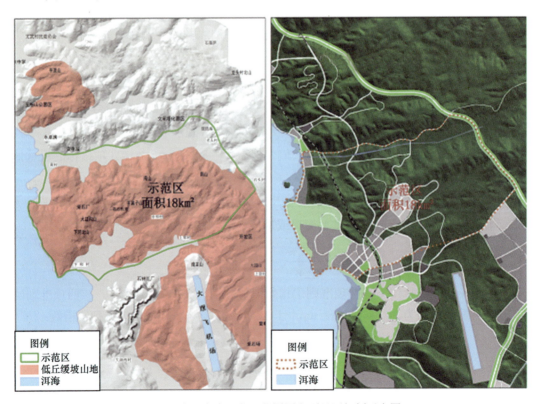

图 8.1 大理海东示范区范围图和项目区规划示意图

按照任务书要求,选择典型示范区域对低丘缓坡山地高精度无人低空航测遥感数据快速获取平台、大比例尺测图进行示范检验;对一体化三维调查装备调查性能、车载服务器多源调查数据的导入、存储、检索、导出的技术指标、多技术手段协同调查等单项技术进行示范检验、实现对技术模式的验证；在示范点参与项目组的综合集成示范；验证研究成果对项目技术、业务的支持能力，根据示范检验结果，改进技术装备、完善技术流程。

8.1.2　示范内容

1. 低丘缓坡山地高精度无人低空航测遥感数据快速获取技术

（1）低丘缓坡山地适用性无人低空航测遥感飞行平台技术。

测试无人低空航测遥感飞行平台在低丘缓坡山地的适用性、安全性和稳定性，验证航测遥感飞行作业的安全性和工作效率，实现无人低空航测遥感飞行平台在低丘缓坡山地无人机遥感数据获取方面可靠工作。

（2）低丘缓坡山地无人低空航测遥感大比例尺测图技术。

检验无人机快速成图精度，验证无人机载轻小型遥感传感器的高精度检测技术，验证无人机航测遥感数据处理的自动连接点提取、空三加密、高精度 DEM 提取和野外像控点优化布设等关键技术，最终实现无人机航测大比例尺成图。

2. 低丘缓坡山地开发移动三维调查装备技术

1）支持三维信息采集的 GPS/PDA 调查技术

验证低丘缓坡山地开发 GPS/PDA 现场调查软件在数据交换接口技术及导入、导出方面的功能，验证低丘缓坡山地开发现场调查软件的数据获取内容、数据获取精度和数据交换格式，确保系统在低丘缓坡山地的适用性。

2）改进的低丘缓坡山地近景摄影测量技术

验证改进的近景摄影测量技术及系统，测试其在低丘缓坡山地三维数据获取方面的数据精度、获取效率，完善系统。

3）多源异构数据管理技术

现场测试卫星遥感、低空遥感、地面摄影测量、车辆定位信息、GPS/PDA 等数据交换接口技术及导入、存储、检索、导出方法，验证车载多源异构数据管理软件在低丘缓坡山地开发三维调查获取方面的功能和性能。

4）三维土地利用现状数据生成技术

测试基于以往土地调查中土地利用现状数据生成技术流程，验证面向低丘缓坡山地开发规划监管的三维土地利用数据生成方法及其技术流程，验证三维调查成果对二调现状数据入库方法及软件。

3. 基于土地调查的低丘缓坡山地开发三维调查集成技术

应用集成无人机及其操控平台、发射装置、车载导航设备、车载土地调查业务服务器及网络设备、GPS/PDA 一体机的车载操控平台，发现实际问题，在示范过程中验证上述设备在狭小空间集成的问题。完善车载设备电气电子电路布局，降低电磁干扰影响。验证集成装备野外作业供电时间、各部分设备与土地调查巡查车之间的数据通信流畅程度。将系统整体装备技术基于土地调查的低丘缓坡山地开发三维调查技术应用到大理市示范区规划和建设中，实现低丘缓坡山地数据的集成获取。

8.1.3 示范过程分析

1. 示范准备工作

1）示范区实地调研，收集资料，制定了示范方案和示范计划

2014 年 5 月研究组进行了云南省大理市海东示范区的调研，重点调研了大理州国土资源局、大理市发展和改革局、大理市环保局、大理市住房和城乡建设局、大理市水务局、大理海东开发管理委员会等部分，听取了低丘缓坡山地开发的业务流程和现行管理办法，召开访谈会，向与会专家汇报了研究的基本情况和进展，听取了专家的意见，通过调研，研究组对低丘缓坡山地开发的业务和管理流程、技术现状和技术需求有了更深刻的认识。

通过对示范点的调研工作（图 8.2），完成了调研报告，制定了详细的示范方案和计划及示范技术路线，如图 8.3 所示，依据三维调查技术装备技术模式确立了三维调查技术导则的框架，低丘缓坡山地开发低空无人遥感平台在青海进行了实测和验证，GPS/PDA、多源异构数据管理等软件在江苏测试应用证明系统切实可行。

图 8.2　示范区调研

2）示范组织工作

在云南省土地整治中心和项目组的组织领导下，项目实施人员从 2015 年 5 月至 2016 年 9 月对新技术软硬件设备性能、测绘精度、技术流程等进行了全面检验和实际应用。

抽调无人机航测和地理信息系统及遥感专业的技术人员成立研究组，研究组按工作开展需要分成基础研究组、工程技术示范组，分别由相关方面的业务骨干负责，为研究示范工作的顺利开展奠定人员基础。

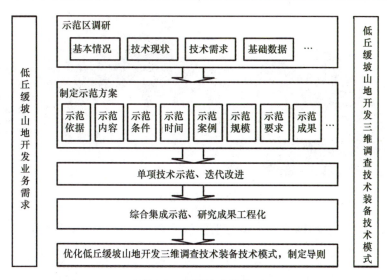

图 8.3　示范技术路线

为提高研究组成员及示范区相关人员对低丘缓坡山地开发三维调查技术及国内外相关研究进展的认知程度，加深成员对示范工作任务及相关要求的理解，多次组织研究技术培训，提高技术示范人员对示范技术的掌握能力（图 8.4～图 8.6）。

图 8.4　整体装备技术培训会

图 8.5　无人机技术培训

图 8.6　GNSS/PDA 现场核查培训

2. 低丘缓坡山地高精度无人低空航测遥感数据快速获取技术示范

利用本节开发的无人机航测遥感平台，安装轻小型大幅面数码相机，在示范区进行低空的数字摄影；在示范区布设控制点，并进行控制测量，然后进行近乎全自动化的解析空中三角测量、影像匹配、构建数字表面模型、正射影像制作等数据处理工作。

1）机载数码相机精确检校

2015 年 3 月采用高精度相机检校方法对数码相机进行室外检校（图 8.7），使相机的像素中误差达到 0.1 个像素，如此的检校精度，从遥感设备方面来说，完全满足 1∶2000 正射影像的要求。检校要素表见表 8.1。

图 8.7　相机选择及改造检校

2）航摄飞行及影像数据获取

2015 年 5 月利用无人机低空航测遥感平台，在示范区组织航摄飞行，共飞行两架次，其中测试飞行一架次、航摄作业一架次，在山地环境下顺利完成示范区及周边地区高精度遥感影像数据的获取。航摄飞行航线 16 条、飞行高度 2910m、飞行时间 2 小时 20 分钟、

表 8.1　检校要素表

序号	检校内容	检校值
1	主点 x_0	−0.16231
2	主点 y_0	−0.00365
3	焦距 f	36.17380
4	径向畸变系数 k_1	−0.000044809855046
5	径向畸变系数 k_2	0.000000137535660
6	偏心畸变系数 p_1	0.000005001127061
7	偏心畸变系数 p_2	−0.000000705477293
8	CCD 非正方形比例系数 α	0.000086218370000
9	CCD 非正交性畸变系数 β	−0.000054945664000

注：坐标原点在影像中心点。

巡航速度为 60～90km/h，无人机遥感航带规划信息见图 8.8。飞行前，必须对飞行平台、地面站监控设备、任务载荷设备、弹射装置等进行仔细的检查与调试，检查工作按照检查内容逐项进行，并进行无人机的弹射起飞和伞降回收等，图 8.9 为当时的工作场景。

整个无人机遥感过程执行《无人机航摄安全作业基本要求》（CH/Z 3001–2010），整个飞行过程共获取原始无人机遥感影像 837 张，影像分辨率达 15cm。

图 8.8　无人机飞行航线图

3）像控点外业控制测量

2015 年 6 月利用示范区内国家 C 级平面控制点，作为像控点测量的平面起算点，在测区内布设 15 个控制点（图 8.10）。经过刺点、整饰与编号后，利用 GPS 测量设备，采用 RTK 实时动态定位模式进行像控点测量，平高点对最近野外控制点的平面位置中误差不应超过地物点的 1/5；高程点对最近野外控制点的高程中误差不应超过基本等高距的 1/10。测量时每个点均要进行三次测量，每次测量时间不得少于 5 秒，对三次测量成果进行比较（互差不得大于 5cm），取平均值作为最终成果。执行《1∶500 1∶1000 1∶2000 地形图航空摄影测量外业规范》（GB 7931—2008）有关规定。像控点评价中误差为 9.2mm。

图 8.9　无人机低空遥感示范工作场景

图 8.10　外业布控

4）航摄遥感影像内业处理，制作 DOM、DEM 数据

采用中国测绘科学研究院研制的无人机航测遥感数据处理软件系统进行无人机遥感影像内业处理。无人机低空遥感影像数据处理内容包括工程管理、影像畸变差改正、空中三角测量、DEM 提取、DOM 纠正、匀光匀色、DOM 拼接、DEM/DOM 编辑、快速拼图等（图 8.11）。

DEM 完全覆盖整个示范区。经检查，DOM 影像清晰、反差适中、色彩真实饱和及色调均匀，影像无模糊、错位、扭曲、拉花，没有明显的接边印痕，没有重影，影像数据连续、无缝、具有视觉一致性，真实反映出测区的自然颜色。

示范区完整 DOM 影像 1 张、1∶2000 分幅图 14 张。经检查，DEM、DOM 数据精度优于 1∶2000，完成了项目和任务规定的要求（图 8.12～图 8.15）。

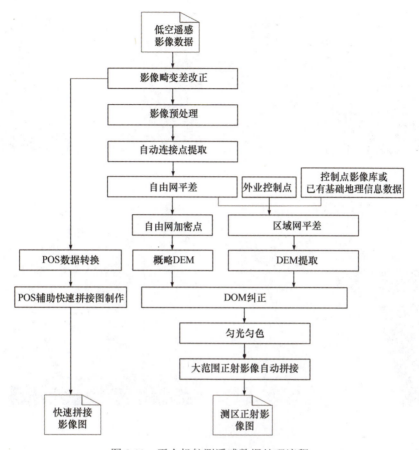

图 8.11　无人机航测遥感数据处理流程

图 8.12　获取的示范区正射影像

图 8.13 获取的原始影像（局部放大一）

图 8.14 示范区正摄影像（局部）

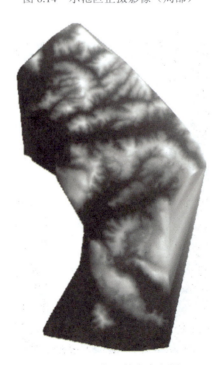

图 8.15 示范区数字高程图

3. 低丘缓坡山地开发移动三维调查装备技术

低丘缓坡山地开发移动三维调查装备技术中主要包括以下单项技术：①支持三维信息采集的 GPS/PDA 调查技术；②改进的低丘缓坡山地近景摄影测量技术；③多源异构数据管理技术；④三维土地利用现状数据生成技术。

1）支持三维信息采集的 GPS/PDA 调查技术

由前述无人机遥感获取 DOM 或者 DEM 数据后，由室内解译得到二维土地利用现状数据，针对无人机影像在山地容易发生遮挡，以及土地利用现状因树木等遮挡必须实地调查的问题，在 2016 年 8 月 1 日至 8 月 5 日针对部分图上不清晰或者地物本身遮住边界的情况进行了实地核查，共核查了 19 个地块（图 8.16）。

实地核查采用如下技术流程。

（1）采用车载多元异构数据管理软件中的遥感和矢量预处理功能对示范区已生成的无人机遥感影像和矢量数据进行预处理，得到 GPS/PDA 可以快速多分辨率渲染的地图综合成果，并导入调查 GNSS/PDA 设备中（图 8.17 和图 8.18）。

a.准备出发

b.车内预处理导入底图

c.车辆导航到达目的地

d.PDA导航到达地块

e.现场调查点一   f.现场调查点二

图 8.16 现场实地调查工作场景

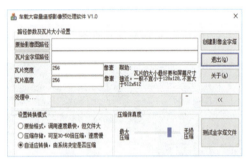

图 8.17 车载数据管理软件-影像压缩与预处理

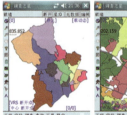

图 8.18 车载数据管理软件-矢量压缩与预处理

  采用 GNSS/PDA 实地核查,工作成果可以通过将附带高程信息图斑信息存成 shape 文件,通过存储卡导出或者直接将调查图斑通过 http 服务或者 ftp 服务上传室内。

  处理后,得到项目区 1∶2000 土地利用现状数据,如图 8.19 所示。

  (2)验证低丘缓坡山地开发 GPS/PDA 现场调查软件在数据交换接口技术及导入、导出方面的功能,验证低丘缓坡山地开发现场调查软件的数据获取内容、数据获取精度和数据交换格式,确保系统在低丘缓坡山地的适用性。

  采用轻小型无人机在测区共获取了 20km² 的无人机遥感影像,经过遥感影像拼接,针对图上影像边界不清或者由图上树林等遮挡导致地块不清楚的区域,采用 GPS/PDA

技术对其进行实地调查,完成海东开发区所在项目区 1∶2000 土地利用现状数据的调查工作,如图 8.19 所示。

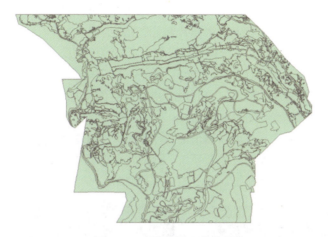

图 8.19　土地利用现状数据

2)改进的低丘缓坡山地近景摄影测量技术

2016 年 8 月 3～6 日,依据项目中研究任务五提供的滑坡监测点地理位置,采用低丘缓坡山地开发三维调查装备集成的近景摄影技术获取滑坡点地形信息(图 8.20),工作过程如下。

(1)由三维调查装备导航到滑坡点附近;

(2)采用相机人工拍摄滑坡点照片;

(3)拍摄过程中必须保证相邻的两张照片重合度大于 60%,相邻的拍摄点必须大于一定的距离,一般要大于 5m,尽量保证相邻拍摄点存在一定的夹角;

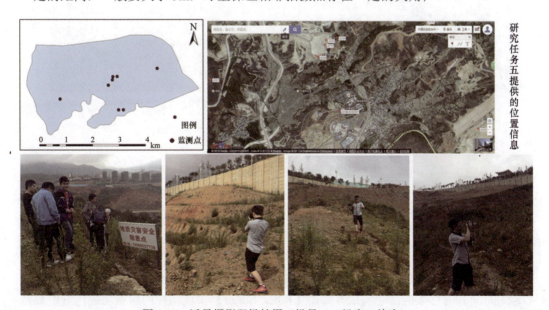

图 8.20　近景摄影现场拍摄(场景一:经度、纬度)

（4）采用 GNSS 定点后，利用全站仪非接触测量若干特征点，尽量均匀分布且能包住测量区域，采用平板电脑标记全站仪测得的特征点信息。

完成上述工作后，回内业（也可以直接在车上进行现场处理），主要做如下处理。

（1）利用近景摄影系统导入拍摄照片和标记信息；

（2）自动化检测特征点，用户可以选择特征点检测算法，也可以使用系统推荐的缺省算法；

（3）自动序列图像三维重建，得到散乱点，并且匹配标记信息得到绝对位置信息；

（4）采用支持局部降维带约束 Delaunay 三角面片构建算法得到测量区域的地形信息；

（5）在有需要的情况下，可以插值后自动生成均匀 DEM 数据。

验证改进的近景摄影测量技术及系统，测试其在低丘缓坡山地三维数据获取方面的数据精度、获取效率，完善系统（图 8.21 和图 8.22）。

图 8.21　处理后得到的地形信息和真实感渲染结果（场景一）

3）多源异构数据管理技术

现场测试卫星遥感、低空遥感、地面摄影测量、车辆定位信息、GPS/PDA 等数据交换接口技术及导入、存储、检索、导出方法，验证车载多源异构数据管理软件在低丘缓坡山地开发三维调查获取方面的功能和性能（图 8.23～图 8.26）。

单击【数据管理】图标，系统自动跳出导入、导出地图的菜单栏，单击【导入】按钮，实现多种类型数据的导入，单击【导出】按键，导出需要的数据结构类型，方便数据使用；右击"图层控制"相应的 map 属性，然后点击【Sort Ascending】或者【Sort Descending】进行数据排序，或者单击【Filter Editor】实现属性的检索功能，方便数据的查找和使用。

图 8.22　近景摄影成果（场景二）

图 8.23　车内利用多源异构数据管理软件处理数据（主界面）

图 8.24　多源异构数据管理软件（主界面）

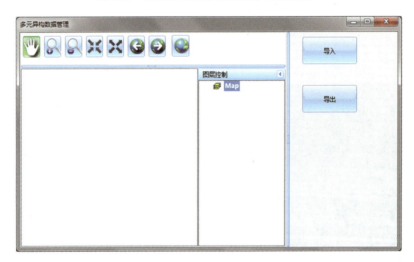

图 8.25　数据导入

图 8.26　图层信息查询

车载业务管理软件同时支持现场大容量遥感和矢量数据预处理（图 8.27），从而确保 GPS/PDA 可以在底图支持下，一次倒入后进行大范围土地实地调查。

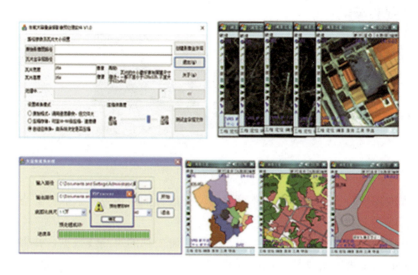

图 8.27　大底图预处理

4）三维土地利用现状数据生成技术

测试基于以往土地调查中土地利用现状数据生成技术流程，验证面向低丘缓坡山地开发规划监管的三维土地利用数据生成方法并及其技术流程，验证三维调查成果对二调现状数据入库的方法及软件。三维土地利用现状数据生成技术主要在室内处理，因此，为内业示范工作。三维土地利用现状数据生成技术流程如图 8.28 所示，具体可表达为以下内容。

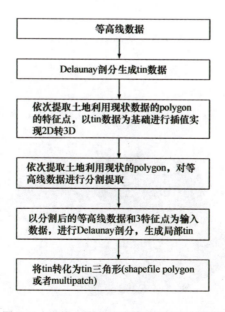

图 8.28　三维土地利用现状数据生成流程图

（1）读取 shapefile 格式文件的土地利用现状图斑和等高线文件，对全范围的等高点文件使用 Delaunay 剖分算法，以等高线为约束（提高建模精度），构建整体三维表面模型，如图 8.29 所示。

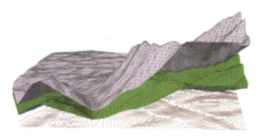

图 8.29　整体表面模型

（2）提取图斑特征点，并在整体表现模型上进行插值运算，求取特征点高程，将地类图斑特征点由二维转化为三维。

（3）使用地类图斑各边切割等高线，截取图斑内部的等高线数据，并将其保存在新建的 shapefile 文件里，作为 Delaunay 剖分的数据源之一，切割效果如图 8.30 所示。

图 8.30　等高线切割效果图

（4）将地类图斑内的等高线数据和图斑三维特征点数据作为数据源，进行 Delaunay 剖分，剖分效果如图 8.31 所示。

（5）依次重复以上步骤，直至所有地类图斑建模完成，图 8.32 是测试数据的建模整体效果图。

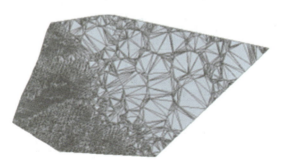

图 8.31　Delaunay 剖分结果

图 8.32　三维地类图斑多图斑展示效果

4. 基于土地调查的低丘缓坡山地开发三维调查集成技术

经过近一年的系统集成应用，通过集成无人机及其操控平台、发射装置、车载导航设备、车载土地调查业务服务器及网络设备、GPS/PDA 一体机的车载操控平台发现实际问题，在示范过程中验证上述设备在狭小空间集成的问题。完善车载设备电气电子电路布局，降低电磁干扰的影响。验证集成装备野外作业供电时间、各部分设备与土地调查巡查车之间的数据通信流畅程度。将系统整体装备技术基于土地调查的低丘缓坡山地开发三维调查技术应用到大理市示范区规划和建设中，实现低丘缓坡山地数据的集成获取。通过综合集成示范，总结并完善出以下几种总体装备的应用技术模式（图 8.33 和图 8.34）。

1）面向区域开发的较高精度土地利用数据初次调查

当原有的土地利用现状数据精度不符合区域开发的需求时有以下内容。

（1）基于无人低空航测遥感技术快速获取目标区域的 1∶2000 航空遥感影像数据。

（2）基于步骤 1 处理并得到目标区域的 DOM 数据。

（3）基于步骤 2 的 DOM 和 DLG 数据室内解译勾绘，配合 GPS/PDA 修补测与现场调绘得到不带高程、不具备精确地块面积信息的二维土地利用现状数据。

（4）开发了专门软件，基于步骤 1 的遥感影像数据和基于步骤 3 的二维土地利用现状数据，自动生成附带高程的土地利用现状数据，并且在三维空间准确计算相应地块的准确占地面积，为低丘缓坡山地开发征地补偿、政府决策等提供可靠的基础数据。

（5）基于步骤（4）提供的附带高程及精确占地面积的土地利用现状数据，依据二调数据库标准等规范，清除冗余信息，自动生成附带地块准确占地面积的可直接调入二调数据库的土地利用现状数据。

2）在已有二维土地利用现状信息前提下获取三维信息

（1）利用低空无人机获得本低丘缓坡山地的 DOM 图，由 DOM 生成等高线。

（2）开发了专门软件，基于步骤 1 的遥感影像数据和基于步骤 3 的二维土地利用现状数据，自动生成附带高程的土地利用现状数据，并且在三维空间准确计算相应地块的准确占地面积，为低丘缓坡山地开发征地补偿、政府决策等提供可靠的基础数据。

（3）将"十一五"支撑课题"精准土地调查技术系统研究"（NO.2006BAB15B01）科研成果"开挖场与滑坡体近景摄影测量技术"应用于低丘缓坡山地开发土地利用规划监测技术中，为项目中研究任务五提供小范围滑坡体区域的滑坡体高精度三维地形数据。

图 8.33　综合集成示范工作图

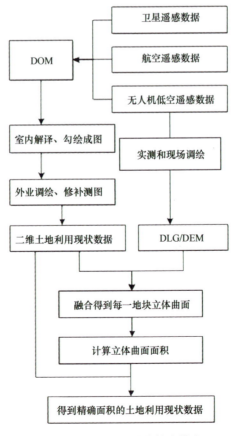

图 8.34　三维调查总体技术模式

3）基于地面近景和 GPS/PDA 实现局部三维土地利用现状数据

针对无人机遥感存在空管及人员培训要求较高的问题，在对低丘缓坡山地小区域土地利用变化的调查上，可以采用如下模式。

（1）采用地面近景摄影测量技术对变更区域进行三维建模。

（2）采用 GPS/PDA 对变更区域进行变更调查。

（3）将近景三维调查成果更新原 DEM 等三维成果。

（4）融合二维调查成果和三维成果得到三维土地利用现状成果，实现小区域的修补测。

4）基于近景摄影测量技术获取低丘缓坡山地开发土地利用规划监测所需的 DEM 数据

（1）采用地面摄影获取滑坡体的多个视角的序列图像。

（2）通过序列图像三维重建得到滑坡体三维数据。

（3）生成 DEM 数据，服务于低丘缓坡山地开发土地利用规划监测技术中，为项目中研究任务五提供小范围滑坡体区域的滑坡体高精度三维地形数据。

本节的三维调查技术与以往的土地利用现状调查和三维地形测量的差别在于：

（1）以往的土地调查多基于遥感 DOM 数据生成二维土地利用现状数据，生成的土地利用现状数据缺乏高程信息，适用于平原地区的土地利用现状的表达，但该方法在表达低丘缓坡山地或者山地区域时，其计算出的面积只是立体面的平面投影面积值，限制其使用。

（2）以往的三维地形测量主要用于获取 DLG 等基础地理信息，但其高程信息未与土地利用现状信息融合。

（3）提出的三维调查技术针对低丘缓坡山地开发对基础地理信息与土地利用现状数据的信息需求，基于无人机低空遥感得到 DLG/DOM 等基础地理信息，基于以往土地调查的技术流程，利用 DOM 数据和 GPS/PDA 修补测得不带高程面积信息不精确的二维土地利用现状数据，通过融合基础地理信息与二维土地利用现状信息得到具有精确面积信息且附带高程的三维土地利用现状信息（或附带精确面积信息，可以直接二调入库的二维土地利用现状数据）。

5. 示范目标实现状况和取得成果的分析

通过单项技术示范、集成示范，完成了任务书规定的工作目标，验证了低丘缓坡山地开发三维调查集成技术系统设备的性能、技术指标，并取得了相关的测试数据资料，为技术装备的进一步完善提高提供了实测数据；获取了示范区 DOM 和 DEM 数据、土地现状数据、局部地区三维数据、三维土地利用现状数据，证明本成果的适用性，为其他研究提供了所需要的数据资料（表 8.2）。

通过技术示范，形成如下示范结论。

（1）装备以车位运输和导航载体、工作空间，多种调查手段协同工作，可高精度、快速、全覆盖获取基础地理信息和土地利用信息，可有力支撑低丘缓坡山地开发。

（2）三维调查技术装备的三维地形信息获取能力，用无人机获取较大范围的地形信息，用近景摄影地面遥感技术非接触式获取小范围三维地形信息，前者快捷全覆盖，而后者使用安全、成本低廉，可用于土地整治过程监测、土方量测量、滑坡监测等多种应用场合。

（3）低丘缓坡适用无人机可实现低丘缓坡"去不了、不给去、不能去"地带土地信息的非接触式获取，还可以用于土地执法监察和土地督察等业务，实现土地违法的早发现和早查处，有力震慑土地违法行为。

（4）三维土地利用现状数据模型可实现土地利用历史信息的回溯，解决由不同测量方式导致的数据不一致的矛盾，有助于建设和谐社会。

（5）高维土地信息天空地一体获取、融合、更新与虚拟交互。

（6）自动化、智能化的土地实地调查监测技术。

表 8.2　技术成果示范评价

技术类别	示范技术	成果分析
单项技术	低丘缓坡山地高精度无人低空航测遥感平台技术	经过示范应用，验证了无人机航测遥感平台在高海波、低丘缓坡山地的设备的性能和技术指标，研发的设备完全适用于低丘缓坡地形地貌和在气象条件下应用
	低丘缓坡山地无人低空航测遥感大比例尺测图技术	利用无人机低空航测遥感设备获取示范区影像数据，经过数据处理形成 DOM、DEM 数据，成果精度优于 1∶2000，满足任务书要求
	支持三维信息采集的 GPS/PDA 调查技术	可以满足无人机或者卫星遥感受遮挡或者地物本身存在相互遮挡情况下的土地调查问题，并直接支持三维坐标测量
	改进的低丘缓坡山地近景摄影测量技术	可以快速测量土方量，进行工程量估算；可以快速、低成本测量区域三维信息
	多源异构数据管理技术	可以有效管理车内业务数据、无人机遥感获取数据、GNSS/PDA 现场数据，并且可以相互对比，发现可疑土地违法，及时发现，及早查出
	三维土地利用现状数据生成技术	可以提高我国国土资源管理水平，可以更好地支持低丘缓坡山地开发
集成技术	基于土地调查的低丘缓坡山地开发三维调查集成技术	快速、全覆盖获取低丘缓坡山地利用信息

8.1.4　示范成果总结

示范成果主要包括示范区 DOM、示范区 DEM 及等高线数字地形图、土地利用现状数据、三维土地利用现状数据、局部地区的三维信息。

1. 示范区 DOM

示范区 25 余平方千米，1 张完整的 DOM 影像、14 张 1∶2000 分幅图，成果精度优于 1∶2000，如图 8.35 所示。

2. 示范区 DEM 及等高线数字地形图

示范区 10 余平方千米完整的 DEM 数据一套，成果精度优于 1∶2000，如图 8.36

所示，图 8.37 为等高线成果放大图。

3. 土地利用现状数据

图 8.38 为 1∶2000 示范区土地利用现状数据（共 1064 个图斑，覆盖范围：25.657544º～25.707014ºN，100.265189º～100.350914ºE，总面积约为 28.56km²）。图 8.39 为和无人机遥感影像叠加的土地利用现状数据。

图 8.35　1∶2000 DEM 成果（约 25km²，左）及局部放大图（右）

图 8.36　1∶2000 DEM 成果及等高线数字地形图成果

a.等高线数字地形图(局部低比例放大)

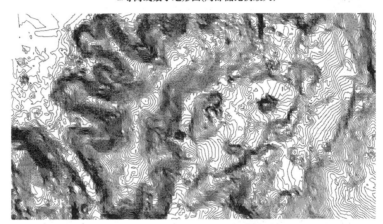

b.等高线数字地形图(局部中比例放大)

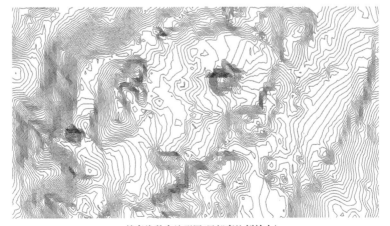

c.等高线数字地形图(局部高比例放大)

图 8.37 等高线成果放大图

图 8.38 1∶2000 示范区土地利用现状数据

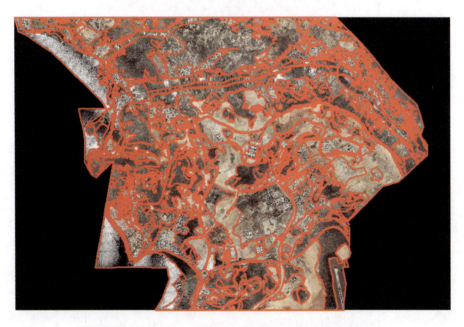

图 8.39 和无人机遥感影像叠加的土地利用现状数据

4. 三维土地利用现状数据

基于土地利用现状数据和 DEM 数据生成了示范区三维土地利用现状数据成果，如图 8.40～图 8.44 所示。

低丘缓坡山地开发土地规划与监管技术研究

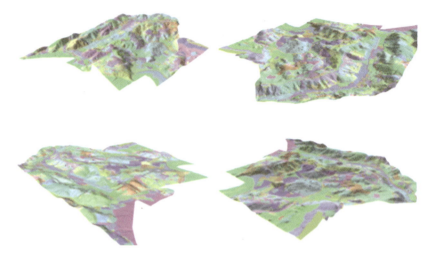

图 8.40　示范区三维土地利用现状图（全部）

图 8.41　示范区三维土地利用现状图（局部放大 1）

图 8.42　示范区三维土地利用现状图（局部放大 2）

图 8.43　示范区三维土地利用现状图（局部放大 3）

图 8.44　示范区三维土地利用现状图（局部放大 4）

5. 局部地区的三维信息

局部地区的三维信息如图 8.45 和图 8.46 所示。

图 8.45　近景摄影测量点 1——地形图成果

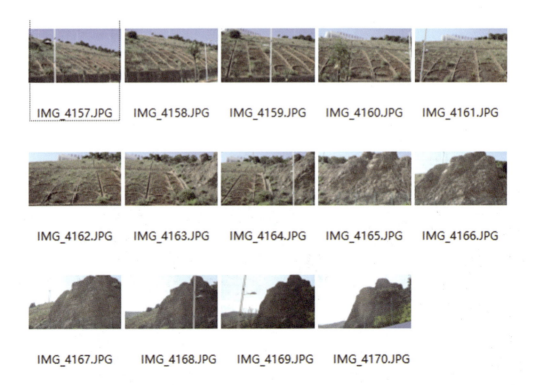

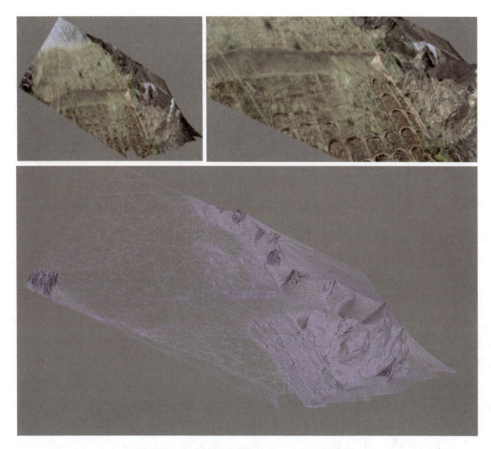

图 8.46　近景摄影测量点 2——地形图成果

8.2　低丘缓坡项目区建设开发生态适宜性评价技术示范

8.2.1　示范过程分析

1. 项目区开发建设生态适宜性评价

　　本次示范围绕开发前的生态限制及开发后的生态影响开展项目区建设开发生态适宜性评价，明确开发适宜性等级及其空间分布，并选取最适宜等级作为拟开发区域；同时，结合土地利用现状，分析拟开发建设面积比例和开发建设的生态影响，判定项目区不同地块开发建设的先后时序。

　　项目区开发前主要关注自然本底条件的限制性，限制越大，适宜性越低。从地质、地貌、自然灾害 3 个方面构建开发前生态限制的评价指标体系，如表 8.3 所示，并根据其对建设开发的限制性程度区分出弹性指标和刚性指标，分别予以等级划分或二值划分，其中，等级划分中评价等级越高，限制性越弱，适宜性越强；在二值划分中，0 表示绝对受限、开发不适宜，1 则表示适宜开发。

表 8.3 项目区开发前限制性评价指标体系

目标层	准则层	因子层	因子性质	权重
开发限制性	地质条件	地基承载力	弹性	0.115
		矿产压覆	刚性	
	地貌形态	坡度	弹性	0.198
		高程	弹性	0.117
		地面曲率	弹性	0.117
	自然灾害	与滑坡点距离	弹性	0.161
		与断裂带距离	弹性	0.161
		水土流失程度	弹性	0.131

具体而言，地质条件包括地基承载力和矿产压覆两个方面，分别为弹性指标和刚性指标。囿于岩石种类、岩层厚度、风化程度及土壤类型的空间变异特征和可获取数据精度，本节对项目区地基承载力暂做均质化处理。基于大理市矿产资源勘查情况，项目区内无矿产压覆，因而对与此对应的限制性因子赋值为 1。

地貌形态包括坡度、高程和地面曲率，全部为弹性指标，均采用自然断点法将其分为 1～5 级。海拔越低、坡度越小、地面曲率越小，等级越高，限制性越弱，生态越适宜。

自然灾害包括与滑坡点距离、与断裂带距离、水土流失程度 3 个方面，全部为弹性指标，采用自然断点法将其分为 1～5 级。与滑坡点和断裂带距离越远、水土流失程度越低，等级越高，限制性越弱，生态越适宜。

采用 AHP 获取各具体指标权重，得到基于开发限制性的项目区开发建设生态适宜性评价结果，并采用自然断点法，将生态适宜性划分为 5 级，由高到低分别代表优先开发、适度开发、潜在开发、限制开发、禁止开发 5 种生态适宜性类型区。

以上完成了开发前的生态限制性分析，进一步评价开发建设的生态影响。由于大理市地处滇西北这一全球生物多样性热点区域，在开发建设中需要保障动植物自然栖息地不减少，生境质量不下降；同时，研究区内开发建设导致的水土流失不可忽视。因此，选择生物多样性、土壤保持、水源涵养开展生态系统服务评价，明确研究区主要生态系统服务空间分布格局，生态系统服务等级越高，生态重要性越高，如表 8.4 所示。开发后的生态系统服务评价主要是假设生态限制性评价中的优先开发区全部转化为建设用地，将该部分土地的生态系统服务（由生物多样性、土壤保持、水源涵养等权重相加表示）赋值为零的估算。进而，建设开发的生态影响或生态（系统服务）损耗即为开发前后项目区生态系统服务差值。开发后的生态损耗分为 5 级，级别越高，损耗越大。

基于谢高地等对生态系统单位面积维持生物多样性服务当量的估算结果，评价不同生态系统类型的生物多样性保护的相对重要性：建设用地生物多样性保护重要性最低，其次为未利用地、耕地、园地、草地、水域，林地生物多样性保护重要性最高。结合石培礼等对长江上游地区主要植被类型综合蓄水能力的估算结果，按照植被类型进行水源涵养能力相对重要性评价，重要性等级越高，水源涵养服务等级越高；水源涵养服务重要性由低到高分别为第 1 级非林地，第 2 级未成林造地、无立木林、苗圃地、牧地、农地、宜林地，第 3 级灌木林、经济林、疏林，第 4 级柏类、杉类、松类，第 5 级阔叶类、竹林和水域。土壤保持重要性的评价采用修正土壤流失方程（revised universal soil loss equation，RUSLE），综合土壤类型、降水、地形、土地利用和植被覆盖 5 个指标，得到土壤可蚀性因子 K，降雨侵蚀力因子 R，地形因子 LS，水土保持措施因子 P 和植被覆盖因子 C，分别计算潜在土壤侵蚀量和实际土壤侵蚀量，两者的差值即为土壤保持量；土壤保持量越大，其土壤保持重要性等级越高。综合生态重要性由各指标等权加和得到。

表 8.4　项目区开发后生态影响评价指标体系

目标层	准则层	因子层	因子性质
假设开发情景下项目区	生态系统服务	生物多样性	弹性
		土壤保持	弹性
		水源涵养	弹性
未开发情景下项目区	生态系统服务	生物多样性	弹性
		土壤保持	弹性
		水源涵养	弹性

继而，基于项目区土地利用现状图斑，分别统计各地块中拟开发建设用地面积比例（由开发前限制性评价得到）及地均生态损耗（由开发后生态系统服务影响得到），两者等权加和即表征建设开发生态适宜性，其结果按自然断点法分为 5 级。同时，为避免图斑过于破碎化，在 ArcGIS 平台上采用 Eliminate 工具，将面积小于 0.5hm² 的小图斑融合至与其共用最长边的相邻较大图斑中，得到最终的山地开发建设生态适宜性等级空间格局。建设用地开发面积比例越大、地均生态损耗越小，开发优先级越高。

2. 高光谱测量对比

本节首先基于典型地物高光谱信息采集目标，对研究区内外的植被展开了分层采样。在示范区海东新区约 30km² 的面积中，对林地、灌丛和草地的实地采样数量分别为54 个、67 个和 39 个；在示范区外，对林地、灌丛和草地的实地采集对照样本数量分别为 27 个、32 个和 29 个。然后，基于采集的高光谱数据开展植物参数的遥感反演，主要包括 NDVI、叶绿素含量和叶面积指数 3 个反映植被活力状况的参数。最后，通过比较示范区内外不同地物的 NDVI、叶绿素含量和叶面积指数的差异显著性，来分析低丘缓坡山地开发对植被的影响。此部分技术路线如图 8.47 所示。

8.2.2　示范目标实现状况和取得成果的分析

1. 项目区开发建设生态适宜性评价

综合地质、地貌、地质灾害 3 个因子开展开发前限制性评价（图 8.48），等级越高，生态适宜性越强，越优先开发。基于自然断点法的 1～5 级评价结果由低到高依次表示禁止开发区、限制开发区、潜在开发区、适度开发区、优先开发区。其中，优先开发区主要分布于研究区西北部及西南部，占总面积的 21.87%；该区域地势平坦、海拔较低，且与灾害点与断裂带距离远，水土流失程度较低，总体适宜进行优先建设。禁止开发区主要位于研究区东部地区，占总面积为 10.69%，该区除海拔较高以外，地质灾害发生的可能性较大，所以不适宜进行开发建设（图 8.49）。

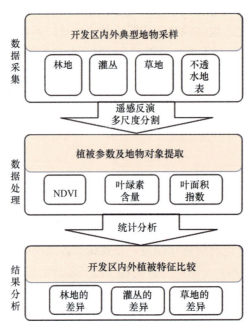

图 8.47   高光谱测量对比技术路线

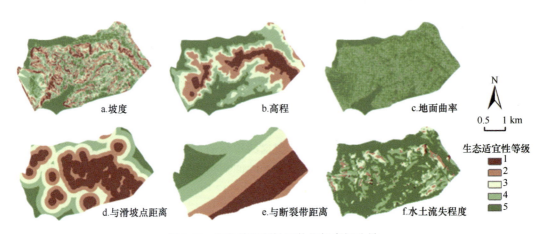

图 8.48   开发前限制性评价指标空间分异

对比开发情景和未开发情景下生物多样性、水源涵养、土壤保持三项生态系统服务的变化（图 8.50～图 8.52），得到开发后综合生态影响；开发前限制性评价结果的分段区间也分为 1～5 级，分级越高，生态功能损耗越大。其中水源涵养服务在开发前后差异较小（图 8.50），生物多样性及土壤保持在西北部与西南部削减幅度大（图 8.51～图 8.52），综合生态功能损耗高值区则主要位于研究区西部（图 8.53）。

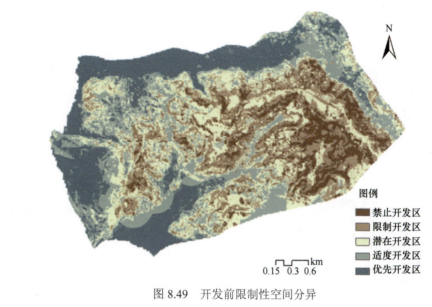

图 8.49　开发前限制性空间分异

图 8.50　开发前后水源涵养服务变化

　　基于拟开发面积比例和生态损耗均值得到综合的建设开发生态适宜性，进而判定开发时序，生态适宜性越强，则越优先开发。最终项目区分为一级、二级、三级、四级、五级优先区和非开发区，共 6 类，如图 8.54 所示。优先级高值区位于南部的未利用地、裸地、水浇地及旱地，低值区位于西北部的水浇地、水田、林地。

2. 高光谱测量对比结果

　　高光谱测量分析以大理市海东新区低丘缓坡山地项目开发区林地、灌丛和草地三种下垫面植被类型作为研究对象，采用高光谱监测所得结果获取 NDVI、叶绿素密度（CCD）和叶面积指数（LAI）作为植被生长状况的表征。通过独立样本 t 检验分析开发区内、外植被生长状况的差异性，评估大理市海东新区低丘缓坡山地项目开发对当地植被生长状况的影响。林地、灌丛、草地的开发区内样本点分别选取 54 个、67 个、39 个，开发区外对应参考点分别为 27 个、32 个、29 个。对比分析发现以下结果。

图 8.51　开发前后生物多样性服务

图 8.52　开发前后土壤保持服务变化

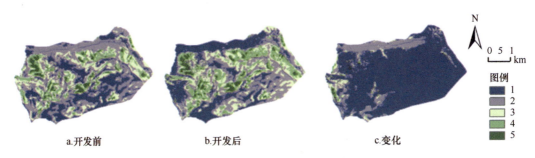

图 8.53　开发前后生态系统服务变化

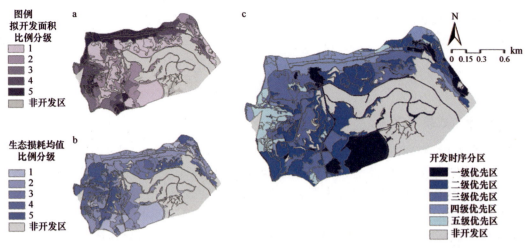

图 8.54　开发时序及分区

（1）开发区内、外林地 NDVI 基本相当，并不存在显著性差异；对于叶绿素含量而言，开发区内林地 CCD 显著高于开发区外；开发区内林地 LAI 高于开发区外，但是没有通过显著性检验。总体而言，开发区内林地生长状况略好于开发区外，但是仅 CCD 达到显著水平。

（2）开发区外灌丛 NDVI 大于开发区内，但是没有通过显著性检验；而与之相反的是，开发区内灌丛 CCD、LAI 均大于开发区外，但是同样没有通过显著性检验。总体而言，开发区内、外灌丛生长状况基本相似，没有显著差异。

（3）开发区外草地 NDVI、CCD 和 LAI 大于开发区内，意味着开发区外草地生长状况好于开发区内，但是并没有通过显著性检验。

综上所述，大理市海东新区低丘缓坡山地项目开发区内林地生长状况基本略好于开发区外，尽管有些并没有通过显著性检验。这与开发区内、外物种差异有一定的关系。此外，开发区内尽管在开发的同时可能伴随着一定的植被破坏，但是灌溉等一些管理、保护措施在一定程度又促进了植被的维持与生长，因此，可能出现开发区内林地的生长状况略好于开发区外的现象。

开发区内、外灌丛的生长状况基本相似，尽管开发力度的增大在一定程度上对原有灌丛生长带来了一定的破坏，但是在开发区内，人为管理措施的增加会使得开发区内的灌丛更好地生长，因此，开发区内、外灌丛的生长状况并无显著差异。

很显然，开发区开发过程中对草地的影响还是比较关键的，研究结果发现开发区内草地生长状况比开发区外差，尽管没有通过显著性检验。在开发过程中，因为开发需要占用大量土地，低矮的草地是最易受到破坏的一种下垫面类型，加之本身的脆弱性，其受开发的影响极为强烈。而开发区内的植被管理当前仍较为关注乔木、灌木等立木生长，尚未对草地的管理重视，两个方面的原因导致开发区内的草地生长状况逐步下降，低于开发区外。

因此，大理市海东新区低丘缓坡山地项目开发区开发过程中，虽然原有植被类型受到了一定程度的影响，但是相应的管理、保护措施力度的加大保障了植被，尤其是乔木、灌木的生长。而在后续开发建设过程中应当继续加大对植被的保护和管理力度，特别是对草地的管护。

8.2.3　示范成果总结

1. 示范成果简介

山地城市面临城镇化与生态保护的双重压力，低丘缓坡山地建设开发迫在眉睫。基于低丘缓坡山地生态脆弱、地质灾害易发的特点，建设开发生态适宜性评价应同时关注开发前的生态限制和开发后的生态影响。本次示范围绕地质、地貌、自然灾害 3 个方面开展开发前的生态限制性评价，运用 RUSLE 等多种模型评估开发后的生态影响，得到生态适宜性等级的综合评价结果，并选取最适宜的开发等级设定为拟开发地块；同时结合土地利用现状，对比拟开发建设面积比例和地均生态损耗，判定项目区开发建设的时序。

研究结果表明，基于开发前生态限制性评价所识别出的优先开发区主要分布于项目区西北部及西南部，该区域地势平坦、海拔较低，且与灾害点和断裂带距离远，水土流失程度较低，总体适宜进行优先建设。禁止开发区主要位于东部地区，该区除海拔较高以外，地质灾害发生的可能性较大，不适宜大规模开发建设。开发后综合生态损失最大的区域位于示范项目区西部，即项目区洱海东路段。基于项目区开发时序的优先级高值区主要位于北部及南部的未利用地、裸地、水浇地及旱地，低值区则位于西部及中部的林地、草地、科教用地、工业用地等。

由高光谱测量对比分析可知，对于林地而言，由于灌溉、管理和保护措施较好，开发区内林地生长状况略好于开发区外；对灌丛而言，开发中其遭到一定破坏，但是管理力度加强，使得灌丛在开发区内、外生长状况基本相似，没有显著差异；对于草地而言，开发过程占用大量土地，而草地属于极易受破坏的下垫面类型，因此，高强度开发使得开发区外草地生长状况好于开发区内。今后，在开发过程中应当继续加大植被保护和管理的力度，特别是对草地的管护。

2. 示范创新性

从开发前的生态限制和开发后的生态影响两个方面探究开发建设的生态适宜性程度，从而判定项目开发建设时序，并基于高光谱测量及分析，探讨低丘缓坡山地开发对项目区内外植被的生态影响。

3. 示范应用前景及效益

通过在示范区进行山地开发生态适宜性评价，为山地开发生态适宜性评价方法的应用提供具体的范例和成果展示；基于研究及示范成果总结形成《低丘缓坡山地开发生态适宜性评价技术导则》（征求意见稿），可具体指导山地开发的生态适宜性评价实践；同时形成软件著作权，以可推广的实用化技术形式实现社会共享，直接面向政府的土地管理部门工作人员和研究人员，便于其进行山地开发生态阻力评价的综合分析并制图，为决策者提供有力的技术与数据支撑,并最终服务于云南省约 1813.3 万 hm² 的低丘缓坡山地资源的合理开发建设。

基于研究及示范成果,占云南省土地面积 47.3%的低丘缓坡山地资源在建设实施前开展山地开发生态适宜性评价,能够使建设选址尽可能避开高地质灾害风险、生态风险区,从而避免或减少开发建设可能因灾承受的经济损失,并减少对自然生态系统的损害,从而形成山地开发生态适宜性评价较高的经济效益。

山地开发生态适宜性评价技术的研发还可以满足云南省各级城市规划及土地利用规划编制的需要,对云南省山区实现协调发展、生态先行战略起着保驾护航的作用,也是山地城镇人居环境改善、城乡协调发展、社会系统稳定的重要科技支撑体系。2011国土资源部下发《低丘缓坡荒滩等未利用土地开发利用试点工作指导意见》,支持 9 个低丘缓坡山地资源丰富的省份先期开展低丘缓坡山地综合开发试点工作,云南省是唯一全省试点的省份。山地开发生态适宜性评价的研究和示范通过对山地开发范围、程度的指导,能有效减少新建山地城镇社会和人口受灾的可能性,并在我国其他省份低丘缓坡山地的建设开发方面形成典型性与示范性作用,因而具有巨大的社会效益。

8.3 低丘缓坡山地项目区土地立体规划技术示范

8.3.1 示范过程分析

示范在确定示范区域,收集示范区域基础资料,衔接研究任务一、研究任务二的研究成果的基础上,根据示范依据,开展示范工作。示范工作的主体内容为示范区土地立体规划的编制,示范的主要过程即规划的整个编制过程及通过规划方案对导则和技术方法的反馈。

在示范区土地立体规划方法的编制中,主要以导则为依据,对导则内容的落实及验证主要包括以下内容。

1. 项目区选址及用地布局

在导则中提炼了山地城镇项目区选址的原则及适应性条件,提出了尊重山体原生基底,保留已有山形脉络、山水格局等生态特征,结合景观视廊、制高点、俯瞰点、地标建(构)筑物,控制区域天际轮廓线。同时,导则提出了山地城镇建设用地空间增长边界管理的技术和要求。示范区规划在规划策略的提出、规划构思部分严格遵循了导则的要求。此外,示范区规划在建筑布局、土地利用规划方面也落实了导则提出的各主要类型用地布局要求。

2. 山地开发立体规划主要控制指标的验证及反馈

根据山地区域土地立体开发的实际要求,兼顾控制指标的实用性和可操作性,在导则中设置了山地开发立体规划主要控制指标,包括土地使用控制、土地开发强度控制、建筑建造控制、用地竖向控制、生态环保基础设施用地控制、居住区用地控制等方面。

在示范区规划中，在土地利用规划、建筑布局、场地竖向规划、道路交通规划、管线综合规划、生态环境保护规划等方面都验证了导则提出的控制指标及要求，局部地区道路纵坡控制受实际地形限制，在实际验证的情况下对导则的控制指标做了适当调整。

3. 山地城镇土地集约利用

在导则中提出山地区域建设用地布局总体上应采取"疏密有序"的形式，在基础条件较好的地段应适当加大土地利用强度，实现土地的集约利用。强调配套设施叠建、地下空间开发，以及立体交通系统的运用。在示范区域规划中，紧扣了这些要求，在山地空间纵向的用地布局、道路交通组织，以及微观的建筑立体利用方面，都得以体现用地的集约性及山地立体用地空间的挖掘。主要参看规划说明中的规划构思、总体布局规划及道路交通组织部分。

4. 山地城镇建设用地的竖向控制

前述理论研究突出山地立体规划的差异性及特殊要求，导则中明确了山地城镇建设用地的竖向控制原则、场地平整要求、道路与交通用地的安排、山地立体绿化的技术，在示范区规划方案场地竖向规划、道路布局、道路竖向规划、立体景观规划部分得以体现。

5. 生态及环境基础设施建设

在导则中提出构建生态良好的土地利用格局，从城市绿线控制、公共绿地建设、绿化廊道建设等方面保护和构建生态基础设施，提出了不同建设类型区域绿地控制标准；对生活垃圾填埋场等环境基础建设也提出了要求。在示范区立体规划方案设计过程中，落实了相应的目标及指标要求。

此外，山地居住区用地规划、工业用地规划部分还同时参考了研究任务四产业目录等相关研究成果。示范区在土地立体规划编制过程中，开展了示范成果与其他示范的衔接调整工作，方案的编制以研究任务三《低丘缓坡山地开发土地立体规划技术导则》（建议稿）为主要依据，结合示范区示范反馈信息，开展了立体规划相关技术的调整、优化，并对导则初稿进行了完善。

8.3.2　示范目标实现状况和取得成果的分析

该示范在衔接研究任务一、研究任务二资料及示范成果的基础上，将《低丘缓坡山地开发土地立体规划技术研究》中研究得出的立体规划技术要求及导则落实于项目区立体规划上。立体规划方案尊重了山地区域地形地貌、生态环境等特征，突出了山地土地立体利用的技术和方法，实现了生境约束下山地建设开发土地利用优化配置，并运用三维 GIS、Sketch Up 三维建模等手段对山地城镇空间结构与发展形态、土地利用布局方案的立体空间格局进行展示，实现低丘缓坡山地开发土地利用规划从二维到三维、从扁平到立体的示范应用。通过规划方案的编制，初步验证了前述理论研究结论的合理性。规划方案的完成可以体现立体规划技术研究为山地城镇建设提供理论支持和技术保障，在提高山地利用、立体空间开发、保护生态环境方面有着积极的意义。研究成果具有山地开发建设的普适性，可为国内其他地区低丘缓坡山地的开发提供典型示范。

8.3.3　示范过程中遇到的问题和解决情况分析

1. 示范项目区选址的协调问题

示范项目区选址关系到示范能否落实，也关系到示范的质量。所以项目区尺度的土地立体规划示范项目区的选择遇到了不同的问题，经历了反复的推敲。具体考虑的主要因素参见"示范地点"部分详述。

2. 示范过程中导则的落实及反馈修改问题

示范过程中，在逐条落实导则中提出的要求及技术方法的过程中，由于山地区域地形地貌的特殊性，以及生态环境、地质条件等限制性，部分区域规划存在较大的局限，甚至导则要求无法实现；同时，也出现导则建议稿中提出的控制标准在个别区域无法实现的问题。示范方案设计团队认真逐条讨论遇到的问题，再次深入调研示范区域基本情况，咨询有丰富经验的山地城镇规划建设工程师，最终选取确定适宜的规划方案，并对导则及技术方法不合理的地方做出修改，对控制指标做出完善。

8.3.4　示范成果简介

1. 示范项目区基本情况

该区域位于大理海东新城中心区东部区域，北起上和街，南靠云海路，西临天镜路，东至天秀路，规划面积为 154.32hm^2。

2. 示范项目区基地条件分析

1）区位条件

规划区位于大理海东新城中心区东部区域，南侧紧靠上登工业园区。

2）交通条件

目前，规划区内正处于待开发状态，区内除部分乡村道路、山林防火道外，其他规划道路均未形成。根据上层控规道路布局，本规划区可通过天镜路与海东核心区、大理现状城区进行高效、便捷的联系，通过天秀路与大丽高速进行零距离对接，通过云海路与大理机场无缝连接。因此，规划区将拥有对外畅通便捷，对内高效联动的交通优势。

3）现状建设情况

规划区内的用地现状基本处于原始状态，大部用地为荒置山林地，沿水系区域分布有少量农田、果园用地。

4）现状地形特征

（1）场地高程特征。项目区呈现典型的"冲沟+山体"指状特征，其受多条纵横交错的冲沟影响，被划分为多个空间形态不一的地块。项目区整体上地势呈东高西低、南高北低的特点，高程在 2010～2195m，最大高差达到 185m 左右。其中最高标高位于项目区东南角，天秀路和云海路交叉口的山头上，海拔为 2194.74m，最低点位于项目区西北角，上和街和天镜路交叉口处，海拔为 2010.76m。

（2）场地坡度特征。基地坡度复杂，呈现山顶和山沟平缓、山腰坡度陡峭的特点。在基地内建设条件较好、坡度在 25%以下的用地面积不足基地总面积的 40%，大部分用地坡度在 25%以上，属于不适合城市开发建设区。因此，本规划亟须结合场地坡度与开发强度关联研究，合理提出不同地块的开发建设理念，促进基地开发建设的生态性、合理性，保证整体城市形态的控制和引导。规划根据用地建设的难易程度，可将用地坡度总体划分为 4 个等级：坡度<8°，坡度 8°～15°，坡度 15°～25°，坡度>25°。具体详见表 8.5。

表 8.5　用地坡度划分标准

坡度属性	评价标准
<8°	地势平坦，建设难度低，不需要经过处理
8°～15°	地势较平坦，建设难度中等，只需要稍做处理
15°～25°	地势不平坦，建设难度中等，需要经过特殊处理才可以建设利用
>25°	地势陡峭，建设难度高，尽量不作为建设用地考虑

（3）场地坡向特征。坡向主要分为北向、东北向、东向、东南向、南向、西南向、西向、西北向 8 个。由于基地被 5 条东西向山脊所分割，南向坡和北向坡基本相当，西坡多于东坡，有利于海景视线的保证，以及对城市景观环境的最大化利用。

3. 示范项目区规划的目标及原则

1）规划目标

充分利用所具有的自然条件、区位条件与交通条件，抓住大理市经济发展的良好契机，面向 21 世纪，坚持高起点、高标准、高水平要求，将该示范区建设成为环境优美、功能合理、交通有序的山地城市新区，成为名副其实的展示大理新形象的窗口。

（1）高效能的基础设施。基础设施不仅要齐全，而且要做到安全、高效、可靠，建设现代化高效能的通信设施和协调的道路交通系统，建设高效能的上下水、清洁能源供应、消防及垃圾回收加工等市政设施。

（2）高质量的生态环境。加强绿化，保护生态环境，充分利用原有地形地貌，排除地质灾害隐患。

（3）高品质的物质形态环境。功能与形态并重，合理进行功能组合与用地布局，塑造富有特色的形态环境，构造一个空间层次丰富、具有时代感的行政中心和城市新区。

（4）高水平的规划管理。加强山地城镇建设的建设管理，合理确定土地利用率，统一规划，增加弹性和应变力，建立完善的管理中心和技术服务中心。

2）规划原则

（1）重视城市自然、人文特色的动态延续性。努力适应当地自然环境、历史文脉及市民生活模式，使其融汇在大理的大环境中，成为城市的有机组成部分。重视建筑体量、色彩及空间关系与周围环境的协调，充分结合原有地形、地貌等自然景观资源，创造出一个富有自然、人文特色的城市环境。

（2）注重规划设计方案的经济可行性。满足行政办公建筑和住宅的舒适性、安全性、耐久性和经济性。创造一个布局合理、功能齐备、交通便捷、环境优美的山地城市新区。

（3）加强空间领域限定。充分考虑人车分流，消除人车混行的不安全因素。按照空间的不同属性和人的行为逻辑规律，将用地分成不同的空间序列，并通过各入口标志性建筑和标志性景观进一步加强空间的领域感和归属感。

（4）留有改造余地，增强可持续性。坚持可持续发展原则，按照动态体系进行规划。注意采用具有灵活性和可改性的技术处理方法，在建设中留有发展余地，在道路、停车位等方面做前瞻性的策略布置，使规划具有弹性，做到宏观可控，微观可调。

（5）坚持以人为本和生态环境安全原则。坚持以人为本，创造舒适、优美、卫生、安宁的工作和生活环境。规划的用地布局及空间组织以人的需求为依据，充分考虑人的可达性、便捷性及舒适性，做到以人为本，为人服务。对地质灾害和生态安全隐患点进行认真排查，采用生态和工程措施确保生态环境安全。在满足日照、采光和通风的基础上，着重进行绿化景观规划，最大限度接近自然、享受自然，保证市民的身心健康。

（6）符合统一规划、合理布局、因地制宜、分期开发、配套建设的原则。规划立足实际，面向未来，按照高起点、高质量、高标准的原则进行合理分区和功能布局。正确处理规划中社会效益与经济效益、超前性与操作性之间的关系，实现自然景观与人文景观、时代特色与地方特色、近期与远期的有机结合。

8.3.5　示范成果总结

1. 示范成果简介

本研究示范面向低丘缓坡山地城镇建设的土地规划对立体空间和三维信息需求，在衔接研究任务一、研究任务二基础资料及示范成果的基础上，将研究任务三研究和提炼的技术方法、导则、标准应用于项目区尺度的地域空间上，基于山地地形地貌的特殊性和山地开发生态约束条件的差异性，针对城镇、工业两种主要开发类型，通过规划实际的操作，落实导则中提炼的技术方法，进一步论证导则中确定的指标及参数的合理性。

在示范区土地立体规划方法的编制中，对导则内容的落实及验证主要包括以下内容。

1）项目区选址及用地布局

结合各研究中低丘缓坡山地地理地貌单元为背景的山地城镇项目区山地立体生境环境中生态、建设等各类用地立体布局理论与技术方法，在导则中提炼了山地城镇项目区选址的原则及适应性条件，提出了尊重山体原生基底，保留已有山形脉络、山水格局等生态特征，结合景观视廊、制高点、俯瞰点、地标建（构）筑物，控制区域天际轮廓线。同时，导则提出了山地城镇建设用地空间增长边界的管理技术和要求。示范区规划在规划策略的提出、规划构思部分严格遵循了导则的要求。此外，示范区规划在建筑布局、土地利用规划方面也落实了导则提出的各主要类型用地布局要求。

2）山地开发立体规划主要控制指标的验证及反馈

根据山地区域土地立体开发的实际要求，兼顾控制指标的实用性和可操作性，在导则中设置了山地开发立体规划主要控制指标，包括土地使用控制、土地开发强度控制、建筑建造控制、用地竖向控制、生态环保基础设施用地控制、居住区用地控制等方面。在示范区规划中，在土地利用规划、建筑布局、场地竖向规划、道路交通规划、管线综合规划、生态环境保护规划等方面都验证了导则提出的控制指标及要求，局部地区道路纵坡控制受实际地形限制，在实际验证的情况下对导则的控制指标做了适当调整。

3）山地城镇土地集约利用

在导则中提出山地区域建设用地布局总体上应采取"疏密有序"的形式，在基础条件较好的地段，应适当加大土地利用强度，实现土地的集约利用。强调配套设施叠建、地下空间开发和立体交通系统的运用。在示范区域规划中，紧扣这些要求，在山地空间纵向用地布局、道路交通组织及微观的建筑立体利用方面，都体现了用地的集约性及山地立体用地空间的挖掘。主要体现在规划构思、总体布局规划及道路交通组织部分。

4）山地城镇建设用地的竖向控制

本理论研究突出山地立体规划的差异性及特殊要求，导则中明确了山地城镇建设用地的竖向控制原则、场地平整要求、道路与交通用地安排、山地立体绿化技术。结合调查评价结果及项目区实际情况，应用 GIS 虚拟仿真技术，在示范区规划方案中研究了山地城镇地形改造及坡度控制、道路交通布局、排水、土石方与防护工程及城市立体景观设计等问题。

5）生态及环境基础设施建设

在导则中提出构建生态良好的土地利用格局，从城市绿线控制、公共绿地建设、绿化廊道建设等方面保护和构建生态基础设施，提出了不同建设类型区域绿地控制标准；对生活垃圾填埋场等环境基础建设也提出了要求。在示范区立体规划方案设计过程中，落实了相应的目标及指标要求。

示范结果表明，规划方案达到了项目区建设安全、便利、经济、环保的规划控制指标要求，示范工作检验了低丘缓坡山地项目区土地立体规划相关技术的合理性，提出了技术导则（建议稿）的改进与完善建议。同时，通过示范，验证了低丘缓坡山地项目区土地立体规划相关技术的应用性及技术应用的社会效益、经济效益和生态效益的实现情况。同时，在总结示范工作的基础上，结合其他研究的相关技术成果，形成了《低丘缓坡山地开发规划工作操作手册》。

2. 示范创新性

本研究和示范构建并论证了基于生态优先的山地城镇土地立体规划指标体系和方法；形成了项目区尺度的山地城镇土地利用立体规划理论、模式、规划方法和技术参数；研究及实践了低丘缓坡山地项目区生态环境中数据集成、三维地形分析、动态可视化、虚拟仿真、选址选线等建模方法与实现技术；初步实现了山地城镇开发的土地利用规划生境分析、场地优选、三维建模、规划要素综合评价和虚拟仿真等功能。

通过理论研究及示范，初步构建了一套适合山地立体特征的土地利用规划理论、方法和实现技术，建立了山地立体土地规划技术体系和应用平台，实现低丘缓坡山地开发三维、动态、立体式规划设计与评估分析，是在传统的土地利用规划基础上的从二维到三维、从扁平到立体的升级转化及突破，弥补了我国针对山地自然生态特点土地利用规划理论与方法的不足和空白。

3. 示范应用前景及效益

（1）低丘缓坡山地项目区土地立体规划技术是针对山地地形地貌的特殊性和生态约束条件进行的立体规划，其应用对于解决山地城镇建设与生态保护等提供了必要的技术支持，对我国转变城乡建设用地使用方式、优化山区城乡用地布局、建设山地生态城镇、保护优质耕地、提高山地城镇开发建设与土地利用规划节约集约利用水平、促进城镇化发展能够起到十分有力的支撑作用。

（2）低丘缓坡山地项目区土地立体规划技术体系和软件系统的应用可实现低丘缓坡山地建设开发三维、立体式规划设计与评估分析，可有效提升国土资源科技创新水平，为低丘缓坡山地更科学、优质的土地规划服务提供技术支撑和保障。

（3）低丘缓坡山地项目区土地立体规划相关技术具有山地开发建设的普适性，可为我国其他省份开展低丘缓坡山地综合开发工作提供参考借鉴，从应用技术的市场化、方法体系的普及化、技术标准的指导化等方面促进低丘缓坡山地的开发与规划辅助决策，研究成果及《低丘缓坡山地开发规划工作操作手册》可为基层国土部门专业技术人员提供规划理念、内容、方法及技术方面的指导。

8.4　低丘缓坡山地项目区工业类型选择技术示范

8.4.1　示范目标实现状况和取得成果的分析

1. 负面清单对照结果

通过示范发现目前大理市、海东开发区、经济技术开发区及几个主要工业园区所进驻的产业无研究任务四研究得出的禁止类产业类型，在产业空间布局上也不存在产业类型与空间敏感性冲突的区域。

2. 用地标准检验

在用地标准方面，所调研的已开发的工业园区在用地强度、容积率、绿地率等主要控制指标方面与研究任务四分析得出的用地标准存在一定差异，但总体来看，差异在合理的范围内，研究得出的用地标准制定方法可行性较强。

8.4.2　示范过程中遇到的问题和解决情况分析

1. 示范中遇到的问题

由于示范所涉及的两个主要问题——产业选择与用地标准较难与具体的实体空间相对应，示范中可提供支撑的材料仅为大理市现有的已开发产业类型、产业开发规划、工业园区控制性详细规划等文本性材料，所以示范工作只能是对研究成果与现状的分析比对，示范对研究成果的应用及修正起到的作用有限。

2. 解决情况

针对以上问题，在示范过程中研究任务四一方面充分将研究任务二、研究任务三的研究、示范成果与研究任务四进行整合，以弥补示范过程中不落地的问题；另一方面将示范的范围进行扩大，在原项目组确定的海东开发区基础上，进一步选择大理市、经济技术开发区作为示范分析区域，以便在更大的空间尺度上验证研究成果的可行性及需要修正的内容。

8.4.3　这次示范尚没有解决的问题和下一步研究方向

工业选择、用地标准形成后，工业园区内部布局模式如何构建的问题尚未解决，由于示范区范围内工业园区的开发方式多为对山地平整后进行的布局，结合山地立体地形特点进行布局的园区尚未用开展实际的建设，所以本研究难以对山地工业布局进行实践案例分析。下一步将结合大理市海东、上登、下和片区以外的低丘缓坡山地工业开发区域进行调查，以便能根据本研究对山地工业园区布局模式提出合理的指导。

8.4.4　其他需要分析说明的问题

本研究作为一种公共政策制定方法的研究，示范其是否合理受限于方法的可应用性及政策效应的后显现性，要在短期内找到一个空间实体来验证方法的可行性不具有可操作性，所以本研究示范多为一种验证性工作，并且这种验证也仅局限于部分内容，所形成的工业选择方法及用地标准制定方法仍需要在具体的山地开发过程中结合实际情况进行改进完善。

8.5　低丘缓坡山地项目区建设开发生态风险和地质灾害监测技术示范

8.5.1　示范过程分析

1. 监测仪器布设

2015 年 5～8 月及 2016 年 8 月，研究组成员到大理市进行示范工作，并就示范工作成果向项目组进行汇报，听取了大理市相关部门的意见。

2. 生态风险评估

首先根据研究示范区的社会经济发展趋势与示范区土地利用规划，构建了低丘缓坡山地开发土地利用情景，基于收集的多源、多尺度数据，采用情景分析的方法，模拟分析了示范区基准情景和规划情景下到 2020 年的土地利用空间格局；然后基于水土流失风险评估模型，通过分析水土流失风险模拟评估因子指标数据，利用水土流失风险等级划分和水土流失风险值，统计分析了示范区水土流失风险现状；最后基于不同情景下的低丘缓坡山地开发土地利用格局，评估分析不同情景示范区低丘缓坡山地开发的水土流失风险。

3. 地质灾害预警

选取一系列与地质灾害发生有关的基础因子、人类影响因子、诱发因子，根据各因子与地质灾害的相关分析，利用 AHP，最后基于可拓学理论，利用 GIS 建立了地质灾害预警预报模型。

8.5.2　示范目标实现状况和取得成果的分析

1. 生态风险评估

利用水土流失风险评估模型，对示范区 2008 年水土流失风险进行估算，估算获得 2008 年示范区水土流失风险等级图和风险值专题图（图 8.55）。从风险图整体来看，示范区大部分地区主要为安全、较安全等级水土流失风险。在示范区陆域地区中，水土流失风险在安全级别内的土地面积为 16.53km^2，占示范区总面积的 95.10%，水土流失风险在较安全级别内的土地面积为 0.85km^2，占示范区总面积的 4.9%。

在基准情景下，从示范区整体上看，与 2008 年的水土风险空间格局相比没有显著的变化（图 8.56），由水土流失风险等级划分结果可得，示范区内绝大多数陆域区域只有轻微的水土流失，水土流失风险安全的陆域面积约为 16.4km^2，占示范区总面积的 94.36%，水土流失风险较安全的陆域面积约为 0.98km^2，占示范区总面积的 5.64%。将基准情景下的 2020 年示范区水土流失风险与 2008 年进行叠加分析得出，在模拟的 2020 年低丘缓坡山地开发利用基准情景下，示范区多片区域的水土流失风险呈不变的

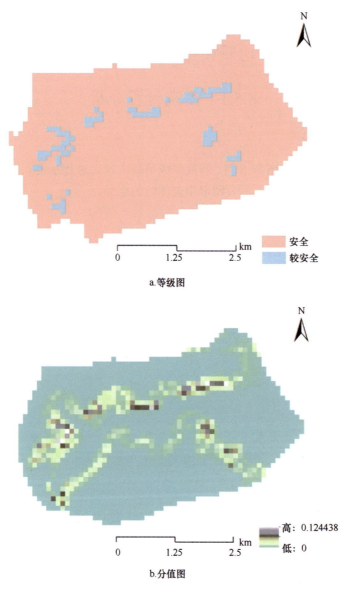

图 8.55　2008 年示范区水土流失风险分布图

　　趋势，靠近下和村西面的区域水土流失风险呈降低趋势。该区域在用地类型上由林地、旱地转变为林地，以及推平未建地、公路用地及工矿用地等建设用地，增加了不透水表面的面积，因此，在一定程度上降低了水土流失的风险。

　　在规划情景下从整体看，2020 年模拟的示范区水土流失风险与 2008 年水土流失风险空间格局同样没有颠覆性变化（图 8.57）。低丘缓坡山地水土流失风险值平均值为 0.006，属于安全等级。水土流失风险安全的陆域面积约为 16.4km²，占示范区总面积的 94.59%，水土流失风险较安全的陆域面积约为 0.98km²，占示范区总面积的 5.41%。

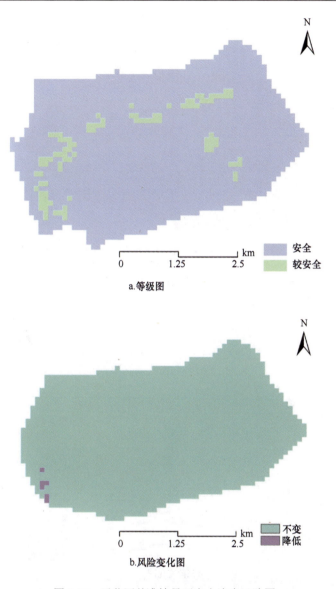

a.等级图

b.风险变化图

图 8.56　示范区基准情景下水土流失风险图

由水土流失风险等级划分的结果得出，规划情景下的水土流失风险与基准情景下的水土流失风险相比变化较小，在水土流失风险等级和水土流失风险值两个方面都与基准情景趋于一致。将规划情景下 2020 年与 2008 年示范区水土流失风险值图进行叠加分析发现，在未来的低丘缓坡山地开发利用中，示范区内大部分陆地区域的水土流失风险保持不变，较安全区域内的下和村西部的陆地区域水土流失风险呈降低趋势。规划情景下的水土流失风险相对于基准情景下变化较小。在水土流失风险等级和水土流失风险值两个方面都与基准情景趋于一致。

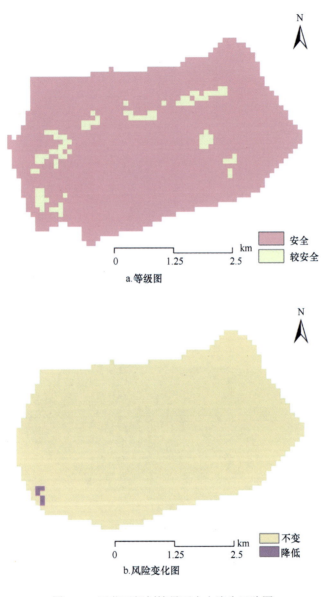

图 8.57　示范区规划情景下水土流失风险图

2. 地质灾害预警

综合运用 GIS 和遥感技术制备各个因子数据（图 8.58～图 8.66）。

根据数据值对预警目标进行等级划分，构建可拓模型，再将评价指标依次代入各等级的集合中进行多指标评定，根据评定结果，与各等级集合的关联度大小进行比较，来确定评定等级。

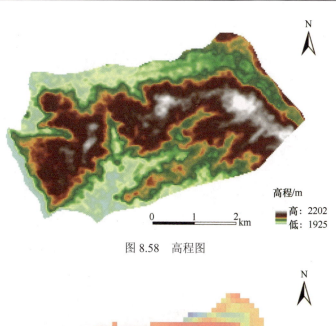

图 8.58　高程图

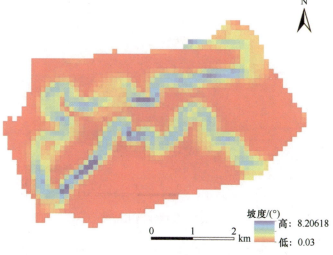

图 8.59　坡度图

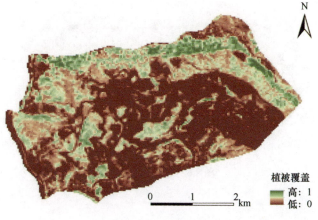

图 8.60　植被覆盖图

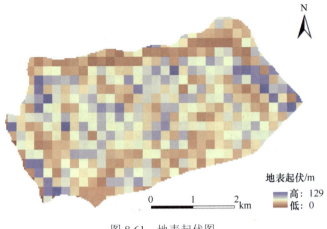

图 8.61　地表起伏图

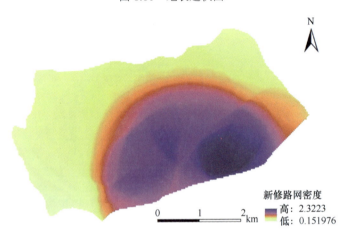

图 8.62　新修路网密度图

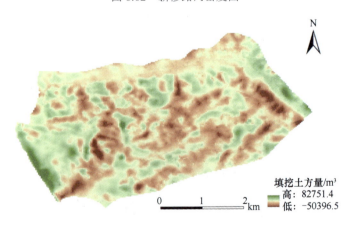

图 8.63　填挖土方量图

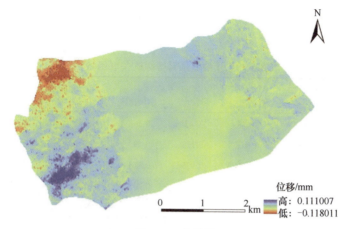

图 8.64 位移图

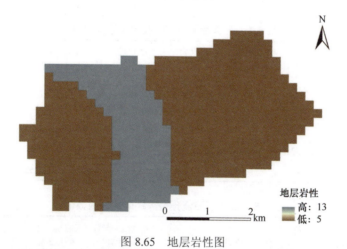

图 8.65 地层岩性图

图 8.66 监测点位置示意图

由表 8.6～表 8.9 可知，点 A 的滑坡和泥石流灾害预警等级分别为蓝警和黄警，点 B 滑坡和泥石流灾害预警等级都为蓝警。

表 8.6　点 A 滑坡预警等级的关联函数值

预警等级	$K_j(C_1)$ 高程	$K_j(C_2)$ 地层岩性	$K_j(C_3)$ 植被覆盖	$K_j(C_4)$ 坡度	$K_j(C_5)$ 新修路网密度	$K_j(C_6)$ 填挖土方量	$K_j(C_7)$ 位移	$K_j(C_8)$ 日降水量	$K_j(N_X)$
无警（N_1）	−0.397	−0.667	−0.98	−0.43	−0.368	−0.498	−0.329	−0.286	−0.378
蓝色预警（N_2）	−0.292	−0.375	−0.972	−0.372	0.49	−0.477	0.483	0	0.135
黄色预警（N_3）	−0.144	0.5	−0.953	−0.155	−0.378	−0.103	−0.345	0	−0.211
橙色预警（N_4）	0.31	−0.375	−0.86	0.449	−0.705	0.014	−0.509	−0.5	−0.389
红色预警（N_5）	−0.07	−0.444	0.14	−0.184	−0.823	−0.887	−0.607	−0.667	−0.657

计算待评价物元的综合关联度如下（表 8.6～表 8.9）。

表 8.7　点 B 滑坡预警等级的关联函数值

预警等级	$K_j(C_1)$ 高程	$K_j(C_2)$ 地层岩性	$K_j(C_3)$ 植被覆盖	$K_j(C_4)$ 坡度	$K_j(C_5)$ 新修路网密度	$K_j(C_6)$ 填挖土方量	$K_j(C_7)$ 位移	$K_j(C_8)$ 日降水量	$K_j(N_X)$
无警（N_1）	−0.398	−0.667	−0.879	−0.433	−0.366	−0.444	−0.479	−0.286	−0.436
蓝色预警（N_2）	−0.296	−0.375	−0.83	−0.378	0.48	0.444	−0.33	0	−0.069
黄色预警（N_3）	−0.152	0.5	−0.717	−0.178	−0.385	−0.5	−0.218	0	−0.225
橙色预警（N_4）	0.254	−0.375	−0.152	0.446	−0.709	−0.95	−0.062	−0.5	−0.355
红色预警（N_5）	−0.058	−0.444	0.152	−0.149	−0.825	−0.995	0.062	−0.667	−0.365

表 8.8　点 A 泥石流预警等级的关联函数值

预警等级	$K_j(C_1)$ 地表起伏	$K_j(C_2)$ 地层岩性	$K_j(C_3)$ 植被覆盖	$K_j(C_4)$ 坡度	$K_j(C_5)$ 新修路网密度	$K_j(C_6)$ 填挖土方量	$K_j(C_7)$ 日降水量	$K_j(N_X)$
无警（N_1）	0.268	−0.667	−0.983	−0.372	−0.368	−0.498	−0.444	−0.480
蓝色预警（N_2）	−0.732	−0.375	−0.977	−0.155	0.49	−0.477	−0.333	−0.298
黄色预警（N_3）	−0.833	0.5	−0.965	0.449	−0.378	−0.103	0	−0.179
橙色预警（N_4）	−0.866	−0.375	−0.93	−0.184	−0.705	0.014	0	−0.184
红色预警（N_5）	−0.904	−0.444	0.07	−0.388	−0.823	−0.887	−0.5	−0.744

表 8.9　点 B 泥石流预警等级的关联函数值

预警等级	$K_j(C_1)$ 地表起伏	$K_j(C_2)$ 地层岩性	$K_j(C_3)$ 植被覆盖	$K_j(C_4)$ 坡度	$K_j(C_5)$ 新修路网密度	$K_j(C_6)$ 填挖土方量	$K_j(C_7)$ 日降水量	$K_j(N_X)$
无警（N_1）	0.208	−0.667	−0.894	−0.378	−0.366	−0.444	−0.444	−0.446
蓝色预警（N_2）	−0.792	−0.375	−0.859	−0.178	0.48	0.444	−0.333	0.210
黄色预警（N_3）	−0.87	0.5	−0.788	0.446	−0.385	−0.5	0	−0.389
橙色预警（N_4）	−0.896	−0.375	−0.576	−0.149	−0.709	−0.95	0	−0.695
红色预警（N_5）	−0.926	−0.444	0.424	−0.362	−0.825	−0.995	−0.5	−0.776

分别计算出 4 个待评价物元的级别变量特征值。

点 A 的滑坡：

$K_1^*(H_1)$=0.352，$K_2^*(H_1)$=1，$K_3^*(H_1)$=0.563，$K_4^*(H_1)$=0.338，$K_5^*(H_1)$=0 级别特征变量的值如下：

$$j^* = \frac{1 \times 0.352 + 2 \times 1 + 3 \times 0.563 + 4 \times 0.338}{0.352 + 1 + 0.563 + 0.338} \approx 2.394$$

点 A 的泥石流：

$K_1^*(N_1)$=0.467，$K_2^*(N_1)$=0.789，$K_3^*(N_1)$=1，$K_4^*(N_1)$=0.991，$K_5^*(N_1)$=0 级别特征变量的值如下：

$$j^* = \frac{1 \times 0.467 + 2 \times 0.789 + 3 \times 1 + 4 \times 0.991}{0.467 + 0.789 + 1 + 0.991} \approx 2.775$$

点 B 的滑坡：

$K_1^*(H_2)$=0，$K_2^*(H_2)$=1，$K_3^*(H_2)$=0.574，$K_4^*(H_2)$=0.221，$K_5^*(H_2)$=0.193 级别特征变量的值如下：

$$j^* = \frac{1 \times 0 + 2 \times 1 + 3 \times 0.574 + 4 \times 0.221 + 5 \times 0.193}{1 + 0.574 + 0.221 + 0.193} \approx 2.802$$

点 B 的泥石流：

$K_1^*(N_2)$=0.335，$K_2^*(N_2)$=1，$K_3^*(N_2)$=0.392，$K_4^*(N_2)$=0.082，$K_5^*(N_2)$=0 级别特征变量的值如下：

$$j^* = \frac{1 \times 0 + 2 \times 1 + 3 \times 0.574 + 4 \times 0.221 + 5 \times 0.193}{1 + 0.574 + 0.221 + 0.193} \approx 2.802$$

由级别变量特征值可以看出：此次地质灾害预警的预警等级在蓝色预警和黄色预警之间。点 A 滑坡预警等级和点 B 泥石流预警等级特征变量值偏向于蓝色预警等级，说明此时开发建设存在发生地质灾害的风险，但是风险不大，当地可以根据上述判断采取相应的应急预案和安全防护措施。点 A 的泥石流和点 B 的滑坡等级特征变量值偏向于黄色预警等级，说明此地存在发生地质灾害的风险相对较高，要及时排查安全隐患，加强暴雨天气的安全防护措施。

8.5.3　示范成果简介

1. 地表位移

使用 VWD-J 型振弦式表面测缝计来监测地表位移。现场裂缝密集分布，选取其中一个较大的比较有代表性的开展监测。

在裂缝两侧浇筑水泥固定块，待固定块达到强度后，将测缝计两端固定在固定块上（图 8.67）。使用 DT-R-80G 便携式读数仪，采集地表位移数据。8 月测得的最终数据为 3120Hz，9 月测得的最终数据为 3120.9Hz（图 8.68）。

2. 深部位移

使用 S421HA 固定测斜仪，来监测深部位移，角度量程为 ±10°（图 8.69 和图 8.70）。

按照 PVC 管管身凹槽接口将多根 PVC 管连接至足够长度，连接处用胶带进行密封，防止泥浆渗入。在待测区钻直径为 120mm 的孔，孔深达到坡体稳定地层，将 PVC 管埋设至监测位置，并用黄沙将周边孔隙填实。由电缆连接测斜仪顶部，并通过钢丝将其固定于预定深度。将读数仪与测斜仪电缆进行连接，开始读取数据。读取完毕后，将钢丝顶端固定于管口固定器上。使用 DT-R-80G 便携式读数仪采集深部位移数据，8 月测得的数据为 12.26mA，9 月测得的数据为 12.19mA（图 8.71）。

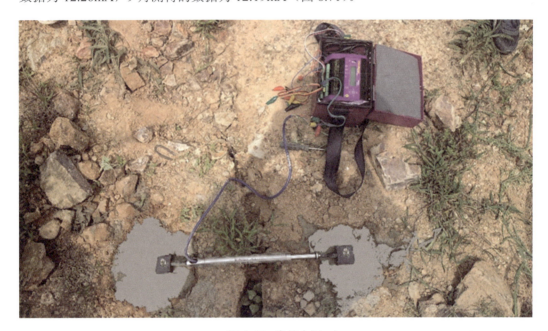

图 8.67　浇筑水泥

图 8.68　地表位移数据读取

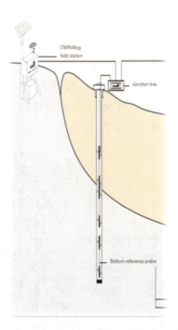

图 8.69　深部位移监测示意图

图 8.70　仪器埋设

图 8.71　数据读取

3. 土壤湿度

使用 FDS-100 型土壤湿度传感器来监测土壤湿度。在监测地点挖掘一个 30cm× 30cm×30cm 的坑，埋设监测仪器（图 8.72）。仪器平放，将传感器用土遮盖压实，静置 3h，测量土壤湿度（图 8.73）。使用 DT-R-80G 便携式读数仪采集土壤湿度数据，8 月测得为 6.8mA，9 月测得为 6.86mA（图 8.74）。

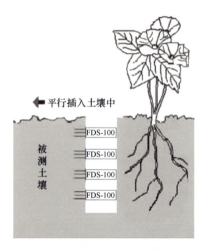

图 8.72 土壤监测示意图

图 8.73 土壤湿度监测

图 8.74　土壤湿度数据读取

4. 孔隙水压力

使用 VWP 型振弦式渗压计来监测孔隙水压力。在待测区钻直径为 120mm 的孔，孔深达到坡体水位线以下，孔内放入承压管，周边用黄沙填实（图 8.75）。将传感器放入孔底。使用 DT-R-80G 便携式读数仪，采集孔隙水压力数据，8 月测得的数据为 2760Hz，9 月测得的数据为 2760.2Hz（图 8.76～图 8.78）。

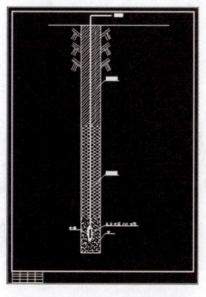

图 8.75　孔隙水压力监测示意图

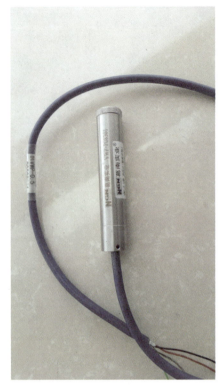

图 8.76　孔隙水压力计

图 8.77　孔隙水压力监测

图 8.78　孔隙水压力数据读取

8.5.4　示范效果分析

1. 示范可行的论证分析

本示范效应优势集中在评估生态风险与预警地质灾害方面。

1）评估生态风险

本节中生态风险评估基于多源数据、定制多种情景，对示范区低丘缓坡山地开发的水土流失风险进行了辨识。研究过程通过搜集多源、多尺度社会经济和土地利用数据，构建了低丘缓坡山地开发土地利用情景，并基于构建的情景，推演 2020 年示范区在基准情景与规划情景下的土地利用格局。在此基础上，本节基于水土流失风险模拟评估因子指标数据，构建了水土流失风险评估模型，并采用水土流失风险等级划分和水土流失风险阈值判断等方法，分析了示范区水土流失风险现状。基于不同情景下低丘缓坡山地开发土地利用格局，评估分析了不同情景下示范区低丘缓坡山地开发的水土流失风险。

本节中示范区 2008 年（起始年）水土流失风险评估结果显示，该区大部分区域处于安全和较安全等级水土流失风险水平。在示范区陆域地区中，水土流失风险在安全级别内的土地面积为 16.53km²，占示范区总面积的 95.10%；水土流失风险在较安全级别内的土地面积为 0.85km²，占示范区总面积的 4.9%。二者合计达示范区陆地总面积的 99.00%。

在未来基准情景下，示范区水土风险空间格局在整体上相较于起始年没有显著的变化。依照水土流失风险等级划分结果，示范区内的绝大多数陆域区域将出现轻微的水土流失情况，水土流失风险等级隶属于安全的陆域面积约为 16.4km²，占示范区总面积的 94.36%，水土流失风险隶属于较安全的陆域面积约为 0.98km²，占示范区总面积的 5.64%。此外，进一步将基准情景区水土流失风险状况与起始年进行叠加比较分析，得到的结果显示，基准情景下的示范区多片区域的水土流失风险未发生较大改变，靠近下和村西面的水土流失风险等级降低。分析发现，该区域土地利用类型由林地、旱地转变为林地及建设用地，进而不透水表面面积增加，在当地的自然条件和环境条件下，山地开发在一定程度上降低了该区域的水土流失风险。

在未来规划情景下，示范区水土流失风险与起始年的水土流失风险空间格局未发生颠覆性变化。低丘缓坡山地水土流失风险值平均值为 0.006，隶属于安全等级。水土流失风险隶属于安全等级的陆域面积约为 16.4km²，占示范区总面积的 94.59%，水土流失风险隶属于较安全等级的陆域面积约为 0.98km²，占示范区总面积的 5.41%。水土流失风险等级划分的结果显示，规划情景下的水土流失风险与基准情景下的水土流失风险结果基本一致。将规划情景下 2020 年与 2008 年的示范区水土流失风险值图进行叠加分析发现，在未来的低丘缓坡山地开发利用中，示范区内大部分陆地区域的水土流失风险保持不变，较安全区域内的下和村西部的陆地区域水土流失风险呈降低趋势。规划情景下的水土流失风险相对于基准情景下变化较小。在水土流失风险等级和水土流失风险值两个方面都与基准情景趋于一致。

2）预警地质灾害

本节在示范区甄选两个典型性代表点 A、B 进行地质灾害预警，在样点标定上设定条件为位于在建项目边坡上，时间为 2016 年 7 月 15 日，当天大理市普降超过 50mm 的暴雨。

根据已经建立的滑坡可拓评价预警模型和确定的经典域、节域、待评价物元，分别计算出待评价物元中各指标关于滑坡和泥石流预警等级的关联函数值。同时，根据滑坡和泥石流各指标的权重，结合公式，计算出待评物元关于预警等级的综合关联度，最终分别计算出 4 个待评价物元的级别变量特征值。

辨识变量特征值，得出此次地质灾害预警在 A 点存在发生滑坡灾害的风险，B 点存在发生泥石流灾害的风险，但是风险都不大，规避风险方式可以依据上述判断采取对应的应急预案和安全防护措施。A 点存在发生泥石流灾害的风险，B 点存在发生滑坡灾害的风险，且风险相对较高，要及时排查安全隐患，加强暴雨天气的安全防护措施。该结果与研究区实际情况比较吻合，验证模型对低丘缓坡山地开发地质灾害预警有较好的模拟拟合度。该模型的应用能够有效地预警由山地开发造成的地质灾害，更好地服务于规划实施监测和监管的需求。

2. 技术创新点论证

本节的技术创新点主要体现在低丘缓坡山地开发生态风险规避技术和多技术集成的地质灾害业务化预警平台两个方面。

基于情景预测与生态风险预估,研发了集监测-模拟-评估流程化于一体的山地开发
生态风险规避技术。

低丘缓坡山地地形复杂,多处于不同的流域或子流域中,主要特点为高生态敏感性,
开发建设后容易造成水土流失,合理评估低丘缓坡山地开发过程中流域尺度的生态风险
是科学进行低丘缓坡山地开发规划的重要基础。本节在传统方法的基础上,创新性地采
用了情景模拟的方法对生态风险进行预估,研发了集监测-模拟-评估流程化的山地开发
生态风险规避技术。

根据低丘缓坡山地开发地区的特点,在遴选山地开发生态风险预警监测关键指标参
数的基础上,率定生态风险评估模型参数;结合大理市土地利用规划及社会经济发展趋
势,基于 DLS 模型开展低丘缓坡山地开发的多情景土地利用格局模拟;利用 SWAT 模
型开展低丘缓坡山地开发的生态风险过程模拟,利用 USLE 方程评估不同情景下的水土
流失风险,针对低丘缓坡山地开发土地利用规划可能引发的生态风险开展评估和预测,
为低丘缓坡山地开发的整体规划实施、局部风险和长期可持续保障提供生态风险规避方
案。这对于降低低丘缓坡山地开发生态风险具有十分重要的意义。

依据可拓理论的风险预警方法,并集成遥感与 GIS 技术,实现了山地开发地质灾害
业务化预警平台。

针对低丘缓坡山地开发视角下的地质灾害预警系统缺乏等问题,考虑到"城镇上山"
地区可能发生的地质灾害多是由人类开发活动所引起的,并且地质灾害是一个复杂的、
动态变化的系统,本节首次将基于可拓理论的地质灾害预警模型的建模过程内置到低丘
缓坡山地开发研究中。相较于传统方法,可拓理论中的参变量物元模型是动态模型,能
较好地拟合此类系统,因此,基于可拓理论建立的地质灾害预警模型能够更好地服务于
低丘缓坡山地开发。

本节在遴选基础因子、人类影响因子和诱发因子的基础上,建立适用于山地开发地
质灾害预警的指标体系,划分地质灾害预警等级;应用可拓理论的物元模型和关联函数
理论,综合应用 D-INSAR、像元二分法模型等 GIS 和遥感技术,确定山地开发地质灾
害预警阈值,并制定地质灾害预警指标取值表;针对地质灾害预警因子开展分层评价及
权重评价,厘定各影响因子在引致风险上的可能 "贡献值"。最终实现了可拓理论、风
险理论与高精度 GIS 和遥感技术在低丘缓坡山地开发、土地利用规划实施监测监管方面
的无缝连接和集成。

3. 示范结果合理性评价

在生态风险评估方面,本节基于收集的多源、多尺度数据,通过分析示范区的社会
经济发展趋势与示范区土地利用规划,构建了低丘缓坡山地开发土地利用情景,模拟分
析了示范区基准情景下和规划情景下到 2020 年的土地利用空间格局。本节基于水土流
失风险模拟评估因子指标数据,构建了水土流失风险评估模型,并采用水土流失风险等
级划分和水土流失风险阈值判断等方法,分析了示范区水土流失风险的现状,并基于不
同情景下低丘缓坡山地开发土地利用格局,评估分析了不同情景下示范区低丘缓坡山地
开发的水土流失风险。研究结果显示,在基准情景和规划情景下,从示范区整体上看,

两种情景下的水土风险空间格局与 2008 年相比均没有显著的变化，规划情景下稍好一些，水土流失风险安全的陆域面积比基准情景多 0.23%。综合大理市的社会经济发展要求、政策约束、土地利用规划和水土流失风险等因素，未来发展宜选择规划情景。

在地质灾害预警方面，首先基于可拓理论的基本概念，确定了基于可拓理论的建模过程，选取了地质灾害的影响因子，并综合运用 GIS、遥感技术方法，获取了各影响因子的数据；其次参照地质灾害气象风险预警分级，确定了地质灾害预警等级表，并制定了地质评价因子取值统计表，利用 AHP 法，确定了各个指标因子的权重；再次对两个可能存在地质灾害风险的施工点开展预警实验，并确定两点的预警等级和级别特征变量；最后计算出 4 个待评价物元的级别变量特征值分别为 2.393、2.769、2.802、2.122。结果显示，此次地质灾害预警试验的预警等级在蓝色预警和黄色预警之间。该结果与研究区实际情况吻合较好，说明该模型能够较好地适用于低丘缓坡山地开发地区地质灾害预警。

4. 实际应用的前景

研究可直接服务于国家低丘缓坡山地开发土地监管方面的迫切需求。本节主要贡献点为，构建了一套针对低丘缓坡山地开发地质灾害与生态风险监测技术，研发了低丘缓坡山地开发地质灾害与生态风险预警监管系统，实现了相关技术的多尺度耦合封装，从而为提升我国低丘缓坡山地开发地质灾害与生态风险预警管理提供支撑。在实际应用中，本节的生态风险评估研究成果可对低丘缓坡山地开发地区土地利用科学规划提供科学指导，避免在项目施工过程中，出现部分开发区域的生态风险提前预估的现象。此外，本节为科学规划不同产业用地布局、降低由山地开发所造成的水土流失风险提供指导。

本节中的地质灾害预警技术可对低丘缓坡山地开发初期、开发过程和开发完成后可能引致的地质灾害进行有效的辨识、推演与调控。通过低丘缓坡山地开发土地利用规划与监管技术的应用，可有效节约土地利用，改善当地土地集约利用水平，从而释放建设用地存量，提高土地利用率，减少土地资源管理成本，促使当地产业链全链条转型升级和城镇延伸，促进由区域产业结构调整与升级等方面带来的可观效益。本节成果的实施、示范和推广应用，可以科学引导建设用地上山，支持山区新型城镇化、工业化的建设，促进城乡统筹发展、城乡产业对接，科学实施土地利用规划的监管，促进当地社会的和谐发展。

8.6 集成示范总结

8.6.1 集成示范形成的最终成果

1. 建立了低丘缓坡山地开发项目区"监测—评价—规划—产业优选—预警—监管"技术平台

面向低丘缓坡山地开发项目区的土地三维调查、地质环境和生态适宜性评价、土地立体规划、产业用地布局与用地标准选择、土地利用监管和灾害预警的示范需求，在示范区依据低丘缓坡山地开发内容指标体系与技术模式，对一体化三维调查装备调查性能，车载服务器多源调查数据的导入、存储、检索、导出的技术指标，多技术手段协同调查等单项技术进行示范检验。在获取示范区 DOM、DEM 及等高线数字地形图、土地利用现状数据、局部地区的三维信息的基础上，构建山地开发地质环境与生态适宜性评价技术体系，对示范区山地开发地质环境与生态适宜性进行评价，获取了示范区项目开发前限制性评价和项目开发后地质环境与生态影响评价技术和结果，以此确定项目区的开发时序、开发等级和开发的生态影响程度，进而明确了开发范围。根据此结果进行山地城镇项目区土地立体规划生境分析和规划要素综合评价，并获得了项目区选址及用地布局，控制指标的验证及反馈，山地城镇土地集约利用，竖向控制，以及生态环境基础设施建设等方面的规划技术和方法，重点获得了山地城镇土地立体利用技术和方法，实现了生境约束下山地开发土地优化配置，展示了山地城镇空间结构与发展形态、土地利用布局的立体空间格局，实现了低丘缓坡山地开发土地利用规划从二维到三维、从扁平到立体的示范应用，同时也验证了理论研究结论的合理性。作为对规划技术的衔接、生态适宜性评级技术的反馈，产业用地布局与用地标准技术方法，通过项目区工业选择验证、项目区产业负面清单对照、项目区用地标准检验，进一步明确了用地标准制定方法、立体规划技术和生态环境影响评价技术的合理性和可行性。依据示范区小范围高精度地形数据和实测数据，建立了示范区生态风险评估及示范区地质灾害预警的技术和方法，对低丘缓坡山地开发生态环境进行有效预防、监管与调控，为立体规划提供支撑和反馈，为土地三维调查提供滑坡监测点的地理位置，开展近景测量。

　　通过各研究单项示范技术的集成，集成示范最终建立了低丘缓坡山地开发项目区集"监测—评价—规划—产业优选—预警—监管"于一体的技术平台，如图 8.79 所示，实现了项目各研究研发的相关技术装备、评价方法与标准规范、软件和信息系统的有机集成与整合，达到了各研究之间的相互支撑、反馈和验证。通过集成技术平台，在项目区尺度地域空间实体上开展了低丘缓坡山地开发三维调查集成技术、地质灾害与生态适宜性评价技术、山地城镇土地立体规划技术、产业优选技术及生态风险和地质灾害监测技术的综合示范，示范过程可以通过集成平台检验相关技术的合理性与完善性，进而对技术装备、标准草案、设计规范、评价体系、管理平台等提出改进与完善建议，为项目成果的推广应用提供科学依据。

2. 获得了低丘缓坡山地开发土地立体规划与监管的支撑数据、指标体系及技术模式

　　通过项目区集成示范获得了包括低空快速获取平台、生态系统健康评价、地质环境、生态适宜性评价、土地立体规划原理与方法、产业优选方法，以及生态风险评估和地质灾害监测 5 个方面的技术模式，建立了土地立体规划、生态适宜性评价，以及生态风险和地质灾害监测方面的指标体系。低丘缓坡山地开发三维调查，综合集成了低丘缓坡山地高精度无人低空航测遥感数据快速获取技术、低丘缓坡山地开发移动三维调查装备技术，以及基于土地调查的低丘缓坡山地开发三维调查集成技术，并开发了包括支撑硬件平台、土地信息三维采集系统、土地信息处理系统的综合集成系统。通过集成系统获取了示范区 DOM 和 DEM 数据、土地现状数据、局部地区三维数据、三维土地利用现状数据，证明本书成果的适用性，方便、快捷为地质灾害与生态适宜性评价、山地城镇土地立体规划、产业优选及生态风险和地质灾害监测提供了所需要的数据资料。地质灾害

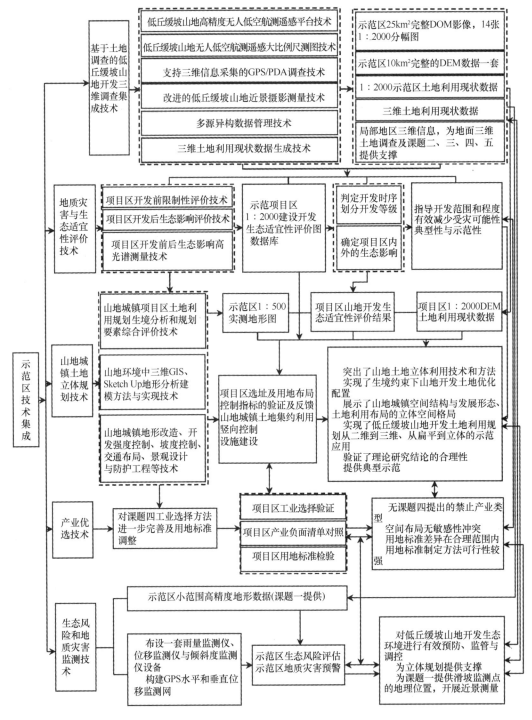

图 8.79　低丘缓坡山地开发示范区集成技术平台

与生态适宜性评价技术采用高光谱测量对比分析法，围绕地质、地貌、自然灾害 3 个方面开展开发前的生态限制性评价，得到示范区生态适宜性等级的综合评价图，为项目区开发时序、开发等级提供技术支持。在此基础上，建立了项目示范区低丘缓坡山地开发土地立体规划技术和方法，提出了生境约束下山地建设开发土地利用优化配置方案。生态风险和地质灾害监测技术通过示范区布设一套雨量监测仪、位移监测仪与倾斜度监测仪设备，构建了一个示范区内的 GPS 水平和垂直位移监测网，形成示范点地质灾害监测数据的长期动态采集，并开发和应用了低丘缓坡山地开发地质灾害与生态风险预警监管软件。

3. 修正各研究技术和项目技术体系，改进了技术规程

低丘缓坡山地开发三维调查通过集成示范，验证了低丘缓坡山地开发三维调查集成技术系统设备的性能、技术指标，并取得了相关的测试数据资料，为技术装备的进一步完善提高提供了实测数据。

基于低丘缓坡山地生态脆弱、地质灾害易发的特点，建设开发生态适宜性评价，同时关注开发前的生态限制和开发后的生态影响。示范围绕地质、地貌、自然灾害 3 个方面开展开发前的生态限制性评价，应用 RUSLE 等多种模型评估开发后的生态影响，得到生态适宜性等级的综合评价结果，并选取最适宜的开发等级设定为拟开发地块；同时结合土地利用现状，对比拟开发建设面积比例和地均生态损耗，判定项目区开发建设的时序。基于开发前生态限制性评价所识别出的优先开发区主要分布于项目区西北部及西南部，该区域地势平坦、海拔较低，且距离灾害点与断裂带距离远，水土流失程度较低，总体适宜进行优先建设。禁止开发区主要位于东部地区，该区域除海拔较高外，地质灾害发生可能性较大，不适宜大规模开发建设。开发后综合生态损失最大的区域位于示范项目区西部，即项目区洱海东路段。基于项目区开发时序的优先级高值区主要位于北部及南部的未利用地、裸地、水浇地及旱地，低值区则位于西部及中部的林地、草地、科教用地、工业用地等。由高光谱测量对比分析可知，对于林地而言，由于灌溉、管理和保护措施较好，开发区内的林地生长状况略好于开发区外；对于灌丛而言，开发中其遭到一定破坏，但是管理力度加强，使得灌丛在开发区内、外生长状况基本相似，没有显著差异；对于草地而言，开发过程占用大量土地，而草地属于极易受破坏的下垫面类型，因此，高强度开发使得开发区外的草地生长状况好于开发区内。今后，应当在开发过程中继续加大植被保护和管理的力度，特别是对草地的管护。

山地城镇土地立体规划技术应用三维 GIS、Sketch Up 三维建模等手段展示了山地城镇空间结构与发展形态、土地利用布局方案的立体空间格局，实现低丘缓坡山地开发土地利用规划从二维到三维、从扁平到立体的示范应用，验证了《低丘缓坡山地开发土地立体规划技术研究》中理论研究的合理性。

产业优选技术建立了示范区产业发展负面清单，为大理市、海东开发区、经济技术开发区及几个主要的工业园区产业选择提供了技术支持；建立了示范区用地标准检验方法，在用地强度、容积率、绿地率等主要控制指标方面提出的用地标准制定方法可行性较强。通过示范发现，目前大理市、海东开发区、经济技术开发区及几个主要的工业园区所进驻的产业无研究任务四研究得出的禁止类产业类型，在产业的空间布局上也不存在产业类型与空间敏感性冲突的区域。

生态风险和地质灾害监测技术基于情景预测与生态风险预估，研发了集"监测-模拟-评估"流程化的山地开发生态风险规避技术，对合理评估低丘缓坡山地开发过程中流域尺度的生态风险提供技术支撑，其结果验证了科学进行低丘缓坡山地开发土地立体规划的可行性和合理性。通过对灾害点的监测，与三维调查技术形成反馈机制，构成了相互支撑的技术模式，为低丘缓坡山地开发的整体规划实施、局部风险和长期可持续保障提供生态风险规避方案。这对降低低丘缓坡山地开发生态风险具有十分重要的意义。

8.6.2　集成示范解决的关键问题

1. 集成示范技术在典型示范区的实施与运用

通过低丘缓坡山地开发的野外实地调研、专家论证，结合当前低丘缓坡山地开发的主要地形地貌、地质环境、生态环境和开发主导类型情况，选择云南省低丘缓坡山地资源量较丰富、社会经济发展条件较好且自然地理环境较典型的大理市为项目重点示范区，从县域尺度、项目区尺度开展针对城镇、工业两种开发类型的技术示范。

示范过程依据各研究技术特点，选择海东示范区进行富有成效的示范。基于各研究对低丘缓坡山地开发三维数据调查技术、地灾与生态适宜性评价技术、土地立体规划技术、产业优化选择技术、监测监管技术及政策机制等的特点，明确了包括示范区特征分析、示范范围、示范时间、示范技术运用、示范仪器展示与安装等技术在内的示范要求，在海东示范区内选择合适的项目区进行示范研究，验证技术的可应用性及应用成效，并根据示范反馈信息，对相关技术进行调整、完善。

实践证明，大理市海东开发区的山地城镇化示范区作用明显，其表现出的"山地多、耕地少"的特点，以及目前正在采取的"山地城镇化"战略措施，可为逐步累积开发更多的低丘缓坡山地，在很大程度上缓解土地资源利用与人口增长之间的矛盾，提高土地利用集约化水平，最终实现提高土地利用率的目标，提供积极的示范作用。

2. 单项示范技术的衔接与集成

海东项目示范区的示范过程明确了各示范技术之间的衔接、数据互通，最终建立集成示范平台，如图 8.79 和图 8.80 所示。

低丘缓坡山地开发三维数据调查技术示范工作，完成了本研究的设备集成应用，为其他后续研究提供了研究所需要的 DOM、DEM 等成果数据资料。该技术为后续研究提供了低丘缓坡山地开发规划、实施、运维全生命周期提供了基础地理信息和土地利用现状信息数据。技术提供了全覆盖、快速的土地利用信息获取技术手段。其中技术集成的近景摄影技术可以用以获取小范围高精度地形数据，可以服务于地质灾害与生态适宜性评价技术和监测监管技术。其优点在于，相对于无人机技术成本低廉且不需要申请空管、技术门槛低，相对于以往全站仪或者 GNSS 测量可以实现非接触式快速测量，精度更高、安全性更高。技术基于车辆有效集成了无人机、GPS/PDA、近景摄影音视频传输等技术，在技术上、流程上很好地衔接了土地信息获取的外业多个环节，集成度高、使用方便，实现了机动灵活、快速获取的低丘缓坡山地变更调查监测新模式。

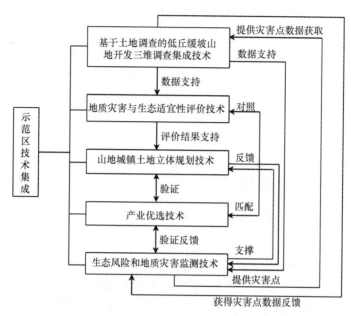

图 8.80　集成技术平台中单项示范技术的衔接与集成

地质灾害与生态适宜性评价技术充分利用低丘缓坡山地开发三维数据调查所提供的示范项目区 1∶2000 DEM 数据及 1∶2000 土地利用现状图，为建设开发限制性评价提供基础地理信息；同时，技术开展的建设开发生态适宜性评价可为土地立体规划技术示范建设用地布局、生态保护决策提供数据和技术支撑。

土地立体规划技术充分利用低丘缓坡山地开发三维数据调查提供的示范项目区 1∶2000 DEM 数据及 1∶2000 土地利用现状图，为示范区周边大环境分析提供基础地理信息；土地立体规划技术示范区域以地质灾害与生态适宜性评价技术结论为依据，地灾与生态适宜性评价技术开展的建设开发生态适宜性评价，为土地立体规划示范研究的建设用地布局、生态保护决策提供数据支撑；产业优选技术的示范结论为土地立体规划技术示范区内工业片区产业项目规划提供依据，明确解决了工业项目与山地的匹配性和不同项目用地标准等问题。

产业优选技术作为承接土地立体规划技术在城镇开发的基础上进一步对山地工业开发相关技术、方法进行研究，示范中充分考虑了土地立体规划对示范区总体空间布局、功能安排及用地规模等方面的控制要求，来对低丘缓坡山地的工业类型进行选择，但限于土地立体规划技术示范空间尺度与产业优选技术示范区存在差异，产业优选示范区也不局限于土地立体规划示范区所限定的区域；产业优选技术示范在进行工业类型与空间敏感性等级匹配方面的研究时，主要与地质灾害与生态适宜性评价技术关于大理市生态安全评价方面的内容相衔接，所以地质灾害与生态适宜性评价技术在示范过程中对相关成果的修正也为产业优选技术示范所参考并应用。

监测监管技术建立了研究区低丘缓坡山地开发的地质灾害和生态风险（水土流失、

地表径流)表征指标体系,厘清低丘缓坡山地开发的地质灾害和生态风险(水土流失、地表径流)监测关键指标,确定要监测的关键要素、指标与监测技术方法,为后续研究打下了基础;在项目开展过程中,集成项目开发区生态与地质环境本底空间信息数据;通过野外监测,获取了降水、植被覆盖度等数据;使用 SQL Server 和 ArcSDE 数据库技术构建低丘缓坡山地开发的地质灾害与生态风险数据库,实现了研究区基础数据和野外监测数据的精细化管理;模拟分析大理市低丘缓坡山地开发的生态风险(水土流失、地表径流),并提出相应的适宜性评价;利用 GIS 建立了地质灾害预警预报模型,开展了研究区地质灾害预警,为低丘缓坡山地的可持续开发与利用提供科技支撑;开发了低丘缓坡山地开发地质灾害与生态风险预警监管系统,可更好地服务于低丘缓坡山地开发的实施。其结果可为土地立体规划提供支撑,为低丘缓坡山地开发三维数据调查技术提供滑坡监测点的地理位置,开展近景测量,并反馈相关结果,进而调整监测和预警结果。

8.6.3　集成示范成果的应用前景

集成示范以具有典型性的云南省低丘缓坡山地开发海东示范区为例,开展低丘缓坡山地开发三维数据调查技术、地质灾害与生态适宜性评价技术、土地立体规划技术、产业优化选择技术、监测监管技术及政策机制示范,重点获得了以下成果:①建立了低丘缓坡山地开发项目区"监测—评价—规划—产业优选—预警—监管"技术平台;②获得了低丘缓坡山地开发土地立体规划与监管的支撑数据、指标体系及技术模式;③修正各研究技术和项目技术体系,改进了技术规程;④集成创新低丘缓坡山地开发土地立体规划与监管技术体系。其成果不仅事关云南省低丘缓坡山地开发的大局,也对全国其他低丘缓坡山地的开发具有重要的指导和技术示范作用,技术的应用将为项目带来巨大的技术效益。

集成示范表明,实践结果可有效促进示范区建设用地布局合理化,促进示范区产业结构转型升级,预期社会效益、经济效益明显;通过示范提高低丘缓坡山地开发的地质灾害与生态风险预警管理水平。通过以上示范区建设,形成了低丘缓坡山地土地规划长期野外示范基地,示范区示范效果显著,普适性强,有效提高了低丘缓坡山地土地规划管理水平和节约集约用地水平,并由示范区地方部门出具相关证明材料。

研究示范成果的推广应用将成为低丘缓坡山地科学开发、合理布局、高效集约利用土地,促进低丘缓坡山地城镇、工业发展的重要技术手段。示范区技术成果的应用将直接对项目所在区域的产业发展提供技术支持与典型示范,将对促进当地社会经济发展、生态改善等方面产生可观的效益。

示范成果的推广应用不仅可以满足各级土地管理部门对山地产业开发技术的需求,而且可以为有效保障山地开发集约用地政策落实、促进我国低丘缓坡山地开发合理布局用地、提高用地效率提供参考,促进山区社会经济的发展。

8.6.4　集成示范的创新性分析

集成示范的创新性主要体现为,针对我国耕地保护与城镇化用地需求矛盾集成创新低丘缓坡山地开发土地立体规划与监管技术体系，并在大理市海东示范区进行土地规划与监管技术集成示范与验证。

低丘缓坡山地开发土地立体规划技术示范，主要依据研究形成的低丘缓坡山地挖潜和规模控制技术、基于生态安全的低丘缓坡山地开发建设用地布局优化技术、基于三维GIS 的山地城镇土地立体规划数值模拟技术，结合示范区低丘缓坡山地专项规划项目、城乡建设用地增减挂钩项目和山地开发复垦技术方案编制项目进行设计和示范应用研究，完成示范工作。

项目区低丘缓坡山地开发土地立体规划在集成研究任务一、研究任务二资料及示范成果基础上，将研究任务三研究和提炼的技术方法、标准规范应用于项目区尺度的地域空间上，基于山地地形地貌的特殊性和山地开发生态约束条件的差异性，针对城镇、工业两种主要开发类型，开展低丘缓坡山地项目区土地立体规划技术示范。重点突出 3 个方面的技术集成：①以低丘缓坡山地地理地貌单元为背景的山地城镇项目区土地利用规划生境分析和规划要素综合评价技术；②低丘缓坡山地生境环境中三维地形分析等建模方法与实现技术；③山地城镇地形改造、土地利用开发强度控制、坡度控制、道路交通布局、城市景观设计与防护工程等方面的技术。集成技术包括 5 个方面的内容：①项目区选址及用地布局；②山地开发立体规划主要控制指标的验证及反馈；③山地城镇土地集约利用；④山地城镇建设用地的竖向控制；⑤生态及环境基础设施建设。

低丘缓坡山地开发监管技术示范建立了综合动态多灾种耦合的监测技术方法体系，构建了低丘缓坡山地开发区地质灾害与生态效应监测数据库；针对示范区潜在的地质灾害及生态风险，遴选山地开发地质灾害地表过程模型与生态水文模型，耦合监测参数，开展低丘缓坡山地开发的地质灾害成灾过程模拟和生态过程模拟；基于模型模拟的结果，确定评价的关键指标，厘清不同规模、类型的低丘缓坡山地开发的地质灾害/生态风险阈值，并进行预警技术研究。

为了保证规划技术的科学性和合理性，监管技术体系重点体现在两个方面：①生态风险评估。通过分析示范区的社会经济发展趋势与示范区土地立体规划，构建了低丘缓坡山地开发土地利用情景，模拟分析了示范区基准情景和规划情景下到 2020 年的土地利用空间格局。示范区基于水土流失风险模拟评估因子指标数据，构建了水土流失风险评估模型，并采用水土流失风险等级划分和水土流失风险阈值判断等方法，分析了示范区水土流失风险的现状，并基于不同情景下的低丘缓坡山地开发土地利用格局，评估分析了不同情景下示范区低丘缓坡山地开发的水土流失风险。②地质灾害预警。首先基于可拓理论的基本概念，确定了基于可拓理论的建模过程，选取了地质灾害的影响因子，并综合运用 GIS、遥感技术方法，获取了各影响因子的数据；其次参照地质灾害气象风险预警分级，确定了地质灾害预警等级表，并制定了地质评价因子取值统计表，利用AHP 法，确定了各个指标因子的权重；再次对两个可能存在地质灾害风险的施工点开展预警实验，并确定两点的预警等级和级别特征变量；最后计算出 4 个待评价物元的级别变量特征值。结果显示与示范区土地立体规划技术体系的实际情况吻合较好，该模型可以对低丘缓坡山地开发土地立体规划实施过程中的地质灾害进行科学预警。

参 考 文 献

埃比尼泽·霍华德(Ebenezer Howard). 2000. 明日的田园城市. 金经元译. 北京: 商务印书馆: 132

艾廷华, 陈涛. 2004. 基于三角网的"种子法"多边形生成. 武汉大学学报(信息科学版), 29(1): 14～19

蔡志明, 陈崇成, 周旭光. 2014. 基于二叉树的矢量线状要素多分辨率表达与传输. 测绘科学, 39(10): 7～12

曹春华. 2003. 西部山地城市土地开发利用思考. 规划师, 19(7): 72～75

曹建明, 程朋根, 王海江, 等. 2011. 一种基于非典型 P2P 技术的地图缓存更新方法. 测绘通报, (7): 74～76

曹禄来, 徐林荣, 陈舒阳, 等. 2014. 基于模糊神经网络的泥石流危险性评价. 水文地质工程地质, 41(2): 143～147

常青, 刘丹, 刘晓文. 2013. 矿业城市土地损毁生态风险评价与空间防范策略. 农业工程学报, 29(20): 245～254

车登科, 逯晖. 2010. 浅析 Tiff/Geotiff 文件结构及属性提取. 测绘技术装备, 12(4): 49～50

陈锋. 2007. 科学发展观与城市规划. 北京: 中国计划出版社: 107

陈国阶, 方一平, 高延军. 2010. 中国山区发展报告——中国山区发展新动态与新探索. 北京: 商务印书馆: 119～183

陈建平. 2009. 基于 Google Map 与 Ajax 的 Web GIS 应用解决方案研究. 西北农林科技大学硕士学位论文: 26～27

陈建军, 周成虎, 程维明. 2007. GIS 中面状要素矢量栅格化的面积误差分析. 测绘学报, 36(3): 344～350

陈亮. 2012. 基于技术观的山地城市设计研究. 重庆大学硕士学位论文: 43～44

陈陇堂, 赵小勇. 1999. 影响宁夏城市(镇)形成和分布的地貌因素. 宁夏大学学报(自然科学版), 20(2): 169～172

陈涛, 李光耀. 2004. 平面离散点集的边界搜索算法. 计算机仿真, 21(3): 21～23

陈涛, 翟京生, 陈双军, 等. 2011. 嵌入式 GIS 中基于 LOD 的地图数据组织模型设计. 测绘科学技术学报, 28(5): 374～377

陈玮. 2001. 对我国山地城市概念的辨析. 华中建筑, 19(3): 56～58

程承旗, 张恩东, 万元嵬, 等. 2010. 遥感影像剖分金字塔研究. 地理与地理信息科学, 26(1): 19～23

程纯枢. 1943. 黄土高原及内西北之气候. 地理学报, (00): 24～26

程建权, 兰运超, 杨仁. 1999. 基于 GIS 的城镇发展布局优化方法研究. 武汉城市建设学院学报, 16(1): 17～22

崔鹏. 2014. 中国山地灾害研究进展与未来应关注的科学问题. 地理科学进展, 33(2): 145～152

崔铁军, 李玉, 饶欣平. 2004. 嵌入式 GIS 的发展及开发实践. 测绘学院学报, 12(2): 128～130

大卫·路德林, 尼古拉斯·福克. 2005. 营造 21 世纪的家园——可持续的城市邻里社区. 王健, 单燕华译. 北京: 中国建筑工业出版社: 168～174

戴竹劲. 2006. 开发区土地利用水平评价研究. 华中农业大学硕士学位论文: 45～49

邓伟根, 王贵明. 2005. 产业生态理论与实践——以西江产业带为例. 北京: 经济管理出版社: 102

邓祥征. 2008a. 土地系统动态模拟. 北京: 中国大地出版社: 143～148

邓祥征. 2008b. 土地用途转换分析. 北京: 中国大地出版社: 95～99

邓永翔, 贾仁安. 2007. 江西软件产业系统动力学模型构建及仿真分析. 工业技术经济, 26(1): 105~108

丁洪建. 2004. 开发区的用地布局与规模研究——以杭州市开发区为例. 浙江大学硕士学位论文: 53~57

董逢谷. 2001. 上海市投入产出表支柱产业选择实证分析. 上海统计, (4): 9~14

董品杰, 懒红松. 2003. 基于多目标遗传算法的土地利用空间结构优化配置. 地理与地理信息科学, 19(6): 52~55

樊文斌. 2008. 一种基于循环经济理念的工业园区规模预测方法初探——以大连市黑岛工业园区为例. 科技创新导报, (2): 142~143

方大春, 刘国林, 王芳, 等. 2004. 基于 GIS 的土地适宜性评价模型研究. 测绘与空间地理信息, 27(1): 35~36

冯红霞, 张生瑞. 2014. 基于元分维理论的土地利用混合度研究——以榆林空港生态城控规为例. 西安建筑科技大学学报(自然科学版), 46(6): 882~887

福斯特及其合伙人事务所. 2008. 德累斯顿车站重建工程及马斯达开发项目. 城市建筑, (2): 36~41

付在毅, 许学工. 2001. 区域生态风险评价. 地球科学进展, 16(2): 267~271

傅斌, 徐佩, 王玉宽, 等. 2013. 都江堰市水源涵养功能空间格局. 生态学报, 33(3): 789~797

高文, 陈熙霖. 1999. 计算机视觉——算法与系统原理. 北京: 清华大学出版社: 67~78

苟剑锋, 郝建青, 曾正中, 等. 2014. 基于 Matlab 分析的台阶式场地平整方案优化设计. 环境工程, (3): 92~96, 109

顾朝林. 2009. 城市与区域规划研究. 北京: 商务印书馆: 51~58

关增社, 裴凌, 王庆. 2008. 基于 NTRIP 协议的 VRS 移动终端设计. 仪器仪表学报, 27(6): 651~652

郭承燕, 贾建华, 马荣华, 等. 2012. 滑坡灾害预测预报信息共享平台. 地球信息科学学报, 14(2): 199~207

郭晋平, 周志期. 2007. 景观生态学. 北京: 中国林业出版社

郭克莎. 2003. 工业化新时期新兴主导产业的选择. 中国工业经济, (2): 5~14

侯云先, 王锡岩. 2004. 战略产业博弈分析. 北京: 机械工业出版社: 135~141

胡道生, 宗月光, 徐文雯. 2011. 城市新区景观生态安全格局构建——基于生态网络分析的研究. 城市发展研究, (6): 37~43

胡良军, 邵明安. 2004. 基于 GIS 的黄土高原水分生态环境区域空间格局研究. 应用生态学报, 15(11): 2132~2136

黄波, 陈勇. 1995. 矢量、栅格相互转换的新方法. 遥感技术与应用, 10(3): 61~65

黄光宇. 1994. 山地城市规划建设与环境发展. 北京: 科学出版社: 152~158

黄光宇. 2003. 山地城市规划与设计作品集. 重庆: 重庆大学出版社: 97~102

黄光宇. 2005. 山地城市主义. 重庆建筑, 2005(1): 2~12

黄光宇. 2006. 山地城市学原理. 北京: 中国建筑工业出版社: 67

黄光宇, 陈勇. 1997. 生态城市概念及其规划设计方法研究. 城市规划, (6): 17~20

黄光宇, 陈勇. 1999. 论城市生态化与生态城市. 城市环境与生态城市, 12(6): 28~31

黄光宇, 黄耀志. 1994. 山地城镇结构形态类型及动态发展分析, 山地城镇规划建设与环境生态. 北京: 科学出版社: 187

黄光宇, 刘敏. 2004. 山地文化特性及其对城镇发展的影响——以重庆市路孔古镇为例. 规划师, 20(11): 97~100

黄姣, 高阳, 赵志强, 等. 2011. 基于 GIS 与 SOFM 网络的中国综合自然区划. 地理研究, 30(9): 1648~1659

黄巧华. 2000. 国外城市地貌研究综述. 福建地理, 15(3): 35~38

黄天其, 周振扬. 1994. 山地城市空间结构演变的生态学控制, 山地城市规划建设与环境生态. 北京:

科学出版社: 73~77

黄耀志. 1994. 山地城镇生态特点及自然生态规划方法初探, 山地城镇规划建设与环境生态. 北京: 科
　　学出版社: 45~49

贾奋励. 2010. 电子地图多尺度表达的研究与实践. 解放军信息工程大学博士学位论文: 80~90

贾良清, 欧阳志云, 赵同谦, 等. 2005. 安徽省生态功能区划研究. 生态学报, 25(2): 254~260

柯金虎. 2002. 生态工业园区规划及其案例分析. 规划师, 18(12): 42~45

克利夫·芒福汀. 2004. 绿色尺度. 陈贞, 高文艳译. 北京: 中国建筑工业出版社: 123~126

克罗基乌斯 B P. 1982. 城市与地形. 钱治国等译. 北京: 中国建筑工业出版社: 157

李德华. 2001. 城市规划原理. 北京: 中国建筑工业出版社: 147~153

李凤. 2013. 湖南丘陵地区高校新校区规划中的竖向设计研究. 华南理工大学硕士学位论文: 42~43

李建勋, 郭莲丽, 李杨, 等. 2014. 面向瓦片金字塔的层深确定与投影变换方法. 计算机应用, 34(9):
　　2683~2686, 2707

李琳, 黄昕珮. 2007. 城市形态可持续性目标的实现——读《迈向可持续的城市形态》. 国际城市规划,
　　22(1): 99~105

李双成, 郑度. 2003. 人工神经网络模型在地学研究中的应用进展. 地球科学进展, 18(1): 68~76

李希斌. 2010. 具有增长极作用的开发区土地利用规模预测研究——以营口经济技术开发区为例. 东北
　　师范大学硕士学位论文: 37~39

李秀珍, 孔纪名, 李朝凤. 2010. 多分类支持向量机在泥石流危险性区划中的应用. 水土保持通报,
　　30(5): 128~133, 157

李英民, 李宏兵, 武鑫, 等. 2010. 山地城市地下空间综合节地技术示范及研究. 重庆建筑, 9(83): 7~9

李志清. 1994. WINGIS 中的矢量数据向栅格数据的格式转换. 林业资源管理, (6): 71~75

理查德·瑞吉斯特. 2002. 生态城市——建设与自然平衡的人居环境. 王如松, 胡聃译. 北京: 社会科学
　　文献出版社: 95~104

理查德·瑞吉斯特. 2010. 生态城市: 重建与自然平衡的城市. 王如松, 于古杰译. 北京: 社会科学文献
　　出版社: 35~41

利维·约翰·M. 2003. 现代城市规划. 孙景秋等译. 北京: 中国人民大学出版社: 109~223

梁艳平, 刘兴权, 刘越, 等. 2001. 基于 GIS 的城市总体规划用地适宜性评价探讨. 地质与勘探, 37(3):
　　64~68

林肯土地政策研究所. 2003. 土地规划管理. 北京: 中国大地出版社: 67~72

刘晨阳, 黄光宇. 2006. 西部山地小城镇经济模式生态化问题. 城市环境与城市生态, 19(4): 7~9

刘光, 唐大仕. 2010. Web GIS 开发——ArcGIS Server 与 .NET. 北京: 清华大学出版社: 32~35

刘金龙. 2013. 生态系统服务的模拟与时空权衡——以京津冀地区为例. 北京大学硕士学位论文: 51~
　　53

刘希林, 莫多闻. 2002. 泥石流风险及沟谷泥石流风险度评价. 工程地质学报, 10(3): 266~273

刘小连. 2009. 山地城市道路与场地竖向规划研究. 重庆交通大学硕士学位论文: 29~31

刘焱序, 彭建, 韩忆楠, 等. 2014. 基于 OWA 的低丘缓坡建设开发适宜性评价——以云南大理白族自
　　治州为例. 生态学报, 34(12): 3188~3197

刘焱序, 彭建, 汪安, 等. 2015. 生态系统健康研究新进展与趋向. 生态学报, 35(18): 5920~5930

刘洋, 蒙吉军, 朱利凯. 2010. 区域生态安全格局研究进展. 生态学报, 30(24): 6980~6989

刘再兴. 1997. 工业地理学. 北京: 商务印书馆: 165~168

柳新伟, 周厚诚, 李萍, 等. 2004. 生态系统稳定性定义剖析. 生态学报, 24(11): 2635~2640

龙彬. 2005. 山水和城市营建. 南昌: 江西科学技术出版社: 54~56

卢峰, 钱江林. 2007. 西部山地城镇的生态化发展思考. 规划师, 23(12): 92~94

卢济威, 王海松. 2000. 山地建筑设计. 北京: 中国建筑工业出版社: 58

吕儒仁, 李德基, 谭万沛, 等. 2001. 山地灾害与山地环境. 成都: 四川大学出版社: 44~47

吕文捷, 杨进, 李娟. 2009. 山地城市控制性详细规划编制模式的创新与实践探索. 城市道桥与防洪, 11(11): 7~9

吕一河, 傅伯杰. 2001. 生态学中的尺度及尺度转换方法. 生态学报, 21(12): 2096~2104

马达. 2007. 工业园区规划理念与功能布局研究. 科学之友, (9): 168~169

马仁锋, 王筱春, 张猛, 等. 2011. 云南省地域主体功能区划分实践及反思. 地理研究, 30(7): 1296~1308

马晓微, 杨勤科, 刘宝元. 2002. 基于 GIS 的中国潜在水土流失评价研究. 水土保持学报, 16(4): 49~53

马亚明, 张亚军, 张瑞生. 2009. 嵌入式 GIS 中矢量地图快速显示策略研究. 测绘科学技术学报, 26(4): 300~304

麦克哈格. 2006. 设计结合自然. 黄经纬译. 天津: 天津大学出版社: 57

蒙吉军, 张彦儒, 周平. 2010. 中国北方农牧交错带生态脆弱性评价——以鄂尔多斯市为例. 中国沙漠, 30(4): 850~856

米格尔·鲁亚诺. 2007. 生态城市——60 个优秀案例研究. 吕晓惠译. 北京: 中国电力出版社: 67~87

母爱英, 周耀光, 王卫. 2000. 美国地方土地利用规划及其借鉴. 中国土地, 13(1): 45~46

倪黎燕. 2001. 生态城思想探源: 生态学视角下的经典城市规划理论解读. 清华大学硕士学位论文: 35~36

年雁云, 王晓利, 陈璐. 2015. 1930~2010 年额济纳三角洲土地利用景观格局变化. 应用生态学报, 26(3): 777~785

聂艳, 2006. 基于 GIS 和 GM 的土地利用空间格局和动态预测情景分析——以宜都市为例, 华中师范大学学报(自然科学版), 40(4): 597~605

宁娜, 马金珠, 张鹏, 等. 2013. 基于 GIS 和信息量法的甘肃南部白龙江流域泥石流灾害危险性评价. 资源科学, 35(4): 892~899

农丽萍, 王力虎, 黄一平. 2010. Android 在嵌入式车载导航系统的应用研究. 计算机工程与设计, 31(11): 2473~2476

欧阳志云, 王如松. 2005. 区域生态规划理论与方法. 北京: 化学工业出版社: 88~89

潘美慧, 伍永秋, 任斐鹏, 等. 2010. 基于 USLE 的东江流域土壤侵蚀量估算. 自然资源学报, 25(12): 2154~2164

潘少明, 喻占武, 李锐, 等. 2009. 基于主动缓存的 P2P 海量地形漫游瓦片调度算法. 测绘学报, 38(3): 236~241

彭建, 党威雄, 刘焱序, 等. 2015. 景观生态风险评价研究进展与展望. 地理学报, 70(4): 664~677

彭建, 吴健生, 潘雅婧, 等. 2012. 基于PSR模型的区域生态持续性评价概念框架. 地理科学进展, 31(7): 933~940.

彭杰. 2011. 基于切片地图 Web 服务的地理信息发布技术研究. 浙江大学硕士学位论文: 45~46

彭少麟. 1996. 恢复生态学与植被重建. 生态科学, 15(2): 26~31

秦丽. 2011. 探索山区城市土地集约节约利用新模式——十堰经济开发区山地整理经验总结. 现代商业, (21): 62~63

区柳春, 王磊, 韦希. 2008. 山地工业园区规划的控制方法创新//中国城市规划学会. 生态文明视角下的城乡规划——2008 中国城市规划年会论文集. 大连: 大连出版社.

任欢. 2014. 坡地场地竖向设计优化. 西安建筑科技大学硕士学位论文: 22~72

任景明, 李天成, 黄沈发. 2013. 区域开发生态风险评价理论与方法研究. 北京: 中国环境出版社: 25~36

荣金凤, 闵庆文, 郑林. 2006. 云南主要生态环境问题及其人口因素与对策. 生态经济(学术版), (2): 65~68

沙鸥. 2011. 山地城市增长边界划定研究——以湘西自治州花垣县城为例. 规划师, 27(增刊): 23~28

尚志海, 刘希林. 2010. 自然灾害生态风险环境风险及其评价: 以汶川地震极重灾区次生泥石流灾害为例. 中国安全科学学报, 20(9): 3~8

沈清基. 1998. 城市生态与城市环境. 上海: 同济大学出版社: 34~35

石培礼, 吴波, 程根伟, 等. 2004. 长江上游地区主要森林植被类型蓄水能力的初步研究. 自然资源学报, 19(3): 351~360

苏·克罗斯乌斯. 1982. 城市与地形. 北京: 中国建筑工业出版社: 82~86

苏·卢克雅诺夫. 1980. 城市工业区(修建原理). 北京: 中国建筑工业出版社: 53~64

苏美蓉, 杨志峰, 陈彬. 2009. 基于能值-生命力指数的城市生态系统健康集对分析. 中国环境科学, 29(8): 892~896

苏鹏程, 韦方强. 2014. 澜沧江流域滑坡泥石流空间分布与危险性分区. 资源科学, 36(2): 273~281

孙小荣, 徐爱功, 张书毕, 等. 2012. 平面直角坐标与空间直角坐标间的协方差转换. 测绘通报, 2012(3): 53~55

汤国安, 刘学军, 闾国年. 2005. 数字高程模型及其地学分析的原理与方法. 北京: 科学出版社: 138~141

田广增, 齐学广. 2002. 论产业布局的规律. 安阳师范学院学报, 2000(2): 86~88

王昌, 滕艳辉. 2010. 矢量栅格一体化数据结构设计与应用. 计算机工程, 36(20): 88~101

王长钰, 赵庆祯, 仇永平. 1999. 农村产业结构布局优化的数学模型及其稳定性分析. 经济数学, 16(3): 1~10

王常颖, 张杰, 辛红梅, 等. 2008. 基于景观格局的海岛开发潜在生态风险评价. 生态学报, 28(6): 2811~2817

王国恩, 肖荣波, 彭涛, 等. 2010. 山地城市土地集约利用与开发策略——以遵义市为例. 现代城市研究, (2): 74~79

王海鹰, 张新长, 康停军. 2009. 基于 GIS 的城市建设用地适宜性评价理论与应用. 地理与地理信息科学, 25(1): 14~17

王惠文, 孟洁. 2007. 多元线性回归的预测建模方法. 北京航空航天大学学报, 33(4): 500~504

王辑慈, 等. 2001. 创新的空间: 企业集群与区域发展. 北京: 北京大学出版社: 62~67

王纪武. 2003. 山地都市空间拓展研究——以重庆、香港为例. 重庆建筑, (6): 21~23

王建, 杜道生. 2004. 矢量数据向栅格数据转换的一种改进算法. 地理与地理信息科学, 20(1): 31~34

王建国. 2002. 城市设计生态理念初探. 规划师, 18(4): 15~18

王俊宜. 2012. 面向嵌入式 GIS 的图像压缩及快速显示技术研究. 东南大学硕士学位论文: 45~48

王如松, 欧阳志云. 1994. 天城合一: 山水城建设的人类生态学原理. 北京: 中国建筑工业出版社: 158~164

王如松, 徐洪喜. 2005. 扬州生态市规划方法研究. 北京: 中国科技出版社: 232

王双高. 2012. 工业场地竖向布置探讨. 煤炭工程, 2012(10): 61~62, 65

王晓朋, 潘懋, 任群智. 2007. 基于流域系统地貌信息熵的泥石流危险性定量评价. 北京大学学报(自然科学版), 43(2): 211~215

王歆. 2013. 基于 GIS 技术的西北地区山地城市道路优化设计初探. 西安建筑科技大学硕士学位论文: 31~45

王兴平. 2003. 中国城市开发区的空间规模与效益研究. 城市规划, 27(9): 6~12

王一斐. 2015. 城市外围山地道路设计分析. 山西建筑, 41(10): 145~146

王玉虎. 2013. 基于图底融合模式的山地工业园区规划设计——以福建省长汀稀土工业园为例//中国科学技术协会, 重庆市人民政府. 山地城镇可持续发展论文集. 北京: 中国建筑工业出版社: 314~320

王昭兵, 杨永春. 2008. 城市规划引导下空间拓展的主导模式——以复杂地形条件下的城市为例. 城市规划学刊, (5): 106~114

王征等. 2006. 现代工业园区规划控制体系探讨//《中国城市发展与规划论文集》编委会. 规划50年——2006中国城市规划年会论文集. 北京: 中国城市出版社: 433~439

王治江, 李培军, 万忠成, 等. 2007. 辽宁省生态系统服务重要性评价. 生态学杂志, 26(10): 1606~1610

韦小军. 2003. 论山水形态中人居环境建设的哲学内涵. 规划师, 6(19): 63~65

邬建国. 2000. 景观生态学——概念与理论. 生态学杂志, 19(1): 42~52

吴柏清, 何政伟, 刘严松. 2008. 基于GIS的信息量法在九龙县地震灾害危险性评价中的应用. 测绘科学, 33(4): 146~148

吴健生, 王政, 张理卿, 等. 2012. 景观格局变化驱动力研究进展. 地理科学进展, 31(12): 1739~1746

吴立新, 史文中. 2003. 地理信息系统原理与算法. 北京: 科学出版社: 202~212

吴亚丽. 2010. 基于XMPP的移动GIS空间数据即时共享系统的设计与实现. 东南大学硕士学位论文: 56~67

吴燕, 陈秉钊. 2004. 高科技园区的合理规模研究. 城市规划汇刊, (6): 78~82

吴勇. 2012. 山地城镇空间结构演变研究. 重庆大学硕士学位论文: 43~44

武广臣, 左建章, 刘艳, 等. 2009. 矢量数据栅格化的一种有效方法——环绕数法. 测绘科学, 34(1): 50~51

奚键. 2014. 低丘缓坡地带工业园区市政配套设计要点. 城市道桥与防洪, (1): 139~142

肖笃宁, 布仁仓, 李秀珍. 1997. 生态空间理论与景观异质性. 生态学报, 17(5): 453~461

谢凤英, 赵丹培. 2000. Visual C++数字图像处理. 北京: 清华大学出版社: 156~167

谢高地, 甄霖, 鲁春霞, 等. 2008. 一个基于专家知识的生态系统服务价值化方法. 自然资源学报, 23(5): 912~919

谢怀建, 程昌华, 官正梅. 2005. 山地城市边坡建设新思路: 工程、生态、人文的有机融合. 重庆建筑, (11): 11~15

谢正鼎. 1998. 山地城市道路交通系统规划问题的思考. 重庆大学报, 20(3): 109~113

邢忠, 应文, 颜文涛, 等. 2006. 土地使用中的"边缘效应"与城市生态整合——以荣县城市规划实践为例. 城市规划, 30(1): 88~92

熊世伟. 2000. 政府与企业: 在城市空间指向上的错位——上海市产业布局问题的理论分析. 城市研究, 2000(4): 40~42

徐坚. 2008. 山地城镇生态适应性城市设计. 北京: 中国建筑工业出版社: 55~56

徐进, 李颖, 刘瑀. 2012. AGS中地图缓存性能优化. 测绘通报, (7): 88~90

徐康康, 张逸民. 1999. 对上海市产业结构演变的连锁系数法研究. 上海理工大学学报: 21(1): 57~62

徐小东. 2007. 中观尺度的城市设计生态策略研究. 新建筑, (2): 11~15

许自舟, 梁斌, 张浩, 等. 2013. 基于ArcGIS Server的海洋环境信息服务平台设计与实现. 海洋环境科学, 32(2): 284~288

闫浩文, 杨维芳, 陈全功, 等. 2000. 基于方位角计算的拓扑多边形自动构建快速算法. 中国图象图形学报, 5(7): 563~567

闫建强, 王睿敬. 2011. Web服务开发学习实录. 北京: 清华大学出版社: 167~174

闫水玉, 杨柳, 邢忠. 2010. 山地城市之魂——黄光宇先生山地城镇生态化规划学术追思. 城市规划, 34(6): 69~74

闫照辉. 2004. 城市土地利用过程中的生态整合. 重庆大学硕士学位论文: 23~35

杨建宇, 杨崇俊, 刘冬林, 等. 2005. 基于OpenGIS规范的GIS组件的设计与实现. 计算机工程, 31(9): 54~56

杨卡. 2004. 规划理念之我见. 现代城市研究, (10): 22~26

杨嵘, 姜瑞雪. 2008. 天然气富集省份政府规制问题研究——以陕西省天然气产业为例. 工业技术经济, 27(11): 35~37

杨嵘, 颜鹏. 2009. 陕西装备制造业产业竞争力评价. 西安石油大学学报(社会科学版), 18(2): 10～16

杨万钟. 1991. 产业结构、产业布局、产业政策一体化问题——以上海工业发展为例. 经济地理, 11(1): 1～6

杨晓峰, 张桂林. 2005. 一种基于仿射变换模型的目标跟踪算法. 计算机与数字工程, 33(12): 30～34

杨永春. 2007. 河谷型城市空间跨越式发展及其机制. 兰州大学学报(自然科学版), 43(2): 20～24

杨永强. 2007. 无定河流域土地利用/森林植被格局演变对侵蚀产沙的影响研究. 北京林业大学硕士学位论文: 37～62

杨志峰, 徐琳瑜, 毛建素. 2013. 城市生态安全评估与调控. 北京: 科学出版社: 36～76

姚华荣, 吴绍洪, 曹明明. 2004. GIS 支持下的区域水土资源优化配置研究. 农业工程学报, 20(2): 31～35

姚顺发. 2002. 云南省水土流失因素分析及防治对策研究. 林业调查规划, 27(b12): 74～78

殷停, 王英, 叶天强. 2010. gSOAP 在基于 TR069 协议的网络视频监控系统中的应用. 工业控制计算机, 23(1): 61～62

于海洋. 2012. 基于 ArcGIS 平台的油田数据展示关键技术研究及应用. 东北石油大学硕士学位论文: 26～41

于秀娟, 孙晓君, 田禹, 等. 2003. 工业与生态. 北京: 化学工业出版社: 56～89

余大富. 1992. 川西山地农业系统. 成都: 成都科技大学出版社: 15～36

余大富. 1994. 山地城镇建设的生态规划, 山地城镇规划建设与环境生态. 北京: 科学出版社: 77～90

俞孔坚, 李迪华, 韩西丽. 2005a. 论"反规划". 城市规划, 29(09): 64～69

俞孔坚, 李迪华, 刘海龙. 2005b. "反规划"途径. 北京: 中国建筑工业出版社: 66～79

俞孔坚, 王思思, 李迪华, 等. 2010. 北京城市扩张的生态底线——基本生态系统服务及其安全格局. 城市规划, 34(2): 19～24

喻建. 2009. 山地城市路网布局规划研究. 城市规划, 10(8): 5～8

原立峰, 周启刚, 马泽忠. 2007. 支持向量机在泥石流危险度评价中的应用研究. 中国地质灾害与防治学报, 18(4): 29～33

曾坚, 左长安. 2006. 基于可持续性与和谐理念的绿色城市设计理论. 建筑学报, (12): 10～13

查东平, 林辉, 孙华, 等. 2013. 基于 GDAL 的遥感影像数据快速读与显示方法的研究. 中南林业科技大学学报, 33(1): 58～62

张宏, 温永宁, 刘爱利, 等. 2006. 地理信息系统算法基础. 北京: 科学出版社: 75～76

张济, 朱晓华, 刘彦随, 等. 2010. 基于 0.25m 分辨率影像的村庄用地潜力调查——以山东省巨野县 12 个村庄为例. 经济地理, 30(10): 1717～1721

张立峰. 2004. 工业区用地的规划控制与策略. 规划师, 20(6): 32～34

张立厚, 陈鸣中, 张玲. 2000. 石龙镇产业结构优化的系统仿真分析. 工业工程, 3(3): 51～54

张丽. 2007. 上海工业开发区的土地集约利用研究. 上海: 同济大学硕士学位论文: 43～59

张孟林, 王庆石. 2006. 区域农业生产结构优化模型的建立. 农机化研究, 2006(7): 71～73

张秋菊, 傅伯杰, 陈利顶. 2003. 关于景观格局演变研究的几个问题. 地理科学, 23(3): 264～270

张思锋, 刘晗梦. 2010. 生态风险评价方法述评. 生态学报, 30(10): 2735～2744

张小飞, 王如松, 李正国, 等. 2011. 城市综合生态风险评价: 以淮北市城区为例. 生态学报, 31(20): 6204～6214

张雪原, 翟国方. 2013. 山地城市空间形态生长特征分析. 现代城市研究, (2): 45～51

张娅莉, 喇果彦. 2009. GRNN 神经网络在信息分析分析预测中的应用. 数据采集与处理, 24(增刊): 101～103

张云川. 2005. 标准化的即时通信协议——SIMPLE 和 XMPP 的对比研究. 武汉科技大学学报(自然科学版), 28(4): 375～377

赵海彦. 2014. 基于生态安全的山地城镇非建设用地规划与控制. 西安建筑科技大学硕士学位论文: 15~82

赵克勤, 宣爱理. 1996. 集对论——一种新的不确定理论方法与应用. 系统工程, 14(1): 18~23, 72

赵连阁, 朱道华. 2000. 农村工业分散化空间结构的成因与聚集的条件. 中国农业经济, (6): 30~36

赵源, 刘希林. 2005. 人工神经网络在泥石流风险评价中的应用. 地质灾害与环境保护, 16(2): 135~138

郑丽, 李泽新. 2005. 山地城市道路规划与景观探析——以重庆市云阳新县城中心城区道路规划设计为例. 重庆建筑, (2): 29~33

郑天宇, 苟宇. 2013. 高效地图缓存分包封装技术研究与实现. 测绘与空间地理信息, 36(8): 22~24

中科院成都山地灾害与环境研究所. 2000. 山地学概论与中国山地研究. 成都: 四川科学技术出版社: 188~197

钟祥浩, 余大富. 2000. 山地学概论与中国山地研究. 成都: 四川省科学技术出版社: 48

周伏建, 陈明华, 林福兴, 等. 1989. 福建省降雨侵蚀力指标的初步探讨. 福建水土保持, (2): 58~60

周锐, 李月辉, 胡远满, 等. 2011. 苏南典型乡镇景观梯度变化. 生态学杂志, 30(2): 320~326

朱庆华, 耿勇. 2004. 工业生态设计. 北京: 化学工业出版社环境科学与工程出版中心: 124~132

朱文泉, 张锦水, 潘耀忠, 等. 2007. 中国陆地生态系统生态资产测量及其动态变化分析. 应用生态学报, 18(3): 586~594

朱晓华, 丁晶晶, 刘彦随, 等. 2010. 村域尺度土地利用现状分类体系的构建与应用——以山东禹城牌子村为例. 地理研究, 29(5): 883~890

卓群. 2012. 低山丘陵地区场地规划设计方法研究. 湖南大学硕士学位论文: 42~43

Edward H, Ziegler Jr. 2005. 城市分区与土地规划: 打造美国的大型都市. 周雪译. 国际城市规划, 20(3): 60~63

Gamma E. 2007. 设计模式: 可复用面向对象软件的基础. 北京: 机械工业出版社: 133

Alley T. 1996. Curitiba: a visit to an eco-logical city. Urban Ecologist, 4: 234~237

Awrangjeb M, Ravanbakhsh M, Fraser C S. 2010. Building detection from multispectral imagery and lidar data employing a threshold-free evaluation system. IAPRS, 38: 49~55

Bai X, Shi P, Liu Y. 2014. Realizing China's urban dream. Nature, 509(7499): 158~160

Barzilai J, Borwein J M. 1988. Two-point step size gradient methods. IMA Journal of Numerical Analysis, 8(1): 141~148

Beatley T. 1995. Planningand sustainability: the elements of a new paradigm. Journal of Planning Literature, 9(4): 383~395

Borsuk M E, Stow C A, Reckhow K H. 2004. A Bayesian network of eutrophication models for synthesis, prediction, and uncertainty and analysis. Ecological Modelling, 173: 219~239

Breunig M M, Kriegel H P, Ng R T, et al. 2000. LOF: Identifying density-based local outliers. International Conference on Management of Data: 93~100

Cai J, Jin H, Liu C. 2009. Blind motion deblurring using multiple images. Journal of Computational Physics, 228(4): 5057~5071

Carvers S J, Brunsdon C F. 1994. Vector to raster error and feature complexity: an empirical study using simulated data. International Journal of Geographical Information Systems, 8(3): 261~270

Chan R H, Chen K. 2008. Fast multilevel algorithm for a minimization problem in impulse noise removal. SIAM Journal on Scientific Computing, 30(3): 1474~1489

Chan R H, Ho C W, Leung C Y. 2005. Minimization of detail-preserving regularization functional by Newton's method with continuation. Beijing: IEEE International Conference on Image Processing: 1145~1148

Chartrand R, Staneva V. 2008. Total variation regularization of images corrupted by non-Gaussian noise using a quasi-Newton method. IET Image Processing, 2(6): 295~303

Chawla S, Sun P. 2006. SLOM: a new measure for local spatial outliers. Knowledge and Information Systems, 9(4): 412～429

Chen G Y, Bul T D, Krzyzak A. 2005. Image denolsing with neighbour dependency and customized wavelet and threshold. Pattern Recognition, 38(1): 115～124

Cheng C X, Lu F, Cai J. 2009. A quantitative scale-setting approach for building multi-scale spatial databases.Computers & Geosciences, 35(11): 2204～2209

Chi T H, Zhao X F, Chen H B, et al. 2005. Research and implementation of the sustainable development information sharing web service system of China. Seoul IEEE International Geoscience and Remote Sensing Symposium(IGARSS): 905～907

Civicioglu P. 2007. Using Neighborhood-pixels-information and ANFIS for implus noise suppression. International Journal of Electronics and Communication, 61(10): 657～664

Dorigo M, Stützle T. 2010. Ant colony optimization: overview and recent advances. Springer US, 146(05): 227～263.

Ellis E C, Li R G, Yang L Z, et al. 2000. Long-term change in village-scale ecosystems in china using landscape and statistical methods. Ecological Applications, 10: 1057～1073

Ellis E C, Neerchal N, Peng K, et al. 2009. Estimating long-term changes in China's village landscapes. Ecosystems, 12: 279～297

Feng H X, Li Y. 2013. Vertical planning study on complex terrain site based on GIS. Advanced Materials Research, 726-731: 4714～4717

Feng H X, Zhang S R. 2012. Study on Construction of Human-based Traffic System for Mountain City. Beijing: COTA International Conference of Transportation Professionals.

Fischler M A, Bolles R C. 1981. Random sample consensus: a paradigm for model fitting with applications to image analysis and automated cartography. Communications of the ACM, 24(6): 381～395

Gnanadurai D, Sadasivam V. 2005. Image de-noising using Double Density Wavelet Transform based adaptive thresholding technique. International Journal of Wavelets, Multiresolution and Information Processing, 3(1): 141～152

Han L, Wang N H, Wang C, et al. 2010. The Research on the WebGIS Application Based on the J2EE Framework and ArcGIS Server. Changsha 2010 International Conference on Intelligent Computation Technology and Automation: 945～952

Hawkins D. 1980. Identification of Outliers. New York: Chapman and Hall: 454～457

Jafar I F, AlNa'mneh R A, Darabkh K A. 2013. Efficient improvements on the BDND filtering algorithm for the removal of high-density impulse noise. IEEE Transactions on Image Processing, 22(3): 1223～1232

Kim J, Jeong D. 2009. A Multi-Layer based Access Control Model for GIS Mobile Web Services. ICCE 2009 International Conference on consumer electronics digest of technical papers: 1～2

Kim S.2006. PDE-based image restoration: a hybrid model and color image denoising. IEEE Transactions on Image Processing, 15(5): 1163～1170

Landis W G, Wiegers J K. 2007. Ten years of the relative risk model and regional scale ecological risk assessment. Human and Ecological Risk Assessment, 13: 25～38

Laird R T, Perkins J B, Bainbridge D A, et al. 1979. Quantitative land-capablility analysis. https: //doi.org/10.3133/pp945.2018-11-6

Lee J S, Chao Y T. 1924. Geology of the gorge district of the Yangtze from Ichang to Tzekuei with special reference to the development of the gorges. Bull Geol Soc of China, 3(z1): 351～392

Li L, Wang Q, Zhang X L, et al. 2011. An algorithm supporting fast scheduling and viewing of remote sensing images in embedded devices. Journal of Southeast University, 27(3): 270～274

Li S J, Hong H, Liu P A. 2009. General Standrad of WebGIS Integration.Wuhan University Journal of Natural Sciences, 14(2): 125～128

Lipton A J, Fujiyoshi H, Patil R S.1998. Moving target classification and tracking from real-time video. Palm

Spring, California: Proceedings of IEEE workshop on Applications of Computer Vision: 8~14

Liu R Z, Borthwick A G L. 2011. Measurement and assessment of carrying capacity of the environment in Ningbo, China. Journal of Environmental Management, 92(8): 2047~2053

Long H L.2014. Land use policy in China: introduction. Land Use Policy, 40: 1~5

Lu C T, Chen D C, Kou Y F. 2003. Algorithms for spatial outlier detection. Florida, Melbourne: The 3rd IEEE International Conference on Data Mining: 597~600

Lu C T, Chen D C, Kou Y F. 2003. Detecting spatial outliers with multiple attributes. Sacramento, California: 15th IEEE International Conference on Tools with Artificial Intelligence: 122~128

Luo J, Oubong G. 2009. A comparison of SIFT, PCA-SIFT and SUR. International Journal of Image Processing, 3(4): 143~152

Murgante B, Casas G L. 2004. G.I.S. and fuzzy sets for the land suitabiliy analysis. lecture notes in computer science, 3044(3044): 1036~1045

Neri A, Colonnese S, Russo G, et al. 1998. Automatic moving object and background separation. Signal Processing, 66(2): 219~232

Nikolova M. 2004. A variational approach to remove outliers and impulse noise. Journal of Mathematical Imaging and Vision, 20(1~2): 147~162

Ojala T, Pietikinen M, Harwood D. 1996. A comparative study of texture measures with classification based on feature distributions. Pattern Recognition, 29(1): 51~59

Peng J, Ma J, Yuan Y, et al. 2015. Integrated urban land-use zoning and associated spatial development: case study in Shenzhen, China. Journal of Urban Planning & Development, 141(4): 50~56

Rapport D J, Maffi L. 2011. Eco-cultural health, global health, and sustainability. Ecological Research, 26(6): 1039~1049

Raydan M. 1997. The Barzilai and Borwein gradient method for the large scale unconstrained minimization problem. SIAM Journal on Optimization, 7(1): 26~33

Raymond T. Laird, J.B. Perkins, D.A. Bainbridge, J.B. Baker, R.T. Boyd, Daniel Huntsman, P.E. Staub, and M.B. Zucker. 1979. Quantitative land-capability analysis.https://doi.org/10.3133/pp945 2018-11-6.

Register R. 1987. Eco-city Berkely: Building Cities for a Healthy Future.Berkeley: North Atlantic Books: 235~247

Renard K G, Foster G R, Weesies G A, et al. 1991. RUSLE-revised universal soil loss equation. Journal of Soil and Water Conservation, 46(1): 30~33

Roseland M. 1997. Dimensions of the future: an eco-city overview. Eco-city Dimensions. Gabriola Island: New Society Publishers: 1~12

Rousseeuw P J, Croux C. 1993. Aternatives to the median absolute deviation. Journal of the American Statistical Association, 88(424): 1273~1283

Senk V, Trpovski Z. 2004. Advance impulse detection based on pixel-wised MAD. IEEE Signal Processing Letters, 11(7): 589~592

Stankiewicz A, Kosiba P. 2009. Advances in ecological modelling of soil properties by self-organizing feature maps of natural environment of Lower Silesia [Poland]. Acta Societatis Botanicorum Poloniae, 78(2): 167~174

Toumi S, Meddi M, Mahe G, et al. 2013. Remote sensing and GIS applied to the mapping of soil loss by erosion in the Wadi Mina catchment. Hydrological Sciences Journal, 58(7): 1542~1558

Uy P D, Nakagoshi N. 2008. Application of land suitability analysis and landscape ecology to urban greenspace planning in Hanoi, Vietnam. Urban Forestry & Urban Greening, 7(1): 25~40

Wackernagel M, Rees W E. 1996. Our Ecological Footprint: Reducing Human Impact on the Earth. Gabriola Island: New Society Publishers: 168~171

Wei F Q, Gao K C, Hu K H, et al. 2008. Relationships between debris flows and earth surface factors in Southwest China. Environ Geol, 55(3): 619~627

Wei Y G, Huang C, Lam P T I, et al. 2015. Sustainable urban development: a review on urban carrying capacity assessment. Habitat International, 46: 64~71

Wolfram S.1984. Cellular automata as models of complexity. Nature, 311(10): 419~424

Wu J. 2013. Landscape sustainability science: Ecosystem services and human well-being in changing landscapes. Landscape Ecology, 28(6): 999~1023

Xie H L, Yao G R, Liu G Y. 2014. Spatial evaluation of the ecological importance based on GIS for environmental management: a case study in Xingguo county of China. Ecological Indicators, 51: 3~12

Xu H, Sun Q, Luo N. 2013. Iterative nonlocal total variation regularization method for image restoration. Plos One, 8(6): e65865

Xu J C, Wilkes A. 2004. Biodiversity impact analysis in northwest Yunnan, Southwest China. Biodiversity Conservation, 13(5): 959~983

Yager, R. R., Filev, D. P. 1999. Induced ordered weighted averaging operators. IEEE Transactions on Systems, Man and Cybernetics, Part B (Cybernetics), 29(2), 141~150

Yanitsky O. 1987. Social problem of Man's environment.Thecity and Ecology, 1987(1): 174

附　　表

附表一　云南省各行政区等别划分指标数据表

行政区	GDP	第二产业、第三产业比重/%	城镇化率/%	地方财政收入/亿元	固定资产投资/亿元	交通道路密度/(km/km²)	低丘缓坡土地适宜建设规模/万 hm²	工业总产值/亿元	工业利税额/亿元	工业用地最低出让价/（元/m²）
五华区	730.42	99.74	96.70	30.49	377.20	0.30	0.48	797.89	266.30	384
盘龙区	371.87	99.42	94.50	27.20	269.33	0.28	0.26	169.58	17.75	384
官渡区	674.23	98.80	91.10	37.78	488.31	0.33	0.08	465.91	47.80	384
西山区	354.00	99.08	93.60	26.64	332.15	0.07	0.81	146.05	5.62	336
东川区	70.10	93.57	36.00	6.79	61.43	0.27	0.23	182.99	14.05	168
呈贡区	107.22	94.57	59.20	9.07	206.27	0.30	0.24	251.43	23.35	96
晋宁区	84.52	80.77	27.60	11.01	86.10	0.18	0.42	118.49	14.53	96
富民县	42.32	80.86	22.90	3.43	24.54	0.21	0.68	42.58	3.10	84
宜良县	132.16	71.93	30.70	5.60	59.03	0.18	0.20	84.34	2.94	96
石林彝族自治县	56.81	74.37	30.50	6.15	77.89	0.15	0.05	29.19	4.24	120
嵩明县	65.82	81.48	25.80	7.39	93.56	0.22	0.10	108.78	6.65	84
禄劝彝族苗族自治县	49.74	67.83	10.80	4.87	64.64	0.16	1.23	16.52	1.02	84
寻甸四族彝族自治县	56.95	70.96	17.10	5.93	60.42	0.20	1.11	57.38	7.11	84
安宁市	213.10	95.08	65.30	24.03	145.04	0.25	0.52	539.14	37.05	204
麒麟区	428.97	95.74	65.50	16.81	232.99	0.35	0.36	555.96	142.22	168
马龙区	31.72	77.84	25.00	3.52	30.40	0.19	0.15	64.09	6.28	60
陆良县	131.86	67.16	35.10	5.42	58.92	0.26	0.08	94.06	5.88	84
师宗县	75.12	59.61	28.60	4.40	49.65	0.23	0.96	72.12	0.85	84
罗平县	115.56	72.87	33.90	5.08	42.90	0.15	1.50	63.84	12.22	84
富源县	147.17	81.31	27.40	12.45	102.34	0.10	1.73	185.42	28.40	84
会泽县	130.98	74.67	25.80	8.00	67.77	0.17	2.72	91.83	47.35	84
沾益县	132.16	77.29	34.80	6.97	98.59	0.10	0.22	202.04	0.00	84
宣威市	205.96	78.55	34.10	12.50	146.00	0.10	2.04	125.78	1.62	60
红塔区	562.95	97.87	56.90	13.21	105.40	0.31	2.04	856.14	368.82	252
江川区	48.69	74.53	33.10	3.54	25.54	0.20	0.57	26.20	3.43	96
澄江县	51.13	84.26	33.10	3.88	29.10	0.19	0.82	32.64	2.26	96
通海县	65.94	81.57	39.60	3.54	18.53	0.47	0.69	66.72	2.51	96
华宁县	47.04	72.53	33.10	2.51	12.32	0.21	1.63	13.78	1.27	84
易门县	44.29	80.92	31.00	3.34	16.92	0.32	1.70	47.84	8.01	84
峨山彝族自治县	43.94	83.52	35.60	3.56	25.52	0.23	1.58	41.27	5.56	96

续表

行政区	GDP	第二产业、第三产业比重/%	城镇化率/%	地方财政收入/亿元	固定资产投资/亿元	交通道路密度/(km/km²)	低丘缓坡土地适宜建设规模/万 hm²	工业总产值/亿元	工业利税额/亿元	工业用地最低出让价/(元/m²)
新平彝族傣族自治县	84.82	86.30	27.60	8.32	36.42	0.15	2.76	156.62	16.06	84
元江哈尼族彝族傣族自治县	43.14	70.14	26.40	2.55	17.38	0.16	1.72	17.24	0.39	84
隆阳区	149.13	74.52	25.70	8.78	58.53	0.17	1.55	78.61	8.52	96
施甸县	34.01	64.10	15.60	2.29	11.58	0.29	1.27	11.28	2.01	60
腾冲市	105.05	76.00	23.40	12.10	102.12	0.17	2.40	53.31	9.61	84
龙陵县	42.81	66.55	15.60	2.67	31.58	0.27	1.51	34.06	2.49	60
昌宁县	57.91	59.97	22.00	5.21	18.82	0.30	1.96	31.53	6.79	60
昭阳区	170.44	88.07	30.50	7.71	67.54	0.33	0.24	107.36	53.72	96
鲁甸县	37.86	76.62	17.30	2.26	33.02	0.23	0.14	33.88	2.68	60
巧家县	41.30	61.04	14.00	1.72	25.09	0.29	0.33	11.49	0.99	60
盐津县	31.79	77.63	14.80	1.38	28.83	0.17	0.29	18.24	2.86	60
大关县	18.23	70.93	22.30	0.87	14.33	0.22	0.17	5.42	1.01	60
永善县	40.00	73.95	24.60	2.24	10.94	0.15	0.27	4.32	0.77	60
绥江县	17.77	81.49	21.40	2.20	28.90	0.22	0.31	5.31	1.20	84
镇雄县	82.40	76.75	20.10	5.10	51.29	0.21	0.69	71.25	9.62	60
彝良县	46.13	65.79	15.00	2.20	34.06	0.19	0.42	20.72	3.08	60
威信县	29.38	82.16	16.80	1.95	33.87	0.23	0.26	15.52	2.17	60
水富县	37.37	95.26	32.00	2.16	12.52	0.22	0.17	32.60	0.21	96
古城区	74.10	94.06	62.70	9.19	102.18	0.24	1.11	27.84	7.36	96
玉龙纳西族自治县	33.36	74.43	8.40	4.51	51.25	0.16	1.41	8.44	1.08	84
永胜县	44.78	72.09	23.60	2.87	22.29	0.11	2.61	31.59	9.10	60
华坪县	38.37	86.66	36.20	5.25	25.31	0.14	1.95	50.03	7.65	60
宁蒗彝族自治县	22.45	72.96	14.10	1.87	33.14	0.11	1.27	7.63	2.21	60
思茅区	77.16	88.48	61.70	7.10	131.23	0.01	0.95	37.64	4.86	96
宁洱哈尼族彝族自治县	31.87	73.45	30.00	2.36	24.75	0.13	0.39	12.77	0.80	84
墨江哈尼族自治县	34.56	70.08	17.60	2.72	39.63	0.15	0.65	16.28	2.86	60
景东彝族自治县	43.38	57.15	29.80	3.05	11.09	0.20	0.65	13.14	1.08	84
景谷傣族彝族自治县	61.50	62.21	34.60	4.28	27.18	0.10	0.31	37.36	6.81	60
镇沅彝族哈尼族拉祜族自治县	28.99	54.09	24.80	2.26	9.01	0.14	0.35	7.31	1.24	60
江城哈尼族彝族自治县	20.09	62.22	29.20	1.09	16.17	0.13	0.18	12.53	0.59	60
孟连傣族拉祜族佤族自治县	16.11	54.87	40.20	0.92	4.32	0.32	0.27	3.10	0.33	60
澜沧拉祜族自治县	39.67	66.70	19.90	3.64	65.63	0.14	0.90	21.20	4.54	60
西盟佤族自治县	6.46	69.50	21.20	0.45	4.25	0.24	0.27	1.70	0.18	60
临翔区	55.84	79.37	40.40	4.49	55.92	0.23	0.17	20.17	2.49	84
凤庆县	74.44	66.24	29.80	4.46	41.50	0.31	0.37	29.60	9.62	60
云县	71.34	70.24	28.40	4.06	46.69	0.31	0.33	36.41	7.16	60
永德县	35.71	67.82	23.10	2.44	41.64	0.19	0.29	12.71	1.15	60

行政区	GDP	第二产业、第三产业比重/%	城镇化率/%	地方财政收入/亿元	固定资产投资/亿元	交通道路密度/(km/km²)	低丘缓坡土地适宜建设规模/万 hm²	工业总产值/亿元	工业利税额/亿元	工业用地最低出让价/(元/m²)
镇康县	28.81	78.44	22.60	2.67	29.75	0.15	0.13	21.40	2.58	60
双江拉祜族佤族布朗族傣族自治县	24.41	69.64	23.40	1.62	20.30	0.26	0.13	11.39	0.92	60
耿马傣族佤族自治县	54.24	62.02	32.90	2.80	39.60	0.20	0.22	19.54	2.36	60
沧源佤族自治县	23.94	72.68	26.40	1.72	27.80	0.28	0.19	10.15	1.24	60
楚雄市	220.89	90.00	45.10	13.93	118.88	0.17	6.35	207.84	73.89	144
双柏县	20.02	58.29	22.80	1.42	16.09	0.15	2.61	10.49	0.92	84
牟定县	31.15	70.05	25.80	1.83	25.99	0.21	1.32	9.64	0.91	84
南华县	31.87	64.10	28.80	2.49	22.21	0.27	2.28	20.17	1.92	84
姚安县	29.37	61.87	24.20	1.42	15.25	0.14	1.36	4.29	0.09	84
大姚县	40.87	67.36	26.80	2.80	30.62	0.11	1.62	27.56	2.83	84
永仁县	17.65	61.47	25.50	1.63	18.30	0.11	0.82	5.56	0.38	84
元谋县	30.76	61.64	31.10	1.62	16.17	0.16	0.64	13.14	1.56	84
武定县	35.20	63.92	20.70	3.68	26.66	0.21	2.80	15.33	1.40	84
禄丰县	115.36	79.80	35.40	5.61	57.45	0.14	2.81	116.58	5.89	84
个旧市	167.53	94.34	70.70	10.64	72.04	0.47	1.36	331.64	7.75	120
开远市	124.41	88.99	64.00	8.89	72.21	0.12	0.79	129.78	11.70	96
蒙自市	102.85	82.60	58.00	8.42	72.21	0.26	0.14	185.18	14.57	60
屏边苗族自治县	16.95	72.45	15.20	0.74	14.50	0.18	0.51	7.33	1.04	96
建水县	89.64	76.12	35.10	7.35	75.40	0.14	0.59	56.66	1.16	84
石屏县	38.76	56.79	31.90	2.71	28.20	0.16	0.52	11.62	1.60	96
弥勒市	201.05	89.94	40.20	9.50	75.15	0.15	0.88	200.22	125.23	84
泸西县	53.19	77.18	25.70	5.07	44.66	0.25	0.31	43.05	4.84	60
元阳县	28.35	64.66	10.00	1.61	19.50	0.27	0.76	4.71	0.68	60
红河县	19.94	58.38	10.10	0.83	16.58	0.23	0.90	3.05	0.65	60
金平苗族瑶族傣族自治县	27.88	72.31	17.40	2.20	22.10	0.20	1.30	17.23	3.16	60
绿春县	17.75	68.11	10.80	1.17	17.20	0.21	0.34	5.02	0.52	84
河口瑶族自治县	26.09	71.37	29.60	1.44	17.10	0.40	0.43	2.44	0.30	144
文山市	140.64	89.34	51.10	10.70	96.06	0.18	0.87	117.39	36.35	84
砚山县	75.18	80.42	33.70	4.02	43.25	0.17	0.71	73.31	6.28	60
西畴县	19.24	63.31	17.70	0.78	10.61	0.30	0.79	2.25	0.10	60
麻栗坡县	36.60	74.97	24.10	2.70	20.08	0.25	1.80	17.65	4.77	60
马关县	51.37	74.30	30.20	4.31	17.67	0.29	0.79	35.05	8.55	60
丘北县	40.71	58.34	17.60	2.91	31.57	0.17	1.00	13.12	1.41	60
广南县	63.26	60.94	19.90	2.40	29.36	0.12	1.95	27.45	4.64	60
富宁县	49.74	71.27	25.20	2.87	28.60	0.10	2.50	19.84	6.46	60
景洪市	124.91	76.54	41.30	10.18	115.05	0.06	2.06	36.28	6.95	96
勐海县	58.78	74.86	28.60	2.51	16.17	0.10	1.06	25.01	7.07	84

续表

行政区	GDP	第二产业、第三产业比重/%	城镇化率/%	地方财政收入/亿元	固定资产投资/亿元	交通道路密度/(km/km²)	低丘缓坡土地适宜建设规模/万 hm²	工业总产值/亿元	工业利税额/亿元	工业用地最低出让价/（元/m²）
勐腊县	55.01	58.59	34.10	2.91	29.02	0.08	1.21	8.65	0.61	84
大理市	255.17	92.37	57.40	21.52	165.91	0.14	1.21	262.01	56.60	120
漾濞彝族自治县	14.99	70.11	28.40	1.19	10.61	0.17	0.42	8.77	0.72	60
祥云县	93.15	74.24	31.30	5.41	27.25	0.20	0.77	111.09	8.18	84
宾川县	69.83	55.61	33.90	2.82	39.25	0.22	0.33	16.56	3.11	84
弥渡县	34.39	71.21	20.70	2.27	14.03	0.45	0.30	12.41	0.54	84
南涧彝族自治县	33.76	71.71	23.60	2.65	7.42	0.25	1.47	8.08	3.08	60
巍山彝族回族自治县	37.38	65.17	23.10	2.58	12.35	0.22	0.90	12.02	2.33	60
永平县	25.73	60.09	25.80	2.00	11.75	0.23	0.27	2.52	2.22	60
云龙县	38.02	77.56	23.10	2.07	43.55	0.09	0.61	7.49	13.24	60
洱源县	37.73	64.33	22.10	1.95	20.22	0.12	0.54	38.25	5.35	60
剑川县	19.77	76.99	23.20	1.77	10.89	0.14	0.24	16.17	1.32	60
鹤庆县	41.65	79.33	23.90	3.22	43.40	0.14	0.22	43.06	16.91	60
瑞丽市	39.64	80.45	50.60	6.95	44.44	0.22	0.24	7.44	0.83	120
芒市	63.80	73.32	37.10	5.66	59.01	0.20	1.65	40.98	1.97	96
梁河县	14.05	66.19	23.70	1.25	8.99	0.17	0.75	5.76	0.26	60
盈江县	57.43	70.33	28.60	4.95	34.90	0.12	0.67	37.27	12.92	60
陇川县	27.02	58.96	26.00	1.70	10.59	0.19	0.53	15.59	1.67	60
泸水市	26.15	85.47	35.90	1.72	21.76	0.09	0.16	13.87	0.88	60
福贡县	7.02	78.21	11.10	0.47	8.50	0.07	0.02	0.20	0.01	60
贡山独龙族怒族自治县	5.32	74.06	22.00	0.38	6.89	0.02	0.00	0.70	0.03	60
兰坪白族普米族自治县	30.59	84.70	13.70	3.36	26.48	0.10	0.37	13.78	1.22	84
香格里拉市	70.83	94.62	29.20	3.50	78.20	0.09	0.65	29.12	2.60	60
德钦县	16.44	91.85	16.50	1.28	33.11	0.06	0.04	5.23	0.00	60
维西傈僳族自治县	26.57	85.21	22.50	1.86	44.04	0.08	0.40	3.21	0.55	60

附表二　主成分分析综合分值

行政区	主成分1因子分值	主成分2因子分值	主成分3因子分值	主成分综合分值
五华区	5.34	−0.27	1.51	9.86
盘龙区	3.12	−1.39	−2.36	5.16
官渡区	4.68	−1.50	−2.01	8.02
西山区	2.93	0.41	−4.00	4.86
东川区	0.63	−1.10	−0.11	0.96
呈贡区	1.18	−1.26	−0.39	1.92
晋宁区	0.31	−0.24	−0.56	0.45
富民县	−0.25	−0.29	−0.02	−0.49
宜良县	0.04	−0.53	−0.40	−0.05
石林彝族自治县	0.00	−0.53	−0.99	−0.21
嵩明县	0.14	−0.82	−0.38	0.09
禄劝县	−0.40	0.54	−0.06	−0.66
寻甸回族彝族自治县	−0.21	0.20	0.20	−0.33
安宁市	2.24	−0.57	−0.32	3.95
麒麟区	2.83	−0.96	1.57	5.20
马龙区	−0.30	−0.60	−0.23	−0.67
陆良县	0.04	−1.14	0.27	−0.05
师宗县	−0.25	−0.21	0.50	−0.42
罗平县	−0.02	0.81	−0.06	0.07
富源县	0.52	1.51	−0.41	1.11
会泽县	0.23	1.93	0.84	0.80
沾益县	0.30	0.02	−1.07	0.41
宣威市	0.56	1.38	−0.47	1.16
红塔区	3.75	1.52	5.51	7.74
江川区	−0.20	−0.39	−0.18	−0.45
澄江县	−0.09	−0.10	−0.36	−0.22
通海县	0.11	−2.01	1.72	0.14
华宁县	−0.31	0.46	0.36	−0.45
易门县	−0.11	−0.12	1.15	−0.07
峨山彝族自治县	−0.04	0.30	0.24	0.00
新平彝族傣族自治县	0.21	2.00	0.36	0.72
元江哈尼族彝族傣族自治县	−0.42	0.88	0.14	−0.61
隆阳区	0.15	0.79	−0.01	0.39
施甸县	−0.60	−0.27	1.23	−0.97
腾冲市	0.21	1.56	0.00	0.60
龙陵县	−0.49	0.08	1.08	−0.73

行政区	主成分1因子分值	主成分2因子分值	主成分3因子分值	主成分综合分值
昌宁县	−0.42	0.29	1.55	−0.52
昭阳区	0.57	−1.22	0.92	0.97
鲁甸县	−0.42	−0.85	0.10	−0.88
巧家县	−0.64	−1.09	0.93	−1.20
盐津县	−0.51	−0.35	−0.27	−1.02
大关县	−0.59	−0.82	0.12	−1.17
永善县	−0.51	−0.29	−0.47	−1.02
绥江县	−0.36	−0.70	−0.15	−0.78
镇雄县	−0.17	−0.19	0.15	−0.31
彝良县	−0.57	−0.36	0.13	−1.08
威信县	−0.41	−0.75	0.00	−0.85
水富县	−0.08	−0.86	−0.50	−0.33
古城区	0.63	−0.24	−0.81	1.01
玉龙纳西族自治县	−0.43	0.71	−0.04	−0.69
永胜县	−0.43	2.04	0.22	−0.45
华坪县	−0.09	1.26	−0.29	−0.02
宁蒗彝族自治县	−0.60	0.88	−0.31	−1.00
思茅区	0.47	1.05	−2.46	0.68
宁洱哈尼族彝族自治县	−0.39	−0.11	−0.69	−0.82
墨江哈尼族自治县	−0.52	0.08	−0.25	−0.96
景东彝族自治县	−0.52	−0.33	0.26	−0.95
景谷傣族彝族自治县	−0.40	0.05	−0.67	−0.81
镇沅彝族哈尼族拉祜族自治县	−0.73	−0.18	−0.11	−1.37
江城哈尼族彝族自治县	−0.65	−0.29	−0.44	−1.27
孟连傣族拉祜族佤族自治县	−0.58	−1.48	1.00	−1.14
澜沧拉祜族自治县	−0.44	0.36	−0.29	−0.78
西盟佤族自治县	−0.65	−0.87	0.36	−1.26
临翔区	−0.03	−0.94	−0.41	−0.25
凤庆县	−0.25	−1.18	0.82	−0.51
云县	−0.23	−1.21	0.73	−0.49
永德县	−0.49	−0.52	−0.13	−0.99
镇康县	−0.42	−0.39	−0.61	−0.91
双江拉祜族佤族布朗族傣族自治县	−0.52	−1.11	0.37	−1.06
耿马傣族佤族自治县	−0.42	−0.68	−0.05	−0.87
沧源佤族自治县	−0.44	−1.19	0.42	−0.92

行政区	主成分1因子分值	主成分2因子分值	主成分3因子分值	主成分综合分值
楚雄市	1.33	5.13	1.75	3.38
双柏县	−0.63	1.70	0.67	−0.82
牟定县	−0.42	0.20	0.33	−0.69
南华县	−0.40	0.65	1.22	−0.47
姚安县	−0.60	0.67	0.05	−0.99
大姚县	−0.42	1.11	−0.22	−0.63
永仁县	−0.62	0.38	−0.39	−1.12
元谋县	−0.52	−0.10	−0.12	−0.97
武定县	−0.45	1.53	1.00	−0.46
禄丰县	0.15	2.01	0.17	0.59
个旧市	1.32	−1.42	1.59	2.39
开远市	0.65	0.29	−1.30	1.06
蒙自市	0.53	−1.09	−0.12	0.79
屏边苗族自治县	−0.56	−0.28	−0.05	−1.07
建水县	0.06	0.05	−0.87	0.00
石屏县	−0.47	−0.22	−0.18	−0.90
弥勒市	0.96	0.71	0.61	1.92
泸西县	−0.20	−0.84	0.13	−0.47
元阳县	−0.68	−0.57	0.91	−1.20
红河县	−0.81	−0.21	0.83	−1.39
金平苗族瑶族傣族自治县	−0.53	0.33	0.40	−0.87
绿春县	−0.64	−0.59	0.22	−1.22
河口瑶族自治县	−0.19	−1.86	1.24	−0.45
文山市	0.71	0.15	−0.56	1.24
砚山县	−0.10	−0.01	−0.33	−0.22
西畴县	−0.67	−0.78	1.12	−1.19
麻栗坡县	−0.39	0.44	0.82	−0.53
马关县	−0.25	−0.69	0.75	−0.46
丘北县	−0.64	0.24	0.26	−1.10
广南县	−0.57	1.40	0.26	−0.79
富宁县	−0.44	1.99	0.05	−0.50
景洪市	0.33	1.84	−1.22	0.70
勐海县	−0.33	0.71	−0.56	−0.57
勐腊县	−0.47	0.89	−0.56	−0.79
大理市	1.67	0.85	−0.91	3.04
漾濞彝族自治县	−0.57	−0.32	−0.20	−1.11

续表

行政区	主成分1因子分值	主成分2因子分值	主成分3因子分值	主成分综合分值
祥云县	-0.04	-0.13	0.15	-0.07
宾川县	-0.39	-0.75	0.21	-0.78
弥渡县	-0.36	-2.17	1.78	-0.73
南涧彝族自治县	-0.47	0.14	0.77	-0.73
巍山彝族回族自治县	-0.56	-0.17	0.48	-0.97
永平县	-0.63	-0.82	0.38	-1.21
云龙县	-0.41	0.44	-0.81	-0.78
洱源县	-0.59	0.16	-0.27	-1.08
剑川县	-0.52	-0.24	-0.55	-1.06
鹤庆县	-0.29	-0.19	-0.54	-0.62
瑞丽市	0.16	-0.90	-0.75	0.06
芒市	-0.02	0.54	0.03	0.05
梁河县	-0.65	-0.02	0.03	-1.18
盈江县	-0.31	0.30	-0.47	-0.58
陇川县	-0.65	-0.34	0.24	-1.20
泸水市	-0.33	-0.05	-1.30	-0.77
福贡县	-0.73	0.04	-1.03	-1.45
贡山独龙族怒族自治县	-0.71	0.28	-1.44	-1.43
兰坪白族普米族自治县	-0.39	0.16	-0.99	-0.81
香格里拉市	-0.03	0.46	-1.41	-0.17
德钦县	-0.45	0.12	-1.53	-0.99
维西傈僳族自治县	-0.40	0.28	-1.24	-0.85

附表三　坝区典型区企业用地集约评价指标数值

企业名称	行业代码	厂房及配套用地比例/%	行政办公及生活设施用地比例/%	露天堆场、露天操作场用地比例/%	预留地比例/%	道路停车场用地比例/%	绿地率/%	其他用地比例/%	容积率	建筑系数/%	投资强度/(万元/hm²)	劳动投入强度/(人/hm²)	地均总产值/(万元/hm²)	地均利税/(万元/hm²)
红河金城生物科技有限公司	13	39.54	6.72	13.15	0.00	26.29	14.30	0.00	0.80	85.58	662.48	8	362.34	45.21
瑞丽市振发实业有限公司	13	62.68	6.34	0.00	14.08	2.82	14.08	0.00	0.80	69.01	246.48	21	568.85	96.70
星光农副产品加工仓储基地	13	39.35	14.19	0.00	32.26	2.58	3.87	7.74	0.87	53.54	113.55	5	152.26	31.02
云南楚雄福瑞康生物科技开发有限公司	13	82.76	1.72	5.75	0.00	1.15	8.62	0.00	0.68	55.11	830.46	11	196.55	14.37
云南一致魔芋生物科技有限公司	13	72.35	5.46	3.41	2.05	6.48	10.24	0.00	0.88	30.46	708.19	15	1341.64	101.02
云南红瑞柠檬开发有限公司	13	26.69	2.45	0.00	15.34	0.00	0.00	55.52	0.49	44.48	2638.04	13	773.62	131.52
昆明恒沅食品工业有限公司	13	48.13	3.46	6.92	0.00	34.58	6.92	0.00	1.04	54.17	12102.35	207	13831.26	518.67
昆明恒沅食品工业有限公司	13	48.11	0.00	0.00	0.00	41.52	10.38	0.00	1.04	54.17	18162.95	311	20757.65	778.41
云南天佑生物制药有限公司	13	33.54	1.81	0.00	0.00	46.25	18.40	0.00	1.01	81.67	845.57	20	2682.50	119.46
丽江市华坪县洪全鲜玉米有限责任公司	14	93.33	6.67	0.00	0.00	0.00	0.00	0.00	1.43	53.33	2266.67	37	640.00	200.00
开远罗凤仙食品有限责任公司	14	32.43	32.43	0.00	32.43	0.00	0.00	2.70	1.05	32.43	1486.49	89	1710.81	291.89
瞧町源洋生物科技有限责任公司	14	64.14	22.43	0.00	8.95	4.49	0.00	0.00	1.42	86.77	230.99	8	170.44	19.12
云南开远一行电力有限责任公司塑钢门窗厂	14	23.08	7.69	26.90	0.00	0.00	0.00	42.33	1.00	57.69	3789.31	273	2307.69	390.30
红河州蒙自南湖缘过桥米线有限公司	14	47.79	7.17	33.10	1.19	8.36	1.79	0.60	1.00	96.42	2508.81	90	89.60	103.94
云南猫哆哩集团食品有限责任公司	14	49.54	5.99	0.00	0.00	25.12	19.35	0.00	1.27	47.93	1997.24	52	1221.20	17.00
云南欧亚乳业有限公司	14	58.63	14.46	25.30	0.00	0.40	1.20	0.00	2.11	42.17	7778.71	404	27667.87	650.60
云南达利食品有限公司	14	39.52	6.51	0.00	7.34	33.91	12.72	0.00	0.89	33.16	2694.61	167	6564.37	442.81
云南德宏宏力啤酒有限公司	15	31.42	11.79	0.00	39.93	8.42	8.42	0.00	0.70	43.21	165.12	8	176.92	34.33
昆明顶津食品有限公司	15	60.69	1.41	0.00	0.00	22.38	15.52	0.00	1.30	61.97	20766.56	507	46297.71	14885.79
可口可乐（云南）饮料有限公司	15	55.11	4.18	9.39	0.00	13.57	17.75	0.00	0.47	52.96	18843.11	259	19674.70	412.50
云南摩尔农庄生物科技开发有限公司	15	74.15	6.27	0.00	0.00	6.53	13.05	0.00	1.12	64.20	5794.52	368	13304.44	819.32

续表

企业名称	行业代码	厂房及配套用地比例/%	行政办公及生活设施用地比例/%	露天堆场、露天操作场用地比例/%	预留地比例/%	道路停车场用地比例/%	绿地率/%	其他用地比例/%	容积率	建筑系数/%	投资强度(万元/hm²)	劳动投入强度(人/hm²)	地均总产值(万元/hm²)	地均利税(万元/hm²)
云南烟叶复烤有限责任公司	16	48.94	4.26	23.94	4.26	5.85	12.77	0.00	0.73	33.33	2975.84	61	8152.13	3359.04
云南恩典科技产业发展有限公司	16	36.46	4.29	0.00	13.40	31.90	13.94	0.00	1.26	43.70	2321.45	50	839.68	121.98
红云红河烟草(集团)有限责任公司	16	76.20	6.61	0.00	0.00	2.58	14.61	0.00	1.10	43.57	782.66	8	4701.94	200.00
大理淇西纺织有限责任公司	17	34.32	15.89	8.47	16.95	14.83	6.36	3.18	2.60	48.52	95.34	17	174.79	33.05
瑞丽市荣茂商贸有限责任公司	20	64.41	6.21	1.13	0.00	11.30	16.95	0.00	0.86	71.75	1214.69	19	536.72	91.24
楚雄瑞特纸业有限公司	22	77.19	6.38	0.00	0.00	5.26	11.16	0.00	1.03	63.32	39.87	6	503.99	69.22
云南白药清逸堂实业有限公司	22	45.25	21.21	13.33	0.00	12.12	8.08	0.00	1.89	43.03	1616.16	7	8282.83	1080.20
大理怡祥纸业有限公司	22	40.40	13.25	13.25	13.25	13.25	6.62	0.00	2.22	49.67	1125.83	42	1863.58	794.04
曲靖市福麟彩印包装有限责任公司	23	58.21	5.47	3.95	19.45	0.91	12.01	0.00	0.86	62.16	78.45	2	43.33	4.86
云南国方印刷有限公司	23	50.00	6.16	0.00	0.00	26.03	17.81	0.00	2.01	50.00	5479.45	38	1910.14	10.97
云南怀通包装印刷有限公司昆明分公司	23	49.61	4.65	0.00	0.00	31.78	13.95	0.00	1.55	34.99	4399.54	94	5512.40	251.94
大理美登印务有限公司	23	33.85	3.59	0.00	25.13	11.79	12.82	12.82	1.68	37.37	1027.95	62	4291.54	1784.36
云南创新新材料股份有限公司	23	40.74	7.87	0.00	0.00	50.69	0.69	0.00	0.59	48.61	5357.87	96	7372.45	763.19
云南宣威恒邦磷化工业有限公司	26	35.30	6.81	11.16	23.41	3.18	0.00	20.15	0.93	42.38	593.47	8	160.25	23.96
昆明聚仁兴橡胶有限公司	26	23.89	6.44	19.67	16.30	27.26	6.45	0.00	0.80	50.00	8726.50	34	45651.50	94.98
云南锡业锡化学品有限公司	26	46.39	5.17	0.99	14.75	12.52	4.83	15.35	0.57	65.02	1032.53	13	338.44	27.78
云南锡业股份有限公司化工材料分公司	26	38.75	1.11	0.68	18.78	19.62	9.89	11.17	0.57	35.49	1381.43	17	4579.76	209.39
昆明贵研催化剂有限公司	26	31.19	11.88	0.99	0.00	26.24	29.70	0.00	1.44	41.95	3343.33	131	21289.11	882.80
云南人羞化妆品有限公司	26	18.75	6.25	35.51	15.63	7.10	16.76	0.00	1.29	38.58	4486.36	116	609.46	16.31
云南白药集团健康产品有限公司	26	34.23	6.37	0.00	14.55	24.91	19.94	0.00	0.85	40.85	24691.85	584	165438.95	24836.65
楚雄星升生物科技开发有限公司	27	89.83	6.78	3.39	0.00	0.00	0.00	0.00	1.20	85.88	1337.29	87	2740.68	887.21
云南楚雄云制药有限责任公司	27	79.82	6.82	13.35	0.00	0.00	0.00	0.00	0.96	71.22	1483.68	87	8976.26	807.86
云南新世纪中药饮片有限公司	27	79.91	6.44	13.65	0.00	0.00	0.00	0.00	0.94	78.68	4601.23	87	4281.56	1366.56

续表

企业名称	行业代码	厂房及配套用地比例/%	行政办公及生活设施用地比例/%	露天堆场、露天操作场用地比例/%	预留地比例/%	道路停车场用地比例/%	绿地率/%	其他用地比例/%	容积率	建筑系数/%	投资强度/(万元/hm²)	劳动投入强度/(人/hm²)	地均总产值/(万元/hm²)	地均利税/(万元/hm²)
云南楚雄太阳药业有限公司	27	76.28	6.31	17.42	0.00	0.00	0.00	0.00	0.88	69.37	2402.40	87	3633.63	1651.65
云南楚雄万鹤鸣药业有限公司	27	71.03	6.62	22.35	0.00	0.00	0.00	0.00	0.84	71.47	1833.82	87	2911.76	889.71
楚雄老拨云堂药业有限公司	27	67.85	6.78	25.37	0.00	0.00	0.00	0.00	0.79	66.08	1737.46	87	1053.27	124.28
云南黄家医圈制药有限公司	27	39.99	0.00	0.00	0.00	38.85	21.16	0.00	1.20	43.87	5516.68	22	1312.55	194.94
云南黄家医圈制药有限公司	27	35.46	11.32	0.00	0.00	34.45	18.76	11.28	1.06	43.87	1559.22	15	370.46	55.09
瑞丽彩云南集团药业有限公司	27	58.65	4.51	0.00	0.00	0.00	25.56	0.00	0.41	63.16	375.94	20	436.09	74.14
云南万芳生物药业有限公司	27	47.50	5.00	0.00	0.00	27.50	20.00	0.00	2.03	39.38	5937.50	20	3040.00	230.00
开远乐百顺生物科技有限公司	27	18.58	6.08	0.68	51.69	2.03	1.01	19.93	1.01	37.41	1081.08	16	483.78	82.09
个旧市大红屯粮食购销有限公司	27	38.73	4.24	15.11	0.00	26.78	15.14	0.00	1.15	84.73	1471.16	15	699.09	63.13
云南通大生物药业有限公司	27	45.86	2.41	1.72	0.00	22.41	27.59	0.00	1.23	33.45	568.97	25	926.21	94.83
大理金明动物药业有限公司	27	44.16	16.88	12.99	0.00	12.99	12.84	0.00	2.78	54.55	2425.97	110	3788.66	283.12
云南康思贝植物药有限公司	27	59.14	6.84	7.87	8.72	4.59	12.84	0.00	1.01	32.52	1675.76	10	2875.47	600.00
昆明华润圣火药业有限公司	27	48.87	13.39	0.00	0.00	20.08	17.65	0.00	0.88	61.71	1946.84	107	4239.81	489.96
昆明赛诺制药股份有限公司	27	51.00	0.00	0.00	0.00	29.26	19.73	0.00	1.80	50.94	4665.91	182	11877.64	1775.08
云南龙润药业集团股份有限公司	27	28.64	7.04	0.00	17.60	22.40	24.32	0.00	0.92	30.10	3115.38	32	10583.68	328.60
云南盘龙云海药业集团股份有限公司	27	70.14	6.38	7.54	0.00	4.64	11.30	0.00	0.86	62.62	3478.26	61	4400.29	593.33
昆明圣火药业（集团）有限公司	27	61.27	0.00	0.00	0.00	16.79	21.94	0.00	1.09	61.71	12205.81	218	26579.65	3071.43
昆明滇虹药业股份有限公司	27	31.66	18.14	0.00	0.00	22.41	27.78	0.00	1.56	34.59	5341.87	107	250588.26	7923.81
云南维和药业股份有限公司	27	44.44	16.81	0.00	28.21	3.42	7.12	0.00	1.36	32.48	4025.36	114	5325.36	1580.91
云南特安呐制药股份有限公司	27	26.24	5.28	31.52	14.78	6.64	15.54	0.00	1.44	37.73	9411.76	72	19610.86	468.48
昆明积大制药股份有限公司	27	42.27	7.97	0.00	0.00	31.64	18.12	0.00	1.20	33.74	15520.39	135	117650.20	3288.03
玉溪沃森生物技术有限公司	27	41.56	4.13	0.00	0.00	22.43	31.88	0.00	1.24	41.60	3142.74	83	7722.31	598.23
云南三七科技药业有限公司	27	38.93	1.63	40.79	0.00	6.06	12.59	0.00	1.30	61.40	1930.60	385	15217.40	244.76
瑞丽美格塑料技术开发有限公司	30	59.09	7.58	1.52	3.03	0.00	9.09	19.70	1.70	53.57	3746.97	14	6826.53	103.03

续表

企业名称	行业代码	厂房及配套用地比例/%	行政办公及生活设施用地比例/%	露天堆场、露天操作场用地比例/%	预留地比例/%	道路停车场用地比例/%	绿地率/%	其他用地比例/%	容积率	建筑系数/%	投资强度/(万元/hm²)	劳动投入强度/(人/hm²)	地均总产值/(万元/hm²)	地均利税/(万元/hm²)
宣威市中博塑料有限公司	30	39.08	12.64	8.81	20.31	19.16	0.00	0.00	0.71	41.38	1464.37	11	158.24	23.75
曲靖普和管业有限公司	30	60.59	6.40	15.27	0.00	4.93	12.81	0.00	1.10	43.35	832.18	20	3030.65	55.00
云南曲靖塑料（集团）有限公司	30	39.09	5.03	4.36	26.47	0.76	14.99	9.30	0.80	43.45	332.07	9	1564.04	321.82
大理塑料厂	30	43.21	12.35	0.00	7.41	18.52	18.52	0.00	2.30	39.51	1016.05	135	1179.01	142.72
大理强标塑业有限公司	30	41.50	2.00	0.00	0.00	25.00	20.00	11.50	2.49	43.50	280.00	69	1463.50	54.50
云南昆岭薄膜工业有限公司	30	26.52	1.76	0.00	11.80	14.23	45.69	0.00	0.81	28.30	3656.67	24	3628.38	509.60
云南红华包装有限责任公司	30	34.54	2.09	4.99	0.00	21.34	37.05	0.00	0.83	63.06	631.36	63	1942.94	104.05
云南红塔塑基塑管道工业有限公司	30	51.10	5.08	0.00	0.00	22.34	21.49	0.00	0.78	59.05	5853.64	38	6474.45	904.74
云南省楚雄恒基管道工业有限责任公司	31	58.82	5.88	35.29	0.00	0.00	0.00	0.00	0.80	55.29	917.65	15	6970.12	2215.53
云南远东亚鑫水泥有限责任公司	31	45.84	6.72	3.68	19.28	3.44	0.00	21.04	0.70	46.48	547.36	13	148.32	22.80
云南红塔滇西水泥股份有限公司	31	65.33	3.11	16.98	6.02	5.01	2.65	0.90	0.87	57.45	701.82	19	2203.75	330.92
云南曲钢钢铁集团凤凰钢铁有限公司	32	32.59	4.72	7.12	20.98	7.31	4.72	22.56	0.78	45.97	823.72	9	146.01	21.90
云南省曲靖双友钢铁有限公司	32	62.14	5.99	14.54	0.00	3.75	13.57	0.00	0.82	40.19	1257.64	22	2280.45	22.00
红河钢铁有限公司	32	50.33	8.92	15.63	0.00	8.60	16.52	0.00	1.46	83.48	3248.41	17	4539.19	234.25
云南省楚雄滇中铝业有限公司	33	85.12	6.98	7.91	0.00	0.00	0.00	0.00	1.09	77.21	1130.23	15	1176.74	246.60
开远市长润冶金炉料有限责任公司	33	74.07	5.56	11.11	0.00	9.26	0.00	0.00	0.98	35.19	3703.70	17	8343.54	125.93
云南驰宏锌锗股份有限公司	33	76.15	6.90	0.00	0.00	4.60	12.36	0.00	1.11	46.37	1444.47	12	4549.84	150.00
红业铝业有限公司	33	86.00	5.57	0.29	3.86	2.86	1.43	0.00	0.63	94.71	1500.02	7	792.51	36.43
云南驰宏锗股份有限公司	33	75.96	7.02	0.00	0.00	4.65	12.37	0.00	1.11	46.37	1440.33	12	4859.85	200.00
云南锡业锡材有限公司	33	42.29	2.71	0.00	0.00	35.12	19.88	0.00	1.60	44.96	6978.29	27	26917.20	48.96
贵研铂业股份有限公司	33	36.86	6.97	0.00	0.00	36.86	19.30	0.00	0.76	33.74	3830.81	85	38546.71	1442.14
云南锡业集团（控股）有限责任公司铝业分公司	33	57.94	4.96	0.00	0.00	21.90	15.20	0.00	0.61	84.80	3503.08	29	5150.20	284.87

续表

企业名称	行业代码	厂房及配套用地比例/%	行政办公及生活设施用地比例/%	露天堆场、露天操作场用地比例/%	预留地比例/%	道路停车场用地比例/%	绿地率/%	其他用地比例/%	容积率	建筑系数/%	投资强度/（万元/hm²）	劳动投入强度/（人/hm²）	地均总产值/（万元/hm²）	地均利税/（万元/hm²）
曲靖开发区自然空间建材发展有限公司	34	40.17	5.98	12.35	22.89	1.99	13.01	3.61	0.76	52.52	175.31	2	49.78	2.94
曲靖开发区雷神实业有限责任公司	34	60.61	6.34	15.15	0.00	3.03	14.88	0.00	0.85	38.57	1421.92	19	3660.60	100.00
曲靖飞龙机电设备制造有限公司	35	61.11	5.82	14.29	0.00	4.23	14.55	0.00	0.98	40.05	1597.03	11	2945.49	300.00
曲靖恒邦机械制造有限公司	35	52.43	6.80	8.92	13.89	5.38	12.58	0.00	0.62	61.36	224.14	4	62.47	3.55
昆明台工精密机械有限公司	35	43.45	6.51	0.00	0.00	31.28	18.77	0.00	1.59	50.00	4670.18	15	9501.67	404.64
昆明尼古拉斯克雷亚机床有限	35	43.46	6.54	0.00	0.00	29.88	20.12	0.00	1.30	49.75	2489.44	32	1989.04	140.82
红河锡山耐磨防腐设备制造有限公司	35	60.89	3.24	0.00	0.00	20.36	15.51	0.00	0.95	84.62	930.02	15	487.51	35.44
昆明嘉和科技股份有限公司	35	44.42	6.51	0.00	0.00	28.92	20.15	0.00	1.53	49.91	5579.67	86	7217.14	289.81
云南CY集团有限公司	35	28.36	0.00	0.00	0.00	66.38	5.26	0.00	2.34	56.05	11624.21	362	41914.74	263.16
云南CY集团有限公司	35	28.21	0.00	0.00	0.00	66.02	5.78	0.00	1.84	56.05	11560.49	360	41685.92	261.59
云南CY集团有限公司	35	28.22	0.00	0.00	0.00	66.05	5.73	0.00	1.42	56.05	11566.89	360	41708.12	262.10
昆明康立信电子机械有限公司	36	44.38	6.87	0.00	0.00	31.96	16.79	0.00	1.54	49.89	2549.23	36	4329.72	235.46
昆明烟机集团三机有限公司	36	47.75	6.25	0.00	0.00	27.00	19.00	0.00	1.90	54.00	2486.44	73	1495.36	166.50
云南昆钢重装集团红河有限公司	36	44.25	1.94	3.68	0.00	33.79	16.33	0.00	0.83	83.67	1050.96	35	291.60	18.43
曲靖重型机床第二机械有限公司	36	62.62	6.81	12.68	0.00	5.34	12.55	0.00	0.92	36.72	1247.95	75	2930.21	200.00
云南昆船第一机械有限公司	36	56.57	1.84	8.73	0.00	20.05	12.81	0.00	1.03	67.14	2605.20	150	5778.82	492.50
云南昆船第一机械有限公司	36	61.49	1.93	1.52	0.00	18.79	16.26	0.00	1.20	68.00	9309.49	230	3921.37	968.40
云南坡信商贸有限公司	37	64.86	3.15	2.52	0.00	20.78	8.69	0.00	1.94	36.65	5667.51	4	5773.30	71.54
曲靖长力春鹰飯簧有限公司	37	48.88	6.82	15.35	10.63	5.31	12.99	0.00	0.83	64.20	246.13	7	424.21	8.53
云南维克达汽车零部件有限公司	37	56.81	4.97	12.75	7.62	5.30	12.55	0.00	0.77	69.54	1490.55	22	662.47	16.56
云南力帆骏马车辆有限公司	37	33.46	7.22	6.47	4.97	27.46	4.97	15.46	0.91	37.77	105.36	10	3047.39	877.43
宣威市炫辉太阳能设备有限公司	39	48.00	6.50	0.00	25.50	10.00	0.00	10.00	0.80	47.50	1507.50	28	275.00	40.50
昆明华奥航星电气有限公司	39	51.52	6.82	25.00	0.00	8.33	8.33	0.00	0.52	63.71	2818.18	52	7491.75	465.17

续表

企业名称	行业代码	厂房及配套用地比例/%	行政办公及生活设施用地比/%	露天堆场、露天操作场用地比例/%	预留地比例/%	道路停车场用地比例/%	绿地率/%	其他用地比例/%	容积率	建筑系数/%	投资强度/(万元/hm²)	劳动投入强度/(人/hm²)	地均总产值/(万元/hm²)	地均利税/(万元/hm²)
昆明维峰电气技术开发有限公司	39	23.79	6.80	9.71	33.98	6.80	18.93	0.00	0.96	40.29	2330.10	50	7524.37	35.34
曲靖电力实业有限责任公司	39	64.79	6.74	10.86	0.00	5.24	12.36	0.00	1.02	42.70	1577.95	48	3264.01	50.00
昆明赛格迈电气有限公司	39	53.99	6.75	8.59	0.00	23.93	6.75	0.00	0.86	86.00	5494.48	82	5550.92	376.07
云南中建博能工程技术有限公司	39	49.18	6.98	14.01	15.38	0.44	14.01	0.00	0.83	63.23	155.23	7	297.27	11.23
云南省曲靖东电实业有限责任公司	39	61.35	6.73	14.71	0.00	3.49	13.72	0.00	0.95	40.40	1575.01	55	3386.85	200.00
云南昆船电子设备有限公司	39	38.29	4.79	3.19	0.00	32.67	21.06	0.00	1.22	46.33	5622.07	232	15001.12	703.28
云南南天电子信息产业股份有限公司	40	44.04	6.96	0.00	0.00	29.06	19.94	0.00	1.80	51.00	3520.30	41	1971.18	62.61
昆明腾洋光学仪器有限公司	41	34.48	6.90	34.48	0.00	10.34	13.79	0.00	1.24	77.18	4462.48	459	40259.21	3333.10
昆明阿诗玛珠宝产业发展有限公司	42	59.89	4.71	0.00	0.00	19.11	16.29	0.00	1.92	46.84	4576.04	2	4845.22	230.00
云南紫云青鸟珠宝产业有限公司	42	70.05	5.78	0.00	0.00	12.60	11.57	0.00	1.98	39.59	7069.41	5	3216.98	277.82

附表四　低丘缓坡区典型企业用地集约评价指标数值

企业名称	行业代码	厂房及配套用地比例/%	行政办公及生活设施用地比例/%	露天堆场、露天操作场用地比例/%	预留地比例/%	道路停车场用地比例/%	绿地率/%	其他用地比例/%	容积率	建筑系数/%	投资强度/(万元/hm²)	劳动投入强度/(人/hm²)	地均总产值/(万元/hm²)	地均利税/(万元/hm²)
昆明特瑞特塑胶有限公司	30	35.1	1.4	0.0	26.1	23.7	13.7	0.0	0.83	62.71	2780.1	25	2498.8	99.6
云南阳金线路器材有限公司	34	38.9	6.5	0.0	0.8	50.1	3.7	0.0	0.69	40.38	2617.0	30	6571.0	948.1
云南奥云焊材科技有限公司	34	47.8	3.3	0.0	21.3	16.3	11.3	0.0	0.92	47.28	6539.1	22	9688.6	1228.8
云南大力神金属构件有限公司	34	53.4	4.8	7.0	5.8	13.5	0.7	14.8	0.82	65.16	3882.4	47	6637.6	325.6
楚雄昆钢奕标新型建材有限公司	31	78.3	4.9	4.2	0.0	3.4	9.2	0.0	0.56	63.23	2612.1	20	3238.3	312.7
大理水泥（集团）有限责任公司	31	28.3	9.3	19.3	0.0	18.0	10.6	14.5	0.94	34.13	787.0	14	1472.7	229.8
磨整权昆石水泥制品厂	31	37.5	8.3	54.2	0.0	0.0	0.0	0.0	0.46	45.83	333.3	171	666.7	100.0
勐腊县磨整经济开发区页岩砖厂	31	49.2	7.7	43.1	0.0	0.0	0.0	0.0	1.25	56.92	461.5	54	346.2	52.3
云南省楚雄永大兴建工集团有限公司	31	52.4	2.7	22.8	0.0	9.8	9.4	2.8	0.70	77.96	433.0	8	558.5	2.0
保山市中泰轻型建材有限责任公司	31	24.0	3.1	30.7	5.0	2.0	6.9	28.4	0.65	57.80	1680.6	21	306.8	42.9
迪庆香格里拉舒达有机食品有限公司	13	39.5	10.7	0.0	41.6	1.4	6.7	0.0	0.47	50.00	826.1	19	3787.8	317.3
迪庆州香格里拉经济开发区藏乡生物资源开发有限公司	13	98.5	0.0	0.0	0.0	0.0	1.5	0.0	0.56	98.00	1071.4	47	2092.9	370.5
农标普瑞纳（昆明）饲料有限公司	26	37.5	6.7	8.6	16.1	3.4	4.1	23.6	0.87	52.80	4160.4	53	6815.1	405.7
昆明铁骑力士饲料有限公司	26	25.2	6.7	23.9	33.7	0.0	10.4	0.0	0.93	55.89	3739.6	29	7209.8	67.4
云南依玛同佳食品有限公司	13	83.3	5.6	11.1	0.0	0.0	9.0	0.0	1.11	77.78	3111.1	389	16078.3	223.1
云南知味园食品公司	14	34.7	3.4	37.3	3.4	10.2	11.0	0.0	0.63	62.86	6308.6	107	9020.3	594.1
云南云澳达坚果开发有限公司临沧分公司	14	55.4	4.3	0.0	27.3	1.4	11.5	0.0	1.80	59.71	4532.4	230	14388.5	201.4
迪庆香格里拉青稞资源开发有限公司	13	56.8	10.7	0.9	1.9	7.3	4.9	17.5	0.64	68.00	2246.5	103	5049.2	434.3
云南玛格达同佳食品有限公司	14	55.1	5.1	0.0	26.3	4.5	9.0	0.0	0.83	36.47	490.4	35	1330.8	198.7
云南碧雄酒业有限公司	15	51.6	6.1	32.4	0.0	0.0	9.8	0.0	0.58	90.00	1495.1	37	2459.1	86.5
昆明华狮啤酒有限公司	15	34.9	6.5	14.2	37.9	0.0	1.4	5.0	0.96	55.62	4124.5	15	6672.4	70.5
香格里拉酒业股份有限公司	15	94.9	5.1	0.0	0.0	0.0	0.0	0.0	1.06	100.00	2231.8	194	4199.6	353.3
云南香格里拉卡瓦格博饮用水有限公司	15	86.8	13.2	0.0	0.0	0.0	0.0	0.0	0.88	100.00	1631.9	56	388.9	38.2

续表

企业名称	行业代码	厂房及配套用地比例/%	行政办公及生活设施用地比例/%	露天堆场、露天操作场用地比例/%	预留地比例/%	道路停车场用地比例/%	绿地率/%	其他用地比例/%	容积率	建筑系数/%	投资强度/(万元/hm²)	劳动投入强度/(人/hm²)	地均总产值/(万元/hm²)	地均利税/(万元/hm²)
河口绿洲果汁有限公司	15	26.8	6.1	30.5	28.2	1.9	2.3	4.2	0.80	63.38	657.5	101	285.9	32.7
红塔烟草（集团）有限责任公司玉溪卷烟厂	16	51.3	7.3	0.0	0.0	16.5	24.9	0.0	1.09	33.32	6981.6	47	47730.4	32963.7
腾冲县古林木业有限责任公司	20	47.9	13.2	24.4	5.7	0.9	7.9	0.0	0.65	85.48	395.9	20	666.4	84.9
腾冲市振发红木家具有限公司	21	44.2	4.9	20.6	0.0	8.6	14.0	7.8	0.75	69.62	405.8	74	34.6	12.3
腾冲市腾藏工艺品厂	21	48.9	13.5	16.9	7.5	9.4	3.8	0.0	0.62	79.32	1240.6	61	1494.3	345.1
腾冲县天华木制品厂	21	57.5	3.6	32.4	0.0	5.5	0.9	0.0	0.61	93.56	429.8	64	316.4	9.5
腾冲驼行古典家具有限公司	21	37.8	4.5	23.1	5.0	13.6	16.0	0.0	0.79	65.34	3403.2	218	5325.3	92.6
云南荷乐宾防伪技术有限公司	23	36.4	6.9	0.0	39.2	3.6	13.9	0.0	0.85	43.37	2620.5	24	4315.1	1566.6
腾冲艺缘艺术品有限公司	42	27.4	3.9	36.7	0.0	17.6	14.5	0.0	1.04	67.97	1686.4	22	580.6	31.8
楚雄鑫华化工有限公司	26	63.2	4.5	2.5	10.0	7.5	12.4	0.0	0.77	62.16	804.5	17	1126.9	104.5
云南楚雄仁恒化肥有限公司	26	77.7	2.6	5.3	0.0	5.4	9.0	0.0	0.76	52.52	600.4	27	4258.1	237.4
云南盈鼎生物能源股份有限公司	26	37.6	6.5	17.2	0.0	22.6	5.4	10.8	0.81	61.28	3650.0	44	6542.9	464.1
云南万里化工制漆有限责任公司	26	22.1	0.0	0.0	0.0	66.3	11.7	0.0	0.62	30.38	2497.3	12	3028.8	18.8
昆明高深化工有限公司	26	31.0	7.0	24.5	11.8	1.0	0.8	24.0	0.90	62.50	3625.0	25	7364.3	132.4
云南天宏香精香料有限公司	26	14.3	7.9	0.0	0.0	22.5	55.4	0.0	0.44	23.21	2142.9	46	23693.9	282.1
云南腾药制药股份有限公司	27	43.0	13.5	0.0	17.4	23.9	2.2	0.0	0.63	56.52	912.2	65	4451.7	790.9
昆明源瑞制药有限公司	27	47.0	6.5	0.0	26.7	11.6	8.2	0.0	0.95	53.45	3800.6	54	6161.4	191.3
云南天然橡胶产业集团红河云象有限公司	29	44.0	4.0	20.0	0.0	0.0	4.0	28.0	1.08	68.00	14868.0	500	5420.0	748.0
昆明双昌橡胶管带制造有限公司	29	35.3	6.8	16.5	7.5	6.0	6.8	21.0	0.84	58.65	3760.2	119	6768.4	323.4
昆明凤凰橡胶有限公司	29	29.7	6.8	8.5	46.6	5.9	2.5	0.0	0.94	44.91	3881.8	162	7481.7	211.5
迪庆华冶金炉料有限责任公司	32	91.3	8.7	0.0	0.0	0.0	0.0	0.0	0.49	100.00	2546.7	197	11750.4	517.8

续表

企业名称	行业代码	厂房及配套用地比例/%	行政办公及生活设施用地比例/%	露天堆场、露天操作场用地比例/%	预留地比例/%	道路停车场用地比例/%	绿地率/%	其他用地比例/%	容积率	建筑系数/%	投资强度/(万元/hm²)	劳动投入强度/(人/hm²)	地均总产值/(万元/hm²)	地均利税/(万元/hm²)
楚雄云星铜材有限公司	33	75.3	4.0	3.6	0.0	4.8	12.3	0.0	0.62	61.36	17.4	3	529.5	48.1
云南三元德隆铝业有限公司	33	62.9	6.9	0.4	8.7	5.3	12.9	2.8	0.86	63.32	255.0	2	165.0	5.8
云南迪庆鑫源实业有限公司	33	72.3	6.3	5.4	7.2	3.6	2.3	2.7	0.42	84.00	2382.5	29	1978.3	132.9
迪庆经济开发区昆钢铁合金有限公司	33	52.9	6.2	28.5	0.0	0.0	5.0	7.5	1.00	88.00	1404.5	23	4706.5	140.1
迪庆开发区源丰冶金有限公司	33	62.3	9.4	18.9	0.0	3.8	5.7	0.0	0.57	91.00	1698.1	66	566.0	75.5
云南驰宏锌锗股份有限公司	35	58.4	6.0	10.0	4.0	5.3	14.0	2.3	1.03	68.38	528.7	1	268.1	8.0
云南长江成套电器设备有限公司	39	43.6	12.8	8.1	8.7	0.0	18.8	8.1	1.75	49.66	1934.2	77	3504.7	96.0

附表五　坝区典型企业集约利用评价值

企业名称	行业类型	行业代码	集约度
红河金城生物科技有限公司	农副食品加工业	13	45.43
瑞丽市振发实业有限公司	农副食品加工业	13	48.32
星光农副产品加工仓储基地	农副食品加工业	13	41.39
云南楚雄瑞福康生物科技开发有限公司	农副食品加工业	13	58.32
云南一致魔芋生物科技有限公司	农副食品加工业	13	52.24
云南红瑞柠檬开发有限公司	农副食品加工业	13	46.08
昆明恒沅食品工业有限公司	农副食品加工业	13	58.53
昆明恒沅食品工业有限公司	农副食品加工业	13	60.95
云南天佑雄业制药有限公司	农副食品加工业	13	49.01
丽江市华坪县洪全鲜玉米有限责任公司	食品制造业	14	70.71
开远罗凤仙食品有限责任公司	食品制造业	14	46.96
畹町源洋生物科技有限公司	食品制造业	14	52.38
云南开远一行电力有限责任公司塑钢门窗厂	食品制造业	14	51.58
红河州蒙自南湖缘过桥米线有限公司	食品制造业	14	54.08
云南猫哆哩集团食品有限责任公司	食品制造业	14	57.21
云南欧亚乳业有限公司	食品制造业	14	66.30
云南达利食品有限公司	食品制造业	14	50.88
云南德宏泉力啤酒有限公司	饮料制造业	15	37.26
昆明顶津食品有限公司	饮料制造业	15	74.16
可口可乐（云南）饮料有限公司	饮料制造业	15	55.56
云南摩尔农庄生物科技开发有限公司	饮料制造业	15	67.82
云南烟叶复烤有限责任公司	烟草制品业	16	50.31
云南恩典科技产业发展有限公司	烟草制品业	16	53.70
红云红河烟草（集团）有限责任公司	烟草制品业	16	57.08
大理滇西纺织有限责任公司	纺织业	17	45.63
瑞丽市荣茂商贸有限责任公司	木材加工及木、竹、藤、棕、草制品业	20	59.26
楚雄瑞特纸业有限公司	造纸及纸制品业	22	53.90
云南白药清逸堂实业有限公司	造纸及纸制品业	22	56.62
大理怡祥纸业有限公司	造纸及纸制品业	22	57.96
曲靖市福麟彩印包装有限责任公司	印刷业和记录媒介的复制	23	47.38
云南国方印刷有限公司	印刷业和记录媒介的复制	23	61.07
云南侨通包装印刷有限公司昆明分公司	印刷业和记录媒介的复制	23	59.47
大理美登印务有限公司	印刷业和记录媒介的复制	23	53.57
云南创新新材料股份有限公司	印刷业和记录媒介的复制	23	52.20
云南宣威恒邦磷化工业有限公司	化学原料及化学制品制造业	26	49.22
昆明聚仁兴橡胶有限公司	化学原料及化学制品制造业	26	53.04
云南锡业锡化学品有限公司	化学原料及化学制品制造业	26	51.56
云南锡业股份有限公司化工材料分公司	化学原料及化学制品制造业	26	50.16
昆明贵研催化剂有限责任公司	化学原料及化学制品制造业	26	55.52
云南人羞花化妆品有限公司	化学原料及化学制品制造业	26	50.18
云南白药集团健康产品有限公司	化学原料及化学制品制造业	26	75.57
楚雄星升生物科技开发有限公司	医药制造业	27	68.50
云南楚雄云中制药有限责任公司	医药制造业	27	63.86
云南新世纪中药饮片有限公司	医药制造业	27	66.99

续表

企业名称	行业类型	行业代码	集约度
云南楚雄太阳药业有限公司	医药制造业	27	65.24
云南楚雄万鹤鸣药业有限公司	医药制造业	27	61.08
楚雄老拨云堂药业有限公司	医药制造业	27	58.71
云南黄家医圈制药有限公司	医药制造业	27	57.78
云南黄家医圈制药有限公司	医药制造业	27	46.28
瑞丽彩云南集团药业有限公司	医药制造业	27	44.64
云南万芳生物技术有限公司	医药制造业	27	58.35
开远乐百博浩生物科技有限公司	医药制造业	27	45.46
个旧市大红屯粮食购销有限公司	医药制造业	27	53.63
云南通大生物药业有限公司	医药制造业	27	48.52
大理金明动物药业有限公司	医药制造业	27	58.91
云南康恩贝植物药有限公司	医药制造业	27	53.93
昆明华润圣火药业有限公司	医药制造业	27	50.65
昆明赛诺制药股份有限公司	医药制造业	27	63.82
云南龙润药业有限公司	医药制造业	27	44.73
云南盘龙云海药业集团股份有限公司	医药制造业	27	62.85
昆明圣火药业（集团）有限公司	医药制造业	27	67.96
昆明滇虹药业有限公司	医药制造业	27	65.92
云南维和药业股份有限公司	医药制造业	27	57.65
云南特安呐制药股份有限公司	医药制造业	27	52.69
昆明积大制药股份有限公司	医药制造业	27	63.21
玉溪沃森生物技术有限公司	医药制造业	27	56.17
云南三七科技药业有限公司	医药制造业	27	61.81
瑞丽美格塑料技术开发有限公司	塑料制品业	30	63.83
宣威市中博塑料有限公司	塑料制品业	30	47.80
曲靖普和管业有限公司	塑料制品业	30	52.32
云南曲靖塑料（集团）有限公司	塑料制品业	30	41.48
大理塑料厂	塑料制品业	30	56.73
大理强标塑业有限公司	塑料制品业	30	50.40
云南昆岭薄膜工业有限公司	塑料制品业	30	43.07
云南红华包装有限责任公司	塑料制品业	30	44.66
云南红塔塑胶有限公司	塑料制品业	30	54.12
云南省楚雄恒基管道工业有限责任公司	非金属矿物制品业	31	58.15
云南远东亚鑫水泥有限责任公司	非金属矿物制品业	31	51.07
云南红塔滇西水泥股份有限公司	非金属矿物制品业	31	59.20
云南曲靖钢铁集团凤凰钢铁有限公司	黑色金属冶炼及压延加工业	32	48.15
云南省曲靖双友钢铁有限公司	黑色金属冶炼及压延加工业	32	54.53
红河钢铁有限公司	黑色金属冶炼及压延加工业	32	59.87
云南省楚雄滇中铝业有限公司	有色金属冶炼及压延加工业	33	66.17
开远市长润冶金炉料有限责任公司	有色金属冶炼及压延加工业	33	64.37
云南驰宏锌锗股份有限公司	有色金属冶炼及压延加工业	33	63.65
红亚铝业有限公司	有色金属冶炼及压延加工业	33	63.77
云南驰宏锌锗股份有限公司	有色金属冶炼及压延加工业	33	63.59
云南锡业锡材有限公司	有色金属冶炼及压延加工业	33	59.44

续表

企业名称	行业类型	行业代码	集约度
贵研铂业股份有限公司	有色金属冶炼及压延加工业	33	52.94
云南锡业集团（控股）有限责任公司铅业分公司	有色金属冶炼及压延加工业	33	57.87
曲靖开发区自然空间建材发展有限公司	金属制品业	34	43.05
曲靖开发区雷神实业有限责任公司	金属制品业	34	54.84
曲靖飞龙机电设备制造有限公司	通用设备制造业	35	56.24
曲靖恒邦机械制造有限公司	通用设备制造业	35	44.49
昆明台工精密机械有限公司	通用设备制造业	35	59.48
昆明尼古拉斯克雷亚机床有限公司	通用设备制造业	35	54.81
红河锦山耐磨防腐设备制造有限公司	通用设备制造业	35	56.23
昆明嘉和科技股份有限公司	通用设备制造业	35	60.46
云南 CY 集团有限公司	通用设备制造业	35	63.08
云南 CY 集团有限公司	通用设备制造业	35	62.98
云南 CY 集团有限公司	通用设备制造业	35	62.99
昆明康立信电子机械有限公司	专用设备制造业	36	55.52
昆明烟机集团三机有限公司	专用设备制造业	36	56.55
云南昆钢重装集团红河有限公司	专用设备制造业	36	51.35
曲靖重型机械制造有限公司	专用设备制造业	36	54.35
云南昆船第二机械有限公司	专用设备制造业	36	59.02
云南昆船第一机械有限公司	专用设备制造业	36	67.44
云南骏信商贸有限公司	交通运输设备制造业	37	62.67
曲靖长力春鹰板簧有限公司	交通运输设备制造业	37	45.56
云娜维克达汽车零部件有限公司	交通运输设备制造业	37	52.72
云南力帆骏马车辆有限公司	交通运输设备制造业	37	41.37
宣威市炫辉太阳能设备有限公司	电气机械及器材制造业	39	56.34
昆明华奥航星电气有限公司	电气机械及器材制造业	39	49.34
昆明维峰电气技术开发有限公司	电气机械及器材制造业	39	45.49
曲靖电力实业有限责任公司	电气机械及器材制造业	39	58.72
昆明赛格迈电气有限公司	电气机械及器材制造业	39	59.06
云南中建博能工程技术有限公司	电气机械及器材制造业	39	45.50
云南省曲靖东电实业有限责任公司	电气机械及器材制造业	39	56.41
云南昆船电子设备有限公司	电气机械及器材制造业	39	60.64
云南南天电子信息产业股份有限公司	通信设备、计算机及其他电子设备制造业	40	55.04
昆明腾洋光学仪器有限公司	仪器仪表及文化、办公用机械制造业	41	59.89
昆明阿诗玛珠宝产业发展有限公司	工艺品及其他制造业	42	62.94
云南紫云青鸟珠宝产业有限公司	工艺品及其他制造业	42	64.21

附表六　低丘缓坡区典型企业集约利用评价值

企业名称	行业类型	行业代码	集约度
昆明特瑞特塑胶有限公司	塑料制品业	30	51.77
云南阳金线路器材有限公司	金属制品业	34	51.47
云南奥云焊材科技有限公司	金属制品业	34	59.56
云南大力神金属构件有限公司	金属制品业	34	58.64
楚雄昆钢奕标新型建材有限公司	非金属矿物制品业	31	60.06
大理水泥（集团）有限责任公司	非金属矿物制品业	31	46.23
磨憨权昆石材水泥制品厂	非金属矿物制品业	31	41.50
勐腊县磨憨经济开发区页岩砖厂	非金属矿物制品业	31	54.22
云南省楚雄永兴建工集团有限公司	非金属矿物制品业	31	50.19
保山市中泰轻型建材有限责任公司	非金属矿物制品业	31	47.25
迪庆香格里拉舒达有机食品有限公司	农副食品加工业	13	46.76
迪庆州香格里拉经济开发区藏乡生物资源开发有限公司	农副食品加工业	13	65.02
农标普瑞纳（昆明）饲料有限公司	化学原料及化学制品制造业	26	56.60
昆明铁骑力士饲料有限公司	化学原料及化学制品制造业	26	54.27
云南依玛同佳食品有限公司	农副食品加工业	13	72.43
云南知味园食品有限公司	食品制造业	14	50.83
云南云澳达坚果开发有限公司临沧分公司	食品制造业	14	68.65
迪庆香格里拉青稞资源开发有限公司	农副食品加工业	13	53.13
云南玛格达同佳食品有限公司	食品制造业	14	46.43
云南藏雄酒业有限公司	饮料制造业	15	50.69
昆明华狮啤酒有限公司	饮料制造业	15	51.68
香格里拉酒业股份有限公司	饮料制造业	15	69.43
云南香格里拉卡瓦格博饮用水有限公司	饮料制造业	15	59.85
河口绿洲果汁有限公司	饮料制造业	15	43.39
红塔烟草（集团）有限责任公司玉溪卷烟厂	烟草制造业	16	70.36
腾冲县古林木业有限责任公司	木材加工及木、竹、藤、棕、草制品业	20	43.51
腾冲市振发红木家具有限公司	家具制造业	21	46.48
腾冲市腾越工艺品厂	家具制造业	21	49.93
腾冲县天林木制品厂	家具制造业	21	48.89
腾冲驼行古典家具有限公司	家具制造业	21	55.31
云南荷乐宾防伪技术有限公司	印刷业和记录媒介的复制	23	51.60
腾冲艺缘艺术品有限公司	工艺品及其他制造业	42	48.97
楚雄鑫华化工有限公司	化学原料及化学制品制造业	26	55.49
云南楚雄仁恒化肥有限公司	化学原料及化学制品制造业	26	58.75
云南盈鼎生物能源股份有限公司	化学原料及化学制品制造业	26	55.55
云南万里化工制漆有限责任公司	化学原料及化学制品制造业	26	47.05

续表

企业名称	行业类型	行业代码	集约度
昆明高深化工有限公司	化学原料及化学制品制造业	26	54.55
云南天宏香精香料有限公司	化学原料及化学制品制造业	26	40.86
云南腾药制药股份有限公司	医药制造业	27	45.32
昆明源瑞制药有限公司	医药制造业	27	58.67
云南天然橡胶产业集团红河云象有限公司	橡胶制品业	29	64.40
昆明双昌橡胶管带制造有限公司	橡胶制品业	29	53.30
昆明凤凰橡胶有限公司	橡胶制品业	29	54.09
迪庆光华冶金炉料有限责任公司	黑色金属冶炼及压延加工业	32	67.00
楚雄云星铜材有限公司	有色金属冶炼及压延加工业	33	49.85
云南三元德隆铝业有限公司	有色金属冶炼及压延加工业	33	50.62
云南迪庆鑫源实业有限公司	有色金属冶炼及压延加工业	33	57.24
迪庆经济开发区昆钢铁合金有限公司	有色金属冶炼及压延加工业	33	60.78
迪庆开发区源丰冶金有限公司	有色金属冶炼及压延加工业	33	55.63
云南驰宏锌锗股份有限公司	通用设备制造业	35	51.32
云南长江成套电器设备有限公司	电气机械及器材制造业	39	57.01

附　　图

云南省各行政区等别划分聚类分析图

******分层聚类分析******

使用平均链接的树形图（组间）

重新调整的距离群组合

各行政区	案例 数值	0	5	10	15	20	25
永仁县	78						
绿春县	93						
双柏县	73						
绥江县	44						
屏边苗族自治县	85						
华宁县	28						
景东彝族自治县	57						
元江哈尼族彝族傣族自治县	32						
宁洱哈尼族彝族自治县	55						
兰坪白族普米族自治县	126						
牟定县	74						
武定县	80						
南华县	75						
元谋县	79						
弥渡县	110						
姚安县	76						
石屏县	87						
福贡县	124						
贡山独龙族怒族自治县	125						
西盟佤族自治县	63						
漾濞彝族自治县	107						
梁河县	120						
孟连傣族拉祜族佤族自治县	61						
大关县	42						
红河县	91						
西畴县	97						
永平县	113						
施甸县	34						
巍山彝族回族自治县	112						
镇沅彝族哈尼族拉祜族自治县	59						
南涧彝族自治县	111						
永善县	43						
江城哈尼族彝族自治县	60						
剑川县	116						
陇川县	122						
双江拉祜族佤族布朗族傣族自治县	69						
泸水市	123						
金平苗族瑶族傣族自治县	92						
元阳县	90						
宁蒗彝族自治县	53						
沧源佤族自治县	71						
德钦县	128						

低丘缓坡山地开发土地规划与监管技术研究

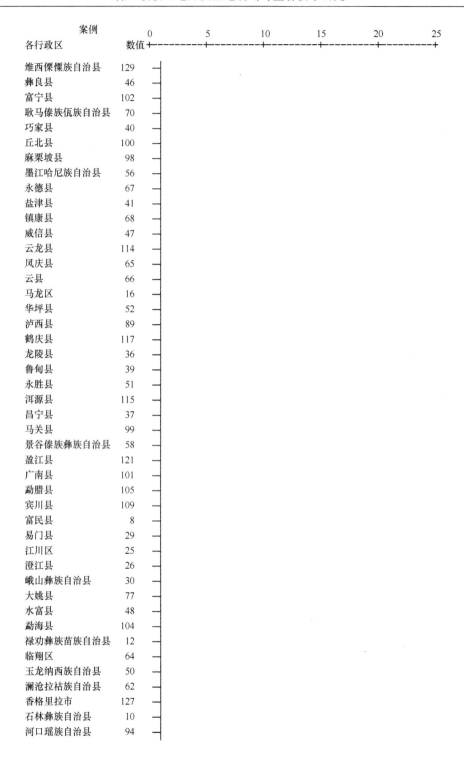

各行政区	案例 数值	0	5	10	15	20	25
维西傈僳族自治县	129						
彝良县	46						
富宁县	102						
耿马傣族佤族自治县	70						
巧家县	40						
丘北县	100						
麻栗坡县	98						
墨江哈尼族自治县	56						
永德县	67						
盐津县	41						
镇康县	68						
威信县	47						
云龙县	114						
凤庆县	65						
云县	66						
马龙区	16						
华坪县	52						
泸西县	89						
鹤庆县	117						
龙陵县	36						
鲁甸县	39						
永胜县	51						
洱源县	115						
昌宁县	37						
马关县	99						
景谷傣族彝族自治县	58						
盈江县	121						
广南县	101						
勐腊县	105						
宾川县	109						
富民县	8						
易门县	29						
江川区	25						
澄江县	26						
峨山彝族自治县	30						
大姚县	77						
水富县	48						
勐海县	104						
禄劝彝族苗族自治县	12						
临翔区	64						
玉龙纳西族自治县	50						
澜沧拉祜族自治县	62						
香格里拉市	127						
石林彝族自治县	10						
河口瑶族自治县	94						

| 案例 | | 0 | 5 | 10 | 15 | 20 | 25 |

各行政区　　　数值

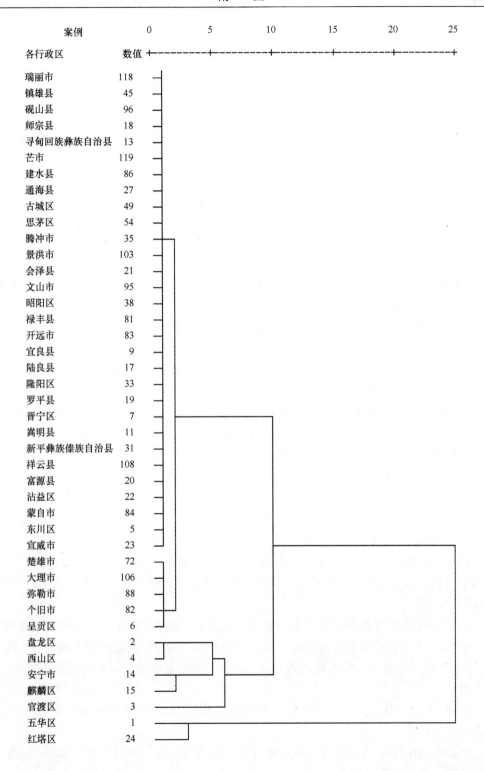

瑞丽市　　118
镇雄县　　45
砚山县　　96
师宗县　　18
寻甸回族彝族自治县　　13
芒市　　119
建水县　　86
通海县　　27
古城区　　49
思茅区　　54
腾冲市　　35
景洪市　　103
会泽县　　21
文山市　　95
昭阳区　　38
禄丰县　　81
开远市　　83
宜良县　　9
陆良县　　17
隆阳区　　33
罗平县　　19
晋宁区　　7
嵩明县　　11
新平彝族傣族自治县　　31
祥云县　　108
富源县　　20
沾益区　　22
蒙自市　　84
东川区　　5
宣威市　　23
楚雄市　　72
大理市　　106
弥勒市　　88
个旧市　　82
呈贡区　　6
盘龙区　　2
西山区　　4
安宁市　　14
麒麟区　　15
官渡区　　3
五华区　　1
红塔区　　24

附　件

附件一　指标释义

A101 是否有制定依据：考察低丘缓坡山地开发政策文件的制定是否有明确的法律、行政法规依据或授权。

A102 主体是否合法：考察低丘缓坡山地开发政策文件的制定主体是否是法律规定或授权适合主体。

A103 权限是否合法：考察低丘缓坡山地开发政策文件的制定是否享有法定的低丘缓坡山地开发政策文件制定权限。

A104 程序是否合法：考察低丘缓坡山地开发政策文件的制定是否符合法律、行政法规所规定的程序。

A105 立法与上位法冲突的条款数：考察低丘缓坡山地开发政策文件与宪法、相关法律、行政法规等直接冲突之处。

A106 与宪法、法律、行政法规的协调程度：考察低丘缓坡山地开发政策文件对宪法、法律、行政法规或其原则的遵循程度，是否有违反、抵触、不一致之处。

B101 目的是否具有合理性：考察低丘缓坡山地开发政策文件制定的目的是否合理。

B102 手段是否具有必要性：考察低丘缓坡山地开发政策文件中所采取的措施、手段等是否是实现其目的的必要手段。

B103 目的与手段是否成比例：考察低丘缓坡山地开发政策文件所要达到的目的是否值得采用其所规定的手段与措施，是否存在过度或不及的情形。

B104 制定过程中利益相关主体的参与程度：考察低丘缓坡山地开发政策文件制定过程中的利益相关主体的参与程度，可以用听证次数、调研次数、征求意见次数等项目加权综合计分。

B105 制定中听证次数：考察低丘缓坡山地开发政策文件制定过程中听证的次数。

B106 制定中调研次数：考察低丘缓坡山地开发政策文件制定过程中调研的次数。

B107 制定中参与专家人数：考察低丘缓坡山地开发政策文件制定过程中参与的专家人数。

B108 制定中征求公众意见条数：考察低丘缓坡山地开发政策文件制定过程中征求公众意见的数量。

B109 生效时长：考察低丘缓坡山地开发政策文件正式生效据今的时间。一般而言，时间越长，内容就越有可能陈旧。

B110 内容与社会现状的契合程度：考察低丘缓坡山地开发政策文件的内容是否能满足社会发展的需要，是否存在落后于社会实践的情形。

B111　权利义务配置的公正、公平程度：考察低丘缓坡山地开发政策文件内容，具体到权力与责任的配置是否具有对等性、权利与义务的配置是否具有公平性。

B201　与同位阶低丘缓坡山地开发政策文件衔接情况：考察低丘缓坡山地开发政策文件与同位阶低丘缓坡山地开发政策文件对同一事项的规定是否相衔接。

B202　与相关部门和单位意见的协调程度：考察低丘缓坡山地开发政策文件中的有关政策措施与相关部门和单位的意见是否相协调。

B203　低丘缓坡山地开发政策文件与上位法重复的条数：考察低丘缓坡山地开发政策文件对上位法的细化程度，一般而言，重复的条数越多，细化的程度越低。

B204　概念的明晰程度：考察低丘缓坡山地开发政策文件中有关概念的运用是否准确、清晰。

B205　GFI：迷雾指数（gunning-fog index），可以用每个句子中词语数量的加权平均值和每个句子中较难词汇的数量计算，用于评价一个文本的模糊度。数值越高，文本就越难以理解，对于受众而言就越模糊，从而影响到其执行性。

B206　语言运用准确程度：考察低丘缓坡山地开发政策文件中语言运用的准确程度。

B207　标点符号运用规范程度：考察低丘缓坡山地开发政策文件中标点符号运用的规范程度。

B208　文本逻辑的严密、合理程度：考察低丘缓坡山地开发政策文件的文本逻辑的情况，是否存在前后抵触、重复或混乱的情形。

B209　措施的可行程度：考察低丘缓坡山地开发政策文件中涉及的措施可行程度如何，应综合考虑措施的科学性、运行的成本、现实可行性等。

B210　程序设计的可行程度：考察低丘缓坡山地开发政策文件中涉及程序可行程度如何，应综合考虑程序设计的科学性、运行的成本、现实可行性等。

B211　适用范围的明确性：考察低丘缓坡山地开发政策文件适用范围的明确程度。

B212　执行主体的明确性：考察低丘缓坡山地开发政策文件执行主体的明确程度。

B213　执法对象的明确性：考察低丘缓坡山地开发政策文件执行对象的明确程度。

B214　执法程序的明确性：考察低丘缓坡山地开发政策文件执行对象的明确程度。

B215　构成要素完整的规范条数：考察低丘缓坡山地开发政策文件中适用条件与法律后果均具备的条数。

B216　无后果构成要素的规范条数：考察低丘缓坡山地开发政策文件中没有法律后果的规范条数。

B217　立法的社会关注度：考察公众对低丘缓坡山地开发政策文件的关注程度，关注程度越高，表明立法的紧迫性、现实性越强，间接有助于立法的执行。可以通过主流媒体报道、学术刊物专文、网络评论的次数等加权求和计算。

B218　调整对象的认可接受程度：考察行政机关工作人员、行政相对人等对低丘缓坡山地开发政策文件的认可接受程度。

C101　执行人员对低丘缓坡山地开发政策文件的认知情况：考察低丘缓坡山地开发政策文件的执行人员对低丘缓坡山地开发政策文件的掌握、熟悉程度。

C102　配套规范、措施制定情况：考察与低丘缓坡山地开发政策文件相配套的规范和措施的制定情况，如果没有则计零，如果有则用制定数量计算。

C103 执行人员或机构设置情况：考察低丘缓坡山地开发政策文件执行所需要的人员与机构的配备情况，如果未配备则计 0，如果有配备则用人员、机构数量计算。

C104 执行协调人员或机构的设置情况：考察低丘缓坡山地开发政策文件执行涉及的国土资源部门内同级别的不同部门之间、不同级别的部门之间协调机制的设置情况，以及国土资源部门同其他国家部委间沟通协调机制的设置情况。

C105 经费配置情况：考察落实低丘缓坡山地开发政策文件所配置的经费情况，如果无专门经费或可使用经费则计 0，如有专门经费或可使用经费则按经费数额计算。

C106 制度创新情况：考察在执行低丘缓坡山地开发政策文件的过程中有代表性和较好实效的制度创新情况，以制度创新的件数计算。

C201 行政行为的文件完整程度：考察低丘缓坡山地开发政策文件执行过程中，行政机关各类文件、文书的制作情况。文件完整程度=实际制作文件、文书件数/应制定文件、文书件数×100%。

C202 执行人员程序性违法、违规情况：考察执行人员对行政程序的遵守情况，以违法、违规案件或情形的件数计算。

C203 行政复议维持原行政决定率：考察因执行低丘缓坡山地开发政策文件引起的行政复议案件中维持原行政决定的比率。

C204 行政诉讼胜诉率：考察因执行低丘缓坡山地开发政策文件引起的行政诉讼案件中行政机关胜诉的比率。

D101 执行成本/制定成本：考察低丘缓坡山地开发政策文件的执行成本与制定成本之间的比率。制定成本可以用：①制定起草机构运转及工作人员费用；②收集立法信息、立法资料及形成草案的费用；③审议立法草案与修订立法文本的费用；④制作法律文本的费用；⑤公布与传播的费用的总和计算。执行成本可以用：①执行机构、硬件设施与工作人员的费用；②因执行失误为弥补损失而赔偿的费用的总和计算。

D201 社会效益/执行成本：考察低丘缓坡山地开发政策文件的社会效益产出与执行投入之间的比率。社会效益可以用对社会积极影响不同方面分别计分，加权求和计算。

D202 经济效益/执行成本：考察低丘缓坡山地开发政策文件的经济效益产出与执行投入之间的比率。

D203 环境效益/执行成本：考察低丘缓坡山地开发政策文件的环境效益产出与执行投入之间的比率。

D301 管理目标实现程度：考察低丘缓坡山地开发政策文件执行效果与低丘缓坡山地开发政策文件设定的管理目标的对比关系。

D302 社会影响目标实现程度：考察低丘缓坡山地开发政策文件的实行对社会的实际影响与预定的社会影响目标的对比关系。

D303 经济影响目标实现程度：考察低丘缓坡山地开发政策文件的实行对经济的实际影响与预定的经济影响目标的对比关系。

D304 环境影响目标实现程度：考察低丘缓坡山地开发政策文件的实行对环境的实际影响与预定的经济影响目标的对比关系。环境效益可以用对环境积极影响不同方面分别计分，加权求和计算。

D305　民众对社会效果的满意度：考察民众对低丘缓坡山地开发政策文件社会效果的满意程度。

D306　民众对经济效果的满意度：考察民众对低丘缓坡山地开发政策文件经济效果的满意程度。

D307　民众对环境效果的满意度：考察民众对低丘缓坡山地开发政策文件环境效益的满意程度。

附件二 指标分析

性质	序号	指标代码	极性	主要评价方法	来源	指标值量化方法
	1	A101	bool	专家评议	专家意见	0、1 逻辑值
	2	A102	bool	专家评议	专家意见	0、1 逻辑值
	3	A103	bool	专家评议	专家意见	0、1 逻辑值
	4	A104	bool	专家评议	专家意见	0、1 逻辑值
	5	A106	＋	专家评议	专家意见	尺度分级
	6	B101	＋	专家评议	专家意见	0、1 逻辑值
	7	B102	＋	专家评议	专家意见	0、1 逻辑值
	8	B103	＋	专家评议	专家意见	0、1 逻辑值
	9	B110	＋	专家评议	专家意见	尺度分级
	10	B111	＋	专家评议	专家意见	尺度分级
	11	B201	＋	专家评议	专家意见	尺度分级
	12	B202	＋	专家评议	专家意见	尺度分级
	13	B204	＋	专家评议	专家意见	尺度分级
	14	B206	＋	专家评议	专家意见	尺度分级
	15	B207	＋	专家评议	专家意见	尺度分级
定性指标	16	B208	＋	专家评议	专家意见	尺度分级
	17	B209	＋	专家评议	专家意见	尺度分级
	18	B210	＋	专家评议	专家意见	尺度分级
	19	B211	＋	专家评议	专家意见	尺度分级
	20	B212	＋	专家评议	专家意见	尺度分级
	21	B213	＋	专家评议	专家意见	尺度分级
	22	B214	＋	专家评议	专家意见	尺度分级
	23	B218	＋	问卷调查+座谈会	抽样样本	尺度分级
	24	C101	＋	问卷调查+座谈会	抽样样本	尺度分级
	25	D301	＋	专家评议	专家意见	尺度分级
	26	D302	＋	专家评议	专家意见	尺度分级
	27	D303	＋	专家评议	专家意见	尺度分级
	28	D304	＋	专家评议	专家意见	尺度分级
	29	D305	＋	问卷调查+座谈会	抽样样本	尺度分级
	30	D306	＋	问卷调查+座谈会	抽样样本	尺度分级
	31	D307	＋	问卷调查+座谈会	抽样样本	尺度分级

性质	序号	指标代码	极性	主要评价方法	来源	指标值量化方法
	1	A105	－	统计数据	政策文件文本	直接量化
	2	B104	＋	统计数据	媒体资讯+立法档案	综合计分
	3	B105	＋	统计数据	媒体资讯+立法档案	直接量化
	4	B106	＋	统计数据	媒体资讯+立法档案	直接量化
	5	B107	＋	统计数据	媒体资讯+立法档案	直接量化
	6	B108	＋	统计数据	媒体资讯+立法档案	直接量化
	7	B109	－	统计数据	政策文件文本	直接量化
	8	B205	－	统计数据	政策文件文本	直接量化
	9	B215	＋	统计数据	政策文件文本	直接量化
	10	B216	－	统计数据	政策文件文本	直接量化
	11	B217	＋	统计数据	媒体资讯	综合计分
定量指标	12	C102	＋	统计数据	行政机关	直接量化
	13	C103	＋	统计数据	行政机关	直接量化
	14	C104	＋	统计数据	行政机关	直接量化
	15	C105	＋	统计数据	行政机关	直接量化
	16	C106	＋	统计数据	行政机关+案例研究	直接量化
	17	C201	＋	统计数据	行政机关	直接量化
	18	C202	－	统计数据	行政机关+案例研究	直接量化
	19	C203	＋	统计数据	行政机关+案例研究	直接量化
	20	C204	＋	统计数据	行政机关+案例研究	直接量化
	21	D101	＋	统计数据	行政机关+立法档案+媒体资讯	直接量化
	22	D201	＋	统计数据	行政机关+案例研究+媒体资讯	综合计分+直接量化
	23	D202	＋	统计数据	行政机关+案例研究+媒体资讯	直接量化
	24	D203	＋	统计数据	行政机关+案例研究+媒体资讯	综合计分+直接量化